ENTREVUE

DE

FRANÇOIS PREMIER AVEC HENRY VIII,

à Boulogne-sur-Mer,

en 1532.

INTERVENTION DE LA FRANCE

dans l'Affaire du Divorce,

D'après un grand nombre de Documents inédits

Par le P. A. HAMY

de la Compagnie de Jésus.

INTRODUCTION.

La Bibliothèque Nationale de Paris possède, sous le n° 10388 des manuscrits français, un volumineux registre de comptes, détaillant la dépense faite pour l'entrevue de Boulogne, en 1532, entre François Premier et Henry VIII. Ce document ne paraît pas avoir encore été signalé ; peut-être même n'était-il connu de personne, avant l'impression du dernier catalogue, publié par M. Henri Omont (1). Comme un grand intérêt s'attache, de nos jours, à la reproduction intégrale des pièces de ce genre, cette révélation a paru très précieuse. Cependant, après avoir caressé l'idée de faire imprimer tout le recueil, tel qu'il est, on a cru préférable de s'en tenir, pour une partie notable, à une analyse, comprenant les principaux éléments d'information, c'est-à-dire, tous les noms (surtout ceux de Boulogne) mentionnés à des titres différents, la nature des dépenses et le prix des objets ; et il n'y a eu, à cet égard, aucune omission. Quant aux passages, plus capables de satisfaire une légitime curiosité, ils seront donnés textuellement. Ainsi, les sup-

---

(1) Il est à croire que ce volume était assez ignoré, puisque les auteurs des « Actes de François Premier » ne le mentionnent pas, bien qu'il contienne la copie et la mention de plusieurs Lettres-Patentes qui seront reproduites, plus loin, *in extenso*, dans le présent travail.

pressions portent uniquement sur des formules inutiles, dont la répétition trop fréquente aurait été fastidieuse (1).

D'ailleurs, en voulant se rendre compte des causes et des résultats de cette entrevue, que la plupart des historiens ont passée sous silence, ou dont ils ont ignoré le caractère, de plus vastes horizons n'ont pas tardé à s'ouvrir. Si d'un côté, la recherche du secret de conversations aussi intimes, dont il ne reste souvent aucune trace documentaire, semblait une entreprise un peu aventureuse, ne pouvait-on espérer, d'autre part, sans présomption, que les dépêches diplomatiques contiendraient de fort curieuses informations? Quand deux princes se réunissent pour traiter d'une affaire, il n'est pas toujours impossible d'obtenir une connaissance exacte de leurs résolutions, en remontant de l'effet à la cause, et en examinant leur conduite, ou en lisant, soit les instructions reçues par leurs agents, soit surtout les renseignements fournis par les Ambassadeurs des autres Etats.

Grâce aux correspondances, lues sur les originaux (dont les plus importants sont iné-

(1) Quant au compte en lui-même, de regrettables omissions ne permettent pas toujours de contrôler toutes les sommes partielles. Cependant, les prix de choses ne paraissent entachés d'aucune erreur. D'ailleurs, si l'exactitude de la Cour des comptes ne fait aucun doute, il y a trop de différences dans le mode de tenue de ces comptes et les méthodes actuelles, pour que l'on ait, un seul moment, songé à faire ce relevé. Enfin, la reproduction intégrale des 850 pages aurait, sans profit, exigé la suppression de pièces plus importantes, ou entraîné des frais trop considérables.

dits), cette étude ne se borne pas à un fait d'un intérêt purement local; elle va même servir à éclairer un point assez intéressant d'histoire générale. En effet, les deux Rois ne se rencontrèrent pas, à Boulogne, en 1532, seulement pour donner à leurs cours et au peuple le spectacle du luxe et de la magnificence; ils convinrent même, à l'avance, de ne pas renouveler leurs folles prodigalités, dans le faste qui avait marqué, en 1520, leur première entrevue, au camp du Drap d'or. De plus graves préoccupations remplissaient leurs esprits. A l'heure où ils allaient se voir, Clément VII attendait, d'un jour à l'autre, la nouvelle du retour de Charles-Quint en Italie, après sa campagne contre les Turcs; et personne ne méconnaissait, au point de vue des affaires de l'Europe, la haute portée de cette rencontre. François Premier et Henry VIII, ayant tout à redouter d'une alliance plus intime qu'allaient contracter le Pape et l'Empereur, sentaient le besoin de s'unir entre eux, pour rompre ce menaçant accord, ou faire surgir des obstacles à l'entente de deux pouvoirs peu favorables à leurs vues.

Profondément atteinte dans ses parties vitales après la déroute de Pavie, la France n'avait pas achevé de réparer ses pertes et ne se sentait pas en mesure de parer de nouvelles attaques, toujours à craindre, de la part d'un ennemi implacable et exalté par le souvenir de sa dernière victoire. De son côté, Henry VIII savait par ses agents, que Charles-Quint, neveu de Catherine d'Aragon, multipliait ses efforts, pour obtenir du Saint-Père la fulmination des censures de l'Eglise, comme le seul moyen d'empêcher le divorce. Si l'excommunication était prononcée, l'interdit n'en serait-il pas la conséquence naturelle? Or, à cette époque, l'Angleterre n'aurait pas été en état de résister; elle n'en avait pas la puissance et elle n'en aurait pas eu la volonté; les esprits n'étaient pas mûrs pour une révolte contre Rome. A tout prix, il fallait réussir, ou à traîner les négociations en longueur, ou à se créer un appui, au dehors, avant la lutte finale, si les choses en arrivaient à une pareille extrémité. Tout au moins (car cette dernière alternative ne semble pas avoir été alors considérée comme bien probable), il y avait urgence à se procurer un allié, capable de plaider en faveur de la cause, au moment où de nouvelles démarches allaient être tentées en sens contraire.

Déjà un grand rapprochement s'était effectué entre la France et l'Angleterre. Depuis le traité de Madrid, pendant l'ambassade de Wolsey et surtout après les négociations de Cambrai, l'alliance avait fait les plus grands progrès et finalement, le 23 juin 1532, François Premier et Henry VIII s'étaient engagés à se fournir, en cas de besoin, un mutuel secours contre l'Empereur. En même temps, le Roi d'Angleterre sollicitait avec de nouvelles instances, un entretien, seul à seul, avec son *bon frère*. Que pouvaient-ils donc avoir à se dire, dans l'intimité d'un tête-à-tête, sans témoins? A pareille distance des évènements, il aurait été impossible de le savoir, si les diplomates, avec l'habileté requise pour l'exercice de leur profession, n'avaient découvert et relaté les circonstances et le véritable but de l'entrevue.

Bien qu'un bon nombre de ces dépêches soient imprimées, au moins en analyse, dans des recueils spéciaux (1), on n'a pas négligé de recourir aux manuscrits de Paris et de Londres, et il suffira de parcourir l'appendice, pour juger des heureuses découvertes faites dans cette partie du travail. Quant à sa difficulté, si elle a pu être diminuée par les données contenues dans les ouvrages précités, la lecture des dépêches, presque toutes du xvie siècle, n'a pas été rapide et courante, comme chacun pourra s'en convaincre, en jetant un regard, par exemple, au tome xxxiiie de la collection Dupuy, f. 52, sur le mémoire de Jean du Bellay, probablement destiné à Castillon, et un spécimen phototypique permettra d'en juger. En outre, la correspondance d'Angleterre est des plus sujettes à caution; Henry VIII et ses Ambassadeurs ne reculaient pas toujours devant un mensonge. Aussi, pour avoir le dernier mot d'une question, est-il parfois

---

(1) Les *State Papers*, et surtout Henry VIII : *Letters and Papers*, t. v, vi et vii, publiés par le *Record Office*, sous la direction du *Master of the Rolls* ont fourni de nombreuses indications, toutes contrôlées sur les originaux, sauf ceux de Vienne et de Simancas. On a fait de même pour les pièces contenues dans les « Meslanges historiques de Camuzat. Troyes, 1619 ».

nécessaire de lire une longue série de passages relatifs à cette même affaire (1). C'est le seul moyen de faire la part du vrai et du faux et d'appuyer son opinion sur une base certaine.

A moins de parcourir la longue série des documents rejetés à l'appendice, le lecteur s'exposerait à prendre une connaissance imparfaite du véritable point de vue de cette étude. En particulier, sous aucun prétexte, il ne doit se dispenser de lire avec attention les papiers suivants :

« Instructions données à Amiens, le 10 novembre 1533, aux cardinaux de Tournon et de Gramont, se rendant à Bologne (2) » ;

« Instructions (3) données par Henry VIII au vicomte de Rocheford, son envoyé extraordinaire en France (mars 1533) » ;

« Memoire pour le faict d'entre le Pape et le Roy d'Angleterre, auquel le Roy s'estoit entremys » (4) ;

« Memoire des points que Monsieur du Bellay, Evêque de Paris, aura à toucher au Roy d'Angleterre » (5).

(1) C'est le cas pour le mariage du Duc d'Orléans avec Catherine de Médicis. On trouvera à l'appendice n° 74, tous les extraits, même ceux des pièces qui figurent en entier dans le reste de l'appendice. Il est regrettable que le manque de ressources n'ait pas permis de donner le texte même de la correspondance de Chapuis, conservée aux Archives de Vienne. Du moins s'est-on assuré de l'exactitude de la traduction anglaise donnée dans les *State Papers* et l'analyse de ces informations a été faite, avec une scrupuleuse fidélité.
(2) Cf. appendice, n° 76. Collection Dupuy, t. 547, f. 150-153.
(3) Cf. appendice, n° 85. Record Office, Bd. t. 75, f. 17.
(4) Cf. appendice, n° 114, Collection Dupuy, t. 83, f. 52-61.
(5) Cf. appendice, n° 115. Bibliothèque nationale ; mss. français, n° 23515, f. 81-94 ; Fonds du séminaire des Missions Etrangères ; Instruction des ambassadeurs.

« Lettre du Cardinal de Tournon à François Premier. [Rome] 17 Août 1533 » (1).

De grandes peines ont été prises pour le déchiffrement et le collationnement des textes. A Paris, Mʳ Léon Dorez, sous-bibliothécaire, au département des manuscrits, a bien voulu donner à l'auteur le concours le plus bienveillant et le plus dévoué. A Londres, Mʳ James Gairdner, le savant éditeur des quinze derniers volumes de « Letters and papers » pour le règne de Henry VIII et Mʳ Warner, du British Museum, ne se sont pas montrés moins obligeants. Il y aurait ingratitude à ne pas leur témoigner ici publiquement la plus profonde reconnaissance pour leurs conseils et leurs encouragements.

Comme on a pu le pressentir, le divorce allait être la question réelle à traiter entre les deux Rois. Depuis cinq ans, le Roi d'Angleterre était résolu à épouser Anne Boleyn et à répudier Catherine d'Aragon; mais tous ses efforts pour obtenir une sentence favorable avaient échoué. Une seule ressource lui restait, avant de tenter une nouvelle démarche, celle d'employer l'intermédiaire de la France afin de peser sur le Saint-Siège. Dans ce but, il n'avait négligé ni les promesses, ni la flatterie, ni les concessions; il s'en était même montré prodigue. De son côté, François Premier, pour ne pas s'exposer à perdre un allié nécessaire, mais avec la résolution de ne pas offenser le Pape, après quinze mois d'im-

---

(1) Cf. document n⁰ 102, p. cccli. Collection Dupuy, t. 547, f. 252.

portunité, consentit à se rencontrer à Boulogne, avec le Roi d'Angleterre, et à s'entretenir avec lui des moyens à mettre en avant, en faveur de sa cause. Mais, encore une fois, jamais il n'aurait voulu non-seulement rompre avec Rome, mais proposer rien qui fût contre la conscience et l'honneur. D'ailleurs, Clément VII lui en a rendu un solennel témoignage à Marseille, en 1533.

Cette déclaration faite, il reste à expliquer pourquoi ce point qui domine tout, dans l'entrevue de Boulogne ne peut être traité, dès le début du présent travail. Pour y mettre plus de clarté, n'est-il pas logique de se débarrasser, tout d'abord, des détails accessoires, avant d'aborder la question, pour n'en plus sortir ? Par conséquent, après avoir résumé succinctement les négociations qui eurent lieu pour obtenir cet entretien, il conviendra de mentionner les préparatifs assez considérables, les dépenses nombreuses et les fêtes dont il fut l'objet. Alors seulement, on pourra, sans crainte de confusion, en rechercher les causes (au risque de retourner en arrière), en établir l'objet et en étudier les résultats. Cependant, si l'on ne veut pas s'égarer dans le dédale de faits si divers, il sera sage de ne jamais perdre de vue que les Rois de France et d'Angleterre se trouvèrent à Boulogne et à Calais, du 21 au 29 Octobre 1532, pour s'occuper du divorce.

TABLE DES CHAPITRES.

1. — Henri VIII sollicite, en 1531, une entrevue avec François Premier, pour avancer l'affaire de son divorce. Cause de ce rapprochement.   p. 15

2. — François Premier ne montre d'abord aucun empressement. Négociations relatives à la rencontre des deux Rois.   p. 22

3. — Préparatifs. Premières dépenses faites pour recevoir Henry VIII à Boulogne.   p. 29

4. — Logis de Boulogne et de Marquise. Décorations. Habillements. Conventions prises à Saint-Inglevert. Arrivée du Roi d'angleterre à Calais.   p. 48

5. — Réception des Anglais à Boulogne, du 21 au 25 octobre 1532.   p. 59

6. — Les Français à Calais, du 25 au 29 Octobre 1532.   p. 74

7. — Détails circonstanciés sur les festins donnés par les deux Rois. Fin de l'entrevue.   p. 83

8. — Les témoins oculaires de l'entrevue.   p. 103

9. — Les témoins muets et les observateurs.   p. 108

10. — Les principaux personnages intéressés dans l'affaire du divorce.   p. 114

11. — État de la question au moment de l'entrevue.   p. 127

12. — Henry VIII propose à François Premier de solliciter un entretien avec le Pape Clément VII, en demandant la main de la Princesse Catherine de Médicis, pour un de ses fils. p. 148

13. — Mission de deux Cardinaux français en Italie. p. 153

14. — Mission du Vicomte de Rocheford en mars 1533. Le duc de Norfolk part pour la France. p. 161

15. — Bouleversement produit par l'excommunication du 15 juillet 1533. Grâce à la fermeté de François Premier, l'excommunication n'empêche pas son entrevue avec le Pape à Marseille. p. 172

16. — L'appel du roi d'Angleterre au Concile général, termine brusquement les négociations suivies par la France depuis un an, en exécution du plan concerté à l'entrevue de Boulogne. p. 180

Conclusion. p. 201
Épilogue. p. 204
Index des documents. p. 207
Documents. p. III à p. CCCCXXXVIII
Table alphabétique. p. CCCCXXXIX

CHAPITRE PREMIER.

Henri VIII sollicite, en 1531, une entrevue avec François Premier, pour avancer l'affaire de son divorce. Causes de ce rapprochement.

Avant 1532, François Premier ne pouvait avoir aucun désir de revoir le Roi d'Angleterre. Leurs entretiens, douze ans plus tôt, au Camp du Drap d'or, lui avaient laissé de cuisants souvenirs. Il n'avait pu oublier comment, au sortir de cette entrevue, malgré tant de serments et d'embrassades fraternelles, son hôte était allé se jeter dans les bras de Charles-Quint. La Picardie dévastée ! Paris menacé ! D'affreux ravages ! Des flots de sang et de larmes ! Voilà à quoi avaient abouti toutes ces protestations et ces splendeurs ! Il est vrai, la situation générale des affaires avait étrangement changé depuis cette époque. Dès 1527, et surtout pendant les négociations de Cambrai (1529), l'Empereur s'était aliéné l'amitié du monarque anglais, en refusant de partager avec lui les dépouilles de la France. A tout prendre, la campagne de 1524-1525 avait été à peu près stérile et les services rendus à l'Empire par l'Angleterre avaient à peine affaibli la France. Que valaient-ils en comparaison de la victoire remportée sous Pavie? Charles-Quint, d'ordinaire mieux avisé, fit, en cette circonstance, un bien mauvais calcul, en n'offrant pas à son allié d'un jour la part de butin réclamée avec insistance. Jamais la vanité blessée du Roi d'Angleterre ne lui pardonna complètement ses refus et son dédain.

A partir de ce jour, l'Empire eut un ami de moins, et la France un appui de plus. Déjà, avant cette époque, pendant la captivité de son fils à Madrid, Louise de Savoie avait sondé les disposition de l'Angleterre, en faveur du royaume désolé. Après sa délivrance, le Roi lui-même reprit les négociations et elles furent couronnées de succès. L'Empereur était débiteur d'une somme considérable envers Henry VIII et ne se pressait pas, faute de ressources, de le rembourser. François Premier réussit à acheter cette créance, dans des conditions peu onéreuses pour son trésor, et en usa pour payer une partie de sa dette, tout au moins la rançon de ses enfants. A la suite de ce premier service, les relations devinrent plus cordiales entre les deux Cours. Wolsey s'efforça de les rapprocher encore davantage et diverses circonstances heureuses resserrèrent ces liens. Selon toute apparence, il y eut des pourparlers relatifs au divorce, dès l'année 1527, et la France n'y répondit point par une fin de non-recevoir. Il est même certain que Wolsey (par une erreur fatale à son crédit) poursuivit, pendant son ambassade, le projet d'une double union entre les deux royaumes : celle de Henry VIII, *en cas de divorce*, avec la princesse Renée, sœur de la Reine Claude, ou avec la princesse Madelaine, fille du Roi et celle du dauphin avec la princesse Marie Tudor (1). Ces démarches n'impliquaient aucune action directe de la part de François Premier. Plus tard, en 1530, après la mort du Cardinal, il dut y avoir une tentative plus importante pour obtenir le concours du Roi de France dans cette question difficile. Déjà, le Comte de Wiltshire, Thomas Boleyn, père de la concubine, en passant par la France pour se rendre à Rome, et à son retour, avait sondé l'état des esprits à la Cour. Aussi, quand on imagina de solliciter les déclarations de la plupart des Universités sur la nullité du mariage de Catherine d'Aragon, le Vicomte de Rocheford obtint sans peine la permission de provoquer en Sorbonne un verdict favorable aux intérêts de sa sœur, Anne Boleyn. Cependant, comme on le verra mieux plus tard, François Premier n'avait encore pris *ouvertement* aucun parti, d'autant plus que le Saint-Siège, irrité par ces déclarations, menaçait de citer Henry VIII à comparaître en personne, au Tribunal de la Rote (ce qui eut lieu le 19 décembre 1530). Vers cette époque, Sir Francis Bryan revint de Vienne et traversa Paris, avant de retourner à Londres ; il était chargé d'une mission extraordinaire pour le Roi de France. Bien que les instructions dont il était porteur ne soient pas connues, sa dépêche du 20 janvier 1531 a été conservée et si on la compare avec une lettre écrite d'Arques à Clément VII par François Premier, le 10

---

(1) Ils étaient fiancés depuis le 4 octobre 1518. Cf. le P. Anselme.

du même mois, il sera facile de connaître l'objet de sa démarche. A en juger par le récit de Sir Francis Bryan (1), le Roi de France était disposé, pour avancer la cause de son bon frère, à se tirer une once de sang, et à écrire au Souverain-Pontife, de sa propre main. Quant au projet d'un mariage entre un de ses enfants et la nièce du Pape, il aimerait mieux jeter son fils au feu et l'y voir brûler que de consentir à une alliance aussi basse (2). Cependant, le prince était disposé à ne rien épargner pour favoriser les affaires d'Angleterre, ni sa bourse, ni ses enfants, ni sa personne. L'envoyé extraordinaire avait été reçu le 16 janvier. Le lendemain, le Roi de France l'assura que sa lettre au Pape était assez incisive, pour lui faire bien comprendre l'union étroite des deux couronnes.

Quelques jours plus tôt, François Premier avait, en effet, écrit d'Arques à Clément VII, pour lui représenter que la citation à comparaître, en personne, à Rome, serait une solution bien dure pour un Roi et il demandait à Sa Sainteté de montrer de la bienveillance pour Henri VIII. Cependant, il était persuadé que le Pape voudrait « conduire et guider les choses à l'honneur de Dieu tout premierement » (3).

Pour le moment, le Roi d'Angleterre s'en tint à

---

(1) Cf. *Letters and papers*, t. V, n° 56, p. 25; *Record Office*, St. P., t. VII, f. 274.

(2) Il sera nécessaire de revenir sur une déclaration aussi expressive.

(3) Cf. Appendice, n° 1, p.iii. Duplicata de l'original. Dupuy, t. 547, f. 50. Le Roi de France ne pouvait pas encore savoir que la citation avait été faite le 19 décembre précédent, à moins que ses agents ne lui eussent dépêché un courrier.

ces marques de bonne volonté, d'ailleurs fort peu compromettantes. Le temps n'était pas venu de faire prendre à la France une attitude plus marquée. En fait, l'année 1531 se passa presque toute entière en conflits de juridiction, pour résister à la citation par une série d'appels et de délais; la politique du Saint-Siège n'était pas de brusquer un dénouement. Vers le mois de décembre de la même année (1), une ambassade extraordinaire arriva de Londres à Paris. Le célèbre Etienne Gardiner, évêque de Winchester, avait reçu mandat de provoquer une entrevue et, en attendant, d'obtenir une nouvelle tentative du Roi de France pour gagner la bienveillance du Saint-Siège. Il est assez vraisemblable que dès lors, il fut question d'une entente, en vue d'une pression plus vigoureuse à exercer sur le Pape et des moyens à prendre de concert, pour parvenir au divorce. D'autre part, le Roi d'Angleterre, selon son habitude, n'était pas homme à dévoiler son plan d'attaque dès le début et la dévotion du fils aîné de l'Eglise envers le Saint-Siège était trop connue (2), pour que l'on s'exposât à commettre une imprudence, en voulant aller trop vite en besogne. Dans les premiers jours de 1532, les Cardinaux Antoine Du Prat et Gabriel de Gramont écrivirent d'Abbeville à Clément VII, pour réclamer de nouveau contre la citation et demander la formation d'un tribunal ecclésiastique en Angleterre, où l'on connaîtrait du

(1) 1531.
(2) Personne n'ignore comment le Roi de France renonça aux privilèges considérables qui lui assurait la Pragmatique sanction pour signer le concordat dit de Léon X. Cet acte était non seulement spontané, mais en opposition avec le Parlement et même l'église de France.

premier mariage. Ces deux lettres doivent être rapportées ici, du moins en substance. A la date du 1ᵉʳ janvier, le chancelier mandait au Pape (1) :

Le roi d'Angleterre se plaint de ne pouvoir, malgré des demandes réitérées, jouir du droit commun, qui est de faire juger sa cause dans son royaume. Le grand nombre de ses sujets, qui devraient comparaître comme témoins, ne permet pas de les faire tous citer à Rome. L'affaire est trop importante pour être traitée par procureurs. En outre, une quasi-coutume fort ancienne, permet au Roi de se refuser à un déplacement. Ses droits sont reconnus par beaucoup de savants et d'Universités. Le mécontentement des Anglais pourrait se traduire par le vote de lois néfastes. Un bruit, auquel il serait irrespectueux d'ajouter foi, s'est répandu en Angleterre au sujet de la pression exercée par Charles-Quint sur le Saint-Siège. Sans doute, il y a tout lieu de s'en rapporter à la prudence et à la bonté du Pape ; mais il importe de mettre un terme aux maux dont cette affaire peut être la cause (2).

A son tour, le 8 janvier, le Cardinal de Gramont écrivait à Clément VII, pour se porter garant de l'importance des requêtes formulées par le chancelier, de sa bonne foi, de la sagesse de ses conseils et de son dévouement au Saint-Siège. Comme lui, il insistait sur l'opportunité de renvoyer aux tribunaux ecclésiastiques d'Angleterre l'examen du premier mariage, dont la validité était contestée (3).

(1) Cf. Appendice n° 2, p. iv.
(2) Cf. Appendice, n° 2, p. iv.
(3) Cf. Appendice, n° 3, p. vii.

Chapuis, ambassadeur de Charles-Quint à Londres, n'augurait rien de bon des mouvements insolites du personnel diplomatique. Il mandait à son maître en substance, le 24 décembre 1531 : Winchester (1) est parti en France. La Pommeraye (2) est ici. Le Roi de France a pris à cœur l'affaire du divorce. Bayonne (3) part pour Rome. Vu la froideur et la pusillanimité du Pape, on peut s'attendre à des difficultés presque insurmontables du côté de la France, si elle intervient.

En résumé, même avant de solliciter une entrevue avec François Premier, pour pousser l'affaire de son divorce, Henri VIII avait déjà obtenu de lui plusieurs démarches, près du Saint-Père, en faveur de sa cause. De plus une lettre de l'ambassadeur de Charles-Quint, datée d'Amboise, le 22 septembre 1532, affirme que, dans le courant de l'été précédent, des envoyés d'Angleterre avaient apporté des propositions, en vue d'une rencontre des deux Rois. Elles n'avaient pas reçu alors un accueil favorable, parce que Charles-Quint avait fait d'autres offres, vers ce même temps (4). On peut en conclure, sans crainte d'erreur, que les premières démarches avaient été faites par Henri VIII. D'ailleurs, la preuve positive se trouve dans la lettre de Jean du Bellay au Grand-Maître, Anne de Montmorency (5), « puisque c'estoit il qui demandoit la veue et la pourchassoit ».

(1) Etienne Gardiner, évêque de Winchester.
(2) Ambassadeur extraordinaire à Londres.
(3) Jean du Bellay, évêque de Bayonne, puis de Paris, en 1532.
(4) Cf. *Letters and papers*, t. V, n° 614, p. 280.
(5) Cf. Appendice, n° 4, p. IX ; mss. de Béthune 3003, f. 23 ancien 8528).

CHAPITRE DEUXIÈME.

François Premier ne montre d'abord aucun empressement. Négociations relatives à la rencontre des deux Rois.

Les excuses ne manquaient pas au Roi de France pour gagner du temps. L'hiver était une saison défavorable et une partie de l'été devait être consacrée à l'accomplissement de grands projets : la réunion de la Bretagne à la Couronne et l'entrée de la nouvelle Reine de France dans plusieurs villes du Royaume. En attendant, avec l'obstination dont il a donné tant de preuves, Henry VIII poursuivait son dessein et s'efforçait, en toute occasion, de plaire à son allié, dans l'espérance de l'amener à lui accorder un entretien si désiré (1). Dès le 12 janvier 1532, Gardiner reçoit l'ordre d'obtenir un traité unissant les deux nations par des liens plus étroits (2). Dans cette lettre, il est vrai, le Roi d'Angleterre procède avec sa duplicité ordinaire. L'ambassadeur devra conduire cette affaire, sans laisser voir combien son maître en désire la conclusion. En parlant au Roi,

---

(1) Il demande à son ambassadeur de lui envoyer le portrait de François Premier, dans la belle forme où il est encore; car peu d'années peuvent changer les plus beaux visages. Les portraits des enfants de France lui seront aussi fort agréables. Cf. *Letters and papers*, t. V, n° 791, p. 376.

(2) Cf. *Letters and papers*, t. V, n° 711, p. 340.

il s'efforcera de traiter, comme si la requête venait de François Premier lui-même. N'a-t-il pas envoyé, dans ce but, Jean du Bellay, évêque de Bayonne, et M. de Langey, son frère (Guillaume du Bellay), à Woodstock et à Ampthill? Ce premier point nettement établi, Henry VIII daignera accepter les avances de son bon frère, et l'évêque de Winchester n'oubliera pas combien il importe d'agir, comme si c'était bien, en réalité, la situation respective des deux parties contractantes.

A la suite de nombreux pourparlers, plusieurs traités furent signés dans le cours de l'année 1532. Le dernier porte la date du 23 juin et fut conclu à Londres entre Gilles de la Pommeraye et Thomas Boleyn, *Earl of Wiltshire and Ormond*, obligeant les deux princes, sur la foi du serment, à se donner une mutuelle assistance contre Charles-Quint.

Pendant ce temps, le Roi de France assemblait à Vannes les Etats Généraux de la Bretagne et pour célébrer la réunion de cette province à la Couronne, les officiers de sa maison préparaient l'entrée de la Reine Eléonore à Nantes. De pareilles démonstrations n'étaient pas un vain mot. Si le voyage et les fêtes étaient l'occasion de dépenses parfois frivoles, les relations qu'elles amenaient avec les différentes parties du Royaume, donnaient au Roi la facilité de connaître, avec exactitude, et par lui-même, les ressources et les nécessités locales. C'était même une occasion toute trouvée de recevoir, en don gratuit, sous forme de *munusculum*, de *xeniolum*, des médailles spécialement frappées, à l'occasion du passage, de l'entrée, ou de la visite du Souverain, et même des monnaies portant la date de l'évènement, en assez grand nombre, pour former parfois une somme assez considérable. Aussi, comme parmi beaucoup d'autres, le cabinet des médailles de la Bibliothèque Nationale possède, précisément, une médaille commémorative de l'entrée de François Premier à Romans (Drôme), en 1533, il a paru intéressant d'en faire connaître ici une exacte reproduction (1) d'autant que cette entrée

se fit, dans le voyage de Boulogne à Marseille, où devait se dire le dernier mot relatif à l'entrevue de 1532. En outre, les villes éloignées de Paris avaient l'occasion de concevoir et de témoigner au Souverain plus de respect, de dévouement et d'amour, après l'avoir vu de près, dans l'éclat de la majesté

(1) Des remerciements sont dus à Mʳ de la Tour, l'un des savants et aimables conservateurs du cabinet des médailles, à la Bibliothèque Nationale, pour son obligeance et les encouragements accordés par lui à cette étude.

royale. D'ordinaire, une étiquette moins sévère permettait, dans ces occasions, l'expression de toutes les doléances. Aussi, comme les ordonnances de François Premier peuvent en faire foi (1), le redressement des abus, des mesures capables de promouvoir l'industrie et le commerce, et de faire fleurir l'étude des lettres ou le goût des arts, prenaient une grande partie du temps consacré par le Roi à ces visites. Le soir venu, il avait bien gagné sa part des fêtes organisées en son honneur par des sujets reconnaissants. D'ailleurs, c'était encore une occasion de gagner les cœurs. En fait, peu de princes se sont montrés plus accessibles et plus généreux ; aucun peut-être ne demeura plus populaire, malgré ses revers. On le concevra donc sans peine, les entrées exigeaient l'examen de nombreux détails et il ne faut pas s'étonner, si le projet d'une entrevue à Boulogne avec Henry VIII fut, pendant plusieurs mois, relégué au second plan.

En général (si l'on excepte les résidences plus voisines de Paris), les logis et les châteaux du Roi, en province, étaient dépourvus du mobilier suffisant. Pour les transformer, il fallait de toute rigueur, dégarnir d'autres palais et leur emprunter le linge, les tentures, les tapisseries, la vaisselle, surtout celle d'or et d'argent, en un mot ce qui peut donner au peuple une idée plus haute de la grandeur et de la dignité du prince. Le compte des dépenses nécessitées par l'entrevue de Boulogne contient un chapitre

(1) Cf. Les actes de François Premier. *Imprimerie Nationale*, 1887. On trouvera aussi, au document n° 34 et au n° 47, la mention d'un don et d'un octroi faits à Boulogne par le Roi, en octobre 1532

spécial (1) où se trouvent détaillés les frais de transport des objets pris aux châteaux d'Amboise et de Blois, pour le voyage de Nantes que devait suivre celui de Boulogne; la dépense totale s'éleva à deux mille quatre cent-quatre-vingt-trois livres, huit sols, cinq deniers tournois, alloués à Jean Bourdineau, clerc de l'hôtel du Roi, en récompense de ses services.

De nos jours, les entrepreneurs de déménagement auraient-ils ramené par le fleuve, à leur point de départ, toutes les caisses expédiées à Nantes, pour les conduire ensuite, par terre, d'Amboise à Boulogne? Selon toute apparence, on trouverait plus simple et moins frayeux de charger un bateau capable de tenir la mer. Sans doute, il ne manquait pas de vaisseaux à cette époque, ni de bons marins. Peut-être craignait-on d'exposer aux dangers d'un naufrage, toujours possible (même au dix-neuvième siècle), des œuvres d'art et des meubles, dont la perte aurait été irréparable? Chacun peut adopter, sur ce point, la solution qu'il préfère. Le fait est que le convoi destiné à Boulogne fut amené par un nombre assez considérable de chevaux, en suivant prosaïquement la grand' route.

On aurait pu s'attendre à trouver, dans la correspondance diplomatique, des renseignements plus nombreux sur les conventions particulières prises entre les deux Rois, pour assurer le succès de leur réunion sur le sol de France. Deux lettres seulement font connaître les précautions prises pour maintenir la paix au dehors et conserver l'harmonie au dedans.

(1) Bibliothèque Nationale. Fonds français, n° 10388. Appendice, n° 51.

Par ordre chronologique, la première est celle de Jean du Bellay, en date d'Ampthill, le 21 juillet 1532 (1). Il apprend à Montmorency qu'il a dû menacer le Roi d'Angleterre d'une rupture, s'il ne renonçait à ses prétentions au droit de préséance et s'il continuait à demander que François Premier allât lui rendre visite à Calais, avant de le recevoir à Boulogne. La seconde dépêche est de Gilles de la Pommeraye (2). Il raconte à François de Dinteville, évêque d'Auxerre, ambassadeur à Rome, tous les arrangements pris, dès le 10 septembre 1532. « Et se fera ladicte veue avec le moins de gens et d'appareil qu'il leur sera possible, comme sans drap d'or ny d'argent, sinon pour leurs personnes, s'il leur plaist d'en porter, et pour les dames, si aucunes en y a. Et celuy qui moins y menera de gens et tiendra ledict appareil plus modeste, donnera à cognoistre à son compaignon qu'il y aura myeulx sceu donner l'ordre. Toutesfois, il demeure en la liberté et discretion desdicts Seigneurs Roys d'avoir telle compaignie chacun qu'il luy plaira..... Viendra ledict sieur Roy d'Angleterre, accompaigné de tous ses gens, jusques là où il trouvera le Roy très chrestien, et là retiendra seulement six cens chevaulx à Boulongne. Et en pareil fera le Roy très chrestien à Calays, en compaignie du Roy son frère... Sera deffendu et fait cryé par les deux Roys ce pendent qu'ilz seront ensemble, qu'il n'y ayt gentilhomme ny autre si hardy de parler de propos quereleux et dont se puisse engen-

---

(1) Cf. appendice, n° 4, p. ix. Bibl. Nat. mss. de Béthune, n° 8003, p. 23.
(2) Cf. document, n° 20, p. xxvi.

drer debat entre eulx, sur peine d'estre banny pour ung an de leur pays. Sera pareillement deffendu sur peine de mort que nul homme mette la main à l'espée pour faire debat. Ce pendent que lesdicts sieurs Roys seront ensemble, ilz auront quatre cens chevaulx au guet, asscavoir : le Roy très chrestien, deux cens à Ardre ou aultre lieu, s'il se trouve plus propice pour cest effect, et le très puissant Roy d'Angleterre, autre deux cens aussi, audict lieu de Ardre, ou ailleurs, s'il trouve pareillement le lieu plus propice (1) ». Sans être bien explicite au sujet du vrai motif de l'entrevue, l'ambassadeur de France en Angleterre avoue à son correspondant que l'objet mis en avant n'est pas le seul et qu'il sera aussi traité des moyens de réunir la Chrétienté. On n'aurait pas pu rappeler plus discrètement à l'évêque d'Auxerre, comment, sous prétexte de s'allier contre le Turc, on allait faire un pas de plus en avant, dans le sens du divorce. On verra un peu plus loin que l'ambassadeur de Charles-Quint découvrit et annonça, huit jours avant la date fixée pour l'entrevue, le plan du Roy d'Angleterre.

---

(1) La collection Dupuy, t. 547, contient le texte latin des conventions arrêtées entre les deux souverains. Le résumé qu'en donne de la Pommeraye est assez exact, pour qu'on n'ait pas eu à reproduire cette seconde pièce.

CHAPITRE TROISIÈME.

Préparatifs. Premières dépenses faites pour recevoir Henry VIII à Boulogne.

L'entrée de la Reine Eléonore et du Dauphin, depuis peu Duc de Bretagne, se fit le 24 août à Nantes. Bien avant ce moment, le Grand-Maître, Anne de Montmorency avait eu à résoudre, de concert avec le Roi, d'assez nombreuses questions. Il ne s'agissait pas de déterminer les objets mobiliers à transporter pour orner les salles et les chambres. Ce choix concernait avant tout les maîtres d'hôtel, et les caisses revenues de Nantes devaient suffire pour le séjour de Boulogne, sauf plusieurs additions nécessaires. D'autres détails de plus grande importance exigeaient l'attention du premier ministre. Quel lieu de rencontre choisirait-on, ni trop loin de Calais, ni trop près des Flandres ? Quelles mesures prendrait-on pour éviter une surprise du côté de l'Empereur ? Combien faudrait-il d'artillerie pour se défendre, en cas d'attaque, et, en tout cas pour donner une plus grande idée de la puissance royale et honorer l'hôte attendu ? Convoquerait-on les deux cents gentilshommes de la Chambre ? A quel nombre de soldats s'en tiendrait-on? La ville de Boulogne, très favorable à une foule de points de vue, serait-elle assez grande? Y trouverait-on assez de logements? Pourrait-on l'approvisionner sans difficulté? La Cour accompagnerait-elle le Roi? Anne Boleyn serait-elle du voyage? Enfin de quoi serait-il exactement question et quelle réponse conviendrait-il de faire aux propositions du Roi d'Angleterre?

Comme on le voit, il y avait matière à réflexion, et sur plusieurs points il convenait d'engager des pourparlers, d'expédier des courriers, et de bien peser le pour et le contre, avant de fixer les détails du cérémonial. On l'a déjà dit, au chapitre précédent, la question de préséance avait été tranchée, avant le 25 juillet, si l'on en juge par la lettre de Jean du Bellay. Cette précaution n'était pas inutile; Henry VIII aurait voulu être traité, comme en 1520, au camp du Drap d'or, au moins sur un pied d'égalité, lui monarque d'un rang inférieur à celui du Roi de France! Or, chacun pouvait se rappeler combien sa conduite avait choqué tous les seigneurs, dans cette mémorable occasion. Aussi avait-on pris un soin tout particulier de trancher ce point d'étiquette, en réclamant en tout et partout la première place pour François Premier. Dans la pratique, son droit une fois reconnu, le Roi le céda par pure courtoisie; et sur la route, comme à Boulogne, il donna constamment la droite à Henry VIII. Il convient d'ajouter que le Roi d'Angleterre lui rendit la pareille à Calais.

Une petite armée se réunit, sans bruit, sur les frontières de la Picardie, pour être prête, en cas d'alerte de la part des garnisons espagnoles ou allemandes, à repousser une attaque. Le Dauphin y aurait été envoyé de Boulogne, non pour se mettre à la tête des troupes (il était encore trop jeune pour les commander) au moins pour enflammer, par sa présence, l'ardeur des soldats. L'artillerie de Boulogne fut renforcée par une portion détachée de trois autres places de guerre. Les deux cents gentilshommes de la Chambre furent convoqués (1). La suite des rois fut limitée à six cents hommes d'armes. Des mesures furent prises pour le ravitaillement de Boulogne. On commanda des tentes pour obvier à l'insuffisance des logements. (2) Anne Boleyn renonça à sortir de Calais et aucune Dame de la Cour ne fut invitée à suivre le Roi de France, au-delà d'Amiens, où la Reine Eléonore séjournerait, jusqu'au retour du prince, à la fin de l'entrevue.

S'il faut peu de temps pour résumer en quelques mots les solutions données à ces diverses questions, il en fallut beaucoup davantage pour arriver à les trancher. C'est ici l'occasion de montrer que François Premier ne négligeait pas toujours, comme on le lui a reproché, les affaires pour le plaisir. Sur la plupart des points dont il vient d'être fait mention, Anne de Montmorency ne pouvait dire le dernier mot, sans consulter le Roi. D'ailleurs, le vaste recueil de ses ordonnances, publié par l'Académie des sciences morales et politiques, suffit à réfuter

---

(1) Cf. Appendice, document n° 44, p. 69. Cinq courriers furent dépêchés de Chenonceaux, le 16 Septembre 1532, pour cette convocation, qui fut payée 100 écus soleil, soit 205 livres tournois.

(2) Cf. Document, n° 51, p. xc.

cette accusation calomnieuse. Quand on examine le nombre et la nature des affaires à traiter presque chaque jour, la vaste correspondance du prince avec ses ambassadeurs, et surtout si l'on tient compte d'une préoccupation constante du bien de ses sujets et de la sûreté de l'Etat, sans parler d'un amour passionné pour les lettres et les arts, François Premier ne goûta jamais le fameux *otium cum dignitate*, et ne mérita à aucun titre, le nom de *Roi fainéant*. Loin de là, il montra toujours de l'assiduité aux heures de travail, et s'il fut souvent malheureux, malgré son entente remarquable des affaires et la promptitude de son coup d'œil, des circonstances indépendantes de sa volonté et de son application en furent, la plupart du temps, la seule cause. A part la bataille de Pavie, perdue par un acte d'irréflexion, pourrait-on lui reprocher beaucoup de fautes dans ses luttes contre un ennemi supérieur? D'ailleurs, s'il connut des revers, son règne ne fut pas sans gloires (1).

Parmi les préparatifs les plus considérables, nécessités par l'entrevue, figurent en première ligne ceux qui concernent le renforcement de l'artillerie de Boulogne. Le compte de la dépense (2) fournit, à cet égard, de précieux renseignements. Ce n'est même plus une pièce d'histoire locale, mais ce sont plutôt des pages d'un intérêt beaucoup plus général. Il sera donc à propos d'en extraire les détails les plus curieux.

---

(1) Cf. Documents, p. CCXLVII.
(2) Cf. Compte de dépense. Appendice, n° 51, p. LXXVII à p. CLXXVII; Biblioth. Nat. Fonds français, n° 10388.

Si la ville, où devaient se rencontrer les deux Rois, possédait un vaste château, protégé par des ouvrages extérieurs assez considérables (dont Vauban ordonna la destruction en 1689), des remparts solides, un mur d'enceinte pour la ville basse, la tour de Caligula pour la défense du côté de la mer, elle ne paraît pas avoir eu, en 1532, un armement bien formidable. Par la nature du terrain, sa position en faisait une place naturellement forte ; la portée des canons de siège était loin d'être longue et les boulets de pierre, en atteignant une muraille, en partie construite (au moins à la base), par les Romains, sur une largeur de plusieurs mètres, ne pouvaient y faire de grands dégâts (1). Cependant, malgré la force de résistance de l'ouvrage, il y eut à faire au rempart, une réparation considérable, dans l'été de 1532, mais dont il ne peut être question en ce moment.

L'artillerie de la France avait fait, depuis Crécy, les plus heureux progrès. Le célèbre de Genouillac, dit Galliot, dont le nom figure parmi ceux des gentilshommes de France venus à Boulogne, à la suite du Roi, en était alors le Grand-Maître. On avait pu constater à Marignan, la supériorité des pièces de l'armée française et, sans l'imprudence de François Premier à Pavie, les canons du camp retranché, réduits au silence par cette sortie intempestive, étaient assez forts pour résister aux feux de la ville et à ceux de

(1) On voit encore, encastrés dans la muraille extérieure du rempart, plusieurs de ces boulets, à la Tour Notre-Dame et près de la Tour Françoise. Ils y ont été placés, à une époque postérieure aux sièges, non pour donner une idée de leur action sur la maçonnerie, mais pour rappeler la nature des projectiles dont on se servait autrefois.

l'armée venue à son secours. Depuis lors, les places de guerre s'étaient munies d'armes nouvelles et non moins habilement dirigées. Amiens, Abbeville et Montreuil furent les villes désignées pour expédier sur Boulogne une portion de leur superflu (1).

Quatre couleuvrines bâtardes, huit couleuvrines moyennes, trois faucons, sept fauconneaux, trois émerillons, quatre-vingts arquebuses à croc, trente-et-une chambres de fer, vingt-quatre chargeoirs, six refouloirs, six barils de poudre furent livrés par la citadelle d'Amiens. A Abbeville, on prit deux canons, deux couleuvrines bâtardes, trois couleuvrines moyennes et vingt-cinq arquebuses à croc. Les « manans et les habitans » de Montreuil-sur-Mer furent requis de laisser partir cinq canons, trois grandes et deux moyennes couleuvrines, neuf arquebuses à croc et quinze barils de poudre. Il y eut donc en tout :

   Sept canons.
   Trois grandes couleuvrines.
   Six couleuvrines bâtardes.
   Treize couleuvrines moyennes.
   Trois faucons.
   Sept fauconneaux.
   Trois émerillons.
   Cent quatorze arquebuses à croc.
   Vingt-et-un barils de poudre, etc.

Mais l'intérêt le plus grand se trouve dans le genre de transport adopté pour conduire toutes ces pièces. Pour le trajet d'Amiens à Abbeville, on se servit de

---

(2) Cf. Document, n° 51, p. xcxi et p. c.

barques sur la Somme. A Abbeville, tout fut transbordé, avec le contingent de cette ville, sur des *gribanes*, ou bateaux employés au cabotage, à l'embouchure des rivières, et le long des côtes. Après avoir continué leur route sur la même rivière jusqu'à Saint-Valery, les gribanes allèrent ensuite jeter l'ancre dans le petit port de Crotoy. Ce temps d'arrêt était causé par l'état menaçant de la mer. Aussi, pour assurer l'arrivée du convoi à Boulogne, en temps opportun, on fut obligé d'envoyer, en hâte, cent trente-quatre chevaux destinés à l'amener par terre, s'il fallait renoncer à poursuivre le voyage sur mer. Sur les entrefaites, le vent changea et il devint possible de continuer à faire naviguer la flottille, du Crotoy à Boulogne.

L'artillerie de Montreuil aurait pu, à la rigueur, venir par la Canche; puis d'Etaples elle aurait rejoint l'autre convoi par la mer. Montmorency donna néanmoins l'ordre de l'amener par terre. La route ne traversait pas la rivière comme aujourd'hui, au pied de la ville basse, mais passait par le village d'Attin, où se trouvait un bac, encore mentionné sur la carte de Cassini. Le compte de dépense mentionne les frais d'un pont de bois jeté, à cette occasion, sur la Canche près du bac, mais seulement pour le passage du Roi, comme l'indique un ordre de rembourser Nicolas Lamyral, argentier à Montreuil, pour cette construction (1). Il n'était pas assez solide pour supporter le poids des canons et l'on eut recours au passeur, « un passager du bacq d'Athan » qui reçut, pour

---

(1) Cf. Document n° 51, p. cxvii.

les deux voyages nécessaires, la somme de sept sols tournois (2). Les chevaux employés pour mener les pièces de Montreuil vinrent d'assez loin : Baudichon Aubry, de Coudun (Oise), en amena six qui servirent six jours, comme ceux de Pierre Legendre, du même village. Jean Jenneau et Jean Gouies de Compiègne avaient chacun un attelage de même nombre occupé pendant le même temps. Mathurin Thron conduisait un cheval de plus. Alain de la Croix, de Braisne-sur-Arronde (Oise) fournit dix-sept chevaux qui travaillèrent huit jours. On les paya, à raison de « sept sols six deniers pour cheval, par chacun jour » et la somme s'éleva, de ce chef, à cent huit livres. Il fallut, en outre, un conducteur, Antoine Joly, et on lui donna dix sols pour six journées. Enfin Pierre Douvylle, capitaine du charroy du Roy, reçut « cent quatre vingts dix huict livres pour paiement de quarante quatre chevaux qu'il a fournis aux charretiers pour les conduire, et qui ont servy durant tant à amener aux deux voyages le reste desdites pièces dudit Montreuil jusques en la ville de Boulongne qu'à monter et mener » l'artillerie des trois places sur les remparts et les plates-formes de la ville, les changer de place « quant il a été besoing » et les ramener. En somme, il fallut quatre-vingt-douze chevaux et la dépense totale dépassa trois cents livres. On peut ici se demander, à bon droit, pour quelle raison on décida de prendre, à Compiègne et dans les environs, des chevaux requis pour ce transport. La région de Montreuil ne pouvait-elle, alors

---

(2) Cf. Compte de dépenses. Document, n° 51, p. civ.

comme aujourd'hui, fournir d'excellentes bêtes de trait léger ? La raison la plus vraisemblable de leur exclusion est que les places fortes de l'Oise recevaient, en temps de paix, les animaux déjà dressés au service et au bruit de l'artillerie. Par suite, il était plus naturel de les prendre pour ce voyage que de s'exposer à des accidents, avec des attelages plus sujets à s'effrayer dans un travail inaccoutumé ? Avant d'arriver à Boulogne, on fit halte après le Pont-de-Briques, réparé pour ce passage (1). Le terrain se trouva défoncé, dans la vallée de la Liane, et on eut à payer des guides pour indiquer sur le flanc des coteaux une route plus ferme à travers champs et capable de supporter le poids des canons (2).

Le service d'informations sur les mouvements possibles des garnisons espagnoles de la Flandre n'avait pas été organisé avec moins de sollicitude. Le Dauphin, comme on l'a dit, se tenait prêt à marcher à la tête de la petite armée qu'on aurait tirée de toutes les places fortes de la Picardie. S'il était sage de se mettre en état de défense, il était non moins habile de ne pas se laisser surprendre. Plusieurs sujets dévoués étaient chargés de se mettre au courant des projets de l'ennemi, s'il se remuait. Baudichon Beranel, capitaine de l'Abbaye de Licques, reçut quarante livres tournois à distribuer entre les gens choisis pour « entendre nouvelles et donner advertissement de ce qui se faisoit ès dicts pays durant l'entreveue desdicts Roys ». D'autre part, Jean Colman,

---

(1) Cf. Compte de dépense. Appendice, n° 51, p. cvi.
(2) Cf. Compte de dépense. Appendice, n° 51, p civ.

provincial des Minimes de Touraine, avait été envoyé en Angleterre, avec plusieurs religieux de son ordre et au retour, le Roi lui fit don de vingt-sept livres. Sur la frontière des Flandres, Baudran de Calonne, Seigneur de Nielles, entretenait des hommes de guerre et autres personnages pour la sûreté du Roi et ses services furent payés par l'octroi de deux cents livres. Pour les frais d'un voyage secret, Dom Jean Daneau, religieux, eut une gratification de treize livres, dix sols (1).

Au seizième siècle, Boulogne se divisait seulement en deux parties distinctes, la ville haute et la ville basse; chacune munie d'une enceinte et reliée à l'autre par des ouvrages de défense. Sur la côte, dominant le port, s'élevait la Tour d'Odre, construite sous Caligula et destinée à servir tout à la fois de fort et de phare (2). Une muraille, construite pendant l'occupation anglaise (3), la réunissait à la basse-ville passant, selon toute apparence, comme l'indique le dessin de Joachim Duvient (1611), par le fort de la Rouge-Maison, dont toute trace a disparu en 1897 (sur l'emplacement de la place Saint-Pierre). La ville haute comprenait une triple enceinte. La plus importante, toujours debout, est devenue propriété municipale, par la cession qu'en a faite le

---

(1) Cf. compte de dépense. Appendice, n° 51. p. cxxiii.

(2) Les éboulements successifs de la falaise en ont fait disparaître les derniers vestiges.

(3) On voit encore des traces de cette muraille. L'une sépare le jardin d'une maison appelée « le petit Chantaire » et celui de la maison de M. Lacour, proche du tunnel qui joint la basse-ville aux Tintelleries ; la section de ce mur s'aperçoit entre les clôtures des deux jardins contigus; une autre portion de cet ouvrage se voit dans la propriété des sœurs de Saint-Joseph, vers la place Navarin.

Génie militaire, au nom de l'Etat. C'est un rempart, protégé, encore aujourd'hui, à l'est, par le Château, au sud, par la tour Françoise, à l'ouest par la tour Gaillette ou des Annonciades, au nord par la tour Notre-Dame. Il s'arrondit de distance en distance, pour former des bastions, dont plusieurs étaient défendus par une série d'ouvrages extérieurs, tous disparus depuis 1689. Quatre portes donnaient accès dans l'enceinte et s'appelaient: Flamentque ou Flamande, puis Neuve ou de Calais, Gayolle, des Degrés (1) et des Dunes, en allant du nord à l'ouest, sans parler d'une poterne par laquelle on avait accès à la haute-ville, près de la tour actuelle des Annonciades. Elles étaient fortifiées, chacune à sa manière; mais ces ouvrages protecteurs ont été supprimés, comme ceux des tours et des bastions, par ordre de Vauban. La seconde enceinte, moins haute, sauf auprès de la tour Notre-Dame, comme on le voit encore de nos jours, était une fausse-braye en maçonnerie, remplie de terre et servant de plate-forme. A la tour Gaillette et à la tour Françoise, selon le plan de 1676, conservé au ministère de la guerre et dont la direction du Génie à Boulogne possède deux copies modernes, il y avait des fossés pleins d'eau. Ce mur ne s'élevait pas aussi haut que le rempart; sans quoi les meurtrières des bastions et des tours auraient été sans objet. Il était loin d'être aussi épais (2). Enfin un

(1) Protégée par le *moineau*. Les degrés constituaient une défense de plus contre la cavalerie.

(2) Aucune vue de Boulogne ne rend aussi bien compte de la seconde enceinte de la ville, ou *fausse-braye* comme le dessin de Joachim Duvient. Levé de la falaise, au-dessus de Beaurepaire, ce panorama fut exécuté sous Henri IV, par une main habile, comme le prouvent les relevés de beaucoup

simple talus en terre enveloppait toute la place, et il en reste encore une portion dans les jardins qui font face au château, sur le front de la route qui conduit de la porte de Calais au cimetière. Ce n'est pas le dernier reste du système de fortification imaginé pour la défense de Boulogne. Derrière l'école municipale de garçons pour la haute-ville, il existe un vestige de la voûte qui terminait jadis l'ensemble des ouvrages extérieurs de la porte *Flamentque*. On pourrait, en détruisant le travail fait pour attacher les chevaux, conduits à une forge établie en cet endroit, reconstituer un souvenir de plus du passé.

Ces détails ont pu paraître un peu minutieux. Ils étaient cependant nécessaires pour bien comprendre une des révélations les moins attendues du compte de dépenses, c'est-à-dire, la réfection d'une brèche faite

---

d'autres places-fortes dessinées par lui, pour le service de la France. C'était un espion, flamand d'origine, à en juger par son nom, J. Duviert, que l'on trouve au bas de la plupart de ses autres dessins. Celui dont il s'agit ici a été choisi de préférence à tout autre pour de bonnes raisons, comme en-tête de ce volume. En premier lieu, l'artiste se recommande par son exactitude et d'ailleurs ses fonctions en sont un sûr garant. En outre, il est facile de constater, par comparaison, que les détails sont d'accord avec les données historiques, sauf la position relative de la Sénéchaussée et de la chapelle des sœurs grises, ou franciscaines (aujourd'hui les Annonciades). Enfin, c'est le plus ancien dessin connu, et la gravure dont il sera parlé, à la notice de sir Antony Browne, outrage à un tel point les règles de la perspective qu'elle ne peut servir à donner des informations sur lesquelles on puisse s'appuyer. L'original de Joachin Duvient (Veré, Duviert) se trouve derrière la vue de Montdidier, dans un recueil, placé sous la cote V X 23, au cabinet des estampes de la Bibliothèque Nationale. Ce fonds, connu vulgairement sous la dénomination « Collection du maréchal d'Huxelles » provient en réalité de Lallemant de Betz qui l'avait acquis d'un autre financier, nommé Moreau. Le volume 23 contient les vues d'un assez grand nombre de places-fortes.

à la muraille, depuis la porte.« Flamentque » jusqu'à la tour Notre-Dame. (1) C'est un fait dont l'histoire de la ville avait complètement perdu le souvenir. Evidemment, il ne pouvait s'agir de la fausse braye. D'abord ce mur, beaucoup plus bas, est rarement l'objectif des batteries de l'assiégeant. Le terre-plein qu'il renferme n'en subsisterait pas moins après sa chute, et ce que vise l'ennemi, c'est la grande muraille, soit pour tenter un assaut par la brèche, soit pour menacer les habitants de la ruine de leurs demeures, s'ils n'amènent la garnison à capituler. De plus, la somme portée au compte de dépenses pour cet objet, aurait été hors de proportion avec l'ouvrage, s'il avait fallu rétablir seulement la fausse-braye ; elle correspond au travail de cent maçons pendant près de cinquante jours. D'ailleurs, si l'on examine le parement du rempart, de la porte de Calais (jadis Flamentque) à la tour Notre-Dame, c'est partout une maçonnerie homogène, et par conséquent, faite d'un seul coup, au même moment, à l'exception de plusieurs endroits, où la réparation, d'ailleurs peu considérable, a été faite dans ce siècle, sous la direction du Génie. De plus, l'œuvre diffère beaucoup de celle des autres portions de la muraille et en comparant, par exemple, le côté gauche, antérieur au xvie siècle, et le côté droit de la porte de Calais, la différence est très nettement marquée. En regardant vers le château, on voit des moellons inégaux et beaucoup de pierres assez longues, tandis que vers la tour Notre-Dame, les maté-

---

(1) Cf. Document, n° 51, p. cxxv. Ce mur n'était pas, avant 1532, dépourvu de bastions.

riaux sont plus petits et uniformes. (1) Enfin, le texte du compte de la dépense est assez explicite : « pour la reparation d'une grande bresche qu'il a convenu refaire et reprendre depuis le fondement de la muraille de la ville de Boulogne entre la porte Flamentque et la tour Notre-Dame ». La muraille proprement dite d'une ville est toujours le rempart ou le plus important moyen de défense, celui où se pratiquent les brèches. Dans le cas présent, d'un point à l'autre, il y a environ deux cents mètres. La section du mur est un trapèze dont la hauteur moyenne dépasse huit mètres, et la demi somme des bases parallèles n'est pas inférieure à deux mètres. Sur ces données, on voit qu'il s'agissait de reconstruire une maçonnerie cubant plus de trois mille mètres cubes. Il n'y a donc rien d'étonnant si la dépense s'est élevée à la somme considérable (2) de douze cent soixante-quinze livres cinq sols. Sans doute, la pierre était à pied d'œuvre (car on n'avait pas dû enlever la portion tombée), le sable n'était pas loin, l'excellente chaux du pays ne coûtait pas cher et cent hommes, travaillant pendant cinquante jours pouvaient facilement réédifier le rempart; or, à raison de cinq sols par jour, les maçons n'auraient pas coûté plus de 25,000 sols, dans ces conditions, soit 1250 livres ; et il est bien à croire qu'il n'a pas fallu 5,000 journées pour terminer ce travail.

(1) Ce mur a subi des atteintes, depuis la réfection de 1532, et notamment au siège de 1544. Il a donc fallu le réparer. Mais ces travaux moins importants n'en ont pas altéré l'aspect, si différent de celui des autres parties de l'enceinte, qui ont gardé leur cachet de plus grande ancienneté.

(2) Pour l'époque. Cf. document, n° 51, p. cxxv.

Ainsi tout concorde pour montrer que c'est bien du rempart qu'il est ici question. A l'heure présente, si par un accident imprévu, la ville avait à supporter les frais d'une pareille réfection, la caisse municipale aurait à payer bien plus de trente mille francs. Il sera sage de noter ce résultat; on voit en effet par là que si on cherchait à établir, sur un seul article, le pouvoir de l'argent, au seizième siècle, par rapport au dix-neuvième, le coefficient dépasserait de beaucoup 24. Or, en fait de provisions de bouche, comme il sera dit plus loin, le pouvoir serait inférieur à 7, et par conséquent, il convient de ne pas tenir compte des règles dites générales, insuffisamment établies, et sujettes aux plus extraordinaires exceptions.

La question d'approvisionnement exigeait, elle aussi, des préparatifs. Réduite à une superficie à peu près égale à celle de la ville haute, la ville basse ne devait pas contenir un plus grand nombre d'habitants et il ne semble pas probable que la population ait pu dépasser, en 1532, le chiffre de cinq mille âmes. En comptant les seigneurs, hommes d'armes, serviteurs et valets, à la suite des Rois de France et d'Angleterre, les ouvriers venus de divers lieux, charretiers, peintres, décorateurs, tapissiers, matelots de Saint-Valery, pionniers, soldats, artilleurs, etc., sans compter les curieux accourus de leurs châteaux ou manoirs, ou les indigents attirés par l'espoir de participer aux reliefs des festins, il fallait pourvoir à la nourriture d'un nombre à peu près égal au précédent chiffre de cinq mille (et l'on verra que pour le séjour de Calais la prévision fut identique), pendant quatre jours. Henry VIII donna l'ordre d'expédier sur Calais, avant son embarquement, un troupeau de mille bœufs et de mille moutons (1). Il est toutefois à noter que son séjour en France fut de plus de trente jours et que sa suite, sauf à Boulogne, était fort nombreuse. Elle aurait dû être de plus de 2.700 hommes (2), si tous étaient venus, et encore ne comprend-on dans ce rôle, ni la compagnie à la suite de François Premier, ni les étrangers attirés par la curiosité du spectacle, ni les pauvres de la région et les mendiants, désireux de pouvoir, une fois dans leur vie, assouvir leur faim, et se procurer des provisions ou des aumônes, pour les mauvais jours à venir. Cette énorme quantité de boucherie n'était donc pas seulement destinée à nourrir plus de cinq mille personnes pendant quatre jours à Calais. En fait, il suffit, pour l'entretien des Français, de soixante bœufs et de trois cents moutons, d'autant plus qu'il y eut deux jours d'abstinence sur quatre. Par suite, il y eut un notable excédant, soit pour nourrir la suite du Roi d'Angleterre pendant les trente-quatre jours passés à Calais, du 11 octobre au 14 novembre, soit pour servir à la garnison et d'ailleurs rien n'empêchait les maîtres d'hôtel du Roi de renvoyer en Angleterre ce qu'on n'aurait pas été dans la nécessité de consommer sur le continent. Le compte de dépense ne fournit pas les détails des provisions de bouche ordonnés pour le séjour de Boulogne. Mais si l'on juge par les éloges contenus dans le récit anglais (3) sur la

---

(1) Cf. Document, n° 9, p. xvi, ordre du 6 septembre.
(2) Cf. Appendice, n° 23, p. lix.
(3) Cf. Appendice, n° 21, p. xli, l. 15.

bonne chère dont François Premier régala ses hôtes, la dépense dut être presque égale des deux côtés. D'ailleurs, à défaut de listes et de rôles, on trouve dans diverses ordonnances de quoi suppléer à ce silence.

C'est d'abord une ordonnance, en date de Boulogne, le 20 octobre 1532. Elle prescrit au trésorier de l'épargne de payer à Pierre Rousseau, chargé de la chambre aux deniers des fils du Roi, 2.000 livres tournois, pour avancer aux bouchers fournisseurs de leur maison, le montant du quatrième trimestre de l'année, à cause de la prochaine entrevue entre les Rois de France et d'Angleterre (1). Le 8 novembre de la même année, Jean Laguette reçoit l'ordre de payer à Jacques Besnard, maître de la chambre aux deniers du Roi, 1.200 livres tournois, pour l'achat du vin mené à Boulogne et la dépense de l'hôtel (2). Avant de quitter Paris, François Premier, avait mandé, le 1er octobre 1532, au trésorier de l'épargne de payer au même Jacques Besnard, maître de la chambre aux deniers du Roi, 13,500 livres tournois à distribuer aux fournisseurs de la maison du Roi, comme il suit : 6.000 livres aux bouchers, 4.000 aux boulangers et pâtissiers; 2.000 pour achat et location de linge et de vaisselle, 1.500 pour achat de vin, toujours à l'occasion de l'entrevue (3). Par un autre mandement, en date du 22 janvier 1532

---

(1) Cf. Document, n° 27, p. LXII ; Arch. Nat. Acquits sur l'épargne. f. 962, n° 22. (Mention).

(2) Cf. Appendice, n° 45, p. LXIX ; Arch. Nat. Acquits sur l'épargne. J. 962, n° 22. (Mention).

(3) Cf. Appendice, n° 40, p. LXVII ; Biblioth. Nat. Mss. français, 15628, n° 256. (Mention).

(verè 1533), il est enjoint au trésorier de l'épargne de délivrer sur les deniers portés au Louvre, à Jacques Besnard, maître de la chambre aux deniers du Roi, outre les sommes déjà reçues par lui, 4.689 livres, 1 sol, 2 deniers tournois pour les festins donnés à Boulogne, en l'honneur du Roi d'Angleterre, dans le mois d'octobre précédent (1). Jean de Bouquemelle reçut 100 livres en récompense pour avoir servi à la conduite de l'artillerie d'Amiens à Boulogne et aussi pour avoir contribué à l'approvisionnement de cette dernière ville en blé et diverses victuailles (2). Là, sans doute, ne se bornèrent pas les dépenses faites en provisions de bouche pour le séjour de Boulogne. François Premier connaissait le proverbial appétit des Anglais : il ne dut pas les laisser mourir de faim et le narrateur des fêtes de Calais renonce à décrire les festins préparés pour le Roi d'Angleterre et sa suite dans la vieille capitale de la Morinie. Aussi le Roi de France à son retour de Calais, accorda-t-il, en gage de satisfaction, aux Sœurs Franciscaines de l'hôpital, pour six ans, la coupe d'un arpent de bois à prendre, chaque année, dans les forêts du Boulonnais. Cet octroi est daté de Boulogne, le 30 octobre 1532 (3). En outre, il donna, pour huit ans, aux maieur, échevins et habitants de Boulogne, la somme annuelle de 400 livres tournois (qu'il avait coutume de prendre sur les deniers de la dite ville), pour les

(1) Cf. Appendice, n° 50, p. LXXI; Arch. Nat. Acquits sur l'épargne, f. 960, f. 17. (Mention).
(2) Cf. Compte de dépenses. Appendice, n° 51, p. CXXIV.
(3) Cf. Appendice, n° 84, p. LIII; Arch. Nat. Acquits sur l'épargne, f. 962, n° 21. (Mention).

employer, sous la direction d'Oudart du Biez, Sénéchal et Gouverneur du Boulonnais, aux réparations et fortifications du port (1). C'était un office assez important, et selon toute probabilité, grevé de lourdes charges, puisque la pension annuelle de ce Seigneur s'élevait à la très grosse somme de 2.000 livres tournois, comme on peut le voir, dans les lettres-patentes, en date de Compiègne, le 17 novembre 1533 (2). S'il n'existe pas d'autres documents français contenant de plus minutieux items sur les repas de Boulogne, les papiers du marquis de Bath en fournissent au moins un aperçu que l'on trouvera dans le chapitre de la réception des Français à Calais (3).

(1) Cf. Appendice, n° 47, p. LXX; Arch. Nat. Acquits sur l'épargne. f. 962, n° 23. (Mention).
(2) Cf. Appendice, n° 35, p. LXV; Arch. Nat. Acquits sur l'épargne. f. 962, n° 27. (Mention), et Biblioth. Nat. Fonds Clairambault, t. 782, f. 289. (Mention).
(3) Cf. p. 86 et 96.

CHAPITRE QUATRIÈME.

Logis de Boulogne et de Marquise. Décorations. Habillements. Conventions prises à Saint-Inglevert. Arrivée du Roi d'Angleterre à Calais.

L'appropriation des logis du Roi de France et du Roi d'Angleterre exigeait d'assez considérables travaux. Boulogne ne possédait pas de palais royal, et malgré de vastes proportions, comme l'état actuel des lieux permet d'en juger, le château était surtout aménagé pour y recevoir des munitions, des armes, des soldats et tout au plus le gouverneur de la place. Heureusement, la haute-ville renfermait la Sénéchaussée et deux abbayes, celle de Saint-Wulmer et celle de Notre-Dame. Le choix se fixa sur cette dernière, dont il eût été bien intéressant de retrouver au moins le plan général. La vieille église, depuis érigée en cathédrale, lors de la restauration de l'évêché, en 1567, a disparu dans la tourmente révolutionnaire, et n'a pas encore été reconstituée par le dessin, dans sa forme primitive. On trouvera, peut-être, dans la vue prise par Joachim Duvient (1611) des éléments suffisants pour essayer d'en reproduire l'aspect, et les portions de l'édifice qu'on voit dans la crypte, au-dessous de la Basilique moderne, serviront à préciser quelques détails (1). Quoiqu'il en soit, si l'ancien sanctuaire des moines a laissé des traces de son existence, il n'en est pas ainsi de leur cloître et de leur demeure. Tout au plus, à moins d'entreprendre des fouilles, pour examiner les fondations, retrouverait-on deux caves placées, sans doute, sous l'ancien réfectoire des religieux. S'il en est ainsi, le palais épiscopal, construit, dit-on, sur l'emplacement de l'abbaye, au dix-huitième siècle, aurait son corps de logis principal disposé comme devait l'être autrefois le monastère. La grande salle du rez-de-chaussée, qui s'élève sur la cave principale, serait sur la place de l'ancien réfectoire de la communauté et le bâtiment présenterait au dehors à peu près le même aspect, celui d'une cour bordée de trois constructions, c'est-à-dire un pavillon central, flanqué de deux ailes. Il en était ainsi jadis. Au milieu se trouvait, *in plano*, selon la disposition générale des monastères, la salle commune où se servait le repas, et comme le dit le compte de dépense, elle était divisée en deux parties, l'une pour les religieux de chœur, l'autre pour les frères lais ou convers. Ce refend fut jeté bas, et après avoir replâtré les portions du mur dégradées par le travail, on cloua du bougran incarnat sur le plafond et on le tendit avec du taffetas de même couleur. Des flots de taffetas, jaune, violet et vert (2), furent ensuite

---

(1) En tout cas, la chapelle Notre-Dame qui termine le chœur dans ce dessin, est postérieure à 1532, puisque, brûlée en 1544, elle fut reconstruite, telle qu'elle figure sur la planche, placée en-tête de cet ouvrage.

(2) Les couleurs du Roi.

placés de distance en distance, pour égayer le ciel flamboyant.

Avec les plus belles tentures apportées de Blois, d'Amboise et d'Amiens, on cacha la nudité des murailles. C'étaient des tapisseries de haute lice, dont quatre représentaient les victoires de Scipion l'Africain, œuvre d'art que le Roi avait dit-on, payées, à raison de 102 livres 10 sols tournois l'aune. A l'intérieur de la salle, d'un côté, on dressa la table du Roi que surmontait un baldaquin garni d'une autre tapisserie représentant « La Charité » et tissée d'or et de soie, comme les précédentes. A l'autre extrémité, se trouvait le dressoir, monté sur six degrés, chargé de vaisselle d'or et d'argent, ou de coupes en or enrichies de pierres précieuses. Ce buffet était aussi sous un second baldaquin en satin cramoisi, brodé de perles figurant des lions et autres animaux. Des salles particulières, communiquant avec cette pièce principale, furent en outre préparées, pour permettre aux deux Rois d'y conférer sans témoins. D'autres appartements furent meublés, avec non moins de luxe, dans les pavillons, pour que François Premier et Henri VIII pûssent se retirer seuls ou communiquer avec les principaux seigneurs de leurs Cours respectives. On avait jonché les parquets des salles et des chambres (1). La domesticité du Roi d'Angleterre

---

(1) Le compte de dépense donne la quantité et le prix du jonc. Mais ne serait-ce pas plutôt le traditionnel mélange de roseaux et de menthe sauvage que l'on jette encore à profusion dans les rues sur le parcours de la procession, à la Fête-Dieu. En tout cas, le parquet n'était pas jonché de sable.

et son argenterie devaient trouver place dans la maison du sieur de Fouquesolles (1), réquisitionnée à cet effet, sans doute, à proximité de l'abbaye. Le Roi d'Angleterre était logé dans l'aile droite, où se trouvait la porte, tout comme aujourd'hui ; et François Premier, avec les trois princes, ses enfants, dans l'aile gauche.

Pendant les derniers préparatifs, le Grand-Maître, Anne de Montmorency, se rendit, le 16 octobre, à Saint-Inglevert (Sandyngfeld des Anglais ; Jocquelvert, selon Don Ducrocq), village situé à un peu plus de 11 kilomètres de Calais et à 23 kilomètres de Boulogne. Là, se trouvèrent au rendez-vous les ducs de Norfolk et de Suffolk pour régler de concert les derniers détails. Ils décidèrent que la rencontre des deux Rois se ferait en ce lieu et l'on se garda bien d'oublier ce qui avait été résolu en principe, comme on l'a vu, que la préséance appartenait au Roi de France, bien qu'il ne voulût pas jouir de ce privilège. Toutes choses étant convenues et réglées de part et d'autre, Montmorency poussa sur Calais, en compagnie des Seigneurs Anglais, et fut admis à la table du roi d'Angleterre. Après y avoir reçu un gracieux accueil, il revint à Boulogne dans la même journée, ayant ainsi fourni une course de 68 kilomètres. Henry VIII, comme il a été dit plus haut, aurait bien voulu recevoir tout d'abord, chez lui, le Roi de France, sans doute pour faire croire que la proposi-

(1) Les Fouquesolles tirent leur nom d'un hameau d'Audrehem. Ils étaient alliés au seizième siècle avec le sieur de Licques, le sieur de Fiennes et le sénéchal Oudard du Biez. L'un d'entre eux périt dans l'attaque si maladroitement conduite pour reprendre Boulogne aux Anglais, en 1544.

tion d'une entrevue venait de ce dernier. Dans le dessein d'amener Jean du Bellay à obtenir ce point, Anne Boleyn et lui-même l'avaient comblé d'attention. Ce prélat avait bien accepté des mains de la Dame, « robbe de chasse, chapeau, trompe et levrier », mais il refusa, si favorable qu'il fût, en ce temps, à l'affaire du divorce, d'obtempérer à un désir si déraisonnable. Par condescendance, François Premier, consentit cependant, à sortir de ses terres, pour rencontrer son hôte, un peu au-delà de la frontière. Moins délicat, le Roi d'Angleterre conserva dans les actes, le titre de Roi de France; et si la gravure placée en tête du récit anglais, « The maner of the tryumphe of Caleys and Bulleign », peut être considérée comme une exacte représentation des faits, il aurait eu l'inconvenance de faire broder des fleurs de lys sur la housse de son cheval.

Le jour choisi pour la réception fut le lundi 21 octobre, et comme les deux Rois devaient dîner, sur la route, à Marquise, on avait choisi la maison d'un Guillaume Selingue sur la place du marché. Moyennant la somme de 50 livres, il accorda la permission de l'aménager, comme il est marqué plus en détail au compte de la dépense (1). Une autre maison, dite « la Clef », celle d'Adrien Moren, tout proche, devait servir de cuisine. Là, comme à Boulogne, on apporta des tentures et la table des Rois se couvrit de linge fin, de vaisselle plate et de coupes d'or. Comme le bourg de Marquise fut incendié par les Anglais en juillet 1543, il ne reste pas trace de ces

(1) Cf. Appendice, n° 51, p. 74. Les travaux coûtèrent 800 livres.

habitations. D'après des notes fournies par M. Jules Le Cat, le marché dont il est question se tenait près de l'église, sur l'emplacement du carrefour formé aujourd'hui par quatre rues : la rue du Marbre, la rue de la Fontaine, la rue de l'Eglise et la rue Royale. Si l'on s'en rapporte à deux cueilloirs de Longvilliers (propriété de M. le marquis Arnold de Longvilliers), l'un de 1510-11, l'autre de 1586-87, la maison de *La Clef* était située, en 1510-11, dans la rue de Lobel à Canners, actuellement rue du Marbre. Ce manoir était possédé, à l'époque ci-dessus par Porrus de Haultefœuille. En 1586-87, c'est un Baudrain Treunet qui en est propriétaire. Ce serait donc une partie du Café de l'Union, ou le magasin contigu, ou même, la maison de M. Emile Caulier, coiffeur, qui seraient sur l'emplacement de *La Clef*. Quant à la maison Selingue, elle est, d'après le cueilloir de 1510-11, sur la rue Royale, à l'enseigne de l'Image de Saint-Nicolas, et correspond selon toute apparence, soit à une maison appartenant aux héritiers Leporcq, soit à la voisine, propriété de M. Mulle.

Bien qu'il eût exigé tant de frais, le séjour des Rois à Marquise fut très court le 21 octobre. Le 25, les deux princes ayant dîné à Boulogne, s'arrêtèrent tout au plus à Marquise, pour prendre des rafraîchissements. Quant au 29, on sait seulement que Henry VIII reconduisit François Premier jusqu'à ce bourg; mais comme il n'est fait aucune mention de l'heure fixée pour le départ de Calais, toutes les conjectures sont permises.

Le compte de dépense comprend les détails les plus curieux sur l'emploi des sommes assez considérables consacrées soit à d'autres préparatifs, soit surtout aux habillements. Il y eut quatre verrières posées dans la grande salle, entre les tentures; trois autres dans la grande chambre du Roi d'Angleterre, une dans la chambre du Roi et une dans une galerie. Robert et Arsène Belin, Nicolas de la Pasture (1) et Jean Gressier furent chargés de conduire ou d'exécuter le travail et la mention d' « ung escusson raccoustré » prouve qu'ils étaient peintres verriers. Avec eux, il faut signaler les peintres décorateurs, ceux d'Amiens conduits par Jean Laignel, et ceux de Boulogne par Robert le Carpentier. Il y eut aussi de l'ouvrage pour les manœuvres, les déchargeurs, les pionniers, les artilleurs, les couturières, les serruriers et les tailleurs. Le travail de jour n'étant pas suffisant, le registre de compte mentionne les paiements faits pour la nuit et celui du luminaire. La journée finissant vers cinq heures, et la nuit se payant *moitié prix*, il faut en conclure qu'on dut travailler dix heures de jour, de six heures du matin à cinq heures au soir (en décomptant l'heure du dîner), et cinq heures de nuit, de cinq heures du soir jusqu'au couvre-feu, encore sonné à dix heures du soir, comme jadis.

Les habillements nécessaires à la maison royale et aux hommes d'armes méritent une mention spéciale. La garde-robe du Roi était déjà bien garnie de vêtements neufs et de grande richesse. Le Roi en commanda cependant un plus grand nombre pour

---

(1) La famille s'éteint en ligne directe dans la personne du P. Charles de la Pasture, religieux prêtre de la Compagnie de Jésus, en Angleterre. Peut-être ce nom sera-t-il porté par l'un de ses neveux ?

cette entrevue, non seulement pour lui, mais pour les princes ses enfants. A son usage personnel, on dépensa en velours blanc, cramoisi, incarnat et vert, et en damas cramoisi, la somme de neuf cent cinquante-et-une livres tournois, et l'on en fit six habillements complets, c'est-à-dire le pourpoint, la robe et la « saye » ou manteau. Les fils du Roi eurent chacun cinq vêtements complets, en tout quinze. C'étaient des robes à chevaucher en velours gris, des habits de cérémonie en velours jaune doré à sept livres dix sols, et en velours blanc ou cramoisi à seize livres. Il y eut en tout, pour eux, cent quarante-six aunes, soit cent soixante-quinze mètres, à des prix divers, payés ensemble la somme de seize cent soixante-dix-neuf livres, cinq sols.

Comme le froid pouvait survenir, dans cette saison de l'année, les fourreurs eurent à passer en revue toutes les pelleteries déjà en service, à en acheter de nouvelles et à les mettre en doublures : martres, zibelines, loups cerviers, genettes, etc. Travail et façon compris, ce compte fut de trois mille cinq cents livres. Pour la broderie, 865 ouvriers travaillèrent à neuf habillements et 1034 à deux autres. En comptant le fil d'or et le fil d'argent à trois livres l'once, ou vingt-quatre livres le marc, et le temps consacré à faire tous ces ornements, il y en eut pour dix-sept mille cent soixante-treize livres, dix sols.

Les capitaines de la garde reçurent de brillants uniformes, qui coûtèrent trois cents livres. Pour 320 archers et gardes, il fallut mille neuf cent vingt aunes, sept livres, dix sols, soit une dépense de quatorze mille quatre cents livres. Les Suisses coûtèrent deux mille quatre cents livres. Dans cette somme, leurs 80 plumets furent payés chacun cinq livres. En résumé, le Roi fit rembourser à Antoine Juge, en comprenant le lit de camp à rideaux brodés, et à couverture brodée de perles (don de plus de treize mille cinq cent livres), destiné au Roi d'Angleterre, cinquante-deux mille cinq livres, cinq sols pour fournitures et façons. Les serviteurs de la maison n'avaient pas été vêtus avec moins de splendeur. Les quinze portiers et les dix maîtres d'hôtel eurent des robes de drap violet; les chantres du Roi des manteaux de velours noir et le fou Casault, une robe de velours, mi-partie jaune, mi-partie vert (1).

De son côté, Henri VIII n'avait pas attendu au dernier moment pour tout disposer en vue du voyage et de l'absence. Dès le 16 août, Sir Edward Guldeford avait écrit aux « Cinque ports » comme on les appelle encore, pour les prévenir du prochain départ de la Cour. D'après une ancienne coutume, les maires, baillis et jurats devaient être avertis, quarante jours francs, avant le moment où le Roi franchirait le détroit. Dans la circonstance présente, ils se plaignirent d'avoir reçu l'avis trop peu de temps avant le jour marqué. La plupart des bateaux étaient à l'île de Man, en Irlande, à Yarmouth ou à Scarborough. Bientôt cependant, ils se déclarèrent prêts à se charger de transporter le Roi et sa suite, si la compagnie n'excédait pas 300 chevaux (2). En fait, s'ils n'avaient

---

(1) On ne connaissait pas jusqu'ici d'autres fous de François Premier, en dehors de Caillette, Triboulet et Brusquet (successeur du précédent en 1536).

(2) Cf. *Letters and papers*, t. V, n° 1231, p. 537.

pu se trouver en mesure pour le 25 septembre, ils le furent pour le 11 octobre. Wryothesley, roi d'armes de la Jarretière, reçut l'ordre de se trouver à Cantorbéry dès le 20 septembre, et d'avertir les autres rois d'armes, hérauts et *poursuivants*. Les serviteurs devaient avoir des vêtements de couleur fauve, avec leur devise écrite sur la manche de la veste, et des bonnets rouges de Milan (1). La régence fut confiée à l'archevêque d'York, au comte de Sussex, et à lord Darcy, assistés du conseil des ministres (2). Thomas Cromwell terminait, à cette époque, l'inventaire des diamants de la Couronne, où venaient de rentrer, par l'ordre du Maître, les joyaux de la Reine légitime, avant d'orner la favorite ou d'enrichir le trésor royal. Henri VIII suivait de près cette opération et choisissait les parures destinées au séjour en France. Pendant ce temps, les grands dignitaires avaient été convoqués pour suivre le Roi, et plusieurs dames de la plus haute noblesse étaient désignées pour suivre la Dame. Anne Boleyn ne vint pas cependant à Boulogne, malgré son désir et celui du Roi et elle se résigna, bien malgré elle, à ne pas sortir de Calais (3). Plusieurs évêques et de nombreux docteurs en droit (canonique et civil) furent invités à franchir le détroit. Un contre-temps survint ; la peste avait éclaté dans le sud de l'Angleterre et l'on douta un moment s'il ne conviendrait pas de remettre le

(1) British Museum. Harl. mss. n° 900, f. 46 ; *Letters and Papers*, t. V, n° 1252, p. 537.

(2) Chapuis, Londres, 24 oct., 1532. Arch. de Vienne. *Copie moderne ; Letters and Papers*, t. V, n° 1429, f. 604.

(3) Il y aura lieu de revenir sur ce point, à l'aide de piquants détails mandés à Charles-Quint par Chapuis. Cf p. 145.

voyage à une autre date. Cependant, au jour fixé (11 octobre 1532), Henri VIII s'embarqua à bord du Swallow (L'Hirondelle), et non sur le Minion (Le Mignon) comme l'avait écrit Chapuis (4). Parti à cinq heures du matin, le vaisseau accosta dans le port de Calais à dix heures. C'était une traversée des plus rapides. Or, on était à une saison de l'année où les vents d'Est sont fréquents. Même, s'ils amènent le beau temps et un brillant soleil, le Pas-de-Calais est alors parfois secoué par des vagues assez fortes. Là, se trouve l'explication d'un passage accompli en si peu d'heures. Rien d'étonnant, dès lors, si le Roi d'Angleterre en fut incommodé, au point de rester couché du vendredi 11 octobre, à 10 heures du matin, jusqu'au dimanche 13, à 7 heures du soir, à moins que les mots « lay in Calais » ne signifient un séjour dans le port. Mais, dans ce cas, le narrateur anglais aurait-il négligé d'ajouter : lay [on board] in Calais [harbour] ? C'est-à-dire : Le Roi demeura *à bord* dans le *port* de Calais ! La mer fut probablement forte dans le détroit (elle le fut au Crotoy, au point de faire renoncer un moment au transport de l'artillerie par la voie de mer) et par un vent fort, la houle est accompagnée d'accidents et d'incommodités, dont les plus grands princes ne sont pas exempts.

---

(4) Correspondance de Chapuis. Cf. Document, n° 15, p. xxi.

CHAPITRE CINQUIÈME.

Réception des Anglais à Boulogne, du 21 au 25 octobre 1532.

François Premier arriva, le samedi 19 octobre, à Boulogne. Son escorte était nombreuse. Le Dauphin et ses deux frères, plusieurs princes du sang, le Roi de Navarre, seize cardinaux ou évêques, les deux cents gentilshommes de la Chambre du Roi (1), les 105 archers français, sous le commandement du sieur de Chavigny, les 105 archers du Sénéchal de l'Agenois, 100 hommes d'armes français, 105 archers de la compagnie du sieur de Nançay, 80 suisses de la garde, sous les ordres du maréchal de la Marche, 15 portiers, 12 fourriers, quatre chantres, le fou Casault et plus de cent serviteurs formaient un nombreux et riche cortège, à la suite du Roi (2).

(1) Cf. Mandement à Jean Laguette de payer à Toussaint de Laperque, Thomas Savoureau, Mathurin Laurencin, Etienne Besnard et Raoul Leporc, 100 écus soleil, pour avoir porté, de Chenonceaux, le 16 septembre, des lettres de convocation aux deux cents gentilshommes de la Chambre. Voir l'ordonnance du 8 novembre 1532, en date d'Amiens. Document, n° 41, p. LXIX.

(2) Cf. Appendice, n° 22, p. XLVII, où se trouve, dans le récit anglais, la liste de plusieurs Seigneurs et Prélats de France, liste très incomplète, et où beaucoup de noms sont défigurés, par exemple : Auxerre, changé en Aussoore, Evreux en Auvergne, Melfi en Molse, etc., etc.

Le Roi de France jeta, sans doute, le coup d'œil du maître sur les préparatifs; aménagements, décorations, mise en place des canons, organisation des tentes, approvisionnements, etc., etc. Une partie du temps fut consacrée aux offices de l'église, le dimanche 20 octobre. Le lendemain, à la pointe du jour, il se dirigea sur Marquise, pour y recevoir, en temps opportun, la nouvelle de l'heure fixée pour le départ du Roi d'Angleterre de Calais. Jacques de Choque y avait été expédié la veille, pour prier le Prévost de Paris, Jean de la Barre, (de Veretz dans un autre document) de se charger de ce soin et il reçut pour ses peines, quatre livres, 10 sols (1).

Vers 10 heures du matin, le Roi suivi des six cents hommes d'armes désignés pour l'accompagner se dirigea vers le lieu de la rencontre. La route de Marquise à Calais n'a pas changé depuis cette époque (2). Elle monte en pente douce jusqu'au sommet de la chaîne, dite du Boulonnais, qu'elle traverse, au versant Sud-Ouest et peu après au versant Nord-Est, à l'autre extrémité du plateau. Ce faîte (plus élevé que l'autre dit « Le Paradis ») s'appelle encore le « Mont-Blanc ». De là, il était facile de voir arriver les Anglais de Calais et de se trouver à Saint-Inglevert en même temps qu'eux, à la condition de quitter le point d'observation, dès qu'on les apercevrait à l'horizon, c'est-à-dire, à peu près en face des Buissons. Arrivés à la distance où l'on peut

---

(3) Cf. Compte de dépense; Document n° 51, p. cxxi.
(1) Cf. « Calais and the Pale » publié par la Société des Antiquaires de Londres. Il est assez étrange que les auteurs de la carte n'aient pas placé la frontière sur la crête.

se reconnaître, les deux souverains, se séparant de leur suite, piquèrent droit l'un vers l'autre, et sans descendre de cheval, s'embrassèrent avec effusion, à cinq ou six reprises différentes. Après avoir échangé des paroles pleines de cordialité, chacun d'eux embrassa les princes de la cour de l'autre et toute la compagnie s'arrêta pour assister à des divertissements. On tira des *sacres* et des *sacrettes*, petites pièces d'artillerie. D'autres lancèrent des cerfs-volants et d'habiles tireurs s'efforçaient de les atteindre, pour les faire tomber des hauteurs, où ils s'étaient élevés. Dès que le cortège se fut reformé pour continuer la marche, François Premier se plaça à la gauche de son hôte, et, malgré ses protestations, lui laissa constamment la droite. La distance de Saint-Inglevert au Mont-Blanc est celle d'un agréable temps de galop. Les deux suites ne tardèrent donc pas à le gravir et poursuivirent jusqu'à la crête du versant Sud-Ouest de la colline, où il y eut un second arrêt, au lieu déjà décrit, et encore aujourd'hui nommé, « Le Paradis » sur le bord d'un taillis, à la source dite de Saint-Gengoulphe.

Sur ce point élevé de la chaîne du Bas-Boulonnais, l'œil suit avec plaisir les contours des collines, rangées en demi-cercle et terminées au diamètre par la mer. A l'intérieur, les sites sont aussi variés que pittoresques. Au centre, sur le sommet d'une hauteur, qui paraît s'élever du milieu des eaux, on aperçoit l'église Notre-Dame de Boulogne. Dans la même direction, mais plus près, et au fond de la vallée, c'est Marquise, arrosée par la Slack; à gauche, en regardant vers l'Est, de sombres plateaux présentent des pentes rapides, couvertes de bois et de taillis; partout ailleurs, c'est un océan de verdure, ondulant, à la manière des vagues, d'où émergent comme des rochers tapissés d'algues, les sommets des diverses collines. Ces riches prairies étaient parcourues par d'innombrables troupeaux, où dominait déjà une race de chevaux, célèbre par sa douceur, sa force et son courage. De distance en distance, les cours d'eaux limpides reflètent sur les objets voisins les feux du soleil et cette lumière serpente, à travers les bois et les herbages, en leur donnant une infinie variété des tons les plus brillants. Par une belle journée d'octobre, le Boulonnais offre un aspect enchanteur. On n'y voit pas ces ciels fantastiques des jours de tempête, où se jouent dans les nuages, les couleurs les plus tranchées et par contraste les teintes les plus douces. Non, quand le soleil brille dans un firmament d'azur, toutes ces ondulations verdoyantes se revêtent des nuances les plus agréables, que rehaussent les modifications apportées au feuillage par l'approche de l'hiver.

La culture des beaux-arts, un bon goût inné et une âme naturellement poétique ne pouvaient laisser le Roi de France insensible, en présence d'un décor dont la nature avait seule fait tous les frais. Ce ne fut pas cependant, selon toute aparence, dans le but d'étaler et de faire valoir la splendeur d'un coin de ses Etats, qu'il s'arrêta, pour un moment, près de la source de Saint-Gengoulphe. Il était inutile d'enflammer les convoitises d'un prince si jaloux de se voir, en réalité, Roi de France, et que la prise de Boulogne, en 1544, allait faire hélas, le possesseur de ce beau domaine. Ne fut-ce pas simplement pour permettre aux chevaux de l'escorte de s'abreuver, après une course rapide, plus vite et plus commodément qu'ils n'eussent pu le faire à Saint-Inglevert? Ce qui paraît hors de doute, c'est que pour le moins, le Roi de France s'arrêta au *Paradis*, pour offrir une coupe de vin à son invité et en boire une lui-même à sa santé, en signe de bienvenue.

En descendant vers Marquise, les deux Rois passèrent tout près de Leulinghen, dont l'église avait servi jadis à de longues négociations entre la France et l'Angleterre, et comme la frontière était supposée placée au milieu, les deux partis occupaient chacun une moitié de la nef. Du dîner de Marquise, on ne trouve aucune mention, ni dans le récit français, ni dans le récit anglais. Evidemment, il n'aurait pu durer bien longtemps. Les deux haltes faites à Saint-Inglevert et au Paradis, et le chemin à parcourir de ce dernier point jusqu'au bourg, ne permirent pas aux deux Rois de se mettre à table avant midi et demi au plus tôt, ou même avant une heure. Il n'y avait donc pas beaucoup de temps à perdre, si l'on tenait à ne pas entrer à Boulogne après la chute du jour, et les enfants de France, accompagnés de tous les prélats avaient déjà quitté la ville aprèsdîner, pour arriver à Wimille, vers deux heures.

Par suite, ils durent y faire une assez longue halte : car leur père et son hôte n'auraient pu les rejoindre beaucoup avant trois heures. Les fils du Roi de France étaient François (1), Henry (2) et

---

(1) Le Dauphin François, récemment couronné comme Duc de Bretagne (le 14 août 1532), était né à Amboise, le 28 février 1518 et avait été peu de mois après, fiancé à la

Charles (1). Il est facile de comprendre pourquoi leur jeune âge ne permettait pas de leur imposer dans une même journée une course rapide de douze lieues. Les prélats qui les accompagnaient étaient nombreux. C'étaient les Cardinaux de Tournon et de Gramont; George de Bussy, archevêque de Rouen ; Pierre Palmier, archevêque de Vienne en Dauphiné; Claude de Longui de Givry, évêque de Langres ; Louis Guillard de l'Espichellière, évêque de Chartres; Antoine de Lascaris de Tende, évêque de Limoges ; Odet de Coligny de Châtillon, évêque de Beauvais, puis Cardinal, enfin apostat ; Carles Hémard de Denonville, évêque de Mâcon ; Jacques de Tournon, (neveu du Cardinal François); alors évêque de Castres; Jacques Babou de Tons, évêque d'Angoulême ; Jean du Bellay, d'abord évêque de Bayonne et, depuis peu, évêque de Paris ; Jean le Vasseur, évêque d'Evreux (2). Tous étaient montés sur de superbes

---

princesse Marie Tudor, le 4 octobre de la même année. Ce prince mourut, le 10 août 1536.

(2) Le prince Henri, d'abord Duc d'Orléans, jusqu'à la mort de son frère, puis Dauphin, à partir de cette date, était né à Saint-Germain-en-Laye, le 31 mars 1519. Il succéda à son père, sous le nom de Henri II, le 81 mars 1549 et mourut le 30 juin 1559.

(1) Le prince Charles, duc d'Angoulême, de Bourbon et de Châtellerault, puis d'Orléans (10 août 1536), naquit à Saint-Germain-en-Laye, le 22 janvier 1522. Une fluxion de poitrine l'enleva en peu de jours à Forestmontier (Somme), le 9 septembre 1545.

(2) Le manuscrit d'où est tirée en partie la liste, imprimée dans « The maner of the tryumphe of Calleys and Bulloyn » se trouve dans les papiers du marquis de Bath à Longleat (Wiltshire). Il est difficile de ne pas y lire « Auvergne » au lieu d'Evereu et l'erreur commise en 1532 est assez excusable. Cependant, avec un peu d'attention, on doit lire Ecereu, c'est-à-dire Evreux. N'est-ce pas curieux de pouvoir corriger, au xix⁰ siècle, une erreur du xvi⁰ ?

chevaux pour se porter à la rencontre des deux Rois. Après les embrassades et les harangues, ils se joignirent au cortège et tous reprirent la route pour gagner Boulogne. Au voisinage de la porte *Flamentque*, François Premier donna l'ordre de faire halte et fit le signal convenu pour les décharges de l'artillerie. Tous les canons de la place tonnèrent à la fois. Ce fut un bruit formidable, entendu à plus de huit lieues à la ronde et l'on tira environ mille coups. Rien d'étonnant à cette propagation du son à de grandes distances, quand l'air est calme et pur ! De Boulogne, par exemple, on entend facilement le tir de Calais et celui de Portsmouth ; même, en collant l'oreille contre terre, des vieillards, contemporains de la génération présente, ont nettement perçu le bruit de la canonnade de Waterloo.

L'entrée en ville se fit par la porte ci-dessus désignée, la rue des Cuisiniers (aujourd'hui rue de Lille) et le parvis de Notre-Dame jusqu'à l'abbaye des Chanoines réguliers de Saint-Augustin. La haie était formée sur tout le parcours par les quatre compagnies des gardes, français, écossais, et suisses, tous habillés à neuf en velours de soie, à sept livres dix sols l'aune, aux trois couleurs du Roi, c'est-à-dire jaune, violet et vert. Les deux souverains soupèrent seuls, chacun de son côté ; mais, le repas terminé, ils allèrent conférer dans un cabinet voisin de la grande salle de réception. Le lendemain matin mardi, 22 octobre, Henry VIII. trouva, à son lever, un habillement complet, de tous points semblable à celui que devait porter le Roi de France. Le pourpoint était de satin cramoisi, découpé et fait à triangles ; le manteau de même étoffe. L'un et l'autre étaient fermés par quatre grosses perles. La robe était de velours blanc broché d'or, doublé d'une crépine d'or à mailles, comme celles des filets de pêche, et semé d'un grand nombre de perles. En outre, la cape et tous les autres ornements étaient exactement pareils. Le Roi d'Angleterre fut le premier à se rendre au sanctuaire de Notre-Dame pour y entendre le saint sacrifice de la messe. C'était son habitude, même les jours de chasse, d'en entendre trois, et en d'autres temps, jusqu'à cinq, sans préjudice des vêpres et complies, où il assistait dans l'appartement de la Reine Catherine (1).

Quand François Premier pénétra à son tour dans l'église, Henry VIII avait déjà entendu une première, messe et partie d'une seconde. Il se leva aussitôt, vint embrasser le roi de France, et souhaiter le bonjour aux jeunes princes et aux seigneurs de la suite, puis, accompagné du Cardinal de Lorraine, il acheva d'entendre sa seconde messe. Les religieux avaient disposé, dans le chœur, des deux côtés du Maître-Autel, deux prie-Dieu surmontés chacun d'un baldaquin, formant une sorte d'oratoire. A droite, pour le Roi d'Angleterre, le ciel et les tentures étaient en drap d'or et d'argent frisés ; à gauche, pour le Roi de France, la décoration était en velours, semé de fleurs de lys en or. Le cortège du premier était composé de tous les gentilshommes âgés de trente à quarante ans. Celui du second comprenait tous les princes, les cardinaux et évêques et la plupart des sei-

---

(1) Rien n'indique s'il demeura fidèle à cette pratique, lorsqu'il commença à vivre avec Anne Boleyn. Cf. chap. IX, p. 120.

gneurs vêtus avec magnificence. Si l'on avait proscrit le drap et le brocart d'or, les robes brodées des gentilshommes de France n'en étaient pas moins riches. Pendant la messe célébrée pour le Roi de France, il y eut des motets chantés par la maîtrise de sa chapelle. Le compte de dépense confirme cette mention faite par le récit français et comprend vingt-sept aunes de velours noir, du prix de deux cent neuf livres dix sols, pour les quatre manteaux destinés aux chantres, à raison de sept livres dix sols l'aune, sans compter la façon. Deux d'entre eux s'appelaient Jean Robert, clerc de la chapelle, et Guillaume de Nouvel, chapelain du duc de Lorraine. Ils reçurent, en outre, en divers autres habillements, cent soixante-et-une livres cinq sols, comme récompense du passe-temps donné au Roi, principalement au jeu de la lutte, dont chaque jour ils donnaient le spectacle et où ils excellèrent à Calais. Ils figurent aussi dans le compte de dépense de la maison royale d'Angleterre, comme ayant reçu d'autres gratifications de Henry VIII, bien que les lutteurs anglais l'eussent emporté, en général, sur ceux de France.

A la fin de cette messe, les Rois sortirent de l'église et rentrèrent à l'abbaye, où ils dînèrent à part. Pendant le repas, les trompettes, les hautbois, et les cornets jouèrent, alternant avec des chœurs chantés par les musiciens de la chapelle. Le service était vraiment royal : les maîtres d'hôtel portaient sur leurs robes de velours, des chaînes d'or de grande valeur, dont la moindre valait de mille à douze cents écus soleil (de quarante et un sols tournois), c'est-à-dire, de deux mille à deux mille cinq cents livres.

La bonne chère était à la hauteur du service et ce n'était pas seulement à la table de chaque roi que régnaient l'abondance et la délicatesse. Les Seigneurs français s'étaient fait un honneur de recevoir chez eux les Gentilshommes anglais, et, à plusieurs reprises, le narrateur anonyme du « Triomphe de Calais et Boulogne » renonce à décrire le luxe et la cordialité de cette réception. Toutefois, il signale des parties de plaisir organisées par la noblesse de France, des collations fines, où coulait un vin généreux, destiné à arroser des mets recherchés, des concerts pleins d'harmonie, en un mot, la bonne grâce et l'amabilité de l'accueil. Ce même jour, après dîner, Henry VIII voulut jouer à la paume, ou jeu de tennis, avec les enfants de France et d'autres Seigneurs. Il y excellait lui même et y déployait autant de souplesse que d'habileté, comme Giustiniani, agent diplomatique de Venise, l'avait depuis longtemps constaté, dans une dépêche envoyée de Londres, en 1520, à *La Seigneurie*. A Boulogne, le prince ne parut pas favorisé par la chance, si l'on consulte le compte de sa maison, où figure une somme de quarante-six livres sterling, treize shillings, et quatre pence, perdus au tennis, contre le Cardinal de Lortaine et Monsieur de Guise. Sa bonne humeur n'en avait pas probablement souffert, car on trouve encore d'autres pertes au jeu, comme celle de cent soixante-six livres, treize shillings et quatre pence, gagnées par le même cardinal, le Duc de Norfolk et le Duc de Suffolk. Avec Anne Boleyn, à Calais, les enjeux n'étaient pas aussi forts (1). Il est à noter que le fou Casault reçut une gratification de quarante écus, soit neuf livres sterling, six shillings et huit pence, ou deux cent-trente-trois livres tournois. Cependant, dans la letttre d'Ampthill, 21 juillet 1532, Jean du Bellay avait prié Anne de Montmorency de ne pas laisser venir de bouffons à Boulogne. « Ceulx qui ont la reputation d'estre mocqueurs et gaudisseurs ; car c'est bien la chose en ce monde autant haye de ceste nation. » (2) Henry VIII se réservait-il donc le monopole des mascarades et des orgies? Somme toute, les plaisanteries parfois fort spirituelles des fous valaient beaucoup mieux.

Le mercredi, le Roi de France invita les princes d'Angleterre à sa table, et son hôte reçut à la sienne les cardinaux de Tournon et de Gramont, Antoine Du Prat, cardinal-légat et chancelier, le comte Louis de Nevers, le maréchal de Fleuranges, Barbezieux et Humières. Une partie de paume suivit encore le dîner. Le beau temps continuait donc à favoriser l'entrevue A ce dîner, en l'honneur de ses convives, le Roi d'Angleterre portait un pourpoint orné de diamants et de rubis, dont la valeur était estimée plus de quatre cent mille livres. Cette somme serait beaucoup trop basse, si l'escarboucle avait fait partie de cette parure. Ce célèbre rubis-balai, placé en pendentif, à la pointe d'un collier, porté à Calais, quelques jours plus tard, orne aujourd'hui la plus grande et la plus riche couronne du trésor royal. Il est de

---

(1) 15 shillings, tandis qu'avec Weston, il perdait plus de 46 livres sterling, ou 1.150 francs. Cf. p. 99.
(2) Cf. Appendice. N° 4, p. xi.

la grosseur d'un œuf d'oie, et on le considère généralement, comme un joyau *sans prix*.

Le jeudi, François Premier fit présent à son royal allié de six chevaux remarquablement beaux. De son côté, Henry VIII, beaucoup plus libéral, après avoir reçu, à son lever, comme tous les autres matins, le bonjour des enfants de France, leur remit une quittance de trois cent mille écus d'or soleil, (1) soit six cent quinze mille livres tournois, dus encore par leur père, sur l'avance faite pour payer sa rançon. A la messe de ce même jour, le Roi donna l'ordre de Saint-Michel aux ducs de Norfolk et de Suffolk. Là ne se bornèrent pas ses générosités envers les Seigneurs anglais. Jean Hotman reçut l'ordre de faire deux chaînes d'or fin, pour lesquelles on convint, en conseil du Roi, de payer deux mille sept cent dix-huit livres, dix sols tournois. La première, composée de quarante-deux chaînons, pesant neuf marcs, une once, sept gros, à raison de cent soixante-deux livres le marc (ou vingt livres, cinq sols l'once); la seconde de quarante-quatre chaînons, pesant sept marcs, une once, une treizaine, au même prix, sans le déchet et la façon, pour lesquels ont été alloués, en outre, soixante-sept livres, dix sols tournois. La plus grosse était destinée à William, Lord Fitzwilliam, grand trésorier d'Angleterre; l'autre devait être donnée à Nicolas Carew, grand écuyer et gentilhomme de la Chambre, « en faveur des bons et agreables services qu'ilz ont faictz audict sieur et

---

(1) Rien n'indique si ce *don* était spontané, ou si Henry VIII ne s'était pas engagé à le faire pour obtenir l'entrevue.

espère qu'ilz feront à l'advenir, et à ce qu'ilz aient meilleur voulloir de continuer leur bonne voullenté et affection à l'entretenement de la fraternelle unyon et alliance dudict sieur et du Roy d'Angleterre » (1). Ces deux chaînes, payées le 8 février 1533, n'ayant pu être prêtes en temps opportun, furent portées, un peu plus tard, en Angleterre, par Jean de Dinteville, sieur de Polizy, plus connu sous le nom de Bailli de Troyes. Le même orfèvre avait cédé, comme il appert par le mandat du 28 octobre 1532, donné à Calais par le Roi, de la vaisselle plate, toute faite à l'avance, pour le duc de Suffolk et le duc de Norfolk. Le premier reçut ainsi de l'argenterie pour six mille sept cent quatre-vingt deux livres, quatorze sols, pour le remercier d'avoir contribué à amener l'entrevue (2). Le second eut pour sa part de la vaisselle plate en argent et en or (en reconnaissance des services rendus à la même occasion) pour une somme de onze mille cinquante livres cinq sols et six deniers tournois (3). Si ce dernier méritait la récompense, l'autre ne semblait pas y avoir beaucoup de droits. A en juger par la correspondance de Chapuis, l'alliance française, le divorce de Catherine et le mariage d'Anne Boleyn ne lui plaisaient pas du tout et il ne se cachait pas pour exprimer sa manière de voir. On avait même douté s'il serait du voyage qu'il blâmait. Il est à croire que ses idées

(1) Cf. Compte de dépense. Appendice, n° 51, p. cix.
(2) Cf. Appendice, n° 30, p. 53; Bibl. Nat. mss. français, 15628, f. 280; Fonds Clairambault, 1215, f. 70, v°. (Mentions).
(3) Cf. Appendice, n° 31, p. lxiii; Bibl. Nat., mss. français 15628, f. 280; Clairambault, 1215, f. 70, v°. (Mentions).

s'étaient modifiées avant la traversée. En tout cas, à partir de cette date, on le considéra comme acquis à la politique du moment. Tout compte fait, le poids total de cette vaisselle plate et d'une coupe d'or données à ces deux Seigneurs, s'élevait à sept cent soixante-six marcs d'argent, ou trois cent quatre-vingt-trois livres, et il en coûta cent trente livres pour le transport de Paris à Calais. Le sieur de Penisson (1), chevaucheur de l'écurie du Roi d'Angleterre, auquel avait été donnée, pour des services antérieurs, une somme de huit mille deux cents livres, fut encore gratifié, à Calais, de cinq mille cent vingt-cinq autres livres (2). A court d'argent, à Calais, pour faire des gratifications à d'autres Seigneurs anglais, le Roi dut emprunter mille cinquante-sept livres, dix sols, à Jean Joachim de Passano, Seigneur de Vaulx, ancien ambassadeur, comme il appert par l'ordonnance rendue à Chantilly, le 28 novembre 1532 (3). Jean Laguette fut chargé de faire distribuer, à Calais, aux serviteurs de la maison du Roi d'Angleterre, deux mille écus soleil, somme égale à celle qui avait été donnée à Boulogne par Henry VIII, pour le même objet. On trouve encore, dans le compte de dépense (4), les treize mille cinq cent livres payées pour le lit de camp, acheté à Lyon et offert au Roi d'Angleterre, sans parler d'autres frais pour des rideaux et leur garniture. Il n'est pas ques-

(1) Verè Penyston, qui accompagna Bonner à Marseille.
(2) Cf. Appendice, n° 83, f. 53 ; Arch. Nat. Acquits sur l'épargne, f. 962, n° 21. (Mention).
(3) Cf. Appendice, n° 88; Bibl. Nat. Fr. 15628, n° 863; Clairambault, t. 1215, f. 72. (Mentions).
(4) Celui d'Antoine Juge, n° 51 p. CLXXVI.

tion, dans le registre des comptes, du diamant présenté, à Calais, de la part de François Premier à Anne Boleyn, par le prévôt de Paris. En somme, sans crainte d'exagération, les cadeaux ne s'élevèrent pas à moins de cent mille livres, et les dépenses d'aménagement, de transport et d'entretien à une somme égale, soit en tout, plus de deux cent mille livres tournois, valeur de l'époque, et peut-être, deux cent cinquante mille.

Pendant toute la durée du séjour à Boulogne, les princes et les seigneurs n'avaient cessé de se donner les plus grandes démonstrations d'amitié ; aucun nuage n'avait troublé la fête. Hors de la ville, l'armée de Picardie était restée l'arme au pied ; les Espagnols n'étaient pas sortis de leurs places fortes et les quatre cents hommes d'armes cantonnés à Guines et à Ardres n'avaient eu aucune alerte. Cette atmosphère de concorde et d'union semblait ne devoir plus être agitée par le souffle des passions mauvaises. Seul, Henry VIII devait souffrir. Depuis cinq ans, il avait à peine quitté sa maîtresse, plus d'une heure à la fois. Il devait lui tarder de la rejoindre à Calais !

CHAPITRE SIXIÈME.

Les Français à Calais, du 25 au 29 octobre 1532.

Le moment venu de quitter Boulogne, le vendredi 25 octobre, après dîner, les deux suites précédées des Rois, des princes de France et des prélats, s'avancèrent jusqu'à Wimille. Là, les fils de François Premier prirent congé du Roi d'Agleterre, avant de retourner en ville avec les Cardinaux et les Évêques. De leur côté, les Souverains et leurs troupes continuèrent leur marche vers Calais. Si l'heure du repas, avant leur départ, n'avait pas été avancée, et s'ils ne s'étaient pas résignés à faire leur entrée, après la chute du jour; la course à fournir pendant trente-quatre kilomètres dut être des plus défavorables pour la moindre étape à Marquise, à la source Saint-Gengoulphe, ou à Saint-Inglevert. Les exploits de vitesse sur cette route, comme dans tout le Boulonnais, sont d'ailleurs assez rares, quand il s'agit de pareilles distances, même pour les chevaux de pays entraînés pour la course. Il y a tant de côtes rapides à monter et à descendre! Qu'on en juge par la portion de l'ancienne route qui précède immédiatement le village de Wimille ! A moins d'avoir pu enfourcher un cheval très exceptionnel, deux heures ne suffisent pas pour se rendre de Boulogne à Calais, et jamais escorte ne se lance à franc étrier, sauf sur un champ de bataille, et encore les charges au galop ne durent pas longtemps ! En fin de compte, le voyage s'accomplit, et aux approches de Calais, Henry Fitz Roy, fils bâtard du Roy d'Angleterre et d'Elisabeth Blount, suivi des Evêques et des Seigneurs dispensés par le Roi de l'accompagner à Boulogne, vint haranguer François Premier, à trois ou quatre kilomètres de la ville. Les Souverains furent accueillis par de joyeuses fanfares et des chants d'allégresse. Les forts tirèrent une salve de trois mille coups, parmi lesquels il y avait de nombreuses décharges d'arquebuse ; mais les grosses pièces étaient d'un calibre inférieur à celles de Boulogne. En entrant dans l'enceinte, on put voir rangés en deux lignes, d'un côté la livrée, de l'autre la garde du Roi d'Angleterre. Les serviteurs portaient un vêtement de couleur fauve, et comme il avait été réglé, le nom de l'office marqué sur la manche, et des bonnets rouges de Milan. Les hommes d'armes avaient des habits aux couleurs bleue et rouge et tenaient à la main une hallebarde. Dans l'espace resté libre entre ces deux haies, Henry VIII s'avança avec son hôte et le conduisit jusqu'à son logis, préparé à la maison des marchands, ou bourse, connue des Anglais comme « The Staple », et encore appelée de nos jours « l'Hôtel de Guise ». Ce bâtiment a subi depuis lors de profondes modifications. Au XVIe siècle, c'était une maison carrée, avec une cour centrale.

Ce jour-là, Henry VIII portait une robe de drap d'or frisé à grandes déchiquetures, ornée de diamants et de rubis. Après avoir pris congé de son hôte, il se rendit assez loin de là, pour saluer Anne Boleyn, demeurée, en son absence, dans la compagnie de dix ou douze demoiselles, attachées à son service. Avec sa galanterie habituelle, le Roi de France députa vers elle, le soir même, le Prévôt de Paris, avec un diamant de dix ou quinze mille écus. Jean de la Barre lui offrit, en outre, les compliments de son maître. Depuis plus d'un mois, la maîtresse avait reçu, faute de mieux, avec le titre et le rang de marquise de Pembroke, un revenu, alors considérable, de mille livres sterling, ou vingt-cinq mille livres tournois. Le jour suivant, samedi, 26 octobre, les Rois se rendirent à cheval à l'église Notre-Dame et y entendirent la Sainte-Messe. Après le dîner, ils s'assemblèrent et tinrent conseil avec leurs ministres. Le dimanche, 27 octobre, le Saint-Sacrifice fut offert dans un appartement de leur domicile respectif. Ils dînèrent chacun de leur côté, puis Henry VIII se rendit à la maison des marchands et y fit offrir en spectacle à François Premier et à sa suite, des combats de dogues contre des taureaux et des ours. Ils soupèrent ensemble, et ce fut un grand banquet. Ce festin terminé, une troupe de dames masquées entra dans la salle. Anne Boleyn était à leur tête, accompagnée de Lady Derby, de Lady Mary (que Monsieur Paul Friedmann croit être Mary Boleyn), de Lady Fitzwater et de Lady Wallop. La danse fut ouverte par le Roi de France et Anne Boleyn ; les Seigneurs français invitèrent les autres danseuses. Cependant, Henry VIII ne tarda pas à lever leurs masques et elles demandèrent à se retirer. La maîtresse ne les suivit pas sur-le-champ, si l'on en croit une dépêche de Chapuis, mais demeura dans une embrasure de fenêtre pour causer, l'espace d'une heure, avec François Premier. Rien n'a transpiré de leurs propos, à l'exception d'une promesse que lui aurait faite le Roi de France, au dire plus que suspect de Henry VIII (1), « que jamais le Roy ne feroit le mariage de Monsieur d'Orléans, que le Pape ne depeschast son affaire, selon son intention, et le luy avoit promis, non à lui seul, mais aussi à la Royne sa femme, dernierement à Calais ».

Cette affirmation dans la bouche du maître-trompeur ne mérite aucune créance. François Premier, comme sa conduite ultérieure le prouvera, ne pouvait pas s'engager dans cette voie, à un moment où tout était déjà discuté et consenti pour le mariage de son fils, et quand il ne manquait plus que sa signature, puisque, du côté du Pape, les articles du contrat étaient non-seulement écrits, mais signés.

S'il pouvait être que la Marquise de Pembroke, avant d'avoir atteint l'âge de quinze ans, ait été assez dépravée pour mériter à Paris le surnom de « La mule du Roi » sous lequel elle est connue de tous les historiens français, il n'est pas possible qu'à Calais, sous le regard perçant de Henry VIII, elle eût à entendre des entretiens galants. Il y eut vraisemblablement de sa part une demande de favoriser le divorce pour faciliter son mariage, et le Roi de France lui fit promettre, en échange de sa médiation près du Saint-Père, qu'elle serait toujours du parti de la France à la Cour

---

(1) Cf. Appendice, n° 114, p. ccxlviii ; Dupuy, t. 547, f. 276 ; Camuzat, t. II, f. 276.

d'Angleterre. Ces assurances, si elles furent données, étaient les seules qui pussent être sincères. François Premier regardait l'alliance des deux Royaumes comme d'une nécessité absolue pour résister, au besoin, contre l'Empire. Sans doute, ses idées, comme celles de beaucoup d'autres, à cette époque, au point de vue des devoirs du mariage, n'étaient pas des plus orthodoxes. Dans sa conduite privée, malgré les égards qu'il eut toujours en public, pour la Reine Claude et la Reine Éléonore (1) il avait trop peu de scrupules; mais quant à la sainteté des liens qu'impose le sacrement, peut-on douter qu'il fût suffisamment instruit. Aussi, il n'y aurait rien d'étonnant qu'il eût considéré pour peu de chose une déclaration de nullité (improprement appelée divorce), sans se préoccuper autrement des motifs mis en avant pour obtenir une sentence. Louis XII, son beau-père, pour répudier sainte Jeanne de Valois, depuis fondatrice des Annonciades, avait-il été sincère ou parjure, en comparant devant une cour ecclésiastique en France pour affirmer son défaut de consentement ? Le duc de Suffolk n'avait-il pas été deux fois bigame, trois fois divorcé avant d'épouser Marie, sœur du Roi d'Angleterre, et veuve de Louis XII ? François Premier croyait peut-être, faute d'avoir examiné de près la question du premier mariage de son allié, qu'on pouvait invoquer en sa faveur des raisons suffisantes de nullité. En tout cas, il promit de s'employer de

(1) Il gagna à ce point l'estime et l'affection de la sœur de Charles-Quint, qu'elle s'offrit plus tard à négocier avec son redoutable frère et qu'elle obtint des conditions plus favorables. Se serait-elle conduite, en vraie Reine de France, si elle n'avait toujours été bien traitée par le Roi ?

son mieux, près du Pape, pour obtenir une sentence favorable aux désirs d'Anne Boleyn, mais il est invraisemblable qu'il se soit engagé à rompre avec le Saint-Siège, en quoi que ce soit, en cas d'insuccès. Quant à avoir conseillé, à Boulogne ou à Calais, de procéder au mariage, avant une déclaration légale de l'Eglise, on peut opposer à cette assertion la dépêche du comte de Cifuentes à Charles-Quint, en date du 23 octobre 1533, et dont voici le résumé :

« Le Roi de France a avoué au Pape, qu'à son entrevue avec Henri VIII, l'an dernier, il a essayé de le dissuader de se marier, ou au moins, lui a conseillé d'attendre quelque temps » (1).

Au fond, la conversation de François Premier à Calais n'a pas laissé d'autre trace. Anne Boleyn se retira satisfaite et confiante, et demeura plus que jamais en Angleterre, un agent fidèle aux intérêts de la France.

Dans cette journée, les deux princes avaient porté des costumes de la plus rare magnificence. François Premier avait un pourpoint brodé, et orné des plus beaux diamants; on l'estimait cent mille écus, ou deux cent cinq mille livres tournois. Henry VIII était vêtu d'une robe de brocart d'or, damassé de violet. Son collier était composé de trois rangées: la première, de quatorze rubis, gros comme des œufs; la seconde de belles perles; la troisième de quatorze diamants, et, en pendentif, la célèbre escarboucle, de la grosseur d'un œuf d'oie. La valeur de cette parure, malgré l'adjonc-

---

(1) Cf. Appendice, n° 111, p. 244 ; British Museum, Add. mss, 28586, f. 42, *Copie*.

tion de l'inestimable rubis, n'aurait pas dépassé, au xvi⁰ siècle, la somme de quatre cent mille écus, ou huit cent vingt mille livres tournois! A Calais, comme à Boulogne, il se fit grande chère et les Anglais rivalisèrent avec leur maître pour donner aux Français la plus somptueuse hospitalité. Les fêtes et les divertissements ne détournaient pas du travail les ministres des deux Couronnes. Le 28 octobre, lundi, fut signé le traité d'alliance des deux Rois contre les Turcs (1) et le même jour, un second pacte fixant la quote-part de contribution de chaque royaume, pour l'exécution du premier engagement. Enfin, le 29 (2), dans l'église Notre-Dame, Anne de Montmorency, Grand-Maître, et Philippe Chabot de Brion, Amiral de France, reçurent l'ordre de la Jarretière. En gage de confiance, Henry Fitzroy, duc de Richmond, avait été remis, dès la veille, aux mains de François Premier, pour être élevé avec les enfants de France et traité comme l'un d'eux. En même temps, Henry VIII faisait cadeau à son bon frère de six chevaux, dont plusieurs étaient de merveilleux coursiers. Il y avait eu, le lundi, 28 octobre, des luttes corps à corps, en présence des souverains; elles furent, en général, plus favorables aux anglais, d'après le récit de Wynkyn de Worde (3). Du côté des français, c'étaient, dit le narrateur anglais, des prêtres et des religieux, gros et forts, « bygge and

---

(1) Cf. Appendice, n⁰˙ 65 et 66, pp. CLVI-CLXII.

(2) D'après Anstis, t. II, p. 889, ce fut le 27. On remarquera le nom de « Gisortium » fort peu connu, donné à Calais dans ce document, au lieu de Calesium et de Caletum.

(3) The maner of the tryumphe, etc., déjà cité. Cf. Appendice, n° 21, p. XXXVIII.

stronge ». Aux récompenses données par leurs propres maîtres, Henry VIII ajouta, comme on l'a dit au chapitre précédent, (mais sans préciser alors l'importance de cette gratification), pour Jean Robert, clerc de la chapelle du Roi de France, Guillaume de Nouvel, chapelain du duc de Lorraine, et leurs compagnons, neuf livres sterling, sept shillings, quatre pence ; soit deux cent trente-quatre livres, trois sols tournois.

Non content d'avoir donné quittance des trois cents mille écus ou six cent quinze mille livres dues pour les rançons, le Roi d'Angleterre fit don à François Premier d'un lit de camp, comme on le voit au compte de dépense, à propos des frais de transport de Calais à Paris. Le compte de provisions de bouche fut de :

24.588	livres	10	sols pour	la viande.
1.473	—	15	—	le dessert.
7.107	—	10	—	le poisson.
68.652	—	11	—	vin, épices, gages et divers, logements, mobilier, frais de route, etc., etc.
102.821	livres, 16 sols.			

D'après un autre compte, le total de la dépense n'aurait pas dépassé 100.622 livres, 10 sols. Si l'on y joint les ordonnances rendues pour rembourser les joailliers et faire face à d'autres dépenses, et sans parler des 300.000 écus, la réception de Calais seule aurait coûté au trésor royal anglais une somme supérieure à deux cent vingt-cinq mille livres tournois. A Boulogne, en comprenant les cadeaux, François Premier n'aurait pas beaucoup dépassé deux cent mille livres. Il convient d'ajouter que dans les dépenses supportées par Henry VIII, les frais de voyage pour venir à Calais et pour retourner à Londres ne sont pas supputés, faute de données suffisantes.

CHAPITRE SEPTIÈME.

Détails circonstanciés sur les festins donnés par les deux Rois. Fin de l'entrevue.

Des papiers non-seulement inédits, mais même fort inconnus, dont l'existence est signalée par le « Third report on historical manuscripts » publié, comme les « State Papers » par le « Record Office » vont permettre de se rendre un compte plus exact des quantités considérables de provisions achetées par la maison du Roi d'Angleterre, à l'occasion des fêtes données à Calais, en l'honneur de François Premier. Ces pièces, dont l'intérêt ne saurait échapper à personne, sont la propriété du Marquis de Bath (1) et le dossier qui les contient, dans la collection du château de Longleat (Wiltshire) est coté, page 189 du Rapport précité, comme placé dans la cage 8. Grâce à l'obligeance de ce noble gentilhomme, et à l'extrême bienveillance de M. Warner, du British Museum (où ces documents se sont trouvés en dépôt), il n'a pas été difficile d'en prendre connaissance et de

(1) Ils proviennent des Seymour, d'Edouard VI et de Henry VIII.

voir ce qu'il importait surtout d'en extraire. On y trouve, en effet, non-seulement la liste de plusieurs Seigneurs français, à la suite de François Premier, mais une liste très ample des Ducs, Marquis, Comtes, Barons, et Lords, désignés pour accompagner Henry VIII, avec le nombre de leurs serviteurs (1), l'état de la maison de ce Roi, la quantité, la qualité, et le prix des provisions de bouche et même un cahier où sont décrits tous les ustensiles de cuisine qu'il serait bon d'envoyer à Calais.

Un premier memorandum (folio 21) avait été adressé au Roi d'Angleterre (2), sans doute, par un officier de sa maison, pour apprendre de lui ce qu'il conviendra de faire pour le vêtement de ses serviteurs. Faut-il les habiller à neuf, leur donner une livrée ? — En ce cas, sera-t-elle de toile, de serge ou de drap ? — Quelle couleur faudra-t-il choisir ? Sera-ce le beige ou le blanc ? Combien d'hommes y aura-t-il dans la suite du Roi ? Doivent-ils se monter à leur frais et amener eux-mêmes leurs chevaux ? Le Roi de France doit-il pourvoir à son approvisionnement quand il viendra à Calais ? Quelle sera la durée du séjour à Boulogne et à Calais ? Combien faudra-t-il de vaisselle d'or et d'argent ? Le roi séjournera-t-il à Calais et dans les marches, après l'entrevue ? Que faut-il préparer pour le roi ?

---

(1) Cette pièce sera reproduite intégralement à l'appendice n° 22 et n° 23, p. XLVII à p. LX. On trouvera aussi, plus loin, p. CCXXVII l'esquisse biographique de quelques personnages, d'après le nouveau dictionnaire en cours de publication. Les autres papiers y seront aussi donnés au moins en substance, sauf l'inventaire de la batterie de cuisine volontairement omis, comme moins intéressant.

(2) Cf. Appendice, N° 24. p. XLIX.

Dans un second memorandum (folio 22), on désire savoir (1) combien il y aura de jours gras et de jours d'abstinence, pendant le séjour du Roi de France, et quelles sont les quantités à prévoir, pour la table du Roi d'Angleterre, avant, pendant et après l'entrevue. Il a été décidé que les habitants de Calais ne pourront, pour quelque motif que ce puisse être, rien recevoir des Français qui doivent être défrayés de tout.

De même à Boulogne, il sera défendu de rien recevoir, et ordonné de rendre tout ce qui aurait été accepté.

Il est attribué (folio 25) une somme de neuf cent quatre-vingt sept livres sterling, soit dix-neuf mille six cent soixant-quinze livres tournois aux offices suivants :

Le luminaire.	La cuisine.	Les messagers (4).
La confiserie.	Les marmitons (3).	Les portiers.
Le fontainier (2).	L'échauderie.	Les surveillants.
La buanderie.	La pâtisserie.	Le bûcher.
Le lardier.	La relaverie.	L'écurie.

D'après un compte (de pure prévision, selon toute apparence), la dépense est portée à quatre mille cent huit livres sterling, soit cent deux mille sept-cent vingt livres tournois, et ce chiffre ne diffère pas

---

(1) Cf. Appendice n° 25, p. L.
(2) Ewery, le service de l'eau.
(3) Les marmitons (service des marmites) pour tout ce qui devait être bouilli ou cuit dans les marmites. Les aides ne s'appelaient pas alors de ce nom, car ils sont mentionnés ailleurs comme les *galopins*.
(4) Commissionnaires, ou gens chargés de porter des messages.

beaucoup d'une autre liste assez détaillée dont le total n'est pas très inférieur :

	Livres	Shillings	Pence
Boulangerie.	79	12	3
Beurre, cellier, bouteillerie.	403	13	0
Epiceries, chandelle, vin.	1004	19	0
Cuisine, achéterie.	554	8	4
Volaille, échauderie.	908	8	0
Relaverie.	322	4	4
Pâtisserie.	31	6	8
Bois.	88	0	0
Ecurie.	63	6	8
Archers, grooms, pages.	200	0	0
Frais pour le Roi de France.	400	0	0
TOTAL :	4053	18	3

Soit, cent-un mille deux cent quarante-sept livres, seize sols tournois, avec une différence de quatre cent soixante-douze livres, dix sols, en moins, par rapport au compte précédent.

L'ordonnance des festins indique :

Dîner

PREMIER SERVICE :
Potage.
Hure ou cervelas.
Venaison sur rôties (1).
Cuissots de cerf. Grouse.
Langues de veau. Oies.
Chapons gr. (2).
Faisans.
Lapins gr. (3).
Pâtés de Paris.
Leche (4).
Fritures.

DEUXIÈME SERVICE :
Gelée à l'hypocras.
Grues ou cigognes.
Courlis. Outardes.
Perdrix.
Cervelles, Rôties ou Hure ?
Pigeons.
Poulets.
Cailles.
Bécasses, Pluviers.
Bécassines.
Alouettes. Alouettes de mer (5).
Tarte. Fritures.

(1) Le mot brewes peut signifier les rôties imbibées du sang, de la graisse et du fumet des pièces de gibier. Peut-être faut-il lire *brains*, ou *brawn*.

(2) Gr., probablement chapons de grain, comme on dit poulets de grain.

(3) Conyes, lapins de garenne engraissés avec du grain ?

(4) Est-ce pour *leek*, poireau, ou pour *lettuce*, laitue ? Plus probablement, ce dernier, si le premier service du dîner se terminait par une salade, comme celui du souper.

(5) *Stinte*.

Pendant que les convives digéraient ce premier repas, en se divertissant au grand air, ou en se rendant visite, les fourneaux de la cuisine se rallumaient, les tourne-broches tournaient, les relaveurs nettoyaient, et tous se préparaient pour le souper. A ce second repas, il y avait encore deux parties distinctes.

Souper

PREMIER SERVICE :	SECOND SERVICE :
Potage.	Un deuxième potage.
Chapons. Alouettes. Rôties (1).	Mouettes. Courlis.
Cuissots de venaison. Gigots de mouton.	Souchets. (3). Faisans. Rôties.
Chapons gr. Lapins. Hérons. Perdrix. Bécassines.	Pigeons. Poulets.
Canards sauvages. (2) Sarcelles.	Cailles. Alouettes.
Poulets rôtis, chauds et froids.	Alouettes de mer. Venaison.
Doucette.	Tartes.

(1) *Brewes.* Voir la note de la page précédente. Le gibier à plumes n'est jamais servi autrement que sur des rôties.

(2) *Mallards.* C'est le canard sauvage le plus commun. On appelle malart, le mâle adulte ; hallebran, le jeune mâle bien en plumes.

(3) *Shovellers.* C'est le nom des palmipèdes appelés souchets. On y rencontre surtout la spatule à bouclier, *Spatula clypealis*, assez commune et plus rarement, le brillant Tadorne. Leur bec est aplati en forme de pelle (shovel) pour agiter la vase sur une plus large surface.

Les courlis ne sont plus guère servis sur les tables. On les considérait jadis comme un gibier délicat. Le héron était un mets royal, mais sa chère n'est plus estimée. Les cygnes ont une chair noire et peu appétissante, même si ces oiseaux sont encore jeunes. On ne les faisait figurer dans les festins que par ostentation.

Les cigognes ont mauvais goût. C'est sans doute pour cette raison que leurs nids sont partout respectés. Les grues, surtout la grue cendrée, passaient pour un bon gibier. On en voyait beaucoup sur les marchés de Rome et d'Angleterre. Le butor n'est pas mangeable, si on n'a, au préalable, enlevé la peau, avant de le faire cuire. Quant aux mouettes, même au sortir du nid, c'est un pauvre manger, avec un goût de poisson prononcé. Tous ces gibiers, non mentionnés dans le précédent menu, le seront plus loin, dans le relevé général de la dépense.

Le bœuf ne figure pas dans ces menus. Servait-il uniquement à fournir le bouillon des trois potages offerts chaque jour à une réunion de presque cinq mille personnes ? Ne réservait-on pas les queues pour en faire l'*ox-tail soup,* si estimée des anglais, ne fut-ce que pour les tables royales ? Coupait-on la viande en petits morceaux pour que chacun trouvât, comme cela se pratique encore, à boire et à manger dans son assiette ? Ce qui paraît le plus surprenant, c'est le silence gardé sur les aloyaux (*sirloin,* ou surlonge), le double aloyau (*baron of beef*), sans parler des tranches coupées dans la culotte de bœuf (*rump steaks*). Malgré cette omission dans les menus, le bœuf et le mouton étaient la base substantielle de tous ces galas (1). Il ne fallut pas, pour les deux jours passés à Calais, plus de 60 bœufs, sur le troupeau des 1000 bêtes expédiées d'Angleterre. C'est déjà un chiffre assez respectable. En mettant la moyenne du poids à 500 kilos, pour les quatre quartiers, (chiffre modéré), il y avait une masse de viande pesant 30.000 kilos. Combien d'hommes se chargeraient d'ingurgiter chaque jour une ration de 3 kilogrammes de bœuf. 30.000 kilos pour deux jours donnent 15.000 kilos par jour et par suite pour chacun des 5.000 hommes à nourrir, c'était 3 kilos par jour. De même on tua 300 moutons. Avec une moyenne de 25 kilos par mouton, c'était donc outre 3 kilo-

---

(1) Ils sont mentionnés dans le relevé de la dépense pour la viande, la volaille et le gibier. On remarquera aussi que tous les menus ne comprennent pas non plus certains gibiers, cygnes, cigognes et grues, pour lesquels il a été payé plus d'argent que pour les bœufs et les moutons. On peut en conclure que les anglais ne manquaient pas à l'usage traditionnel de servir leur célèbre *Roast beef.*

grammes de bœuf, 750 grammes de mouton par jour, sans parler des 336 biches de daims, des cygnes, oies, canards, dont les quantités seront détaillées un peu plus loin. D'ailleurs, la marée n'était pas moins abondante que la boucherie, la volaille et le gibier.

Le Poisson.

Espèces.	Quantité.	Prix.				Dépense totale.		
Colins (Ling).	500	1 l.	0 s.	0 d.	chaque	500 l.	0 s.	0 d.
Morues (Cod).	100	0	7	0	—	37	10	0
Saumon salé.	6 charg. (1)	37	10	0	—	225	0	0
Congres de vivier (2).	24 charg.	2	10	0	—	60	0	0
Merluches(3). Bars(4) Congres. Mulets (5). Barbues(6).Flétans(7). Brêmes de mer. Dorades(8). Soles.	24 seis. (9)	25	0	0	la seine	600	0	0
Harengs (10). Merlans (11). Roches(12).Plies(13).	20 seines	20	0	0	la seine	400	0	0
Marsouins (14). Phoques (15).	8	37	10	0	chaque	800	0	0
Esturgeons frais.	10	25	0	0	—	250	0	0
Sel blanc et gris.						150	0	0
Brochets.	100	2	0	0	—	200	0	0
Saumons frais.	40	8	6	0	—	333	6	0
Brêmes.	400	2	10	0	—	1000	0	0
Carpes.	400	1	13	0	—	660	12	0
Tanches.	400		5	0	—	100	0	0
Chevannes.	100		5	0	—	100	0	0
Anguilles à rôtir.	200	2	10	0	—	500	0	0
Lamproies.	1600	8	6	0	le cent	133	6	0
Perches.	200	0	8	0	chaque	83	6	0
Carrelets.						50	0	0
Crevisses (16).	2400	3	15	0	la douzaine	750	0	0
Crevettes (17).	6 charges	1	5	0	la charge	7	10	0
Huitres.	48	—	0	16	0	33	6	0
Anguilles à la broche (18).	40 seines	6	5	0	la seis	250	0	0
					TOTAL	7123	16	0

(1) Mesure peu usitée. Ce qu'un homme peut porter dans un sac? (2) *Pondered coungres*. (3) Haddocks. (4) *Bases*, incorrect pour bass, c'est-à-dire bars ou loups de mer. (5) *Molettes*,

En rapprochant cet aperçu du tableau suivant, où il est possible d'évaluer, avec plus d'exactitude, le poids des victuailles, en viande de boucherie, volaille et gibier, et de le porter à environ quatre-vingt-dix mille kilogrammes, il ne paraîtra pas étonnant, si la quantité de poisson pour trois repas (1), a pu s'élever de trente à soixante tonnes. Comme le nombre des convives devait être de cinq mille (au plus) ces chiffres donnent une moyenne de 2 à 4 kilos, par repas et par tête, pour le poisson, et de 3 kilos 200 grammes, pour la viande. Il est à croire qu'une foule de pauvres gens de la campagne étaient accourus à Calais de tous les villages voisins, pour se nourrir de tout le superflu. Si probables que puissent être ces deux évaluations, il est douteux qu'elles puissent servir à donner des moyennes absolument exactes. Il sera difficile, pour se contenter d'un exemple, de connaître avec la dernière précision le poids des trois cents moutons payés quarante livres sterling, ou mille livres tournois, à raison de trois livres six sols pièce, des quarante-huit douzaines d'oies payées deux cent quarante livres tournois, à raison de cinq livres la douzaine, etc., etc., et l'on comprend comment l'erreur commise, en plus ou en moins, peut changer les résultats. Mais, par contre, en comparant les

incorrect pour mullets. (6) *Birtes*, incorrect probablement pour brills. (7) *Halibut*. (8) *John Dory*, Jean doré ou poisson de saint Pierre. (9) Mesure assez vague, puisqu'il y a des seines et des filets de toutes les dimensions. Probablement la charge d'un cheval. (10) *Herringe*. (11) *Whitinge*. (12) *Rechettes* pour rochets, roches ou gardons. (13) *Please*, incorrect pour plaice. (14) *Porpoises*. (15) *Seles*, incorrect pour seals. (16) Evidemment pour *crayfish*, écrevisses ou langoustes. Vu le prix, plus probablement des langoustes. (17) *Shrimps*. (18) *Shaft eles*; pour eels. *Shaft*, trait, probablement brochettes de coudrier.

cours actuels des halles, pour y trouver le prix d'une douzaine d'oies, à la fin d'octobre, avec le prix ci-dessus mentionné, on pourra apprendre le pouvoir de l'argent pour cet objet (1). De même les faisans ont coûté treize cent cinquante livres les soixante-quatorze douzaines. Aujourd'hui, leur prix atteindrait deux mille cinq cent francs, moins du double et par suite le pouvoir qui serait presque quatorze pour les oies ne serait pas tout à fait deux pour les faisans, et s'approcherait de vingt pour les bœufs, et ainsi de suite.

Dépense de viande, volaille et gibier.

Nombre.	Nature.	Prix total.				Prix par unités.		
60	Bœufs.	2250 l.	0 s.	0 d.	par tête	37 l.	10 s.	0 d.
300	Moutons.	1000	0	0	—	3	10	0
120	Veaux.	600	0	0	—	5	0	0
18	Porcs.	300	0	0	—	16	13	0
5	Porcs (lard de).	83	6	0	par porc	13	5	2
336	Biches de daim et lard.	1000	0	0	par biche	3	0	0
148	Farine (kilos) (2).	13	15	0	le kilo	0	1	10
	Os concassés (3).	45	0	0				
	Langues de veau.	6	5	0				
	Pieds de veau.	7	1	0				
256	Cygnes.	2124	16	0	par tête	8	6	0
576	Oies.	240	0	0	par douz.	5	0	0
48	Outardes.	240	0	0	par tête	5	0	0
228	Grues, Cigognes.	1710	0	0	—	7	10	0
440	Hérons.	917	1	0	—	2	0	9
888	Faisans.	1350	0	0	par douz.	18	4	10
912	Courlis, Mouettes, Souchets, Butors.	1710	0	0	—	21	19	9
683	*Brewes* ? (4).	1145	16	0	par pièce	1	14	0
1692	Chapons.	1680	0	0	par douz.	11	18	3
5616	Poulets.	780	0	0	—	1	1	4
3612	Pigeons.	390	0	0	—	1	5	10
1800	Perdrix.	1000	0	0	—	6	13	4
2688	Coqs et Pluviers.	1120	0	0	—	4	13	4
1055	Lapins.	2260	0	0	—	2	1	10
2780	Bécassines (5).	650	0	0	—	2	10	9
14112	Alouettes.	660	0	0	—	0	11	2
2784	Cailles.	1135	0	0	—	4	17	9
540	Canards sauvag.	170	0	0	—	3	15	8
	Total.	24588	0	0				

(1) La douzaine d'oies pesant en moyenne 4 kilos se paierait à raison de 1 fr. 40 le kilo, 67 fr. 20. — Elle se payait 5 livres. Le pouvoir de l'argent serait donc de 18,44.

Si l'on ajoute à ce total la dépense, en poisson, et une autre de 58 livres sterling, 10 shillings et 4 pences pour le dessert :

24588	10	0
7107	10	0
1473	15	0

Le total est de 33169 5 0 soit 1326 l. 14 sh.

Renseignements pris à la Halle de Paris, les quantités suivantes coûteraient, savoir :

60	Bœufs (1)	de 500 kil.	30000 k.	à	1 fr. 50 le kil.	45000 fr.
300	Moutons	de 25	7500	à	1	60	12000
120	Veaux	de 80	9600	à	2	00	19200
18	Porcs	de 80	1440	à	1	20	1750
336	Biches	de 20	6720	à	3	00	20160
576	Oies	de 4	2304	à	1	40	3224
48	Outardes	de 10	480	à	30	00 pièce	1440
888	Faisans	de 1 5	1332	à	4	00	3552
1692	Chapons	de 2	3784	à	6	00	10152
5616	Poulets de	1 5	8800	à	4	00	18000
3612	Pigeons			0	50		1800
1800	Perdrix						4500
2688	Pluviers						1500
14112	Alouettes						1200
2784	Cailles						2000
540	Canards						1500
2780	Bécassines						1500
10552	Lapins						12500
					Total. . . .		160978

256 cygnes, grues, hérons, etc. 5000 k. [mémoire]

---

(2) 9 centimes le kilo. (3) *Flailed Bones*. (4) Serait-ce *brewis*, rôties, *brains*, cervelles, ou *brawn*, cervelas ? Peut-être tantôt l'un tantôt l'autre si l'on tient compte des prix mentionnés. (5) *Snyte* (ancien), pour snipe.

(1) On ne choisit certainement pas les 60 bœufs les moins gros. La race normande importée avec la conquête n'avait ni disparu ni dégénéré. Le poids de 500 k. est donc très modéré, et plutôt inférieur au poids vrai.

Le poids total serait d'environ 90000 kilos.

La dépense ne serait pas inférieure à 161.000 fr. et, en évaluant tout à 250,000 fr. il n'y aurait aucune exagération. Un simple coup d'œil jeté sur ce tableau et les chiffres précédents suffira pour faire ressortir les variations entre le pouvoir de l'argent en fait de provisions de bouche. Il est de 20 pour le bœuf. de 5 pour la perdrix, à peine 2 pour le faisan, 20 pour la biche, 13,44 pour l'oie, 10 pour le canard sauvage, etc., etc. Dans l'ensemble, le pouvoir ne serait que de 6,5; il est très différent pour le poisson. Il sera donc sage d'éviter de plus en plus les règles, soi-disant générales, établies sans données suffisantes.

Si l'on considère maintenant le nombre d'animaux tués dans cette occasion, pour les jours gras, on trouve :

Pour les grosses pièces, le chiffre de	2 025
Pour les moyennes,	21 556
Pour les petites,	24 995
TOTAL :	47 576

En divisant le poids total, dont l'évaluation est un minimum, par les cinq repas du dimanche, du lundi et du mardi matin, cela donne par repas 16 000 kilos soit pour chacun des 5000 convives, 3 kil. 200 grammes. Avait-on pu faire davantage pour les noces de Gamaches?

Pour préparer cette montagne de chair, il fallut une batterie de cuisine des plus considérables, dont l'inventaire seul forme un cahier, parmi les papiers du Marquis de Bath. Peut-être y aurait-il eu intérêt à le transcrire pour faire connaître les noms des appareils en usage au xvi⁰ siècle. Mais il eût été bien plus important d'en trouver la description graphique, et d'autres détails curieux ont été préférés à cette nomenclature assez sèche.

Toute une armée de serviteurs était employée dans les cuisines du Roi. Il fallut désigner ceux qui resteraient au service de la Reine, ceux qui ne quitteraient pas Calais et ceux qui serviraient à Boulogne, comme le constate le tableau suivant, où les hommes au service de la Reine figurent pour 96, ceux qui iront à Calais pour 99, et ceux de Boulogne pour 73 ; en tout, 268 (1).

Service de la bouche.

	La Reine	Calais	Boulogne	En tout
Trésorerie.	3	2	2	7
Boulangerie.	7	7	2	16
Pâtisserie.	5	3	6	14
Celleriers.	7	3	5	15
Beurriers.	4	4	2	10
Bouteilliers.	2	3	2	7
Relaverie.	1	3	1	5
Mouleurs de pâtisserie.	1		2	3
Confiserie.	1	1	2	4
Chandellerie.	3	2	2	7
Service de l'eau (2).	4	2	2	11
Buanderie.	2	3	1	6
Cuisine.	9	3	1	22
Lardier.	4	4	3	11
Marmitons.	1	1	1	3
Achèterie.	9	8	1	18
Rôtisseurs de volailles.	3	2	2	7
Echauderie.	2	2	1	5
Divers.	25	23	13	61
Portiers.	2	1	3	6
Surveillants.	1		1	2
Service de l'avoine (3).		10	2	12
Le sel.		12	4	16
	96	99	73	268

(1) Une vie imprimée, assez rare, de Henry VIII, par le comte de Cherbury ajoute ce détail que l'on servit les repas destinés à la table de François Premier dans 170 plats d'or. Cf. « The life and raigne of king Henry the Eighth. Written by the Right Honourable Edward Lord Herbert of Cherbury. London, Printed by E. G. For Thomas Whitaker,

A ces détails sur les festins de Calais, s'ajoute un aperçu moins complet sur ceux de Boulogne.

I. Lundi 21 (1), pour le souper (le dîner ayant eu lieu à Marquise).

Service de la table du Roi à Boulogne.

6 pâtés de venaison.
12 pâtés de charcuterie.
96 chapons.
62 autres ragoûts.
312 faisans.
84 lapins.
76 perdrix.
200 cailles.

84 coqs (bécasses) ?
80 bécassines.
80 pluviers.
274 alouettes.
30 hérons.
120 pigeons.
48 poulets.

Le 22 d'après la même feuille il y eut :

18 cygnes.
48 chapons.
136 faisans.
44 hérons.
120 lapins.
324 cailles.

300 coqs (bécasses) ?
165 bécassines.
597 alouettes.
252 pigeons.
20 cigognes.
74 poulets.

Le même jour 22 :

bons ? chapons (god capons).
cygnes.
20 cigognes.
34 faisans.
180 perdrix.
54 hérons.
196 coqs (bécasses) ?

cailles.
84 poulets.
720 alouettes.
300 pigeons.
24 paons. (1).
332 pluviers.
96 sarcelles.

and are to be sold at his shop at the kings arms in Pauls Church-Yard 1649 ». Fol., 4 ff. non chiffrées, pp. 575 et 5 ff. de tables.

(2) Ewery.

(3) Avenary.

(1) Le mss. porte par erreur : Die lunœ XX, le lundi étant le 21 octobre.

(2). Pas de paons, ni de paonnes, dans les menus de Calais.

Le 23 on servit :

17 cygnes.
18 cigognes.
36 g⁂ ?
84 chapons.
84 poulets.
28 hérons.
252 faisans.
192 perdrix.

180 coqs (bécasses) ?
72 pluviers.
72 bécassines.
76 cailles.
240 lapins.
60 tourterelles (turtledoves).
31 paonnes.

Evidemment, ces indications sont incomplètes, puisqu'il n'est question que d'un seul repas pour le 23, que le 24 est oublié et que le dîner maigre du 25 est aussi passé sous silence. Il est donc permis de supposer que les menus de Boulogne et de Calais ne différaient pas beaucoup, sinon pour la quantité. Peut-être, à Boulogne, tous les Anglais n'étaient pas servis directement par la table du Roi et chacun traitait ses hôtes, soit de ses propres deniers, soit à l'aide des provisions envoyées sinon par la cuisine, au moins par les maîtres d'hôtel.

Quoiqu'il en soit, la dépense de la bouche à Calais s'était élevée à plus de 100000 livres tournois. — Henry VIII eut la vanité de dépenser bien plus encore pour sa parure, comme on va le voir d'après le livre de dépense de la maison du Roi, publié par la société de Camden, dans la chronique de Calais. — Le résultat final est à noter.

Dépense du Roi d'Angleterre à Calais (octobre et novembre 1539).

Le 12 [octobre] payé à un Renolles (1), en récompense pour avoir mené billes (2) assignés à Douvres

(1) Sans doute, Reynolds.
(2) Incorrect pour bulls, taureaux ou bœufs.

par ordre du Roi. 36sh. 4 d.

Item, par un domestique du Lord Wardeyn (Gouverneur), pour un marsouin et des carpes. 10 0

Le 13, à un domestique de Sir John Nevelles (Nevil), pour des pâtés de cerf. 8 6

Le même, à Jacksen mercier, pour 18 paires de gants d'Espagne. 4 6

Le 14, à Me Cromwell p. des flèches. 5 0 0

Le même, pour du raisin et des poires à l'usage de Mme la M^{ise} de Pembroke (1). 2 6 8

Le 17, à Cornelys (Cornelius Hays, orfèvre), et à Me Cromwell. 46 13 4

Le 17, au Roi, pour payer ce qu'il avait perdu aux dés avec Norfolk, Sir Thomas Palmer (décapité avec le Duc de Northumberland en 1533) et Domyngo Lomelyn (qui en 3 ans gagna aux cartes et aux jeux de hazard contre le Roi 15500 fr.) la somme de 400 couronnes, c'est-à-dire 93 6 8

Le 19, à Me Cromwell, 23 6 8

Le même, à un domestique de Pages, pour amener un cheval à Calais. 20 0

Le 20, à un français, pour une chaîne, destinée à servir de ceinture, pesant 3 onces, à 11 couronnes l'once, 33 couronnes, ou 7 14 0

Le 22, au Cardinal Lareno (de Lorraine) et M^r le Guyse (Duc de Guise) qui ont gagné au jeu de tennis à Boulogne, 46 13 4

Le même jour, au Cardinal de Lorraine, aux ducs

---

(1) On pouvait faire venir le 13 octobre du raisin (peut-être celui de la célèbre vigne de *Hampton Court*). — Aucun envoi semblable n'est mentionné pour les repas du 25 au 29 octobre. Le moyen de conserver le raisin pendant plusieurs mois n'était sans doute pas encore connu.

7

de Norforlk et Suffolk et au Grand-Maître, qui ont gagné aux dés, 116 l. 13 s. 4 d.

Le 23, pour un chapeau et une plume, 15 0

Le 23, à Boulogne, pour la garniture de 2 bonnets, et pour ledit chapeau, 23 4

Le 24, à M⁰ Cromwel, pour les serviteurs du Roi, 3000 couronnes, soit 700 0 0

Le 25, à Rotclif pour 6 chevaux « forfet » et la dépense des enfants, 13 4

Le 26, aux chantres de la Chapelle du Roi de France, 4 13 4

Le 26, pour la bourse du Roi, 100 couronnes ou 23 6 8

Le 27, payé pour les doublettes (1) des hommes de la garde désignés pour lutter devant les 2 rois, 2 3 8

Le 28, au fou du Roi de France, 40 couronnes ou 9 6 8

Le 28, aux chantres du Cardinal de Lorraine, 4 13 4

Le 29 et le 31 à divers, 110 6 2

Le 2 novembre, à Richard Gibson pour les masques et les parures, 11 3 1

Le 3, pour les faucons, 100 couronnes ou 23 6 8

Le 4, aux dés, à Domyngo et Palmer, 100 couronnes ou 23 6 8

Le 4, à divers, 70 couronnes ou 13 6 8

Le 4, à Alart Plumer, bijoux, 1744 4 8

Le 5, à Latronet, bijoux, 1000 couronnes ou 233 6 8

(1) Pourpoints.

Le 5, à Simon Quanden, bijoux, 1530 couronnes
ou 357 l. 0 sh. 0 d.
Le 5, à Jenings, bijoux, 5000 couronnes ou
1166 13 4
Le 5, à Jean de Gane, 81 13 4
Le 11 et le 12, à divers, 103 0 0
Même, perdu aux dés avec Anne Boleyn, 15 0
Même, perdu aux dés avec Weston, 46 13 4
Offrande à N. D. de Boulogne, 11 4
Offrande à N. D. de Calais. (Our lady in the walle),
5 0
Offrande à N. D. de Douvres, (Our lady in the Rocke), 4 8
Le 13, perdu « at tabulles » avec Weston,
4 13 11
Divers, 3 12 4

Ainsi, la dépense totale, pour les articles ci-dessus, s'élève à 5021 l. 10 sh. 9 d.
Dont :
    payé pour les bijoux, 3767 10 4
    perdu au jeu, 332 1 8
    offrande aux églises de
Boulogne, Douvres et Calais, 1 1 0

Sans tenir compte du change, ces sommes équivalent en argent français, valeur de l'époque, à 125538 livres tournois, 8 sols,
Dont :
    en bijoux, 94189 l. 3 s.
    Pertes au jeu, 8054 11
    Offrandes à des églises, 26 5
    Divers, 23257 9
    Total. 125538 l. 8 s. (1).

(1) On remarque en outre dans « John Gough Nichols F. S. A. The Chronicle of Calais. London. — Camden Society.

Il n'est pas étonnant que les offrandes de 26 fr. 25, faites par Henry VIII à trois églises (8 fr. 75 en moyenne pour chacune) aient été aussi mesquines. Pourquoi aurait-il donné davantage, puisqu'il avait commencé à remplir ses coffres de la dépouille des sanctuaires et que plus tard, sous prétexte de détruire la superstition, il devait faire main basse sur l'or et l'argent de tous les autels, y compris celui de Notre-Dame de Boulogne ? Si l'on excepte cette parcimonie, la réception de Calais avait été des plus magnifiques, comme celle de Boulogne, au dire du narrateur anglais.

Le Roi d'Angleterre avait les meilleures raisons du monde pour laisser ses hôtes sous une impression favorable. Le service signalé, que François Premier, avait promis de lui rendre pouvait seul lui conserver la couronne. De son côté, en voyant l'état des catholiques d'Allemagne, le Roi de France ne pouvait songer, sans frémir, aux conséquences terribles d'une révolution religieuse dans un pays, où le catholicisme avait tenu jusqu'alors une si grande place.

Il n'avait pas besoin d'être reçu magnifiquement à Calais, pour comprendre les dangers qui menaçaient l'Angleterre, en cas d'une révolte avec Rome et voilà ce qui fait de l'entrevue de Boulogne un épisode des plus importants de l'histoire locale. C'est là que François Premier, dans l'intimité de ses conversations avec Henry VIII chercha les moyens à prendre pour éviter, s'il était possible, une rupture, dont il était facile de

---

J. B. Nichols and son, 25. Parliament St. 1846 ». M. N. pp. 42, 227 — d'où sont extraits ces chiffres, une somme de 11 sh. 2 d. en aumônes soit 13 fr. 95.

prévoir les conséquences fatales pour les deux nations. Il y prit position, comme la conscience, l'honneur et l'intérêt le lui commandaient, et par conséquent, Boulogne a le droit d'être fière de tout ce que ce grand prince résolut de faire, pendant son séjour dans cette ville, pour concilier les intérêts de Rome et de l'Angleterre. Si ses bonnes intentions ne furent pas couronnées de succès, du moins sa droiture et sa fidélité à suivre le plan, concerté pendant l'entrevue, ne peuvent donner prise à la moindre critique. Depuis huit jours, les deux Rois avaient eu le temps de s'entendre sur la conduite à tenir. Enfin le moment de se séparer arriva le 29 et ils se mirent en route pour Marquise, où ils se quittèrent, pour ne plus jamais se revoir.

François Premier coucha le soir à Boulogne et en partit le 30 octobre, pour Etaples, d'où, le lendemain 31, il arrivait à Rue, afin d'y passer la fête de la Toussaint. C'était jour maigre, comme la veille. Par une attention délicate, un Anglais avait pêché, sur les côtes de son pays, à Whistable, sans doute, deux charges d'huîtres « duystres en escalle ». Il vint les débarquer dans cette ville, alors encore port de mer, la veille du premier novembre. D'après le compte de dépense, le Roi lui fit remettre en récompense, vingt-deux livres, en même temps qu'un autre Anglais recevait quinze livres, quinze sols, pour avoir amené les « Thoreaulx » offerts à Calais par Henry VIII.

De Rue, la Cour se rendit à Amiens et y séjourna un peu de temps avec la Reine Eléonore. Enfin, le 10 novembre, les Cardinaux de Tournon et de Gramont partirent de là pour Bologne, porteurs d'importantes instructions, en vue des négociations à suivre avec le Saint-Père, par suite de l'entrevue de Boulogne et de Calais.

CHAPITRE HUITIÈME.

Les témoins oculaires de l'entrevue.

Leurs noms ont été consignés dans deux listes différentes, fournies par les papiers du Marquis de Bath. Celle des seigneurs de France est très courte (1). On peut à la rigueur y suppléer par l'adjonction des personnages cités au compte de la dépense, comme le maréchal de la Marche, le sieur de Nançay, le sieur de Chavigny, le Sénéchal de l'Agenois, Jean de la Barre, prévôt de Paris et autres. Il sera utile de consulter cette liste à l'appendice, et l'on y trouvera à propos de Jean VII de Créqui, sieur de Pondormi (au moment de l'entrevue), une anecdote peu connue de l'histoire du Boulonnais, racontée par Don Ducrocq, et comfirmée par Montaigne dans ses *Essais* (2). Ce Seigneur, dont la bravoure était des plus grandes, avait eu le visage entièrement brûlé, dans une expédition hardie entreprise par un de ses oncles. Il devint capitaine d'une compagnie de cent gentilshommes du Roi. Du côté de l'Angleterre, il y avait trois ducs, un marquis, six comtes, quatre évêques,

---

(1) Cf. Documents, p. ccii et suivantes. La liste du récit anglais imprimé, p. xlv contient un plus grand nombre de noms.

(2) Cf. Documents, p. ccxix à p. ccxxiv.

un vicomte, quinze lords ou barons, quatorze conseillers, vingt-six membres du conseil privé, quatre médecins, quatre écuyers du corps, quatre serviteurs et écuyers du Roi, vingt-deux chevaliers, quatre gentilshommes huissiers, huit écuyers de l'écurie, cinq serviteurs de la chambre, douze sergents d'armes, le trésorier et cent quatre-vingt-huit officiers de la maison, six pages, huit chapelains, quarante-cinq Rois d'armes, hérauts et *poursuivants*, trompettes et ménestrels, six clercs du sceau, cent trente-quatre archers de la garde-robe, de la jarretière ou de la garde, grooms et pages de la chambre ou ménestrels, soixante-six officiers et deux mille cent trente-neuf serviteurs. En tout, la suite était de deux mille sept cent soixante-treize personnes.

En fait, ce chiffre est plutôt celui des hommes commandés pour le service et en réalité, il en vint beaucoup moins. Si l'on compare la feuille où sont marqués les nombres de serviteurs restés au service de la Reine et de ceux qui allèrent à Boulogne ou qui ne sortirent pas de Calais, (dont le total est de 268) avec le rôle suivant qui est de 442, il s'ensuit que si tous les autres états ont été diminués dans la même proportion, il conviendrait de réduire beaucoup le nombre de 2773, indiqué plus haut. D'ailleurs, tous les seigneurs n'amenèrent pas le nombre maximum de serviteurs auxquels ils avaient droit, et par suite, on peut réduire à environ 2000 ou 2500 le nombre des Anglais qui franchirent le détroit. Il peut y avoir eu 634 seigneurs et hommes d'armes, avec leurs serviteurs et ceux du Roi, en tout un peu plus de 2000, au plus 2500, en comprenant les auxiliaires pris à Calais pour renforcer divers services (1).

Pour le service du Roi d'Angleterre, il y eut le nombre suivant de serviteurs commandés:

La trésorerie (*cofferar*).	8
Le contrôle (*comptroller*).	6
Les chefs de cuisine (*clerks of the Kochyn*).	6
L'épicerie (*spycerye*).	6
Le service de l'avoine (*avenary*).	4
Les seconds clercs (3) leurs valets (6).	9
Le yeoman et le groom de la chambre des comptes.	4
La boulangerie.	26
La paneterie (8) les valets (9).	17
Les celleriers et l'office au beurre (15) les valets (17).	32
Les bouteilliers (*pitcerhouse*) et 6 valets.	12
Les mouleurs de pâtisserie (*Waffery*) et valets.	6
L'office de la chandelle (5) valets (5) conducteurs (4).	14
L'office de l'eau (*Ewery*) (7) les valets (8).	15
Les confiseurs (3) valets (4).	7
Les blanchisseurs (4) valets (4).	8
Les cuisiniers (20) valets (15) galopins (40).	75
Le lardier (8) valets (8).	16
Les bouilleurs (3) les valets (2).	5
L'achèterie (*catry*) (10) les valets (12).	22

(1) Ainsi, en forçant un peu les chiffres, les 600 hommes d'armes, de part et d'autre, et les serviteurs formeraient une réunion de 4000 à 5000 personnes au plus, comme il a été dit ailleurs.

Office de la volaille (5) les valets (8).   13
La relaverie (*squyllerye*) (9) valets (12) en-
fants (3).   24
  L'échauderie (4) valets (4).   8
  La pâtisserie (8) valets (4).   12
  Majordomes et leurs valets.   9
  Messagers (5) valets (6).   11
  Office du bois (9) valets (12).   21
  Serveurs et surveillants (4) valets (4).   8
  Serviteurs de la table,   12
  Aumôniers (7) valets (5).   12
  Portiers (4) valets (6).   10
  Veilleurs (2) valets (2).   4
                                             En tout.   442

La plupart des Seigneurs anglais désignés pour le service du Roi à Calais et à Boulogne avaient été choisis parmi les plus dévoués à la personne de leur maître et tous, au moins par intérêt, sinon par conviction, favorisaient alors le divorce. Depuis longtemps, la suppression des petits monastères, dont le revenu n'excédait pas trois cents livres sterling, ou sept mille cinq cents francs, avait ajouté aux possessions territoriales de la noblesse et des principaux courtisans. Henri VIII se contentait, en général, pour sa part, des joyaux et des vases sacrés. Par suite, les terres étaient données à ses meilleurs amis, avec ou sans charges, c'est-à-dire, pas toujours sans quelque profit pour sa cassette.

Bien que la notice, placée en regard de certains Seigneurs Anglais (1), pris tout-à-fait au hasard,

---

(1) Cf. Documents, p. ccxxvii et suivantes.

(en fait, quand le nom du personnage se trouvait plus vite et avec moins de recherche, dans le dictionnaire biographique anglais, en cours de publication), on sera étonné de la quantité de biens ecclésiastiques venus aux mains d'un grand nombre de ces gentilshommes, au moins après la consommation du schisme. Ils en possédaient déjà, en 1532, beaucoup trop, et ces premières distributions leur avaient fait concevoir l'espérance de meilleures aubaines, pour un avenir hélas ! bien prochain.

Il serait assurément curieux d'examiner aussi la fortune actuelle de leurs successeurs, en remontant à l'origine de leur opulence. Le temps n'a pas détruit le souvenir de tous les cloîtres ruinés par la cupidité de ces hommes et transformés en séjours de plaisir et de délices. Il ne faudrait pas pour cela effacer le vieux proverbe :

« Bien mal acquis ne profite jamais ».

Non, la main de Dieu s'est appesantie lourdement et maintes fois sur les coupables; on a pu le reconnaître, même au XIXe siècle, dans divers évènements en apparence inexplicables. D'autre part, il faut en convenir, les réparations des sacrilèges anciens ne sont pas tout-à-fait inconnues en Angleterre.

Le lecteur trouvera après le n° 66 des documents, des notes biographiques sommaires sur quelques-uns des Seigneurs Anglais et Français venus à la suite des Rois.

CHAPRITRE NEUVIÈME.

Les témoins muets ou observateurs.

Plus François Premier et Henry VIII s'efforçaient de donner le change à l'Europe sur le vrai motif de leur alliance et de leurs entretiens, plus Charles-Quint et Clément VII cherchaient les moyens de pénétrer leurs secrets desseins. Quand même le traité contre le Turc eût été plus sérieux (et il ne semblait pas (1) l'être), la Cour pontificale et l'Empereur étaient intimement convaincus de l'importance des autres sujets, dont les Rois de France et d'Angleterre se proposaient de parler confidentiellement. Ils ne les connurent pas tout d'abord avec certitude, mais leurs agents les révélèrent peu à peu. Si les Ambassadeurs avaient été invités à ne pas suivre la Cour de France au-delà d'Abbeville, Chapuis trouva moyen de se faire représenter à Calais et d'y introduire le nonce lui-même. Les autres durent se contenter ou d'envoyer des espions, ou d'attendre les résultats de la conférence, avant d'en découvrir l'objet.

(1) Ces pièces se trouvent à l'Appendice : Documents, n° 65 et 66, p. cxciv à p. cci.

Charles-Quint surtout avait le plus grand désir de pénétrer le mystère. Favorisé par la victoire, ce prince aspirait à devenir le souverain seigneur de la terre entière. Egoïste, dur, ambitieux, sans scrupules, il calculait, même dans les plus infimes détails, la moindre de ses actions. Jamais on ne le vit céder à l'empire d'une seule passion ou s'accorder un délassement ou un plaisir, sans y trouver en même temps son intérêt. Or, malgré ses succès nombreux, la France était pour lui un ennemi redoutable. Doué d'une puissance rare de vitalité, ce Royaume avait pu sortir plus d'une fois des portes de la mort et reprendre son rang parmi les plus grands Etats. De 1526 à 1532, par une sage administration, François Premier faisait refleurir à la fois, les lettres, les sciences et les arts, le commerce et l'industrie, sans laisser de réparer ses pertes et de mettre la nation à l'abri de nouvelles attaques. Que deviendraient les rêves de Charles, si l'appui de l'Angleterre venait encore accroître la force et l'audace du Roi de France ? En Octobre 1532, l'Empereur vient de triompher à Guns contre les Turcs. Après les avoir forcés à lever le siège de cette place, il les a contraints à rentrer à Constantinople, dans la déroute et la honte d'une défaite. Pour un temps, du moins, il n'a rien à redouter du Sultan. En Allemagne, par des concessions opportunes, les Protestants auront tout intérêt à le ménager. A Rome, Clément VII, encore ému, au souvenir des deux sièges dont il a tant souffert, n'oserait pas résister à sa loi. Avant de reprendre les armes contre la France, le plus sûr était donc de fortifier les positions de l'Empire en Italie, au Nord comme à Naples, et d'amener le Pape à consacrer, par son autorité, la ligue des Etats de la Péninsule, dont lui, Charles-Quint, serait naturellement le chef. C'était en effet pour lui la grande préoccupation de l'heure présente. Mais avant d'aller exposer au Saint-Père ses plans et moyens, son intérêt était de se rendre un compte exact de la situation créée par le rapprochement des deux Rois de France et d'Angleterre. Dans ce but, il prescrivit à ses Ambassadeurs de l'informer des moindres détails de cette intimité croissante et l'on voit par la correspondance de Chapuis, en particulier, comment il fut servi avec autant d'intelligence que de dévouement.

Ce grand diplomate, né à Annecy, mérite bien une mention spéciale. Esprit fin et délicat, jurisconsulte érudit, narrateur fidèle, habile négociateur, il montre dans sa correspondance les qualités les plus propres à satisfaire son maître. Autant ce dernier excellait dans l'art de s'entourer d'ombre et de mystère, autant il exigeait de ses agents l'abondance et l'exactitude dans leurs dépêches. Que l'on jette un coup d'œil sur les mémoires de Chapuis, on le jugera sans peine à sa valeur. Ses lettres sont pleines de faits. Or si, par suite de renseignements, dont l'inexactitude, par rapport à un point ou à un autre, n'a pu être vérifiée sur l'heure, sa correspondance contient une erreur, presque toujours, dans la missive suivante, les parties fausses sont corrigées avec soin. Ce point est assez démontré pour qu'il ne soit pas nécessaire de le confirmer par de nombreux exemples (1).

(1) On verra dans la notice de Lord Darcy, (documents, p. cc) comment Chapuis s'était ménagé des intelligences,

Sans doute, *l'Edinburgh Review* ne partage pas cette manière de voir, comme on peut le constater par son article sur le beau livre de M. Paul Friedmann « Anne Boleyn » (1). Mais l'auteur du compte-rendu a-t-il fait une lecture suivie des documents publiés par le Record Office ? L'opinion contraire de MM. Brewer et James Gairdner, et celle de M. P. Friedmann sont, à coup sûr, bien mieux établies par un usage constant de ces pièces. D'ailleurs, d'autres agents ont aussi laissé trace de leur mission diplomatiques près d'autres cours, et comme leurs récits se confirment pleinement, la vérité ressort entière et lumineuse de leurs confidences intimes. Il faudrait citer ici en entier une lettre du 15 septembre 1532, datée de Londres (2). D'après Chapuis, l'alliance des deux Rois est purement défensive et il n'y est pas question de l'Empereur, au dire de Langey (3), ambassadeur de France. Trois jours après, Ortiz mande à Charles-Quint que le Pape diffère la sentence contre Henry VIII, de peur d'empêcher le Roi d'Angleterre d'envoyer un mandataire. A son tour, l'agent de l'Empereur écrit d'Amboise, le 22 septembre 1532 : L'objet de la conférence est de se concerter pour défendre la chrétienté contre les Turcs. Rien n'a été fait et rien ne sera fait au préjudice de l'Empire. François Premier racontera plus tard les détails de l'entrevue, afin qu'ils puissent être jusque dans l'entourage et le cercle le plus intime de la Cour d'Angleterre.

(1) London, Mac-Millan, 1884, in-8, 2 vol.
(2) On la lira du moins en cet endroit avec profit. Elle se trouve résumée à l'appendice, n° 10, p. vi, d'après « *Letters and Papers*.
(3) Guillaume du Bellay.

transmis. De Venise, le 25 septembre, Rodrigo Niño se montre plus clairvoyant ou mieux renseigné ; et au moment où l'on s'efforce, avec tant de peine, de tromper l'Europe sur le vrai motif de la rencontre, il s'exprime ainsi : D'après les Français, il s'agit du bien de la chrétienté. Dans la pensée du plus grand nombre, il sera question du divorce et d'un nouveau mariage. — Sans doute, dans le reste de la dépêche, ses informations sont fausses ; mais il faut avouer que la première partie était non-seulement très exacte, mais encore bien devinée. Plus on avance vers la fin de ce mois, et plus les correspondances deviennent précises.

Le 27 septembre, Mai mande de Rome que le Pape est bien informé de tout : Il sera question, d'après le Saint-Père, d'un mariage entre Henry VIII et une fille de France, dans le but d'imposer le divorce; mais Rome rendra justice à la Reine Catherine. Le Pape se trompait-il beaucoup ? François Premier n'aurait-il pas consenti à ce mariage déjà conseillé par Wolsey et cause de sa disgrâce ? En tout cas, Clément VII avait bien soupçonné que la conférence aurait pour but de pousser l'affaire du divorce.

Le 14 octobre, Chapuis voit de mieux en mieux le but de l'entrevue. D'après lui, le Roi emmène une légion de docteurs et de moines, tous en faveur du divorce. Parmi eux, se trouvent trois cordeliers venus de Bretagne et même plusieurs Juifs de Venise. Il y aura donc une conférence et si les Cardinaux prennent une décision, le Roi d'Angleterre pourra être entraîné, en suite de leur jugement, à faire une folie. Peut-être, François Premier se propose-t-il de profiter d'une rupture éclatante entre Charles-Quint et Henri VIII ? C'est bien la note vraie et elle est tracée, comme on le voit, huit jours avant l'entrevue. Le Pape ne pouvait manquer, dès cette date, d'être aussi bien tenu au courant des affaires. C'est dans la même dépêche que Chapuis mentionne le départ de son agent et du nonce de Londres pour Calais.

Ainsi, pendant que les deux souverains s'efforçaient de garder pour eux seuls le secret de leurs entretiens, les témoins muets de la conférence ne se montraient pas moins désireux de le pénétrer, et même, comme on vient de le voir, grâce à leurs ambassadeurs, ils connaissaient déjà, d'une manière assez précise, le but principal de l'entrevue de Boulogne.

CHAPITRE DIXIÈME.

Les principaux personnages intéressés dans l'affaire du divorce.

A tout Seigneur tout honneur ! Le plus important par sa puissance et le rôle d'arbitre qu'il aimait à prendre dans toutes les questions est évidemment l'Empereur d'Allemagne. Aussi, faut-il ajouter des détails plus nombreux au caractère fort sommaire tracé de sa personne dans le chapitre précédent. A l'âge où il aurait dû épouser Marie, sœur de Henry VIII, (mariée depuis à Louis XII, puis à Suffolk), Charles-Quint était encore d'un tempérament délicat. La faiblesse de sa santé, et le peu d'intelligence de sa mère semblent avoir déteint sur les débuts et la fin de sa carrière. Enfant maladif, tranquille et mélancolique, grave mais toujours pratique, à force de réfléchir, il contracta l'habitude d'être de tous points correct. Tous ses actes à partir du jour, où il sortit de son attitude réservée, sont emprunts de raideur et de dureté. A treize ans, les manières de sa suite sont réglées avec la dernière rigueur et le moindre écart de ses serviteurs est puni sur l'heure, surtout si ce sont des débauches pendant la nuit ou des excès d'intempérance. Jamais on ne vit, sur ce visage flegmatique, ni un éclair de passion, ni même une lueur d'enthousiasme ou de générosité. Les malheurs de sa tante ne réussirent pas un seul moment à émouvoir son cœur. Insensible aux ruines causées dans Rome par deux sièges, il récompensa les auteurs des profanations les plus sacrilèges. Peu lui importaient les chefs-d'œuvre de Raphaël et de Michel-Ange ! A 15 ans, il gouverne, sans premier ministre ; et plus d'une d'une fois, il lui arrive de se lever la nuit pour expédier des réponses à ses agents. N'ayant connu aucun des jeux de l'enfance, il n'eut pas à réprimer la frivolité ordinaire au jeune âge et les exercices du corps n'eurent pour lui aucun attrait. Aussi, Maximilien, apprenant qu'il avait chassé à courre, répond à la princesse Marguerite: « Nous fûmes bien joyeulx que nostre filz Charles prenne tant de plaisir à la chasse; aultrement on pourra pensé qui fust bastard » (1).

Comme tous les princes, il fut bon cavalier, par raison ou nécessité, non par goût ou caprice. Une fois, dans sa vie, il dépassa les bornes de la sagesse, en dansant au point d'en être malade, à l'occasion du mariage de sa sœur. De lui on ne cite pas un bon mot, un oubli, une inconvenance ; il ne sent rien ; c'est un glaçon. Sans doute, il ne se souciait du sentiment de personne et ne songeait qu'à lui seul ou à ses intérêts. Aussi, fut-il cupide, avare, exigeant et même sordide. En un mot, aucune des plus nobles passions ne se montra jamais associée aux principaux faits de son règne. La précision et la ponctua-

---

(1) Cf. Litt. Max. et Marg. II, p. 241.

lité présidérent à tous ses actes. Rien d'étonnant si, plus tard, à Saint-Just, son occupation favorite fut de régler les horloges du couvent. Comme on l'a déjà vu au précédent chapitre, l'Empereur régnait sur la plus grande partie de l'Europe, depuis l'extrémité de la péninsule Ibérique jusqu'aux confins de la Pologne et de la Moscovie, et son ambition était de devenir maître de l'Univers. En attendant, il se contentait d'être le premier des princes chrétiens. Rome tremblait devant lui. L'Allemagne et l'Autriche se courbaient sous son joug ; l'Espagne était fière de ses conquêtes ; l'Italie, en partie occupée par ses troupes, n'avait plus la force de lutter. Seule, la France refusait de subir sa loi. Elle aurait, sans doute, succombé de nouveau, sans l'alliance contractée avec l'Angleterre. Aussi, Charles-Quint avait-il compris la nécessité de quitter au plus tôt la Hongrie, après la défaite des Turcs, pour conférer avec le Pape Clément VII. Dans sa pensée, rien ne s'opposerait à la réalisation de son rêve, s'il réussissait à gagner la confiance et l'appui du Souverain-Pontife. N'avait-il pas déjà un revenu fort supérieur à celui du plus riche royaume de l'Europe? Ne commandait-il pas des armées nombreuses, aguerries et accoutumées à vaincre ? Son nom n'était-il pas entouré d'une auréole de gloire ? Déjà, les contrées ouvertes, par la conquête, à l'Espagne, dans un monde nouveau, avaient élargi l'étendue de ses possessions. Bientôt les mines du Pérou et du Mexique allaient verser dans son trésor des flots d'or et d'argent. Qui donc au sommet de sa puissance, oserait lui résister à l'avenir ? Henry VIII sous le coup de l'excommunication et de l'interdit ? François Premier battu et rançonné sans merci ? Tels étaient les calculs de Charles-Quint, dans les loisirs de son long voyage de Vienne à Bologne.

Cependant, si le Roi de France lui paraissait peu redoutable, n'oubliait-il pas, plus que de raison, comment ce royaume avait plusieurs fois déjà survécu aux plus dures catastrophes. Sous Charles VII, une simple fille des champs, la glorieuse Jeanne d'Arc, avait en peu de jours relevé sa patrie foulée aux pieds de l'Anglais et presque réduite à une petite province ? Quel spectacle ! A la voix d'une femme, en un clin d'œil, tous les hommes valides sont debout, sur le champ d'honneur et marchant de victoires en victoires, une poignée de héros refoule, dans son île, un conquérant trop longtemps maître du sol. Charles-Quint se trompait donc sur la vitalité de la France ; il se trompait surtout sur le caractère de ses habitants. Un jour, le grand Empereur devait ensevelir dans le cloître ses espérances déçues. Plus tard, l'Autriche à son tour n'expiera-t-elle pas cruellement, comme l'Espagne, après le xvie siècle, ses luttes contre la Fille aînée de l'Eglise ? Les Français, d'ordinaire oublieux et légers, ne perdent pas toujours la mémoire des injures et de la cruauté. Aussi, leur politique, en ce point constante, a-t-elle fini, après diverses alternatives, par triompher de leurs plus puissants rivaux ? L'Eglise et l'Europe n'ont rien gagné à l'abaissement du Saint-Empire. Mais la France pouvait-elle ne pas infliger à son plus redoutable adversaire un châtiment bien mérité et s'abstenir de prendre sur lui une revanche complète ? Non, l'honneur de ce succès contre l'Autriche ne revient pas seulement à Bismark, ou à

Napoléon III, ou à Napoléon Ier, ou à Louis XIV, ou à Richelieu. Il faut aussi l'attribuer en grande partie à François Premier, dont les malheurs et la captivité n'ont été ni oubliés, ni pardonnés par la France !

Clément VII était un Pontife doux, paisible et timide, Clément, de fait, comme de nom (re et nomine, Clemens), au dire de ses contemporains. Issu par un lien illégitime de Julien de Médicis, ce Pontife se sentait humilié par le souvenir de son origine. Tiraillé en divers sens, au sujet de la conduite à tenir envers Henry VIII, depuis 1527, il ne pouvait se résoudre à aucun parti. Pour gagner du temps, dans l'espoir que le caprice du Roi pour une nouvelle maîtresse serait bientôt suivi par d'autres amours, le Pape ne voulait pas, sans être forcé dans ses derniers retranchements, irriter un Prince aussi dévoué, dans sa jeunesse, à l'Eglise Romaine. Aussi Henry VIII conçut-il l'espoir d'obtenir tout au moins le silence du Saint-Siège, au sujet de son divorce, surtout quand le légat Campeggio put lui montrer un décret qui autorisait Wolsey et lui conjointement, ou l'un des deux, en cas d'empêchement, à juger, au nom du Souverain-Pontife, sur la validité du premier mariage. Il est vrai que le cardinal pouvait montrer ce pouvoir, mais sans le laisser sortir de ses mains et que les légats ne pouvaient rendre jugement, avant d'en avoir référé à Rome. Après avoir fait preuve de mansuétude, jusqu'à la limite extrême du devoir, Clément VII se vit réduit à la dure nécessité de sévir. Les empiètements du Roi d'Angleterre sur l'autorité du siège apostolique, ses injures et ses outrages le forcèrent à lancer d'abord le monitarium du 15 novembre 1532, puis l'excommunication suspensive du 11 juillet 1533, formulée le 6 août suivant et enfin, avec le plus grand regret, l'excommunication définitive du 23 mars 1534. Qui pourrait condamner, ou même blâmer une conduite aussi sage, aussi prudente ? Le schisme d'Angleterre et, à sa suite, l'hérésie, ne peuvent être attribués en rien à la longanimité du Souverain-Pontife et la rupture eut des causes bien autrement profondes dans la dépravation progressive du Roi, la servilité du clergé, la corruption et la cupidité des principaux seigneurs de la Cour. D'ailleurs, le protestantisme ne se serait jamais implanté dans l'Empire Britanique, si Elisabeth et plus encore Jacques Premier, n'avaient mis en œuvre les procédés les plus sataniques pour déraciner la vraie foi.

Henri VIII, d'après le portrait tracé par Giustiniani (1) en 1520, était un prince de belle et noble apparence :

Sa Majesté a vingt-neuf ans et sa beauté paraît très grande. La nature n'aurait pu faire mieux en sa faveur. Aucun souverain, pas même le Roi de France, ne peut lui être comparé sous ce rapport. D'aspect agréable, il est bien proportionné! En apprenant que François Premier laissait croître toute sa barbe, il a voulu porter aussi la sienne; et comme elle est rouge, son visage est maintenant comme dans un cadre doré! Prince accompli, il est à la fois bon musicien, même compositeur, excellent cavalier, remarquable joûteur. Il parle français, latin et espagnol. Sa

(1) Ambassadeur de Venise à Rome.

piété n'est pas moindre. Chaque jour, on célèbre pour lui trois messes, dont la chasse ne le dispense pas. D'autres fois, il en entend cinq, et, après dîner, c'est l'office divin, à savoir, vêpres et complies dans l'appartement de la Reine. Son délassement favori est de courir la bête fauve, et alors, huit ou dix chevaux lui sont nécessaires. Aussi, dispose-t-on des relais, de distance en distance, sur la ligne où le dirigera le plus probablement la course. Le jeu de tennis lui est familier et c'est alors plaisir de le voir jouer, tant la beauté de sa peau paraît à travers les fines chemises à son usage (1). Pasqualigo, un autre agent de la Seigneurie (2), assure que la nuance de ses cheveux était le beau blond doré, si connu et si estimé des Anglais, sous le nom de *Auburn*. Si la nature avait été prodigue envers Henry VIII, la fortune n'avait pas été moins bienfaisante. En lui, depuis l'assassinat du dernier Plantagenet (3), se trouvaient indissolublement unies la rose de Lancastre et celle d'York. Fils d'un monarque, dont l'énergie avait dompté une noblesse longtemps rebelle, et dont la prévoyance avait amassé, malgré la pauvreté relative de l'Angleterre à cette époque (4) des trésors considérables, il avait reçu, en outre, une instruction supérieure, dans toutes les branches des connaissances humaines et divines. Aiguisée par les subtilités de l'école, sa pénétration naturelle

(1) Cf. Giustiniani. Desp. t. II, p. 312.
(2) Cf. ibidem t. I, p. 86.
(3) Cruellement mis à mort par Henry VII, à la demande de Ferdinand d'Aragon.
(4) Le revenu royal ne dépassait pas 3.000.000 l. tournois, et l'on ne comptait pas plus de 3.000.000 pour la population de tout le royaume.

lui avait donné une rare connaissance des hommes et des choses, et le moyen de ne se jamais laisser tromper, quand la colère n'étouffait pas en lui la voix de la raison. Naturellement enjoué, affable, plein de grâce, il ne perdit jamais ces dehors séduisants, même à l'époque de sa vie, où la duplicité et la cruauté lui dictèrent d'innombrables arrêts de mort (1). Un air de bonhomie voilait son ressentiment et ses vengeances. Aussi, ce prince demeura-t-il un homme très populaire, pendant toute sa vie, redouté, sans doute, à cause du prestige de l'autorité royale, mais aimé pour la franchise apparente de son abord. Henry VIII aurait pu devenir un modèle accompli, à en juger par ses premières années, si la sévérité de son père n'avait développé en lui des habitudes d'hypocrisie, et surtout si la vanité n'avait encouragé les flatteurs et réveillé ou excité, dans son âme, des passions toujours prêtes à s'enflammer dans l'homme, quand elles ne sont pas contenues par le sentiment du devoir. Sous cette influence, il devint le plus faux des Rois.

Catherine d'Aragon, fille de Ferdinand, était une princesse simple, humble et pieuse, très attachée à l'accomplissement du moindre de ses devoirs. Pleine d'horreur pour le mensonge et la duplicité, honnête et droite, bonne, charitable, fidèle dans l'amitié, capable de pardonner à ses ennemis, comme elle fit pour Wolsey mourant, la Reine d'Angleterre manquait entièrement de la clairvoyance nécessaire dans le milieu où la Providence l'avait placée. Henry VIII,

(1) Saint-Prosper, Vie de Henry VIII, t. II, p. 270, estime à 72,000 le nombre des Anglais mis à mort sous son règne.

en l'épousant, avait d'abord vu avec bonheur son assiduité au travail; il se déchargea sur elle d'une partie de l'administration du royaume. Mais il aurait aussi désiré l'associer parfois à ses plaisirs. Par une opposition néfaste, s'il aimait à s'y livrer avec passion, Catherine ne put jamais se résoudre à y prendre la moindre part. Dans les affaires, l'esprit étroit de cette princesse ne lui permettait pas de voir d'assez haut les questions soumises à son examen. Aussi, ses jugements manquaient-ils souvent de rectitude, de délicatesse, ou au moins, de tact, et malgré un long séjour à la cour, les manières et les mœurs de l'Angleterre lui restèrent trop peu connues. Sans doute, pour essayer de corriger ces défauts, son père, politique consommé, et le P. Fernandez, son confesseur, ne cessèrent de la conseiller. Mais ils ne comprenaient pas assez bien le caractère du Roi. Catherine aurait du s'efforcer de conquérir et de garder son amour par la flatterie. Au lieu de chercher à lui plaire, elle se montra raide et intransigeante, et, loin de le guider avec une main de fer gantée de velours, elle lui fit trop sentir le contact et la pression de l'acier. Cependant, dans les premières années, Henry VIII ne parut pas avoir beaucoup à se plaindre de son sort. Pendant qu'il chassait avec fureur, Catherine s'occupait du gouvernement, et s'il commettait des infidélités conjugales, il ne paraît pas que la Reine les lui reprochât avec amertume.

Cette période de calme ne dura pas assez longtemps; et voici comment. Henry VIII s'était couvert de gloire, à la journée de Guinegatte (1), ou *des*

(1) Aujourd'hui, Enguinegatte, entre Saint-Omer et Fau-

éperons, et, en gage de sa victoire, il avait envoyé en Angleterre le duc de Longueville, fait prisonnier dans cette rencontre. De son côté, Catherine avait profité, elle aussi, de sa Régence, pour repousser une attaque de l'Ecosse. Si elle n'eut pas les honneurs de la bataille de Flodden, son départ de Londres, à cheval, pour se mettre à la tête des troupes, stimula le zèle de Surrey et lui fit accomplir des prodiges. Dans le transport de sa joie, elle répondit à son royal époux que c'était peu pour lui d'avoir fait un prisonnier, tandis qu'elle, une femme, en avait pris trois de sa propre main. C'était une insigne maladresse, une blessure profonde faite à l'extrême vanité du Roi. Déjà, avant cette faute, le trop célèbre Wolsey s'était insinué dans la faveur du prince et son ambition le poussait à supplanter la Reine dans la conduite du royaume. Chapelain de la cour, il avait eu l'habileté d'attirer sur lui l'attention du maître par mille complaisances, de le flatter et surtout de lui procurer de nouveaux amusements. Devenu aumônier et, en cette qualité, chargé de plusieurs affaires, il y avait fait preuve de qualités éminentes. Esprit fin et pénétrant, actif, souple, habile, il réussissait en tout sans effort. Bon compagnon à table, sans scrupule pour le choix de la société, s'il pouvait la croire agréable au Roi, le futur cardinal s'était enhardi jusqu'à l'inviter à de gais soupers, où l'on oubliait la modestie pour se livrer au plaisir de la bonne chère et des joyeux propos.

Wolsey suivit Henry VIII en France dans sa bril-

quenborgues (Pas-de-Calais), sur un plateau, entre la Lys et la Laquette.

lante expédition. Il en revint évêque de Tournai, puis archevêque d'York, bientôt cardinal et enfin Lord Chancelier. La lettre de Catherine avait mis fin à son influence; elle eut pour successeur l'habile prélat. Cependant, sa place d'épouse demeurait intacte. Déjà elle avait mis au monde des fils; s'ils étaient morts jeunes, il était encore permis, à son âge, d'en espérer d'autres. Douze ans se passèrent ainsi sans discorde. Enfin, en 1525, la Reine entra dans sa quarantième année, et, à partir de ce moment, Henry perdit l'espoir d'obtenir d'elle un héritier mâle, l'objet de ses plus ardents désirs. L'idée du divorce pénétra bientôt dans son esprit.

Dans une autre partie de l'Europe, plus éloignée de Boulogne, la nièce du Pape était, elle aussi, fort intéressée dans le résultat de l'entrevue des deux Rois. Dès 1531, Henry VIII avait fait proposer à son allié de la demander en mariage pour l'un de ses fils, afin d'obtenir une rencontre entre le Pape et lui. La mère de Catherine était Madeleine de la Tour, femme de Laurent de Médicis, (neveu de Léon X, et duc d'Urbino, marié le 26 janvier 1518) héritière de sa sœur Anne de la Tour, dite de Boulogne, comtesse d'Auvergne et Lauragais (1), morte en 1524, sans laisser d'enfants de son mariage avec Jean Stuart, duc d'Albanie. A la mort de Madeleine, Catherine de Médicis, devint ainsi comtesse de Boulogne et ce qui la concerne intéresse, par là-même, l'histoire de la ville et du comté. Anne et Madeleine, étaient filles de Jean, Sire de la Tour, comte

---

(1) Comtesse de la Chambre, mère du Cardinal de Boulogne.

d'Auvergne et de Lauragais, mort en 1501. Il avait épousé Jeanne de Bourbon, fille de Jean, comte de Bourbon et d'Isabeau de Beauveau.

Catherine n'était pas la seule à se préoccuper de l'entrevue de Boulogne, d'autres personnages en attendaient impatiemment des nouvelles. C'était d'abord Thomas Cranmer, né à Aslacton (Nottinghamshire), le 2 juillet 1489, il était Bachelier de Cambridge dès 1511 ou 1512, licencié en 1515; agrégé du collège de *Jésus*, il ne put résister au désir de s'engager dans les liens du mariage. Malgré les précautions prises pour le tenir secret, en plaçant sa femme dans une auberge, près d'une parente, il dut résigner les prérogatives de son titre. A la mort de sa première femme, il redevint agrégé (*fellow*) et obtint une chaire de théologie. Dès le début de ses relations avec le Roi, Cranmer soutint, le premier, que pour contracter un second mariage, il lui suffisait d'avoir une assurance suffisante de l'invalidité du premier. Or, les universités pouvaient lui donner cette assurance par leurs déclarations. Aussi, fut-il chargé d'écrire un livre, où cet argument est développé. L'indignation de Rome contre cet ouvrage fut grande et de nombreux avertissements arrivèrent, de toutes parts, contre ce misérable prêtre, remarié en Allemagne et protestant dans l'âme. En dépit de tout, le Pape lui accorda la Bulle d'élection au siège de Cantorbéry, le 22 février 1333, pour donner une preuve de plus de sa condescendance envers Henry VIII. Peu de jours après avoir reçu le document pontifical, Cranmer fut sacré archevêque. La cérémonie avait été précédée d'un serment sacrilège dans lequel cet apostat reniait à l'avance les promesses qu'il allait faire de bouche pendant la consécration. A peine installé, le prévaricateur demande, dès le 11 avril, la permission de s'occuper de la grande affaire. Le 10 mai, il convoque un tribunal ecclésiastique à Dunstable et prononce la sentence de divorce contre Catherine, au profit du Roi, le 23 mai. Le 28, Anne et Henry sont déclarés unis validement, et le 6 juin, Cranmer préside à la cérémonie du couronnement. Ce misérable périt sur l'échafaud, le 21 mars 1556, se déclarant protestant.

Thomas Cromwell, né vers 1485, plus tard, Earl of Essex, fut d'abord secrétaire de Wolsey, quand Gardiner quitta le service du Cardinal pour celui du Roi. Le 14 avril 1532, il devient gardien des joyaux de la couronne, et le 16 juillet, *Clerc of the Hanaper* (1) ; et bientôt, préposé des pupilles royaux, ce qui lui donna l'occasion de s'enrichir. Le 12 avril 1533, il est chancelier de l'Echiquier, en 1534, secrétaire du Roi, et, six mois plus tard (8 octobre), *master of the Rolls* (2) enfin garde du petit sceau (3). Ce fut lui qui prépara et fit voter l'acte de suprématie (nov. 1534). Cambridge le reçut comme chancelier. Les biens des monastères confisqués de Lewes (16 février 1538), Saint-Osith (Essex), Colchester (Essex) et de Launde (Leicestershire), 10 avril 1540, lui furent attribués. Enfin de puissants ennemis réussirent à le perdre dans l'esprit du Roi et il mourut sur l'échafaud, le 28 juillet 1540.

(1) Secrétaire de l'Echiquier.
(2) Archiviste des Chartes.
(3) Lord privy seal, 1536.

CHAPITRE ONZIÈME.

Etat de la question du divorce, au moment de l'entrevue.

Cette partie de l'histoire aurait besoin d'être écrite de nouveau, d'après les documents mis au jour par les publications du *Record Office*. En Angleterre, il a paru des études tout-à-fait remarquables, comme celle de M. Friedmann (déjà cité), sur Anne Boleyn et d'autres de moindre valeur. En France, les écrivains ne se sont pas encore beaucoup servi de cette mine féconde, mais trop peu mise à contribution. Evidemment, l'examen d'une question aussi complexe et de nature à former un ouvrage considérable ne peut avoir ici sa place. Il importe cependant de résumer au moins, en peu de mots, la situation des partis, au moment de l'entrevue des Rois, si l'on veut se faire une idée de leurs entretiens et de leurs résolutions.

Henri VII avait obtenu pour son fils aîné, Arthur, prince de Galles, né le 20 septembre 1486, la main de Catherine d'Aragon, fille de Ferdinand et d'Isabelle, tante de Charles-Quint. Le mariage fut célébré le 14 novembre 1501, dans la cathédrale de Saint-Paul.

La princesse, née le 15 décembre 1485, avait alors près de seize ans, et son époux un peu plus de quinze. Cette union ne fut pas de longue durée. Débile et maladif, le prince mourut, le 2 avril 1502. D'ailleurs, préoccupé de l'état de santé de son fils, le Roi avait défendu aux jeunes-mariés de jouir des droits conjugaux. Ils étaient cependant nubiles. Sanderus, dans le dessein de prouver que cette première union n'avait pas porté atteinte à la virginité de Catherine, parle des ordres donnés par le Roi, pour qu'elle ne fût pas violée. Mais ces assertions se trouvent contredites par d'autres témoignages. A la mort d'Arthur, un traité fut conclu entre l'Angleterre et l'Espagne, le 23 juin 1502, en vue d'unir le nouveau prince de Galles, Henry, alors âgé de onze ans et quelques mois, à la veuve de son frère. Pour y donner suite, une dispense était nécessaire; elle fut accordée le 25 décembre 1502 (1). Dans cette Bulle, contrairement aux affirmations de Catherine, la consommation du mariage ne paraît pas douteuse (2). Une des raisons invoquées pour lever l'empêchement avait été le maintien de la paix entre les deux royaumes. Comme cette mention pouvait permettre un jour une attaque contre la validité de la dispense, Ferdinand avait obtenu de Jules II un bref explicatif qui rendait la Bulle inattaquable et les Anglais n'en avaient pas eu connaissance. Cette précaution n'était pas inutile. En effet, dès le 28 juin 1505, Henry VIII fit sa première protestation, invoquant

---

(1) Confirmée par un bref du 26. Cf The life and raigne of Henry the Eighth by Edward Lord Herbert of Cherbury, p. 236 à p. 241.

(2) Cum... illudque carnali copulâ consommaveritis. Cf. « The life, etc. comme ci-dessus, p. 239, 9° ligne. »

le défaut de consentement de sa part et la mauvaise raison invoquée pour solliciter la dispense. Au fond, l'attaque n'était pas sérieuse. Cet acte avait été dicté au jeune prince par le Roi, son père, pour que la dot de Catherine ne fût pas perdue. Peu après avoir atteint l'âge nubile, Henry se décida librement à en profiter dans ses relations avec la princesse sa femme, et sa conscience ne parut pas en être troublée.

En 1525, des bruits de cour furent mis en circulation sur la possibilité d'un divorce. A plusieurs reprises, c'est-à-dire, dans toutes les difficultés avec l'Espagne, cette question revenait sur le tapis, mais seulement comme une menace. Cette fois, les confidents du Roi n'avaient plus à invoquer le même prétexte. En réalité, Henry VIII, comme il a été dit plus haut, supportait avec peine l'idée de voir s'éteindre en lui la race directe des Tudors. De tous les enfants issus de son mariage avec Catherine, le seul survivant était une fille, la princesse Marie ; *il voulait un fils, et, comme la Reine ne pouvait plus lui en donner* (1), le divorce parut être décidé dans son esprit, à partir de cette époque, 1525, et la seule difficulté allait porter sur le choix le plus convenable d'une autre Reine, tant il lui semblait nécessaire de transmettre le royaume à un Prince. Wolsey considéra-t-il aussitôt l'utilité de s'en préoccuper ? Les documents publiés ne permettent pas de le dire avec certitude. Quoi qu'il en soit, ce ne fut guère avant la fin de 1526 ou les premiers jours de 1527, que la question fut sérieusement agitée. Dans l'intervalle, s'était produit un fait, d'abord sans la moindre impor-

(1) Du jour où elle atteignit sa quarantième année.

tance directe sur l'état des choses ; le retour d'Anne Boleyn de la cour de France, où elle avait séjourné plusieurs années. Sa vie a été écrite en deux volumes (1) avec un sentiment de justice et d'impartialité au-dessus de tous éloges, et une grande abondance de matériaux trop peu connus. Cet ouvrage est à consulter pour toute la période relative au divorce, car la vie de cette femme néfaste n'est pas autre chose. Malheureusement, il n'a pas encore été traduit en français. Il a bien paru dans le *Journal des savants*, sous la plume de M. Alfred Maury, un long compte-rendu de ce livre. Peut-être ne reflète-t-il pas toujours assez fidèlement la pensée de l'auteur, dont le travail doit être lu à plusieurs reprises, souvent consulté, et patiemment mis en regard des documents du *Record Office* Du moins, M. Friedmann ne montre pas autant de pitié que le critique français (2) et en outre, çà et là, se rencontrent des appréciations différentes sur la conduite de Rome. En un mot, M. Maury semble avoir subi, en écrivant ces pages, une influence protestante, à son insu, sans doute, mais un peu trop marquée. Le récit de l'auteur anglais est plus ferme et surtout plus vrai. Il est à regretter que M. Friedmann n'ait pas complété le mss. français, dont il s'est servi pour raconter la mort d'Anne Boleyn par la reproduction d'une courte plaquette italienne du *British Museum*.

(1) Paul Friedmann. Anne Boleyn. A chapter of English history 1527-1586. London Mc Millan and Cº 1884, 2 vol. in-8, pp. 84, 308; 16, 355.

(2) J.-Christ a pardonné l'adultère *pénitente* : aucun chrétien ne pourrait manquer de flétrir l'adultère *impénitente*.

C'est, d'après l'en-tête de l'imprimé un exemplaire unique. Le lecteur trouvera à l'appendice, ce rarissime document qui, malgré les apparences contraires, ne contient pas l'aveu même implicite de la culpabilité de cette Reine adultère (1).

Anne Boleyn était fille de sir Thomas Boleyn, depuis Vicomte de Rocheford, et enfin *Earl of Wiltshire and Ormond*, petite-fille d'un marchand de Londres L'année de sa naissance, contestée par la Revue d'Edinbourg, et par suite, la durée de son séjour en France ne sont pas tout-à-fait certaines. Il y eut bien une dame du même nom, Mrs Anne Boleyn, au Camp du Drap d'or, dans la suite de la Reine Claude, et elle y fut l'objet des attentions du Roi d'Angleterre. Mais il est douteux que ce fut la plus célèbre des deux. Quoi qu'il en soit de ces doutes, la favorite passa plusieurs années à la cour de François Premier et selon la plupart des historiens français, ne lui refusa rien ; on lui donna même, à cause de sa complaisance, des surnoms. — Dans ce milieu folâtre, elle se distingua par son amour pour la danse, la musique et tous les plaisirs. Ce que l'on peut dire de moins défavorable, c'est que sa modestie n'avait rien d'angélique ; mais plus probablement c'est à Marie Boleyn qu'il conviendra plutôt de laisser l'appellation fort infamante de la *Ha-*

---

(1) L'expression amphibologique : *S'il en est ainsi et que je mérite la mort*, veut dire simplement « Je mérite la mort parce que la loi du pays me condamne » et le narrateur ajoute en effet « sans rien avoir avoué de ses fautes ». Cf. Appendice, document n° 128, p. ccccxxxiv.

quenée d'Angleterre (1). Anne fut rappelée dans sa patrie dans les premiers jours de 1522. Sa propre famille lui donnait l'exemple du désordre et de la débauche ; sa mère elle-même s'était, selon toute apparence (2), prêtée aux caprices du Roi et sa sœur Marie en était encore la maîtresse en titre, à la date de son retour. Anne parut à la Cour, le 22 mars 1522, et passa d'abord inaperçue, malgré ses piquants attraits. Trop jeune pour attirer l'attention du souverain, elle lia des intrigues fort galantes avec plusieurs seigneurs, surtout avec le poète Wyatt et plus encore avec Percy, fils du comte de Northumberland. Peut-être serait-elle devenue la femme légitime de ce dernier, si Wolsey n'avait pas coupé court à la conclusion, en menaçant ce Seigneur de la colère Royale, dans le cas où il oserait poursuivre ses desseins. Anne Boleyn était une coquette et une ambitieuse sans scrupules. Elle réussit enfin à enflammer la passion du Roi, mais Henry ne la fit pas tomber sans résistance, dans ses filets.

Beaucoup d'autres victimes avaient déjà succombé,

(1) Comme Marie Boleyn, sa sœur, passa aussi quelque temps à Paris, on a confondu plus d'une fois l'une avec l'autre. Anne Boleyn n'avait encore qu' 12 ans, quand elle vint en France en 1519, et 15 ans, lorsqu'elle retourna dans sa patrie en 1522. Il est difficile de croire à tant de dépravation dans un aussi jeune âge. Cependant, à peine se rencontre t-il un seul historien ancien qui n'attribue à Anne, depuis reine concubinaire, des désordres nombreux, dans un âge aussi tendre. Ce serait beaucoup de précocité dans le vice! Malheureusement tout est possible. D'autre part, il convient, pour la raison péremptoire qui précède, d'attribuer désormais à Marie Boleyn une grande partie de ce que l'on a dit de sa sœur Anne et peut-être tout. D'ailleurs, Henry VIII aurait-il pu s'attacher à une fille notoirement corrompue ?

(2) A défaut de toute autre preuve, la dispense obtenue de Rome, en 1528, pour l'affinité, *etiam in primo gradu*, paraît le démontrer jusqu'à l'évidence.

sans profit, à la tentation. Elisabeth Blount, mère d'Henry Fitzroy, plus connu comme Duc de Richemond, avait été mariée presque sans dot à un chevalier sans fortune. Marie Boleyn avait épousé l'écuyer Carew et n'avait pu ni l'enrichir ni lui apporter un titre de noblesse. Seuls, son père et son frère avaient profité de sa dégradation. Anne, plus fine, résolut, sans repousser les avances de son royal amant, de lui faire attendre sa réponse. Fut-ce, comme le dit Shakspeare dans un souper fin, à York Palace, chez le cardinal Wolsey, que Henri VIII s'éprit de la belle ? Le récit de ce festin, de la mascarade du Roi, à la fin d'un premier banquet, où l'on servit deux cents mets dans de la vaisselle d'or, et la description d'un autre repas aussi riche et aussi copieux, servi sur-le-champ, en l'honneur du prince, en présence d'une troupe de danseuses accompagnant Anne Boleyn, habillée en Vénus, etc., mériteraient d'être rapportés ici pour peindre au moins le dévergondage des mœurs de la Cour. A vrai dire, il serait téméraire d'étudier l'histoire dans les poètes. Mais est-il invraisemblable qu'une orgie, celle-là même, ait marqué le début du nouveau caprice. L'habileté d'Anne Boleyn devait le rendre de plus en plus fort. Enfin, au bout d'un an, elle céda (1), sans doute, après avoir imposé des conditions et

(1) Si l'opinion générale lui attribue des vues ambitieuses, certains historiens hésitent à formuler un jugement aussi sévère. En 1527, Henri VIII avait 36 ans, Anne à peine 20. Aurait-elle préféré un seigneur plus jeune et moins riche ? Après cinq années passées à la cour d'Angleterre, avait-elle deviné ou méconnu le profond égoïsme du Roi ? C'est à chacun de choisir entre ces deux manières de voir très contraires.

obtenu la promesse d'une fortune indépendante, en cas de rupture. Peut-être même avait-elle entrevu la possibilité du divorce, du mariage et du couronnement. Ce rêve, s'il se produisit, devait se changer en réalité, mais il y avait, en 1527, assez loin de la coupe aux lèvres. Il ne suffisait pas de désirer un prince héritier. Une déclaration de nullité de mariage ne s'obtient pas sans de bonnes raisons. La seule vraie pour Henry VIII était l'impossibilité d'obtenir de Catherine un enfant mâle, prince héritier. Or, la loi divine, en fait de mariage, est inexorable. *Quod Deus conjunxit, homo non separet!* Que l'homme ne sépare pas ceux qui ont été unis par Dieu!

Le Roi comptait sur l'habileté du Cardinal pour surmonter tous les obstacles. — Dès le mois d'Avril 1527, Wolsey se prêta volontiers à ses désirs. — Jamais il ne lui serait alors venu à l'esprit de travailler pour Anne Boleyn. Pour lui c'était une favorite de plus, en attendant le tour d'une autre maîtresse. Sans pitié pour Catherine, il l'aurait vue avec peu de regrets, éloignée du trône; mais, politique dévoué au bien de son maître et de son pays, en cas de succès, il n'aurait jamais conseillé, après la répudiation de la Reine, femme légitime, de contracter un mariage sans profit pour l'Etat. Dans sa pensée, une alliance avec la France aurait été la seule favorable et le Cardinal espérait bien obtenir la main de la princesse Renée, sœur de la Reine Claude, ou à son défaut, celle de Madelaine, fille de François Premier. En dépit de toute sa clairvoyance, l'habile ministre n'avait pas su lire dans le cœur de son maître. Là où il ne voyait qu'une liaison passagère, une femme plus rusée que lui avait pris un ascendant irrésistible. Tout en disposant de loin les fils de sa négociation avec Rome, Wolsey poursuivait sa première idée et pour gagner du temps il demanda une mission en France ; ce fut l'origine de sa perte. D'autre part, en se privant des conseils de ce grand homme d'Etat, Henry VIII et Anne Boleyn commirent, en son absence, des fautes irréparables.

Le plan du Cardinal comprenait des lenteurs. Pour amener l'église d'Angleterre à déclarer le premier mariage nul, et obtenir le silence de la cour de Rome sur cette déclaration, il fallait du temps et surtout il importait de garder la discrétion et de travailler dans l'ombre. L'ardeur des deux amants ne pouvait s'accommoder d'une pareille méthode. Pendant le voyage du Cardinal, la faveur de la maîtresse avait grandi de jour en jour et son intelligence des affaires plaisait au Roi. Il la crut capable de diriger celle de son divorce (1), et en conséquence, à l'insu du premier ministre, il fit la démarche la plus capable de ruiner leurs espérances, celle de solliciter à Rome une bulle de dispense pour tous cas d'empêchement de mariage même à tout degré d'affinité, *etiam in primo gradu*, dans l'hypothèse où le Roi se trouverait libre de contracter une nouvelle union. C'était donner l'éveil à la Cour pontificale. Les indiscrétions de la *Dame* achevèrent de tout perdre. On sut alors des agents envoyés d'Angleterre à quoi tendait la demande de la Bulle et en faveur de qui le Roi se proposait de

---

(1) Au moins avec l'aide et le conseil des siens.

répudier la tante de Charles-Quint. Obsédé par Knight, ambassadeur anglais, Clément VII ne voyait aucune objection à donner la dispense. N'était-ce pas un pouvoir conditionnel tout à fait inutile, si les liens du premier mariage n'étaient pas rompus par la mort? Avec beaucoup de sagesse, le cardinal Pucci, chargé de rédiger la Bulle, résolut, en habile canoniste, d'y insérer une clause, en apparence anodine, mais qui en réalité, réservait au Pape la connaissance, l'examen et le jugement à intervenir sur le premier mariage. Henry VIII et sa maîtresse se déclarèrent très satisfaits ; mais leur joie fut courte. On avait pu laisser Wolsey dans l'ignorance des négociations entreprises sans lui ; il fallut bien lui en apprendre le résultat. A la lecture du document pontifical, le cardinal vit aussitôt et fit comprendre au Roi l'étendue de sa maladresse. Sa faveur compromise lui fut momentanément rendue, et Anne elle-même, dont le désir avait été de le supplanter, lui promit de ne jamais lui retirer sa protection, s'il remportait la victoire.

A toute force, il importait de changer les batteries. Au lieu d'une dispense vaine, le chancelier sollicita une plus grande concession et obtint de faire examiner et juger la validité du premier mariage par une cour légatine, composée par lui, déjà légat du Saint-Siège en Angleterre et par un cardinal désigné par le Pape. Enhardi par ce premier succès, Wolsey redouble d'efforts et, à sa prière, Clément VII confie aux légats le pouvoir de juger définitivement la question, en autorisant Campeggio à montrer cette pièce, signée de sa main, mais avec défense d'en user, sans un ordre formel (1). Sans doute, pour extorquer cette concession, le prince de l'Eglise s'était abaissé jusqu'à tromper le Saint-Père par de pompeux éloges de la femme adultère (2). Voici en substance comment s'exprime Wolsey.

Les vertus reconnues de ladite Dame de qualité, la pureté de sa vie, sa virginité constante, sa pudeur dans l'enfance et depuis l'âge de puberté, sa sobriété, sa chasteté, sa douceur, son humilité, sa sagesse, son origine très haute et très noble d'un sang royal, une éducation où elle a reçu les meilleures et les plus louables manières, les raisons de croire à sa fécondité, et une foule d'autres qualités lui méritent une considération et une estime bien supérieures à celles qu'on pourrait accorder à l'autre partie [Catherine] où il n'y a qu'un enfant vivant.

Après de longs retards causés par la goutte, Campeggio arriva enfin à Londres, le 28 octobre 1528. Il y eut d'abord échange de belles paroles, puis les légats se réunirent en assemblée; mais ce fut pour se trouver en présence d'un appel au Pape, revêtu de toutes les formes légales et déposé entre les mains du délégué pontifical. La Reine déposa une copie du Bref qui expliquait et confirmait la Bulle de dispense (3). Il était dès lors impossible de pro-

---

(1) Cf. Pocock, t. 48.
(2) Les relations des deux amants étaient sans mystère. Dans une lettre de 1529. Chapuis mande à Charles-Quint que la concubine avait fait une fausse couche.
Cf. *Letters and papers* t. IV, p. 1741.
(3) Dans la prévision d'une attaque contre la Bulle de dispense accordée par Jules II, Ferdinand avait obtenu, comme on l'a déjà dit, un bref qui excluait la possibilité d'un doute sur la validité du mariage de Catherine avec Henri VIII, et en particulier, pour défaut de consentement de la part de ce

céder plus avant dans l'examen de l'affaire. Pour gagner du temps, les Cardinaux prétextèrent la longueur et la minutie des formalités à remplir. Plusieurs mois se passèrent dans l'accomplissement des règles préliminaires imposées par les saints canons. Dans l'intervalle, Clément VII chargea Campana, un des serviteurs de l'Eglise, de se rendre à Londres (janvier 1529) pour détruire le pouvoir de juger, déjà montré à Henry VIII, comme à Wolsey (1). Grâce aux retards successifs, apportés par les légats, en désespoir de cause, on atteignit l'époque des vacances de Rome et Campeggio déclara nettement que, fatigué du travail excessif de cette année, il allait prendre un repos nécessaire, au commencement des vacances accordées à toutes les congrégations romaines. Le Roi eut beau protester et menacer. Rien ne put fléchir la résolution du Cardinal. Il partit pour la France. Dans un accès de colère, Henry donna l'ordre de fouiller ses bagages à Douvres. Naturellement, les agents n'y trouvèrent pas le fameux pouvoir. La perte du Chancelier fut résolue dès ce jour et, le 9 octobre 1529, il lui fut signifié qu'il avait enfreint la loi connue sous le

dernier. Cette pièce dont Catherine montra une copie, était aux mains de Charles-Quint et Clément VII, en apprenant son existence, se vit obligé de révoquer le pouvoir donné à Campeggio et même de celui de la cour légatine. On n'a jamais retrouvéni l'original. Le bref imprimé dans la vie de Henry VIII par Edward Lord Herbert of Cherbury est-il bien authentique ?

(1) Il est manifeste que s'il s'agissait ici de faire l'histoire du divorce, il aurait fallu analyser et reproduire en appendice un nombre considérable de documents. Leur lecture démontre que le Pape n'aurait pu, sans trahir son devoir, aller plus loin dans le sens de la concession. La lettre de Jean Casale, Rome, 17 décembre 1528 (Cf. Pocock, IV, p. 64 et 199), le démontre avec la dernière évidence.

nom de *Præmunire*. Les diverses phases de sa disgrâce, la perte de ses immenses richesses, et la scène de sa mort, à l'abbaye de Leicester (29 novembre 1530) sont assez connues, pour être omises de ce récit. A partir de ce moment, le soin des affaires fut confié au duc de Norfolk, président du conseil, au duc de Suffolk, vice-président, à Gardiner, évêque de Winchester, au chancelier Audley (1), aux Boleyn et plus tard à Cromwell.

Dans les premiers mois de 1530, sir Thomas Boleyn devenu Earl of Wiltshire (8 décembre 1529) fut envoyé à Rome en mission extraordinaire. Comme bien on pense, cette démarche inconvenante n'eut aucun succès. Dans sa folle pédanterie, Henry eut alors l'idée de provoquer et au besoin d'acheter des déclarations favorables au divorce dans les Universités de l'Europe. Parmi elles, la Sorbonne tenait un des plus hauts rangs. Rien ne fut épargné pour lui arracher un verdict conforme aux désirs du Roi d'Angleterre. François Premier crut pouvoir lui venir en aide en cette occurrence et, pour ne pas se compromettre vis à vis du Saint-Siège, il fit agir Lizet, premier président du Parlement de Paris. En elle-même, une pareille intervention était assurément regrettable. Après tout, ces déclarations n'étaient-elles pas des coups d'épée dans l'eau ? En les autorisant, en les ordonnant même ouvertement, le Roi de France savait bien que les opinions des Universités ne sauraient entraîner le cours de la justice ou paralyser l'action du Saint-Père, et d'ailleurs il n'avait pas agi en personne. Aussi, comme rien d'injurieux pour le

(1) Après la disgrâce du Bienheureux Thomas Morus.

Saint-Siège ne sortirait de sa conduite, et que, d'autre part sa politique l'engageait à satisfaire Henry VIII, Lizet fut-il chargé de tout préparer pour gagner des suffrages. L'entreprise n'était pas sans difficultés. A l'instigation de Beda, théologien de grand renom, la Faculté de théologie s'était montrée hostile au divorce. Des manœuvres habiles furent employées pour réunir une assemblée irrégulière et en dépit des protestatios des quarante-trois opposants, la sentence fut enregistrée, comme exprimant l'opinion de la Sorbonne. Au fond, c'était un bien maigre résultat, obtenu par escamotage. La cour de Londres s'en montra satisfaite et Jean du Bellay, évêque de Bayonne, envoyé vers ce temps en Angleterre, se déclara partisan du divorce. Il alla jusqu'à conseiller un mariage immédiat(1). L'entourage du Roi ne trouva pas l'opinion publique assez mûre pour un pareil coup d'audace. L'année 1530 allait se terminer quand, le 19 décembre, le tribunal de la Rote cita Henri VIII à comparaître en personne à Rome. Wolsey n'était plus là pour conseiller son maître, dans une conjecture aussi grave.

Le seul moyen de sortir d'embarras était de faire admettre un *excusateur*, et d'invoquer tous les prétextes, afin de gagner du temps. Les canonistes se mirent à l'œuvre pour inventer des causes de délais. D'autre

---

(1) Du moment où, éclairée par le suffrage d'hommes savants, la conscience du Roi lui permettait de croire à l'invalidité de son premier mariage, rien ne pouvait l'empêcher de s'unir à une autre femme, s'il obtenait d'un prêtre également convaincu de l'illégitimité du premier engagement, la bénédiction nuptiale pour le second. Telle était alors la doctrine du célèbre diplomate. Il en changea, sans doute, plus tard, et surtout quand il devint Doyen du sacré Collège. Cranmer avait déjà donné, le premier, ce même avis.

part, à Rome, après s'être vu contraint par les démarches faites auprès des Universités, à mettre un terme aux attaques dont il était l'objet, Clément VII ne demandait pas mieux de temporiser. Cette politique d'ailleurs convenait à son caractère et aux habitudes de la Cour pontificale. Malgré cette accalmie, tout danger n'était pas conjuré. Aussi le Roi d'Angleterre, à bout de ressources, jeta les yeux sur la France (1). Avant la fin de l'année 1531, Etienne Gardiner arrive à Paris, et Gilles de la Pommeraye succède à Jean Joachim de Passano de Vaulx, ambassadeur à Londres (2). Comme résultat de ces premières démarches, plusieurs traités de plus en plus étroits sont conclus entre les deux puissances. François Premier s'y engage à envoyer en Angleterre, en cas d'attaque, 500 lances et une flotte montée par 1 500 hommes. Henry VIII s'y oblige à équiper une flotte égale et à donner 5 000 archers à son allié. D'après Camuzat, la signature du premier contrat fut donnée à Greenwich par Giles de la Pommeraye et ratifiée par le Roi d'Angleterre, le 30 avril 1532. Le dernier fut signé le 23 juin (3).

Comme on l'a vu plus haut, l'intimité des deux princes se resserrait de plus en plus. L'entrevue de Boulogne était demandée et désirée avec ardeur, En attendant l'occasion de pouvoir répondre favorablement, la cour de France ne négligeait rien pour témoi-

---

(1) Sans attendre la citation du 19 décembre 1530, et pour la prévenir, Henry VIII avait prié le Roi de France d'écrire à Rome, pour obtenir qu'elle ne fût pas faite, ou qu'elle restât sans effet.

(2) Cf. Lettre de François Ier à la Pommeraye. Paris, 13 janvier 1532. Bibl. nation. mss. fr. 4126, fol. 5.

(3) Cf. Camuzat « Meslanges historiques », II, fr. 88.

gner des bonnes dispositions du Roi. Anne Boleyn poussait au divorce. L'Ambassadeur français renouvelait son conseil de tout brusquer par un mariage et Chapuis pouvait mentionner ce langage à l'Empereur, le 16 avril 1532. Il dévoilait l'avis de du Bellay :

« Que si ce Roy avoit envie de soy remarier,
« qu'il n'estoit pas bien conseillé de perdre temps et
« argent à faire tant de poursuites, ains à l'exemple
« du Roys Loys debvroit sans aultre procès epouser
« celle qu'il veult » (1).

Dans le courant de l'été, le 23 août 1532, la mort de Warham, archevêque de Cantorbery, vint ranimer le courage des timides qu'épouvantait l'audace d'un mariage sans divorce. D'après eux, il suffirait de faire élever sur le siège du Primat un homme qui prononcerait sans bruit sur le divorce et d'agir, dans l'intervalle, sur le Saint-Siège, par l'intermédiaire du Roi de France, pour éviter ou retarder le plus longtemps possible les censures ou une sentence d'excommunication. Henry VIII se rallia sans peine à ce plan. Une seule question restait à résoudre. Si le résultat est déjà connu, les détails ne le sont pas encore et il a paru plus convenable de les insérer ici. Anne Boleyn serait-elle du voyage ? Le Roi d'Angleterre et sa maîtresse sentaient trop l'inconvenance d'une proposition directe pour se permettre de la faire. Ils s'avisèrent d'un biais et le trop complaisant Jean du Bellay, évêque de Bayonne, se chargea de la commission. Dans sa lettre datée d'Ampthill, le 21 juillet 1532 et adressée au Grand-Maître, Anne de Montmorency, il

---

(1) Cf. Achives de Vienne, p. o. 227. 8, f. 26.

écrit : « Monseigneur, je sçay veritablement et de bon lieu que le plus grant plaisir que le Roy pourroit faire au Roy son frère et à Madame Anne, c'est que ledict Seigneur m'escripve que je requière le Roy sondict frère qu'il veuille mener ladicte Dame avec luy à Calais pour la veoir et la festoyer, affin qu'ilz ne demeurent ensemble sans compagnie de dames, pour ce que les bonnes chères en sont toujours meilleures, mais il fauldroit que, en pareil, le Roy menast la Royne de Navarre à Boullongne, pour festoyer le Roy d'Angleterre. Je ne vous escripray de là où cela vient, car j'ay faict serment. Monseigneur, je croy que vous entendez bien que je ne l'escripts sans fondement. Quant à la Royne du très chrestien, ce Roy ne vouldrait qu'elle vint. Il haict cest habillement à l'espaignolle tant qu'il luy semble veoir ung dyable ».

Ainsi François Premier n'échappait à la demande impertinente d'amener à Boulogne la Reine Eléonore que par suite de l'aversion du Roi d'Angleterre pour l'habillement des Espagnols. Or, cette princesse était la nièce de la Reine Catherine. Si les Anglais l'avaient oublié, le Roi de France s'en serait souvenu ; il sut toujours garder les convenances et son honneur se serait révolté à la seule proposition de mettre la Reine, en présence de la femme adultère.

Pour sa sœur, Marguerite, Reine de Navarre, l'objection était moindre. En tout cas, François Premier n'eut pas à intervenir. Cette princesse, défavorable au divorce, prétexta une sérieuse indisposition et son frère ne paraît pas avoir cherché à ébranler sa résolution. A son défaut, la Cour de France fut réduite à proposer la Duchesse de Vendôme, décriée pour la légèreté de ses mœurs. Henri VIII, peu scrupuleux, s'en serait sans doute contenté. Depuis près de cinq ans, il ne pouvait rester une heure, loin de sa favorite. Comment vivrait-il sans elle pendant quatre jours ? Anne, plus fine, comprit la leçon et déclara qu'elle ne quitterait pas Calais. Par suite, les dames d'abord désignées pour l'accompagner furent averties du contre-ordre et plus d'une se réjouit, sans doute, même après les grandes dépenses de toilette, déjà faites à cette occasion, de ne pas paraître à la suite d'une concubine.

Chapuïs bien informé, dit à ce sujet, dans une lettre adressée à ce sujet à Charles-Quint, le 1er octobre 1532 : « Et davantaige que ce roy n'estoit pas tropt content, de ce que l'on luy avoit donné quelque lumière et raison que le Roy de France meneroit avec luy, en contre charge de la *Dame*(1), sa sueur Madame d'Alensón (2) et que maintenant ilz disoient qu'elle estoit malade et que, en son lieu, se trouveroit Madame de Vandosme; de quoy ceulx cy ne se contentent, disant que, comme ladicte Dame de Vandosme a esté autreffois bonne compagne, qu'elle aura quelque compagnie correspondante au temps passé et de male reputation, que sera une honte et injure pour les dames de par deçà ».

En résumé, Henri VIII avait essayé tous les moyens d'arriver au divorce. Warham, archevêque de Cantorbéry et le Bienheureux évêque de Rochester, Jean Fisher, l'avaient empêché de porter sa cause devant

---

(1) Anne Boleyn.
(2) Marguerite de Navarre avait été Duchesse d'Alençon par son premier mariage.

un tribunal ecclésiastique, en Angleterre. La dispense d'empêchements en cas d'un nouveau mariage avait donné l'éveil à Rome. La cour légatine avait dû se dissoudre, et son pouvoir de juger, au nom du Saint-Siège, était détruit. Aux déclarations de quelques Universités, Rome avait répondu par une citation à comparaître devant le tribual de la Rote. Une seule ressource à tenter restait au Roi d'Angleterre : l'alliance avec François Premier. En poursuivant sa résolution d'épouser Anne Boleyn, Henry s'exposait à la juste indignation du Pape, mais il craignait plus encore la vengeance de Charles-Quint, si l'interdit, suite de l'excommunication, était prononcé contre lui.

Pour résister, la France seule pouvait lui offrir un secours redoutable. Il réussit à l'obtenir dans des conditions assez douces, tant la crainte de l'Empereur agissait sur l'esprit du Roi de France! Peut-être, si François Premier n'avait pas dû s'assurer l'appui d'un allié, en cas d'attaque, la reddition de Calais aurait pu être exigée en gage de l'exécution des traités. Elle fut demandée, mais Henry VIII ne trouva pas nécessaire de consentir à un si grand sacrifice. A tout prendre, la France avait besoin de s'unir avec l'Angleterre et la reddition de Calais était un prix trop élevé pour les services que l'intérêt seul pouvait forcer François à rendre à son voisin d'outre-mer. En effet, l'amitié si intime des parties contractantes fut loin d'être absolument confiante.

De part et d'autre, malgré les serments les plus solennels, prononcés au pied de l'autel, et sur le livre des Evangiles, les deux souverains ne perdaient pas de vue le soin de leurs propres affaires. S'ils s'engageaient à se prêter main forte, ils étaient tout disposés à se jeter du côté où se trouverait le plus grand profit pour leur cause ou leurs Etats. On trouvera plus loin la preuve de cette disposition de leurs esprits dans le très important mémoire écrit à Marseille, en novembre 1533, par Jean du Bellay. Henry VIII aurait d'après ce remarquable exposé, facilement tourné le dos à François Premier, s'il avait pu s'entendre avec Charles-Quint, comme de son côté, le Roi de France aurait abandonné son bon frère et perpétuel allié, si Clément VII avait pu lui assurer la possession de Calais (1). Il est facile de constater ce dernier point, en parcourant la correspondance adressée à Charles-Quint par ses agents. Cependant, bien que cette alliance fut basée sur la nécessité plus que sur une confiance réciproque, elle fut, comme on l'a vu, à en juger par les dehors, des plus cordiales et, en apparence, des plus sincères.

Jusqu'ici, de peur de nuire à la clarté de cette exposition, aucune allusion n'a encore été faite aux propositions que Henry VIII allait apporter à Boulogne. Pour mieux masquer ses desseins, le seul but *avoué* de la conférence devait être le traité à signer contre le Turc. Mais, comme le montrent divers extraits des dépêches de 1532, les agents du Pape et de l'Empereur ne s'y étaient pas trompés. Ils ignoraient cependant comment le Roi d'Angleterre demanderait à François Premier d'intervenir en faveur du divorce. Dans la pensée de Henry, l'alliance nouvelle

(1) Cependant, la chose est encore douteuse, en ce qui concerne le Roi de France.

faisait des deux royaumes une force redoutable, non-seulement pour repousser les attaques de l'Empire, mais pour lui porter de funestes coups. D'ordinaire, sa politique favorite consistait à faire entendre d'abord la voix de la menace, en cas de résistance, puis à faire de belles promesses, si l'on cédait à ses désirs. Il s'en servait dans les relations étrangères, comme pour le gouvernement de ses peuples. Si donc François Premier consentait à prendre la même attitude, le plan à suivre serait d'accabler le Pape de reproches, puis de lui faire les offres les plus séduisantes, pourvu qu'il accordât au Roi de France une entrevue dans laquelle ce dernier plaiderait chaudement la cause du divorce. En attendant, la question resterait *in statu quo*, du côté de Rome. Par cette combinaison, le Saint-Siége et l'Angleterre gagneraient du temps, et le temps est un si grand facteur dans toutes les affaires difficiles! Or, celle-ci l'était à un haut degré. Le Pape attendait vers ce temps Charles-Quint en Italie et leurs entretiens rouleraient à coup sûr sur la question du divorce.

Clément VII subissait l'influence de l'Empereur et sa faiblesse était capable d'inspirer les plus graves inquiétudes. Après s'être engagé dans l'entrevue de Bologne, sous l'irrésistible pouvoir de l'Empire, le Souverain-Pontife oserait-il se rencontrer avec François Premier? Henri VIII crut avoir trouvé le moyen d'attirer le Pape en France et de contrebalancer l'action de Charles-Quint, comme on va le voir ci-après.

CHAPITRE DOUZIÈME.

Henry VIII propose à François Premier de solliciter un entretien avec le Pape Clément VII, en demandant la main de la Princesse Catherine de Médicis, pour un de ses fils.

En vue de faciliter son divorce, Henri VIII proposa à François Premier de solliciter une entrevue avec Clément VII, en demandant sa nièce en mariage pour un de ses fils. Dans ce but, le Roi d'Angleterre crut qu'il suffirait d'envoyer en Italie deux Cardinaux français, capables de s'opposer à toute demande contraire aux intérêts des deux nations alliées, et de négocier l'union projetée du prince Henri d'Orléans avec Catherine de Médicis ; le consentement du Pontife ne faisait pas un doute. Déjà, Henri VIII y avait songé en 1531 et Sir Francis Bryan, au retour d'une mission en Allemagne, avait été chargé de sonder à Paris sur ce point l'esprit du Roi de France. Il est vrai, la réponse, comme on l'a déjà vu, avait été des plus décourageantes. Peut-être, en la renouvelant en 1532, l'opposition serait-elle moins vive ? Si Catherine de

Médicis sortait d'une famille de rang inférieur et d'une fortune médiocre, ce parti était-il absolument dénué d'avantages sérieux ? D'ailleurs, dans le cas où il ne conviendrait pas d'y donner suite, ne pourrait-on induire François Premier à faire des démarches pour l'obtenir, comme s'il le désirait, quitte à refuser de conclure, sous un prétexte plausible, une fois venu le moment de s'exécuter ?

Avant de procéder plus avant dans l'étude de ce point, le plus difficile à élucider, dans le présent travail, il importe de bien exposer les faits certains, appuyés sur les documents.

D'abord, l'idée de cette proposition fut mise en avant par Henry VIII et aussitôt repoussée par François Premier. Le premier, il avait vu et signalé les avantages que la France pourrait tirer de cette union, s'il fallait à tout prix la conclure. Catherine de Médicis, dernière comtesse de Boulogne, apporterait cette province à la Couronne. Nièce du Pape, elle servirait de médiatrice. Princesse italienne, elle pourrait donner à son époux des droits éventuels sur plusieurs principautés et rouvrir aux armées françaises l'entrée d'un pays dont ils regrettaient d'avoir été bannis par les armes de Charles-Quint.

Cependant, après avoir lu tous les documents, où il est question du projet de mariage, de 1531 à 1533 (1), il n'a pas été possible de trouver la moindre trace d'une information venue à Londres, sur les négociations de Gramont en 1532. Au contraire, les dépêches échangées entre l'Angleterre et la

(1) Ces pièces sont reproduites à l'appendice dans l'ordre chronologique de la page CCLIV à la page CCLXXII.

France à cette époque et même après la mission des Cardinaux français en Italie, en novembre 1532, laissent toujours supposer que l'affaire du mariage n'est pas résolue. On peut en conclure que, malgré sa perspicacité, Henry VIII ignora jusqu'en février 1533, les négociations très secrètes de François Premier avant l'entrevue de Boulogne. Il voulait bien employer ce dernier dans son intérêt, mais ne l'aimait pas assez pour lui accorder, à moins d'y être forcé, le plus petit avantage, témoin le refus de rendre Calais. Même, on peut affirmer sans crainte d'erreur que si, en travaillant pour sa cause, le Roi de France devenait dupe ou victime, son bon frère n'en aurait pas été bien affligé. Sa conduite, au moment de l'entrevue de Marseille, le démontrera avec évidence.

Dans ce cas, (du mariage Médicis), la politique du plus loyal des deux Souverains a été suivie avec plus d'habileté, mais son honneur ne saurait en souffrir. Après avoir d'abord repoussé l'idée d'une semblable union, lui-même et ses conseillers ont pu y voir des avantages capables de changer la première résolution, sans que rien l'obligeât à mettre Henry VIII dans ses confidences. Par conséquent, si, pendant l'entrevue de Boulogne, il lui a laissé croire, sans le détromper, ou que la proposition lui déplaisait toujours, ou qu'il n'était pas résolu à conclure, à moins de ne pouvoir, sans ce sacrifice, obtenir une entrevue du Pape, on ne peut pas l'accuser de fourberie ou d'indélicatesse. De fait, bien que tout fût convenu, et que le Pape, se fût déjà engagé envers lui, François Premier n'avait pas signé le contrat, Les pièces relatives au mariage Médicis, (y compris celles émanant d'Angleterre, après la conclusion du contrat) et à la bénédiction nuptiale donnée à Marseille, étant reproduites plus loin, chacun pourra juger en connaissance de cause, s'il fait l'examen de ces documents et extraits. Pour conclure, il est seulement vraisemblable que le Roi de France a suivi cette affaire, sans communiquer à Henry VIII les détails de sa conduite; par suite, la découverte d'un document contraire n'aurait donc rien d'impossible en soi; mais, en attendant, les probabilités sont en faveur de cette conjecture et si elle se transforme en certitude, personne ne blâmera François Premier pour sa conduite.

Si la dépêche de Bryan, après avoir rapporté les paroles du Roi : « il aimerait mieux jeter son fils au feu et l'y voir brûler que de consentir à une alliance aussi basse » ajoute que ce prince « n'épargnera pas pour la cause du Roi d'Angleterre ni sa personne, ni ses enfants, ni ses biens » cette seconde citation ne contredit pas la première.

En second lieu, le cardinal de Gramont fut envoyé à Rome en 1532, traita *secrètement* avec Clément VII d'un mariage entre Henri, duc d'Orléans et Catherine de Médicis, si secrètement que pas un agent de l'Empereur, de Venise ou d'Angleterre n'en a fait la moindre mention dans ses dépêches.

En troisième lieu, de retour en France, comme le prouve sa présence à l'entrevue de Boulogne et avant d'être renvoyé en Italie avec le cardinal de Tournon, Gramont avait sur lui non-seulement les articles du contrat de mariage signés par le Pape, mais des clauses secrètes également signées et deux pouvoirs dont l'un ne pouvait être communiqué à personne, dressés par le Chancelier de France et signés par le Roi, pour conclure cette alliance (1).

Sans doute, il est difficile d'admettre que le Roi d'Angleterre ait pu ignorer si longtemps les démarches et le succès de son allié sur ce point. Il était si clairvoyant ! mais il y a une grande différence entre *faire croire* et *laisser croire* ! Dans le premier cas, c'est de la fourberie ; dans le second c'est seulement de l'habileté. Or, François Premier n'était pas maladroit et il n'est pas déplaisant de le constater.

---

(1) Cf. Extrait des lettres des cardinaux de Tournon et de Gramont. Bologne, 21 Janvier, 1533. Appendice p. ccxcix. « Les villes que sçavez » étaient Reggio, Livourne, Parme et Plaisance.

CHAPITRE TREIZIÈME.

Mission de deux Cardinaux français en Italie.

Le dernier jour d'octobre, François Premier, arrivé la veille à Etaples, expédiait de cette ville à François de Dinteville, son Ambassadeur à Rome, une lettre importante où se révèlent, pour la première fois, les résultats de l'entrevue. Il commence par se plaindre de la conduite du Pape à son égard, et lui fait part du mécontentement des Anglais, au sujet du divorce, et des obstacles opposés par le Saint-Siège au jugement de cette affaire par les tribunaux d'Angleterre. Pour exposer ces griefs et se tenir au courant des matières traitées à l'entrevue prochaine du Pape et de l'Empereur, il a été résolu d'envoyer sans retard les Cardinaux de Tournon et de Gramont munis de toutes les instructions nécessaires. En attendant, de Dinteville priera Clément VII de ne rien accorder à Charles-Quint, qui soit préjudiciable à l'intérêt des autres nations. S'il demande un Concile, sous prétexte de promesses faites par lui, dans ce sens, aux Princes d'Allemagne, il faut s'assurer de sa sincérité.

Rien d'étonnant qu'il promette, sans avoir l'intention de tenir la parole donnée. S'il trompe ses Etats, il peut aussi bien tromper le Saint-Siège. En tout cas, s'il veut forcer le Pape à réunir le Concile, la France et l'Angleterre peuvent s'y opposer. Au contraire, s'il ne le désire pas, l'alliance des deux Souverains est assez puissante pour en obtenir la convocation. L'intérêt de Rome est de préférer à l'amitié de l'Empire celle du Roi très-chrétien et de son allié. Le principal objet de leur entrevue a été le traité contre le Turc. Bien que dans l'état présent, il puisse paraître moins nécessaire de le conclure, il était sage de prévoir des attaques futures.

Cette première dépêche expédiée, le Roi de France poursuivit sa route vers Rue, où il arriva le même jour, 31 octobre, pour y passer les fêtes de la Toussaint. La Reine Eléonore l'attendait à Amiens. Ce fut dans cette ville que François Premier remit aux Cardinaux de Tournon et de Gramont les instructions rédigées de concert avec Henry VIII. En lisant avec attention cette pièce, où la menace gronde avec une énergie croissante, et qui se termine par une insulte à la dignité du Pape, on peut, à bon droit, douter, si vraiment c'est bien le Roi de France qui l'expédie et si deux princes de l'Eglise acceptent de la porter. Bien entendu, c'était un duo, où domine la basse aigre et criarde du Roi d'Angleterre. A chaque note, il est impossible de ne pas reconnaître le style du véritable auteur. Si l'usage le permettait, ce morceau tout entier devrait être intégralement reproduit ici, malgré sa longueur ; mais son importance ne saurait permettre aux lecteurs sérieux d'en omettre la lecture, dés maintenant (1). En voici cependant l'analyse sommaire.

A l'entrevue de Boulogne, les deux Souverains se sont plaints de la conduite du Pape. Le premier grief est relatif aux deux décimes que le Pape, après en avoir fait l'abandon, n'a pas voulu laisser lever par le Roi de France, malgré l'acquiescement du clergé. Le récent traité contre les Turcs rend désormais ce tribut nécessaire. L'expédition des Bulles est devenue l'objet d'exactions nouvelles. L'argent du Royaume passe à l'étranger et l'Eglise ne peut plus remplir ses obligations envers les pauvres, ni réparer les sanctuaires. Les Annates sont devenues excessives et hors de proportion avec les revenus des bénéfices. Il a été créé des offices inutiles. Les frais des Bulles en sont augmentés et le trafic de ces charges devient de plus en plus intolérable. Au lieu de servir à la défense de la chrétienté, ces gros revenus sont consacrés à l'entretien d'une foule de parasites. Le nombre des Bulles s'est accru sans raison, là où une seule suffisait. La dépense nécessitée par la réception des palliums est scandaleuse, et cependant la valeur de ces insignes est toute entière dans la bénédiction et les prières en usage pour leur consécration. Les Annates ont été étendues aux bénéfices obtenus par dispenses et aux compositions arbitraires. Les bénéfices par résignation sont frappés d'un droit de dix-huit mois, au lieu de douze. Pour réparer ces griefs, il avait été question d'assembler l'église de France; par déférence pour le Saint-Siège, dont le Roi veut être le très obéissant et dévôt serviteur, cette proposition a été repoussée dans l'espoir que

(1) Cf. Appendice. Document, n° 76, p. CCLXXXV.

le Saint-Père réformera des abus aussi criants, ne fut-ce que par reconnaissance pour les services de la maison de France, fille aînée de l'Eglise. En Bretagne, les scandales sont tels que le Pape n'en a certainement pas connaissance. Malgré les dispositions prises en France pour participer aux efforts de la chrétienté contre les Turcs, malgré l'offre d'une armée conduite par le Roi en personne, malgré ses démarches en Hongrie et près du Sultan, les bruits les plus injurieux ont circulé à Rome contre la conduite des Français, avec l'approbation tacite du Pape, qui ne pouvait cependant ignorer la vérité ! Le Nonce apostolique, délégué près des Ligues, a travaillé de toutes ses forces à briser les liens qui les unissaient au Roi. Les Cardinaux feront comprendre au Souverain-Pontife combien il importe de donner satisfaction sur ces points, de quelle importance il serait de s'assurer l'amitié d'un prince aussi puissant et quelle faute ce serait de le mécontenter. Aussitôt après le départ de l'Empereur, les deux délégués feront ressortir l'intimité de l'alliance conclue entre les deux Rois de France et d'Angleterre. Chacun de ces derniers prendra fort à cœur les intérêts de l'autre. Il serait bien imprudent de les obliger à rien entreprendre contre le Saint-Siège. Après avoir délibéré, s'ils ne commenceraient pas à agir dans ce sens, par respect et par déférence, ils se contentent de procéder par voie de requête ; mais, en cas de refus ou d'ajournement, il ne serait pas difficile de demander le Concile général, si on pouvait le convoquer dans l'espace de huit mois. Au cas contraire, ils se borneraient à assembler leurs clergés ; et celui des autres Royaumes, même des pays luthériens d'Allemagne, serait disposé à y prendre part.

A partir de cette convocation, il serait interdit, sous les peines les plus sévères, de porter ou d'envoyer de l'argent à Rome. Si le Pape lançait des censures, le Roi irait à Rome si bien accompagné que Sa Sainteté s'empresserait de l'absoudre. Dans l'état actuel de l'Eglise, en plusieurs pays, il ne serait pas difficile aux deux Rois d'allumer une guerre effroyable. Au cas où le Souverain-Pontife, comme il l'a proposé, voudrait se rencontrer avec le Roi à Nice ou à Avignon, non-seulement il accomplirait sa promesse, mais s'efforcerait d'y amener le Roi d'Angleterre, dans le but d'arranger son affaire par de bons et honnêtes moyens, mais il importerait que cette entrevue se fît avant qu'une demande de réparation pour les griefs ci-dessus mentionnés n'ait fait l'objet d'une dépêche. Les Cardinaux se conduiront en tout pour la cause du Roi d'Angleterre, comme s'il s'agissait de la France. Ce mémoire est en date d'Amiens, le dixième jour de novembre 1532.

Par l'exposé précédent, on peut juger de l'effet produit sur Clément VII, si les Cardinaux avaient exécuté à la lettre la mission dont ils étaient chargés. Heureusement, selon toute probabilité, cet outrage lui fut épargné. François Premier avait bien accepté la mission d'envoyer ce factum. Il ne s'était peut-être pas engagé à le faire parvenir. En tout cas, les Cardinaux, dès leur arrivée à Bologne (entre le jour de Noël 1532 et l'Epiphanie 1533), eurent la sagesse de ne pas le laisser voir et même de ne pas en parler.

Clément VII, parti de Rome le 18 novembre, était arrivé au rendez-vous le 1ᵉʳ décembre; Charles-

Quint, le 13. On attendait avec impatience et non sans anxiété, les envoyés extraordinaires de la France. Selon la lettre d'Augustin de Augustinis (1), personne n'ignorait leur grand savoir. Une lettre chiffrée de Bennet à Henry VIII, en date de Bologne, le 14 janvier 1533, fait connaître le succès de leurs premiers entretiens avec le Pape, malgré la présence de l'Empereur. Avec le consentement des Anglais, il avait paru sage de ne faire entendre aucune menace. Aussi, grâce à la modération des Cardinaux, à partir de ce moment, Charles-Quint ne put rien obtenir, et sur plusieurs points, sur lesquels un accord s'était établi en principe, avant leur arrivée, un refus poli lui fut opposé (2). De leur côté, les délégués français se hâtèrent de faire part à François Premier de la situation des affaires. Leur lettre est du 21 janvier (3). En voici la substance :

Les Ambassadeurs Anglais sont informés dans le plus grand détail de toutes les instructions données par le Roi, et Bennet est ravi des conséquences de l'entrevue de Boulogne. Naturellement, les Cardinaux n'ont pas montré le premier pouvoir (4) et se sont contentés de faire voir le second. Tout le monde est témoin de l'accord qui règne entre les envoyés des deux Rois. L'Empereur ne les inquiète pas beaucoup; le seul

(1) Cf. Brit. Mus. Vit. B XIII, 225; Pocok, II, 557; *Letters and papers*, t. V, n° 1657, pp. 6867.

(2) Il ne put obtenir plus d'un chapeau de Cardinal. A Marseille, François Premier en eut quatre

(3) Coll. Dupuy, t. 547, f. 182, Camuzat, II, 2 *Letters and papers*, t. VI, n° 64, p. 25. Cf. document, N° 81, p. ccxcix.

(4) Contenant les articles secrets, surtout relatifs à la remise de Reggio, Livourne, Parme, et Plaisance, aux mains de François Premier, dès la conclusion du mariage du Prince Henri avec Catherine de Médicis.

point sur lequel il cherche à mettre des entraves est relatif au mariage avec la nièce du Pape ; sans doute, il ne saurait le déconseiller, puisqu'il est si avantageux. Mais il ne pense pas que le Roi de France veuille le conclure. Sans se découvrir et laisser entendre qu'il est rassuré sur ce point, le Pape promit de s'informer. Il serait donc sage d'envoyer de Paris un pouvoir que les Ambassadeurs puissent montrer, puisqu'ils ne peuvent produire celui où sont mentionnées les villes que le Pape promet de livrer le jour de la conclusion du contrat. L'envoi de cette pièce servirait à faire croire à l'Empereur que rien n'a été convenu de longue main. De Gramont mentionne « les secrets que vous apportiz de sa part, concernant les villes que sçavez », preuve irréfragable de l'accord intervenu entre le Pape et François Premier, avant l'entrevue de Boulogne.

Bennet, comme on l'a dit, avait déjà prévenu Henry VIII, dès le 8 janvier. D'après sa dépêche, les Cardinaux ont déjà pris un arrangement pour l'entrevue du Pape et de François Premier. Elle se fera après le départ de l'Empereur. Clément VII a écrit au Roi de France pour lui notifier son consentement. Il espère que sa médiation pourra conduire à bon terme l'affaire d'Angleterre. Dans ce but, il faudra envoyer d'Angleterre plusieurs personnes qualifiées. Après le départ de l'Empereur et le retrait de ses troupes, il sera plus facile de s'occuper du divorce. Peut-être même pourra-t-on arriver à une conclusion. D'après les Cardinaux français, il n'est pas expédient, dans l'état actuel des choses, d'user de menaces. Au contraire, mieux vaut prendre un langage aimable (1). Henry VIII se montra fort satisfait, en apprenant ces heureuses nouvelles et François Premier en avait reçu l'assurance, quand, au mois de mars suivant, surgirent de malencontreuses complications. Dès l'arrivée des Cardinaux à Bologne, par condescendance pour la bonne volonté de la France, en vue d'une conciliation et sur l'affirmation donnée par les Prélats, que le Roi d'Angleterre ne chercherait plus à empiéter sur les droits du Saint-Siège, Clément VII avait consenti à suspendre la marche du procès engagé au Tribunal de la Rote, pour l'affaire du divorce. Deux circonstances imprévues s'étaient produites depuis l'entrevue de Boulogne. Par suite des négociations entamées avec le Pape, par le moyen du Roi de France, on résolut à Londres de profiter, sans retard, de la période d'apaisement qui se produirait infailliblement, à l'arrivée de Tournon et de Gramont, pour proposer Thomas Cranmer comme successeur de Warham. En gage de bienveillance et pour mieux montrer son désir d'entrer en acommodement, Clément VII avait fini par accepter ce choix, d'autant plus volontiers qu'après avoir fait passer une loi contre les Annates, la Cour d'Angleterre promettait de la tenir comme nulle et non-avenue, si le Saint-Siège ne se montrait pas trop exigeant pour la taxe des Bulles dans cette occasion. Bien éloigné de voir un piège dans cette proposition, le Souverain Pontife s'obstina à la considérer comme une tentative de rapprochement, en dépit des avertissements venus un peu de toutes parts sur l'indignité de l'Archevêque élu.

(1) Cette pièce est au *Record Office* sous la cote, St. P. VII, 407; *Letters and papers*, t. VI, n° 38, p. 17.

CHAPITRE QUATORZIÈME.

Mission de Rocheford en Mars 1533. Le duc de Norfolk part pour la France.

Protestant dans l'âme, prêtre sacrilège et apostat, Cranmer avait contracté plusieurs années après la mort de sa première femme, une union avec la nièce d'un pasteur Allemand. Il ne devait, en effet, s'introduire dans la bergerie que pour verser le sang de ses ouailles ou les écarter du bercail. En attendant de Rome une réponse favorable, ce misérable complotait avec ses protecteurs toute la série des actes criminels qui allait aboutir à une sentence de divorce, au mariage et au couronnement d'Anne Boleyn. Au mois de Janvier 1533, il était devenu presque certain que la favorite avait des espérances de famille. On résolut de procéder à la cérémonie d'un mariage, et pour mieux tromper le malheureux prêtre chargé de donner la bénédiction nuptiale, le Roi donna sa parole qu'il avait reçu les dispenses nécessaires. Selon toute probabilité, (1) cet acte, entaché de nullité au premier

(1) On peut même dire que cette grande probabilité est presque une certitude.

chef, fut accompli de grand matin, dans le plus profond secret, dans une chambre située sous les combles du palais de Whitehall, le jour de la conversion de St Paul, 25 Janvier 1533. Cette date est la plus probable. Il importe peu d'ailleurs pour la légitimité d'Elisabeth que sa mère ait été unie par des liens sacrilèges, avant de la concevoir. Elle n'en serait pas moins le fruit d'un adultère, dans un cas comme dans l'autre.

Beaucoup de protestants croient donc encore à la date du 14 Novembre 1532, aussitôt après le retour de France. Il est difficile de juger ce qu'ils ont à gagner en cela, au profit de la *Reine-Vierge*. Etre née d'un mariage nul ou hors de mariage, c'est tout un ; Elisabeth n'en est pas moins adultérine. Thomas Cranmer affirme que ce fut vers le 25 Janvier : il devait en savoir quelque chose, mais aucune raison n'autorise à voir en lui le célébrant indigne. Selon M. Friedmann, ce fut plutôt le Provincial des Augustins, du nom de Brown. Henri VIII se garda bien de communiquer sur-le-champ à son bon frère deux actes aussi considérables, capables de ruiner les négociations entreprises à Rome, en sa faveur. Cependant, le mois de mars était arrivé ; la grossesse d'Anne Boleyn devenait manifeste ; d'un moment à l'autre, le Roi de France pouvait en apprendre la nouvelle ; déjà Chapuis avait flairé le fait du mariage secret. On résolut d'expédier à Paris le Vicomte de Rocheford, frère de la maîtresse, pour dévoiler l'état des choses et solliciter l'appui du Roi. L'arrivée de cet arrogant personnage fut comme un coup de foudre dans un ciel sans nuages. Il sera facile de comprendre la stupeur générale, en prenant connaissance des instructions dont il était porteur (1). Ce document, d'une importance capitale, doit être lu en entier, si l'on veut s'en faire une juste idée. Il est dicté et signé par Henry VIII, en tête de la pièce, selon l'usage, de cette écriture caractéristique qui ne laisse aucun doute sur son origine. On ne peut comprendre pourquoi le *Master of the Rolls* n'en a pas exigé l'impression intégrale dans le tome VI des *Letters and Papers*. Est-ce à cause de sa composition en Français ? La valeur du présent travail ne perdra rien à l'insertion de ce mémoire inédit. Voici en substance les principaux points des instructions données au frère d'Anne Boleyn.

Au sujet du mariage de Catherine de Médicis, dont le contrat est dressé, c'est une union mal assortie, et l'avis du Roi d'Angleterre n'est pas favorable à la conclusion, s'il n'en résulte des avantages et un profit pour la France et pour Henry VIII. La réalisation de cette condition semble peu probable. Cependant, si François Premier y trouve son intérêt, c'est son affaire. Comme il ne manquera pas de le faire savoir à son allié, pour avoir son avis, celui-ci lui dira ce qu'il pense et s'emploiera, s'il en est besoin, à obtenir la conclusion. A la dernière entrevue, c'est à l'Empereur et au Pape que l'on est convenu d'attribuer les délais et attermoiements dans l'affaire du mariage. Leur but est de retarder le moment où le Roi d'Angleterre pourra obtenir une lignée mâle « dans laquelle nous establirons (Dieu voulant) le

---

(1) Cf. document, n° 85, p. ccxvii. *Inédit.*

quiet (1), repos et tranquilité de nostre Royaulme. Le Roi de France a conseillé de procéder, sans retard, au mariage. Il s'est engagé à soutenir la cause de son allié en dépit de toutes attaques ou fulminations. *Le mariage a été célébré.* La parole d'honneur donnée par François sera aussi bien gardée qu'un serment. La connaissance des affaires et de leur état présent lui servira à écarter toutes les difficultés qui pourraient survenir. Le Pape continue à refuser l'excusateur d'Angleterre. Tous les princes doivent repousser cette prétention dont, un jour aussi, ils pourraient devenir les victimes. Il serait donc urgent de dépêcher un courrier exprès pour bien faire connaître la résistance combinée de la France et de l'Angleterre à cette injuste conduite du Saint-Siège, et aussi pour promettre un dévouement sans bornes à l'Eglise, si le Pape accepte l'excuse (2). Comme le Pape tient beaucoup au mariage de sa nièce, le Roi de France pourrait déclarer qu'il ne concluera pas, si la citation à comparaître au Tribunal de la Rote est maintenue. Les déclarations des Universités disent que c'est un abus de pouvoir. Si les adversaires du Roi s'entretiennent à la cour de France et essaient de gagner à leur parti le Roi son allié, il pourra leur répondre qu'il est convaincu de la justice de sa cause. *Et quand même il ne le serait pas, l'intimité de leur alliance lui fait un devoir de le soutenir.* Après tant de gages d'amitié,

(1) *Quiet* est, sans doute, pour quiétude. En effet *quiet*, si ce mot Anglais a été inséré dans une rédaction composée en Français, serait un pléonasme, puisque le mot repos qu'il signifie se trouve à la suite.

(2) Toujours la même méthode : menacer d'abord, promettre ensuite ; quitte à ne pas tenir, s'il n'y a pas intérêt.

se retirer de cette alliance serait une faute contre l'honneur et François Premier est incapable d'y déroger. Ce serait un mauvais exemple à donner à tous les peuples et nul ne saurait avoir en lui la moindre confiance. La seule consolation du Roi est dans l'assurance que cette amitié ne sera jamais rompue. Le mariage doit être tenu secret jusque vers le temps de Pâques, et le Roi tient à le notifier lui-même par ses Ambassadeurs à Rome.

Non content de charger le vicomte de Rocheford d'une pareille mission, Henri VIII avait eu l'impertinence d'y joindre une copie de lettre au Saint-Père, dont il priait François Premier de signer le langage outrageant. Le Roi de France fut stupéfait de tous ces coups d'audace. Franchement dévoué au Saint-Siège, dans la mesure où il connaissait son devoir, assez gallican, sans doute, mais autorisé à se croire dans le vrai, sur ce point, depuis la signature du concordat de Léon X, ce prince avait, en outre, sur la dignité royale et la majesté du Souverain-Pontife les plus nobles idées. Pour lui, sauf dans le cas de son ridicule cartel adressé à Charles-Quint, plus un personnage est élevé en charge, plus il mérite d'égards et de respects. Même dans les désordres de sa vie privée, la Reine Claude et la Reine Éléonore se virent entourées de soins, d'attentions et d'honneurs. Aussi, les nouvelles apportées d'Angleterre, la connaissance des instructions dont Rocheford était porteur, et la lettre au Saint-Père, le remplirent d'une vive et juste indignation. N'était-ce pas renverser le plan concerté à Boulogne? Irriter le Pape par des innovations, en faisant porter par le Parlement de Westminster des lois qui sapaient son autorité ou empiétaient sur ses droits, quand Henry VIII avait promis de ne rien faire qui put venir contrecarrer les négociations de la France, et surtout fournir au Souverain-Pontife un motif pour rompre le projet d'une entrevue ! C'était de la démence ! François Premier refusa net d'entrer dans cette voie et dit à Rocheford que sa volonté était de s'en tenir loyalement aux articles convenus de vive voix avec le Roi d'Angleterre, lors de la dernière entrevue Sans retard, il fit dresser un projet de lettre, non pour le Saint-Père, mais pour les deux Cardinaux français, et en même temps, Gilles de la Pommeraye, son ambassadeur à Londres, reçut les explications nécessaires pour justifier la conduite de son maître près de la Cour d'Angleterre. Ce sont trois documents fort importants. Le premier, c'est-à-dire le projet de lettre au Saint-Père, envoyé par Henry VIII à Paris, est inédit. On le trouvera à l'Appendice (1). On y proposait à François Premier d'écrire au Pape :.... « Vous sçavez ce que pareillement, plusieurs foiz, vous en ai escript, fait dire et remonstrer, tendant à fin que les choses sortissent tel effect que la raison et equité conforme à la loi divine (2) requiert et veult et que sa dicte confiance justifiée par l'advis et opinion de plusieurs sçavants hommes et Universités de la Chrestienté luy juge debvoir requerir et demander »..... « qu'il luy plaise ladicte cause faire terminer par les moyens qu'il a fait proposer lesquels je trouve si honnestes, justes et raison-

---

(1) Cf. n° 86, p. cccxx. *Inédit.*
(2) En marge de la main de Wriothesley, « ne pas omettre ces mots ». « *The words be not to be left out* ».

nables (1)... vous prier que luy veuillez prester l'oreille à ses demandes qui me semblent justes » (2). Là où icelle Vostre Saincteté divertie par aultres persuasions, lesquelles toutes foiz je ne pourrois bonnement comprendre ne imaginer, auroit deliberé de nous en esconduyre et totalement refuser, lors force seroit de pourveoir audict affaire par aultres voyes et recours qui peult estre ne vous seroient guère agréables..... ».

Voici, par opposition, comme on le verra dans la lettre de François Premier aux Cardinaux de Tournon et de Gramont (3) la formule préférée par le Roi de France pour solliciter le Pape :

« ..... Il me semble expedient de vous rescripre que, de ma part, vueillez prier Nostredict Saint Père, autant qu'il desire me faire plaisir et qu'il vouldroit que je fisse pour lui, à sa requeste, Sa Saincteté, monstrant le bon desir et affection qu'il vous porte, vueille admettre et recepvoir l'excusateur et exoine de mondict bon frère à ne comparoir en personne ne par procuration en l'affaire de sa matière [mariage]..... ».

Le 20 mars, François Premier écrivit au Bailli de Troyes une lettre qu'il importe de lire intégralement (4) mais dont il convient de faire ici seulement un résumé.

Comme l'entrevue avec le Pape est arrêtée, il eût été impossible de lui adresser la lettre qu'Henry VIII

---

(1) En marge de la même main. « Ces mots sont très importants ». « *These words be material* ».
(2) Cf. Appendice, n° 86, p. ccxxii.
(3) Cf. Appendice, n° 91, p. ccxxxix.
(4) Cf. Appendice, n° 89, p. ccxxv.

désirait. A Boulogne, il a été convenu d'envoyer les deux Cardinaux français pour conclure cette entrevue, et rompre l'alliance du Pape et de l'Empereur. Le succès a couronné leurs efforts. Ce ne serait pas le cas de compromettre de si bons résultats. Rocheford a reçu un refus catégorique. Il y va de l'honneur du Roi, la chose la plus précieuse qu'il ait en ce monde. On a dressé une autre lettre. Elle a déplu à Rocheford. A force de raisonnements, il s'est décidé à la communiquer à son maître. Combien il eût été maladroit de donner occasion au Saint-Père, si timide et si faible, de se rejeter du côté de l'Empereur, qui est encore en Italie. Le seul moyen de vider l'affaire du divorce est de s'en tenir à l'entrevue du Pape et du Roy. L'Empereur a désiré un rapprochement avec la France, et le Pape lui-même avait demandé au Roi de se rendre à Bologne pour obtenir l'alliance désirée. Il importe de faire comprendre à Londres la loyauté du Roi et sa fidélité à tenir les engagements pris en faveur de la Cour d'Angleterre.

De son côté, Jean du Bellay écrivait également au Bailli de Troyes (de La-Fère-en-Tardenois, comme le Roi de France, et aussi à la date du 20 mars). Parlant de Rocheford, il dit : « Si est ce que jusques à ce jour je ne veis onc homme si deraisonnable »... « [Il] a esté le plus fort à ferrer (1) qu'il est possible »... « Je croy qu'ils ne sçavent [ce] qu'ils veulent »... (2). Sans attendre la réponse du Roi (3) et

---

(1) C'est-à-dire, dompter. Plusieurs savants étrangers se sont trompés sur la signification de ce mot. Ils ont cru que *ferrer* voulait dire réfuter.

(2) Rocheford était parti le 18 mars de Londres.

(3) Le Roi de France.

avant d'avoir pu la recevoir, Henry VIII, suivant toujours le plan d'intimidation et de menaces, proposé à Boulogne, essayé dans la mission des Cardinaux français, mais depuis abandonné par eux à Bologne et finalement rejeté à la Fère-en-Tardenois, comme préjudiciable, déclara que le Pape ne recevrait plus d'Annates. Ce qui rendait le procédé plus injurieux au Saint-Siège, c'était que, dans le même temps Clément VII venait d'accorder des Bulles à l'apostat Cranmer et de réduire les frais ordinaires pour plaire au Roi d'Angleterre. Gilles de la Pommeraye, remplacé comme ambassadeur à Londres, dès le 26 février, par le Bailli de Troyes, faisait part de cette nouvelle à François de Dinteville, évêque d'Auxerre, ambassadeur du Roi près de la Cour pontificale. Cette lettre est du 23 mars 1533 (1). « Monsieur, depuis que mes deux lettres à vous escriptes du 20, le Parlement de ce pays s'est dilayé jusques après Pasques, auquel a esté conclud que le Pape n'aura plus d'Annates ou bien peu. Et veut oster un office qui s'appelle la colleterie. Toutes ces choses viennent au desavantage grandement du Saint Siège Apostolique, mais il (2) a usé de grand astuce, car ayant consenti en cest affaire les gentilshommes (3) et le peuple (4), a faict que tout est remis à son vouloir, afin que le Pape entende que, s'il ne faict riens pour luy, il y a de quoi le chastié. Les gens d'Eglise n'ont riens consenti, remettant premier en sçavoir l'opinion de leur chef,

---

(1) Cf. Camuzat, t. II, f. 82.
(2) Le Roi d'Angleterre.
(3) Les Lords.
(4) Les Communes.

Nostre Sainct Père, mais à cela on ne s'arrêtera, puisque les autres parts sont d'accord »... « par cela vous pourrez congnoistre que [vous] avez de meilleurs amis en ce pays que auparavant ».

On le voit clairement, tandis que François Premier s'en tenait au plan convenu, d'un commun accord, à Boulogne et le suivait avec fidélité, Henry VIII s'en écartait de plus en plus. Si d'une part, la situation d'Anne Boleyn pouvait excuser, dans une certaine mesure (1), les dispositions arrêtées pour le divorce et le mariage, d'autre part, les mesures votées contre les droits du Saint-Siège étaient une provocation très nuisible à l'avancement des affaires. Encouragé par le silence du Pape, dont François Premier s'efforçait de contenir l'indignation, le Roi d'Angleterre fit déclarer par Cranmer la nullité de son premier mariage et reconnaître la validité du second. Bien qu'on sache, à ne pas s'y tromper, avec quelle impudence le nouvel Archevêque de Cantorbéry procéda dans l'accomplissement de ces deux actes, contraires au droit, à la vérité comme à la justice, il serait curieux de retrouver le dossier de cet inique jugement. Cependant, sans se laisser décourager, le Roi de France persista dans sa détermination de tout concilier et prit les mesures nécessaires pour hâter l'entrevue promise entre le Pape et lui.

Rocheford était retourné en Angleterre, le 7 avril. Il paraît avoir été convenu, dès lors, qu'une mission, dont le duc de Norfolk serait le chef, viendrait en France pour accompagner François Premier, partout

(1) Etant donnée la résolution du Roi d'accomplir cet acte coupable.

où il conviendrait au Pape de fixer le rendez-vous. Mais Charles-Quint avait beaucoup prolongé son séjour à Bologne, et Clément VII éprouvait le besoin de rentrer à Rome pour régler des affaires urgentes, avant d'entreprendre un nouveau voyage plus fatigant que celui de Bologne.

CHAPITRE QUINZIÈME.

Bouleversement produit par l'excommunication du 11 Juillet 1533. Grâce à la fermeté de François Premier, elle n'empêche pas son entrevue avec le Pape à Marseille.

Montmorency écrit de Fontainebleau, le 24 avril 1533, au Bailli de Troyes, que le duc de Norfolk, en raison, soit de la dignité du Prince, dont il est le représentant et le mandataire, soit de son propre rang, ne peut amener moins de douze ou quinze gentilshommes. Pour la suite du train et le nombre des chevaux, l'Ambassadeur peut lui dire de se donner carte blanche. A l'heure présente, il serait impossible de prévoir où le Pape fixera le lieu de la conférence, ni le temps assigné pour son arrivée. Cependant, le mieux serait de se tenir prêt à partir au premier signal.

Dix jours plus tard, François Premier, après avoir reçu des nouvelles du Cardinal de Tournon, s'empressait de les communiquer à son Ambassadeur de Londres, le Bailli de Troyes. Cette lettre est datée du Couldray (1), le 5 mai. Le Roi envoie à Polisy la

---

(1) Le Coudray, (Cher). Cf. document, n° 92 p. ccoxxxii.

dépêche de Rome, avec un projet de réponse et se déclare disposé à accepter toutes les modifications que le Roi d'Angleterre pourrait suggérer. Les remarques faites par le Saint-Père aux Cardinaux français ne doivent ni l'aigrir ni le décourager. Au contraire, il importe qu'il témoigne le désir de voir s'arranger ses affaires à l'entrevue par l'intermédiaire du Roi de France. Alors, tout le monde sera témoin de l'efficacité de cette médiation. Sur la question du Concile, son avis est de remettre la réponse des deux Souverains jusqu'à la rencontre avec le Saint-Père.

Depuis son départ de Bologne, Clément VII étudiait les moyens de se mettre au plus tôt en route pour visiter la France. Mais à Rome comme à Paris, on paraît avoir trop oublié combien, certaines années, la chaleur est accablante en Provence. Le mois de mai avançait à pas rapides, et Montmorency se trouvait avec son maître, à Cérilly-en-Bourbonnais, sur la route de Lyon. De là, il écrivit le 13 à Polisy (1) pour le prier d'avertir le duc de Norfolk. « Dans sa pensée, l'heure du départ d'Angleterre était arrivée. Des ordres sont donnés pour recevoir le plus honnêtement du monde les Seigneurs Anglais. Du Biez, Sénéchal de Boulogne est chargé de les conduire à Abbeville et s'il le faut, à Amiens. Là, le maréchal d'Humières, M. de la Rochepot, frère du Grand-Maître, M. de la Hargerie et autres les accompagneront sur leur route ». De fait, le duc de Norfolk se

---

(1) Le Bailli de Troyes. Cf. document, n° 93, p. ccxxxvi.

mit en chemin sans attendre le couronnement de sa nièce (1).

Peu auparavant, Henri-VIII avait fait voter au Parlement un nouveau bill capable à lui seul de tout rompre. Sous les peines les plus sévères, tout appel à Rome concernant les mariages était interdit. Le Roi de France ne put s'empêcher de s'en plaindre aux Ambassadeurs Anglais. Dans une lettre du 23 mai (2), le Bailli de Troyes prie son maître d'excuser cet acte rendu nécessaire par les censures dont Rome menace le Roi d'Angleterre. En même temps, Polisy entretient François Premier de la marche suivie activement par Cranmer dans le but de prononcer incessamment la nullité du premier mariage et la validité du second. Malgré les supplications de l'Ambassadeur, il a été impossible de retarder ce scandale, et il ne sera pas facile de l'étouffer sous le silence. Anne Boleyn qui est enceinte, sera donc couronnée le jour de la Pentecôte. Loin de créer un obstacle, la sentence du tribunal présidé par l'Archevêque de Cantorbéry permettra au Pape de ratifier ce qu'il n'aurait osé accorder. Du moins le Roi d'Angleterre est de cet avis, mais le duc de Norfolk n'en est pas satisfait. Avant d'avoir reçu cette lettre, François Premier avait fait part à son Ambassadeur à Londres d'une

---

(1) Peut-être n'en conçut-il aucun regret. Débarqué à Calais le 30 Mai, le noble envoyé était accompagné de Sir George Boleyn, fils de Thomas, comte de Wiltshire, de Sir Anthony Browne, de Sir Francis Bryan, de Sir William Pallet, du contrôleur de la Maison du Roi, de trois docteurs et de divers « Esquiers » et gentilhommes. Il se mirent tous en route, le 2 Juin, et passèrent la nuit à Boulogne (Cf. Richard Turpyn. The Chronicle of Calais. Camden Society, 1846, p. XLIV).

(2) Cf. document, n° 94, p. CCCXXXVI.

assez bonne nouvelle. Malgré les efforts de l'Empereur et de ses partisans, les Cardinaux de Tournon et de Gramont avaient persuadé à Clément VII de ne lancer aucune censure (1). Par contre, on commençait à prévoir un retard pour l'arrivée du Pape. Le 7 juin, ces craintes se changent en réalité. L'entrevue fixée au 15 juillet sera remise, sur l'avis des médecins. Elle ne pourra se faire avant les premières pluies, c'est-à-dire, après l'Assomption.

Polisy tenait Jean du Bellay au courant de la situation. Une lettre du 9 juin fait voir comment, malgré la confiance du Roi de France dans le succès de sa médiation, Henry VIII, bien informé par ses agents à Rome, sans douter ni de la sincérité ni de la loyauté de François Premier, croyait peu à l'efficacité de son plan. D'après leurs dépêches, le Pape ne cessait de pousser la cause du divorce. Le jugement se prépare, disent-ils, et s'il n'est pas donné, ce sera seulement en raison de la promesse faite au Roi de France, de ne rien faire d'important avant l'entrevue. Polisy doute beaucoup de l'attitude des Anglais, dans le cas où le Saint-Père lancerait une excommunication contre leur Roi (2). Il termine sa dépêche en se plaignant du temps, de la pluie et de sa santé, et supplie l'évêque de Paris de l'aider à sortir de son poste. Cette menace d'excommunication inquiétait visiblement Henry VIII et l'irritait au plus haut degré. Mais ne faisait-il pas, tout en la redoutant, ce qu'il fallait pour attirer sur sa tête les foudres de l'Eglise ? Sa plus

---

(1) Cf. Lettre de Lyon 29 mai, n° 95, p. cccxxxix.
(2) Si l'on excepte la noblesse, tout le reste de la nation se tournerait contre Henry VIII.

grande crainte était que François Premier ne se montrât, à ses dépens, trop enclin à faire des concessions au Pape, et le Roi de France dut écrire de Lyon, le 16 juin, à Polisy, pour le rassurer à cet égard (1).

Parti de Boulogne le 3 juin et d'Amiens le 6, Norfolk arrivait à Riom, le 10 juillet. En attendant la venue de Clément VII, non plus à Nice, comme il avait été d'abord arrêté, mais à Marseille, la Cour avait résolu de visiter le Languedoc. Cette province n'avait pas encore été honorée par la présence de son souverain. Les délégués anglais auraient, sans doute, reçu l'invitation d'accompagner la famille royale et d'assister aux entrées triomphales dans les différentes villes désignées pour la recevoir ; mais plusieurs circonstances mirent obstacle à la réalisation de ce projet. Le 12 juillet, le Duc, accompagné du vicomte de Rocheford, du trésorier et des personnages les plus savants et les plus familiers du Roi d'Angleterre, rencontra le Roi de France à Vic-le-Comte (2). Sa suite et lui furent reçus avec les plus grands honneurs, comme le demandaient l'amitié des deux Princes, et la dignité de leurs charges. Plusieurs jours s'écoulèrent en conversations. Après avoir ainsi échangé leurs vues, François Premier, dans un sentiment d'attention fort délicate, résolut de faire partir pour Lyon la plupart des seigneurs anglais. Ils étaient tous venus à cheval d'assez loin. La fatigue commençait à accabler bêtes et gens. Plus on avançait dans le midi, plus la chaleur deviendrait intolérable. En fait, cette année-là fut exceptionnel-

(1) Cf. Appendice, n° 98, p. cccxLvi.
(2) Une ordonnance du Roi signale sa présence à Vic-le-Comte, à la date ci-dessus.

lement chaude. Il suffirait bien de braver la température de Marseille. Pourquoi leur imposerait-on en outre et sans nécessité, celle du Languedoc? cette résolution prise, le Roi donna l'ordre à plusieurs seigneurs français de prendre, avec la plupart des délégués d'Angleterre, le chemin de Lyon, le plus court et le plus commode pour descendre à Marseille, en suivant le Rhône. Son choix tomba sur tous ceux qui avaient été ou ambassadeurs à Londres, ou liés d'amitié avec les Anglais, et Jean Du Bellay fut mis à leur tête. Sur la route, il était enjoint de leur rendre les honneurs dûs au Dauphin.

Au moment de cette séparation temporaire, tous les cœurs se livraient à l'espérance. L'entrevue ne pouvait tarder. Clément VII se montrait disposé à y venir dans un esprit de conciliation et François Premier se sentait loyalement déterminé à plaider chaleureusement la cause de son allié.

Les Anglais partirent donc pleins de joie et tous les Ambassadeurs écrivirent à leurs maîtres, sans excepter les deux légats, à savoir l'Evêque de Faenza et celui de Côme, pour leur faire part de l'allégresse générale.

Or, dans le même temps, la foudre, longtemps retenue, éclata soudain avec un bruit formidable. Le 11 juillet, en plein consistoire, le Pape, entouré de tous les Cardinaux présents à Rome, lançait l'excommunication contre Henry VIII, Anne Boleyn et autres, enjoignant aux premiers de se séparer et déclarait la sentence exécutoire, s'ils n'avaient mis fin au scandale public d'un mariage entaché de nullité, avant le 30 septembre de la même année (1).

(1) M. Friedmann assigne à la Bulle la date du 8 août.

Norfolk apprit cette nouvelle en arrivant à Lyon. Le gouverneur et la municipalité faisaient, en effet, les honneurs de la ville aux députés anglais, quand un courrier, venu de Rome, lui parla à l'oreille, en lui présentant un billet. A peine le Duc eut-il entendu ces mots et jeté les yeux sur le papier, qu'il se sentit défaillir. Aussitôt, prenant congé du cortège, il se retira dans le logis préparé pour lui, accompagné seulement par l'évêque de Paris, Jean Du Bellay. Là, dans le plus profond secret, ils se mirent à discuter les conséquences de ce fâcheux contre-temps et à examiner comment on pourrait encore poursuivre l'affaire, au profit du Roi d'Angleterre. Sans nul doute, François Premier persisterait à continuer une entreprise si bien commencée. Pour rien au monde, après avoir donné sa parole au Pape de le recevoir à Marseille, il ne voudrait y manquer et rompre publiquement avec le Saint-Siège. Il ne le pouvait pas et certainement il ne le ferait en considération de personne, pas même de son bon frère et perpétuel allié. Ce point étant hors de question, restait à voir quelle attitude les Ambassadeurs anglais prendraient envers leur Roi. Le premier mouvement de Norfolk

---

Un imprimé du British Museum contenant ce document porte : 6 août 1533. D'après le texte, la Bulle fut notifiée par Jean Maquet de Binches, affichée à Saint-Eloi de Dunkerque le 19 novembre et le 21 du même mois à Sainte-Marie de Bruges. (Cette pièce est cotée 125, c. 13; Imprimés du British Museum). Exemplar sive transcriptum aut copia litterarum apotolicarum S. D. N. Clementis Papæ sub plumbo expeditarum executoralium sententiæ per sanctitatem suam nuper in favorem serenissimæ Dominæ Catharinæ Angliæ Reginæ contra Illustrissimum Dominum Henricum VIII Angliæ Regem et quamdam Annam de Boland, nominatim et in specie latæ, cum insinuatione, seu notificatione illarum, et in eis contentorum eidem Regi, Annæ et certis aliis in illis contentis et comprehensis per ædictum facta.

fut de les faire rentrer tous en Angleterre, de peur d'encourir, s'ils restaient, la colère terrible du maître. Jean Du Bellay s'opposa de toutes ses forces à un départ en masse. C'était, du même coup, rompre tout projet d'accommodement et, pour ébranler l'obstination du Duc, il protesta si énergiquement, au nom du Roi, qu'à la fin ils tombèrent d'accord et firent le compromis suivant : Les délégués resteraient à Lyon, en attendant les instructions de Londres. Seul, le Vicomte de Rocheford, excellent cavalier, partirait en poste, comme il avait déjà fait maintes fois, à franc-étrier, pour savoir comment Henri VIII déciderait de se conduire, après la tournure nouvelle que prenait l'état de son affaire. D'autre part, Sir Francis Bryan se rendrait en Languedoc pour avertir François Premier des fulminations lancées par Clément VII. En restant à Lyon, les autres délégués seraient à couvert par la protestation faite, au nom du Roi, contre leur départ. Le Roi d'Angleterre ne pourrait leur reprocher d'avoir hésité, avant de prendre une résolution dont son allié aurait pu prendre offense et qu'il aurait même considérée comme un outrage.

Sans doute, ils seraient rappelés en Angleterre et ne paraîtraient pas à Marseille, comme François Premier l'avait vivement désiré. Après l'excommunication, ils n'y pouvaient venir que pour demander pardon, et jamais pareille faute ne leur serait pardonnée, s'ils avaient l'audace de la commettre. Il y allait de leur vie. Aussi du Bellay ne songeait-il pas à leur faire une pareille proposition.

Les choses étant ainsi convenues, Rocheford partit pour Londres et Bryan pour Montpellier.

CHAPITE SEIZIÈME.

L'appel du Roi d'Angleterre au Concile général, termine brusquement les négociations suivies par la France depuis un an, en exécution du plan concerté à l'entrevue de Boulogne.

Le Roi de France fut contrarié de l'obstacle assez inattendu jeté au travers de ses projets conciliants. Il n'avait cessé d'agir sur le Pape et sur Henry VIII pour les maintenir dans le *statu quo*, sans aggravation de part et d'autre. Ses agents continuaient à conseiller le calme et le silence. Aussi, Clément VII, une fois son acte de vigueur accompli, s'empressa-t-il de prévenir François Premier et de s'excuser, en faisant ressortir les outrages, dont le Saint-Siège avait mille fois raison de se plaindre. La défense de payer les décimes et de recevoir des Bulles, la suppression des Annates, la confiscation des monastères, la spoliation des confréries, l'interdiction de tous appels à Rome au sujet des mariages, la sentence de Cranmer, le vote sur la suprématie (1)

(1) Votée déjà par le clergé, le B. J. Fisher inclus, avec la restriction « en tout ce qui n'est pas contraire à la loi divine ».

du Roi, le mariage et le couronnement étaient, sans conteste, des attaques contre la personne du Souverain-Pontife et de très coupables empiètements contre les droits de l'Eglise. Dans son bon sens et sa franchise, François Premier ne pouvait blâmer le Saint-Père. Il se contenta de regretter l'excommunication, tant elle allait rendre ses négociations plus difficiles !

Heureusement pour lui, à force de bien étudier le document pontifical, toute lueur d'espoir ne parut pas éteinte. L'excommunication n'était pas prononcée d'une manière définitive et le jugement sur la validité du premier mariage n'était pas porté dans cet acte. Clément VII, il est vrai, avait bien conclu, dans ce sens, en plein consistoire. Peut-être, à Marseille, pourrait-on obtenir un ordre de droit qui remettrait la question dans le *statu quo ante* ?

Le mémoire de Jean du Bellay (1) assigne, parmi les raisons mises en avant par le Pape, pour excuser sa sentence, des insultes fort graves, dont le Sacré Collège avait été l'objet. Henry VIII avait fait parader dans les rues de Londres des masques habillés en Cardinaux et portant en croupe des filles publiques ou des débauchés. Au fond, le Saint-Père, dont l'autorité était attaquée par des empiètements nombreux contre ses droits, n'était pas bien fâché d'y répondre par un acte de vigueur, avant de venir en France. Il ne serait pas, aux yeux des Cardinaux et de la Chrétienté, le seul à avoir des griefs contre son adversaire et ne se montrerait pas, sous le coup d'une humiliation publique, sans une riposte préalable. D'ailleurs,

(1) Cf. Appendice, document 114, p. CCCLXXVIII.

comme la correspondance des agents de l'Empire le témoigne, les Cardinaux et les partisans de Charles-Quint l'importunaient depuis longtemps, et l'encourageaient dans la voie de la résistance, des rigueurs et de la répression. Rien de plus naturel et de plus équitable !

En général, la longanimité du Saint-Siège était jugée comme une faiblesse coupable. Henry VIII en avait profité pour agir avec plus d'audace et moins de danger. Mais il est à douter si, frappé plus tôt, il aurait reculé devant l'excommunication, tant sa résolution de prendre tous les moyens de se procurer un héritier mâle, *per fas et nefas*, était profondément entrée dans sa volonté. Quoiqu'il en soit, la situation nouvelle mettait le Roi de France dans le plus grand embarras. Désireux de servir son allié et, s'il était possible, de ne pas lui déplaire, François Premier se montra tout-à-fait à la hauteur des difficultés de la tâche. Dès le 12 août, écrivant de Narbonne à Polisy, il paraît plein de confiance dans le résultat de l'entrevue. Plus que jamais, pour lui, le salut est dans ces entretiens, seul à seul, entre deux princes également animés de bons sentiments. Bryan et Norfolk seront garants, comme ils en ont été témoins, de la fidélité avec laquelle la France ne cessera de remplir tous ses engagements (1). De Nimes, le 27 août, dans sa dépêche à l'Ambassadeur de France à Londres, le Roi refuse catégoriquement de rompre la promesse faite par lui de recevoir le Pape à Marseille. L'honneur le défend. C'est d'ailleurs l'intérêt du Roi son

---

(1) Cf. Appendice, n° 101, p. cccxlix.

frère et le seul moyen d'arranger son affaire. Henry peut être assuré qu'il ne s'y fera rien qui ne soit à son avantage (1).

Rocheford était revenu à Lyon porteur d'un ordre enjoignant à Norfolk et autres délégués de revenir en Angleterre, après avoir pris congé du Roi, à Montpellier. Le Duc, malgré son âge et la longueur de la route, prend la poste et débarque à Londres, le 30 août. Heureusement, son arrivée n'avait été retardée par aucune négligence, accident ou besoin de repos. La Cour, Anne Boleyn, les partisans de désordre, les nouveaux favoris, Cranmer, Cromwell, Audley, tous les valets avides de curée, poussaient à l'envi le malheureux prince sur le chemin de la révolte. En l'absence du premier ministre, la voix des Seigneurs fidèles à Rome se noyait dans le tumulte et les clameurs des parvenus. Dès son retour, l'apaisement ne tarda pas à se faire dans l'esprit du Roi (2). Le Duc avait parfois son franc-parler. Dans cette circonstance, s'autorisant des entretiens échangés entre François Premier et lui, et fort de l'appui de tous les gens de bien, il protesta avec énergie contre les mesures, dont le Parlement allait être saisi et retarda par son attitude le moment de la rupture avec le Saint-Siège. Quatre jours après son arrivée à Londres, Gardiner se mettait en route pour rejoindre le Roi de France et suivre, sans pouvoirs et sans mission officielle, la marche de l'entrevue avec le Pape et agir au mieux des intérêts de son maître.

---

(1) Cf. Appendice, n° 102, p. cccli.
(2) Cf. Appendice, Lettre du Bailli à François Premier, 3 septembre 1533, n° 103, p. ccclviii.

Plus tard, Bonner (1) reçut l'ordre de descendre de Lyon à Marseille (16 octobre). Le futur évêque de Londres eut longtemps après, à se repentir amèrement d'avoir eu pareille mission à remplir. François Premier n'avait pas attendu les excuses de Clément VII, au sujet de la Bulle d'excommunication, décrétée en consistoire le 11 juillet et fulminée avec les censures, le 6 ou le 8 août. Il s'était plaint, sans retard, par l'intermédiaire des Cardinaux de Tournon et de Gramont. Leur réponse est en date du 17 août (2) et contient en substance les points suivants.

Le Saint-Père regrette vivement de n'avoir pu satisfaire le Roi, sur les points souvent répétés dans ses dépêches. Henry VIII lui a forcé la main. Non-seulement, il a contracté mariage en dépit des brefs et inhibitions du Saint-Siège, mais il a fait publier des lois contraires à l'autorité de Sa Sainteté. Il a fait procéder à la sentence, déclarant la nullité de son premier mariage, par l'archevêque de Cantorbéry et ce prélat s'est intitulé légat en Angleterre, par le fait de son élection. Le Sacré Collège aurait murmuré et se serait révolté dans le cas où le Pape n'aurait pas agi.

Si le duc de Norfolk avait réussi à empêcher, pour un temps, la rupture définitive avec Rome, le Roi de France, bien informé que ni Henry VIII, ni Anne Boleyn ne se soumettrait à la sentence du Pape, comprit la nécessité de faire reculer la date à laquelle les censures deviendraient définitives, au-delà du terme contenu dans la Bulle du 6 août. En effet, il parais-

---

(1) Il avait reçu à Lyon dans les premiers jours d'août une formule provisoire d'appel au Concile général. En fait, ce fut celle dont il fit usage à Marseille.

(2) Cf. Camuzat, t. II, f. 8 verso et 9.

sait de plus en plus probable que le jour de l'arrivée de Clément VII en France serait postérieur au 30 septembre, fixé pour la soumission des coupables, tombés sous les foudres de l'Eglise. Sa demande fut exaucée, comme le révèle la réponse du Cardinal de Tournon, en date de Pise, le 27 septembre 1533 (1).

Sur les entrefaites, Castillon avait été nommé Ambassadeur à Londres, en remplacement de Polisy, Bailli de Troyes, et sur les instances de ce dernier. Cependant deux mois devaient s'écouler avant son arrivée en Angleterre (2). Deux jours après ce changement, le Roi écrivait à Henry VIII : « ... vueilliez avoir ceste ferme foy et seureté en nous, qu'il n'y aura poinct de faulte que à ceste prochaine veue qui se fera de Nostredict Saint Père et de nous, nous ne nous employons en vostredict affaire, tant envers Sa Saincteté que partout ailleurs, où verrons que besoing sera, en façon que vous cognoistrez clerement, par effect, que nous n'avons pas moins à cueur vostredicte affaire que les nostres propres, et les demonstrations que, par effect, nous en ferons, vous en pourront porter vray et loyal temoignage... Avignon, le 8 jour de septembre 1533 (3) ».

L'union d'Anne Boleyn avec Henry VIII venait de porter ses fruits. Le 7 septembre, la trop célèbre Elisabeth naquit à Greenwich. Sa naissance fut accueillie par le peuple, comme une punition du Ciel, et par la Cour, comme un mauvais présage. Le

(1) Cf. Appendice, n° 104, p. CCCLIX.
(2) Nommé le 6 septembre, il arriva à Londres, le 9 novembre.
(3) Cf. Camuzat, t. II, f. 10.

Roi en fut profondément humilié. N'avait-il foulé aux pieds la justice et la vérité, bravé l'Eglise et mis en péril son salut éternel que pour procréer des filles ? Les flatteurs et les sorciers lui avaient prédit un fils. Non-seulement, il avait cru à leurs affirmations, mais il avait prié François Premier de faire tenir l'enfant « mâle » sur les fonds. Comme la chose tirait peu à conséquence, le Roi de France s'était prêté à ce désir, mais la demande était partie trop tard. Ce fut donc seulement, le 17 septembre, que la réponse fut envoyée d'Arles au Bailli (1).

L'Ambassadeur y est autorisé à servir de parrain, par procuration, au nom de son maître, si c'est un Prince, et à donner à la Reine une bague, selon l'usage. La même dépêche contenait deux nouvelles : l'arrivée de Catherine de Médicis, duchesse d'Urbino, à Nice, et le départ de Clément VII, de Rome le 9 septembre. Le duc d'Albanie, chargé de le conduire à Marseille sur les galères du Roi avait ordre de se rendre droit à La Spezzia, pour y attendre le Pape. On espérait que la flotte mettrait à la voile pour la France, vers le 20 ou le 22. Le mauvais temps les retint plusieurs jours dans ce port, comme on le voit dans une lettre de François Premier, datée de Saint-Maximin-en-Provence, le 5 octobre, et adressée au Bailli de Troyes (2). Après avoir annoncé la suspension des censures et la prorogation du temps désigné pour la soumission du Roi d'Angleterre, obtenu par lui, le Roi annonce l'arrivée très prochaine du Pape. De Livourne, où aura lieu l'embar-

---

(1) Document n° 107, p. CCCLXII.
(2) Cf. document, n° 109, p. CCCXLV; Camuzat, t. II, f. 214.

quement, il est facile de gagner le port de Marseille, en quatre ou cinq jours. Enfin, le Saint-Père toucha les côtes de France, le 11 octobre, et alla coucher dans le jardin du Grand-Maître, près de la mer.

Le lendemain, Dimanche, son entrée en ville fut triomphale et la réception enthousiaste, comme on sait les faire à Marseille. Berthereau s'empressa de communiquer au Bailli, dès le 15, la nouvelle des cérémonies qui occupèrent les premiers jours. D'après cette dépêche (1), on va régler l'ordre des affaires à traiter.

En ce moment décisif, Henri VIII qui s'était laissé entraîner peu à peu à des empiètements sur les droits du Pape et ne prétendait pas renoncer aux avantages, dont il connaissait le prix, mal inspiré par son entourage, mal renseigné par Gardiner, poussé par la vanité, comme par la passion aveugle dont il était encore épris pour Anne Boleyn, envoya de Lyon, le 16 Octobre, Bonner à Marseille, pour signifier, à l'heure où il en recevait l'ordre, un appel du Roi d'Angleterre au futur Concile Général, contre la sentence de Clément VII. Sur ce cœur endurci, et déjà sans remords, le sentiment d'une autorité supérieure pesait comme un insupportable fardeau. Jamais il ne reconnaîtrait le pouvoir du Pape et plutôt que de s'y soumettre il se révolterait contre Rome. L'action lente et perfide du protestant Cranmer l'avait amené à poser cette question : L'Eglise a-t-elle donc besoin d'un chef et l'évêque de Rome a-t-il pour mission de gouverner l'Eglise ? Henry ne voulant pas se soumettre, entrait délibérément dans le schisme. Aussi,

---

(1) Cf. document, n° 113, p. cccLxxi; Camuzat, t. II, 215.

ne faut-il pas s'étonner des plaintes injustes qu'il adresse, dès le 2 Novembre, à François Premier, par l'intermédiaire du Bailli de Troyes. Cette lettre est à lire intégralement. Ou bien Gardiner et Bonner ont mal renseigné leur maître, ou bien le Roi n'hésite pas à mentir pour adresser des reproches à son allié. D'abord, Henri VIII se plaignit à l'ambassadeur de France de ce que le Pape, ayant laissé les pièces du procès à Rome, ne peut pas s'en occuper à Marseille. Cette première fausseté est réfutée par le succès des premiers entretiens du Roi de France avec le Pape. En second lieu, il est dit que la question du mariage de Médicis a été traitée et conclue avant l'affaire d'Angleterre. A cette accusation, Jean du Bellay répondra par un démenti formel et les instructions données à ce prélat, avant son départ de Marseille pour Londres, à la fin de l'entrevue, confirment pleinement son dire (1). Au fond, déterminé à rompre avec Rome, Henri VIII ne pouvait comprendre la sage politique du Roi de France. Ce dernier, laissé à dessein par son allié dans l'ignorance du coup qu'il méditait de frapper, au moment le plus inattendu, poursuivait loyalement le plan tracé et cherchait à calmer le Souverain-Pontife, dans l'espoir d'un accommodement, acceptable par les deux partis. Sans doute, en présence du fait accompli, le Pape aurait pu être amené à temporiser, sans se prononcer sur le mariage d'une manière définitive, si le Roi d'Angleterre avait voulu reconnaître l'autorité Pontificale et fait rapporter les lois qui la battaient en brèche. La lettre du Car-

---

(1) Cf. Mémoire de Du Bellay et Instructions données à Du Bellay. Cf. documents, n° 114 et n° 115.

dinal de Tournon, dont il reste une copie de l'époque, faite à l'usage du Bailli de Troyes, Jean de Dinteville, encore ambassadeur à Londres, montre à l'évidence que le Pape s'était rendu à Marseille, animé des dispositions les plus conciliantes. Cette lettre est à lire toute entière, et le passage suivant ne laisse aucun doute sur l'affirmation précédente : « pour peu de semblant que le Roy d'Angleterre face de reparer les attemptatz et de obeir au Pape et que Sa Saincteté puysse avoir couleur avecques son honneur de faire pour ledict Roy d'Angleterre… » (1) Dans les questions difficiles, il est parfois sage, de peur de plus grands maux, d'en tolérer de moindres, surtout quand il est impossible de les prévenir ou de les réprimer, s'il n'y a ni scandale public, ni violation des droits d'un tiers ! Il n'en était plus tout-à-fait de même et François Premier ne pouvait se faire complètement illusion, d'autant qu'il n'avait pas tardé à voir, que les délégués anglais n'avaient pas de pouvoirs pour traiter.

Henri VIII prit donc la fatale résolution d'en finir et comme il était mécontent de la marche des affaires, sans vouloir s'avouer à lui-même que c'était sa propre faute, il ne craignit pas d'accuser le Roi de France de ne les avoir pas assez bien conduites. Sur le bord de l'abîme, il voyait, en outre, un grand danger dans l'amitié réciproque de Clément VII et de son allié. L'entrevue la rendait plus forte : le mariage de la nièce du Pape et du duc d'Orléans allait lui donner une indestructible consécration. Comment résister à Rome et à l'Empire, si, pour gage de l'intimité nouvelle, le Roi de France ne pouvait refuser

(1) Cf. Appendice, document n° 102, p. CCCLVI.

de se joindre aux deux autres puissances contre l'Angleterre ? Là, se trouvé tout le secret de l'irritation dont sont empreintes les correspondances venues d'Angleterre pendant l'entrevue jusqu'au jour où François Premier jugea prudent d'y couper court par deux déclarations (1). Dans la première, il annonce sa résolution de rester fidèle à l'alliance, en toute hypothèse, même en cas de séparation avec Rome. Dans la seconde, à l'imputation d'avoir manqué à une parole donnée, il fait dire à Henri VIII que, s'il ne cesse de lui imputer la moindre faute contre l'honneur, il verra, une fois de plus, par expérience, comment la France saura y répondre. Le Roi d'Angleterre se garda bien d'en parler et l'alliance dura encore douze ans, en passant par des alternatives de chaud et de froid.

Heureuse Boulogne, si, en 1544, les désastres d'un siège néfaste, la mort d'un grand nombre de ses habitants, l'incendie de ses archives et le pillage de ses richesses, ne lui avaient fait expier cruellement l'hospitalité généreuse donnée, en 1532, à un roi sans cœur !

A Marseille, ni le Pape, ni François Premier ne se doutaient encore, en aucune façon, des scènes dont ils devaient être témoins, le 7 novembre. Ce même jour, à Londres, Henry VIII affirmait au Bailli de Troyes (2) que, si le mariage Médicis se faisait sans que le Saint-Père fît rien en sa faveur, il n'aurait pas sujet de croire à l'amitié du Roi de France. Quelle puissance

---

(1) Cf. document, n° 114, p. cccxc et cccxci.
(2) Cf. document n° 112, p. cccxlviii.

de dissimulation ! Quoi ! c'est à l'heure où, par son ordre et selon ses instructions (1), Bonner va porter, dans les formes canoniques, au mépris du droit divin et du droit des gens, l'appel au Concile général, que ce maître fourbe va faire adresser, par l'intermédiaire de son ambassadeur, un pareil reproche à l'allié qu'il trompe et qu'il outrage. Il faut avouer que François Premier devait avoir bien besoin de cette alliance, pour ne pas la rompre sur-le-champ. La lettre du Bailli à Montmorency (1) est des plus caractéristiques. Elle contient entre autres une appréciation d'Anne Boleyn bien différente de celle que Jean du Bellay avait envoyée d'Ampthill, le 21 juillet 1532. Bien des gens, dit-il, seraient « marris », si la sentence du Pape avait été rendue contre celle « qui souloit estre Reine; car on n'aime guère celle-ci, ni les siens »; on en était alors bien loin de la joie avec laquelle l'évêque de Bayonne fait part à son maître des gracieusetés de la favorite et de ses présents : « Robbe de chasse, levrier, trompe et chapeau ! (2) » Le Bailli de Troyes trouva l'occasion, à la suite de son entretien du 7 novembre, avec le Roi, de dire au duc de Norfolk et aux principaux ministres plusieurs vérités importantes : « Je leur ay pareillement dit que, s'ils conseillent bien le roy leur

---

(1) Sans doute, Bonner devait attendre une autre rédaction de l'appel, avant de l'intimer ; mais Gardiner était autorisé, s'il le jugeait à propos, à se servir de la formule envoyée à Bonner, dès le mois d'août, dans le cas où il y aurait urgence. Comme l'entrevue touchait à sa fin, Gardiner donna l'ordre à Bonner de faire son intimation, sans plus attendre, ce même jour, 7 novembre, la nouvelle formule apportée, peu après, par le courrier François.

(1) Cf. Document, n° 112, p. CCCLXVIII; Camuzat, t. II, f. 216.

(2) Document, n° 4, p. IX.

maistre, ils doivent souhaiter que le Roy soit grand amy du Pape et mesmes la plus grande allyance qu'il pourra avoir avec luy sera le meilleur pour les affaires dudict roy leur maistre, car ils peullent bien entendre que, si le Roy se declare ennemy du Pape, comme ce roy icy vouldroit, sans cause ny honneste raison, Sa Saincteté se rendra entierement avec l'Empereur, qui ne sera pas amandement pour l'affaire de leur maistre. » La remarque, « comme ce roy icy vouldroit », arrivait un peu tard, puisque, dès le 10 août, Bonner avait reçu le projet d'Appel au Concile général. Mais Henry VIII cachait si bien son jeu !

On trouve le récit de ce coup de théâtre dans trois documents principaux ; 1°, le mémoire de Jean du Bellay sur l'affaire du Pape et du Roy d'Angleterre (1) 2°, un extrait de lettre de Henry VIII, de la main de Gardiner, Evêque de Winchester et 3°, une dépêche de Bonner. La pièce capitale est celle de l'évêque de Paris. Partisan de l'alliance des deux royaumes, favorable au divorce et au second mariage, ce prélat fut assez mêlé à toutes les négociations de l'époque, pour n'ignorer aucun détail de l'affaire. Plusieurs fois chargé de missions à Londres, témoin et confident des deux rois, à l'entrevue de Boulogne, chef de la compagnie donnée à Norfolk et par conséquent, vivant dans son intimité, du 12 juillet aux derniers jours d'août, enfin, l'un des théologiens emmenés à Marseille, Jean du Bellay était le plus à même de raconter fidèlement la marche des évènements. Aussi conviendra-t-il, en cas de divergence, de donner à son récit la préférence sur les autres comptes-rendus.

(1) Cf. document, n° 114, p. ccxxii.

Comme d'ailleurs il n'avait jamais rien dit ni rien fait en défaveur de l'Angleterre, son opinion ne saurait être suspecte. Enfin, son mémoire est entièrement confirmé par les instructions rédigées, pour son usage, à son départ de Marseille pour Londres. En voilà, certes, bien assez pour ne pas douter de sa sincérité ! Quant à la fidélité de ses notes et souvenirs, son rapport présente des garanties d'exactitude assez grandes, puisque les divergences entre ce document et les dépêches de Gardiner et de Bonner portent sur des points peu importants. Les instructions données à l'évêque de Paris sont reproduites ici pour la première fois, d'après le texte d'un recueil diplomatique, copié pour le séminaire des missions étrangères, à la fin du XVIIIe siècle. Le *mémoire* d'un déchiffrement très difficile est aussi imprimé pour la première fois, au moins dans son entier. La lettre de Gardiner a paru dans *Letters and papers* : celle de Bonner a été imprimée en entier dans le même recueil.

Les premiers jours, après l'arrivée du Pape, furent employés en fêtes, cérémonies, consistoires et autres semblables réunions, sans qu'il fût sérieusement question d'affaires. Le Saint-Père et le Roi n'avaient cependant pas manqué, dans toutes les circonstances, d'échanger l'assurance de leurs dispositions conciliantes et d'un sincère désir de terminer, au plus tôt, dans ce sens, l'affaire délicate du divorce, en évitant toute blessure à l'immense vanité du Roi d'Angleterre. Au bout de quelques jours, les conversations roulèrent exclusivement sur ce point. La question du mariage de Catherine de Médicis avec le duc Henri d'Orléans

(1) Cf. documents, n°° 116 et 117.

était depuis longtemps résolue, passée en articles de contrat écrits et signés, y compris les clauses secrètes.

Rien ne restant à débattre, une seule cérémonie publique suffisait à tout conclure. Le 26 octobre, à sa messe, le Pontife fit descendre, sur la tête des jeunes époux, la bénédiction nuptiale. Dans l'intervalle, François Premier, dans plusieurs entretiens avec Gardiner, évêque de Winchester, avait pu constater, à sa grande surprise, que les envoyés d'Angleterre n'avaient aucun pouvoir pour traiter. Sans avoir le moindre soupçon de l'injure, dont Henry avait résolu de couronner ses efforts en sa faveur, le Roi de France dépêcha un courrier à Londres, pour demander une procuration. Au lieu des instructions sollicitées, à l'instant où Clément VII allait convenir du minimum de satisfactions à exiger, le 7 Novembre, Bonner s'introduisit dans l'appartement du Souverain-Pontife, sans avoir sollicité audience ou prévenu huissier, ou chambrier, et à brûle-pourpoint, brutalement, lui signifia l'appel au Concile Général. En dépit de sa mansuétude ordinaire, le Pape ne put réprimer son indignation et sa colère. Profondément blessé, par l'audace du coupable et l'insolence de son envoyé, il voulut au moins savoir quels motifs étaient invoqués pour excuser un acte aussi grave, qui, à Rome, aurait été puni par la peine de mort.

Bonner tendit son papier au Cardinal Dataire. Mais la lecture fut interrompue par le consistoire. A peine le Pape était-il rentré dans ses appartements qu'il voulut tout entendre jusqu'au bout. La lecture venait de finir, quand François Premier se présenta, comme il a été dit plus haut, pour conclure, selon les conditions bien modérées de l'accommodement. Sans lui laisser le temps de parler, le Pape lui montra Bonner et son témoin Penyston et commença à se plaindre de l'insulte faite non-seulement à l'Église en sa personne, mais à la majesté du Roi de France. Abusant de la situation, les Anglais venaient de lui intimer leur appel. Après un pareil outrage, Clément VII espérait que le Roi lui viendrait en aide pour tirer une éclatante vengeance. Surpris et indigné, François Premier ne pouvait se résoudre à le croire. Le Saint-Père était profondément blessé ! Lui-même se sentait révolté par tant d'impudence et d'audace. D'autre part, il n'était pas disposé, en cas d'interdit, à travailler à son exécution et il eut le courage de le déclarer, sans retard et sans faiblesse (1). Pour lui, tout s'arrangerait un jour. Henry VIII (il le croyait) était trop attaché à l'Eglise pour en demeurer séparé. Il ne fallait pas le désespérer, en se joignant avec l'Empereur contre lui. La médiation de la France pourrait devenir un jour la seule possible. Rompre avec l'Angleterre serait le plus sûr moyen de rejeter le Roi adultère, ou dans l'hérésie, après le schisme, ou surtout entre les mains de Charles-Quint. Cette alternative lui était déjà venue à l'esprit, au dire de ses familiers. Si le Roi de France lui tournait le dos, l'Empereur ne lui refusait pas sa protection. Il replacerait plutôt sur le trône Catherine, comme la femme légitime et ferait descendre Anne Boleyn au rang de concubine, pour se tourner avec Charles-Quint contre la France et la ruiner.

(1) Cf. mémoire de Jean Du Bellay. Document n° 114, p. CCCLXXXIII.

Après une longue discussion, le Pape et François Premier convinrent de n'en plus parler et de se mettre à examiner les autres affaires. Cependant l'occasion ne tarda pas à se montrer moins défavorable et la cause du divorce fut de nouveau l'objet d'autres entretiens. A la fin, Clément VII approuva l'idée suggérée par son hôte et le chargea de tenter une dernière démarche, près de la Cour d'Angleterre, non pas toutefois, au nom du Saint-Siège, mais sous le couvert de l'alliance française. Dans ce but, Sir-Francis Bryan partit aussitôt pour Londres, afin d'arrêter les mesures de violence qui, selon toute apparence, seraient présentées au Parlement, dès le moment, où la rupture serait définitive. Le Pape promit à François Premier d'attendre une réponse, même si elle arrivait après son départ de Marseille et allant encore plus loin dans la voie des concessions, il prit l'engagement de différer pendant plusieurs mois la sentence définitive, pour laisser le temps au malheureux égaré de revenir à résipiscence. Cette précaution n'était pas inutile, car le Parlement avait été convoqué. Cependant, à Londres, on résolut d'attendre Jean du Bellay, dont la mission extraordinaire à la cour d'Angleterre était annoncée. Le 17 décembre, l'évêque de Paris, précédé par l'envoyé anglais, s'abouchait avec Henri VIII. En route, il avait rencontré le Bailli de Troyes, (déjà remplacé par Châtillon) et reçu de lui des nouvelles sur la situation des choses et l'état des esprits à la Cour. Tous les autres agents de l'Angleterre avaient quitté Marseille, à la seule exception de l'Ambassadeur ordinaire, près le Roi de France. Comme ils avaient précipité l'appel, sans attendre les nouveaux ordres et la seconde formule d'appel expédiés trop tard par le Roi, ils avaient tout intérêt, pour se disculper, à faire valoir leurs motifs et à embrouiller les affaires. D'autre part, les parvenus qui, dans ces temps agités, entrevoyaient l'espoir de faire fortune, eux aussi, avec les dépouilles des églises et des couvents, la famille Boleyn, et surtout la favorite, aigrissaient l'esprit du Roi contre Rome et la plupart contre la France. Malgré leurs efforts, Henri VIII avait attendu Jean du Bellay. Dès son arrivée, il fit éclater sa colère ; il ne pouvait pardonner à son allié de s'être montré respectueux et dévoué envers le Saint-Père, d'avoir conclu le mariage, sans avoir rien obtenu en faveur de sa cause, et d'avoir contracté avec Rome une amitié préjudiciable à ses intérêts. Le prélat le laissa parler, puis son tour étant venu d'exposer la situation, il riposta avec une modeste fermeté. La première idée du mariage, lui dit-il en substance, a été suggérée par le Roi d'Angleterre, et proposée comme le meilleur moyen d'attirer le Pape à une entrevue.

A Boulogne, les princes ont été d'avis qu'il y aurait lieu de passer le contrat, si c'était le seul moyen de rompre l'alliance du Saint-Siège avec l'Empire. Les négociations une fois engagées, Clément VII a voulu savoir par *oui* ou *non*, si la demande était sérieuse et, sous peine de forfaire à l'honneur, force a été de répondre par *oui*. Dès lors, la France était engagée, et il a fallu conclure. Serait-il convenable de reprocher au Roi de France un mariage, dont tout le profit devait être pour l'avancement des affaires de son allié, désavantageuse pour la France, le Roi et le

Prince son fils. Si, par amitié, on avait pu s'obliger dans une matière si peu profitable, jamais on ne consentirait à rompre une parole d'honneur. Quant à abuser de la présence du Saint-Père, pour lui extorquer l'absolution dans l'affaire du divorce, la seule suggestion de cette perfidie est un outrage. Quant on reçoit un hôte dans sa maison, sa personne devient sacrée et serait-ce un tyran, un ennemi ou un infidèle, François Premier n'était pas homme à violer les lois de l'hospitalité, pour tous les biens du monde. Si donc, Henry VIII avait, dans sa colère, accusé le Roi de France de n'avoir pas tenu ses engagements envers lui (1), Jean du Bellay le priait « qu'il s'en déportast ». « Car, s'il vouloyt perseverer, il sçavoit bien ce qu'il [François] avoyt accoustumé de repondre, quant on le chargeoit de son honneur, et en avoyt veu, peu d'années au precedent, l'experience, et que luy n'en povoyt moins attendre ».

Toute réflexion faite, Henry VIII se vit contraint d'apaiser sa colère. Les instructions données à l'évêque de Paris laissaient entrevoir une dernière espérance. Loin de se tourner contre lui et de l'abandonner à la rigueur des lois de l'Eglise, François Premier sollicitait la clémence et comptant sur le bon sens du révolté, ne désespérait pas de l'amener à se soumettre. Pouvait-il lui en coûter beaucoup de reconnaître l'autorité du Souverain Pontife sur toute l'Eglise ? Il l'avait solennellement admise dans un livre justement célèbre. Par une contradiction très remarquable, il l'avait encore reconnue depuis et tout récem-

---

(1) Et tout le monde avait été témoin du contraire.

ment, puisqu'il attendait de l'autorité suprême de Rome un jugement favorable dans sa cause et il ne la reniait que parce que la sentence était portée contre lui. Le Parlement, si l'on exceptait plusieurs fanatiques, secrètement attachés à la réforme luthérienne, se serait volontiers prêté au retrait des lois, votées malgré le sentiment de la majorité. Anne Boleyn, sans doute, paierait la peine de son ambition. Même sur ce point, le Roi d'Angleterre n'était pas si ferme. Si François Premier l'avait trahi, comme il le déclara à ses plus intimes familiers(1), en promettant d'aider le Saint-Siège à triompher, par les armes, de sa désobéissance, il aurait repris sa femme, gardé Anne Boleyn pour « s'amye » comme on l'a dit plus haut, et fait alliance avec l'Empire, pour accabler et ruiner la France.

Au départ du Pape de Marseille, 11 novembre 1533, la rupture ne fut donc pas encore consommée. Avec un dévouement et une activité sans bornes, et une entente consommée des affaires d'Angleterre, Jean du Bellay multiplia ses efforts pour amener la Cour à l'acte de soumission exigé par le Pape comme condition *sine qua non* de l'absolution des censures. Henry VIII parut ébranlé, hésitant, moins déterminé à rompre ; et sans jamais s'engager toutefois à se soumettre, il promit d'envoyer des procureurs pour traiter à Rome, en son nom, avec le Pape, afin d'arriver à un accommodement. Etait-ce une nouvelle fourberie ? Avait-il réellement hésité ou seulement cherché à gagner encore du temps pour préparer les

(1) Cf. document, n° 114, p. CCCLXXXIV : Mémoire de Du Bellay.

esprits à la consommation du schisme ? Il est difficile de le dire avec certitude (1). A Rome, tout se disposait pour mettre, après tant de longanimité, un terme au scandale, et malgré les sollicitations des Cardinaux et des Prélats favorables aux intérêts de la France, au moment où l'on attendait les délégués porteurs des pouvoirs du Roi d'Angleterre, le 23 mars 1534, Clément VII rendit la sentence définitive d'excommunication, renouvelée depuis et aggravée par son successeur. Henry VIII persista dans la résistance et mourut dans l'impénitence finale. Toute sa vie, il avait trompé les hommes et en était arrivé à se tromper lui-même. Si Dieu, dans sa justice, l'a puni, comme ses crimes le méritent, il doit figurer parmi les plus coupables des réprouvés. François Premier essuya, sans se plaindre, les boutades de son allié et les relations des deux princes furent empreintes de froideur. Cependant, comme le Roi de France, fidèle à sa parole, continuait à protester que, pour rien au monde, il ne laisserait attaquer l'Angleterre, sans voler aussitôt à son secours, avec toutes les forces de son Royaume, Henry se garda bien de traiter avec l'Empire. Ce fut seulement, en 1544, et pour des motifs étrangers à ce récit, qu'il se tourna contre son bon frère et perpétuel allié ! Hélas ! Boulogne devait succomber sous ses coups. L'attaque fut couronnée par la prise de la ville, grâce à la trahison de Vervins, et malgré le courage et les protestations indignées de tous les habitants !

(1) Il est impossible de rien savoir sur la valeur et la nature du mandat des agents de l'Angleterre. Selon toute probabilité, ils auraient encore cherché à obtenir des délais nouveaux. Il est donc très vraisemblable que leurs pouvoirs n'étaient pas suffisants pour conclure.

CONCLUSION

Il est facile de reconstituer maintenant les entretiens et conventions de l'entrevue de Boulogne.

1° Le Roi de France exposera ses griefs au sujet de la conduite du Pape.

a. Le Saint-Siège commet des exactions et tire des Bulles, des Annates, etc., des sommes hors de proportions avec la nature et les revenus des bénéfices. Trop d'argent français passe sans retour à l'étranger. Le clergé ne peut plus faire face à ses obligations.

b. Loin d'être employées au bien général de l'Eglise, ces contributions soudoient la paresse, ou servent à entretenir une politique contraire aux intérêts de la France.

2° Des menaces seront faites au Saint-Siège. La première sera celle d'un Concile National pour examiner les griefs contre Rome.

3° On se plaindra de la conduite du Nonce Apostolique près des Ligues.

4° Si Charles-Quint obtient la convocation d'un Concile général, la France et l'Angleterre s'y opposeront. Si, au contraire, l'Empereur s'y oppose, les deux Rois assembleront leurs clergés et inviteront toutes les Eglises à se réunir à eux.

5° Dans le cas où le Pape frapperait le Roi de France de censures, ce dernier irait à Rome, à la tête d'une armée pour en demander l'absolution.

6° L'entrevue proposée du Pape et de François Premier pourra se faire après le départ de l'Empereur.

7° La France et ses agents s'efforceront de traiter de l'affaire d'Angleterre, comme si c'était la leur propre.

8° S'il est nécessaire pour déterminer le Pape à venir conférer avec le Roi de France, de lui demander sa nièce en mariage, pour Henri duc d'Orléans, François Premier fera cette demande, sans prendre l'engagement de conclure. Comme on l'a vu plus haut, la mission des Cardinaux de Tournon et de Gramont se borna, par la force des choses, à la négociation des trois derniers articles et les cinq premiers, s'ils furent mentionnés (ce dont il ne reste aucune trace) eurent à subir de nombreuses corrections dans la forme.

En résumé, la politique du Roi de France dans l'entrevue de Boulogne, lui fut, avant tout, inspirée par la crainte et la haine de Charles-Quint. Sans manquer de respect ni de dévouement envers le Saint-Siège, il plaida avec chaleur la cause du Roi d'Angleterre, comme s'il avait l'espoir de la faire triompher, et réussit, après la consommation du schisme, à rester en bon termes avec Henry VIII. Le mariage de son fils Henri avec Catherine de Médicis ne rétablit pas la France en Italie et, par la mort du Dauphin François, cette princesse fut appelée à porter la couronne de France. Epouse obscure du volage Henry II, trois fois régente, après la mort de ce prince, elle a laissé un nom fameux dans l'histoire. Italienne de mœurs, elle a donné le spectacle de toutes les habiletés, pendant une carrière trop longue pour le bien de la France.

Aussi n'aurait-il probablement pas été grandement question de cette princesse, si les négociations relatives à son mariage n'avaient pas été comme le pivot des entretiens de Boulogne. Par une singulière coïncidence, en elle devait s'éteindre la lignée des comtes de cette province, son accession au trône ayant fait entrer le titre de Comte de Boulogne, comme le comté (réuni au domaine royal, sous Louis XI) dans l'apanage de la couronne de France. C'était une raison de plus de s'occuper de cette question dans un chapitre d'histoire locale.

Il serait trop long d'entrer dans l'examen des faits qui ont accompagné et suivi les conventions passées entre le Pape Clément VII et François Premier, depuis le printemps de 1532, jusqu'à l'entrevue de Marseille. Mais on ne lira pas, sans profit, à l'appendice (1) un récit du temps qui ajoute plusieurs détails et le projet proposé par le Roi de France à l'approbation du Saint-Père, sur les avantages qu'il désirait obtenir en Italie, grâce au mariage du Prince Henri avec Catherine de Médicis. Désormais, les historiens des règnes suivants auront à tenir compte de ces résultats pour apprécier plus sainement les tentatives postérieures au XVIe siècle, faites par diverses armées françaises, en vertu de droits acquis, dont l'origine est jusqu'ici mal connue.

(1). Cf. Document, n° 74, à la fin.

ÉPILOGUE

Si la main de Dieu devait s'appesantir, en 1549, sur la tête du plus grand coupable, dans l'affaire du divorce, *mort sans un signe de repentir*, sa complice était destinée à subir, avant lui, la peine méritée par son ambition. Vaine et légère, Anne Boleyn a expié ses crimes sur l'échafaud ! Dieu l'a jugée ! Heureuse, si elle a obtenu le pardon ! ! ! Le récit de ses derniers moments, emprunté par M. Paul Friedmann à un document français de la collection Dupuy (1) est donné avec plus de détail par un imprimé du British Museum, inconnu à cet auteur et même aux savants éditeurs de *Letters and Papers*. C'est un exemplaire unique (2). L'auteur est manifestement l'Ambassadeur de Venise, écrivant à *la Seigneurie* et communiquant au Doge la nouvelle de cet évènement. Il a donc paru intéressant de reproduire ces pages à l'Appendice, en résumant ici le passage le plus important.

Tout le monde n'est pas d'accord sur la culpabilité de cette femme. Naturellement, les protestants n'aiment pas à entendre la moindre accusation contre la mère de leur Elisabeth. Comme ils témoignent, avec raison, une très grande reconnaissance envers cette Reine, pour *l'établissement* définitif de leur croyance catholico-luthérienne, ou catholico-calviniste et aussi

(1). Cf. Document, n° 124.
(2) Cf. Document, n° 123.

pour la prospérité matérielle, dont ce règne a été le point de départ, il leur est pénible d'admettre la tache déshonorante de l'adultère dans l'origine de leur grande Reine. C'est pourtant une indélébile souillure (1).

Peu importe, si, au moment de paraître devant Dieu, la concubine n'eut pas le courage de confesser ses fautes, comme le remarque l'Ambassadeur de Venise, en citant les paroles qu'elle prononça sur l'échafaud :

« Je ne suis pas venue ici, Messeigneurs, pour couvrir mes fautes, ni les excuser. Quoi que je puisse dire pour ma justification serait, je le sais, déplacé à vos yeux. Je suis donc venue seulement pour mourir, obéissant en cela à la volonté de mon Seigneur. Si jamais j'ai offensé Sa Majesté dans ma vie, je l'apaise par ma mort. Je ne l'attribue ni aux juges, ni à personne. La cruauté des lois du pays est la seule cause de ma condamnation. Mais, puisqu'il en est ainsi et que je la mérite, je vous supplie tous, Messeigneurs, de prier beaucoup Dieu pour votre Roi. C'est le meilleur Prince du monde ! Il m'a si bien traitée !!! Il eût été impossible de faire mieux. Aussi j'accepte volontiers la mort et je demande pardon à tout le monde ».

Retirant alors sa coiffure, elle la donna à l'une de ses suivantes et rajusta un réseau pour retenir ses cheveux. Puis elle continua : « Bientôt cette tête se verra encore, mais sans vie, sur ce billot. Puisque je

---

(1) Qu'Anne Boleyn ait été coupable ou innocente des crimes d'inceste et d'adultère, commis sur le trône, d'après son accusation et la sentence de mort, Elisabeth n'en est pas moins issue d'un commerce réprouvé par les lois humaines et la loi Divine.

n'étais pas digne, vivante, de porter les ornements Royaux, je ne dois pas paraître dans la mort, autre que je ne suis ».

Vous, mes filles qui vous êtes montrées si promptes à m'obéir, dans vos diverses charges, tant que j'ai vécu, vous vous trouvez encore, à l'heure de mon supplice, témoins de mes angoisses et de ma misère. Comme, dans la bonne fortune, vous avez tenu compagnie à ce corps, ainsi vous l'avez accompagné jusqu'à sa malheureuse destinée. Je me souviens ; je vous console, je vous prie de demeurer constantes dans votre amour pour le Roi, et au service de celle qui sera désormais, avec un sort meilleur, votre Reine et maîtresse. Estimez l'honneur plus que la vie et priez Dieu pour mon âme. Elle répéta encore : « Dieu ait pitié de mon âme » ; aussitôt, d'un coup de sabre, le bourreau lui trancha la tête.

Près de Londres, Henry VIII et Jeanne Seymour, à cheval, tendaient l'oreille pour entendre le glas funèbre de la Tour. Enfin, le signal convenu traversa les airs. Sans verser une larme, la joie au cœur, et le sourire sur les lèvres, le Roi et sa nouvelle maîtresse partirent au galop et se perdirent dans l'épaisseur du bois. Le lendemain, de bonne heure, l'aumônier de la Cour bénissait une nouvelle union !!!.

Malgré la destruction des archives municipales antérieures au siège de 1544, grâce à la richesse des dépôts publics, il a été possible de traiter un chapitre peu connu de l'histoire de Boulogne. Puissent ces pages contribuer à la célébrité d'une ville qui pourrait, si elle n'avait pas d'autre gloire, au moins s'honorer d'être chère au cœur de ses enfants !

TABLE DES DOCUMENTS.

                                                          Pages

1. — Lettre de François Premier à Clément VII. Arques (Seine-Inférieure), 10 janvier 1531 III
2. — Lettre du Cardinal Du Prat à Clément VII. Abbeville, 1ᵉʳ janvier 1532 V
3. — Lettre du Cardinal de Gramont à Clément VII. Abbeville, 8 janvier 1532 ... VII
4. — Lettre de Jean du Bellay à Montmorency. Ampthill, 21 juillet 1532. Collationné sur le manuscrit IX
5. — Lettre de François Premier à François de Dinteville. Nantes, 24 août 1532. Extrait collationné sur l'original XII
6. — Lettre de Chapuis à Charles-Quint. Londres, 26 août 1532. *Analyse* XIII
7. — Lettre de Chapuis à Charles-Quint. [Londres], 5 septembre 1532. *Analyse*. XV
8. — Lettre d'Edouard Byngeley à Cromwell. Calais, 6 septembre 1532. *Analyse* XV
9. — Lettre de Henry VIII à Thomas Audley. Windsor, 6 septembre 1532. *Analyse*. XVI
10. — Lettre de Chapuis à Charles-Quint. Londres, 15 septembre 1532. *Analyse*. XVI
11. — Lettre d'Ortiz à Charles-Quint. Rome, 18 septembre 1532. *Analyse* XVIII
12. — Lettre de l'ambassadeur d'Autriche à Charles-Quint. Amboise, 22 septembre 1532. *Analyse* XVIII
13. — Lettre de Rodrigo Niño à Charles-Quint. Venise, 15 septembre 1532. *Analyse* ... XIX
14. — Lettre de Maï à Charles-Quint. Rome, 27 septembre 1532. *Analyse* XX
15. — Lettre de Chapuis à Charles-Quint. [Londres], 1ᵉʳ octobre 1532. *Analyse* XX
16. — Lettre de Cromwell à Henry VIII, 5 ou 12 septembre 1532. *Analyse* XXIII

17. — Lettre d'Etienne Vaughan à Cromwell. Windsor, 7 ou 14 septembre 1532. *Analyse* XXIV
18. — Lettre de Chapuis à Charles-Quint. Londres, 14 septembre 1532. *Analyse* XXIV
19. — Information d'Anstis. *Analyse* XXV
20. — Conventions prises pour la sûreté des Rois pendant l'entrevue. Collationné sur le manuscrit XXVI
21. — Lettre du Capitaine Thouard à Monsieur d'Yre. 12 novembre 1532 XXIX
20. — Ordre et cérémonies observées à l'entrevue. Collationné sur l'original XXXI
21. — The maner of tryumphe of Caleys and Bulleyn XXXVIII
22. — Liste des gentilshommes de France venus à Boulogne. *Inédit* XLVII
23. — Liste des gentilshommes d'Angleterre. *Inédit* L
24. — Memorandum pour Henry VIII. *Inédit*. LX
25. — Second memorandum. *Inédit* LXI
26 à 50. — Mandements de paiements LXII
51. — Compte des dépenses faites par François Premier pour la réception du Roi d'Angleterre, à Boulogne et à Marquise. *Inédit* LXXVII
52. — Autres mandements CLXXVII
53. — Nombre de tables pour les seigneurs de France à Calais. *Inédit* CLXXVIII
54. — Officiers de la maison royale d'Angleterre. *Inédit* CLXXIX
55. — Evaluation de la dépense de bouche à Calais. *Inédit* CLXXX
56. — Menus pour les dîners et les soupers. *Inédit* CLXXXII
57. — Prévision des quantités nécessaires pour les repas. *Inédit* CLXXXIII
58. — La marée. *Inédit* CLXXXIV
59. — Compte probable des achats réels. *Inédit* CLXXXV
60. — Autre liste des nombres d'articles à pourvoir. *Inédit* CLXXXVI
61. — Total de la dépense de table à Calais. *Inédit* CLXXXVIII

62. — Menu du Roi de France à Boulogne. *Inédit*	CLXXXIX
63. — Autre menu. *Inédit*....................	CLXXXIX
64. — Prix de choses payées par des seigneurs anglais, au retour de l'entrevue......	CLXXXIX
65. — Traité signé à Calais, le 26 octobre. Collationné sur le manuscrit original......	CXCIV
66. — Traité de contribution................	CXCIX
— Notices biographiques................	CCII
67. — Lettre de Maï à Charles-Quint. *Analyse*.	CCL
68. — Lettre de Chapuis à Charles-Quint. Londres, 16 décembre 1532. *Analyse*......	CCLI
69. — Lettre de Rodrigo Niño à Charles-Quint. Venise, 15 décembre 1532. *Analyse*....	CCLII
70. — Lettre de Siguença à Cobos. Bologne, 10 décembre 1532. *Analyse*...........	CCLII
71. — Lettre de Casale à Henry VIII. *Analyse*.	CCLIII
72. — Lettre de Maï à Cobos. Terni, 21 novembre 1532. *Analyse*......................	CCLIII
73. — Lettre d'Ortiz à l'Impératrice. *Analyse*..	CCLIV
74. — Extraits ou analyse de la correspondance diplomatique se rapportant au mariage de Catherine de Médicis............	CCLIV
75. — Lettre de François Premier à François de Dinteville, Evêque d'Auxerre. Etaples, 31 octobre 1532................	CCLXXXI
76. — Instructions données à Amiens, le 10 novembre 1532, aux Cardinaux de Tournon et de Gramont, à leur départ pour Bologne, transcrit sur l'original.	CCLXXXV
77. — Lettre de François de Dinteville, évêque d'Auxerre à Montmorency. Extrait collationné sur l'original.............	CCXCVI
78. — Lettre de François Premier à François de Dinteville, évêque d'Auxerre. Extrait collationné sur l'original........	CCXCVI
79. — Lettre d'Augustin de Augustinis à Cromwell. *Analyse*	CCXCVIII
80. — Lettre de Bennet à Henry VIII. Bologne 14 janvier 1533. *Analyse*.............	CCXCVIII
81. — Lettres des Cardinaux de Tournon et de Gramont à François Premier. Bologne, 10 janvier 1533. Extrait collationné sur la copie envoyée à Londres en 1533................................	CCXCIX

82. — Lettre de Montpezat à François Premier. Londres, 8 février 1533. Extraits collationnés sur l'original.................. CCCIV

84. — Lettre de Montmorency à Jean de Dinteville, bailli de Troyes. Fontainebleau, 24 avril 1533. Extraits collationnés sur l'original...................... CCCVI

85. — Instructions données par Henry VIII au Vicomte de Rocheford, mars 1533. Autographe français, signé : Henry. Inédit.......................... CCCVII

86. — Projet de lettre que François Premier fut sollicité d'adresser au Pape. Manuscrit français de Londres. Inédit....... CCCXX

87. — Lettre de Gilles de la Pommeraye à François de Dinteville, évêque d'Auxerre. Extrait collationné sur l'original. CCCXXIII

88. — Lettre de Jean du Bellay à J. de Dinteville. La Fère-en-Tardenois, 20 mars 1533. Extrait collationné sur l'original...... CCCXXIV

89. — Lettre de François Premier à Jean de Dinteville. La Fère-sur-Oise, Transcription de l'autographe............ CCCXXV

90. — Lettre de François Premier à Jean de Dinteville. Saint-Marcou, 28 mars 1533. Extrait collationné sur l'autographe.. CCCXXIX

91. — Lettre de François Premier aux Cardinaux de Tournon et de Gramont. Transcription sur l'autographe du Record office. Inédit................ CCCXXIX

92. — Lettre de François Premier à Jean de Dinteville. Le Couldray, 5 mai 1533. Transcription sur l'original........... CCCXXXII

93. — Lettre de Montmorency à Jean de Dinteville. Cérilly, 13 mai 1533. Extrait collationné sur l'original............ CCCXXXVI

94. — Lettre de Jean de Dinteville à François Premier. Londres, 23 mai 1533. Extrait collationné sur l'original............ CCCXXXVI

95. — Lettre de François Premier à Jean de Dinteville. Lyon, 23 mai 1533. Transcription sur l'original................ CCCXXXIX

96. — Lettre de François Premier à Jean de Dinteville. Lyon, 7 juin 1533. Extrait collationné sur l'original............ CCCXLI

97. — Lettre de Jean de Dinteville à Jean du Bellay. Londres, 9 juin 1533. Extrait collationné sur l'original............ CCCXLIV

98. — Lettre de François Premier à Jean de Dinteville. Lyon, 16 juin 1533. Extrait collationné sur l'original............ CCCXLVI
99. — Lettre de Jean de Dinteville à François Premier. Londres, 30 juin 1533. Extrait collationné de la copie............ CCCXLVII
100. — Lettre de François Premier à Jean de Dinteville. La Villeneuve (Puy-de-Dôme), 15 juillet 1533. Extrait collationné sur l'original............ CCCXLVIII
101. — Lettre de François Premier à Jean de Dinteville. Narbonne, 12 août 1533. Extrait collationné sur l'original..... CCCXLIX
102. — 1° Lettre de François Premier à Jean de Dinteville. Nîmes, 27 août 1533. Transcription sur l'original............ CCCLI
2° Lettre du Cardinal de Tournon à François Premier. [Rome], 17 août 1533. Extrait collationné sur l'original. CCCLVI
103. — Lettre de Jean de Dinteville à François Premier. Londres, 3 septembre 1533. Extrait collationné............ CCCLVIII
104. — Lettre du Cardinal de Tournon à François Premier. Pise, 27 septembre 1533. Extrait collationné sur l'original...... CCCLIX
105. — Lettre de François Premier à Jean de Dinteville. Avignon, 6 septembre 1533. Extrait collationné sur l'original...... CCCLXI
106. — Lettre de François Premier à Henry VIII. Avignon, 10 septembre 1533............ CCCLXII
107. — Lettre de François Premier à Jean de Dinteville. Arles, 17 septembre 1533. Extrait collationné sur l'original..... CCCLXII
108. — Lettre de Jean de Dinteville à François Premier. Greenwich, 5 octobre 1533. Extrait collationné sur une copie du temps............ CCCLXIV
109. — Lettre de François Premier à Jean de Dinteville. Saint-Maximin-en-Provence, 5 octobre 1533. Extrait collationné sur l'original............ CCCLXV
110. — Lettre du comte de Cifuentes à Charles-Quint. 23 octobre 1533. Extrait....... CCCLXVI
111. — Lettre de Jean de Dinteville à François Premier. Greenwich, 2 novembre 1533. Extrait collationné sur l'original..... CCCLXVII
112. — Lettre de Jean de Dinteville à Montmorency. Londres, 7 novembre 1533. Extrait collationné sur l'original..... CCCLXVIII

113. — Lettre de Berthereau à Jean de Dinteville. Marseille, 15 octobre 1533. Extrait collationné sur l'original........ CCCLXXI
114. — Mémoire de Jean du Bellay résumant le rôle politique de François Premier dans la question du divorce. [Marseille, novembre] 1533. Transcription intégrale sur l'autographe. *Inédit*........ CCCLXXII
115. — Instructions données à Jean du Bellay, à son départ de Marseille pour Londres, novembre 1533. Transcription de la copie faite pour le fonds du Séminaire des Missions Étrangères (Instructions des ambassadeurs). *Inédit*........... CCCXCIII
116. — Lettre d'Etienne Gardiner à Henry VIII. Marseille, [novembre] 1533, collationnée sur ce qui reste du manuscrit.
   1° Texte anglais...................... CCCCVI
   2° Traduction française................ CCCCVIII
117. — Lettre de Bonner à Henry VIII. Marseille, 13 novembre 1533.
   1° Texte anglais...................... CCCCX
   2° Traduction française................ CCCCXVII
118. — Lettre de Cifuentes à Charles-Quint. Marseille, 6 novembre 1533. Traduction française et analyse............ CCCCXXIV
119. — Lettre de Chapuis à Charles-Quint. *Analyse*.. CCCCXXV
120. — Lettres des ambassadeurs de François Premier à Rome. 1ᵉʳ avril 1534. *Analyse*.. CCCCXXVII
121. — Lettre de Chapuis à Charles-Quint. 4 avril 1534. *Analyse*...................... CCCCXXIX
122. — Même. Autres détails................. CCCCXXIX
123. — Lettre de l'ambassadeur de Venise sur la mort d'Anne Boleyn et de ses co-accusés. Londres, 1536............... CCCCXXXI
124. — Récit français manuscrit. Mort d'Anne Boleyn CCCCXXXVII

DOCUMENTS

1. — Lettre de François Premier à Clément VII(¹)

Très Sainct Père, Vostre Saincteté sçait assez le long temps qu'il y a que nostre très cher et très amé bon frère et perpetuel allié, le Roy d'Angleterre, poursuit envers Elle que la congnoissance de la cause de son mariage soit renvoyée en son Royaume, sans estre autrement contrainct de la faire debatre ne poursuivre à Romme, tant pour la longueur et distance des lieux, que aussi pour plusieurs bonnes et raisonnables considerations, qu'il nous a tousjours fait entendre avoir par ci-devant fait remonstrer et alleguer à icelle Vostre Saincteté, affin de la persuader de ce faire. Et combien, très Sainct Père, que par diverses foiz et mesmement de pont Sainct-Cloud près Paris, et depuis de Chantilly, nous vous ayons bien amplement escript de cest affaire, en faveur de nostre bon frère, et davantaige fait porter parolles par noz ambassadeurs, qui ont résidé auprès de Vostre dicte Saincteté, à ce qu'il voulsist *conduire et guider les choses à l'honneur de Dieu tout premierement*, et après, au plus près de l'intention de nostre dict bon frère, tant pour la parfaicte et indissoluble amitié et affection que est entre nous que pour l'observaunce *(sic)* et amour fillialle que portons à icelle Vostre Saincteté, ce neantmoins, très Sainct Père, voyant que l'affaire dont il est question n'a encore poins grant fondement de seureté, dont

(1) Duplicata de l'original. Collection Dupuy, t. 547, f. 50.

l'on puisse esperer briefve yssue, et que nous congnoissons très bien icelluy nostre bon frère estre aussi peu contant et satisfait qu'il fut oncques, craignant merveilleusement que, par succession et longueur de temps, il fust pour en survenir quelque grant scandalle et inconvenient, lequel par adventure redonderait après à la diminution de l'authorité de Vostre dicte Saincteté, et par consequent de tout le Sainct-Siège apostolicque, d'autant qu'il pourroit estre que, du costé dudict Angleterre, Vostre Saincteté n'auroit par cy après l'obeissaunce telle qu'elle a eue par le passé, joinct d'avantaige qu'il a esté donné à entendre à nostre bon frère que icelle Vostre Saincteté persistoit de le vouloir faire citter à aller à Romme, pour la decision de sadicte cause, chose qu'il a trouvé et trouve merveilleusement eslongnée de raison et non sans bonne et juste occasion, attendu que les plus sçavans parsonnages avec lesquellz nous nous sommes bien voulu e[n]querir de ceste affaire, pour la singulière amour et affection que nous portons à nostredict bon frère, nous ont dit cella estre totallement contraire à toute disposition de droit et aux privillèges de sondict Royaulme, d'autant que de abandonner sondict Royaulme pour aller plaubyer [plaider] si lo[i]ng sadite cause, il sembleroit que ce feust chose beaucoup plus impossible que possible, à ceste cause, Très Sainct Père, nous avons bien voulu escripre derechef de cest affaire à Vostredicte Saincteté, la suppliant tant et de si très affectueusement que faire povons ne le vouloir trouver estrange. Et au surplus, qu'Elle vueille bien penser et considerer tous les poinctz cy-dessus

touchez, et reduire à memoyre ce que luy en avons
par cy-devant escript (et souvent faict dire et remonstrer par nosdicts ambassadeurs), en pourvoyant au
reste promptement en l'affaire de nostredict bon
frère, en façon qu'il puisse congnoistre par effect
que Vostredicte Saincteté estime et repute l'amytié
d'entre nous estre telle et si ferme, et voye que tout
ce qu'elle fera pour luy en cest endroit, soit en sa
faveur ou desfaveur, nous le tiendrons estre faict à
nous mesmes. Et à tant, Très Sainct Père, nous
supplions le benoist filz de Dieu, que icelle Vostredicte Saincteté, Il vueille longuement maintenir,
preserver et garder au bon regime et gouvernement
de nostre mère Saincte Eglise. Escript à Arcques (¹),
le 10 janvier 1531.

2. — **Lettre de M. le Cardinal Du Prat,
Légat et Chancelier de France, Archevêque de Sens, au Pape Clément VII** (²)

1ᵉʳ janvier 1532.

Beatissime Pater, post humillima felicium pedum
oscula, multarum consentienti sermone dudum
audio, Serenissimum Anglorum Regem crebrius
queri et vehementer expostulare juris beneficium,
quod ex æquo debetur omnibus, se non posse consequi ; ea præsertim in causa, quam Romæ nullo modo

(1) Arques (Seine-Inférieure).
(2) Camuzat. *Mélanges historiques*, t. II, f. 171.

tractandam esse contendit, tum quia ejusmodi sit et tanti momenti, ut per procuratorem agi nequeat prorsus, tum quod ad eamdem coram tuendam sine maximo atque multiplici periculo Regi non pateat aditus. Contra autem in Anglia et promptum et liberum esse personis, inter quas versatur controversia, ut præsentes respondeant, quoties ab ipsis quidpiam inquirere oportuerit. Illic præterea commorari homines, qui dicturi sunt testimonia, quos nulla ratione Romam quispiam protrahat. Atque ita colligi, ut longe minore molestia atque impensa negotium conficiatur in Anglia. Postremo Anglorum Gallorumque potissimum Regum, quasi quodam moris antiquissimi jure consuevisse lites in sua cujusque ditione terminari. Ostendit itaque Rex se pridem postulasse ut ad integros aliquos et minus suspectos judices causa hæc in Angliam rejiceretur, nihil tamen adhuc profecisse preces suas, etsi plurimorum doctissimorumque virorum sententia easdem æquissimas comprobet; quam is repulsam, si semel pervulgata fuerit, videt subditorum animos adeo permoturam, ut verendum sit, quanquam ipse tale nihil cogitet, ne quid novarum rerum in sedem Apostolicam moliantur quod mox non sedari possit: impellente præsertim nuper disseminato rumore videlicet Sanct. V. in hac causa duci vel gratia vel metu Cæsaris: quod ego sane nec suspicor quidem, tantum abest ut credam: censeo certe rem ipsam complectendam esse ea prudentia et lenitate, quibus Sanct. V. abundare scio, ut dijudicetur, cum primum fieri poterit, neque enim de re fluxa agitur aut levi, sed de animarum æterna salute. Quamobrem, cum futurum confidam ut in eam curam, quœ sui muneris est, Sanct. V. diligenter incumbat, affirmabo Sereniss. Galliæ atque Angliæ Regibus id juxta gratum fore, præterea Sanct. V. dignissimum et ad mala multa evitanda maxime accomodatum ! Quod si in hoc argumentum fortasse liberius scribere videbor, Sanct. V. mihi pro sua clementia ignoscat obsecro; jam tum enim, cum ea me in Revendiss. fratrum cardinalium collegium a[d]scivisset, factum est, ut nequeam aliquando per litteras saltem in medium non afferre, quod honorificum, tutum ac salutare futurum judicem Sanct. V. atque universæ Ecclesiæ. Ex cujus quidem amplitudine ut tantum lætor, quantum debeo, ita siquid adversi accideret, quod Deus avertat, talis in me nimirum redundaret dolor, qualis cadere potest in quemlibet alium præsulem.

Beatissime Pater, Deum Opt. Max. ex animo precor Sanct. V. orbi christiano diu præstet incolumem. Ex oppido Abbatisvillæ, Nonis Januarii 1531 (Verè 1532).

3. — Lettre du Cardinal de Gramont au Saint-Père.

Huit jours après, le cardinal de Gramont écrit aussi d'Abbeville (1).

(8 janvier 1532).

Beatissime Pater, post humillima beatorum pedum oscula, etsi non puto Sanctitatem V. oblitam,

(1) Camuzat, t. II, fol. 171 verso et fol. 172.

me sæpius coram explicasse Sereniss. Angliæ Regis quæremonias, vel pro mea in sedem apost. observentia, vel pro eo quod tunc mihi obeundum erat, oratoris munere, tamen, cum ejusdem Regis expostulatione in dies augeri intelligam, tum per litteras, tum etiam multorum sermone, existimarem idem me debere in præsentia repetere, nisi scirem Reverendissimum in Francia Legatum et cancellarium scribendo nihil prætermisisse quod ad hanc rem pertinet. Quapropter quod mihi superest, Sanct. V. tantum obsecrabo ut cum multo etiam majus negotium possit sua prudentia terminari, ne regium istud usque adeo differat in Angliam remittere, donec oriantur ea incommoda, quæ non modo Sanct. V. animum, cum accidissent, vehementer permoverent, sed etiam ipsa cogitatione eas omnes cruciant, qui Sanctitatem V. et colunt et observant, in quorum numero, ne quid ipse de me dicam, in primis adscribendus sane est R. D. Legatus, qui, cum in hoc regno cæteris antecellat, hujus præcipue fuit, quæ faciunt ad Sedis Apost. incolumitatem in medium afferre, præsertim fide et sano consilio, quibus utitur, et ego maximo probo, quo fit ut sperem S. V. in bonam partem accepturam, et ipsius et meas hasce litteras.

Beatissime Pater, Deum Opt. Max. ex animo precabor, S. V. diu velit esse incolumem. Datum Abbatis Villæ, die 8 Januarii 1531 (Verè 1532).

4. — Lettre de Jean Du Bellay, Evêque de Bayonne, à Monsieur le Grand Maistre.(¹)

(A ANNE DE MONTMORENCY) *Copie.*

A Amptel (²) le 21 juillet 1532.

Monseigneur,

Vous estes bien en la bonne grace de ce Roy, d'avoir conduict ce que tant il desiroit (se veoir avec le Roy son frere). Mais il est demeuré en quelque difficulté avec moy, et a longuement cherché s'il pourroit trouver le moyen que le Roy fust le premier qui yroit à Callais; mais congnoissant la chose du tout hors de raison, et me fyant en l'affection quil a que ladicte veue se face, ay tins ferme et dict que a mon advis plustost que ne se conclueroit point que le Roy dymynuast aulcunement de son honneur, luy disant davantaige, puisque c'estoit il qui demandoit la veue et la pourchassoit, quil ne devoit entrer en ceste difficulté. Après toutes autres remonstrances faictes qui m'ont semblé raisonnables, sommes demeurez accordez comme vous verrez, par les articles que [je] vous envoye; toutesfoiz, remettant le tout au bon vouloir du Roy. Quant au temps que les deux Roys s'assembleront, ce Roy icy malaisement le peult changer, pour ce quil est contrainct d'estre de

---

(1) Mss. de Béthune, t. 8528, f. 23; nouveau, 3003, f. 23. Legrand III. ps. 553 et sq. *Letters and papers.* t. V, n° 1887, p. 521.

(2) Verè Ampthill.

retour a la Toussainctz à Londres, pour l'assemblée de son Parlement. Si ainsy est que le Roy ayt agreable ledict temps, il est besoing que incontinent vous envoyez a Boullongne pour les provisions, car ces gens icy entendent deffrayer le Roy et sa compaignie entierement a Callais ; je croy que ledict seigneur n'en vouldra pas moings faire a Boullongne. Et pour ce que c'est chose qui vous touche, vous en advertiz pour de bone heure y donner ordre.

Monseigneur, quant à tenir la chose secrecte, comme vous le demandez, il est malaisé, combien que ce Roy fust bien de cest advis, sinon quil le trouve impossible : car à cause de ces provisions et choses quil fault faire en ce Royaume, incontinent sera sceu à Londres et de là par tout le monde. Par quoy, ne faictes vostre compte que on le puisse tenir secrect.

Monseigneur, je scay veritablement et de bon lieu que le plus grant plaisir que le Roy pourroit faire au Roy son frère et à Madame Anne, c'est que ledict Seigneur m'escripve que je requière le Roy sondict frère qu'il vueille mener ladicte Dame Anne avec luy à Callais, pour la veoir et la festoyer, affin qu'ilz ne demeurent ensemble sans compagnie de dames, pour ce que les bonnes chères en sont toujours meilleures. Mais il fauldroit que, en pareil, le Roy menast la Royne de Navarre à Boullongne, pour festoyer le Roy d'Angleterre. Je ne vous escripray de là où cela vient, car j'ay faict serment. Monseigneur, je croy que vous entendez bien que je ne vous l'escripts sans fondement. Quant à la Royne du Très-Chrestien, ce Roy ne vouldroit qu'elle vint. Il haict cest habillement à l'espaignolle, tant quil luy semble veoir ung dyable. Il desireroit fort qu'il pleust au Roy mener à Boullongne Messeigneurs ses enfants, pour les veoir, lesquelz ne bougeroient dudict lieu, ne pareillement lesdictes Dames. Monsieur de Norfolke m'a dict quil a esperance que vous et luy guiderez si bien ceste veue qu'elle sera à l'honneur de vous deux. Mais surtout je vous prie que vous ostez de la court deux sortes de gens, ceulx qui sont imperiaulx, se aucuns en y a, et ceulx qui ont la reputacion d'estre mocqueurs et gaudisseurs, car c'est bien la chose en ce monde autant haye de ceste nation. Je vous envoyeray bien tost le roolle de ceulx que ce Roy menera.

Monseigneur, il me semble que je ne feroys en homme de bien, si je vous celloys la bonne chère que ce Roy et toute la compaignie me faict et la privaulté dont il use envers moy. Tout le long du jour, je suis seul à seul avec luy à la chasse, là où il me compte privement de tous ses affaires, prenant autant de peine à me vouloir donner plaisir en sa chasse, comme si je fusse ung bien grant personnaige. Quelquefoiz, il nous meet Madame Anne et moy, avec chacun son arbaleste, pour attendre les daings à passer, comme vous entendez ledict façon de chasses. Quelqu'autre foiz, sommes elle et moy, tous seulz en quelque autre lieu, pour veoir courir les daings et comme nous arrivons en quelque maison des siennes, il n'est pas sitost descendu qu'il ne me vueille monstrer et ce qu'il a faict et ce qu'il veult faire. Cestedicte Dame Anne m'a faict present de robbe de chasse, chappeau, trompe et levrier. Ce que je vous escriptz, Monseigneur, n'est pas pour vous cuider persuader que je soye si honneste homme que je doyve estre tant aymé des dames, mais affin que vous congnoissez comment l'amityé de ce roy s'accroist et continue avec le Roy ; car ce que en faict ladicte Dame est tout par le commandement dudict sieur roy.

Monseigneur, dedans trois sepmaines, ce roy m'a assigné en une abbaye, là où il va, pour faire le serment en ma presence, comme la coustume est de tenir le traicté dernierement passé par moy. Il envoye ung pouvoir à son ambassadeur, pour en faire autant par delà.

Monseigneur je prie Dieu quil vous donne tres bonne vye et longue. De Amptell ([1]) ce xxiiie juillet.

---

5. — Lettre de François Premier à François de Dinteville, Evêque d'Auxerre, son Ambassadeur à Rome. ([2]).

..... [Répondez] que ledict sieur Roy d'Angleterre et moy, voyans les grans preparatifz que faict presentement le turc pour invader la crestienté, nous nous voullons bien trouver ensemble, pour communiquer et regarder à pourveoir et donner ordre à ce que verrons estre requis et necessaire, tant pour le bien d'icelle crestienté, dont nous som-

(1) *Ampthill.*
(2) *Original.* Collection Dupuy, t. 547, f. 118, verso. *Letters and papers*, t. V. n° 1843, p. 544.

mes, graces à Dieu, des principaulx chefz, que pour ne tumber à la discrection des forces dudit turc, ou cas qu'il se voulsist essayer de faire ou faire faire, par son armée de mer, ou partie d'icelle, quelque entreprinse sur nous et noz royaumes, et mesmement sur nos pays de Languedoc et Provence, où il pourroit aussi bien essayer de faire ou faire faire descente au Royaume de Naples, et ailleurs en Ytalie, attendu que c'est une mesme mer.....

A Nantes, le xxiiii° jour d'Aoust mil V° xxxii.

François.   Signé : Breton.

---

6. — Chapuis à Charles-Quint (¹).

Londres, 26 août 1532.

Il a écrit le 11, au sujet de l'entrevue projetée des Rois. On se hâte de préparer les vaisseaux. Presque tous les Lords, les évêques de Londres, de Bath, de Lincoln et de Winchester, deux ou trois cents gentilshommes doivent se trouver à Cantorbéry, le 25 septembre. Il y aura trois ou quatre mille personnes. L'ambassadeur de France assure qu'il n'y aura pas de dames ; mais la reine Catherine est certaine que Madame Anne doit y aller, à en juger par le nombre de dames ; et de filles de service désignées pour l'accompagner. La rencontre se fera d'abord à Boulogne, puis à Calais ; mais la visite ne sera pas

---

(1) *Vienne, arch. Copie moderne : Letters and papers,* t. V, n° 1526, p. 545. *Analyse.*

longue ; on ne commande pas de vivres pour plus de 4 jours. Le secret sur l'entrevue est bien gardé ! Rien ne transpire en dehors des choses mentionnées dans la dernière lettre (malheureusement encore inconnue), sinon un projet de mariage entre le Roi et la princesse Madelaine de France (depuis épouse de Jacques V d'Ecosse). Des négociants français font là-dessus de gros paris ; ou bien ils seront désappointés, ou ce sera Madame Anne. Elle a fait part, il y a 8 jours, dans une lettre, de l'espoir qu'elle a d'être mariée au cours de ce voyage. Si ce vœu se réalise, quelle injure pour le Saint-Siège ! En tout cas, l'un ou l'autre de ces mariages serait un coup bien dur pour le Pape. François deviendrait complice de Henry, et Clément VII serait dans l'alternative ou de commettre une injustice contre le droit de Catherine ou de se mettre deux ennemis sur le dos. Cruelle punition de ses retards et atermoiements ! S'il avait rendu sentence, François Premier trouvait une excuse pour ne pas se prêter au caprice du Roi d'Angleterre et ces traités n'auraient pu se faire. Ne pourrait-on faire faire une démonstration de la flotte sur les côtes de Flandres ? Ce serait un moyen de retarder l'entrevue.

Le duc de Norfolk a prévenu le nonce. D'après cette conversation, son maître obligé d'inspecter le port de Douvres profiterait de l'occasion, pour visiter Calais ; et comme le roi de France, après l'entrée de la Reine Eléonore à Nantes, se trouverait assez près, les deux souverains se verraient volontiers. Cependant, leur but n'était pas de traiter d'aucune question capable de nuire à la chrétienté.

7. — Chapuis à Charles-Quint (¹).

5 septembre 1532.

La Dame ne quittera pas Calais. Henri VIII ne parle pas d'autre chose. Si l'on excepte la maîtresse, personne ne s'en réjouit. Le Conseil, le duc de Suffolk et le duc d'Oxford ne cachent pas leur déplaisir. La peste sévit à Douvres. Le voyage sera retardé d'environ 10 jours (1 à 10 octobre). On s'embarquera à Londres. Peut-être ce contre-temps fera renoncer au projet de l'automne.

---

8. — Lettre d'Edouard Byngeley à Cromwell (²).

Calais, 6 septembre 1532.

Laurent Gyles doit lui procurer un logement avec place pour 10 chevaux chez Robert Rouff, près de la Bourse des marchands, où doit loger le Roy de France. Le duc de Norfolk m'a écrit de préparer seize maisons garnies de mobilier, de linge et de vaisselle, pour loger les étrangers de marque.

(1) *Arch. de Vienne* (1), copie moderne ; *Letters and papers*, t. V, n° 1292, p. 562. *Analyse.*
Chapuis ne manque jamais de corriger les détails inexacts des dépêches précédentes, dès qu'il a pu être mieux renseigné.

(2) *R.-O* ; *Letters and papers*, t. V, n° 1294, p. 563. *Analyse.*

XVI

9. — Lettre de Henri VIII au Chancelier Thomas Audeley (¹).

Windsor, 6 septembre 1532.

Richard Benet et Robert Donyngton doivent pourvoir 500 quintaux d'avoine et la volaille qu'on jugera nécessaire. William Mattres fournira 1000 bœufs et 1000 moutons; Robert Donyngton, 130 quint. de malt; Barthélemy Johnson, 140 q.; John Ratcliff, 130, et James Wading, 100. (En tout 500 hectolitres).

C'est un ordre de dresser les lettres patentes pour cette commande.

Il y est joint une défense d'acheter des volailles dans les Comtés de Kent, de Sussex et d'Essex.

---

10. — Chapuis à Charles-Quint (²).

Londres, 15 septembre 1532.

Il a écrit le 5, sur l'arrivée de Langey (en mission extraordinaire de France). Langey a quitté la cour le 11 et ne s'est pas arrêté à Londres. Sans doute, il est venu pour fixer le jour de la rencontre. Le Roi de France désire la remettre au 20. Henri VIII a décliné l'offre de la flotte française pour sa traver-

(1) *Letters and papers*, t. V, n° 1397, p. 564.
(2) *Archives de Vienne. Copie moderne; Letters and papers*, t. V, n° 1316, p. 570. *Analyse.*

sée. La marquise a-t-elle été invitée ? Si elle ne l'a pas été, l'ambassadeur a laissé entendre qu'il était chargé de lui exprimer le désir de François Premier qu'elle fût du voyage; autrement le Roi aurait-il écrit à tant de Seigneurs d'amener leurs femmes pour tenir compagnie à Anne. La chose est probable. Le Roi de France ne peut ignorer combien Henry et la Dame seraient charmés, et on ne pourrait être surpris en France, si elle venait, même sans invitation. Le roi ne peut la quitter d'une heure. D'ailleurs comment François pourrait-il ne pas désirer de la voir, pour la remercier de ses bons offices ? L'ambassadeur dit qu'elle mérite toute reconnaissance. La France n'a rien perdu à la mort du Cardinal; au contraire, la maîtresse est plus méchante, elle a plus de crédit et elle coûte moins cher. C'est une économie de 25 000 couronnes.

A cause de la peste qui sévit à Douvres, le Roi permet à tout le monde de s'embarquer où l'on voudra, à condition d'arriver à Calais, au jour fixé. Suffolk va s'embarquer dans son Comté. Il n'a été possible de rien savoir sur le traité passé, le 1ᵉʳ septembre, sur la foi du serment. D'après l'ambassadeur de France, c'est une alliance purement défensive, et il n'y est pas question de l'Empereur. Au fond, il n'y avait aucune raison de faire un contrat nouveau. Les Anglais seuls désiraient ajouter aux traités anciens. Comment expliquer la harangue qui a suivi le serment, s'il est seulement question d'une ligue défensive ? Le 13, l'ambassadeur de France a dit en présence de celui de Venise et de son secrétaire, que, suivant un bruit répandu, l'Empereur offrait la Hongrie au Grand-Turc, s'il voulait l'aider à réduire les autres princes de l'Europe. Chapuis lui ayant montré l'invraisemblance de cette rumeur, il dit le tenir de Langey et il ajouta qu'à leur conférence, les Rois s'occuperaient d'une expédition contre la Grèce et Constantinople, dont son maître était Empereur.

---

11. — Ortiz à Charles-Quint (¹).

18 septembre 1532.

Le Pape diffère la sentence, de peur d'empêcher le Roi d'Angleterre d'envoyer un mandataire. Il désire connaître le résultat de l'entrevue.

---

12. — L'Ambassadeur d'Autriche en France à Charles-Quint. (²).

Amboise, 22 septembre 1532.

Le Roi de France lui a parlé la veille. « Depuis plus d'un an, Henri VIII m'importune pour une entrevue et je l'ai remise jusqu'à ce jour, dans l'espoir de me rencontrer l'an dernier avec l'Empereur ». Les Rois n'auront pas chacun plus de 600 chevaux. Ils passeront trois jours à Boulogne et trois autres

---

(1) Add. ms. t. 28585, f. 115. B. M. *Copie moderne. Letters and papers*, t. V. p. 572, n° 1324. *Analyse.*

(2) B. M. Add. ms. 28585, f. 117. *Letters and papers*, t. V, 576, n° 1337. *Analyse.*

jours à Calais. L'objet de leur entrevue est de se concerter pour défendre la chrétienté contre les Turcs. Rien n'a été fait et rien ne sera fait au préjudice de l'Empereur. François dira ce qui s'est passé à l'entrevue, pour que l'ambassadeur informe son maître et il écrira lui-même à l'Empereur. Le Roi de France souhaite à l'Empereur bon succès contre les Turcs. Il a donné ordre de publier le Jubilé en France.

13. — Rodrigo Niño à Charles-Quint (¹).

Venise, 25 septembre 1532.

Le doge a eu des nouvelles de Rome au sujet de l'entrevue des Rois. D'après les Français, on s'occupera du bien de la chrétienté. Dans la pensée du plus grand nombre, il sera question du divorce et d'un nouveau mariage. Selon les uns, le Dauphin épousera la princesse de Galles et Henri VIII la princesse Madelaine de France. Cela me semble impossible. Le Roi d'Angleterre ne peut se marier avant le divorce et la princesse de Galles ne pourrait pas, dans ce cas, hériter, et François premier ne donnerait pas sa fille à Henry, s'il n'avait pas divorcé. A mon sens, il y aura des fêtes et des joûtes. Pour le doge, les résultats n'auront pas d'importance, si l'on considère l'état de la chrétienté. Tout dépendra du succès de S. M. l'Empereur contre les Turcs.

(1) B. M. Add. ms. 28585, f. 120. *Letters and papers*, t. V, n° 1345, p. 377. *Analyse.*

14. — **May à Charles-Quint** (¹).

Rome, 27 septembre 1532.

Dans une lettre précédente, il avait cru au désir d'Henri VIII d'épouser la nièce du Pape. Aujourd'hui, on parle d'un projet de mariage avec la fille de François Premier, comme devant se traiter à l'entrevue. Le Pape est bien informé de tout. Ces propositions sont, comme il le pense, toutes injurieuses pour la Reine Catherine et tendent à imposer le divorce. Le Pape rendra justice, et le cardinal d'Ancône sera inébranlable.

---

15. — **Chapuis à Charles-Quint** (²).

1ᵉʳ octobre 1532.

Le retard apporté à l'entrevue, à la demande des Français, pouvait faire soupçonner une rupture. Bryan n'est pas parti pour la France, aussitôt après le retour de Langey vers son maître, comme on en était d'abord convenu et Norfolk ne faisait aucun préparatif. Maintenant, tout est décidé; le grand écuyer, sir Nicolas Carew, part demain, au lieu

(1) Simancas. *Copie moderne. Letters and papers*, t. V, n° 1353, p. 580. *Analyse.*
(2) Archives de Vienne. *Copie moderne. Letters and papers*, t. V, n° 1377, p. 591. *Analyse.*

de Bryan, pour avertir François du départ de son allié. Celui-ci, pour éviter les lieux infestés, Rochester et autres, se rendra dans sa barque, de Greenwich à Gravesend, le vendredi 3 octobre, jour de saint François. Il y passera un jour dans la maison du Gentilhomme. De là à bord du *Minion* (le Mignon), barque de 150 tonneaux, il mettra à la voile pour une île de la Tamise et séjournera trois jours dans la maison d'un gentilhomme appelé Cheney. Ensuite le voyage se fera par terre, de Cantorbéry à Douvres, où le *Minion* fera la traversée, de manière à toucher Calais le 15. Si tout le monde s'est montré froid, la Dame a déployé toute son activité dans l'achat de robes de prix et le Roi, non content de mettre ses joyaux à son service, a redemandé ceux de la Reine. La réponse ne se fit pas attendre. Le Roi ne lui avait-il pas défendu de lui rien envoyer? Pouvait-elle, en conscience, contribuer à la parure d'une personne, objet de scandale pour tous les chrétiens et de disgrâce pour le Roi même, qui la conduit sans pudeur à l'entrevue projetée? Cependant, elle se déclarait prête à obéir, si le prince lui envoyait une injonction formelle. Henry ne laissa pas d'être vexé par ces paroles, mais sa colère ne l'empêcha pas de donner un ordre en règle et par écrit, en faisant dire qu'en pareil cas, une Reine de France et d'autres encore avaient obéi sans murmure. La Reine se dépouilla aussitôt de tous ses joyaux, et le Roi en éprouva beaucoup de satisfaction.

Il y a huit jours, en se rendant à une fête donnée par la Dame, l'ambassadeur de France vint rendre visite à Chapuis. Ce dernier s'empressa de lui donner des nouvelles venues du camp des Turcs par des prisonniers, sous promesse d'en faire part au duc de Norfolk. Force lui fut de tenir parole, mais il s'en vengea, en parlant de la prise de Neustadt et de la défaite de 10,000 lansquenets. Ces fausses nouvelles, répandues dans le but de ne pas laisser rompre l'entrevue, ne tournent pas à l'honneur d'un homme capable de les inventer. Norfolk ne put s'empêcher d'en convenir, le jour où il vint apprendre la nouvelle de la levée du siège de Guns et de la déroute des Turcs. L'Empereur, ajouta le duc, aurait dû être informé officiellement, par ses ambassadeurs, de l'entrevue et de son objet, pour écarter la crainte d'un projet d'envahissement des Flandres. Chapuis répondit qu'aucun des deux Rois n'en avait le moindre droit. A quoi Norfolk répondit : Si l'on joue à « laisser faire François », on verra bientôt le contraire. En somme, sa conversation semblait peu favorable à la France. Mais pour masquer cette froideur, il s'empressa de faire parade de l'union des puissants alliés. Une simple observation jeta un un peu de froid sur l'enthousiasme du noble Duc. L'Empereur ne pouvait objecter à une amitié dont le but serait l'union de la chrétienté. Mais n'y avait-il pas un danger, là où se montrait si exalté dans des démonstrations aussi bruyantes? Norfolk promit d'en parler à l'ambassadeur de France et celui-ci parut un peu plus modeste.

Il n'y a pas d'apparence à un projet de mariage entre le duc d'Orléans et la Princesse, et le Roi ne lui en a même pas parlé.

XXIII

La Reine craignait beaucoup que le Roi ne profitât de ce voyage pour épouser la Dame, Mais d'après une confidence de cette dernière, même si le Roi l'avait désiré, elle n'aurait jamais consenti. Il lui faut le lieu, où se font le mariage et le couronnement des Reines.

Le grand écuyer n'est pas content d'être envoyé en France ; s'il était maître, la conférence de Boulogne ne se ferait jamais. Le Roi est vexé du refus de Madame d'Alençon qui n'a pas voulu venir à Boulogne. On a proposé d'y amener Madame de Vendôme, mais son entourage a si mauvais renom ! Ce serait une insulte pour les dames Anglaises.

(*Nota*. — N'est-ce pas le cas de dire : ces gens-là voient une poussière dans les yeux du prochain, et ne voient pas une montagne dans les leurs propres.)

16. — **Cromwell à Henri VIII** (¹).

Il le prévient, le 5 ou le 12 Septembre, qu'il a fait exécuter des modèles sur les indications du Roi. L'orfèvre ne les finira pas, avant de savoir s'ils plaisent, et il les soumettra, samedi soir ou dimanche matin, à l'approbation. La coupe d'or et la boîte *aux corporaux*, suivant l'ordre de Henry, transmis à Thomas Alvard (comme le porteur de ce mot, Etienne Vaughan, « *Vawhan* » le dira), sont enregistrées, ainsi que tous les joyaux mis entre les mains de Cornelys.

(1) R. O. *Letters and papers*, t. V, p. 564, n° 1298.

17. — **Etienne Vaughan à Cromwell** (¹).

Windsor, samedi, 7 septembre ou le 14 ?

Le Roi a reçu la lettre précédente hier (vendredi), en revenant de la chasse. Il a vu un dessin du style de sa chaîne et il a appelé la Dame (la marquise de Pembroke) pour la voir. Il a été content. Il avait peur que Cornelys y ait mis plus de 7 rubis-balais (²) et ne l'eût faite trop grande. Le Roi s'attend à ce que Cromwell lui apporte 6 ou 7 dessins de tablettes, pour fixer les autres diamants, émeraudes et rubis. Le Roi a demandé si Cromwell a délivré tant de pierres à la fois à Cornelys. Non, a-t-il répondu, pas encore, mais au fur et à mesure que le travail le rendra nécessaire. Vaughan a dessiné tous les bijoux. Le Roi lui a dit de joindre son inventaire à la partie qu'il a dressée auparavant. Cromwell était attendu aujourd'hui. La marquise a demandé à Vaughan s'il lui avait apporté quelque chose de la part de maître Alverd.

———

18. — **Chapuis à Charles-Quint** (³).

Londres, 14 décembre 1532.

Chapuis cherche à savoir de l'ambassadeur de France qui a désiré l'entrevue. On s'accorde généra-

---

(1) R. O. *Letters and papers*, t. V, p. 565, n° 1299.
(2) Cristaux octaédriques, d'un rouge pâle. Pierres estimées.
(3) *Archives de Vienne*, copie moderne. *Letters and papers*, t. V, n° 1429, p. 604. *Analyse.*

lement à en attribuer la première pensée à Henry. Mais son interlocuteur soutint le contraire, tout en avouant que la Dame y avait pris une grande part (1).

Le Roi emmène avec lui une légion de docteurs et de moines, tous en faveur du divorce, entre autres trois cordeliers envoyés de Bretagne par le Roi de France et plusieurs juifs de Venise. Il y aura donc une conférence au sujet du divorce, et si les cardinaux prennent une décision, leur jugement pourra entraîner le roi d'Angleterre à faire une folie. Peut-être François Premier se propose-t-il de profiter d'une rupture éclatante entre l'empereur et le Royaume d'Angleterre ?

Chapuis envoie un homme à l'entrevue et le nonce aussi.

Pendant l'absence du Roi, le gouvernement se trouvera aux mains de l'archevêque d'York, du comte de Sussex et de Lord Darcy, assistés du Conseil des ministres.

---

19. — Information d'Anstis ([2]).

Le 27 octobre, fut tenu un chapitre de l'ordre de la Jarretière à Calais « Gisortii, seu quod usitatius est Calisii ». Les Rois de France et d'Angleterre, les ducs de Richmond, de Norfolk et de Suffolk, le marquis d'Exeter, les comtes d'Arundel, de Rutland, et d'Oxford, le vicomte Lisle, Lord Sandis et Sir

(1) Un plus long extrait se trouve ci-après.
(2) Anstis, order of the garter, II, 389. *Analyse.*

William Sandys étaient présents. Anne de Montmorency, vicomte de Beaumont, grand maitre de France, et Philippe Chabot, comte de la Nouvelle *Bluunce* furent reçus (1).

20. — Copie de lettre sur le fait de l'entrevue des Rois de France et d'Angleterre (²).

Monseigneur, ayant occasion de faire ceste depesche à Lyon (3), j'ay bien voulu vous advertir des nouvelles de ce pays, qui sont que l'entreveue de ces deux Roys est conclut en la manière qui s'ensuyt. Premierement, heu esgard aux affaires de tous les deux seigneurs Roys, il serait bon qu'ilz se trouvassent le XII° jour d'octobre, asscavoir; le Roy Très Chrestien, à Rue, distant de Boulongne, neuf ou dix lieues; et très hault et très puissant prince, le Roy d'Angleterre, à Douvres, ou la part qu'il se vouldra embarquer, si ailleurs luy semble plus propice. Le XIV° jour dudict moys, se trouveront ensemble à Marquise, Messieurs les Grand Maistre de France et Duc de Norffolk, pour conclure des choses qui seront requises pour la veue desdicts sieurs Roys, laquelle sera le XX° jour dudict moys (4). Et se fera ladicte

---

(1) Vie du cardinal de Tournon, par le P. Charles Fleury. Paris, 1779, in-12.

(2) Collection Dupuy, t. 547, v. 131; Camuzat, t. II pp. br., 7, 7 v. 8; *Letters and papers*. t. V, n° 1308, p. 567. Lettre de Gilles de la Pommeraye à François de Dinteville. *Intégralement publié pour la première fois sur l'original.*

(3) Point central de toutes les communications du N. O. de l'Europe avec l'Italie.

(4) Ce fut le 21.

veue, avec le moins de gens et appareil qu'il leur sera possible, comme sans drap d'or ny d'argent, sinon pour leurs personnes, s'il leur plaist d'en porter, et pour les dames, si aucunes en y a. Et celuy qui moins y menera de gens et tiendra ledict appareil plus modeste donnera à cognoistre à son compaignon, qu'il y aura myeulx sceu donner l'ordre. Toutesfois, il demoure en la liberté et discretion desdicts seigneurs Roys d'avoir telle compaignie chacun qu'il luy plaira. Ledict xxe dudict moys, ledict Roy Très Chrestien donnera à disner, à Marquise, au Roy son frère, lequel il ira rencontrer jusques sur ses terres, au lieu qui sera advisé par mesdicts sieurs de Norffolk et Grand Maistre, pour le conduyre audict Marquise; et de là l'emmenera à Boullongne où ilz sejourneront trois jours ou plus, selon qu'ilz adviseront bon estre. Viendra ledict sieur Roy d'Angleterre, accompaigné de tous ses gens, jusques là où il trouvera le Roy Très chrestien et là retiendra seulement six cens chevaulx à Boullongne. Et, en pareil, fera le Roy Très Chrestien à Calays, en compaignie du Roy son frère, qu'il remmenera disner à Marquise, ou ailleurs, si bon leur semble, pour de là aller audict Callays, accompaigné comme dessus; là où il sejournera pareillement autant de jours que aura faict le Roy son frère à Boulongne. Au partir de Callays, le très puissant Roy d'Angleterre accompaignera le Roy son frère jusques hors de ses terres, et là prandront congé l'un de l'autre. Sera deffendu et fait cryé par les deux Roys, ce pendent qu'ilz seront ensemble, qu'il n'y ayt gentilhomme ny autre, si hardy de parler de propos quereleux et dont se puisse engendrer debat entre eulx, sur peine d'estre banny pour ung an de leurs pays. Sera pareillement deffendu sur peine de mort, que nul homme mette la main à l'espée pour faire debat. Ce pendent que lesdicts sieurs Roys seront ensemble, ilz auront quatre cens chevaulx au guet, asscavoir : le Roy Très Chrestien, deux cens à Ardre ou en aultre lieu, s'il se trouve plus propice pour cest effet ; et le très puissant Roy d'Angleterre, autre deux cens aussi audict lieu de Ardre, ou ailleurs, s'il trouve pareillement le lieu plus propice. J'emporte lesdicts articles signez de la main de ce Roy et m'en voys faire partir Monseigneur le Grand Maistre. Cedict Roy envoye un gentilhomme pour en faire autant signer au Roy nostre maistre, lequel incontinent retournera pour faire passer Monsieur de Norffolk de là la mer. Et oultre lesdicts articles, pourra le Roy, si bon luy semble, envoyer en ceste mer ses deux Galiaces (1) et quelque nombre de galions et aultres vaisseaulx equippez pour tenir ceste coste en seurté. Pourra aussi, si bon luy semble, faire assembler toutes les garnysons de Picardye, lesquelles Monseigneur le Daulphin pourra tenir sur la frontière pour la seurté desdicts Seigneurs Roys. Voilà quant à l'entreveue. Je croy que vous aurez desjà entendu les causes d'icelle, qui sont que cesdicts deux princes, voyans que pieça ilz ont offert leur secours pour la chrestienté et que l'Empereur a contemné leur offre, soit qu'il se sente assez fort, ou qu'il veuille seul avoir l'honneur de battre le Turck, considerans tou-

(1) Galéasses, vaisseaux de bas bords à rames et à voiles, bordés de canons sur les flancs et à la proue.

tesfois que les evenemens de la guerre sont incertains et que si l'Empereur (que Dieu ne veuille) avoit du pyre, le dommaige seroit commun à toute la chrestienté et que lors ne seroit temps que eulx deux pensassent à ce qu'ilz debveroient et pourroient faire pour remedier à cest inconvenient et obvier à plus grand, ont bien voulu, avant le coup, communiquer ensemble pour conclure et se préparer de ce que lors ilz pourront et debveront faire comme dessus, aussi pour adviser si par quelques bons moyens, soit par voye de Concile ou autrement, on porroit reunir la chrestienté laquelle, au grand reproche des chefz d'icelle, tant ecclesiastiques que seculiers, est ainsy partye et divisée en sectes et factions. Escript à Vindasore, (1) le xe de septembre 1532 (2).

---

21. — Lettre du Capitaine Thouard à Monsieur d'Yre (3).

12 novembre 1522.

Il a appris du capitaine Matute, arrivé le 12 novembre, que le Roi d'Angleterre est allé en France, pour épouser sa « Dame »; mais cela a été différé, à l'avantage de l'Empereur. Les Rois ont déterminé de réclamer de ce dernier, l'Artois, Tournai et la

---

(1) Windsor.
(2) La Convention rédigée en latin se trouve dans la Collection Dupuy, t. 547, f. 169. Copie.
(3) Cf. *Letters and papers*, t. V, n° 1538, pp. 647-8; British Museum, add. mss. 28585. F. 174. *Analyse.*

Bourgogne, partie de l'apanage de la Reine de France, sa sœur Eléonore. Ils ont envoyé à Rome deux cardinaux, à propos de la dîme qu'ils ont commencé à lever. Si on ne l'accorde pas, le Roi d'Angleterre la lèvera sur d'autres terres. Grégoire Casale, le procureur anglais à Rome, était à Calais. Anne Boleyn l'a maltraité pour ne pas mieux servir sa cause; elle comptait être mariée, vers le 15 septembre. Grégoire s'est excusé en disant que l'Empereur avait pressé le Pape de ne pas encore prononcer de sentence en faveur du divorce. Aussi, les Rois ont-ils envoyé les cardinaux français, avec ordre de presser le Pape, et la levée de la dîme en Angleterre va se faire en hâte, pour l'intimider. On espère que l'Empereur, à Bologne, obtiendra sentence contre le divorce avant l'arrivée des cardinaux de France. Casale est parti en poste pour l'Italie. François Premier a envoyé les quittances pour les présents et la *mercede* (les 300,000 écus d'or soleil) donnée aux enfants de France. Les signatures vérifiées, le comte de Surrey sera envoyé avec 60 hommes à la suite du *Bâtard* (Henry Fitzroy, duc de Richemond). Ils resteront en France, en gage de l'exécution du traité. Les Rois, irrités des succès de l'Empereur, essaieront de lui nuire en Italie de toutes manières. Qu'on fasse bonne garde!

20. — Ordre et Cérémonies observées à l'entrevue des Rois de France et d'Angleterre, du 21 au 29 Octobre 1532 (¹)

La presente sera pour vous advertir de la grand chère, triumphes et festins qui se sont faictz depuis trois jours en çà, en ceste ville de Boulongne, en laquelle, dès samedy dernier, xix° jour d'octobre, le Roy y arriva. Et le lundy d'après, s'en alla à Marquize, qui est une petite ville, moictié chemyn de Bouloingne et de Calais; auquel lieu de Marquize ledit sieur, adverty de la venue du Roy d'Angleterre, sejourna tout le jour, jusques au lundy xxi°, environ dix heures du matin, qu'il partist pour aller au devant dudit Roy d'Angleterre, accompaigné de Messieurs de Vendosme, de Guise, S¹-Pol, Grand Maistre et Amyral, avec la bande des deux cens gentilzhommes et autres gros Seigneurs de France. Rencontra ledit Roy d'Angleterre, après avoir chevaucher environ une lieue tirant vers Calais; et de si loing que lesdits deux Roys se veisrent, se sortisrent hors de leurs trouppes, et picquesrent droit l'ung à l'autre, et eulx arrivés près, se prinsdrent à s'embrasser. Après lequel embrassement, se laissèrent et picquèrent oultre, et vinsdrent embrasser, c'est assavoir : le Roy, les princes d'Angleterre, et le Roy d'Angleterre, les princes de France. Et iceulx faictz, se reprindrent l'ung l'autre, et chevauchasrent ensemble, et bailla la

---

(1) *Copie.* Extrait de lettre. Collection Dupuy, t. 547, f. 165; Camuzat, t. II, f. 106. *Letters and papers*, t. V, n° 1485, p. 624.

main droicte le Roy au Roy d'Angleterre, à toute force, car il la refusa souvent, et en cest ordre chevauchasrent environ deux lieues tirant à Bouloingne, [en marge] *et par les chemins prinrent leur vin, près d'ung petit tailliz, sur une fontaine qui est à l'entrée des terres de France.* De laquelle ville, environ une heure après midy, sortisrent Messieurs les enffans de France, accompaignez de Messieurs le Légat, Cardinaulx et Prelatz de France, en moult bel ordre et richement accoustrez et allasrent, environ une lieue, au devant desdits deux Roys, lesquels rencontrèrent à une lieue près dudit Bouloingne. Et sitost que mesdits sieurs les aperceusrent, picquèrent vers eulx, et l'ung après l'autre feisrent la reverence au Roy d'Angleterre, et luy feisrent chacun une harangue; et les embrassa ledit Roy d'Angleterre, et leur feist merveilleusement bon recueil et à tous Messieurs les dessusditz prelatz. Cela faict, toute la dessusdite compaignie tira à Bouloingne, lesdits deux Roys tousjours par ensemble, lesquels fusrent saluez de plus de mil coups de canons. Et à la descente de cheval, le Roy mena le Roy d'Angleterre jusques à sa chambre; lequel souppa tout seul, et le Roy d'ung autre cousté; et après soupper, le Roy vinst en la salle commune, qui estoit ordonnée pour faire les festins et se retirasrent eulx deux ensemble à ung cabinet qui est près de ladite salle, où ils fusrent longtemps. Et fault entendre que le logis desdits deux Roys est dedans l'abbaye de ceste ville (1), où il y a une

(1) L'ancien Evêché, qui subsiste, fut bâti au xviii° siècle, sur l'emplacement du monastère.

grande court, environnée de deux grandz corps de maison, dont en l'ung, sur la porte, est logé le Roy d'Angleterre; et en l'autre, le Roy. Et y a, quasi au millieu desdits deux corps de maison, une salle qui est le refectouer des moynes, qui est tendue, le planché (1), de taffetas incarnat, encornetté de taffetas des couleurs du Roy (2), et tapissée de quatre pièces de tapisserie principalles, qui sont des victoires de Scipion l'affrican, faictes de haulte lice, tout de fil d'or et de fil de soye, les personaiges les mieux faictz et au naturel qu'on pourroit faire. Et n'est possible à painctres du monde les faire mieux sur tableaux de boys, et dict-on que l'aulne a cousté cinquante escus. A ung des boutz de la salle, est ung buffet de six degretz, chargé de vaisselle d'or et d'argent doré, avec grandes couppes d'or enrichies de pierres precieuses et en grand quantité, qu'il faict merveilleusement bon veoir; et dessus ledit buffet est tendu un ciel de satin cramoisy, semé de lions et autres bestions faictz de parles. A l'autre bout, est la table pour manger, sur laquelle est tendu ung autre ciel [dais] de haulte lice, auquel est Dame Charité, faicte au naturel et toute de fil d'or et de soye. En ceste dite salle, mardi, au soir, souppèrent lesdicts deux Roys, et estoit au dessus le Roy d'Angleterre, servy par ses gens, à teste nue et à genoulx; et le Roy pareillement, des siens, à sa mode accoustumée.

Et quant aux habillemens des dits deux princes,

---

(1) Plafond.
(2) Jaune, violet, incarnat.

le Roy, ledit jour de mardy, envoya au matin (1) au Roy d'Angleterre pourpoinct, saye et robe (et le reste des habillemens, bonnet et autres choses) en tout pareillez à celles qu'il porta ledit jour, qui estoit ung pourpoinct (et saye) de satin cramoisy, decouppé et faict à triangles, lesquelz estoient tenuz et lassez de quatre parles joinctes ensemble, et y avoit merveilleusement grande quantité desdites parles. Dessus avoient une robe de velours blanc broché de fil d'or, doublée d'une crespine d'or, faicte quasi à filez à prandre poisson. Et en ces habillemens, ledict jour, le Roy d'Angleterre vinst premier à la messe, accompaigné de ses gens, tous de l'aage de trante à soixante ans, dont il y a bon nombre habillez richement et mesmement de grosses chaynes. Et sont en sa compaignie, entre autres, le Comte de Richemont, le Duc de Suffort et le Duc de Neufort. Or y avoit il, près du grand autel de Nostre Dame de Boloingne, deux oratoires, dont, au cousté dextre, estoit celluy du Roy d'Angleterre, tendu de drap d'or et d'argent frizé, avec le ciel de mesmes ; et en l'autre cousté, celluy du Roy, tendu de velours, perssemé de fleurs de lyz d'or. Audit oratoire, du costé droict, se mist le Roy d'Angleterre et ouyst une messe basse, et en feist recommancer une autre, en attendant le Roy, lequel vinst à l'Eglise, vers le commancement de l'Evangile de la seconde Messe dudit Roy d'Angleterre, accompaigné de tous les princes de France, Cardinaulx et Gentilzhommes, ayans

(1) « Ledit jour de mardy, et au matin » sont barrés dans l'original et remplacés comme il suit : « Le Roy envoya, à l'arrivée dudit Seigneur Roy d'Angleterre, pour se déshabiller, pourpoinct », etc., comme ci-dessus.

robes la plus part brodées de fin or. Ainsi que le Roy estoit ou millieu du cueur, devant ledit grand autel, le Roy d'Angleterre sort de son oratoire, et vient embrasser le Roy, en luy donnant le bon jour, et à messieurs les enffans et princes, et s'en retourna avec monsieur le Cardinal de Lorraine en son oratoire, pour achever d'ouyr sa messe, et le Roy, au sien, pour ouyr la sienne, pendant laquelle les chantres chantoient des motez. A la fin desdites deux messes, lesdits deux Roys se reviennent prendre et s'en retournent en ladite abbaye, où ils disnèrent à part. Et durant leur disner, les trompettes, haultzboys, cornetz et chantres ne cessèrent de jouer et chanter. Le service est merveilleusement beau ; car tous les maistres d'ostelz du Roy sur robe de velours ont grosses chaynes d'or, la moindre de mil ou douze cens escus. Mercredy, le Roy donna à disner aux princes d'Angleterre ; et le Roi d'Angleterre, aux Princes de France. Et cejourd'huy, ledit Roy d'Angleterre avoit ung pourpoinct, tout couzu de diamantz et de rubis, lequel on estime cent mil escuz, et a donné à disner à messieurs les Legat, Cardinaux de Tournon et de Gramont avec messieurs Loys de Nevers, mareschal de Fleuranges, Barbezieux et Humyères, tous assiz à sa table ; et après disner, est allé jouer à la paulme avec les princes de France, ce qu'il feist aussi mardy. Et vous advise qu'il n'est possible de monstrer plus grand signe d'amytié que lesdits deux princes se monstrent l'ung à l'autre. Ilz s'en vont demain à Calais, et n'y va du train du Roy que six cens chevaulx. Lequel doit y sejourner jusques à mardy, et icelluy jour, reviendra en ceste ville, et d'icy reprandra son chemin à Paris. Ce matin, le Roy a faict present au Roy d'Angleterre de six pièces de grandz chevaulx qui sont fort beaux. Mesdits sieurs les enffans estoient, à ce matin, à son lever, et les voyt très voluntiers. C'est un beau et gracieux prince.

Le jour de jeudy, le Roy d'Angleterre donna à messieurs les enffans, qui vinsdrent lui donner le bon jour, trois cens mil escuz que le Roy lui devoit encores de sa rançon. Et fust donnée l'ordre de France, ledit jour, avant que partir, à Messieurs les Ducz de Susfort et de Neuffort. Depuis ces presentes escriptes, vendredi passé, après disner, lesdits deux Roys partidrent de ceste ville pour aller à Calais. Et avoit le Roy d'Angleterre une robe à chevaucher de drap d'or frizé, à grandes deschicquetures, qui estoient tenues de gros diamans et rubiz. Lesdits sieurs Roys, accompaignez des gros Seigneurs et gentilzhommes de France et d'Angleterre, et au devant d'eulx, messieurs les enffans, sortisrent de la la ville ; et les convoyasrent mesdicts sieurs le Legat et cardinaux jusques à une lieue loin de la ville, où ilz retournèrent. Lesdicts deux Roys, icelluy jour, arrivez à Calais, [le Roy d'Angleterre] feist loger le Roy en une maison des marchans (1), qui est toute carrée, quatre corps de maison, la court au meillieu, et le Roy d'Angleterre assez loing de ladicte maison. Et estoit au logis dudit Roy d'Angleterre madame la marquise de Bonlant, accompaignée de dix ou douze demoiselles, à laquelle

(1) Aujourd'hui, Hôtel de Guise, mais profondément modifié. Les Anglais l'appelaient : *The Staple*.

le Roy envoya le lendemain un present par le prevost de Paris (1), d'un dyamant qui est estimé quinze ou seize mil escuz. Hyer, qui fut dimanche, le Roy se habilla merveilleusement triumphamment, et avoit un pourpoinct de broderie, enrichy des plus beaux diamantz que l'on veist oncques. Et estoit estimé ledict pourpoinct plus de cent mil escuz. Le Roy d'Angleterre portoit une robe de toille d'or damassée, de couleur violette, et dessus, ung collier qui estoit faict de quatorze rubiz, dont le moindre estoit gros comme ung œuf et de quatorze diamantz qui n'estoient si gros. Et entre lesdictes pierres, environ deux doigs de large, trois rencs de grosses parles, et au droit de l'esthomac, y avoit une escarboucle (2), grosse quasi comme ung œufz d'oye. Et estimoit l'on ledit collier à plus de quatre cent mil escuz. Ledit Roy d'Angleterre vient veoir souvent le Roy et se met en grande peine de faire bonne chère à toute la compaignie et y a merveilleusement bonne grace à ce faire. Hier, après disner, il donna passe temps au Roy d'ung combat d'ours avec des dogues, et d'ung taureau, dedans la court de la maison du Roy. Le Roi sejournera jusques à demain et s'en reviendra coucher en ceste ville et fera sa feste à Estapes. Ledit Roy d'Angleterre doit donner son ordre de la Jarretière à messieurs les Grand Maistre et Amyral.

Le Roy a desfrayez tous les anglois, et ensemble leur train, en ce lieu de Boulloingne, où ilz ont

---

(1) Jean de la Barre.

(2) Rubis-balai. On l'admire encore au sommet de la plus belle couronne royale d'Angleterre.

esté par trois jours. Et le Roy d'Angleterre a pareillement desfrayez à Calais tous les françois et leur suitte, combien qu'ilz fussent beaucoup plus de françois à Calais qui n'ont esté d'anglois en ce lieu de Bouloingne.

Le Roy d'Angleterre donna hier au Roy le conte de Richemont, son bastard, qui est un jeune enffant de quinze ou XVI ans, et cedit jour, luy feist present de six chevaulx de son haraz, dont il y a quelques coursiers et autres moyens chevaulx.

[Les dits princes prindrent congé l'un de l'autre et se séparèrent, mardy 29 d'octobre](1).

---

21. — **The maner of the Tryumphe of Caleys and Bulleyn, and the noble tryumphaunt coronacyon of Quene Anne, wyfe unto the most noble kynge Henri VIII.** (²)

I will certyfye you of our newes in the partyes of Caleys. Fyrst, the XI day of october whiche was Fryday, in the mornyng, at V of the clocke, the kyn-

---

(1) Cf. Camuzat, t. II, 106.

(2) Printed by Wynkyn de Worde 1532-33. Edited by Edmund Goldsmid, F. R. H. S., F. S. A. (Scot.) Privately published, Edinburgh, 1884, pp. VII-37. In-12. The maner of the tryumphe of Caleys and Bulleyn. Cum privilegio. *Copie.*

Le British museum possède la première et la troisième édition de cette rare plaquette. Le titre de la seconde édition est le suivant: The maner of the tryumphe at Caleys and Bulleyn. The second pryntinge with more addicions as it was done in dede. Cum privilegio regali.

Dans l'exemplaire du British museum il y a deux vers latins mss. en tête : *Congressus, lector, fuma et fœdera Regum*
Et quas vix credas, pretiosas perlege pompas.

Dans la seconde édition, le texte commence avec « les noms des grands seigueurs de France. (Voir cette liste à la fin du présent document):

D'abord le roi de France. « Fyrst the frensshe kynge, etc. »

ges grace toke his Shyppe called the swallowe and
so came to Caleys by x of the clocke. And there was
receyved with processyon and with the mayre and
the lorde delite (1) and all the speres [knights] and
the sowdyours in araye with a greate peale of gonnes and laye in Caleys, tyll the sondaye sevenyght
after. And on the XVI day of october, my lorde of
Norffolke, accompanyed by my lord of Darby and
a great nombre of gentilmen besydes, mette with the
great mayster of France, VI myles fro Caleys; at y^e
englysshe pale, the sayd great mayster, havynge
two greate lords in his company of theyr ordre and a
hondred gentylmen attendynge upon them. And
there, my lorde of Norffolke and the greate mayster
devysed the place, where the two kynges sholde
mete, whiche was at Sandyngfelde (2). And that done
they wente bothe to Caleys with theyr companyes.
And the sayd greate mayster with dyverse other
straungers dyned that daye with ye kynge. And
after dyner, my lorde of Norffolke brought them
forth on theyr way, a myle or two, and so departed
for that tyme. And on the mondaye, the XXI daye of
october, the king of England toke his waye to mete
with the frensshe kyng, at the place before appoynted, with VII score, all in velvet cotes, afore hym
lordes and knyghtes and XL of his garde and other
to the nombre (as we thynke) of VI hondred horses
and as well horsed as ever was seen. And ye kyng
our mayster mette with the frensshe kyng at San-

(1) *Debite*, dans la 2e édition. Ne serait-ce pas *de Lisle* ?
(2) St-Inglevert.

dyngfolde, within the englysshe pale, thre[e] myles. Then the frensshe kynge taryed for our mayster the space of an houre or two, the frensshe kynge beynge accompanyed with the kynge of Naverne, the cardinal of Loreyn, the Duke of Vandome and with dyverse other noblemen, well and rychely appoynted, beynge of lyke nombre as our kyng was of, that is to saye, VI hondred psonnes (1). There was the lovyngest metyng that ever was seen; for the one embraced yͤ other V or VI tymes on horsbacke and so dyd the lords on eyther party eche to other and so dyd ryde, hande in hande, with greate love, the space of a myle (2).

And than they dyd lyght of theyr horses and dranke eche to other. The frensshe kyng dranke fyrst to our kyng and whan they had dronke, they embraced eche other agayne, with great love and so rode towards Bulleyn, our kynge on the ryght hande. And whan they came within a myle of Bulleyn, they mette with the kynges, the Dolphyn beynge accompanyed with his two bretherne, the duke of Orliaunce and the count or erle of Angolame, very goodly chyldren; and attendyng upon them, four cardynalles with a M. horses very well beseen. And whan they came nere to yͤ towne, the frensshe kynge caused our mayster to tary, whyles yͤ gonshot was shotte, whiche was herd fro Bulleyn XX

---

(1) Persons.

(2) La 2ͤ édition insère ici: « At yͤ metyng of the two noble kynges, there were sacres and sacrettes cast of and dyverse flyghtes. Two kytes were beten downe which were soorvng in yͤ ayre w[it]h such lyke pastyme, whiche greatly pleased al[l] the nobles on bothe partyes. »

englysshe myles of. And so entered (1) the towne, where stode the captayn with the sowdyours, in good ordre and above them stode a hondred swytsheners of the frensh kynges garde in theyr dublettes and theyr hosen of yelowe velve cutte, goodly persons, and above them stode CC of the frensshe kynges garde, more cottes and frensshmen, in cotes of yellow L we and crymsyn velvet, beryng halberdes in theyr handes and above them, stode CC gentylmen beyng in theyr gownes, well and rychely beseen; every man havyng an ax (2) in theyr handes and theyr captaines standyng by them. And so they taryed in Bulleyn, Mondaye, Tuysdaye, Wednesday and Thursday, all daye (3). And as for the greate chere that was there, no man can express it, For the kynges grace was there enterteyned, all at the frensshe kynges coste and charges. And every daye, noble men of Fraunce desyred our nobles and gentylmen home to theyr lodgynges, where as they founde theyr houses rychely hanged, greate cup- bordses of plate, sumptuous fare, with syngyng and

(1) Entred, d'après la 2ᵉ édition.

(2) A batayle ax, d'après la 2ᵉ édition.

(3) La 2ᵉ édition ajoute ici : The tuysday boynge yᵉ seconde day of hys there beyng, the frensshe kyng gave our kyng ryche apparayle, wrought with nedelle werke, pyrled [fringed] w[it]h golde, in yᵉ whiche lyke apparayle bothe yᵉ kynges went to our lady chyrche in Bulleyn. And at that tyme, our kyng obtayned release and lyberte of the frenssh kyng for all prysoners, at that tyme beynge prisoners in Bulleyn. And in lykewyse, dyd the frenssh kyng in Caleys of our kyng and mayster, at his there beynge, and obtayned grace for all banysshed men, whiche wolde make sute for theyr pardon. And to esteme yᵉ rich traverses [bas rideaux] yᵗ were in Bulleyn, at our lady chyrche, and in Caleys, in our lady chyrche, in lykewyse for bothe the kynges, the riche ordynaunces and provysyon for the same, it is to moche for to wryte. And as for the greate chere, etc., *comme ci-dessus.*

playenge of all kyndes of musyke. And also there was sent all maner of wynes for our servantes and our horsmeet payd for and al[l] at theyr charges. And every day, y⁰ frensshe kyng had, at dyner and souper with hym, certayne nob[l]e men of Englande. And the kynges grace had, in lykewyse, certayn of theyr nobles at dyner and souper, during y⁰ Tyme of theyr beyng at Bulleyn. And this contynued with as great chere and familiarite as myght be. And as concernyng ladyes and gentylwoman, there was non[e] there. And on frydaye folowynge, the kynges came to Caleys. And the Dolphyn with the cardinalles and all theyr gentylmen brought the kynges unto y⁰ place, where they fyrst mette and than departed. The frensshe kyng had great cariage [bagage], for there came CCC mules laden w[it]h stuffe. And (1) whan they came to Caleys, they were saluted with melody, what with gonnes and all other instrumentes and the ordre of the Towne it was a hevenly syght for the tyme. First at Newnam bridge, IIII C shotte at the blockhous; XL shot, at Rycebanke toure; iij C shot, whin y⁰ towne of Caleys; ij M shot, great and small, besydes the shyppes; it was all nombered iij M shot. And at Bulleyn, by estymation,

(1) Dans la seconde édition on lit au lieu de « And when they came to Caleys » « And so, commynge towarde Caleys, the duke of Rychemonde accompanyed with bysshops and many other noble men that were not with the kyng at Bulleyn and all the kynges garde, which were, with all other, mervaylously well horsed and trymde; they stode a place appoynted in aray and good order in the way, two mile ont of Caleys where the frensshe kynge sholde come, who saluted y⁰ frensshe kynge with great honour in lyke maner as the kynhe our mayster was saluted at Bulleyn, with amykable and moost goodly salutacyons as ever was seen; they were saluted w[it]h great melody, etc., etc.

it past not CC shot, but they were great peces. Also for the ordre of the towne, there was set all servynge men, on the one syde, in tawny cotes; and sowdyours, on the other syde, all in cotes of reed and blewe, with halberdes in theyr handes. And so the kynges come ryding in the myddes and so the frensshe kynge went to Staple Hall, which is a pryncely hous; and upon saterday, bothe the kynges rode to our lady chyrche to masse. And at after noone, bothe theyr counselles sate togyder. And upon Sondaye, bothe ye kynges herde masse in theyr lodgynges. And at after-noone, the kynge of Englande went to Staple Hall to the frensshe kynge; and there was bothe bere baytinge and bulbayting, tyll nyght. And at nyght, the frensshe kynge souped with our kynge and there was greate bankettynge. And after souper, there came in a maske milady Marques of Penbroke, my lady Mary, my lady Darby, my lady Fitzwater and my lady Wallop gorgyousley apparayled, with visers on theyr faces; and so came and toke the frensshe kynge by the hande and other lordes of France and daunced a daunce or two. And after that, the kynge toke of theyr visers and they daunced with gentylmen of Fraunce, an houre after. And than, they departed to theyr lodgynges. And as for ye apparayle of ye frensshe lordes, my tongue can not expresse it; and in especyal, the frensshe king his apparayle passed my penne to wryte, for he had a dublet over set, all with stones and ryche diamondes, whiche was valued by discrete men at a hondred thousand pounde; they passed ferre our lordes and knyghtes in apparayle and rychesse. They had greate chere in Caleys and lovynge also; and all at our kynges costes and charges. Also, the same daye, that the kynges came from Bulleyn the frensshe kinge made the duke of Norffolke and the duke of Suffolke of the ordre of Saynt Mighill. And upon monday, whiche was the XXIX day of october, at Caleys, our kyng made the great mayster of France and the admyrall of Fraunce knyghtes of the garter. And that daye, there was a greate wrastelynge betwene englysshe men and frensshe men, before bothe the kinges; the frensshe kynge had not but preestes that wrasteled, which were bygge men and stronge; they were bretherne, but they had moost falles (1).

And upon y° XXIX daye of october, the frensshe kynge departed fro Caleys to Parys ward and our kynge brought hym as ferre as morgyson [Marquise], which is fro Caleys VII myle and so came to Caleys againe. And he purposeth (god wyllynge) to be at Caunterbury, the VIII daye of november and so home, whome God of His goodness ever preserve and sende good passage and safe agayne into Englande. Amen.

God save the kynge!

(1) La 2° édition ajoute ici : « And as concernynge y° haboundant and lyberal multytude of gyftes, that were so lovingly and cordyally gyven on bothe partyes (to the greate honour of bothe the kynges) my penne or capacit can not expresse it, as well among the greate lordes as unto the lowest yemen, that bare ony offyce in eyther kynges hous, and specially the kynges gyftes on both partyes alway rewarded the lyke unto y° other. And all other gyftes was nothynge but ryche plate; golde coyne and sylver was of no estymacyon beside raymentes, horses, geldynges, fawcons, beres, dogges for the game, with many other whiche were to moche to write. »

Imprynted by Wynkyn de Worde, under the grace and prevylege of our moost royall and redoubted prynce kynge, Henry the VIII, for Johan Gowgh, dwellynge at Poules gate in Chepe.

Cum privilegio.

[Les Noms des grands Seigneurs de France]

Fyrst the frensshe Kynge.

The Duke of Vendosme.	Charles de Bourbon, Duc de Vendôme.
The Duke of Guise.	Le Duc de Guise, Claude de Lorraine.
The Duke of Longouille.	Le Duc de Longuecille.
The Cardynall of Burbon.	Le Cardinal de Bourbon.
The Cardynall of Lorrayne.	Le Cardinal de Lorraine, Jean.
The legate and Cardynall, chaunceler of France, Anthony de Prayt.	Le légat, cardinal et chancelier de France, Antoine Du Prat.
The Cardynall Tournon.	Le Cardinal de Tournon, François.
The Cardynall Gramond.	Le Cardinal de Grammont, Gabriel.
The Marques of Lorayne de Pont.	Le Marquis de Lorraine, de Pont-à-Mousson.
The Marques of Rochelyne.	Le Marquis de Rothelin.
The two sonnes of the Duke of Vendosme.	Les deux fils du Duc de Vendôme.
The sone of the Duke of Guise, conte Damualle.	Le fils du Duc de Guise, comte d'Aumale.
The Conte of Saynt Poule Frauncys de Burbon.	Le Comte de Saint Pol, François de Bourbon.
The Conte de Nevers.	Le Comte de Necers.
The Conute (sic) Loys de Nevers, Conte dauseore.	Le Comte Louis de Necers, Comte d'Auxerre.
The Lord marshall, Seigneur de Floraynge.	Le Maréchal de Fleuranges.
The Lord Mirepois, marshall de la foy.	Le Comte de Lévis-Mirepois.

The Conte de porsean.	Adrien de Croi, Seigneur de Beaurain etc. et de Porcéan.
The Conte de Bresne.	Le Comte de Bresnes.
The Conte de Tonnore.	Le Comte de Tonnerre.
The Conte de Sensare.	Le Comte de Sancerre.
The Conte de Grant Pre.	Le Comte de Grand Pré.
The Conte d'Apremont.	Le Comte d'Apremont.
The Lord greate mayster Anne de Mombrancy.	Le grand maître, Anne de Montmorency.
The Lord admiral Philipp Schabbot.	Philippe Chabot de Brion, Amiral.
The Lord grand esquyer Galliot.	Le Grand Ecuyer, Galliot, de Genouillac.
The Prynce of Molse.	André Doria, Prince d'Amalfi.
The Conte de Tende.	Honorat de Villars, Comte de Tende.
The Conte de Villars.	André de Brancas, Comte de Villars.
The Conte d'Estampes, Johan de la Berre.	Annemond Jean, de Berri, Comte d'Etampes.
The Conte de Chambre.	François Chambéry, (de la Chambre).
The Lord Canamples.	Le sieur de Canaples.
The Lord Barbeluicz.	De Barbézieux.
The Lord Hummère.	D'Humières.
The Lord Roche Piot.	De la Rochepot.
The Lord de Saynt Andiews.	De Saint-André.
The Lord Montijen.	René de Montejean.
The Lord Rocheguyon.	Louis de Silly de la Rocheguyon.
The Lord Piennes.	Philippe de Halluyn, seigneur de Piennes.
The Lord Pontremy.	Jean VII de Créquy, Canaples, alors Pondormi.
Monsieur de Longe.	Monsieur de Langeay. (Guillaume du Bellay).
Monsieur de Belley.	Martin du Bellay.
The Archebysshop of Roan.	L'archecêque de Rouen.
The Archebyschop of Vienne.	L'Archecêque de Vienne.
The Bysshop Lyseures.	L'Evêque de Lisieux.

The Bysshop Langres.	*L'Ecêque de Langres.*
The Bysshop Chartres.	*L'Ecêque de Chartres.*
The Bysshop Lymoges.	*L'Ecêque de Limoges.*
The Bysshop Beauvoys.	*L'Ecêque de Beaucais.*
The Bysshop Auvergne.	*L'Ecêque d'Ecreux.*
The Bysshop Macon.	*L'Ecêque de Mâcon.*
The Bysshop Castres.	*L'Ecêque de Castres.*
The Bysshop Paris.	*L'Ecêque de Paris, Jean du Bellay.*
The Bysshop Angoulesme.	*L'Ecêque d'Angoulême.*

A la fin de cette liste, donnée par la 2ᵉ édition et réimprimée dans la 3ᵉ, il y a : Quant à la noblesse et aux officiers royaux de ce pays il est inutile de les mentionner par leurs noms. — « And as concernynge the nobles and royall states of this realme, it needeth not to express by ».

---

22. — Liste des Gentilshommes de France venus à Boulogne (¹).

The names of the nobles of France at Bolen.

II Rois

The King of France.	[*Le roi de France.*]
The King of Naverne.	[*Le roi de Navarre.*]

V Ducs

The Dolfen Duc of Berten.	[*Le Dauphin, duc de Bretagne.*]
The Duc of Orlyance.	[*Le duc d'Orléans.*]

(1) Manuscrit de la bibliothèque du marquis de Bath. (Papiers des Seymour). Château de Longleat (Wilsthire). Cage 8. Cf. Third report of the historical manuscripts commission p. 180. *Publication des State Papers*, chez Eyre and Spottiswoode, East Harding Street, E. C. *Original*. La seconde colonne en italiques donne les noms vrais qu'il serait plus difficile de comprendre.

XLVIII

The Duc of Vandomes.	[*Le duc de Vendôme*]
The Duc of Longfelde.	[*Longueville.*]
The Duc of Gues.	[*Guise.*]

II Marquis

The Marques of Loreinne.	[*Lorraine.*]
The Marques of Rottyleinne.	[*Rochelyn. Rothelin.*]

XII Comtes

Two sons of the duc of Vandom.	[*Les 2 fils du duc de Vendôme.*]
The prince of Melfe.	[*Amalfi.*]
The Earl of Saint-Poule.	[*Saint-Pol.*]
The son of the Duc of Gues.	[*Guise.*]
The Earl of Naivers.	[*Nevers.*]
The Earl of Ponswany.	[*Pontremy.*]
The Earl of Florence.	[*Fleuranges.*]
The Earl of Tance.	[*Le Cte de Tende.*]
The Earl of Estempes.	[*Etampes.*]
The Earl of Vylers.	[*Villars.*]
The Lord Greet Mayter.	[*Le G^d Maître.*]
The Lord Andall.	[*Admiral.*]
The M^{er} of the House.	[*Le Majordone.*]

V Cardinaux

The Cardinall of Borbon.	[*Cardinal de Bourbon.*]
The Cardinall of Lorenne.	[*Lorraine.*]
The legat, Cardinall and chanselor of France.	[*Cardinal légat et chancelier.*]

The Cardinall of Tornonne.   [*Cardinal de Tournon.*]
The Cardinal of Gramount.   [*Cardinal de Gram-
                              mont.*]
The Lord Barbaseux.   [*Barbézieux.*]
The Lord of Hewmiers.   [*Humyères.*]
The Lord Rochepot.   [*Le Sr de la Rochepot.*]
The Lord Saint-Andreu.   [*Le S^r de St André.*]
The Lord of Chambre.   [*Le Sr de la Chambre.*]
The Lord Mounte-Gosen.   [*Montejean.*]

XII Prélats

The archebysshop of Rouen. [*Rouen.*]
— Vienne.   [*Vienne.*]
Bysshop of Lesneys, the Kin- [*Lisieux.*]
  ge Almoner.
    Langers.   [*Langres.*]
    Charters.   [*Chartres.*]
    Lymoges.   [*Limoges.*]
    Beauwys.   [*Beauvais.*]
    Auvergne.   [*Evèrue, Evreux.*]
    Macon.   [*Mâcon.*]
    Castres.   [*Castres.*]
    Paris.   [*Paris.*]
    Angulem (1).   [*Angoulême.*]

---

(1) L'orthographe de la 2e colonne corrige celle du mss.

23. — Liste des Gentilshommes d'Angleterre accompagnant le Roi Henri VIII à Boulogne (¹).

Le duc de Richemond,	40	[*Richemonde*] duc. 1530.
Le duc de Norfolk,	40	[*Northefolke*], 1473-1554.
Le duc de Suffolk,	40	[*Southfolke*], 1545.
Le marquis d'Exeter,	35	[*Mis à mort, beheaded,* 1538].
Le comte de Surrey,	24	[1516-1547.]
Le comte d'Oxford,	24	[*Oxforde*], oxenforde.
Le comte de Derby,	24	[*Darby.*]
Le comte de Worcester,	24	[*Worcester.*]
Le comte de Rutland, Thos Manners,	24	[*Rutlande*], créé 1525.
Le comte de Wiltshire, Thos Boleyn,	24	[*Wylshire*], créé vicomte Rocheford, 1525.
L'évêque de Winchester, 1483-1555, Gardiner,	24	[*Winchestre.*]
L'évêque de Londres, Stokesley,	24	[*London.*]
L'évêque de Lincoln, Lowland,	24	[*Lincolne.*]
L'évêque de Bath, Clerk,	24	[*Bathe.*]

(1) D'après les manuscrits du marquis de Bath à Longleat (Wiltshire). Cf. 8d Report on historical mss., page 180. Original.

Les chiffres de la 2ᵉ colonne indiquent le nombre de la suite de chaque seigneur. L'orthographe de la 3ᵉ colonne est celle du mss.

Il a paru inutile de remplir les vides de cette 3ᵉ colonne, quand l'orthographe moderne et l'ancienne ne diffèrent pas sensiblement.

Le vicomte Lisle,	24	mort en 1542.
Le lord William Howard,	12	[*Howarde.*]
Le Lord Matrivers (Maltravers),	12	[*Matryvers.*]
Le Lord Talbot,	12	
Le Lord de Rocheford,	12	[*Rocheforde.*]
Le Lord Fitzwater,	12	
Le Lord Mountegewe, (Montaigu),	12	
Le Lord Chamberlain,	12	[*Chamberlayn.*]
Le Lord Cobham,	12	
Le Lord Mordaunt,	12	[*Mordaunte*], baron, en 1532.
Le Lord Braye (*sic*),	12	
Le Lord Dalbeney,	12	
Le Lord Leonard Graye (*sic*),	12	
Le Lord Clintonne (*sic*),	6	[*Clynton.*]
Le Lord Vaulx,	12	
Le Lord Mounte[a]gle,	12	[*Montegle.*]
Le Maître-trésorier,	20	
Le Maître-contrôleur,	20	
Le Maître Vice-Chambellan,		[*Vice Chamberleyn.*]
Sir William Kingston, capitaine de la garde,	12	
Sir Robert Wyncfeld,	10	
Sir Richard Weston,	10	
Maître Cromwell,	10	[*Cromewell*].
Maître Sulyard,	10	

Sir James Bulleine,	10	
Maître Deane,	12	
Maître Almond,	12	[Mr *Almyner*].
Maître Bell,	12	
Maître Knyght,	12	
Maître Olyver,	6	
Maître Norryce,	15	[*William Norres*].
Le Grand Ecuyer (Master of the horses),	15	
Sir Francis Bryan,	10	[*Bryanne*], 1550.
Sir Anthony Browne,	10	
Sir Edward Neville,	10	[*Newell*].
William Oxedale,	6	
Perceval Harte,	6	serviteurs du Roi.
Richard Varney,	6	
Jean Skidmore,	4	
William Leghe,	4	
William Raynsford,	4	
William Weste,	4	
Roger Heket,	3	
Richard Darcevalle,	3	
John Norryce,	3	
Henry Webbe,	3	
Jean Copynger,	3	
Henry Parker,	3	
Thomas Gifforde,	3	
Ewstace Sullyarde,	3	
Edouard Payton,	3	
Sir John Dudley,	8	
Sir John Sainctmaure,	8	
Sir Henry Long,	8	
Sir John Hungreforde,	8	[*Hungerford*.]

Sir John de Bridge,	8	
Sir Arthur Septon,	8	
Sir Anthony Wingfield,	8	[*Wincfelde.*]
Sir William Paston,	8	
Sir Edward Hennings-felde,	8	
Sir Thomas Straunge,	8	
Sir William Hante,	8	
Sir Edward Wottoune,	8	1492-1555.
Sir William Askewe,	8	
Sir John Markham,	8	
Sir William Harringten,	8	
Sir William Essex,	8	
Sir Thomas Cheney,	10	[*Cheyney.*]
Sir John Russell,	10	[*Roussaille*], 1555.
Sir Richard Page,	10	
Maître Welsburne,	10	
Maître Hennage,	10	
Sir François Weston,	10	
Henri Knevet,	4	
Richard Long,	4	
Docteur Chamber,	8	
Docteur Butte,	4	
Roger Ratcliff,	6	
Anthony Knevet,	6	
William Brereton,	6	
John Debry,	4	[*Denys?*]
Jean Cary,	4	
Bryan, Brereton,	4	
Antony ? Denys,	4	
Maître Walshe,	4	
William Penne,	2	

Nicolas Barker,	2	
Mare Swetenne (Sweaton),	2	
Graunte (Grand) Gilham,	2	
Pety (Petit) Gilham	2	
Félix (Phellix) Weldouze,	2	
Sir Rauf Eldercase,	8	
George Hamton,	8	
Sir Edouard Sainctmoure,	8	Ecuyers du corps.
Sir Humphrey Foster,	8	
Sir Griffith Donne,	6	
Sir Giles Straungweys,	8	
Sir John Sainct John,	8	
Sir Walter Hungerford,	8	[*Hungrefodde.*]
Sir William Gascoyne,	8	
Sir Arthur Darcye,	8	
Sir Lyonnel Norris,	8	
Sir Nicholas Hardey,	8	
Sir Edward Hollene,	8	
Sir Thomas Lisle,	8	
Sir John Villiers,	8	
Sir John Asheton,	8	
Sir Thomas Palmer,	8	
Sir William Pi[c]kering,	8	1517-1575?
Sir William Finche,	8	
Sir William Pelhamme,	8	1580.
Sir William Rotherame,	8	
Master West, The Lord Delaware is brother,	6	
George Harper,	6	

William Windsor,	6
Sir John Norton's son and heir,	4
Maître Newnham,	4
Anthony Leghe,	4
Edward Hopton,	4
Anthony Kingstone,	4
Thomas Dare,	4
Thomas Hoyinton,	4
Richard Maners,	4
Trenthin,	4
Robert Dymoke,	4
George Grivethe,	4
Thomas Poulett,	4
George Somerset,	4
Thomas Wiat,	4
Thomas Poyunge,	4
Nicolas Pointz,	4
John Sande,	4
George Dacowe?	4
Edwards Rogers,	4
Phelyppe Denys,	4
William Rainsforde,	2
James Hoskerfeld,	2
William Grenewey,	2
Edmond Tama,	4
Humprehy Stafforde,	3
Thomas Arondell,	4
Scutelers,	4 (1)
Le Coffrier,	8 [*Cofferar*].

(1) *Scutelers*. Ce mot ne serait-il pas mal écrit ? pour *Scutlerers*, relaveurs, de *Scullery*, arrière-cuisine, ou relaverie ?

Le commis du Tapis vert (Greencloth),	72
Le commis contrôleur,	6
Le commis de la cuisine (Kochyn),	6
Le commis de l'épicerie (Spycerye),	6
Le commis de l'avoinerie, (avenary)	4
Le second commis (3) et leurs domestiques (6),	9
Le yeoman (1) et le groom de la chambre des comptes et leur suite,	4
L'Office de la boulangerie,	26
Les officiers de la paneterie (8) et leurs domestiques (9),	17
Les officiers de la cave et ceux préposés au beurre, (15) leurs domestiques (17),	32
Les officiers du bouteiller (pitcherhouse) (6) et leur suite (6),	12
La gaufrerie (waffery) ou la pâtisserie moulée, et ceux qui les conduisent,	6
Les officiers de la chandelle (chaundery pour chandry) (5), leur suite (5), les conducteurs (4),	14
Les officiers de la confiserie (3), leur suite (4),	7
Les officiers de la l'aiguière (7), leur suite (8),	15
Les officiers du blanchissage (4), leur suite (4),	8
Les officiers de la cuisine (20), suite (15),	35

(1) *Yeoman*, officier du roi, préposé à divers offices. Celui dont il est ici question avait la charge de la chambre des comptes.

LVII

Les officiers du lardier (8), leur suite (8),	16
Les officiers des bouilleurs (3), leur suite (2),	5
Les officiers de l'achèterie (Catry pour acatry) (10), leur suite (12),	22
Office de la volaille (5), suite (8),	13
Gallopins, c'est-à-dire marmitons,	40
Cuisine, [*Kechyn*],	75
Office de la relaverie (scullery, squyllarye) (9), leur suite (12), enfants (3),	24
Office de l'échauderie (4), suite (4),	8
Office de la pâtisserie (8), suite (6),	14
Les majordomes (marshalls of the halle) et suite,	9
Les messagers (5), suite (6),	11
Les serveurs et surveyors (surveillants de la salle) (4), suite (4),	8
Office du bois (9), suite (12),	21
Serviteurs de la salle, (*Sarvitours*).	12
Aumôniers (7), suite (5),	12
Les portiers (4), suite (6),	10
Les veilleurs (*caretakers*) (2), suite (2),	4
Richard Grefford,	2
Roger Bambrige,	2
James Whitney,	2
Edward Brone,	2
Anthony Yshe,	2
Sir John Nevelle,	8
Francis Sydney,	4
William Penaston,	4
Robert Tirwent,	4
John Worthe,	4

Henry Welbe,	4
Richard Pther (sic),	4
Marcellus,	2
Antony Surgeon,	2
Vicars Surgeon	2
Les sergents d'armes (12), suite (12),	24
Le clerc du grand sceau (signet) et du sceau privé (6), suite (6),	12
Chapelains et clers de la chambre (8), serviteurs (24),	32
Pages (Henchmen),	6
Le Yeoman, suite,	16
Rois d'armes, hérauts et poursuivants (14), leur suite (6),	20
La garde robbe des habits,	9
La garde robbe du corps,	12
La cassette aux bijoux,	12
Les grooms de la chambre du roi,	12
Leur suite,	12
Pages de la chambre du Roi (4), suite (4),	8
Messagers,	4
Trompettes (12), leur suite (13),	25
Les nouveaux sagbutte (1) (6), suite (6),	12
Les anciens sagbutte (4), suite (4),	8
Les violes,	4
Newell Nicolas, Paty John, suite,	6
William More et ses compagnons, suite,	4
Archers, huissiers, archers de la garde,	200
Office de l'écurie (30), suite (30),	60

(1) Les saguebutes ou saquebutes sont des trompettes assez longues, dont plusieurs, celles d'Allémagne, ont quatre branches.

Courriers, chevaucheurs, sommiers, muletiers,	46
Cuisiniers, pâtissiers, bouilleurs, boulangers, rôtisseurs de volaille, et autres gens de service à louer, environ,	100

En résumé, 3 ducs, 1 marquis, 6 comtes, 4 évêques, 1 vicomte, 15 lords et barons, 14 conseillers, de la chambre privée (26), médecins (3), 4 écuyers du corps, serviteurs et écuyers du Roi (4), 14 gentilshommes huissiers, 22 chevaliers, 30 écuyers, 8 écuyers de l'écurie, 5 serviteurs de la chambre, 12 sergeants d'armes, le coffrier et les officiers de la maison (188), 6 g^{ds} pages, 8 chapelains, 45 rois d'armes, hérauts et poursuivants, trompettes et ménestrels, 6 clers de la signature et du sceau privé, archers de la garde robe, de la jarretière, de la garde, grooms et pages de la chambre ou ménestrels 134, officiers 66, serviteurs 2139, en tout 2773.

Le nombre de gentilshommes désignés pour accompagner le Roi à Boulogne, 79; les hommes de la garde, 100; les officiers de charte, 2; trésoriers, 2; boulangers, 6; pâtissiers, 6; céleriers, 2; cuisiniers, 2; échansons, 2; épiciers, 2; gaufriers, 24. Total 203. (1)

Dépenses du Roi à Calais (2).

La dépense du Roi à Calais se serait élevée à 5000 livres sterling d'après « The boke of neste

---

(1) Papiers de Longleat, f. 23-24. Traduction.
(2) Mêmes papiers, f. 1.

(meat)? for all offices to be spent for to be sent to Calais.

24. — Rememberance to the kinge higeness (¹).

Ffyrst to knowe the kinge pleasure what his Clerc shall attend opon the quenz grace after his goyng over to Calais.

Item whither his grace woll give newe linen cotes to his household officers or not, suche as shall attende opon his grace.

Item whither all other attending opon his grace he shall give liverys at wyll or els of some colour and yf so what the colour shall be and white or bage or no.

Item yf the kinge grace intend to Bolayn, what nombre his grace wille have and they to be named, so that they may be warned to bryng over their horses.

Item whither the frenche king and his trayn shall make their own preparation for household stuff of all sorte (yf that his grace do come to Calays) or not.

Item howe many days the frenche king shall be in Calais and his trayn. And howe many days the King intendeth to be in Bolayn, yf that his grace do go thither.

Item what ordynance that is to say for how many

---

(1) *Original.* Papiers du marquis de Bath. Cage 8, f. 21.

platte shall we make preparation for the frenche king.

Item howe long tyme more his grace intendeth to tary in Calays and in the marchis to the intent that provision may be made as it shall requyre.

Item to knowe the kinge pleasure for his Jieste (Gest)? to Dover to the intent that his provision may be laid in stage in dieue tyme as well whomeward as outward.

---

25. — **Articles of rememberance** (¹).

Ffurst to prepare the boke of lyvereys to assartayne what nombre of messes [portions] of mete [meat] shall be dayly served as well, *nota*, before the enterview of the frenche king, as at the tyme of his being here.

Item that the kinge pleasure may be knowen how long his grace intendeth to remayne on this syde the see to the intent that if, upon the knowledge there of, it shall be provided that the proportion Rdy [already] provided shall not suffise, that then another provision to be made.

Item to knowe the tyme of the frenche kinge comyng to Calais as to understand what ffyses [fish] days and what fleses [flesh] days he shall be there for making of the proportion accordingly.

Item that order be putt that all the inhabitants now in Calais such as shall resceive the frenche kinge trayne, who shal be defrayed at the kinge

(1) Papiers du marquis de Bath. Longleat. Cage 8, f. 22. *Original.*

charges, be admonished that they do take no penny of any of theym.

Item that the kinge officers be warned in all offices to take no manner of ffee of dyapr [laine] or lynen clothe of Boleyn, but to redeliver agayne so much as they shall resceive for certayn consideracions.

26. — **Ordre de payer divers offices du Roi d'Angleterre** (¹).

L'office du luminaire, de la confiserie, du fontainier, de la buanderie, du lardier, de la cuisine, des marmitons, de l'échauderie, de la pâtisserie, de la relaverie, les messagers, les portiers, les surveillants, l'écurie reçurent 987 livres sterling.

Boulogne-sur-Mer, 20 octobre 1532.

27. — **Mandement** (²) au trésorier de l'épargne de payer à Pierre Rousseau, chargé de la chambre aux deniers des fils du Roi, 2000 livres tournois pour avancer aux bouchers, fournisseurs de leur maison, pendant le quatrième trimestre de la présente année, à cause de l'entrevue de Boulogne entre les Rois de France et d'Angleterre.

(1) Analyse du f. 25. Papiers du marquis de Bath Longleat. Case 8. Dossier Seymour. Fol. 25.
(2) Bibl. nat., mss. fr. 15628, n° 264 (Mention).

Boulogne, 24 octobre 1532.

28. — **Mandement**(¹) au trésorier de l'épargne de payer à Jean Duval, notaire et secrétaire du Roi, chargé des comptes des dépenses relatives aux préparatifs de l'entrevue de Henri VIII avec François Premier, 1586 livres, 13 sols, pour les robes que le Roi a ordonné de faire à ses portiers et fourriers et pour la garniture du lit qu'il veut donner au Roi d'Angleterre.

Calais, 26 octobre 1532.

29. — **Mandement** au trésorier de l'épargne de payer 80 livres tournois à Heluin du Lin, receveur du Parlement de Rouen, pour un voyage qu'il va faire à Paris, d'où il est chargé de faire envoyer à Calais une certaine quantité de vaisselle d'argent et une coupe d'or, que le Roi veut donner à des seigneurs de la suite du Roi d'Angleterre.

Calais, 28 octobre 1532.

30. — **Mandement**(²) au trésorier de l'épargne de payer à Antoine Le Bossu, facteur de Jean Hotman,

(1) Bibl. nat., mss. fr. 15628, n° 274 (Mention).
(2) Bibl. nat., mss. fr. 15628, n° 280 et mss. Clairambault 1215, f. 70 v° (Mention).

orfèvre, 6782 livres, 14 sols, 1 denier, pour la vaisselle d'argent dont le Roi a fait don au duc de Suffolk, pour le remercier d'avoir contribué à amener l'entrevue qui a eu lieu à Calais avec le Roi d'Angleterre.

Calais, 28 octobre 1532.

31. — **Mandement** (') au trésorier de l'épargne de payer à Antoine le Bossu, facteur de Jean Hotman, orfèvre, 11050 livres, 5 sols, 6 deniers, pour la vaisselle d'or et d'argent, dont le Roi a fait présent à Thomas, duc de Norfolk, en reconnaissance des services qu'il lui a rendus et pour le remercier d'avoir été en partie cause de l'entrevue qui a eu lieu à Calais avec le Roi d'Angleterre.

Calais, 29 octobre 1532.

32. — **Mandement** (²) au trésorier de l'épargne de payer à Robert de Pommereul, premier écuyer de l'écurie du Roi, 112 livres, 10 sols, pour distribuer aux pages de l'écurie du Roi d'Angleterre, à qui le Roi en a fait don.

(1) Bibl. nat., mss. fr. 15628, n° 281 et mss. Clairambault, t. 215, f. 70 (Mentions).
(2) Bibl. nat., mss. fr. 15628, n° 276 (Mention).

Boulogne, 30 octobre 1532.

33. — Mandement (¹) au trésorier de l'épargne de payer au sieur de Penisson, (*veré* Penniston), écuyer d'écurie du Roi d'Angleterre, la somme de 5125 livres, complément de 4000 écus, à 41 sols parisis l'un, dont le Roi lui a ci-devant fait don.

Boulogne, 30 octobre 1532.

34. — Don et Aumône (²) aux religieuses hospitalières, de Saint-François, du couvent de Boulogne-sur-Mer, de la coupe d'un arpent de bois, chaque année, pendant six ans, dans les forêts du Boulonnais.

Compiègne, 17 novembre 1532.

35. — Provision (³) pour, suivant autres lettres patentes, faire payer à Oudart du Biez, gouverneur et sénéchal de Boulonnais, capitaine de la ville et du château de Boulogne, sa pension annuelle de 2000 livres sur la trésorerie et recette ordinaire du Boulonnais.

(1) Arch. nat. Acquits sur l'épargne, f. 962, n° 21 (Mention).
(2) Arch. nat. Acquits sur l'épargne, f. 962, n° 21 (Mention).
(3) Arch. nat. Acquits sur l'épargne, f. 962, n° 27 (Mention). Bibl. nat., mss. Clairambault, 782, fol. 289 (Mention).

Villers-Cotterets, 24 novembre 1532.

36. — Mandement(¹) à la chambre des comptes d'allouer au compte que lui présentera Jean Bourdineau, clerc des offices de l'hôtel du Roi, la somme de 2483 livres, 8 sols, 5 deniers tournois, dépensés sur l'ordre de Monsieur le Grand-Maître (Montmorency) pour le transport à Nantes de tapisseries et meubles des châteaux de Blois et Amboise, destinés aux entrées de la Reine et du dauphin dans cette ville, et aussi pour le transport de tapisseries desdits châteaux, et de vaisselle d'or et d'argent à Boulogne-sur-Mer, pour l'entrevue des Rois François Premier et Henri VIII.

Chantilly, 28 novembre 1532.

37.— Mandement(²) au trésorier de l'épargne de payer au sieur de Montpezat, chevalier de l'ordre et gentilhomme de la chambre du Roi, 1125 livres pour le dédommager des dépenses qu'il a dû faire en accompagnant le Roi d'Angleterre, de Calais en son royaume.

(1) Copie du temps. Bibl. nat., mss. fr. 10389.
Arch. nat. Acquits sur l'ép., f. 962, n° 28 (Mention).
Le transport à Nantes avait coûté 500 livres.
(2) Bibl. nat., mss. fr. 15628, n° 861 (Mention).

Chantilly, 28 novembre 1532.

38. — Mandement(¹) au trésorier de l'épargne de payer à Jean-Joachim de Passano, seigneur de Vaulx, 1057 livres, 10 sols, qu'il avait prêtés au Roi à Calais et dont celui-ci avait fait don à divers gentilshommes anglais.

Paris, 20 décembre 1532.

39. — Mandement (²) au trésorier de l'épargne de payer à Antoine le Bossu, serviteur de Jean Hotman, orfèvre de Paris, 130 livres tournois, pour avoir conduit de Paris à Calais 766 marcs d'argent en vaisselle vermeille et une coupe d'or que le Roi a donnés aux ducs de Norfolk et de Suffolk.

Paris, 1er octobre 1532.

40. — Mandement (³) au trésorier de l'épargne de payer à Jacques Besnard, maître de la chambre aux deniers du Roi, 13500 livres tournois à distribuer aux fournisseurs de la maison du Roi comme suit : 6000 l. aux bouchers, 4000 l. aux boulangers-pâtissiers, 2000 l. pour achat et location de linge et vaisselle, 1500 pour achat de vins, le tout destiné au séjour du Roi à Boulogne.

(1) Bibl. nat., mss. fr. 15628, n° 863 et Clairambault 1215, f. 72 (Mentions).
(2) Bibl. nat., mss. fr. 15628, n° 402 (Mention).
(3) Bibl. nat., mss. fr. 15628, n° 256. (Mention).

LXVIII

Paris, 4 octobre 1532.

41. — **Mandement**(¹) au trésorier de l'épargne de payer à Antoine Juge 13500 l. tournois pour acheter un riche lit de camp brodé et semé de perles et autres pierreries que le Roi veut faire porter à Boulogne pour donner au Roi d'Angleterre.

Paris, 4 octobre 1532.

42. — **Mandement** (²) de payer 34916 livres 5 sols, pour acheter les draps de soie et de laine nécessaires pour faire des habillements à 400 archers et aux 100 suisses de la garde du Roi et transporter lesdits habillements, ainsi que le sieur de Véretz, prévost de Paris (³), le jugera utile pour l'entrevue des Rois de France et d'Angleterre (⁴).

Turpenay, 11 septembre 1532.

43. — **Mandement**(⁵) au trésorier de l'épargne de payer à Jean Duval, notaire et secrétaire du Roi, 12000 l. tournois destinées aux préparatifs nécessaires à l'entrevue qui doit avoir lieu en octobre prochain à Marquise, entre le Roi d'Angleterre et François Premier.

(1) Bibl. nat., mss. fr. 15628, n° 246. (Mention).
(2) Bibl. nat., mss. fr. 15628, n° 249. (Mention).
(3) Il est appelé Jean de la Barre, dans le récit de l'entrevue. Cf. document n° 20.
(4) Ce compte se trouve plus détaillé au document n° 51; on y trouve les lettres-patentes de François Premier, et de curieuses informations. Cf. *Bibliothèque nationale*, Fonds français, n° 10388.
(5) Bibl. nat., mss. fr. 15628, n° 213 (Mention); fr., n° 10388.

Amiens, 8 novembre 1532.

44. — **Mandement** (¹) à Jean Laguette de payer à Toussaint de Laperque, Thomas Savoureau, Mathurin Laurencin, Etienne Besnard et Raoul Leporc la somme de 100 écus soleil, pour avoir porté de Chenonceaux, le 16 septembre précédent, des lettres missives du Roi aux 200 gentilshommes de sa maison, les invitant à se trouver, le 20 octobre, à Boulogne, où les Rois de France et d'Angleterre devaient se rencontrer.

Amiens, 8 novembre 1532.

45. — **Mandement** (²) à Jean Laguette de payer à Jacques Besnard, maître de la chambre aux deniers du Roi, 1200 livres tournois, pour l'achat du vin amené à Boulogne, pour la dépense de l'hôtel, lors de l'entrevue de François Premier avec Henri VIII.

Amiens, 8 novembre 1532.

46. — **Lettre** (³) de **François Premier** à **François de Dinteville** (⁴) évêque d'Auxerre, ambassadeur auprès du pape.

(1) Arch. nat. Acquits sur l'épargne, f. 962, n° 22.
(2) Arch. nat. Acquits sur l'épargne, f. 962, n° 22. (Mention).
(3) Expédiée de Rue à Rome.
(4) Arch. nat. Acquits sur l'épargne, f. 962, n° 22. (Mention).

47. — **Octroi** (¹), pour huit ans, aux maieur, échevins et habitants de Boulogne, d'une somme annuelle de 400 livres tournois, que le Roi avait coutume de prendre sur les deniers de ladite ville, pour les employer sous la direction d'Oudart du Biez, sénéchal et gouverneur du Boulonnais, aux réparations et fortifications du port de Boulogne.

Compiègne, 14 novembre 1532.

48. — **Mandement** (²) à Jean Laguette de payer à Pape, chevaucheur d'écurie du Roi, 30 écus soleil pour aller de Montdidier en Angleterre, porter au sieur de Montpezat les originaux des traités conclus entre François Premier et Henri VIII contre les Turcs.

Paris, 20 janvier 1532-3.

49. — **Mandement** (³) au trésorier de l'épargne de payer à Nicolas de Troyes, argentier du Roi, 161 livres 5 s. pour employer en habillements, dont le Roi a fait don à Jean Robert, clerc de sa chapelle et à Guillaume de Nouvel, chapelain du cardinal de Lorraine, « en considération du passe-temps qu'ils

(1) Arch. nat. Acquits sur l'épargne, f. 962, n° 2. (Mention).
(2) Arch. nat. Acquits sur l'épargne, f. 962, n° 2. (Mention).
(3) Arch. nat. R. 960 c, F. 110 c. Bibl. nat. mss. fr. 15629.

lui ont donné et donnent chaque jour au jeu de la lutte, particulièrement lors de la dernière entrevue des deux Rois. »

———

Paris, 22 janvier 1532.

50. — **Mandement** (¹) au trésorier de l'épargne de délivrer des deniers portés au trésor du Louvre, à Jacques Besnard, maître de la chambre des deniers du Roi, 4689 livres et 2 d., pour les festins donnés à Boulogne, au Roi d'Angleterre, au mois d'octobre précédent.

———

Château-Thierry, 15 avril 1532.

50 a. — **Georges Boleyn** (²), vicomte de Rochefort reçoit 2250 livres en or.

———

Guise, 22 mars 1532.

50 b. — **René Lepelletier** (³), 90 livres, pour un voyage rapide fait de Londres à Guise, pour apporter lettres du bailly de Troyes (⁴).

---

(1) Arch. nat. f. 960 o. f. 17. (Mention).
(2) (Montlon). Bibl. nat. mss. fr. 15628, n° 518 et mss. Clairambault. 1215, f. 72.
(3) Bibl. nat. mss. fr. 15628. n° 571 et Clairambault 1215. f. 71. (Mentions).
(4) Le Bailly de Troyes était Jean de Dinteville, sieur de Polisy ou Polizy.

La Fère, 20 mars 1532-3.

50 c. — 120 livres à Antoine de Hu (¹), pour porter en toute hâte des lettres de La Fère à Londres, au bailly de Troyes.

Moulins, 18 mai 1533.

50 d. — Mandement (²) au trésorier de l'épargne de payer à Bénigne Serre, receveur général des finances, 2415 l., 7 s., 6 d. pour le paiement des courriers qui ont fait le service de Paris à Boulogne-sur-mer et celui de la cour.

---

50 e. — Ordonnance (³) du 27 janvier 1533, de payer 440 livres à Jean Proust, chevaucheur d'écurie pour porter des lettres aux Cardinaux de Tournon et de Gramont.

---

50 f. — Autre ordonnance de payer au même 450 livres, pour autres lettres aux mêmes.

---

(1) Bibl. nat. mss. fr. 15628, n° 571 et Clairambault 1215, f. 71. (Mentions).

(2) Cf. Bibl. nat. Fonds français, 15629, n° 766. (Mention). Arch. nat. Acquits sur l'épargne, f. 960 c.; fr. 77. (Mention).

(3) Actes de François Premier, n° 5323.

50 *g*. — **Ordonnance** de payer 180 livres à Etienne Delaplancque, pour porter lettres aux mêmes.

Coucy, 17 mars 1532.

50 *h*. — **Ordonnance**(¹) de payer 100 livres à Colin Caron, maître de la poste à Boulogne-sur-mer, pour plusieurs voyages en Angleterre.

La Fère, 14 mars 1533.

50 *i*. — **Ordonnance** (²) de payer à Jean Proust, chevaucheur d'écurie, 540 livres pour porter des lettres aux Cardinaux à Rome.

---

50 *j*. — **Ordonnance** (³) faite à Nicolas de Troyes, argentier, de payer à Claude Danet, 867 livres 12 s. 6 d. pour linge de table.

---

(1) Cf. Actes de François Premier, n° 5549.
(2) Cf. Actes de François Premier, n° 5541.
(3) Cf. Actes de François Premier, n° 5351.

50 k.— Le duc d'Albany reçut 4000 livres pour amener le Pape Clément VII, Catherine de Médicis et les Cardinaux à Marseille, le 11 octobre 1533 (¹).

Avant de passer au document suivant, il importe d'en faire une analyse sommaire, qui permette au lecteur de voir d'un seul coup d'œil les divers chapitres de la dépense, dont l'entrevue de Boulogne a fait l'objet.

La dépense totale se décompose ainsi :

1 — Réparations et préparatifs de Boulogne.
2 — Travaux d'appropriation à Marquise.
3 — Conduite de l'artillerie.
4 — Pont construit au bac d'Attin.
5 — Voyages et diligences.
6 — Deniers comptés à gens qui n'en doivent pas compte.
7 — 2000 écus d'or soleil donnés aux soldats et serviteurs du Roi d'Angleterre.
8 — Fournitures payées par Antoine Juge.

Jean Duval y a fait face avec la recette suivante :

12000 l. os. versés le 13 octobre par Jean Proudomme.
1586 13 s. — 25 — — —

---

(1) La plupart de ces mandements sont contenus dans les Actes de François Premier, publiés par l'Académie des Sciences morales et politiques. *Paris, Imprimerie Nationale*, in-4, 7 vol., dont le 1ᵉʳ porte la date de novembre 1887.

    4.200 l. 0 s. 0 d. (Les 2.000 écus soleil, versés
17.586 l. 13 s. 0 d.   par J. Laguette).
Duval ayant payé 17.649 l. 18 s. 10 d., réduits à
                              17.424 l. 8 s. 2 d.
Et finalement reversé en balance,   362   7   10
Sa dépense égale sa recette,   17.586 l. 13 s. 0 d.

Dépense de Duval par articles.

1 —	Chaux, sable, plâtre, fournitures de maçonnerie,	43 l.	2 s.	3 d.
2 —	Bois et voiture,	622	19	0
3 —	Paiement de maçons,	40	5	0
4 —	Journées de maçons,	38	0	0
5 —	Nuits de maçons,	18	4	0
6 —	Charpentiers, journées,	99	5	0
7 —	Charpentiers, nuits,	13	5	0
8 —	Menuisiers, journées,	82	0	0
9 —	Menuisiers, nuits,	19	19	6
10 —	Manouvriers,	2	10	0
11 —	Manouvriers, journées,	27	5	0
12 —	Manouvriers, nuits,	2	9	3
13 —	Vitriers et verriers,	15	17	0
14 —	Plombiers,	5	6	10
15 —	Peintres et peintures,	126	17	6
16 —	Couture,	3	6	0
17 —	Maîtres conducteurs et solliciteurs (tâcherons),	121	5	0
18 —	Serruriers,	63	4	4
19 —	Tentes et pavillons,	193	15	0
20 —	Jonc,	50	15	0
21 —	Achat de taffetas, toile, clous, cordes, meubles,	382	8	10

22 — Dépense faite à Marquise, 386 l. 1 s. 0 d
23 — Conduite de l'artillerie, 1900 11 9
24 — Pont sur la Canche, au bac
　　　d'Attin (réduit), 100 19 3
25 — Voyages et diligences, 424 0 0
26 — Dons et récompenses, 347 15 0
27 — Réparation de la muraille du
　　　rempart, 1275 5 0
28 — Compte de Jean Bourdineau.
　　　Voiture de meubles, 1183 8 5
29 — Paiement de Jacques Besnard, maître de la
　　　chambre aux deniers du Roi, par lettres
　　　patentes datées de Fontainebleau, le
　　　24 avril 1533, 1080 0 0
30 — Sur quittances les 2000 écus
　　　d'or soleil, soit, 4200 0 0
31 — Habillements des fourriers, portiers de l'hô-
　　　tel du Roi, garniture du lit donné à
　　　Henry VIII, voiture des coffres de la garde-
　　　robe, etc., 1563 8 11
32 — Facture de Jean Hotman, 2718 10
3 — Gages d'officiers, 400
　　　　　　　　　　　　　　　17549 18 10

Le compte de Duval a été réduit à 17424 l. 8 s. 2 d.

Le compte de Bourdineau qui suit le compte de Duval comprend 1183 l. 8 s. 5 d. qui figurent au compte précédent et en outre 1300 l. 0 s. 0 d pour son compte propre.

　Antoine Juge a reçu et dépensé 52005 l. 15 s.
　En résumé : Duval a payé, 17424 8 2
　　　　　　Bourdineau, 1300 0 0
　　　　　　Juge, 52005 15 0
Dépense totale de ces 3 comptes, 70730 l. 3 s. 2 d.

51. — Compte-rendu (¹) par Jean Duval de la dépense faite pour la réception du Roi d'Angleterre à Boulogne, du 21 au 25 octobre 1532 (²).

« Coppie des Lettres patentes du Roy, nostre sire, données à l'abbaye [de] Turpenay, le dixiesme jour de septembre, l'an mil cinq cens trente deux, par lesquelles et pour les causes contenues, ledict Seigneur a commis, ordonné et depputé Mᵉ Jehan Duval, son notaire et secretaire et greffier des Estatz ou pais de Normandie à tenir le compte et faire le paiement de tous les fraiz, mises et despenses qu'il conviendra faire, tant pour le voiaige du Seigneur de Montmorency, Grant Maistre et mareschal de France, faict ès villes de Boullongne, Marquise et autres lieux, sur la frontière des pais de Picardie, que pour l'execution des choses, dont ledict Seigneur de Montmorency, Grant Maistre, avoit charge expresse dudict Seigneur, pour la veue du Roy, nostredict Seigneur, et du Roy d'Angleterre, faicte à Boullongne et Calais, ou moys d'octobre, mil cinq cens trente deux ; le tout ainsi qu'il est plus à plain contenu et declairé, ès dictes lettres, cy rendues, desquelles la teneur ensuit (3) :

« François, par la grâce de Dieu, Roy de France,
« à nos amés et feaulx, les gens de noz comptes, à
« Paris, salut et dillection. Comme pour l'effect du

---

(1) Tous les extraits utiles de ce compte, seront à partir du paragraphe suivant, placés entre guillemets. Pour le reste, comme il a été dit dans l'introduction, on se contentera de résumer les dépenses.

(2) *Bibliothèque Nationale.* Fonds français, N° 10388, in-fol., 175 ff. Fol. 2.

(3) Ibidem, fol. 2, verso.

« voiaige que nostre très cher et amé cousin, le
« Seigneur de Montmorancy, Grant Maistre et Ma-
« reschal de France, va presentement faire en noz
« villes de Boullongne, Marquise et autres lieux,
« sur la frontière de nosdicts pais de Picardie et
« pour l'execution des choses, dont il a charge ex-
« presse de nous, tant pour la veue de nous et de
« nostre très cher et très amé frère, cousin et perpe-
« tuel allié, le Roy d'Angleterre, que autres affaires
« de grande importance que ne voullons estre cy
« autrément declairez, soit requis faire plusieurs
« fraiz, mises et despenses, et pour en tenir le
« compte, commettre et depputer aucun bon per-
« sonnaige, a nous sceu et feable, sçavoir nous
« faisons que, nous confians suffisamment en la per-
« sonne de nostre amé et feal notaire et secretaire,
« Me Jehan Duval, greffier des Estats de nostre pais
« de Normandie et de ses sens, experience, loyauté,
« suffisance et dilligence, iceluy avons commis,
« ordonné et depputé, commettons, ordonnons et
« depputons par ces presentes, à tenir le compte et
« faire les paiemens de tous les fraiz, mises et des-
« penses qu'il conviendra faire, durant le voiaige de
« nostredict cousin et pour les affaires dessusdicts,
« selon et ainsi qu'il sera avisé et ordonné par
« nostredict cousin, le Seigneur de Montmorancy,
« auquel nous avons donné et donnons par cesdictes
« presentes, povoir et auctorité de aviser et ordon-
« ner desdicts fraiz, mises et despenses, et iceulx
« faire paier et delivrer par ledict Duval, des deniers
« qui luy seront par nous ordonnez, pour convertir
« et emploier ou faict de ladicte presente commis-

« sion, à la taxacion qui, par nous ou par vous,
« gens de nosdicts comptes, en voz advis et cons-
« ciences, sera pour ce faicte et ordonnée audict
« Duval et dont nous vous avons pareillement
« donné et donnons povoir par cesdictes presentes,
« par lesquelles vous mandons et toutes et chacunes
« les parties et sommes de deniers que ledict Duval
« aura paiées, baillées et delivrées, pour les causes
« dessusdictes, vous passez, rallouez en la despense
« et rabatez de sa recepte d'icelle commission; pa-
« reillement ce que montera ladicte taxacion, en
« rapportant cesdictes presentes, avec les ordonnan-
« ces, roolles, cayers ou acquictz signez de nostre-
« dict cousin, et quittances des parties, où elles
« escherront sur ce suffisantes seullement et sans
« y faire, vous, aucune difficulté. Car tel est nostre
« plaisir, nonobstant quelzconques ordonnances,
« restrinctions, mandemens ou deffences à ce con-
« traires. Donné à l'abbaye de Turpenay, le di-
« xiesme jour de septembre, l'an de grâce mil cinq
« cens trente deux et de nostre règne, le dix-huitiesme.
« Ainsi signé : François. Et audessoubz : Par le Roy
Breton ».

Recette

Premièrement de maistre Guillaume Preudomme, Conseiller du Roy, général de ses finances et trésorier de son épargne, la somme de 12.000 livres tournois. Pour les préparatifs,   12.000 l.

Dudit Preudomme, 1586 livres 11 sous — pour

paiement d'habillements, fourrures et portières de l'hôtel, rideaux et garniture d'un lit que le Roy a donnés au Roy d'Angleterre, voiture des coffres de la garde-robe et autres dépenses, 1586 13

De M° Jehan Laguette, 2000 écus d'or soleil pour donner à Calais, aux serviteurs et gardes anglais, comme le Roy d'Angleterre avait fait à Boulogne, en faveur des domestiques ordinaires et suisses de la garde.

DÉPENSE.

1. — Chaux, plâtre, etc. (1).

C'est à savoir : 1° « Pour les reparations et esmenaigemens des logis, preparez et accommodez pour loger lesdictz Roys à Boulongne et Marquise. »

Noël Behayne, chaux,	7 l.	10 s.	0 d.	
Paul Tassinot, 1500 briques	3	9	0	
Paul Tassinot, charrois,		15	0	
Jehannet Gallan, sable,	3	0	0	
Anguerrant Langlois(2), 3 poquins de chaux,	1	10	0	99 l. 16 s. 6 d.
Ja[c]quet Malaxes, sable,		9	0	
Maître Laurent Journel, chaux,	13	11	6	
Jehan Maupin, sable,		5	0	
Laurent Journel, plâtre,	65	2	6	
Laurent Journel, bois,	1	12	0	
Laurent Journel, sable,	2	13	0	

(1) Ibidem, fol. 10 verso.
(2) Prêtre de l'abbaye.

2. — Achat de bois (1).

Jean Bucquet, marchand de bois, à Bergnieu-
les.   2351. 16 s. od.
Jean Bucquet, gros bois et chêneaux, bois,
                                    120   15   0
François Gallot et Jean Lequien, marchands à
Montreuil, bois,   146   10   0
Charles Le Bourgeois, hôtelier de la Clef, à Bou-
logne, bois,   6   0
Robert Hamel, charretier à Boulogne, 12   9   0
Guillaume de Framezelles, Thomas Lamorry,
Mathias des Granches [Granges], Guillaume Grunel,
Gérard Crespe, Jean Candavoyne, Hugues Havet,
Léon Bellart et Gérard Le Clerc, charpentiers,
bois,   19   16   0
Matthieu Dupont, Jacotin de Lobel, André le
Normand et David Gonse, charretiers, des environs
de Montreuil,   17   12   0
Jacques Vitdecocq, bois,   36   0   0
Jacques Vitdecocq, bois, 26 2 0 payés, dans
son compte de   65   2   6
Denis Tourny, bois,   25   2   0
Jean Hibon, bois,   7   13   0

3. 4. 5. — Paiement des Maçons (2).

Nicolas Despensues, maître maçon, 40   0   0
« Pour avoir abattu un pignon et cloison de grosse
maçonnerie, où il y avait une grande cheminée, entre

---

(1) Ibidem, fol. 12.
(2) Ibidem, fol. 17.

deux salles contiguës et suyvant l'un l'autre, en l'abbaye Notre-Dame de Boulogne, servant de refectouere aux religieux ». Cette démolition faite, on a reaeduit la maçonnerie et réparé le lieu, où était la cloison.

Journées de maçons (5 sols par jour). 381. 5 s. 1 d.

Jean Caillet, Jean Marquet, Pierre Le Cler, Aimé de Gouy, Adrien Tonnbonne, Claude Follet, Perotin Cado, Jean Nayet, Ancelot Oyselure, Nicolas Despensues, Jean Balin, Jeannet Hamère, Jean Bouchel, Jean Lefebvre, Antoine Hamerel, Jehan Poissin (1).

Travail de nuit à 2 sols 1/2 par nuit. (Nuytées).

	o	17	6
Jean Hibon,	16	2	6

Pour la réparation du logis de Fouquesolles (2) servant pour le commun du logis du Roy d'Angleterre audit Boulogne.

| Laurent Journel, | o | 1 | o |

6. 7. — Journées et nuits de Charpentiers (3).

Jean Morel de Montreuil, Huchon Morel, Adenet Duboye, Gérard Duboye, Florent Bellard, Jean Millon, Jean Fouquet, Robert Dublart, Jean Bouthault, Pasquier Emery, Jean Fagot, Thouyn Clo-

---

(1) A moins de raisons spéciales, les noms d'ouvriers déjà nommés ne seront pas répétés. Ainsi, par exemple, Jeannet Hamère et Antoine Hamerel, payés un peu plus loin pour travaux exécutés pendant la nuit ne sont pas mentionnés de nouveau.

(2) Il existe encore de ce nom un hameau de 95 habitants, sur la commune d'Audrehem, (Pas-de-Calais.)

(3) Ibidem, fol. 19.

quesot, Jean Carpentier, Colin Carpentier, Motet de Casier, Jean du Bernet, Thouyn Bellin, Colin Fre, Justin Guenu, Yvon Pubart, Guyot Plouvin, Robin Lequien, Jacques Petitpas, Guillain Bichart, Pierre Riquiert, Loison de Haurannes, 8 l. 10 s. 0 d.

Nuits de charpentiers à 2 s. 6 d.   0 25 0
—   —   5 s.   4 0 0

Huchon Morel pour un cabinet pour la grande salle, conférence,   5 10 0

Jean Hennequin,   2 10 0

8. 9. — Menuisiers (1).

Jean de Quéhen (10 s. par jour),   8 5 0
Autres à 5 s.   73 15 0

Adam de Quéhen, Nicolas et Guillaume de Septfontaines, Nicolas de Fontaine, Guillot Colin, Robert de Holleville, Fremyn Galempoix, Pierre Bolin, Jean Hecquet, Jean Duval, Jean de Houssaye, Guillaume Duhamel, Josse Eudin, Thouyn Duval, Jean Duval le jeune, Jean Morel, Absalon le Roy, Emile du Chemyn, Jean Moret, Philippe Frossart, Jacques de Basson, Robinet de Ronc, Raoulin Philippes, Pierre Bolin, Jean Hecquet, Ancelin Le Guenu.

Nuits de menuisiers à 3 s.   2 14 0

Jean de Quéhen pour 13 scabelles à 3 s. pièce,   1 19 0

Jean Hecquet pour une tâche à faire partie des chandeliers outre la tournure,   2 14 0

(1) Ibidem, fol. 22.

Robert de Holleville. Façon de 12 scabeaulx,
  1 l. 0 s. 0d.
Dominique de Cortonne. Un grand buffet,
  1 0 0
Nicolas Hibon, 15 journées à 7 s. 5 12 6
Hibon et de Quéhen. Une « tasche » du grand buffet de la grande salle de l'Abbaye, 5 0 0

10. 11. 12. — Manœuvres (1).

Neuf hommes d'Amiens pour avoir déployé tentes et pavillons à Amiens, « afin de congnoistre s'ilz pourroient servir et iceulx replier et resserrer »,
  0 9 0

Messige Anguerrant, prêtre (Enguérand Langlois, comme il est marqué ci-dessus). Nettoyage du grenier de l'abbaye N.-D. de Boulogne, pour servir à mettre les tapisseries et autres meubles à couvert,
  0 5 0

Nettoyage d'un côté d'une grande grange de l'abbaye, pour servir à loger les guets (hommes de garde), 1 10 0

Nettoyage d'un lieu de l'abbaye, où a été faite la cuisine, 0 6 0

Levée de terre autour d'un arbre, 0 10 0

Ces manœuvres ont été ; Thouyn Macoteau, Jean Emery, Jean Pain, Antoine Revyes, Jean de Corbye, Jean Moulin, Florent Ogez, Pierre Moulin, Claude le Suisse, Valleran le Bassez, Jehan de Mo-

(1) Ibidem, fol. 25.

yenneville, Prosper Hermant, Jeannet Wasselin, Jean Dabort, Nicolas Moreau, Jean Raguesne, Hilaire Simon, Jean Vallon, Jean Ponsse, François Grugibus [Gorgibus], Etienne Duboit, Jean Roys, Gaspard Bassez, Jean Guille, Colas le Picart, Guillaume Angmer, Jean du Loquin, Colmet Boys, Etienne Guyloteau, Jean Houbert, Jean Alexandre, Colin Boyet, Jean Carron, Jean Dalbana, Jacques Maupetit, Adrien le Rat, Colmet Moret, Claude Rossay, Jean Bardin, Jean Martin, Jean Sauvage, Jean de Lacroix, Pierre Yverné, Louis Malherbe, Guillaume le Rat, Roch Le Roy, Jean Grenu, Thouyn le Maçon, Jean Beaufilz, Jean Dubuc, Marty Argenti, Jean Ouasselin, Thomas Bousse, Marquet Nymes.

218 journées de manœuvres à 2s. 6d. font en tout, 27 l. 5 s. 0 d.

Nuits de manœuvres, 0 11 0

9 à 1 s. 3 d. Mathieu de Pontigny. Pour garnir de gazon une petite cour de l'abbaye faisant face à la Grande salle. Jean Méry, Thouyn Macoteau, Jean Carron, Jacques Maupetit, Claude Rousse,

0 15 0

A Jean de Labrosse, potier du Roy, pour avoir aidé les manœuvres à retirer les immondices qui étaient devant la porte de l'abbaye, 8 0

Autres journées, 5 2 0

Laurent Journel, 10 0

13. — Paiement des Verriers (1).

Nicolas de la Pasture, vitrier, 2 l. 5 s. 0 d.
Pour avoir rabillé en plusieurs lieux les vitres rompues de la salle, 7
Robert Belin et Arsène Belin, 4 grandes verrières pour la Grande salle, 48 10 0
Nicolas de la Pasture et Jean Gressier, 3 grandes verrières au cabinet près la Grande salle, 5 verrières en la salle du Roy d'Angleterre, une autre en sa garde-robe en sa chambre, une autre en la galerie, etc., 63 12 0
Pour avoir « recoustré ung escusson aux verrières de la chambre », 1 10 0

14. — Paiement du Plombier (2).

Guillaume Dechon, plombier à Boulongne, 1 6 10
Le *vieil* plomb 214 lb. à 4 d. 3 11 0
Le plomb neuf 21 lb. à 10 d. 17 6
Douze anneaux de fer à 1 s. 6 d. 18 0

15. — Peintres et Peintures (3).

Guillaume Laignel, Antoine du Monceau, Jean Fluin et Jean Rabache, maîtres-peintres d'Amiens, à chacun, 8 0 0

---

(1) Ibidem, fol. 29.
(2) Ibidem, fol. 30, verso.
(3) Ibidem, fol. 31.

Jean du Boys et Jacques Sellier, compagnons,
5 l. o s. od.

« Pour avoir vacqué huit jours et deux nuytz à faire plusieurs painctures, à la repparation du logis de ladite abbaye et pour leur voiaige, tant de venir audit Boullongne, où ilz ont été mandés par le seigneur de Savonnières et par le sieur de la Bordaisière, que pour leur retour audit Amiens », 42 o o

Robert le Carpentier, maître-peintre de Boullongne, 7 17 6

« Antoine Framery, Jacques Benard, Johannet Carpentier et Jean Carpentier, peintres dudit Boullongne. A chacun cent cinq sols pour avoir vacqué dix journées et demye à faire plusieurs peintures tant à ladite abbaye qu'à un logis de Marquise. A raison de 15 sols par jour », 28 17 6

Robert le Carpentier, pour avoir doré 18 chandeliers, à 10 sols par chandellier. 9 o o

Johannet le Roy, à raison de 10 sols par jour et de 5 par nuit, pour avoir peint, compassé et assis les bandes de taffetas sur ciel et toile incarnat, mises en la grande salle de ladite abbaye, 5 o o

Laurent Journel, maître des ouvrages de la ville, pour fourniture de couleurs employées et consommées à faire les ouvrages de peinture, à Boulogne et à Marquise, 36 o o

Jean Antoine, peintre, 6 o o

16. — Paiement de couturiers et couturières (1).

Antoine de Mouy pour 3 journées à 7 s.,	1 l.	1 s.	0 d.
Jean Ruert,	1	1	0
Jeanne Damalas, 1 jour 1/2		4	6
Jeanne Maillart, 1 jour 1/2		4	6
Laurent Journel, coutures de tentes,		12	0

17. — Paiement des maîtres conducteurs et sollici- teurs des ouvrages (2).

François du Sart, 18 journées. Il a servi et vaqué à solliciter et diligenter les ouvriers besognant à ladite abbaye, à 7 s. 6 d. par jour,   6 15 0

Bastard, garde, à cause des meubles, 9 0 0

Laurent Journel, maître des ouvrages du Roy, à Amiens, conduite et sollicitation des ouvrages,
   40 0 0

Dominique de Cortonne, de Paris, 27 jours depuis son départ jusqu'à son retour, du 4 au 30 octobre, à 1 l. 10 s. 0 d. par jour,   40 10 0

« Messire Enguerand Langlois, prestre, demourant à ladite abbaye... pour plusieurs dilligences par luy faictes, à faire vuyder les chambres et salles et plusieurs autres lieux, dont on s'est aidé en ladite abbaye et fait plusieurs autres services », 5 0 0

Jacques le Mangnyer d'Amiens, pour avoir amené, dressé, tendu, etc. les tentes et pavillons,
   20 0 0

---

(1) Ibidem, fol. 32, verso.
(2) Ibidem, fol. 33, verso.

18. — Paiement des serruriers (1).

Nicolas Morin, serrurier, demeurant à Boulogne, tant à l'abbaye, où ont logé les Rois qu'à la maison de Fouquesolles, étant près ladite abbaye, qui a servi à loger partie du train et de la maison dudit Roy d'Angleterre.

12 pentures et un gros de fer, fenêtres d'une grande salle qui a servi à loger le train du Roi d'Angleterre; il a fourni, en outre :

3 verroux et 9 crampons aux fenêtres.

2 paires de pentures, 2 verroux et 1 clicque, mises à 2 fenêtres de la galerie, étant entre la chambre du Roy et de la salle qui a servi pour lui.

339 pieds de verges de fer, employées à plusieurs fenêtres.

4 grandes pentures, 2 verroux, 1 clicque. Clôture de la grande salle.

2 grandes pentures, 1 serrure et 1 verrou à un autre huys.

2 grandes pentures, 3 crampons et 1 verrou.

3 bandes de fer.

1 clef.

2 pentures pour la salle des trompettes regardant la salle du Roy d'Angleterre.

Et environ 39 autres articles,   31 l. 3 s. 4 d.

Et une autre somme à lui due pour ce travail,   54 0 0

4 pentures et 2 verroux à l'huys d'un cabinet joignant à la salle, où a été fait le festin et où les Rois se retirèrent, pour deviser après leur réfection.

(1) Ibidem, fol. 35, verso.

4 pentures, 2 verroux et 6 crampons aux fenêtres d'une autre chambre, où les Rois se retirèrent pour parler ensemble.

1 clef servant à la porte d'une chambre, où était la vaisselle du Roy d'Angleterre, en ladite maison de Fouquesolles.

Robert Planyer, serrurier,	15 l.	10 s.	0 d.
Pour 18 fallots,	11	5	0
Autres,	20	10	0
Jean Larmurier,	13	7	0

19. — Tentes et Pavillons (1).

Jean le Mangnier d'Amiens,	27	12	6

Ces objets furent portés en un chariot à la rivière et de là par bateau jusqu'à Abbeville.

Corneille Pignard et Jean Macon qu'on a fait venir de Paris, pour rhabiller et dresser les tentes et pavillons, et leurs 5 compagnons,	7	4	6
Jean le Mangnier. Les cordes,	4	13	0
Jean le Mangnier. Portage des tentes,	24	0	0
Jean le Mangnier. Voiture,	16	0	0

20. — Jonc mis dans les salles et chambres (2).

Mathieu de Pontigny,	0	14	0
Une charrette de jonc,	1	10	0
Jonc payé à 3 femmes,	1	1	0

(1) Ibidem, fol. 41, verso.
(2) Ibidem, fol. 45.

21. — Achat de taffetas, toiles, clous, meubles et autres mêmes parties (1).

Une douzaine de grandes peaux de parchemin de vélin pour servir à faire *portvantz* (paravents).
4 l. 8o s. od.
En papier baillé aux peintres pour faire des « portvantz ». 0 6 0
A Jean de Broutel. Cordes, 4 17 11
Chandelles, 0 6 0
Jean Carton, marchand contre poinctier, demourant à Abbeville, 6o 5 0
3 matelas de futaine blanche, *marchté* au croissant, garnis de bourre de caneton, les traversins garnis de bonne plume, 3 paillasses de paille,
Au charretier pour avoir amené le tout, à Boulogne, 4 0 0
Paille, 1 6
Autre, 15 0
Autre, 17 6
Autre, 1 0 0
Autre. 1 0 0
Chandelles, 0 6 0
Autre, 4 0
Fer à râcler et nettoyer les cheminées, 5 0
12 corbeilles, 18 0
Une cyvière à bras, 3 6
Un tamis à passer le plâtre, 3 0
27 lb. de chandelle. (Travail de nuit), 2 14 0
Pierre le Sueur, marchand de bonneterie, 3

(1) Ibidem, fol. 45.

aunes 1/4 de taffetas pour servir à achever le ciel de la grande salle à 24 s. l'aune, 31. 18 s. 0d.

Pour une paire d'espoucettes [époussettes], pour servir à nettoyer les tapis, 0 3 0

Une livre de fil à coudre le ciel de toile rouge, 0 6 0

Mise à neuf de 2 chaises de velours vert brodé. Travail et fournitures, 3 0 0

Epingles. Un peloton de petite ficelle, pour fixer les nappes servant au buffet, 0 2 0

3 torches employées pour tendre la salle, 18 0

Tenture du ciel de toile rouge, corde, 2 0

Chaufferettes de terre pour parfumer la salle, etc., 7 0

Dominique de Cortonne. Plats de bois pour servir aux chandeliers, etc., etc., 7 11 6

Laurent Journel. Chandelles, 10 lb., 1 0 0

Divers, 7 5 0

Divers, 2 5 0

Jean Guillard, chevaulcheur d'écurie du Roi, 6 0 0

Chariots menant les meubles et les tapisseries à Boulogne. Course à Abbeville, 4 0 0

« Pour 18 pièces bougran de couleur incarnat, achettées à Bruges par Robert Boulenger, contenant chacune pièce, 10 aulnes Flandres ou environ, revenans à 5 aulnes et demye de Paris, pour servir à fourer par hault le plancher de ladicte salle de l'abbaye dudit Boulongne, où s'est faict le festin dudit seigneur », 40 10

Onze pièces dudit bougran plus fin que le précédent et de semblable aunage, aussi pour servir en ce que dessus, 3 l. 17 s. 6 d.

« Pour la despence faicte par ledict Boulenger avec un marchand de St-Omer, qu'i[l] mena avec luy audict Bruges, pour achatter lesdictes toilles, parce qu'il avoit une grande congnoissance des marchans dudict Bruges et qu'il ne s'en povoit recouvrer en ladicte ville de Sainct-Omer », 3 17 6

Peine et salaire de ce marchand, audit voyage, 10 0

2 chevaux loués, pour aller de St-Omer à Bruges, 1 10 0

Voiture du bougran, de Bruges à Saint-Omer, 2 0 0

10 douzaines couteaux, tant façon d'Allemagne qu'autre, (façon de Flandres), à 10 s. la douzaine, 5 0 0

51 aunes de taffetas jaune et violet, mesure de Paris, qui a servi à faire entrelacements et entrechassement sur lesdits bougrans. (La partie achetée à Calais s'est vendue 16 s., celle achetée à Boulogue 30 s.), 72 6 0

Georges Michel, chaudronnier de Saint-Omer, 100 chandeliers, 32 6 0

Guillaume Bachelier, verrier de Saint-Omer, pour 50 douzaines de verre de pierre qu'il a fournis à 5 s. 12 10 0

Toile cordage. Paille. Emballage, 12 0

20 platines de fer-blanc appliqués contre les murs à 5 s., 5 0 0

1 charretier de Saint-Omer et sa charette, 10 0

Voiturage du bougran de Saint-Omer à Boulogne. Déchargement. (4 s.), 1 l. 4 s. 0 d.

Cheval de Boulogne à Saint-Omer pour Boulenger, 2 jours, 8 0

Dépense de Boulenger pour son voyage à Saint-Omer et son retour, 1 10 0

5 journées consacrées au voyage, dont 3 de séjour à Saint-Omer, lui et son homme, 10 0 0

22. — Reparations et Despenses faiotes à Marquise (1).

« A Jean Hibon, demourant à Boulongne et Jehan
« Trousset, maistre maçon, demourant en la paroisse
« de Ferques (on lit Serques dans le mss), près ledict
« Boulongne, la somme de trois cens livres tournois à
« eulx ordonnée, pour le paiement de l'ediffice et reparation
« par eulx faicte au logis qui a esté reparé
« audict Marquise, pour la venue du Roy, nostredict
« Seigneur et dudict Roi d'Angleterre, tant de maçonnerie,
« charpenterie, menuyserie, vittrie et serruzerie
« que autres choses, selon ce qui a esté devisé,
« convenu et accordé avec eulx par messrs. de Savonnyères
« et de la Bordaizière; c'est assavoir: pour avoir
« mis et renduyt trois chambres basses, estans en la
« maison d'un nommé Guillaume Selingue, estant sur
« le marché dudict Marquise, tout en ung, et osté les

---

(1) Ibidem, fol. 57.

« entrefens de boys, *bricque*, comme muraille, et mis
« [l'œuvre] d'en bas, tout d'une haulteur, de terre et ar-
« gille. Item faict un pignon de ladicte maison, remons-
« ter une chemynée, pour servir à la salle et, auprès
« d'icelle chemynée, fait parcher le pignon et muraille
« et faict ung huys, pour entrer en une autre maison,
« nommée la clef; faict deux chassis de boys, de quatre
« piedz de hault et de deux piedz de large, portant
« chascun ung simple chassis garnis de barres et assis
« dedans la muraille, servant de deux fenestres sur
« la rue et les assiz à la volunté d'une autre fenestre,
« qui demeure en son estat et qui faict la troisiesme
« fenestre; et aussy forny ladicte troisiesme partye
« d'un chassis portant barre; faict trois grandes autres
« fenestres entre deux paillereulx (1) de terre au des-
« sus desdictes trois fenestres, mesmement depuis le
« dessus de la muraille de pierre jusques au dessoulz
« des poultres et icelles fenestres remplyes de barre
« dormant; faict pareillement à l'autre cousté, et sur
« la court de ladicte maison, entre les poultres et
« trois autres fenestres remplies de barre dormant,
« depuis le dessus de ladicte muraille de pierre
« jusques au dessoulz desdictes poultres et entre
« deux d'icelles poultres pareilles et semblables
« des autres, faict faire une huisserre, pour entrer
« en ladicte salle, de ung chassiz dormant, portant
« quatre piedz et demy de large et huict piedz de
« haulteur et forny l'huys de serruze et pentures et
« ce qui luy appartenoit; faict encores au bas de
« ladicte salle rehaulser et mettre à poinct une

(1) Boudins remplis de sable au lieu d'être garnis de paille.

« huisserre de pierre de taille, parce qu'il fault re-
« haulser les herres et y faire trois paz, par dehors,
« nouveau seu[i]l, nouveau lintel (linteau) et arbe-
« lures ? parce qu'ilz estoient rompues et bruslez à
« l'occasion de feux et rechausser les *hauches* de deux
« piedz(¹). Aver forny l'huisserre de serruzes telles qui
« y appartient, faict houster les poultres du premier
« estaige, estant par voye en ladicte maison, pour
« faire lesdictz hetages (*sic*) en une haulteur ; faict
« tendre le long de ladicte salle, par hault, de thoille
« pardessus les poultres ; par dessoulz les poultres
« faict, au dehors de ladicte maison, une muraille
« pendant du pignon d'icelle maison et allant clorre
« la rue à ung pignon d'une autre maison, estant à
« l'austre cousté de ladicte rue. Et icelle muraille
« avoit sept piedz de haulteur et avoit en ladicte
« muraille une porte de deux manteaulx, de huit
« piedz de large et en ung desditz manteaux, ung
« guichet, le tout fourny de pierre, lassures (laniè-
« res), serruzes et ce qui y appartient ; faict sembla-
« blement clore et fermer, au bout d'en hault de
« ladicte rue, de pareille muraille pendant à ung pi-
« gnon d'une masure toute rompue et venant à ligne
« à l'endroit de la fenestre d'une maison, appartenant
« à ung mercier et en icelle muraille faict une huis-
« serre de quatre piedz et demi de large et huit piedz
« de haulteur, fourny et garny de lassures et ce qu'il
« y appartient. Laquelle somme de trois cens livres
« tournois a esté paiée, comme par quittance cy

(1) Les herres sont probablement des aires. Quant aux *arbelures* et aux *hauches*, ces mots copiés sur le mémoire d'un maçon de campagne demeurent inexplicables.

« rendue, servant cy, appert, pour cecy et par
« vertu d'icelle, la somme de   300 l. o s. od.

  « A Heluyn Dulin, la somme de quatre livres
« tournois, à luy ordonnée pour deux postes qu'il a
« corues (1); l'une, allant de Boulogne à Marquise,
« sur le chemin de Calais, qui est le lieu où le Roy,
« notre Seigneur, doit recevoir ledict Roy d'Angle-
« terre, veoir comme l'ouvrage, reparation et acco-
« modation de la maison, où se devait faire la
« reception estoient avancés, pour ce qu'il estoit
« besoing de promptement savoir; et l'autre, retour-
« nant audit Boulogne, qui payée luy a esté, comme,
« par ledit cayer de parchemin ci-devant rendu,
« appert,   4   0   0

  A Guillaume Selingue. Dommage intérêt. Loyer.
                               50   0   0

  « A Jehan Trosse, (2) maçon, demourant à Mar-
« quise, la somme de dix livres huit sols tournois à
« luy ordonnée pour son paiement et remboursement
« des parties qui en suit; c'est à savoir : pour son
« salaire durant les trois jours qu'il a vacqués à
« accoustrer les maisons audit Marquise, ordonnées
« pour servir au Roy, notre Seigneur, et audict
« Roy d'Angleterre, à raison de six sols par jour.
                               18 s. 8 d.

  « A Guillaume Suestrier, manouvrier, qui a vac-
« qué, par deux journées, à tourner la chaux, hors de
« la cour dudit lieu,   5   0

  « A Jehan Engin, Jehannet Engin, Leonard Moren,
« Louis de Haultesmelle, Guillaume de Liegette et

---

(1) *Corues*, pour Courues.
(2) Trosse, Trousse, Trousset.

« Jehan Bertrand, autres manouvriers qui ont,
« durant un jour, vacqué à *alanter* les entreprises
« d'icelles maisons, à raison de deux sols, six deniers
« à chascun,   15 s. 0 d.

« A Jehan Michellet et Baudichon Donolens,
« autres manouvriers, qui ont servy durant un jour,
« et deffait les eschalas, chaslictz (1) et portes des
« maisons, à raison de 5 sols pour chascun,
                                10   0

« A Colin Forestier et Huchon Forestier, maçons,
« qui ont servy à eschaffauder et approprier les lieulx
« où les painctres ont besogné. A chascun,
                                12   0

« En louayge de boys, pour hourder et acoustrer
« les eschaffaulx desdits painctres,   40   0

« Pour le paiement de deux chariotz qui ont servy,
« durant ung jour, à amener du sablon pour ladicte
« court. A chacun 16 sols,   32   0

« A Chrestien Lebrez, ung nommé Lespaigne et
« Antoine Barbier, manouvrier, qui ont servys pour
« deux jours à charrier le sablon pour ladite court.
« A chascun 5 s.,   10   0

« A deux chartons qui ont par plusieurs voyages,
« amené du jonq pour servir et espendre ès salles et
« chambres desdictes maisons.   1 12   0

« A plusieurs personnes qui ont scyé et chargé
« ledict jonq,   22   0

« Toutes les dictes partyes et sommes font et mon-
« tent ensemble ladicte somme de 10 livres, huit solz
« tournois quy paiée a esté par ce dit present com-

(1) Probablement bois fixés aux murs, sur lesquels on mettait les couches.

« mis audict Jehan Trousse, comme, par sa quittance
« cy rendue et servant cy, appert. Donné cy et par
« vertu d'icelle ladicte somme de   10 l. 8 s. 0 d.

« A Adrien Moren, la somme de 12 livres tournois
« à luy pour recompense des desbris et desmolitions
« faictes en sa maison, audict Marquise, pour la cui-
« sine dudict Seigneur, laquelle somme luy a esté
« paiée, comme, par sa quittance cy rendue, appert ;
« donné cy, en vertu d'icelle, ladicte somme de
                                          12   0   0

23. — Charroi de l'Artillerie (1).

Autres parties payées pour les frais et dépenses de charrois, équipage et conduite des pièces d'artillerie et munitions cy-après déclarées. C'est à savoir :

4 canons.
4 couleuvrines bâtardes (2).
8 couleuvrines moyennes.
3 faucons.
7 fauconneaux.
3 emerillons.
80 arquebuses à croc.
31 chambres de fer.

---

(1). Ibidem, fol. 61 à 91, verso.

(2) Les couleuvrines se divisaient en légitimes et en bâtardes. Les légitimes comprenaient : 1° le dragon ou double couleuvrine, lançant des boulets de 40 livres à 1364 pas de 2 p. 1/2 ; la couleuvrine ordinaire 20 lb. à 1200 p. ; la 1/2 couleuvrine, 10 lb. à 900 p. ; le sacre ou 1/4 de couleuvrine, 5 lb. à 700 p. ; le fauconneau ou 1/8 de couleuvrine, 2 lb. 1/2 à 568 pas. Les bâtardes étaient : le dragon volant ou double couleuvrine extraordinaire, le passe-mur, le passe-volant.

24 chargouers.
6 refouloueres.
6 barils de poudre.

« Prins et chargez en la ville d'Amyens ».

2 canons.
1 grande coulevrine.
2 coulevrines bâtardes.
3 coulevrines moyennes.
25 haquebutes à croc.

« Prins et chargez en la ville d'Abbeville ».

5 canons.
3 grandes coulevrines.
2 moyennes coulevrines.
9 haquebutes a croc.
15 barils de poudre.

« Prins et chargez en la ville de Monstreuil ».

« Lesquelles pièces et munycions ont esté admenées desdites villes en laditte ville de Boulogne, pour la seurté et deffence d'icelle, à cause de la veue et assemblee qui y a esté faicte du Roy notre Seigneur et dudict Roy d'Angleterre et après ladicte veue, remmenées ès dictes villes, où elles avoient esté prinses ».

2 journées pour garder la poudre et munition prêtes à charger, 10 s. 0 d.

4 sacs de treillis pour mettre la poudre amenée, 24 0

12 chevaux, pour porter les pièces et munitions de l'arsenal, à raison de 5 sols pour une journée de cheval. 3 0 0

Garde des pièces et munitions dans les gribanes et bateaux. Fournitures de cordages et engins
40 0

Il a fallu : 27 pionniers et mariniers. 7 charpentiers. 6 sapeurs. 2 charrons. Charretiers.

Voyages et diligences.

27 pionniers et mariniers ; c'est à savoir : du Moulin, du Boys, Caron, Lecaille, Fourdrinier, Harbulet, du Puis, Bynemere, Lebel, Maurant, du Flaus, du Buisson, Benet, la Vasseur, de Hyencourt, Masse, Boucher, Bybaned, Savenyer, le Roy, de Quinylier, Cornebeuf, Boutilliers, du Four, de la Mare, et deux autres, 9 l. 0 s. 0 d.

Charpentiers : Jean Gambyrel, Picart, Josset, Corhet, Gosset, Leclerc, Thouyn Gambyrel.

Sayeurs? dais (scieurs d'ais).

Tourneur, Tahon, Regnard, Nicolas le Roy, Evrard le Roy, Jac. Loritent. Charrons : Pierre et Colin Raboulle. 15 0 0

A Villeguier Dubre, maréchal-ferrant à Abbeville. 3 0 0

A Guyndallier d'Abbeville pour avoir tiré et guidé des gribanes (1) venues d'Amiens, et embarqué à Abbeville dans 2 autres gribanes. 2 0 0

A Messager, pour avoir requis et fait venir de Saint-Valery ces 2 gribanes, 10 0

« Pour le paiement de 10 postes que Marc de la Fontaine, commissaire ordinaire de l'arteillerie du Roy a corues depuis Amyens jusques à Boulongne, la somme de trente livres tournoys à luy ordon-

---

(1) Bateaux à mât et à voiles, de 50 à 60 tonneaux, employés sur les côtes de Picardie et de Normandie, la *Somme* et la *Seine*.

née, pour faire entendre à Monseigneur le Grand Maistre, que le vent estoit contraire à mener lesdittes pièces par mer, aussy pour demander argent et à retourner audit Abbeville, pour les faire partir à trois chevaulx, 30 l. 0 s. 0 d.

« A deux hommes à cheval, la somme de 20 sols pour avoir esté dudict Abbeville, au devant desdictes gribannes pour les haster jusques au lieu nommé, etc. » 20 0

A Jehan de Bouquemelle, Seigneur dudit lieu, pour son remboursement des parties ci-après déclarées qu'il a certifié avoir déboursées, pour la conduite de 4 canons, une coulevrine bâtarde et une moyenne, prises en la ville d'Amiens, 29 0 0

« A M° Estienne Tanneguy, fondeur de l'artillerie du Roy;... pour avoir eu le regard à la conduitte depuis ledict Abbeville jusques audict Boullongne desdites pièces d'artilleries et munycions, » 40 0 0

« Pour le paiement de 6 vingts 14 hommes, [134], charretiers, ayant chacun un cheval de charroy, qui furent levez pour amener par terre, depuis le port du Cortoy [Le Crotoy] jusques à ladicte ville de Boullongne, les pièces et munitions, etc. Et à cause que le vent estoit contraire, estoit demourer audict Crotoy, touttesfoyz, à cause que ledict vent se changea et retourna propre à faire voille, furent menés par ladicte mer, jusques audict port de Boulongne-», 56 50 0

« A un charron de Monstreuil, pour avoir besogné ...ce qui estoit necessaire de son mestier aux pièces d'artilleries prinses audict Montreuil », 10 0

« A ung mareschal qui a ferré une roue de l'un desdits canons, 20 sous tournois, »   0 l. 20 s. 0 d.

Pour deux selles à servir aux chevaux de limon, la somme de 20 sols tournois,   0   20   0

Pour une sangle à une autre selle de cheval de limon,   0   1   3

Pour une douzaine de longes,   3   4

Pour deux *attellouers* de fer,   2   0

En menus cordages servant... et à acoustrer les pannonceaux,   35   0

En graisse à graisser lesdites pièces,   20   0

Pour un pain de suif acheté audit Montreuil et envoyé au Crotoy pour graisser lesdites pièces d'artillerie d'Amiens à Abbeville,   25   0

A François de Vymes, garde des munitions de ladite ville de Montreuil, en remboursement des parties qui suivent,   9   16   0

C'est à savoir pour trois frettes mises à deux canons et une coulevrine,   1   12   0

Pour 4 clous carrés et une cheville mise aux bandes d'un canon et coulevrine,   16   0

Pour 6 chevilles mises au   12   0

Pour 12 chevilles mises à 6 pièces,   12   0

Pour 24 chevilles mises à douze sacques de pouldre,   11   0

Pour la vacation de deux hommes et six chevaux qui ont porté le reste des munitions dudit Montreuil à Boulogne où ils ont vacqué deux journées à raison de trente sous pour chacune charrette,   3   0   0

Et audit de Vymes pour avoir durant 6 journées vacqué et entendu à faire acoustrer lesdits sacs de munitions et icelles accompagner dudit Montreuil à Boulogne, à raison de 10 sous par jour,   3   0   0

qui font, comme dessus,   9 l. 16 s. 0 d.

Pour le paiement de 6 pionniers, la somme de 8 livres à eux ordonnée, pour avoir, pour un chacun durant 8 jours, tant à charger audit Montreuil lesdites pièces et munitions, qu'à les conduire en deux voyages, dudit Montreuil audit Boulogne, à raison de trois sols, quatre deniers, chacun d'eux par jour,
  8   0   0

A six autres pionniers, pris de renfort, audit Montreuil, la somme de 10 sols tournois pour aider à graisser desdites pièces,   10   0

A six autres pionniers, pris de renfort, audit Montreuil, la somme de 5 sols, pour aider à lever d'une plateforme une des grandes coulevrines et icelles avoir menées en la place dudit Montreuil,   5   0

A un passager du bacq d'Attin [Athan], pour le passage desdites pièces et munitions et équipages d'icelles, à deux voyages, la somme de   7   0

A trois guides qui ont guidé lesdites pièces par les chemins plus aisés, depuis le pont de bricque, jusques audit Boulongne,   5   0

A Pierre Mouchart, la somme de 40 sols tournois, pour un voyage d'avoir esté en poste, de Boulongne audict Montreuil, porter lettres aux manans et habitans dudit Montreuil, afin de delivrer et laisser venir lesdites pièces,   40   0

A Gilles Moreau, la somme de 108 livres tournois pour son remboursement du paiement par luy faict aux charretiers qui s'ensuit. C'est à savoir :

« A Baudichon Aubry, de Coudun (Oise), pour 6 journées de 6 chevaulx à 6 s. 6 d. par jour »,
Jean Jenneau de Compiègne, 6 6 par jour,
Jean Gouies de Compiègne, 6 6 par jour,
Pierre Legendre de Coudun (Oise), 6 6 par jour,

Mathurin Thron pour 6 journées de 7 chevaux,

Alain de la Croix, [de Braisnes-sur-Aronde (Oise)], pour 8 journées de 17 chevaux, qui font en nombre 48 chevaux, qui ont, pour un chacun, six journées en deux voyages, amené partie desdites pieces d'artillerie, dudit Montreuil en ladite ville de Boulogne, à raison de 7 s. 6 d. pour cheval par chacun jour »(1),

En tout, ils ont reçu : 108 l. 0 s. 0 d.

A Antoine Joly 10 s., pour avoir conduit durant 6 journées lesdits chevaux, 10 0

A Pierre Douvylle, capitaine du charroy du Roy, la somme de 198 livres tournois, pour paiement de 44 chevaux qu'il a fournis aux charretiers, pour les conduire, et qui ont servi durant, tant à amener aux deux voyages le reste desdites pieces dudit Montreuil jusqu'en la ville de Boulogne, qu'à monter et mener lesdites pieces d'artillerie et munitions desdites villes d'Amiens et Abbeville, depuis ledit port de Basse-Boulogne, jusque sur les murailles et plates-formes de ladite ville de Boulogne et à les remmener et changer de l'un en l'autre quand il a esté besoing.
198 0 0

---

(1) Il paraît singulier que l'on ait dû faire venir de Compiègne et des environs tant de chevaux, quand les environs de Montreuil possèdent un si grand nombre de chevaux de race boulonnaise. La seule explication possible, c'est qu'on avait dû avoir recours à des chevaux accoutumés au service de l'artillerie.

« A [nom laissé en blanc] chartier dudict Monstreul..., pour avoir amené en ung charyot, forny de cinq chevaulx, les pouldres dudict Monstreul à Boulongne, à raison de cinq solz pour cheval, pour chascun jour ».   50 s. 0 d.

« A Mathieu Samet, Gillon Roussel et Jean de la Fons, charpentiers de Boulongne, 22 sols, 6 deniers, pour avoir vacqué chacun une journée et demye à reffaire et asseurer ung pont, nommé le pont de bricque, pour le passaige de ladite arteillerie de Monstreul, à raison de 5 solz par jour »,   22   6

« A Jean du Fourmanoir, morte-paye (1), de Boulongne, 10 solz, pour avoir vacqué deux journées à raccommoder et faire livrer le bois necessaire à faire ledict pont »,   10   0

« A Jehannet Benault, de Willewine, la somme de 20 s. pour avoir mené avec ses chevaulx deux canons et une coulevrine dudit port de Basse Boulongne jusques en ladite ville »,   20   0

« A Robichon Regnent, dit Mastredo, maistre marinier, la somme de neuf livres tournois, pour 12 journées qu'il a vacquées à tirer et descharger des gribannes, l'artillerie et munycions d'Amyens et Abbeville et ayder à les monter et conduire, depuis le port de Basse Boulongne, jusques sur les murailles de ladicte ville, tant pour ses peines que pour avoir forny de cordaiges, poullies et engins, à raison de 15 solz par jour »,   9   0   0

A onze mariniers cy-après nommés, à savoir :

Marquin Bausse   Marquin Margocet,

---

(1) Soldat encore en garnison, entretenu et compté sur l'état dans l'ordinaire des guerres.

Henry Cormielle,	Noel de Quenchen,
Pierre Foucart,	Guillaume Miolle,
David Regnet,	Mandrel Hagneré,
Jean Lebreton,	Jacquet Le Normant,
Colinet Mestre,	

« Lesquels onze maryniers ont servy, durant six journées, avec ledit Maistredo, à tirer lesdictes pièces d'artilleries et munycions desdictes gribannes et ycelles monter et conduire jusques sur les murailles de ladicte ville, à raison de 6 solz par jour, à chacun d'eulx, faisant en tout la somme de 19 l. tournois »,

19 l. 0 s. 0 d.

« Audit Robichon Regnent, dict Maistredo, la somme de 4 l. pour son remboursement du saillaire de deux journées de 7 autres maryniers, prins de renfort, pour descendre ladite artillerie desdites gribannes, à raison de 6 solz par jour à chacun marynier »,

4 4 0

« Aux pyonniers cy après nommez la somme de 6 l. 31 s. 4 d. pour avoir servy tant à monter l'artillerie sur les murailles et plates formes de ladicte ville de Boulongne et ycelles remuer d'un lieu en autre que à faire lesdictes plates formes, percer les murailles et faict plusieurs autres services pour le faict de ladicte artillerie, durant les jours qui s'ensuivent ».

Du 7 octobre

Jehan Veron,	Corbre Hossetron,
Jacquet Acary,	Thomas Fouquet,
Massin Lien,	Robinet Aignan,

Jacquet du Han,
Jehan Boucher,
Jehan Derondelle,
Nicolas Brunet,
Nicolas Agobert,
Jehan Deligran,
Bastien Le Mannier,
Adrien de Hayencourt.
Lambert de Hiencourt.
Jean Accordain.
Perot Le Jougleux,
Claude Saccessaire,
Christofle de Herman,
Jean Le Maistre,
Jean Prichedt,
Jehan Monnasse,
Jehan Delastre,
Colin Monnyer,
Jean de Moyenville,
Colin Brunet,
Gaspard le Vasseur,
Jean Bergson,
Jean Danes,
Pierre Gillet,
Jean de la Pierre,
Jean le Nouvelle,
Jean du Berenot,
Quentyn Hardouin,
Nicolas Mahieu,
Gillequin du Bucquet,

Les deux premiers, Jehan Veron et Jacquet Acary reçoivent 5 sols par jour; les trente-quatre autres, 3 sols, 4 deniers.

Ils ont reçu en tout :   6 l. 3 s. 4 d.

Du 8ᵉ jour d'octobre

Jacquet Acary,
Jehan Veron,
Christofle Hermary,
Claude Le Suislet,
Jean Berthemet,
Villeme[n]t Flemye,
Claude Masse,
Perotin du Han,
Martin de Popineau,
Nicolas Brunet,
Jean Le Caron,
Joseph le Gangneur,
Robinet Myrant,
Pierre Platel,
Robin du Ham,
Jehan de Byrant,

Quentin Hardouyn, Ferrand Damyens,
Colin Bardon, Jean Damyens, son fils,

Tous lesquels pionniers sont en nombre la quantité de 20. Les deux premiers ont reçu 5 sols par jour et les autres 3 s. 4 d. En tout, ils ont reçu : 70 s. 0 d.

Du 9ᵉ jour d'octobre

Jacquet Acary, Morellet de Herville,
Jehan Veron, Thomas Fouquet,
Jehan Berthemet, Robinet Myrent,
Jacquet Benoist, Jean Butel,
Quentin Hardouyn, Martin M[i]ent,
Pierre Gillet, Piere Bernard,
Perrotin du Han, Jean du Han,
Jehan de la Pierre, Jean de Quehen,
Bas Tondu,

Ils étaient 17, dont les 2 premiers ont reçu 5 sols, les autres 3 sols 4 deniers.

En tout, ils ont reçu : 60 s. 0 d.

Le 10ᵉ jour d'octobre

Jacquet Acary, Jehan Boucher,
Jehan Baron, Jehan Berthemet,
Nicolas Brunet, Quentin Hardouyn,
Claude Marc, Robinet Myrent,
Villement Flemy, Jacquet du Han,
Morellet du Goubert, Gillequin du Bucquet,
Massin Huet, Bas Tondu,
Perotin du Han, Thomas Friquet,

Johan de la Pierre, Jean Lagresle,
Ferrand Damyens, Jean de la Bonne,
Pierre Gillebert, Jean du Han,

Ils étaient 22, dont les 2 premiers ont reçu 5 s., les autres, 3 sols, 4 denier,

En tout ils ont reçu. 76 s. 8 d.

11ᵉ jour d'octobre

Jacques Acary. Nicolas Brunet,
Jean Baron, Massin Havet,
Bas Tondu, Pierre Platel,
Morellet Dagobert, Quentin Hardouyn,
Pierre Gillet, Jean Berthemet,
Thomas Fouquet, Gillequin Havet,
Jacques du Han, Jean le Caron,
Perrot du Han, Colin Bardou,
Robinet Myrant, Jean Villem,
Jean de la Pierre, Martin Mient,
Ferrent Damyens, Pierre Léonard,
Claude Massin, Jean Lien,
Villement Flemy, Jean de Quéhen,
Jean Delastre,

Ils étaient 27, dont 2 à 5 s. et les autres à 3 s. 4 d.

En tout ils ont reçu. 4 3 4

12ᵉ jour d'octobre

Gillequin du Bucquet, Jean Laignan,
Jean Delastre.

et 20 pris parmi les précédents. 23.

En tout, ils ont reçu. 4 0 0

13ᵉ jour d'octobre

Jean Berthault,   Martin de Buisanguem,
et 16 des précédents, au total, 18.
    En tout, ils ont reçu,   3 s. 4 d.

14ᵉ jour d'octobre

Jean Delvaux,
et 23 des précédents, au total, 24.
    En tout, ils ont reçu.   4   3   4

15ᵉ jour d'octobre

Jean de la Fontaine,   Marc Huré,
Christofle Hermary,
et 19 des précédents, au total, 22,   76   8

16ᵉ jour d'octobre

Joseph le Gangneur et 19 autres ont reçu : 76   8

17ᵉ jour d'octobre

Raoulquin Patin,   Antoine Berthemet,
Nicolas Molynel,   Jean Humbert,
Jean Laubergeois,   Honoré Daurredan,
Robert Tenchon,
et 23 autres ont reçu :   10   4

30e jour d'octobre

18 pionniers, déjà nommés, ont reçu : 61 s. 8 d.

19e jour d'octobre

18 pionniers, déjà nommés, ont reçu : 61   8

21e jour d'octobre

17 pionniers, déjà nommés, ont reçu : 58   4

A Jean Aubert et René le Franc, pionniers, 12 s., pour avoir fait le guet, durant 3 nuits, aux plateformes, sur la muraille, pour garder le bois qui a servi à faire lesdites plateformes,   12   0

A Jean Alain pour 6 corbeilles à porter la terre pour lesdits pionniers sur la plateforme du château,   9   0

Au dit Alain pour avoir fait mettre les boîtes dudit port jusques sur la muraille,   3   0

A luy pour 3 peaux de mouton pour servir à faire ascouvyllons (écouvillons), des grosses pièces,   3   0

A luy pour 28 lb. de graisse pour graisser toutes les pièces audict Boulogne,   36   0

A luy 64 s., pour 24 aunes de toile, employée en 12 sacs à mettre poudre, à 2 s. 3 d. l'aune, 54 s., en fil pour les coudre, 2 s., et menues cordes pour les lier, 2 s. et pour la façon desdits sacs 6 s., faisant en tout,   64   0

A luy la somme de 12 s. pour 4 livres de « mesche » à mettre feu auxdites pièces, à 3 s. la livre,   12   0

A Jean des Aultelz, cordier, 114 s. pour 114 livres de cordes employées en 13 paires de longes, servant à mener lesdites pièces, à 12 d. la livre, 5 l. 14 s. o d.

Audit Pierre Douville, capitaine du charroi du Roy, 300 livres, à quoi a été convenu avec luy, tant pour ramener de Boulogne à Montreuil, toutes les pièces d'artillerie et munitions dudit Montreuil, qui sont venues de ladite ville de Boulogne, jusque sur le port de Basse-Boulogne, toutes les pièces d'artillerie et munitions amenées desdites villes d'Amiens et Abbeville, que pour faire placer lesdites pièces sur les murailles de Boulogne, etc.,   300   o   o

« A Robichon Regnent, dit Maistredo, maistre marynier, pour descendre les pièces d'artilleries, tant sur les plateformes et autres lieux, où les chevaulx dudit Douvylle ne pourront aller et ycelles mettre en lieu, où les chevaulx peussent aisement arriver, que pour guynder et mettre audict port de Basse Boulongne dedans les grynbannes, toutes les pièces d'artilleries d'Amyens et Abbeville...... »,   50   o   o

A Philippot Brezin, Jeannet de la Voyenne et Jacotin Bresin, mariniers, 190 livres, pour avoir mené par la rivière de Somme et par la mer, en trois gribanes, depuis Amiens jusqu'au dit port de Basse-Boulogne et pour les ramener et rendre en ladite ville, à raison de 60 livres par chaque gribane....   180   o   o

Auxdits trois mariniers, la somme de 23 livres 8 s., pour le séjour par eux fait audit port de Basse-Boulogne, où ils ont été retenus avec lesdites gribanes, à raison de 3 s. par chacun des 13 j. pour les 12 hommes mariniers,   23   8   o

A Jocelin Le Scossoys, autre marinier, 50 livres pour avoir amené en une gribane, depuis Abbeville jusques audit port de Basse-Boulogne, de l'artillerie d'Amiens et l'y ramener, 50 l. 0 s. 0d.

Audit Jocelin pour les frais de séjour de son équipage (3 hommes), retenu 13 jours à Boulogne, à raison de 3 s. par jour, 7 16 0

A Lancelot Lavoignier et Colin Cornayé, autres mariniers, 80 livres, pour avoir mené, en deux gribanes, l'artillerie et les munitions prises et chargées à Abbeville, 80 0 0

A eux, 20 livres, 8 s., pour leur séjour avec lesdites gribanes et chacun 3 hommes mariniers, retenus durant 17 journées, à raison de 3 s. par jour et par homme, 20 8 0

Audit Jean Allain (pour des parties qui ne font pas le total de 34 l., 8 s., 6 d.), 34 8 6
distribuées comme il suit :

A Léandre Germain, pour une grande planche de 30 pieds de long sur 1 pied de large, 1 l. 0 s. 0 d.

Une autre de 17 pieds, 14 0
6 planches de 9 pieds, 1 10 0

A Robin Bersaut, une planche de 14 pieds sur 1 pied 1/2, 12 0

A Jean Euchert, pour 10 planches de 25 pieds, 5 l. 6 s.; pour 5 planches de 9 pieds, 1 l., 10 s., 6 d.; pour 2 grosses planches de 12 pieds, 1 l., 6 s., soit :
8 2 6

A Marquet Moche, pour une planche de 14 pieds, 12 0

A Jean Vildecoq, pour 16 pièces de bois d'aissellure à 7 s. pièce; pour 10 planches de 10 pieds, fournies par Jean Allain, 2 l.; pour 6 planches aussi fournies par le même, 1 l. 5 s., pour faire les plateformes et les ponts sur les murailles de la ville de Boulogne.   8 l. 17 s. 0 d.

Au maréchal du pont de brique, pour bois qu'il a fourni à faire ce pont,   1 10 0

Au même, pour une pièce de fer rompue à faire l'avant-mur de la place du château,   12 0

Au même, pour 4 chevilles mises à des pièces,   17 0

Au même, pour 2 arches,   3 0

Au même, pour 2 douz. de petites arches,   12 0

                       25 1 6

Omission ou réduction non mentionnée,   9 7 0

       Somme égale,   34 8 6

A Jean Godyman, la somme de 8 s. 4 d., pour avoir charroyé avec son charriot et 4 chevaux, du port de Basse-Boulogne, jusqu'à la plateforme du château, 5 bois dudit bois à 20 d., pour chaque voyage,   8 s. 4 d.

A Robin Fillet, 5 s. pour 3 voyages dudit bois,
    5 0

A Martin Lasnier. Transport de bois,   8 4

A Jean Bourdellier. Transport de bois, depuis ledit port de Boulogne, jusque sur les murailles de ladite ville, au lieu nommé La Guyalle,   13 4

A Jean Arnault, pour 6 voyages dudit bois,
    10 0

A Colin Toussainctz, pour 6 voyages dudit bois,
    10 0

A Pierre Caron de Saint-Martin,   10 0

A Colin Bridon, charpentier, pour avoir pris 2 journées, pour ajuster les ais aux plate-formes, à 4 s. par jour, 8 0

A Jean Dudan, autre charpentier, pour avoir, lui et 3 hommes charpentiers, besogné de leur métier durant 7 journées audit Boulogne, tant à remonter lesdites pièces d'artillerie qu'aux plate-formes et autres affaires de ladite artillerie, à raison de 20 s. par jour (5 s. par jour pour chacun), 7 l. 0 s. 0 d.

A Ancelot, le maître charron, pour avoir besogné lui, troisième de son métier, durant 13 jours, à faire roues neuves, « racouster » les vieilles et autres choses nécessaires audit métier, à ladite artillerie, à raison de 15 s. par jour, pour 33 chevrons, 9 15

A Gilles Moreau, Jean Durand, Jean Angoulet dit Myreloret, canonniers ordinaires du Roy et Jean Alain, maître canonnier audit Boulogne, pour avoir servi et vaqué à conduire, guider et faire tirer, à la venue desdits Roys audit Boulogne, les dites pièces d'artillerie et munitions, avoir regard sur les ouvrages nécessaires et pionniers besognant aux plate-formes et fait plusieurs voyages et diligences, pour le fait de ladite artillerie, durant plus d'un mois. A chacun 20 livres, 80 0 0

A Claude Ridellet, Michel Asselin, Hennequin Boucher, Pierre Macon, Jean Paule, Pierre Morise, canonniers ordinaires, Antoine Cousin et Gabriel Liger, canonniers extraordinaires dudit seigneur, la somme de 60 livres, pour avoir servi à ladite artillerie. A chacun 7 livres, 10 s., 60 0 0

A Jean Larmurier, Michel Le Beaux, Jacques Lebel, Antoine le Beau et Nicolas Carpentier, canonniers d'Amiens, Guillaume Fontaine, Colinet Asselin, canonniers d'Abbeville, 52 l. 10 s. 0d.

A Jean Heynet, canonnier, 70 0 0

A Nicolas Retard, Adrien le Quenu, Daniel de Salmons, Jean de Serville, Jean Coquet, François de Roboyes, Denis de la Marre, François de la Marre, Jean de Licques, Jean Amallas, Colin Lebel et Julien du Four, canonniers de Therouanne que mondit seigneur de Montmorency avait fait venir dudit Therouanne audit Boulogne, 42 0 0

« A Jean de Senesmes, seigneur de la Sarche, Marc de la Fontaine, seigneur dudict lieu et Everard le Fevre, seigneur de la Magdallene, commissaires ordinaires de l'artillerie du Roy.... pour vacation et despense durant ung moys et plus, qu'ils ont servy à faire remonster, charger et conduire lesdictes pièces et le regard sur les canonniers, ouvriers et pionniers.... », 300 0 0

24. — Pont sur la Canche, au Bac d'Attin (1).

Autres parties payées et remboursées à Nicolas Lamyral, argentier de la ville de Montreuil, pour la construction d'un pont qui a été fait sur la rivière de Canche, au port du bac d'Attin [Actan], pour servir à passer le Roy notre Seigneur, le train et harnais de sa court (réduit à 100 l. 19 s.), 102 0 3

Noms des ouvriers employés à faire le pont sur la Canche, au port du Bac d'Attin.

Anthoine le Seigneur, Ferry Rousset, Maistre Jehan le Noir, Pierre Garlain, Guillot Maillard, Jacqueline du Pont, Jehan Broullin, Guillaume

(1) Ibidem, fol. 91 verso.

Darc, Jehan Boulongne, Jacquet de Quehan, Jehan de Cassel dit *Tabary*, Jehan La Vasseur, Nicolas de Simons, Josse Deschamps, Matthieu de le Retz, Jehan de Brolier, Jehan de Fouquenberge, Célestin Serny, Robichon du Brolier, Adrien Ragot, Guillaume de Quelque, Adrien Palle, Jehan de Crendalle, Pierre Rognier, Jacques Rousset, Jehan Harent, Jehan Thorel, Collinet Berthe, Abraham Darde, Jehan le Rat, Guillaume Delastre, Robin Poiret, Pierre Guillot, Anthoine le Marre, Massin Delessale, Jehan de Simons, Colin Moet, Jehan de la Merille, Marquet, Garson, Noyer, Bellon, le Glehon, Poiret, du Pont, Collier, du Croq, Samourry, le Manant, Gonsse, du Chastel, Gourlain, Pannetier, Chenet, Salmer, Petitfaix, Pate, Hertault, Nollard, de Berquem, Foullet, Delenguergne.

25. — Voyages et diligences (1).

« A Antoine de Manailles, sieur de Montcler, la
« somme de quatre vingtz huitz livres tournois
« à luy ordonnée, pour un voiaige par luy faict
« en dilligence, sur chevaulx de poste, partant de
« Paris, le 18 septembre dernier, pour aller devers
« le Roy, qu'il trouva aux Montils-sous-Blois, luy
« portant lettres de mondict Seigneur le Grand
« Maître, ensemble autres lettres et advertissement
« venuz d'Angleterre, comprenans le faict de la
« veue dudit seigneur et du Roy d'icelluy païs
« d'Angleterre, affin de savoir, sur ce, le voulloir
« dudict seigneur, duquel il rapporta response à
« monseigneur le Grand Maître à Chantilly, et audict

(1) Ibidem, fol. 96.

« voyaige, corut, comprins son retour dudict Chan-
« tilly à Paris, 28 postes, luy troisme [troisième],
« comprins sa guide, pour lesquelles postes, com-
« prins par luy, faictes audit voyaige et au sejour
« qu'il a faict en court, attendant la response dudict
« seigneur, luy a esté ordonné par mondict seigneur
« le Grand Maistre, la somme de   881. 0 s. 0 d.

« A Maistre Cosme Clausse, serviteur du Roy et de
« Monseigneur le Dauphin, la somme de 10 livres
« pour ung voyaige par luy faict en dilligence et che-
« vaulx de poste, partant de Chantilly, le 26e de
« septembre dernier passé, allant à Veuves (1), vers
« M. le Legat, pour conferer avec lui de plusieurs
« choses...... [retour]......   10 0 0

« A Enry Casnel, seigneur de Borran, la somme de
« 40 livres, pour un voyaige et diligence et sur che-
« vaulx de poste, par lui faict, partant de Chantilly,
« le 28 septembre dernier passé, allant devers le Roy
« qu'il trouva à Fontainebleau, luy portant lettres
« de mondict seigneur le Grand Maistre, pour faire
« enttendre audit seigneur aucunes affaires touchant
« ladite veue de luy et dudict Roy d'Angleterre.
« Auquel voyaige, comprins son retour à Escouan,
« devers mondit seigneur le Grand Maistre, il a coru
« 13 postes et 1/3 et pour lesquelles et pour sa despen-
« se, luy a été ordonnée la somme de   40 0 0

« A maistre Jean de Tays, chevalier, seigneur
« dudict lieu, la somme de 40 livres, pour un voyai-
« ge en dilligence et sur chevaulx de poste, par luy
« faict, partant de Montreuil, le 1er jour d'otobre,
« pour aller devers le Roy, qu'il trouva au Plessis

(1) Est-ce Veuves, près Blois? Vanves?

« de Roye, portant lettres de mondict seigneur le
« Grand Maistre, afin de faire entendre audict sei-
« gneur l'arryvée dudict Roy d'Angleterre à Callais
« et autres choses concernans le faict de leur entre-
« veue. En ce, comprins le retour dudict seigneur de
« Tays, en semblable dilligence, devers mondict sei-
« gneur le Grand Maistre, en la ville de Boullongne,
« apportant response dudict seigneur. Oultre, tant
« pour le paiement des postes, que pour sa despense
« faicte audit voyaige, la somme de   40 l. 0 s. 0 d.

« A Jean Le Moyne, la somme de 6 livres, 10 sols,
« pour paiement des postes qu'il a co[u]rues en un
« voyaige par luy fait en dilligence, de Boulongne à
« Calais, le 18ᵉ jour d'octobre, portant lettres de
« mondict seigneur de Montmorency au seigneur
« de la Pommeraye, estant audict Calais, ambassa-
« deur du Roy, notre Seigneur, devers ledit Roy
« d'Angleterre. Et pour le retour en semblable
« dilligence, apporté response audict Boulogne.
« Pour cecy.   6   10   0

« A Richard James, chevaulcheur d'escurye, la som-
« me de 4 livres, pour le paiement des postes qu'il a
« corues pour un voyaige par luy faict, en dilligence
« à Estapples, le 18ᵉ jour d'octobre, portant lettres de
« mondict seigneur de Montmorency, au seigneur de
« Sourdis (1), maistre de la garde-robbe du Roy, notre
« seigneur affin d'envoyer incontinent à Boullongne
« les tapisseries et lict dudict seigneur, pour les faire
« tendre et dresser en sa chambre, audict Boulogne,
« aussi pour le retour dudit James, en semblable
« dilligence, devers mondict seigneur de Montmo-

(1) Jean d'Escoubleau, Sʳ de Sourdis.

« rency, apportant response dudict Sourdis et
« nouvelles que ledit seigneur debvoit disner le
« lendemain à Hardelot, où mondict seigneur de
« Montmorency se trouva devers lui,   4 l. 0 s. 0 d.

« A Pierre Guerin, autre chevaulcheur d'escurye
« dudict seigneur, 27 livres pour estre allé en
« dilligence et sur chevaulx de poste, le 19ᵉ jour
« d'octobre, dudit Hardelot à Sarcelles, près Paris,
« pour haster les casaques de velours des archers
« de la garde dudict seigneur et pour son retour,
« par petites journées à Boulogne,   27   0   0

« A Jacques de Choque, autre chevaulcheur
« d'escurye du Roy, 4 livres 10 s., pour estre allé
« en dilligence et sur chevaulx de poste, dudict
« Boulongne à Calais, le 26ᵉ jour d'octobre, portant
« lettres de mondit seigneur de Montmorency à
« Monsieur le Prevost de Paris, estant audict
« Calais, affin que, le lendemain au matin, il fasse
« savoir au Roy, notre seigneur, à Marquise, l'heure
« que le Roy d'Angleterre seroit prest à partir
« dudit Calais, pour venir rencontrer ledit seigneur.
                                    4   10   0

« Audict Richard Jamais, chevaulcheur d'escurye
« du Roy, la somme de 27 livres, pour un voyage
« par lui faict en dilligence et sur chevaulx de
« poste, de la ville de Rue jusqu'audict Calais, le 2ᵉ
« jour de novembre, portant lettres dudict seigneur
« et de mondict seigneur de Montmorency aux
« seigneurs de Montpezat et de La Pommeraye,
« estans audict Calais avec le Roy d'Angleterre,
« pour aucunes affaires d'importance et pour en
« avoir apporté response en semblable dilligence

« en la ville d'Amyens. Auquel voyaige il a coru
« 12 postes, pour lesquelles il lui a été ordonné
« la somme de   27 l. 0 s. 0 d.

« A Gabriel de Davant, Jean Proust, et audict
« Richard James, chevaulcheurs d'escurye du Roy,
« qui ont suivy mondict Seigneur le Grand Maistre
« et faict plusieurs voyaiges, en chacun jour requis et
« necessaire, pour l'effect de ladicte veue, 150 livres,
« soit, pour chacun, 50 livres, depuis le 12 septembre
« que mondict seigneur de Montmorency partit de
« l'abbaye de Turpenay près Chinon, où estoit lors
« ledict seigneur, jusqu'au dernier jour d'octobre
« dudict an, durant lequel temps montent, lesdicts
« deux jours comprins, cinquante jours entiers,
« lesdicts trois chevaulcheurs d'escurye ont servy
« à faire lesdits voyaiges et dilligences qui leur
« ont esté ordonnez par mondict seigneur de Mont-
« morency, pour les affaires de ce voyaige et effect
« de ladicte veue, qui est, à raison de 20 s. par jour,
« à chacun,   150   0   0

« A Louis de Corgnyns, seigneur de Chaulne, 27
« livres pour un voyaige en dilligence et sur che-
« vaulx de poste, pour un voyaige par lui faict
« partant d'Estappes, le dernier jour dudict mois
« d'octobre, allant devers la Royne qu'il trouva à
« Amyens, lui porter lettres dudict seigneur, faisant
« savoir à ladicte dame son retour de Calais et
« pour estre retourné en semblable dilligence avec
« responce de ladicte dame, dudict Amyens à Rue,
« où il trouva ledict seigneur, le 1er jour du mois de
« novembre.   27   0   0

26. — Dons et récompenses (1).

A Baudichon Beranel, capitaine de l'abbaye de Licques, 40 livres en don, pour lui aider à supporter les frais et dépens qu'il a faits à l'entretien d'aucuns personnages allant et venant, ès pays de Flandre et Artois, pour entendre nouvelles et donner avertissements de ce qui se faisait, ès dits pays, durant l'entrevue desdits Roys, 40 l. 0 s. 0d.

A maître Jean Colman, docteur et théologien, Provincial de l'ordre des frères minimes, en la province de Touraine, 20 livres en don, pour aider audit provincial et autres docteurs et religieux dudit ordre, étant en la compagnie, venant d'Angleterre, où ils étaient allés, par commandement du Roy notre seigneur; à eux, en retournant audit pays de Touraine et en ce qu'ils fussent plus enclins à faire prières et oraisons, pour la prosperité dudit seigneur et de son royaume, 20 0 0

A Georges Ruten, anglais, envoyé de Calais, par les *debites* dudit Calais, 22 livres, 10 sols pour conduire, amener et porter certaines quantités de bières, que le Roy d'Angleterre avait commandé être envoyées audit Boulogne, pour la provision du Roy notre seigneur, 22 10 0

A Damp Jean Danceau, religieux, la somme de 13 livres, 10 sols, pour lui aider à supporter la dépense d'un voyage secret, qu'il a fait pour le service du Roy notre seigneur, 13 10 0

A Baudran de Calonne, seigneur de Nyelle, la somme de 200 livres en don et récompense, tant en

(1) Ibidem. Fol. 101.

souvenir de plusieurs bons et agréables services par lui faits au Roy, notre seigneur, que pour lui aider à supporter la dépense par lui faite à l'entretien d'aucuns hommes de guerre et autres personnages qu'il a entretenus en ce comté de Guines et ès environs, pour la sureté du Roi notre seigneur, durant ladite entrevue, 200 l. 0 s. 0 d.

A Jean de Bouquemelle, seigneur dudit lieu, la somme de 100 livres, en don et récompense des services, diligences et dépenses par lui faites, tant à la conduite d'aucunes pièces d'artillerie qu'il a fait amener et conduire dudit Amiens à Boulogne, qu'au recouvrement et provision des blés et autres victuailles qu'il a fait mener de divers lieux en ladite ville de Boulogne, afin qu'elle en fut mieux fournie, pour l'assemblée et entrevue des Roys, 100 0 0

A Philibert de Brechy, seigneur de Champrond, la somme de 50 15 0
payée par lui à divers :

22 livres 0 s. à un anglais qui apporta et présenta au Roy notre seigneur, en la ville de Rue, deux charges d'huitres en écailles (1), chargées près la côte d'Angleterre, 22 l. 0 s.

15 livres 15 s. au conducteur et meneurs des taureaux (2) et dogues, que le Roy d'Angleterre a donnés audit seigneur, pour leur aider à vivre et nourrir lesdits taureaux et dogues. 15 15

13 livres à un anglais qui a faict pain de 3 livres audit seigneur. 13 0

Total 50 15

(1) Duystres en escalle.
(2) Thoreaulx.

27. — Réparation de la Muraille du Rempart (1). Deniers baillés à des gens qui n'en doivent compte.

« A Pierre Godefroy, tresorier du Boulonnois, la
« somme de douze cens soixante et quinze livres
« tournois, cinq sols, laquelle mondict seigneur de
« Montmorency a ordonné lui estre baillée et
« delivrée comptant par ledict Duval, pour conver-
« tir et employer au faict dudict office et icelle
« delivrer, tant en paiement de la reparation d'une
« grande bresche, qu'il a convenu reffaire et repran-
« dre, depuis le fondement de la muraille de la ville
« de Boulongne, entre la porte *flamentque* et la tour
« Nostre-Dame, que pour le remontaige de l'*artille-*
« *rie*, estant en ladite ville et chasteau de Boulongne
« et autres despenses necessaires pour la seurté,
« fortiffication et deffense d'icelle ville, à cause de
« l'entreveue du Roy et dudict Roy d'Angleterre,
« selon l'advis de messire Jehan du Biez (2), cheva-
« lier seigneur dudict lieu, seneschal et gouverneur
« du Boulonnois »,   1275 l. o s. od.

28. — Compte de Bourdineau. Voiture des Meubles.

A Jean Bourdineau, clerc des offices de la maison
du Roy, notre seigneur, la somme de onze cent
quatre-vingt-trois livres tournois, huit sols, cinq
deniers, pour satisfaire aux voitures des vaisselles
d'or et d'argent, tapisseries, lit de camp donné audit seigneur par ledit Roy d'Angleterre et autres

---

(1) Fol. 103, verso.
(2) Veré, Oudard, Jean ne fut jamais sénéchal.

meubles dudit seigneur, portés audit Boulogne et rapportés à Paris depuis ladite entrevue, outre et par dessus les autres pièces de deniers, que ledit seigneur a fait délivrer audit Bourdineau, pour ladite cause. Payé, le 31ᵉ jour d'octobre.   1183 l. 8 s. 5 d.

29. — Paiement de Jacques Besnard.

« A Mᵉ Jacques Besnard, maistre de la chambre aux deniers du Roy, notre seigneur, par sa quittance escripte, le 20ᵉ jour d'avril, après Pasques 1533, la somme de 1080 livres, à luy données par le Roy, notre seigneur, par ses lettres patentes données à Fontainebleau, le 24ᵉ jour d'avril après Pasques 1533, pour le parfaict de la somme de 5058 livres 3 s., à quoy montent les payes de sondict office, tant de l'année finie, le dernier jour de décembre 1532, que du quartier de janvier, fevrier et mars ensuivant; aussi des autres payes, dont le surplus lui a esté, par autres lettres patentes dudit seigneur, payé sur les deniers de son espargne, d'iceluy quartier de janvier dernier, estant ès coffre du chasteau du Louvre à Paris, laquelle somme de 1080 livres, ledit seigneur veut estre payée et allouée par Messeigneurs de comptes, ès comptes dudit Duval et rabattus de sa recepte d'icelle commission, en rapportant lesdites lettres patentes avec quittance dudit Besnard. Le tout ainsi que plus à plain est contenu et declaré ès dites lettres cy rendues, en vertu desquelles cedict present commis fait en despense de ladite somme de 1080 livres, de laquelle il a fait compte et paiement audit Besnard,   1080   0   0

« Autres deniers payés par cedit commis à gens et
« officiers qui en doivent compte à cause de la som-
« me de 2000 escuz d'or soleil, par luy receus de mais-
« tre Jehan Laguette, conseiller du Roy et receveur
« general de ses finances extraordinaires et parties
« casuelles, icelle somme à lui ordonnée, pour le
« remboursement de semblable somme, dont ledict
« Roy d'Angleterre, à son partement de Boulongne,
« avoit fait don aux officiers domestiques, archers
« et suisses de la garde dudit seigneur et laquelle
« somme avoit été mise aux mains dudit Duval,
« auquel ledict seigneur l'a fait prendre, pour faire
« semblable don, à son partement de la ville de
« Calais, aux officiers domestiques du Roy d'Angle-
« terre, et depuis fait rendre par ledit Laguette, pour
« estre distribuée, ainsi que par mondict seigneur,
« le Grand Maistre de France, seroit ordonné. Laquel-
« le somme, iceluy seigneur le Grand Maistre a
« ordonné estre distribuée et baillée par ledit present
« commis, selon et ainsi qu'il ensuit. C'est à savoir :
« 1000 escuz d'or soleil, ès mains de maistre Jehan
« Carré, commis au paiement desdicts officiers
« domestiques, pour [que] icelle somme soit delivrée
« et distribuée à 30 officiers domestiques, qui ont
« servy à la veue dudit Roy d'Angleterre, selon l'estat
« ou roole qui en sera faict par les maistres d'hostel
« ordinaires dudict seigneur et le surplus, montant
« à pareille somme, soit ès mains des commis de qua-
« tre bandes d'archers et de suisses qui ont servy à
« ladite veue, selon les estats ou rooles qui en seront
« faicts, par les capitaines d'icelles bandes, comme
« estre appert, par la ratifiication de mondict seigneur

CXXVIII

« le Grand Maistre, signée de sa main et scellée du pe-
« tit scel de ses armes, le 14ᵉ jour de décembre 1532,
« cy rendues, en vertu desquelles a esté fait compte et
« paiement comptant desdites sommes cy-dessus,
« comme il ensuit.

30. — Paiement des 2000 écus d'or soleil donnés aux gardes par Henry VIII.

A maitre Jean Carré, commis par le Roi au paiement des officiers, domestiques de sa maison, sur sa quittance écrite, le 23ᵉ jour de décembre, l'an 1532, la somme de 1,000 écus d'or soleil que Monseigneur de Montmorency, Grand Maître de France, a ordonnée être mise et ordonnée ès mains dudit Jean Carré, faisant partie de 2,000 écus d'or soleil, dont le Roi d'Angleterre, à son depart de Boulogne, a fait don aux officiers domestiques, archers et suisses de sa garde, pour icelle somme de 2,000 écus d'or soleil être par icelui Jean Carré distribuée auxdits officiers domestiques, qui ont servi à l'entrevue dudit Seigneur et dudit Roi d'Angleterre, selon l'état ou rôle d'eux, fait par les maitres d'hostel ordinaires dudit Seigneur. Donné cy, par vertu d'icelle quittance, ladite somme de
                                        1.000 écus d'or soleil.

« A maistre Jean de Vaulx, receveur et payeur, commis par le Roy, au paiement des gaiges et souldes (solde) des 105 archers français, estant sous la charge du Seigneur de Chavigny, par sa quittance escripte, le 22ᵉ jour de decembre, l'an 1532, la somme de 200 escuz d'or soleil, que mondict Seigneur de Montmorency Grand Maistre dessusdict, a ordonné estre mise et delivrée ès mains dudict de Vaulx, faisant partie de 2.000 écus d'or soleil, dont ledict Roy d'Angleterre, à son partement de Boulongne, feit don aux officiers, domestiques, archers et suisses de sa garde. Donné icelle somme de 200 escuz d'or pour estre par ledict de Vaulx, distribuée auxdicts archers de ladite bande, qui ont servy à ladite veue selon l'estat ou roole qui en serait faict par ledit Seigneur de Chavigny, capitaine d'icelle bande. Donné, cy, par vertu de la quittance cy rendue ». 200 écus d'or soleil.

« A maistre Jean Chartier, receveur et payeur, commis par le Roy au paiement des gaiges et souldes de 105 archers français, estans sous la charge du Seneschal d'Agenois, par sa quittance escripte, le 22ᵉ jour de decembre l'an 1532, la somme de 200 escuz d'or soleil que mondict Seigneur de Montmorancy, Grand Maistre et mareschal de France, a ordonné estre mise et delivrée ès mains dudit maistre Jean Chartier, faisant partye des 2.000 escuz d'or soleil, dont le Roy d'Angleterre, à son partement de Boulongne, feit don aux officiers, domestiques, archers et suisses de sa garde. Donné icelle somme de 200 escuz d'or, pour estre par ledit Chartier, distribuée auxdits archers de ladite bande qui ont servy à ladicte venue, selon l'estat ou roolle qui en sera faict par ledit Seneschal d'Agenois, capitaine d'icelle bande. Donné, cy, par vertu d'icelle quittance », 200 écus d'or soleil.

« A maistre Jacques Richier, commis par le Roy, au paiement des gaiges et souldes des cens cinq archers françois estans soutz la charge du Seigneur de Nançay, pour 105 hommes », 200 l. 0 s. 0 d.

« A maitre Jean Thizart, pour la solde des capitaines, hommes d'armes, archers du corps et autres archers écossais de la garde du Roy », le capitaine de la garde écossaise........   200 écus d'or soleil.

A maitre Jean Duval, notaire et secrétaire du Roy, à ce commis, pour les 100 suisses de la garde dudit Seigneur, étant sous la charge du maréchal de la Marche (1),   200 écus d'or soleil.

31. — Habillements des fourriers, portiers de l'hôtel du Roi, garniture du lit donné à Henry VIII, etc. (2).

A Jacques Fournier, serviteur de André Clavetz marchand, suivant la cour, pour 45 aunes de drap violet, dont a été fait robes à 15 portiers dudit seigneur, à trois aunes pour chacun, à 58 sols l'aune,   130 l. 5 s. 0 d.

A lui, pour 36 aunes de drap violet, dont a été fait robes à 12 fourriers dudit seigneur, à 3 aunes pour chacun, au prix de 56 sols l'aulne,   100 16   0

« A luy, pour 54 aulnes de velours moictié jaulne et moictié incarnat, employés à bander lesdites robes, à deux aulnes pour chacune, au prix de 7 livres 15 solz l'aulne »,   418 10   0

A lui pour 27 aunes de velours noir pour faire 4 sayes [manteaux] aux chantres de la chambre dudit seigneur, au prix de 7 livres 15 sols l'aune, 209   5   0

A lui pour 6 aunes de velours vert et jaune dont

---

(1) La garde écossaise était commandée par le Seigneur d'Aubigny et coûtait par trimestre 8182 livres, y compris les 200 l. de d'Aubigny. Bibl. nat. mss. fr. 15.628, n° 238, mention.

(2) Fol. 105, verso.

a été fait un habillement au fou Casault, à raison *(au feur)* de 7 livres 15 sols l'aune, 46 l. 10 s. d.

A lui, pour 32 aunes de damas rouge cramoisi *venicien* (1) dont ont été faits les rideaux d'un lit que le Roy a donné au Roy d'Angleterre, à 11 livres 5 sols,
360 0 0

A Adrien le Feure, tailleur, pour la façon des 32 robes et sayes dessus, à 25 sols, 40 0 0

« A Simon Lucas, pour 4 marcs, 4 onces, deux gros, d'or fillé, dont a été faict 44 aulnes de frange d'or, servans aux coustures et tour des rideaulx d'un lict que le Roy a donné au Roy d'Angleterre, au prix de 25 livres tournois le marc », 113 5 8

A Benoit Tresse, pour la façon desdites 44 aunes de franges d'or à 4 sols par aulne, 8 16 0

A lui, pour 19 onces 6 gros de soie rouge, employée à faire franges auxdits rideaux, au prix de 12 livres l'aune, 14 16 3

A lui, pour la façon de 30 aunes de frange de soie rouge à 20 sols l'aune, 30 0 0

Dû à Guillaume Halart, tapissier du Roi, pour la façon desdits rideaux et 44 aunes de ruban de soie rouge et pour les boucles à pendre lesdits rideaux,
10 0 0

« A Antoine Rahart dit du Tertre, varlet de garderobbe du Roy, pour avoir faict mandé le charriot de ladicte garde-robbe dudit seigneur, ung autre charriot, où estoient les habillemens faictz pour mettre ledict lict, que le Roy donne au Roy d'Angleterre et un charriot où estoit un lict de velours vert, que ledit

---

(1) Vénitien.

seigneur a nagueres faict faire, qui ont esté menetz jour et nuict, de Paris à Boullongne, avec l'aide de chevaulx fraiz, qui ont esté prins et louez par ledict du Tertre à Clermont, Amyens, Abbeville et Monstreul »,

31 l. 5s. od.

« Toutes lesquelles parties sont montées ensemble
« à la somme de quinze cens soixante troys livres,
« huit solz, onze deniers tournois. Laquelle a esté
« paiée par cedict present, comme au-dessus, en vertu
« d'un estat en papier, signé de la main du Roy,
« montant quinze cens quatre vingt six livres treize
« solz tournois que ledict seigneur, par lettres pa-
« tentes données à Boullongne sur la Mer, le xxiv^e
« jour d'octobre mil cinq cens trente deux, mande
« à nosseigneurs des comptes passer et allouer ès
« comptes de ce present compte. Et laquelle icelui
« seigneur a voullu et ordonné par lesdictes lettres
« estre par cedict present compte, par ce baillée et
« delivrée comptant des deniers qui lui ont esté
« ordonnez, pour convertir et emploier où faict
« de sadicte commission, ou paiement des parties
« contenues et declarées en ung estat contenant
« lesdictes parties, signé de la main dudict seigneur,
« attaché ausdictes lettres, soubz le contre scel de la
« chancellerie, tant pour les habillemens des four-
« riers, portiers de son hostel, que pour les rideaulx
« et garniture d'un lict de vellours, pour donner au
« Roy d'Angleterre, voittures des coffres de la garde
« robbe dudict seigneur, autres menues despenses
« contenues audict estat, lequel il a veu et entendu,
« les pris des draps de soye, de layne, franges et
« autres parties declarées en icelui, eu pour agreable

« et voullu estre passez et allouez en la despense
« desdicts comptes dudit du Val et rabatuz de sa re-
« cepte d'icelle commission, en rapportant seulle-
« ment lesdictes lettres patentes signées de sa main,
« ensemble ledict estat attaché à icelles et quittances
« des personnes ausquelz sont deubz lesdictes lettres
« qui sont nommez par mon seigneur, messire Jean
« de la Barre, gouverneur, prevost et bailly de
« Paris, et sans que de la Vallez, fournisseur
« desdicts draps de soye et de layne, les autres pris
« et despenses contenues oudict estat, ledict du
« Val soit tenu rapporter aut. declaration ne certif-
« fication dont ledict sieur l'a relevé par lesdictes
« lettres, par vertu desquelles n'est faict compte
« [un trou] aux dessusdictes comme par quittance
« cy rendue à Paris, pour cecy, ladicte somme de,
1563 l. 8 s. 11 d.

32. — Facture de Jean Hotman.

« A Jehan Hotman, marchant orfèvre, bourgeois
« de Paris, la somme de deux mil sept cens dix huict
« livres, dix solz tournois, à luy ordonnée par le
« Roy, nostre Sire, par ses lettres patentes données
« à Paris, le huictième jour de Fevrier, l'an mil cinq
« cens trente deux, pour son paiement de deux
« chesnes d'or de fin qu'il a faictes, par le comman-
« dement dudict seigneur, dès le moys de novembre
« dernier passé ; l'une, contenant quarante-deux
« chesnons, poisans neuf marcz, une once, sept
« gros ; et l'autre, contenant quarante-quatre ches-
« nons, poisans sept marcz, une once, trois sixiesmes
« qui est en tout : seize marcz, deux onces, sept gros,

« trois sixiesmes, d'or de fin, baillées à raison de
« huict vingts deux livres tournois le marc, ou deux
« mil sept cens cinquante une livres tournois (1). Et
« pour le dechet d'or d'ouvraige et façon desdictes
« chesnes, ledict sieur, en son conseil privé, a con-
« venu de accorder de pris, avec ledict Hoteman, à
« la somme de soixante sept livres dix solz tournois.
« Qui est en tout ladicte somme de deux mil sept
« cens dix huit livres dix solz tournois pour la val-
« leur dudict or, deschet et façon desdictes deux
« chesnes. Lesquelles, suyvant le voulloir et com-
« mandement dudict seigneur, ont esté par ledict
« Hotman, baillées et delivrées ès mair de Monsieur
« le Bailly de Troies, Jehan de Dynteville, maistre
« d'hostel dudict sieur, naguères envoyé ambassa-
« deur ou païs d'Angleterre, qui les a veu poiser et
« receues du pois dessusdict, en la presence de
« Monsieur maistre Pierre Michon, controlleur de
« l'espargne dudict sieur, pour icelles, ainsi que par
« ledict seigneur, a esté commandé audict de Dynte-
« ville estre, à son arrivée oudict païs d'Angleterre,
« par luy baillées et delivrées aux personnes qui
« s'ensuyvent; c'est assavoir : La plus grosse des-
« dictes chesnes à Maistre Willen fitz Willen (2),
« grant tresorier dudict païs, et l'autre à maistre
« Nicolas Craro (3), grand escuyer et gentilhomme
« de la chambre du Roy d'Angleterre, ausquelz
« ledict sieur en a faict don par lesdictes lettres pa-
« tentes, en faveur des bons et agreables services
« qu'ilz ont faicts audict sieur et espère qu'ilz feront

(1) Le prix de l'or était donc 324 livres, la livre.
(2) Fitz William.
(3) Carew.

« à l'advenir et à ce qu'ilz aient meilleur voulloir
« de continuer leur bonne voullenté et affection à
« l'entretenement de la fraternelle amytié et alliance
« dudict sieur et du Roy d'Angleterre. En mendant
« à nosseigneurs des comptes que ladicte somme de
« II^m VII^c XVIII livres X solz, il passent et allouent
« en la despense des comptes et rabatent de la
« recepte dudict du Val, en rapportant lesdictes
« lettres patentes, signées de la main dudict seigneur
« ensemble la certiffication attachée à icelles, soubz
« le contrescel de la Chancellerie, signée dudict con-
« trerolleur Michon, contenant le pois et valleur de
« l'or desdictes chesnes et dellivrance d'icelles, ès
« mains du sieur de Dynteville, avec quittance
« dudict Hoteman, suffisante seullement, sans que
« ledict du Val soit tenu rapporter quittance ne
« recepissé dudict de Dynteville, de la reception des
« dictes chesnes, desquelles ledict seigneur n'a
« voullu qu'il baillast aucune recongnoissance, pour
« la fiance qu'il avoit en luy, qu'il ne fauldroit de
« les bailler et delivrer ès mains desdicts fitz Wil-
« lien et Craro et de la delivrance qu'il en fera.
« Voullu que le dict du Val [ne] soit tenu de faire
« autrement apparoir ne rapporter audict delivrance
« ou certiffication dudict dechet et pris (1) de la
« façon d'icelles chesnes que ledict sieur a eu pour
« agreable. Et de ce que dict est en a relevé ledict du
« Val, de grace specialle, par lesdictes lettres, par
« vertu desquelles a esté faict compte et paiement
« audict Hoteman de ladicte somme de II^m VII^c
« XVIII livres X sols tournois comme par sa quit-

(1) C'est-à-dire le prix.

« tance cy rendue, appert, pour cecy, par vertu d'i-
« celle, ladicte somme de   2718 l. 10 s. 0 d.

33. — Gages d'officiers.

Le compte de Jean Duval a été réduit de 900 à 400 livres et taxé à ce dernier chiffre par la cour des comptes.

(Sur la somme de 12000 livres, en testons et menue monnaie, portée de Paris à Boulogne, il avait rapporté à Paris 3000 qui ont servi à payer les 2718 livres 10 s. du sieur Hotman.)

Compte particulier de Jehan Bourdineau, pour les fraiz des voitures, des tappisseries et autres meubles, (1) menez à Nantes pour servir à l'entrée de la Royne et de Monsieur le Daulphin et à Boullongne à la veue du Roy, nostre Seigneur, et du Roy d'Angleterre, en l'année M. D. XXXII. (*Original*).

Lettres-patentes de François Premier (²)

« François, par la grâce de Dieu, Roy de France, à noz amez et feaulx, les gens de noz comptes à Paris, salut et dilection. Nous voullons et vous mandons que la somme de deux mil quatre cens quatre vingtz trois livres, huit solz, cinq deniers tournois, que nostre cher et bien amé Jehan Bourdineau, clerc des offices de nostre hostel, a payée et deboursée, par ordonnance de nostre très cher et amé cousin, le Sire de Montmorency, premier baron, Grand-Mais-

(1) Ibidem, f. 117.
(2) En marge : Collatio fct. cum litteris originalibus hic redditis.

tre et mareschal de France, aux personnes et pour les parties contenues et declarées et specifflées en ung cayer de pappier, signé et certifflé de nostredict cousin, le Sire de Montmorency, cy attaché, soulz le contrescel de nostre chancellerie, pour la voitture et conduitte d'aucun nombre de tappisseries et autres meubles, prins, ainsi que avons ordonné, ès chasteaulx de Blois et Amboyse, jusques en nostre ville de Nantes, pour servir aux entrées en icelle de nostre très chère et très amée compaigne, la Royne, et de nostre très cher et très amé filz, le Daulphin, et dudict Nantes esdictz lieulx de Blois et Amboyse, où ilz ont esté retournez, aussi les vaisselles d'or et d'argent, joyaulx, tappisseries et autres meubles, que nous avons faict prandre d'iceulx chasteaulx de Bloys et Amboyse et pareillement de nostre ville de Paris, qui ont esté amenées et conduittes à Boullongne, pour nous y servir au faict de l'entreveue de nous et de nostre très cher et très amé frère, cousin, compère et perpetuel allié, le Roy d'Angleterre, et pour le retour d'iceulx jusques en nostre ville de Paris, vous passez et allouez au compte particullier que vous presentera ledict Bourdineau, du faict de ceste charge. Et laquelle somme de ij ^{m}. iiij^o iij^{xx} iij livres, viij solz, v deniers, nous voullons par vous, y estre passée et allouée, sans aucune difficulté, en rapportant sur icelluy compte, par ledict Bourdineau, ces presentes signées de nostre main, ledict cayer de pappier y tenant, les payements faictz des parties dessusdictes, cy attaché, signé et certifflé, comme dict est, ensemble les quittances des parties montans [à] cent solz tournois, et au dessus tant seullement, sans que au dessoulz des dictz cent solz il soit tenu rapporter aucune quittance, dont nous l'avons relevé et relevons. Et lesdictz payemens, contenuz en icelluy cayer, faictz par les causes et en la manière que dict est, par nous pareillement validez et auchorisez, vallidons et auctorisons par cesdictes presentes, et voullons estre d'un tel effect et valleur, comme si faictz avoient esté par noz ordonnances et en vertu de noz lettres de commission et mandemans.

Car, tel est nostre plaisir, nonobstant quelzconques ordonnances, us, stille, rigueur de comptes, restrinctions, mandemens ou deffences à ce contraires. Donné à Compiègne, le vingt troisiesme jour de novembre, l'an de grâce mil cinq cens trente deux et de nostre Règne, le dix huictiesme. Signées, François ; par le Roy : Breton ; et scellées de cire jaulne, sur simple queue ».

Comptes particuliers.

« Compte de Jean Bourdineau, clerc de l'hostel
« du Roy notre seigneur, verballement commis par
« ledit seigneur à tenir le compte et faire le paye-
« ment des fraiz, mises et despenses, tant pour les
« voitures des meubles, prins ès chasteaulx de Blois
« et d'Amboyse et menés du commandement du Roy
« notre seigneur, en sa ville de Nantes, ou mois de
« juillet 1532, pour y servir à l'entrée de la Royne
« et de monseigneur le Daulphyn, pour le retour
« d'iceulx, ès dict lieulx de Blois et d'Amboyse,

« que pour les voitures des vaisselles d'or et d'ar-
« gent, joyaulx et autres riches meubles que ledit
« seigneur a voulu estre prins tant èsdits chasteaulx
« de Bloys et Amboyse que à Paris pour mener à
« Boullongne, pour y servir à l'entreveue d'icelui sei-
« gneur et du Roy d'Angleterre, au mois d'octobre,
« oudit an, et pour le retour desdictz meubles jusques
« audict Paris. De la recepte et despense par ledit
« Bourdineau faicte à cause de ladite commission et
« dépendences d'icelle. Ce present compte rendu a
« court par le seigneur Bourdineau en sa personne
« comme il s'ensuict :

Recepte.

« De maistre Guillaume Preudomme, conseiller
« du Roy notre seigneur, general de ses finances et
« tresor de l'espargne dudit seigneur, par quittance
« dudit Bourdineau, present commis, du 30ᵉ jour
« d'aoust 1532, la somme de 500 livres, à luy
« ordonnée par ledit seigneur, pour convertir et
« employer au faict de sadicte commission,
                                            500l. 0s. 0d.
« Dudit tresor de l'espargne et des coffres
« d'icelle, tant au chasteau du Louvre par quittance
« dudit Bourdineau, du 2ᵉ jour d'octobre 1532,
« la somme de 800 livres, par lui ordonnée par
« le Roy pour convertir,   800   »   »
« De maistre Jean Duval, notaire et secretaire
« du Roy et commis par ledit seigneur à tenir le
« compte et faire les paiements des frais dudit

« voyage de Boulogne, par quittance dudit Bourdi-
« neau, le 20ᵉ jour d'octobre dudit an, la somme de
1183 l. 8 s. 5 d.

Total : 2483 8 6

Ce compte figure dans le premier.

Despense de ce present compte.

« C'est assavoir que pour la location de toutes et chacunes les parties et sommes [de] deniers contenues et escriptes en la despense de ce present compte est cy-rendu ung cayer de papier, signé, certiffié et arresté par Messire Anne de Montmorency, premier baron, grand maistre et mareschal de France, chevallier de l'ordre, gouverneur et lieutenant general du Roy, ès pays de Languedoc, le dix huitiesme jour de novembre, l'an mil cinq cens trente deux, auquel sont attachées les lettres patentes dudit seigneur, signées de sa main et de maistre Jehan Breton, secretaire de ses finances, données à Compiègne, le vingt troisiesme jour dudit mois et an, par lesquelles et pour les causes y contenues, le Roy notre seigneur mande à nosseigneurs des comptes que la somme de deux mil quatre cens quatre vingt trois livres huit solz, cinq deniers, à laquelle se montent les parties dudit cayer payées par ledit Jehan Bourdineau, present commis de l'ordonnance dudit seigneur de Montmorency, pour les voitures des meubles pris ès chasteaulx de Blois, etc., etc.

Nota. Tout le voyage coûta, 2483 l. 8 s. 5 d.
A défalquer de la somme ci-dessus, 397 9 0
Reste pour le voyage de Boulogne, 2085 18 5

Détails de la Dépense.

A 3 charretiers qui par deux jours ont vaqué à mener toutes lesdites vaisselles et meubles du château au port, 3l. os. od.

Aux emballeurs qui ont besogné durant deux jours à emballer lesdites tapisseries de Blois et d'Amboise, 2 0 0

A 8 portefaix qui, durant cesdites deux journées ont vaqué à tirer lesdites tapisseries des galetas, les charger au chasteau sur les charrettes et les décharger au port. Payé à chacun 5 sols par jour, monte la somme à, 4 0 0

A 1 charretier d'Amboise qui a amené deux coffres de vaisselle de maître Pierre L'italian dudit Amboise à Blois, après le partement des bateaux. Payé, 2 0 0

A 1 homme, envoyé en dilligence, de Blois à Amboise, chercher le capitaine Douville, les chevaux duquel étaient cassés pour le retour de la Reine. Pour trente chevaux recouvrés (1), pour mener lesdits meubles à Boulogne, 2 0 0

Tous lesquels meubles furent chargés à Blois sur plusieurs chariots dudit capitaine Douville, le 25ᵉ jour du mois de septembre 1532.

Frais faits à Paris (2).

« Jean Sagrot, pour ung voiaige par lui faict en
« poste de Paris à Chantilly, devers mondit seigneur
« le grand maistre, pour savoir et entendre de lui

---

(1) Mis hors d'usage. Non pour le service de la Reine auquel on les avait affectés, mais pour le voyage de Boulogne.

(2) Fol. 129, verso.

« en quel lieu on devoit conduyre lesdicz chariots
« et où ledit Bourdineau devoit recouvrer argent
« pour satisffaire aux fraiz d'iceulx et pour son
« retour en semblable dilligence, apportant res-
« ponse, la somme de 10 livres tournois, à lui payée
« comptant par ledict Bourdineau, comme appert,
« par sa quittance, signée à sa requeste, de maistre
« Mesmyn Jabin, secretaire du Roy, le 23e jour de
« novembre, au susdit montant 31 livres, 5 solz
« tournois, cy rendues y servant et prenant sur la
« partie ensuyvant et une autre cy-après,

10l. 10s. 0d.

« Audit Sagrot, pour son remboursement de sem-
« blable somme qu'il a payée pour l'achat de 2
« coffres et demies garde-robbes ».......

Frais faits à Boulogne (1).

« A six portefaiz qui, par trois jours, ont vacqué à
« descharger tous les chariotz et porter le tout aux
« galletas et ailleurs, où l'on a mis les meubles, la
« somme de 4 livres, 10 solz tournois. Pour cecy,

4 0 0

« A deux orfèvres qui, par plusieurs fois, ont
« vacqué à rabiller les deux grands chandelliers qui
« estoient demanchez, ung grand pot à camayeux,
« deux sallières et autres choses, la somme de

4 5 0

« Plusieurs portefaiz qui ont porté les tappisseries
« par les chambres, pour tendre les logis des Roys de
« France et d'Angleterre, la somme de 3   5   0

(1) Fol. 181, verso.

« En chandelles achaptées audict Boullongne,
« pour servir, partie du jour et la nuict, ès lieux où
« estoient logées les vaisselles, où il n'y avoit poinct
« de clercs, 1 l. 10 s. 0 d.

« Audict Pierre Douville, la somme de 15 livres
« tournois, pour avoir, sur deux chariotz, mené de
« Boullongne à Calaiz quelque portion des vais-
« selles et tappisseries pour servir le Roy audict
« lieu de Calaiz, lesquelz chariotz y ont sejourné
« autant que le Roy y a esté. Pour cecy, par vertu
« de sa quittance cy-devant rendue, sur la partie de
« vingt livres tournois, soulz son nom, servant cy
« ladicte somme de 15 0 0

« Pour avoir faict charger et descharger lesdits
« deux chariotz, tant à Calaiz qu'à Boullongne et
« les faire porter au logis du sieur de la Bourdai-
« zière, payé à Antoine Boutillon la somme de vingt-
« cinq solz tournois. Cy 1 5 0

« A ung menuysier de Boullongne qui a vacqué,
« luy deuxiesme, par deux jours, à rabiller ung grand
« coffre long de Maistre Bernard et pour y avoir
« mis du boys, la somme de 1 15 0

« A ung serrurier, qui y a mis plusieurs grandes
« barres de fer et crampons, aussi pour avoir faictz
« plusieurs couppletz et bachetz (1) de fer pour les
« estuiz des grandz chandelliers qui estoient tous
« desmanchez, avoir rabillé les serrures et faict
« quelques clefz à aucuns des coffres de Jean Mont-
« joye, a esté payée la somme de 3 7 6

« Audict Boullongne, après le partement de la

---

(1) Charnières et bassins.

« court et ce pendent que le Roy a esté à Calaiz,
« payé à six hommes qui ont par trois jours aydé à
« descendre, secouer et nettoyer les tappisseries, à
« chacun cinq solz par jour, montant ensemble la
« somme à   4 l. 10 s. 0 d.

« A quatre autres hommes qui, sur ledict temps,
« ont vacqué à ayder, à habiller, amballer, empac-
« queter et charger tous lesdictz meubles, la somme
« de   3   0   0

« En cotton et layne, achaptée audict Calaiz, pour
« empacqueter lesditz grands chandelliers, qui s'é-
« toient un peu gastés à l'aller, la somme de
                                                  1 17   6

« A deux orfèvres qui ont vacqué à ampacqueter
« lesdictz deux grands chandelliers,   10   0

« En foing achapté, audict Boullongne, pour em-
« pacqueter lesdictes vaisselles,   0 10   0

« En deux grands tonneaulx, achaptés audict
« Boullongne, pour mettre la vaisselle apportet
« audict lieu par Georges Le Flament,   7   0

« En clou pour les clouer et aussi toutes les
« quesses desdicts meubles,   7   6

« En toilles, cordes, achaptées audict Boullongne,
« pour achever d'empacqueter et couvrir le tout,
« parce que partie desdictes cordes et toille s'es-
« toient rompues et gastées à Callés, la somme de
                                                  3   6   0

« En ficelle pour couldre les balles,   4   0

« A Jean de Beaurin, dict Lyonnet, la somme de
« 411 livres 2 solz 6 deniers pour les voittures de
« tous lesdictz meubles de Bloys et d'Amboyse qu'il a
« ramenez sur plusieurs chariotz de la ville de Boul-

« longne jusques à Paris, tant pour les vaisselles,
« tappisseries, que autres meubles, en ce comprins
« les deux grands tonneaulx de vaisselle de Georges
« le Flameng et quelque materatz [matelas] que
« ledict Bourdineau n'avait [pas] faict mener à
« l'aller. Toutes lesquelles choses, ramenées à Paris
« ou chasteau du Louvre par ledict Lyonnet, se sont
« trouvées poyser 25300 livres à raison de 32 s. 6 d.
« pour cent, dudit Boullongne à Paris, vallant la
« somme de iiij c. xi l. ij s. vi d, dont ce present
« commis luy a faict payement, comme par sa quit-
« tance, signée à sa requeste de deux notaires
« royaulx, le unziesme jour de novembre, l'an mil
« cinq cens trente deux, cy rendue, ap   . Pour
« cecy, ladicte somme de   41 l. 12 s. 6 d.

« A Antoine Boutillon qu'il a payé par les che-
« mins, depuys Boullongne jusques à Paris, pour
« boys et chandelle, pour veilles la nuict, pour la
« garde et seureté des vaisselles estant sur les char-
« retes, la somme de   4 12   0

« Pour avoir faict descharger tous lesdictz meubles
« du Louvre, payé à plusieurs hommes qui, durant
« trois jours, ont aydé à descharger et aussi à secouer
« et nettoyer lesdictes tappisseries.   4   6   0

« A ung chartier qui, durant deux jours, a vacqué,
« à trayner tous les coffres et quesses, de la rue jusques
« ausdictes chambres du Louvre, parce qu'on n'y
« vouloit laisser entrer les chariotz, de peur de gas-
« ter le pavé,   2   0   0

« Pour avoir faict apporter les poix du Roy pour
« peser lesdicts meubles et pour quatre hommes qui
« ont aydé à peser,   4   7   6

« En bois et fagotz, pour faire seicher quelques
« besongnes qui ont été mouillées sur les charretes,
                                              18 l. 0 s. 0 d.

« Audit Jean Montjoye, la somme de quarante
« six livres tournois pour ses journées, voiaiges et
« vaccacions, d'avoir vacqué, depuis le quatriesme
« jour d'octobre qu'il partit d'Amboyse, pour faire le
« voiaige de Boullongne, où il a servy à recongnois-
« tre les tappisseries et autres choses de sa charge
« et les faire serrer et conduyre jusques à Paris au
« chastel du Louvre, jusques au dix huitiesme jour
« de novembre, qui font quarante six journées, à
« raison de vingt solz par jour. Vallant ladicte
« somme de quarante six livres tournois, dont ce
« present commis luy a faict payement, comme, par
« sa quittance rendue sur la deuxiesme partie de la
« despense de cedict compte servant cy, appert. Pour
« cecy,   46   0   0

« A Maistre Bernard Le Court, la somme de trente
« neuf livres, quinze solz tournois, pour ses jour-
« nées dudict voiaige de Boullongne, depuys le
« vingt septiesme jour de septembre qu'il partit de
« Bloys, pour les tappisseries et autres meubles,
« estans de sa charge, ramenées audict chastel du
« Louvre, jusques au dix huitiesme jour de novem-
« bre, 53 journées à 15 solz, dont ce present commis,
« ainsi que, par sa quittance, signée à sa requeste de
« maistre Mesmyn Jabin, notaire et secretaire du
« Roy rendue sur la première partie de la despense
« de ce present compte, appert. Pour cecy,
                                              39 15   0

« Audit Jean Bihourt, lequel, depuys le 27ᵉ jour de

« septembre, a tousjours suivy lesdicts charriotz et
« au lieu de Boullongne servy à tendre et detendre,
« nettoyer et serrer les tappisseries et autres meu-
« bles jusqu'au 18 novembre, 53 jours à 10 solz, à
« luy payée comptant par ce present commis, ainsi
« que par sa quittance, cy-devant rendue, peut appa-
« roir. Pour cecy: 26 l. 10 s. 0 d.

« A Jean Sagrot et Anthoine Boutillon, lesquels
« dès le vingtiesme jour dudict mois de septembre,
« ont toujours vacqué à Amboyse et à Blois à ayder
« à serrer et empacqueter lesdictz meubles, suyvy
« les chariotz et par les chemins, à Boullongne et
« ailleurs, tousjours cousché, auprès des vaisselles,
« pour la seureté d'icelles, où ils ont vacqué jusqu'au
« dict dix huitiesme jour de novembre, 60 jours à 7
« solz, 6 deniers, comme appert, 45 0 0

« Audict Jehan Bourdineau, clerc des offices de
« l'hostel du Roy, notre sire, auquel, dès le trenties-
« me jour d'aoust, mil cinq cens trente deux, que le
« Roy deslogea de Nantes, fut commandé par mon-
« dict seigneur, le grand maistre, demourer audict
« Nantes, pour faire serrer et charger les meubles y
« estans et aussy pour recouvrer de Monseigneur le
« tresorier de l'espargne, argent pour les voittures
« desdictz meubles, duquel lieu il vint ès dictz lieulx
« de Bloys et d'Amboyse faire acoustrer, amballer
« et empacqueter tous lesdictz meubles, chercher du
« charroy, les faire charger, mener et conduyre en
« la ville de Boullongne, comme dict est, depuys les
« a faict mener, conduyre au chastel du Louvre. En
« quoy faisant, et aussy, pour estre retourné à la
« court, après avoir faict descharger lesdictz meu-

« bles, pour faire veoir et arrester sa despense, il a
« vacqué depuys le trentelesme jour d'aoust 1532,
« jusqu'au dix huitiesme jour de novembre, qui font
« 81 journées, à 2 livres par jour. Pour cecy qu'il a
« prinse et retenue par ses mains des deniers de
« sadicte commission, la somme de 162 l. 0 s. 0d.

A Guillaume Moynnier, tapissier du Roi, pour tapisseries menées de Paris à Boulogne et vice-versâ, 460 5 0

C'est à savoir :
Pour 40 aunes de toille à emballer, à 3 sols,
6 0 0

Pour 12 livres de corde pour faire les 4 balles et les 2 caisses, à 2 sols la livre, 1 4 0

Aux menuisiers et emballeurs qui ont fait les caisses et les ballots, 2 0 0

Pour 12 milliers de clou pour tendre les tapisseris tant à Boulogne qu'à Marquise, 1 10 0

3 échelles ferrées pour tendre les tapisseries,
5 0

Pour 3 marteaux à tendre lesdites tapisseries,
2 5 0

« Au voiturier qui a mené lesdictes tappisseries à
« Boullongne. C'est à sçavoir : 4 balles pesant 2287
« lb., les 3 eschelles, 2 quesses, 1 coffre plein de
« clous, à 25 livres le millier, 75 0 0

« Pour 100 toises de corde rouge à 0 s. 6 d. la
« toyse, 2 10 0

« Pour deulx douzaines de ruban de fil rouge et 2
« lb. de fil de coulleurs, deulx anneaulx à mettre aux
« rideaulx, 3 0 0

« Pour 4 poullies de fer, pour aider à tendre les
« tappisseries,   1 l. 10 s. 0 d.
« Pour 20 aulnes de toille cirée, pour couvrir les
« balles et caisses, à 6 s. l'aulne,   6   0   0
« Pour 32 aulnes de burcan [bougran] à envelopper
« lesdictes tapisseries, à 15 sols l'aulne, 1   4   0
« Pour la peine de 8 femmes, qui ont aidé a couldre
« le boucassin rouge, qui a servi au plancher [pla-
« fond] de la grande salle de Boullongne, pour 2
« journées 24 solz (1),   2   8   0
« Pour la peine de deux hommes qui ont aydé à
« garder la tappisserie amenée d'Amyens et pour la
« veiller une nuict,   0   10   0
« Pour la peine de 8 hommes qui ont aydé à des-
« charger lesdictes tappisseries,   0   8   0
« Pour le sallaire dudict Moynnier et deux hom-
« mes qui ont aydé à mener et remmener lesdictes
« tappisseries, detendre et nettoyer icelles et celles
« d'Amyens, pour 40 journées à 20 solz par jour
« pour Moynnier et 20 solz pour les deux hommes,
« à raison de 10 solz par jour, pour chacun,
                                         4   0   0
« Aux emballeurs et menuysiers qui ont aydé à
« charger et descharger les tappisseries qu'on a esté
« mener à Calaiz et Marquise, par trois voiaiges,
« aussi pour avoir aydé à charger le lict que le Roy
« d'Angleterre a donné au Roy. Ensemble pour
« avoir rapporté les tappisseries qui estoyent ten-
« dues, aydé à descendre, secouer et nettoyer les
« tappisseries. A chacun, 5 solz,   4   0   10

(1) Ce qui remet le prix de la journée de ces 8 couturières
à 8 sols.

« A quatre aultres hommes qui, sur ledict temps,
« ont vacqué à rabiller, emballer, empaqueter et
« charger tous lesdicts meubles, 3 l. o s. o d.

« En coton et laine achaptée audict Calais pour
« empaqueter lesdicts grans chandeliers qui s'esto-
« yent un peu gastés, 1 17 6

« A deulx orfèvres qui ont servi à empaqueter
« lesdicts 2 chandeliers, 10 0

« En foin achapté audict Boulongne pour empa-
« queter lesdictes vaisselles, 10 0

« Vidé les chambres, salles, et garde-robbes à
« Boulongne et aydé à charger sur les charriots,

6 0 0

« A ung tailleur qui a doublé un drapt de pié en
« drapt d'or, 0 10 0

« Parties pour les charretiers qui ont remmené de
« Boullongne à Paris ce que ledict Moynnier y avoyt
« faict mener, ensemble le lict donné par le Roy
« d'Angleterre :

« A Regnauld Lamoureulx, pour deux journées de
« Boullongne à Marquise, de luy, son chariot et 5
« chevaulx à mener et remmener la tappisserie de
« Boullongne à Marquise, 5o solz par jour,

5 0 0

« A Guillaume Mauvoysin et Guillaume Lamou-
« reulx, pour leurs deux chariotz, d'avoir mené le
« lict donné par le Roy d'Angleterre, de Calaiz à
« Boullongne, 5 livres par jour pour 3 jours,

15 0 0

« A Usson Peudefin pour sa charrete et 4 che-
« vaulx pour 3 jours, 35 0 0

« A Regnauld Lamoureux, pour avoir remmené de
« Boullongne à Paris 202 lb. pesant, à 16 livres 5 s.
« le cent. 35l. 0s. 0d.

« A Guillaume Mauvoysin, pour 208 lb. avoir
« remmené audict Paris, 35 10 0

« A Usson Peudefin, pour 117 lb. [menées] à Paris,
27 12 6

« A Nicolas Cheville, pour 1500 lb. [menées] à Pa-
« ris, 24 7 6

« A Theremye, pour 3 milliers (3000 lb.) [menés]
« à Paris, 48 15 0

Frais faits pour le voiaige de Boullongne (1).

« Audit Jehan Montjoye, pour avoir faict mener,
« du chasteau d'Amboyse, jusques aux battaulx, les
« coffres et quesses, où ont esté mis les cielz, dais,
« broderies et aussi pour avoir faict mener audict
« port les tappisseries et autres choses, la somme
« de quatre livres tournois à luy payées comptant,
« comme par sa quittance, cy devant rendue sur la
« seconde partie de la presente despense, peut
« apparoir. Pour cecy, 4 0 0

Raccommodage d'un coffre, 1 12 0

Foin pris à Amboise, 5 0

Cordes, 1 2 0

Port de plusieurs caisses de vaisselles, du château
à la Loire, 1 5 0

205 aunes de toile pour emballer et empaqueter
les tapisseries, couvrir les meubles pris à Blois et

(1) Fol. 127, verso.

Amboise, à 3 sols 6 deniers l'aune. Payé à Jean Sagrot, le 25 septembre 1532, — 18 l. 7 s. 6 d.

193 brassées de cordes à 0 s. 5 d. la brassée, 4 0 5

Raccommodage d'un grand coffre. Barres de fer et crampons, 1 15 0

Foin pris à Blois, 7 0

Coton [cocton] pour « accoustrer » des vaisselles d'or, 15 0

Ficelle pour coudre les balles, 3 0

3 charretiers de Blois. — 2 jours de voyages du château à la rivière (1), 3 0 0

2 emballeurs, 2 0 0

« Huit portefaiz qui, durant lesdictes deux jour-
« nées, ont vacqué à tirer lesdictes tappisseries des
« galletas, les charger au chasteau sur des charretes
« et les descharger au port. Payé à chacun cinq
« solz par jour, monte la somme à (2), 4 0 0

« A ung chartier d'Amboyse, qui a amené deux
« coffres de vaisselle de maistre Pierre l'Italian,
« dudict Amboyse à Bloys, après le partement des
« bateaulx. Payé la somme de (3), 3 0 0

« A ung homme envoyé en dilligence de Blois
« à Amboyse chercher le cappitaine Douville, les
« chevaulx duquel estoient cassez, pour le séjour de
« la Royne, pour iceulx chevaulx recouvrer, pour
« mener lesdicts meubles à Boullongne, la somme
« de, 2 0 0

« Tous lesquelz meubles furent chargez audict

(1) Une journée à 10 sols. Homme, cheval et charrette.
(2) Fol. 129.
(3) Fol. 129.

« Blois sur plusieurs chariotz dudict capitaine
« Douvillé, le vingt cinquiesme jour dudict mois de
« septembre, mil cinq cens trente deux.

Fraiz faiots à Paris (1).

A Jean Sagrot. Voyage en poste de Paris à
Chantilly,   10l. 0s. 0d.
 Coffres pour loger les vaisselles du Roy prises
chez le Prévôt de Paris,   13 10   0
« Pour mettre les vaisselles du Roy prises au
« logis du Prevost de Paris, la somme de,

          13 10   0

« Pour avoir faict corder et couvrir lesdictz deux
« coffres et faict porter au logis dudict Douville
« avec les autres. Payé,   2   0   0
« Pour avoir faict acoustrer quelques coffres
« qui estoient gastés sur les charretes, depuys Blois à
« Paris. Payé,   0 12   0
« Audit Sagrot la somme de 7 livres, quinze
« solz tournois, pour son remboursement de
« semblable somme qu'il a payée de ses deniers,
« pour avoir depuys Blois jusques à Boullongne,
« faict faire du feu toutes les nuictz, à l'entour des
« charretes de vaisselles, louaige de gens pour veiller
« la nuict, ès lieulx de Picardie, où il a esté besoing.
« Pour bois, chandelles et autres choses pour ledict
« voiaige de Boullongne. Icelle somme à luy payée

(1) Fol. 129, verso et 130.

« comptant par ledict Bourdineau, comme, par sa
« quittance cy-rendue, appert. Pour cecy,
7l. 15s. od.

« Audict Pierre Douville, la somme de 726 livres,
« pour la voiture de tous lesdicts meubles, prins à
« Blois et Amboyse, tous chargez audict Bloys,
« suspensses (soupentes) (1), chariotz et charretes
« et menez jusques en ladicte ville de Boullongne.
« Le tout pesant vingt quatre milliers, deux cens
« livres, à raison de soixante solz pour cent, dudict
« Bloys audict Boullongne, vallant ladicte somme
« de sept cens vingt six livres. Dont ce present
« commis luy a faict payement, comme, par sa quit-
« tance, signée à la requeste de maistre Jehan du
« Val, notaire et secretaire du Roy, le dernier jour
« d'octobre, mil cinq cens trente deux, cy rendue,
« peut apparoir. Pour cecy, 726 0 0

« Dudit Douville, la somme de vingt livres tour-
« nois pour avoir, sur une charrete à deux chevaulx,
« mené dudict Paris à Boulogne, les deux demyes
« garde robbes et vaisselles du Roy, prinses au
« logis du Prevost de Paris. Icelle somme à luy payée
« comptant, comme, par sa quittance, signée à la
« requeste de deux notaires royaulx, montant trente
« cinq livres, cy rendue, qui servira cy-après, pour
« la somme de quinze livres, appert. Pour cecy,
20 0 0

Toutes lesquelles parties montent et reviennent
ensemble à ladicte première somme de quatre cens
soixante livres, cinq solz tournois, dont ce present

(1) Courroies servant à suspendre les charriots.

commis luy a faict payement, comme appert, par sa quittance signée à sa requeste, de maistre Nicolas Berthereau, notaire et secretaire du Roy, le vingt cinquiesme jour de Novembre, l'an mil cinq cens trente deux, cy rendue. Pour cecy, 460 l. 5 s. 0 d.

Total, 2483 livres 8 s. 5 d. [et 6 livres de dépense commune] (1), 2489 8 0

Compte particulier d'Antoine Juge.

1. — Lettres patentes de François Premier.

« François, par la grâce de Dieu, Roy de France,
« à nostre cher et bien amé, Anthoine Juge, salut.
« Comme, pour faire la distribucion de la somme
« de trente quatre mil neuf cens seize livres, cinq
« sols tournois, qu'il convient promptement
« distribuer à plusieurs personnes, tant de draps
« de soye, d'or et d'argent, traict et fillé, fourreu-
« res, boutons et fer d'or et autres parties conte-
« nues et declairées en un estat, signé de nostre
« main, le troisiesme jour d'octobre, mil cinq cens
« trente deulx, que nous avons ordonné achapter et
« recouvrer, pour nous servir au faict de la veue,
« qui se fera de bref de nous et de nostre très cher et
« très amé bon frère, cousin, compère et perpetuel
« allié, le Roy d'Angleterre, soit très requis et
« necessaire commettre et deputer quelque bon per-

(1) Fol. 138.

« sonnaige, savoir vous faisons que, pour l'entière
« confiance que nous avons de votre personne et
« de vos sens, suffisance, loyaulté et dilligence, pour
« ces causes et aultres à ce nous mouvans, vous
« avons commis et deputé, commettons et deputons,
« par ces presentes, à faire, par le menu, le paye-
« ment et distribucion de ladicte somme de trente
« quatre mil neuf cens seize livres, cinq solz tour-
« nois, pour les parties contenues et declairées
« oudict estat, et ce par les ordonnances, pris et
« marchez qui en ont esté ou seront faictz par
« notre amé et feal conseiller et premier gen-
« tilhomme de nostre chambre, Jehan de la Barre,
« gouverneur, prevost et bailly de Paris. Lesquelz
« ordonnances, pris et marchez, nous avons, quant
« à ce, validez et auctorisez, vallidons et auctorisons,
« et entendons estre d'un tel effect et valleur que
« si, par nous, avoient esté faictz. Et, par restant, ces
« dictes presentes signées de nostre main, iceulx
« ordonnances, pris et marchez et les quittances
« des parties, par le menu, nous voullons les
« payemens qui en seront faictz, pour les causes
« dessusdictes jusques à ladicte somme de trente
« quatre mil neuf cens seize livres, cinq sols tournois,
« estre passez et allouez ès comptes et rabatuz de
« votre recepte par nos amez et feaulx, les gens de noz
« comptes et ailleurs, où il appartiendra, sans
« difficulté. Car tel est nostre plaisir, nonobstant
« quelzconques ordonnances, restrinctions, man-
« demens ou deffences à ce contraires. Donné à
« Chantilly, le sixiesme jour d'octobre, l'an de grâce
« mil cinq cens trente deux, et de notre règne le

« dix-huitiesme. Signé, François; par le Roy : Bre-
« ton; et scellé de cire jaulne sur queue simple (1).

« Ensuict la teneur de l'estat dont mention est
« faicte par lesdictes lettres cy devant transcriptes,
« signé de la propre main du Roy, à Paris, le
« troysiesme jour d'octobre l'an 1532, cy rendu.

Draps de soie pour le Roy.

24 aunes de velours blanc, à 7 livres 10 s. l'aulne,	180 l.	0 s.	0 d.
20 aunes velours cramoisi rouge, à 16 livres,	320	0	0
12 aunes velours cramoisi violet, à 14 livres,	168	0	0
12 aunes velours incarnat, à 7 livres 10 s.	90	0	0
5 aunes satin cramoisi, à 8 livres 10 s.	42	10	0
12 aunes damas cramoisi à 11 livres	132	0	0
2 aunes 1/2 velours vert, à 7 livres 10 s.	18	15	0

Autres draps de soie pour MM.

18 aunes de velours gris pour faire robes à chevaucher, à 7 livres 10 s.	135	0	0
24 aunes de velours cramoisi violet pour faire robes longues, à 14 livres,	336	0	0

(1) Cf. F. 142, verso.

24 aunes de velours blanc pour semblable, à 7 livres 10 s. 180 l. 0 s. 0 d.

24 aunes de velours cramoisi rouge, à 16 livres, 384 0 0

22 aunes de velours blanc pour sayes et pourpoints, à 7 livres 10 s. 125 0 0

16 aunes 1/2 de velours rouge cramoisi, aussi pour faire sayes, [manteaux] à 16 livres, 264 0 0

5 aunes 1/2 de velours rouge cramoisi pour faire pourpoints, à 16 livres, 88 0 0

16 aunes 1/2 de velours jaune doré pour faire sayes, au prix de 7 livres 10 s. 123 15 0

5 aunes 1/2 de velours jaune doré pour faire pourpoints, à 7 livres 10 s. 41 5 0

Autres draps de soie pour les quatre capitaines des gardes, pour leurs archers et pour les suisses.

40 aunes de velours pour 4 robes de ces capitaines, à 7 livres 10 s. 300 0 0

1920 aunes de velours violet, jaune et incarnat pour l'habillement de 320 archers et gardes, à 6 aunes pour homme, à 7 livres 10 s. 14400 0 0

320 aunes de mêmes velours pour l'habillement de 80 suisses, à 4 aunes pour chacun, 2400 0 0

Or et argent traict et filé pour le Roy.

106 marcs d'or traict [étiré] et filé,
à 24 livres le marc,   2544 l. 0 s. 0 d.

44 marcs d'argent traict et filé, à
livres le marc,   1056   0   0

Or et argent traict et filé pour Messieurs.

161 marcs 1/2 d'or traict et filé à 24
livres,   3876   0   0

8 marcs d'argent traict et filé à 24
livres,   192   0   0

2 livres de soye de Paris pour
« porfiller »(1) et attacher la bordure,
tant pour le Roy que pour messieurs,
à 12 livres,   24   0   0

Pelleterie pour le Roy.

Trois douzaines de genettes (peaux de fouine ou de chat sauvage) pour rafraîchir la fourrure de genettes que ledit seigneur..., au prix de 12 livres la pièce,   332   0   0

Dix loups cerviers aussi, pour rafraîchir semblable fourrure, à 24 livres,   240   0   0

Nota que ledit Seigneur a des martres pour ses fourrures, s'il ne lui plaît qu'on en achète.

---

(1) Broder.

Pelleterie pour Messieurs.

Trois bons timbres de martres,	1200 l.	0 s.	0 d.
Douze manteaux de « costez » [flancs] de martre sybeline pour le demeurant des fourrures des trois robes, à 30 livres,	360	0	0
Six douzaines de genettes noires, à 12 livres,	864	0	0
Douze manteaux et « costez » de genettes, à 30 livres pièce,	360	0	0
Quinze loups cerviers, à 24 livres,	360	0	0
Neuf manteaux de loutres et loups cerviers, à 40 livres pièce,	360	0	0
Total.	3504	0	0

Doublures pour le Roy.

Quinze aunes de taffetas blanc piqué sur coton pour les 2 robes de velours blanc, à 30 livres,	21	0	0
Sept aunes de taffetas pour la robe de velours noir piqué et boutons d'or à 30 livres,	10	10	0
Sept aunes pour la robe de velours incarnat,	10	0	0
Total.	42	0	0

Façon des habillements du Roy et pour Messieurs.

Au brodeur pour cent compagnons, durant huit jours qu'ils pourront vaquer, à quinze sous pour chacun, tant pour le jour que pour la nuit,	600 l.	0 s.	0 d.
Pour leur dépense à raison de 5 sols par homme et par jour,	200	0	0
Au tailleur, pour ses façons desdits habillemens tant du Roy que de MM.,	88	0	0
Pour la façon des pelleteries,	16	0	0
Pour les façons des habillements des archers (à 2 livres),	640	0	0
Pour les façons de ceux desdits suisses (à 3 livres),	240	0	0
Total.	1784	0	0

« Plus qu'il fault 8000 petitz boutons d'or, pour parachever et picquer la robe du Roy qui en fut commancée à Chateaubriant qui pourront valloir environ », 600 0 0

« Plus pour quatre vingtz panaches pour les suisses, à 10 livres par panache », 800 0 0

« Pour la garniture des bonnetz de soie et boutons d'or », 50 0 0

Total. 1450 0 0

Du present estat 34916 5

Fait à Paris, le troisième jour d'octobre l'an mil cinq cent trente deux. Signé : François.

Compte particulier d'Antoine Juge.

« Compte particulier de maistre Anthoine Juge
« lequel le Roy, notre sire, par ses lettres patentes,
« signées de sa main et de maistre Jean Breton, secre-
« taire de ses finances, données à Chantilly, le
« sixiesme jour d'octobre, l'an mil cinq cens trente
« deux et pour les causes y contenues, a commis et
« deputé pour faire la distribucion de la somme de
« trente quatre mille neuf cens seize livres, cinq solz
« tournois, qu'il convenoit lors promptement distri-
« buer à plusieurs personnes, tant pour draps et soye
« d'or et d'argent, d'or traict et fillé, fourreures,
« boutons, fers d'or, et autres parties, contenues et
« declairées en ung estat signé de la main dudict
« Seigneur, le troisiesme jour desdictz mois et an, que
« ledict Seigneur a ordonnées achapter et recouvrer
« pour luy servir au faict de la veue, qui se devoit
« lors, de bref, faire, des personnes d'icelluy Seigneur
« et du Roy d'Angleterre, et ce par les ordonnances,
« priz et marchez, qui en avoient esté ou seroient
« faictz, par messire Jehan de la Barre, chevalier,
« prevost et bailly de Paris. Lesquels ordonnances,
« priz et marchez, ledict Seigneur a vallidez et
« auctorisez et entend estre de tel effect et valleur que,
« si par luy ils avoient esté faictz, en rapportant
« lesquelles lettres, ordonnances, priz et marchez
« et les quittances des parties, par le menu, le Roy,
« nostre dict Seigneur veult les susdictz payemen[s]
« qui en seront faictz estre allouez ès comptes et
« rabatuz de la recepte dudict le Juge, par nossei-
« gneurs des comptes, auxquelz il mande ainsi le
« faict, sans difficulté, ainsi qu'il est plus au long

« contenu et declairé, ès dictes lettres patentes
« transcriptes et rendues au commancement de ce
« present compte de la recepte et despense par ledict
« Juge, faicte à cause de sadicte commission tant de
« ladicte somme de 34916 livres 5 solz, qui luy a esté
« baillée par la première assignation, selon les
« parties dudict estat que la somme de 3589 livres
« 10 solz, qui luy a esté depuys faict delivrer par
« ledict Seigneur pour la passe d'icelluy estat qui est
« transcript et rendu au commancement de ce pre-
« sent compte. Rendu à court, par Pierre Gelet,
« procureur dudict Juge, comme par lettres de
« procuration, rendues sur son compte particullier
« des parties achaptées pour le service du Roy, de
« l'année présente mil cinq cens trente deux et ser-
« vant cy, en la manière qui s'ensuit.

Recepte et premièrement.

« De maistre Guillaume Preudomme, conseiller
« du Roy, general de ses finances et tresorier de
« son espargne, la somme de treize mil cinq cens livres
« tournois audict Juge, delivré comptant, en presence
« de Messire Emard Nicolas et Jean Briconnet, cheval-
« liers, aussi conseillers du Roy, premier et second
« president de ses comptes, et des deniers tirez de ses
« coffres, du tresor et espargne d'icelluy Seigneur,
« estant audict Louvre, de ceulx du quartier de
« juillet, aoust et septembre, mil cinq cens trente
« deux ; le tout en monnoye de testons et demys
« testons de Savoye et Ferrare, groz de trois solz
« et deux solz, six deniers, pièces de quinze deniers,
« treizains, douzains, sixains et lyares, icelle somme

« audict Juge commis susdict, pour convertir et
« employer en l'achapt d'un riche lict de camp, tout
« faict de broderie et en partie semé de perles et
« autres pierreries, que ledict Seigneur a ordonné
« estre achapté et icelluy lict conduict et porté en la
« ville de Boullongne sur la mer ou à Callais,
« pour illec en faire don et present de par icelluy
« Seigneur au Roy d'Angleterre, de laquelle somme
« de treize mil cinq cens livres tournois, ledict Juge
« present commis a faict et baillé audict Preudomme
« sa quittance signée de sa main, le unziesme jour
« d'octobre l'an mil cinq cens trente deux. Pour cecy,
« en recepte, la somme de   13500 l. o s. o d.

Dudit Preudomme les 34916 livres
5 s. en testons de 10 s. pièce, testons
et 1/2 testons de 5, gros de 3 s. et 2
sols 1/2, treizains, douzains, dixains
et lyares.   34916   5   0

De lui la somme de 3589 livres 10 s.,
ordonnée pour le parfait paiement
des fournitures de draps d'or et argent
filés, boutons et fers d'or et autres,
payée en présence du Premier Président et de Nicolas Viale, maître
des comptes, le 26 octobre 1532 (1), 3589 10   0
                                     ─────────────
                                      52005 15

---

(1) Ibidem, f. 150 à f. 151, verso.

Ottoman Acherly, marchand Florentin, a fourni (1) :

Détails de la dépense.

Au tailleur des 80 suisses, 320 aunes velours jaune, violet et incarnat, à 7 livres 10 s.   204 l. 0 s. 0 d.

A maître Léonard de l'Aulnay, tailleur du Roy et au tailleur de la garde écossaise, 1950 aunes velours jaune, incarnat, violet, à 7 livres 10 s.   14625 0 0

A M. de Nançay, capitaine des archers, 10 aunes velours incarnat pour son acoutrement, à 7 livres 10 s.,   75 0 0

A M. de Laulnay, 12 aunes velours blanc pour une robe du Roy, à 7 livres 10 s. (2),   90 0 0

Au même, 4 aunes de satin blanc pour les parements de cette robe, à 5 livres 10 s.   22 0 0

Au même, 14 aunes de taffetas blanc à doubler, à 1 livre 10 s. l'aune,   21 0 0

Au même, aunes de velours blanc, pour faire une robe semblable à l'usage du Roy d'Angleterre, à 7 livres 10 s.,   90 0 0

Satin blanc (4 aunes) pour parements,   22 0 0

---

(1) Ibidem, f. 153. Cette dépense est comprise dans le compte d'Antoine Juge.

(2) Cette robe et les quatre suivantes reviennent, sans la façon ni les broderies, chacune à 138 livres 10 s. Cf., f. 153.

CLXVI

	l.	s.	d.
14 aunes taffetas blanc, pour doublure,	21	0	0
2 aunes velours blanc, pour les collets de ces 2 robes,	15	0	0
12 aunes damas cramoisi, à 11 livres,	132	0	0
10 aunes velours incarnat. Robe avec manches, à 7 livres 10 s.	75	0	0
8 aunes taffetas gris, pour doubler la précédente, à 1 livre 10 s.	12	0	0
6 aunes satin blanc, pour doubler un manteau, à 3 livres 15,	22	10	0
10 aunes velours rouge cramoisi pour autre manteau, à 16 livres,	160	0	0
8 aunes taffetas rouge, doublure, à 1 livre 10 s.,	12	0	0
10 aunes velours rouge, saye, à 16 livres,	160	0	0
8 aunes taffetas rouge, saye, à 1 livre 10 s.,	12	0	0
12 aunes velours noir. Robe, à 8 livres,	96	0	0
14 aunes taffetas noir. Robe, à 1 livre 10 s.,	21	0	0
8 aunes, taffetas noir. Doublure de soie, à 1 livre 10 s.,	12	0	0
3 aunes velours vert, pourpoint, à 7 livres 10 s.,	22	10	0
5 quartiers taffetas vert, doublure du précédent, à 1 livre 10 s.,	1	17	6
2 aunes 3/4 satin cramoisi rouge. Pourpoint, à 8 livres 10 s.,	23	7	6

CLXVII

Même pour Roi d'Angleterre,	23 l.	7 s.	6 d.
10 aunes velours noir, saie, à 8 livres,	80	0	0
8 aunes taffetas noir, saie, à 1 livre 10 s.,	12	0	0
2 aunes taffetas rouge cramoisi. Doublure pourpoint, à 1 livre 10 s.,	3	0	0
10 aunes 1/2 toile rouge, à 50 s.,	2	12	6
4 pièces de futaine blanche pour ouater les robes, à 3 livres,	12	0	0

A Guillaume Toustaing, tailleur de MM. les Dauphin de Viennois, duc d'Orléans et d'Angoulême, ses frères, enfants du Roi, notre Sire.

18 aunes velours gris. Robes à chevaucher, à 7 livres 10 s.,	135	0	0
24 aunes velours cramoisi. Longues robes, à 14 livres,	336	0	0
24 aunes velours blanc, à 7 livres 10 s.,	180	0	0
24 aunes velours cramoisi rouge, à 16 livres,	384	0	0
16 aunes 1/2 velours blanc. Saies, à 7 livres 10 s.,	123	5	0
5 aunes 1/2 velours blanc, pourpoints, à 7 livres 10 s.,	41	5	0
16 aunes 1/2 velours cramoisi rouge. Saies, à 16 livres,	264	0	0
5 aunes 1/2 velours cramoisi rouge. Pourpoints, à 16 livres,	88	0	0

22 aunes velours cramoisi violet.

CLXVIII

Saies et pourpoints, à 14 livres,	308 l.	o s.	od.
44 aunes taffetas noir. Doublure, à 1 livre 15 s.,	77	0	0
16 aunes taffetas blanc. Doublure, à 1 livre 10 s., —	34	0	0
10 aunes 1/2 satin blanc pour bouillonner les robes à chevaucher, à raison de 3 livres 15 s.	39	7	6
18 aunes taffetas noir. Doublures, à 1 livre 10 s.,	12	0	0
12 aulnes treillis, à 15 s.,	9	0	0
12 aunes treillis. Doublure des manches, à 15 s.	9	0	0

A Robinet de Luz brodeur du Roy, le 5 octobre 1532.

10 marcs d'or filé à 24 livres,	240	0	0
10 marcs or traict et 10 marcs fil or,	480	0	0
53 marcs or (à savoir : 50 marcs or filé, et 3, or traict),	272	0	0
10 marcs argent filé,	240	0	0
10 marcs or traict, c. a. d. étiré,	240	0	0
50 marcs or filé, 12 argent filé,	1488	0	0
20 marcs or traict,	480	0	0
50 marcs or filé,	1200	0	0
50 marcs or filé, or traict,	1680	0	0
10 marcs or traict; 10, filé; 10 m., argent filé,	720	0	0
15 marcs or filé; 6, or traict,	504	0	0
4 marcs or traict,	96	0	0
10 marcs or filé; 6 1/2, or traict; 7 m., argent filé,	504	0	0

17 lb. soie blanche et jaune, à 10 livres la lb.,	170 l.	0 s.	0 d.
2 aulnes toile de Hollande, à 2 livres,	4	0	0
2 aulnes taffetas de Florence Cramoisi,	10	0	
3 quartiers 1/2 de camelot d'argent traict à 20 livres, la livre,	17	10	0
Messire Ottoman Acherly a envoyé 2 courriers, l'un à Tours, l'autre à Lyon, pour acheter de l'or traict (1) et faire achever la broderie,	100	0	0
Teinture de velours blanc ou jaune, violet et incarnat,	205	0	0

Ces parties montent à 30062 livres, 2 sols, 5 deniers, comme il appert par la quittance d'Acherly, signée à la requête de Maître Albine, notaire et secrétaire du Roy; le paiement s'est fait ainsi :

Juge a reçu le 8 octobre,	8000	0	0
De plus, encore le 8 octobre,	10000	0	0
Il a touché, le 10 octobre,	10000	0	0
Il a été soldé le 6 novembre,	2062	2	6
En tout :	30062 l.	2 s.	6 d.

---

(1) Henry VIII payait à ses orfèvres l'once d'or au prix de onze couronnes. A Paris, le marc, ou huit onces, fut payé, à raison de 162 livres. Cf. ci-après p. 131, le compte de Jacques Polin, et celui de Jean Hotman, p. 133.

Compte de Léonard de Le..nay, tailleur du Roy pour façons.

Robe damas cramoisi. Collet carré et manches à taillades, faites en broderie d'or,	4 l.	0 s.	0 d.
Robe de velours blanc. Collet carré, manches à taillade,	4	0	0
Robe de velours blanc. Henri VIII,	4	0	0
Robe de velours noir,	4	0	0
Façon d'une chamarre de velours cramoisi. Le haut des manches et le corps froncé; faite à pointes et doublée; et faite de broderies et cordons,	4	0	0
Autre chamarre de velours cramoisi pour Henri VIII,	4	0	0
Autre chamarre de velours noir. Même façon,	4	0	0
Autre chamarre de velours noir, à broderies d'argent,	4	0	0
Pourpoint velours vert fait à *perles*,	2	0	0
Pourpoint velours satin cramoisi fait de broderies et semé de perles.	2	0	0
Pourpoint semblable pour Henri VIII,	2	0	0
320 casaques (archers de la garde), 2 livres,	640	0	0
9 chevaux de bât qui ont porté les dites casaques et les saies des pages, de la chambre de Paris à Boulogne, au prix de 25 livres par cheval, y compris leur retour à Paris, 5 journées et dépense,	45	0	0

Dépense de 4 hommes, à 5 s. par homme et pour chacun des 5 jours,	5 l.	0 s.	0 d.
36 aunes de toile pour emballer les habillements, à 2 s. 3 d.,	4	0	6
18 aunes de toile pour mettre sur les balles à 5 s.,	4	10	0
Cordes,	4	0	0
	740	10	6

Le paiement s'est fait le 15 oct. par un à-compte de	200	0	0
15 oct.	300	0	0
11 nov.	213	15	0
Sans date pour solde	26	15	6
Total	740 l.	10 s.	6 d.

Compte de Guillaume Toustaing, tailleur de Monseigneur le Dauphin.

3 robes velours cramoisi, à 2 livres,	6	0	0
3 chamarres velours cramoisi, à 2 livres,	6	0	0
3 pourpoints velours rouge, à 15 s.	2	5	0
3 robes velours blanc, à 2 livres,	6	0	0
3 chamarres velours blanc, 2 livres,	6	0	0
3 pourpoints blanc, à 15 s.	2	5	0
3 robes velours cramoisi violet, à 2 livres,	6	0	0
3 chamarres velours cramoisi violet, à 2 livres,	6	0	0

3 pourpoints velours cramoisi violet, à 15 s.,	2 l.	5 s.	0 d.
3 robes à chevaucher, velours gris, toutes chamarrées de franges d'or, bouillonnées de satin bleu et doublées de taffetas, à 3 livres,	9	0	0
Façon de 15 marcs d'or employés à faire des franges à 1 livre par marc,	15	0	0
13 aunes de treillis pour doubler les manches de 12 robes, à 12 s.,	7	4	0
	73 l.	9 s.	0 d.

Compte de Robinet de Luz, brodeur.

1118 journées de 865 compagnons brodeurs qui ont besogné sur 9 robes longues, 9 saies et 9 pourpoints pour MM., à raison de 15 s. pour le jour et la nuit et pour ce qu'ils ont autant besogné la nuit que le jour,	838	10	0
Dépense des 865 brodeurs pour 1118 jours et nuits à 6 s.,	259	10	0
1318 journées de 1034 brodeurs, 2 robes en velours blanc, 1 en velours noir, 1 en damas cramoisi, 2 saies de velours noir, 2 pourpoints de satin cramoisi et 1 de velours vert pour le Roy notre sire et le Roy d'Angleterre, à 15 s. pour le jour et la nuit,	988	10	0
Dépense des 1034 brodeurs, durant 13 jours à 6 s.,	310	4	0
	2396	14	0

Compte de Pierre Chauvran, dit le Bourbonnais, pelletier du Roy (1).

Fourrure d'une robe de velours noir, couverte de perles avec des martres sybelines autrefois portées. Façon, 2 l. 0 s. 0 d.

Fourrure d'une robe de taffetas blanc, pourfilée d'or et martres sybelines, 2 0 0

Fourrure d'une robe de damas cramoisi, à broderies d'or, avec 12 grands loups cerviers aux parements et collets; 2 loups aux bordures des manches. 12 écus soleil à la pièce. 336 0 0

Et pour la façon, 2 0 0

6 douzaines de genettes noires. Les 3 meilleures pour le collet et les parements d'une robe en velours noir, pour le Roy, ornées de boutons d'or. Les 3 autres pour les collets et parements des robes de M. M. A 12 livres 10 sols, la peau, 900 0 0

La façon, 2 0 0

15 manteaux de martres sybelines à 25 livres, 375 0 0

18 loups pour 3 collets et 3 parements de robes pour M. M., à 12 écus soleil la peau, 432 0 0

(1) Fol. 671.

12 manteaux de ventre de loup
pour fourrer des robes, à 20 écus
soleil le manteau,   480 l. 0 s. 0 d.

8 manteaux de côtes de genette pour
fourrer 3 robes de M. M., à 15 écus
soleil le manteau.   240   0   0

Façon des 9 robes et des martres à
1 livre 10,   13   10   0
                                                _____
                                                 2784 l. 0 s. 0 d.

Compte de Jean Gillet, marchand pelletier de Paris (1).

Pour 4 timbres et 13 peaux de martres (2), mises à 3 robes de velours blanc de M. M. enfants du Roy,   1000 l. 0 s. 0 d.

Compte de Jacques Polin marchand orfèvre, demeurant sur le Pont-au-Change à Paris (3).

Pour 13650 boutons d'or tant rachés (4) que brunis, pesant 2 marcs, cinq

---

(1) Fol. 671, verso.

(2) On attache dans le Nord 2 ou 3 douzaines de peaux de martres par la tête, à un cordon de soie qui passe dans un sachet de satin vert, de la longueur de ces bêtes et de là, dans un timbre ou cloche d'argent où il est arrêté au bout par un nœud, et l'on tire ce cordon pour passer les martres dans le sac qui, après, se referme par les deux bouts. Ce timbre de martres était de 6 ou 700 écus. (Le Laboureur, Relations de Pologne, pp. 205). Timbre ou tymbre.
  Le nombre de peaux est variable, parfois de 60, valant 10 livres.

(3) Fol. 172.

(4) Rachés, terme de broderie. Terminaison en points symétriques. Cf. Littré.

onces, 2 gros, 12 grains, au prix de
162 livres le marc, mis et employés
à semer une robe de velours noir
et sa broderie pour le Roy. 404 l. 3 s. 0 d.

La façon des boutons, à raison de
20 sols le cent, 136 10 0

540 l. 13 s. 0 d.

**Compte de l'habillement des Suisses (1).
A Louis Estocq, lieutenant des Suisses.**

Chausses de 80 gardes, 80 aunes
de drap et doublure, 152 0 0

120 aunes de taffetas à 1 livre 2 s.
6 d., 135 0 0

240 aunes de futaine pour la doublure de 80 pourpoints, à 5 s. l'aune, 60 0 0

Façon des chausses et pourpoints
à 1 livre 5 s. 100 0 0

447 l. 0 s. 0 d.

Compte de Thomas Flasches, marchand plumassier.

80 plumarts (panaches), à 5 livres, 400 l. 0 s. 0 d.

(1) Fol. 172, verso.

Compte de Odinet Turquet, marchand de Lyon (1).

Lit de camp donné au roi d'Angleterre, 13500 l. 0 s. 0 d.

**Compte d'Antoine Bohart,
valet de la garde-robbe du Roy** (2).

Pour les chevaux et relais qu'il a convenu prendre, de ville en ville, pour mener et conduire les charriots, où étaient les habillements du Roy et de Messeigneurs ses enfants et autres choses servant audit seigneur pour ladite venue, 60 0 0

Résumé des trois comptes.

Jean Duval a dépensé,	17.424 l.	5 s.	2 d.
Jean Bourdineau —	1.300	0	0
Antoine Juge —	52.005	15	0
La dépense totale est de	70.730	0	2

Dépense commune.

Il a été dépensé, pour l'écriture et le parchemin 172 feuilles, à raison de 2 sols et demi la feuille, une somme de 9 livres. — Faute de fonds, les droits de François Damont, receveur expert des gages et droits de MM. des comptes, montant à 25 l. ne sont pas soldés; et la vacation de Pierre Celet, receveur d'Antoine Juge, montant à 5 livres, ne figure pas dans ce compte, soit en tout : 39 livres.

Ainsi, en habillements, transport de mobilier, réparations de logis et remparts, conduite d'artillerie, etc., François Premier a supporté, de ce chef, sans parler des provisions, une dépense de 70.769 l. 0 s. 2 d.

(1) Fol. 173, verso.
(2) Fol. 174.

52.—Autres Dépenses relatives à l'Entrevue.

Paris, 22 février 1532.

Mandement (¹) au trésorier de l'épargne de payer à Antoine Juge 3589 livres 10 s. pour achever ce qui reste dû à plusieurs personnes sur des fournitures de drap d'or et d'argent, de soie, de boutons et fers d'or, achetés à l'occasion de la visite du roi d'Angleterre.

Gilles de la Pommeraye reçut commission de faire un traité d'alliance, avec Henri VIII, en mai 1532. Pour ses voyages, à raison de 20 livres par jour, pour 385 jours, on lui donna 7700 l. tournois.

G. de la Pommeraye (²) 3000 livres. Don du roi pour le récompenser de son voyage du 12 décembre 1531 et de ses négociations, au sujet du traité signé à Londres, le 23 juin 1532.

---

(1) Bibli. nat., mss. fr. 15628, n° 432. (Mention). Camuzat. Meslanges historiques ou recueil de plusieurs actes, traitez, lettres missives, etc. Troyes, 1619, in-8, 2° partie, f. 84, verso. Bibl. nat. n° 464. Département des imprimés.

(2) Camuzat, f. 84; cf. arch. nat. f. 651, n° 20. Musée des documents étr. AE. III, 1.

CLXXVIII

53 — Le nombre de tables pour les nobilités et seigneurs de France à Calays. Chacune table d'avoir deux platz de viandes (¹).

Premièrement le Roy.	*Ung table et ung plat.*
Monsieur le Grant Maître.	*Ung table et deux platz.*
Le maitre d'ostel.	*Ung table et deux platz.*
Le grant chamblaynz et chamblainz.	*Ung table et deux platz.*
Les gentilhommes de la chambre du Roy.	*Ung table et deux platz.*
Les trencher [écuyers tranchants] et panetiers pour le Roy.	*Ung table et deux platz.*
Le grand escuer.	*Ung table et deux platz.*
Monsieur l'admiral.	*Ung table et deux platz.*
Et pour les ducz, marquez et comtes.	*Neuf tables.*

Sur une autre liste, 33 tables et plats, à savoir :

Le Roy de France,	1
Les tables des seigneurs de France,	32

D'après une 3ᵉ et une 4ᵉ liste, les portions auraient été :

	3ᵉ liste	4ᵉ liste	
Le Roy et sa table,	2	1	
Les Lords	4	3	
Le lord chambelland,	4	3	*Le grand chambellan.*
Le maitre trésorier,	3	3	
Le maitre contrôleur,	3	3	*y compris le chef et le clerc du tapis cert.*
Le vice-chambellan et ses hôtes,	4	3	*Le lord chambellan.*
Les gentilshommes de l'appartement.	3	3	
Deux médecins,		2	

Lignes pour les serviteurs

Lignes pour le lord Warden de la chambre (2).

---

(1) Manuscrit du marquis de Bath. Longleat. Cage 8 Dossier Seymour. *Inédit.*

(2) *Warden,* gardien.

54 — Les officiers portés sur la liste de ceux qui se trouvèrent réellement à Calais (¹).

	Calais	La Reine (The Quene)	Boulogne	Total
Trésoriers,	2	3	2	7
Boulangers,	7	7	2	16
Pâtissiers,	3	5	6	14
Céleriers,	3	7	5	15
Officiers du beurre,	4	4	2	10
Bouteillers,	3	2	2	7
Relaveurs,	3	1	1	5
Gaufriers,		1	2	3
Confiseurs,	1	1	2	4
Chandeliers,	2	3	2	7
Fontainiers,	2	4	5	11
Buandiers,	3	2	1	6
Cuisiniers,	3	9	10	22
Lardiers,	4	4	3	11
Bouilleurs,	1	1	1	3
Acheteurs,	8	9	1	18
Rôtisseurs de volailles,	2	3	2	7
Echaudeurs,	2	2	1	5
Pâtissiers,	2	2	5	9
Relaveurs,	7	3	3	13
Divers,	10	14	5	29
Divers,	4	6		10
Portiers,	1	2	3	6
Surveillants,		1	1	2
Aveniers,	10		2	12
Sel,	12	0	4	16
	99	96	73	268

(1) Manuscrit du marquis de Bath. Longleat. Cage 8. Dossier Seymour. Analyse.

CLXXX

55 — Évaluation de la dépense de bouche à Calais pour un jour ordinaire, et pour 4 jours (¹).

	1 jour	4 jours	Prix sh. d. pièce	Total l. sh. d.
Bœufs,	15	60	30 0 —	0 0 0
Moutons,	70	300	2 8 —	40 0 0
Veaux,	30	120	4 —	24 0 0
Sangliers (Bores),	4	18	13 4 —	12 0 0
Lard,	1 porc	4 p.	13 4 —	2 13 4
Porc,	2 d.	8 d.	6 —	1 12 0
Bacon,	2 flitches	8 flich.	1 10 —	14 8
Flancs (sides),	2	8	} —	40 0 0
Biches (Does),	804	336		
Farine,	60 stones	240 st. à	6 —	11 0 0
Os concassés,	3 d.	12 d. à	3 —	1 16 0
Langues de veau,	15	6	—	5 0
Pieds de veau,	20 gang.	80 gang.	—	6 8
Cygnes,	5 d. 4	21 d. 4	à 6 8, pièce	85 6 8
Oies,	12 d.	48 d.	à 4 0, la d.	9 12 0
Grues & cigognes,	4 d. 9	19 d.	à 6 0, pièce	48 8 0
Outardes,	1 d.	4 d.	à 4 0, —	9 12 0
Hérons,	9 d. 2	36 d. 8	à 1 8, —	36 13 4
Faisans,	18 d. 6	74 d.	à 1 4, la d.	54 0 0
Courlis, Butors, Mouettes, Souchets, Sarcelles	19 d.	76 d.	à 1 6, —	68 8 0
Brewes,	14 d. 4	57 d. 4	à 1 4, —	45 16 4
Chapons de grain,	26 d. 4	105 d.	à 1 0, pièce	63 4 0
Autres chapons,	9 d.	36 d.		
			A Reporter	645 6 0

(1) Mss. du marquis de Bath. Longleat. Cage 8. Dossier Seymour. Traduction mise en tableau. *Ce compte paraît être celui de la dépense prévue.*

	Douzaines par jour	Douzaines par 4 jours	Prix sh. d.	Total l. sh. d.
			Report	643 6 0
Poulets,	107 »	428 »	1 s. 4 d. la dz.	31 4 0
Pigeons,	75 4	301 4	1 s. 0 d. —	15 12 0
Perdrix,	37 6	150 »	6 d. pièce.	40 0 0
Coqs et pluviers,	56 »	224 »	4 d. —	44 16 0
Lapins,	74 »	296 »	2 s. 0 d. la dz.	88 16 0
Bécassines,	56 »	230 »	2 s. 0 d. —	26 0 0
Alouettes et stinte,	269 »	1076 »	6 d. la dz.	26 8 0
Cailles,	58 »	232 »	4 s. 0 d. —	45 8 0
Malards,	11 4	45 4	3 d. pièce.	6 16 0
Beurre,				
Crème,				
Lait,				
Farine,				
Sel,				
Huile,				
Orange,				58 19 4
Pommes,				
Pêches,				
Noix,				
Pepins,				
Oat meal,				
Etc.,				
Total.				1029 l. 7 s. 4 d.

La somme, prévue par un autre compte ne montait qu'à   868 5 8

En y ajoutant les 58 l. 19 sh. 4 d. de l'évaluation précédente, pour beurre, etc.   58 19 4

Et 284 l. 6 sh. pour le poisson, comme on le voit, plus loin, au n° 58,   284 6 0

Le total diffère un peu du précédent :   1211 11 0

56 — An ordinaunce for the Kinges highnes and the frensche King and their traines at Calais for the space of iiij days (¹).

The furst Course.	The secound Course.
Potage.	Joly Ipocras.
Brawn.	Cranes vel Stor[k].
Venisonne in brewes [brevis].	Curlews vel bustards.
Pestells of red der l. grosse.	Ptches [Partridges].
Langeutte vel young vele.	Brewes (2).
Swannys l. gees.	Pijones.
Capounes of gr.	Chekins.
Pfeasaunts.	Quailes.
Conyes of gr.	Cocks. Plovers.
Gullets l. shovelers.	Snyte.
Pies of Paris.	Larcks. Stint.
Custards.	Venisonne in paste.
Leche.	Tarte.
Frittes.	Frittoures.
	[13 Plats].

Traduction du Tableau précédent :

PREMIER SERVICE.	SECOND SERVICE.
Potage.	Gelée à l'hypocras.
Hure.	Grues ou cigognes.
Venaison. Rôties.	Courlis ou Outardes.
Cuissots de cerf. Grouse.	Perdrix.
Langues de veau.	Rôties.
Cygnes. Oies.	Pigeons.
Chapons.	Poulets.
Faisans.	Cailles.
Lapins de gr.	Coqs. Pluviers.
Mouettes. Souchets.	Bécassines.
Pâtés de Paris.	Alouettes. Alouettes de mer.
Crèmes.	Venaison en pâté.
Leche ?	Tarte.
Fritures.	Fritures.

(1) Mss. du Marquis de Bath. Longleat. Cage 8. Dossier Seymour. Transcription. *Inédit*. Pour plus de clarté, on a supprimé les quantités marquées dans l'original. Elles sont d'ailleurs, dans le n° 55.

(2) Peut-être, au lieu de brewes, c'est-à-dire brewis, qui ne peut être pris dans son acception propre, *brassé*, mais dans le sens de rôties, sans lesquelles on ne sert pas de gibier, faudrait-il lire, *brains*, cervelles ou même, *brawn*, cervelas ?

Souper.

The furst course.	The secounde course.
Pot.	A secound potage.
Stewed lark, chickens.	Gulles, shovelers.
Jogons of venison, moton.	Curlews.
Caponnes gr.	Feasaunts, brewes.
Conyes.	Pijones.
Herouns.	Chekins.
Ptches, [Partridges].	Quails.
Snite.	Larke, stinte.
Malards. Teles [teals].	Venison.
Chekins baked l. Caude.	Tartes.
Doucette.	

Traduction du tableau précédent :

PREMIER SERVICE.	DEUXIÈME SERVICE.
Potage.	Un second potage.
Alouettes à l'étuvée. Poulets.	Mouettes, Souchets.
Cuissots de venaison. Mouton.	Courlis.
Chapons de gr[ain].	Faisans ; Rôties ou cervelles ?
Lapins.	Pigeons.
Hérons.	Poulets.
Perdrix.	Cailles.
Bécassines.	Alouettes, Alouettes de mer.
Canards sauvages, Sarcelles.	Venaison.
Poulets chauds ou froids.	Tartes.
Doucette.	

---

57. — **A proportion for the kinge, the frenche king and their traines for foure meles as folowth** (1).

Swannes,	Cygnes,	16 douz.
Gese,	Oies,	14 —
Cranes or storcks,	Grues, cigognes,	8 —
Bustards,	Outardes,	2 —
Curlews. Bittors, Shovelers,	Courlis, Butors, Souchets	} 76 —
Herouns,	Hérons,	30 —
Ffeasaunds,	Faisans,	70 —
Caponnes,	Chapons,	330 —
Chekins,	Poulets,	200 —
Ptches,	Perdrix,	140 —
Cokes,	Coqs,	400 —
Conyes,	Lapins,	212 —
Snyte,	Bécassines,	200 —
Larks, Stint,	Alouettes, Alouettes de mer,	} 300 —

(1) Manuscrits du Marquis de Bath. Longleat. Cage 8. Dossier Seymour. *Inédit.*

CLXXXIV

Quailes,	Cailles,	200 douz.
Malards. Toales,	Canards saucages. Sarcelles.	24 —
Pears,	Poires,	400 —
Middlers,	Pommes.	400 —
Chese,	Fromage.	8 —

58. — Poissons (¹).

	Quantités.	Prix payés.			
		l.	sh.	d.	
Colins,	0	20	0	0	Ling.
Morue,	0	1	10		Codde.
Saumon salé,	6 charges	9	0		Salt Salmonnes.
Congres de vivier,	24	2	8		Pondered coungres.
Congres, merluches,					Haddocks.
Barbues, Flétans,					Birtes (2), Halibut.
Brêmes de mer, dorés, bars, mulets et soles,	24 seines	24	0		Breems. Bases (3). Molettes.
Harengs, merlans,					Heringe, Whitinge,
Roches, plies,	20	6	0		Rechette, please.
Marsouins ou phoques,	8	12	0		Porpoises or sele.
Esturgeons frais,	10	10	0		Fresh sturgeons.
Sel blanc					
Sel gris,		6	0		
Brochets,		8	0		Pikes.
Saumons frais,	40	13	6	8	Salmon.
Brêmes,	400	40	0	0	Breems.
Carpes,	400	26	13	4	Carps.
Tanches,	400	20	0	0	Tench.
Chevannes (meuniers),	80	4	0	0	Checens.
Anguilles à rôtir	200	20	0	0	Roasted eels.
Lamproies.	1600	5	6	8	Lampreys. Roasters.

(1) Manuscrits du Marquis de Bath. Longleat. Cage 8. Dossier Seymour. Inédit.

(2) Ce ne peut-être que *brills*, (barbues).

(3) Bases ne peut-être que Bass ou bars.

Perches,	200	3	6	8	*Perch.*
Carrelets,		2	0	0	*Flound.*
Langoustes ? Ecrevisses ? (1),	200 d. 30	0	0		*Crevisses.*
Crevettes,	6 ch.		6		*Shrimpes.*
Huitres	40 ch.	1	6	8	*Oisters.*
Anguilles,	40 f.	10	0	0	*Shaft Eles.*
		284	6	0	

Probablement, 30.000 kil. de poissons, huitres, langoustes, sel, payés 7.107, fr. 50 (valeur du temps).

59. — Compte probable des achats réels.

(*Résumé*).

60 Bœufs à 37 fr. 50,	2250' 00
300 Moutons à 3 fr. 30,	1000 00
120 Veaux à 5 fr.,	600 00
18 Porcs à 16 fr. 65,	300 00
Lard de 5 porcs à 16 fr. 65,	65 00
Salé,	18 30
Flancs de porc,	
336 Biches, *does*,	1000' 00
148 k. Farine,	13 75
Os concassés, *flailed bones*,	45 00
Langues de veau,	6 25
Pieds de veau,	7 05
256 Cygnes à 8 fr. 30 pièce,	2124 80
576 Oies à 5 fr. la douzaine,	240 00
228 Grues et cigognes à 7 fr. 50 pièce,	1710 00
	9380 15

(1) Crevisses paraît être Cray-fish, qui se traduit, soit par écrevisses, soit par langoustes (cf. Murray, Cray-fish, n° 3). 200 douzaines d'écrevisses pour une somme de 30 l., ou 750 fr., soit 3 fr. 75 la douzaine ! Ce prix semble indiquer qu'il s'agit plutôt de langoustes.

CLXXXVI

Report	9380 15
48 Outardes à 5 fr. pièce,	240 00
440 Hérons à 2 fr. 08 pièce,	917 05
888 Faisans à 11 fr. 25 la douzaine,	1350 00
912 Courlis, mouettes, canards sauvages et butors,	1710 00
688 Brewes,	1145 80
1692 Chapons à 0 fr. 98 pièce,	1680 00
5616 Poulets à 0 fr. 1375 pièce,	780 00
3612 Pigeons à 1 fr. 25 la douzaine,	390 00
1800 Perdrix à 0 fr. 56 la pièce,	1000 00
2688 Coqs et pluviers à 5 fr. la douzaine,	1120 00
10552 Lapins à 2 fr., 568 la douzaine,	2260 00
2780 Bécassines à 2 fr. 50 la douzaine,	650 00
14112 Alouettes à 0 fr. 56 la douzaine,	660 00
2784 Cailles à 4 fr. 89 la douzaine (0 fr. 40 pièce),	1135 00
540 Canards sauvages à 0 fr. 31 pièce,	170 00
Total	24588 00

La même quantité de victuailles, achetée d'un bloc à la Halle de Paris de nos jours, ne coûterait pas moins de 160,000 à 250,000 francs.

Dessert 58 l. 19 s. 4 d. soit 1473 fr. 75

24588,00
1473,75
―――――
26061,75

D'après un autre compte d'évaluation, la dépense aurait été estimée à 25697 livres 13 sols. En y ajoutant la dépense réelle de poisson, les provisions autres que le pain, la boisson, les épices, etc. se seraient montées à :

Viandes, gibier, dessert,	25697,65
Poisson,	7107,50
	32805,15

CLXXXVII

On trouvera ci-après, au n° 60, que la dépense de table et d'entretien à Calais s'est en réalité élevée à 102.730 francs.

---

60. — **Une autre liste détaillée contient les nombres suivants de pièces à pourvoir**([1]) :

	Dimanche	Lundi	Mardi	
Chapons gras,	16 douz.	12 douz.	8 douz.	422
Autres chapons,	20 —	20 —	12 —	624
Cygnes,	7 —	7 —	4 —	212
Faisans,	20 —	20 —	10 —	600
Poulets,	50 —	50 —	20 —	1440
Perdrix,	40 —	40 —	20 —	960
Coqs,	40 —	40 —	20 —	960
Lapins,	60 —	60 —	40 —	1920
Bécassines,	30 —	20 —	10 —	720
Alouettes,	100 —	100 —	40 —	2880
Cailles,	80 —	80 —	20 —	2160
Canards sauvages,	8 —	8 —	4 —	240
Sarcelles,	10 —	10 —	4 —	288
Pigeons,	20 —	20 —	10 —	600
Total				14026

Grues autant qu'on peut s'en procurer.
Courlis, souchets, hérons et butors. Comme ci-dessus.

Pommes,	400 —		
Poires,	400 —		
Middlers,	200 —		
Farine, crème, lait, etc., etc.,			
Bœufs,	24	20 —	6 —
Moutons,	100 —	80 —	40 —
Veaux,	300 —	30 —	16 —
Farine,	20 ston.	12 ston.	12 ston.

(1) Papiers du Marquis de Bath. Longleat. Case 8. Dossier Seymour. *Inédit.*

CLXXXVIII

Lard,	4 flèches	4 flèches
Langues,	60 douz.	40 douz.

		l.	s.	d.
Hippocras,	(Evaluation)	29	0	0
Premier service,	(Evaluation)	479	1	20
Vins, bière,	(Evaluation)	4800	13	4
Deuxième service,	(Evaluation)	[manque]		

(Ces prévisions ont été dépassées de beaucoup pour les provisions de bouche et n'ont pas été atteintes, en ce qui regarde la boisson).

---

61. — Total de la dépense de table et d'entretien à Calais(¹).

4108 l. 16 s. 0 d.   102730 francs

	l.	s.	d.
Boulangerie et paneterie,	79	12	0
Beurre, cellier et bouteillerie,	403	13	3
Epicerie, moules, chandelles, etc., vin,	1004	19	0
Cuisine et achèterie,	554	8	4
Volaille et échauderie,	908	8	0
Relaverie,	322	4	8
Pâtisserie,	31	6	4
Bois,	86	0	0
Ecurie,	63	6	8
Archers, grooms et page,	200	0	0
Frais pour le Roi de France,	400	0	0
Total.	4053	19	3

(*Ce compte paraît être celui de la dépense réelle*).

Si l'on décompte (pour viande, poissons et dessert) les 32.868 fr. 75 du n° 57, soit	1364	0	0
Il reste pour autres frais,	2688	19	3

(1) Papiers du Marquis de Bath. Longleat. Case 8. Dossier Seymour. *Inédit*.

62. — Le lundi 20 (¹) à Boulogne.

Rex Cr.

Venaison,	6 pâtés,	¿s,	vi dd.
Porc,	12 pâtés,	Bécassines,	vi dd. viiii.
Chapons gras,	viii dd.	Pluviers,	vi dd. viii.
Autres ragoûts,	vi dd. ii	Alouettes,	xxxv dd.
Faisans,	xxvi dd.	Hérons,	ii dd. vi.
Lapins,	viii dd.	Pigeons,	x dd.
Perdrix,	vi dd. iiii	Poulets,	iv dd.
Cailles,	cc dd.	Beurre,	vi dd.

63. — Le mardi 21 à Boulogne (²).

Cygnes,	xviii	Coqs,	xiv dd.
Chapons,	ix dd.	Bécassines, [snyte]	x ii dd.
Hérons,	ii dd.	Alouettes,	xxxv dd.
Lapins,	x dd.	Pigeons,	xx dd.
Cailles,	xxvi dd.	Cigognes,	xx dd.
Perdrix,	ix dd.	Poulets,	vi dd.

64. — Prix de choses payées par Richard Cromwell, Rauf Sadler, William Brabazon et autres, revenant de Calais à Londres, après l'entrevue de Boulogne (³).

	sh.	d.
11 fers à cheval et 2 « remenez », (4)	0	2
Corde pour le cheval expédié en France,	2	12

(1) Verò 21. C'est le menu de François Premier.

(2) Papiers du marquis de Bath. Longleat. Cage 8. Dossier Seymour. *Traduction.*

(3) Letters and papers, t. V, n° 1591, p. 666. *Traduction.*

(4) « Remenez » veut sans doute dire qu'on a payé pour ramener deux chevaux. Peut-être des fers ramenés ?

	sh.	d.
Avoir ferré 2 hongres,		16
Pain pour le cheval à bord,	2	0
Nourriture de 2 palefreniers hors de Calais.	2	0
Pourboire aux matelots,	4	8
2 canots au quai de Douvres,	2	4
Transport de mon maître, ses hommes et son bagage,	3	3

SOUPER A DOUVRES.

	sh.	d.
3 douzaines de pains,	3	0
2 chapons,	2	4
2 épaules de mouton,		8
1 cou de mouton,		3
Pommes,		1
Sucre,		5
Sel,		1

Jeudi 14 novembre.

DINER A DOUVRES.

	sh.	d.
1 quart de mouton,		8
Une longe de veau,		6
1 cochon (pig),		6
Beurre,		4
Vinaigre et verjus,		2
4 lb. de chandelles,		6
Pommes,		2
Sucre (2 livres),		18
Sawcigez (saucisses),		2

	sh.	d.
Pourboire,		4
Papier,		1
Provende des chevaux,	3	4
Souper du valet d'écurie,		2
3 fers à Douvres,		6
Barbier de Douvres pour tondre les 2 chevaux,		20

Vendredi 15 novembre.

A DOUVRES.

	sh.	d.
2 douzaines pains,	2	0
1 pinte de Malvoisie,		2
2 courroies de valise,		8
1 morue,		10
Petits poissons appelés Whiting (1),		6
Œufs,		4
3 douzaines de beurre,		18
Hareng blanc,		6
Hareng saur,		2
80 pommes,		12

(1) Etait-ce bien des Whitings, ou merlans ? Sans être précisément gros, ils ne sont pas non plus petits ; et les anglais n'en sont pas aussi friands que les français, (à Paris du moins). Peut-être s'agit-il des Whitebait. Or, il est aujourd'hui prouvé que les Whitebait qui font l'objet d'un dîner parlementaire, ou ministériel, à Greenwich, sont, non une espèce de poissons particulière à la Tamise, mais, pour la plupart, de jeunes harengs. Depuis que les naturalistes ont démontré que la légende des poissons voyageurs était fausse, que chaque côte a sa race propre de harengs, on a réussi, en élevant des Whitebait, à les voir se transformer presque tous en harengs.

L'expérience exige du temps et comme ce poisson placé en captivité se jette avec force sur les parois de l'aquarium, dès que le jour a cessé de luire, il importe d'entretenir autour de lui assez de lumière, si on tient à répéter cette curieuse observation.

Cette remarque peut offrir un certain intérêt pour les habitants de Boulogne.

Samedi 16 novembre.

	sh.	d.
Vinaigre et verjus,		2
Moutarde,		2
2 lb. de chandelles,		3
1 quart de Malvoisie,		4
Beurre,		2
2 lb. sucre,		18
Œufs,		3
2 lb. chandelles,		3
Sel blanc,		4
6 plats de beurre le soir,		3
1/2 lb. de dattes,		4
Oignons,		1
1 1/2 douzaine de pains,		18
Petits poissons appelés Whiting,		3
Pour *Est ?*		1

Dimanche 17 novembre.

	sh.	d.
1 pinte de Malvoisie.		2
Vinaigre et verjus à dîner,		2
2 saweygez (saucisses) (2),		2
Oignons,		1
1 cochon,		5
Beurre,		6
Veau,		4
Verjus à souper,		1
Chandelle,		3
Bière, 2 barils,	4	0
Bois à Douvres,	8	0

(2) Il est étonnant qu'en lisant la pièce originale, le lecteur n'ait pas vu que ce mot veut dire saucisses et ne peut signifier rien d'autre.

Provende des chevaux,	11 s.	5 d.
12 gallons de vin,	8	0
1/2 douzaine de pains,		6

Lundi 18 novembre.

Vin au déjeûner,		6
1 pinte de Malvoisie,		2
Pourboire aux bonnes (1),	2	8
Un aide de cuisine à Douvres,		10
Provende des chevaux de Mr l'Attorney,		12
Leurs dîners,		10
Pourboire,		12

Mardi 19 novembre.
A SANDWICH.

Souper de Lundi et déjeûner de Mardi, 20 s.

Pourboire à la cuisine,		12
Provende des chevaux,	4	1
Le bac,		2

(1) Tous ces prix sont donnés en shellings et pence. On voit bien qu'il y avait au moins plusieurs personnes voyageant de compagnie, puisqu'il y avait deux chevaux. Mais les plats de beurre le soir du samedi 16 novembre montrent que l'on avait peut-être des invités, comme aussi la provende des chevaux de M. l'Attorney, le jeudi 14. Il reste néanmoins dans les autres détails, de quoi comparer les prix de certaines choses en Angleterre vers 1532, avec ceux de France, à la même date. On remarquera aussi que l'abstinence, à la veille du schisme d'Angleterre, était encore rigoureusement observée par tous et cependant la plupart des seigneurs qui avaient suivi Henry VIII en France n'avaient plus beaucoup de scrupules et, on n'en citerait pas beaucoup parmi eux qui eussent refusé les biens des petits monastères confisqués, et encore moins ceux des riches abbayes dont un si grand nombre convoitaient déjà, pour un avenir prochain, une suppression faite à leur profit. La dépense totale de ce voyage s'éleva à la somme de 13 livres sterling, 2 shellings, et 10 pence, soit 328 francs 55 centimes, valeur du temps.

CXCIV

Mercredi 20 novembre.

Provende à Feversham,		
Souper du palefrenier,	6 s.	5 d.
Pourboire aux bonnes,		20

Jeudi 21 novembre.

1 pinte de Malvoisie,		2
Pourboire à Prowce,	14	0
Vin du Rhin à Gravesend,	2	0
Feu,		6
Pain, bière, ale,		12
La cuisine,	2	6
Provende,		12
Bateliers,		8
Ferrage à Cantorbéry,		20

65. — Traicté faict avec le Roy d'Angleterre, à l'entrevue de Boulongne et Calais (¹).

A la louange et gloire eternelle de Dieu, nostre createur et de nostre benoist sauveur et redempteur Jhesus Christ, et à l'exaltation, augmentation, conservation et deffense de nostre saincte foy et religion chrestienne, et afin d'obvier aux dampnées conspirations et machinations que le Turq, ancien

(1) Camuzat, II, p. 109 et sq. Collationné sur le parchemin original des *Arch. Nat.*, p. 1307, n° 14. Trésor des Chartes. *Supplément.*

ennemy de nostre saincte foy, a, puis peu de temps en ça, entreprises sur ladicte chrestienté, nous, Henry (1), par la grâce de Dieu, Roy d'Angleterre et de France, defenseur de la foy et seigneur d'Irlande, et François, par icelle mesme grâce, Roy très chrestien, combien que croyons fermement et indubitablement que, nonobstant le bruict, rumeur et aulcunes choses grandement scandaleuses, lesquelles, par cy devant, ont esté controuvées, à l'encontre de nous, nous ne laissons neantmoins pour cela, entre les princes et aultres personnages d'honneur, vertus et de bonne et loyalle conscience, d'estre tenuz et reputez, tels que princes et Roys, tenans les lieux que nous tenons, doyvent estre, et suyvant les vestiges et vertus de noz progeniteurs, ainsi qu'il appartient, faire à princes des plus grans de la chrestienté et qui avons continuellement de tous noz cueurs singulierement desiré, comme encores desyrons entre les choses mortelles d'employer non seulement noz forces et pouvoirs, mais aussy noz propres personnes et vies à la deffense et conservation de la religion chrestienne, et à resister aux dampnez effortz et violence dudict Turcq, nostre commun ennemy et adversaire, dont peuvent porter vray et loyal tesmoignage les offres par cy devant faitz pour resister contre iceluy Turcq, toutesfoiz, desirant de plus en plus donner clerc et parfaite congnoissance de noz voulloir et intention à ce

---

(1) M. Breton, seigneur de Vilandry a écrit sur le parchemin : « Ce traicté a esté depesché par le Roy d'Angleterre, où il se nomme le premier, et ne se fault esbahir de cela, d'autant que le Roy se nomme aussy le premier en celuy qu'il a faict et expedié de sa part. »

que les aultres princes et potentatz estans, des mesme voulloir et oppinion, se puissent joindre avecques nous et regarder par mutuel consentement quelle ayde et secours chacun d'eux pourra faire en son endroict, affin de pourveoir et donner ordre aux parties et confins d'icelle chrestienté plus prochaines du danger et evident peril d'iceluy Turcq, au cas qu'il voulsist poursuyvre plus oultre l'entreprise par luy encommencée, ou par cy après en attempter ou innover une aultre nouvelle sur icelle chrestienté, nous avons trouvé bon et trop plus que requiz et necessaire de nous assembler, en intention de traicter d'aulcuns articles, touchans et concernans la conservation et defense d'icelle chrestienté, pour après iceux estre notifiez aux princes et potentatz d'icelle chrestienté, que nous verrons et congnoistrons que besoing sera et l'affaire le requerir. Et encores que le principal fondement et la cause de nostre dicte assemblée ayt esté et soit, comme dict est, pour pourveoir et donner ordre de nostre part à l'evident peril et danger où estoit pour tomber ladicte chrestienté, et que pour les advertissemens que dempuis icelle assemblée avons eu de la retraicte d'iceluy Turcq, dont nous devons tous rendre grâces et louange eternelle à Dieu, nostre createur, il sembleroit qu'il ne fust pas à present grand besoing que de y donner aultre provision, toutesfoiz, pour ce qu'il pourroit estre que iceluy Turcq, encores qu'il se soit aulcunement eslongné, l'auroit faict sur quelque nouveau dessaing, ou seroit pour une aultre foiz revenir sur icelle chrestienté, ne voulans perdre l'occasion pour laquelle nous nous sommes

trouvez ensemble, mais icelle employer à pourveoir
ès choses qui pourroient survenir à l'advenir, à
ceste cause, nous, comme defenseur de la foy, et
nous, comme très chrestien, avons advisé et accordé
par ensemble, que nous, ou cas dessusdict, dresserons, equipperons, et mettrons sus une bonne, grosse et puissante armée, garnye et equippée de
tout ce qu'il appartient, pour empescher que
ledict Turc n'entre plus avant en païs, pour
endommager ladicte chrestienté, et, pour ce faire
avons advisé de faire assembler noz forces, c'est
assavoir jusques au nombre de quatre vingts mil
hommes, dont y aura 15 mil chevaux, avecques telle
bende et nombre de pièces d'artillerye et suyte
d'icelle, tant de munition, que d'aultres choses qu'il
est requiz et necessaire, pour l'armée dessusdicte,
laquelle sera souldoyé par chacun moys par
nous. Et se fera l'assemblée des forces dessusdictes
ou temps et lieu que nous congnoistrons estre expedient et requis, et prendrons le chemyn que nous
verrons estre plus à propoz et necessaire pour nous
trouver au devant dudit Turcq, pour luy resister de
tout nostre pouvoir, et ne nous desjoindrons et separerons ne semblablement nosdictes forces, sans le
vouloir et consentement l'ung de l'aultre. Et quant
au fait des vivres qui seront necessaires pour le
nourrissement et fournisture de nostredicte armée,
nous y donnerons tel ordre et provision qu'il n'y
en aura nulle faulte ou necessité. Et pour ces
effects, sera faicte la despence requise par nous.
Et pour autant que nous ne pourrions conduyre,
ne mener nostredicte armée ès lieux, où besoing

sera, sans estre pourveuz de passages et secouruz desdicts vivres, comme chacun sçait, à ceste cause, a esté convenu et accordé entre nous, le cas advenant, dont cy dessus est faite mention, nous envoyerons personnages exprès, devers les princes et potentatz, tant de la Germanie, villes imperialles, que d'Italye, par où il sera besoing de passer, et mesmement devers ceux qui porroient avoir plus d'interest et de dommage à la venue dudict Turcq, pour les prier et requerir très instamment de nous octroyer passage pour nostredicte armée, tant pour l'aller que pour le retour par leur pais, terres et seigneuries, et de ce nous vouloir pourveoir de seureté, et que en outre ils nous vueillent accorder les vivres dont nous aurons besoing, en payant tout raisonnablement, ce que nous croyons fermement que lesdicts princes et potentatz nous accorderont liberallement, et d'avantage avons bien ceste ferme esperance et tant d'estime d'eulx que, attendu qu'il est question d'une euvre si saincte et si necessaire, et qui touche entierement le bien universel et defension de toute la religion chrestienne, et particulierement l'establissement et seurté de leurs estatz qu'ilz ne fauldront, oultre l'accord dedicts vivres et passages, de penser de ceste heure à joindre et unyr (iceluy cas advenant) leurs forces avec les nostres. Consyderé mesmement qu'il pourroit estre que ledict Turcq viendroit si puissant en ladicte chrestienté que les forces dessusdites par nous accordéez sans l'aide desdicts princes et potentatz ne seroient suffisantes pour y resister, au moyen de quoy, s'ilz ne se joingnoient avecques nous, et ne nous accordoient les vivres et passages dessusdictz, nostre deliberation cy dessus declarée ne pourroit sortir son effect, selon noz desirs et intentions, et seroit pour ceste occasion ladicte chrestienté pour demourer à la discretion de l'ennemy commun, chose qui seroit de l'importance et consequence que ung chascun de bon entendement peult penser et conjecturer. Toutes lesquelles choses cy dessus declareez et escriptes et chacunes d'icelles, nous promettons respectivement l'ung à l'aultre, en bonne foy et parolle de Roys, et sur noz honneurs, garder et inviolablement observer sans enfraindre. En tesmoing de ce, nous avons, signé ce present accord de noz mains, et faict sceller de noz grans sceaulx. Donné à Calais, le 28e jour d'octobre, l'an de grace 1532, et du règne de nous, defenseur de la foy, le 24, et de nous, très chrestien, le 18 : Ainsi signé, Henry et sur le reply, par le Roy deffenseur de la foy, Turc.

---

66. — [Traité de contribution] (1).

Comme ainsi soit que ce jourd'huy, nous, François, par la grâce de Dieu, Roy de France, très chrestien, et Henry, par icelle grâce, Roy d'Angleterre,

---

(1) Cf. *Arch. du ministère des affaires étrangères.*
Arch. nat. Trésor des Chartes, f. 651 a., n° 21 et *supplément*, f. 1037, n° 14.
Camuzat II, f. 109.
F. Léonard. Recueil de traitez, t. II, p. 388.
Dumont. Corps diplomatique, f. 1726, t. IV, part II, p. 89, col. 2 et 90.
Camuzat, t. 2, fol. 110 v., III, III v.

deffenseur de la foy et Seigneur d'Yrlande, pour la deffense et la conservation de nostre Religion Chrestienne, et affin de resister aux efforts et dampnées machinations et entreprinses du Turc, ancien ennemy commun et adversaire de nostre foy, ayons par certain accord et traicté, signé de nos mains et scellé de noz grans sceaux, convenu et accordé que, le cas advenant que iceluy Turc se voulsist par cy après efforcer ou son armée de retourner et courir sus en ladicte chrestienté, nous dresserons, equipperons, et mettrons sus une bonne grosse et puissante armée, garnye et equippée de ce qu'il appartient, et que pour cest effect assemblerons jusques au nombre de 80 mil hommes, dont y aura 15 mil chevaux, avecque telle bande et nombre d'artillerye et suitte d'icelle qu'il est requis et necessaire pour l'armée dessusdicte, toutesfois pour ce que, par cedict accord et traicté, n'est aulcunement dit, specifié, ne declaré quel nombre de gens chacun de nous payera par chacun moys, tant que l'affaire durera et qu'il est besoin en faire ample declaration, par accord à part, affin que chacun de nous puisse entendre clerement ce qu'il debvra fournir, à ceste cause, il a esté convenu et accordé entre nous, par ce present traicté que nous, très chrestien, souldoyerons, pour nostre part et portion desdicts 80 mil hommes, le nombre de 53 mil hommes, dezquels y aura 11 mil chevaux et 3000 pionniers et gens d'artillerie, et nous, deffenseur de la foy, en souldoyerons le nombre de 27 mil hommes, dont y aura 4000 chevaux et 3000 pionniers et gens d'artillerye, qui est en somme tout ledit nombre de 80 mil hommes. Et au regard de la despence qu'il faudra faire pour la conduitte et equipage de ladicte artillerye et de sa suitte, chacun de nous satisfera au payement de celle qu'il fera conduire et mener de son royaulme audict voyage, et quant à la despense qu'il faudra faire pour le faict des vivres, pour la nourriture et fournissement de nostredicte armée, il a semblablement esté accordé que chacun de nous contribuera pour cest effect, selon le nombre de gens qu'il souldoyera. Toutes lesquelles choses cy dessus escriptes et chacunes d'icelles, nous promettons respectivement l'un à l'autre en bonne foy et parolles de Roys, et sur noz honneurs garder et inviolablement observer sans enfraindre. En tesmoing de quoy, nous avons signé le present accord de noz mains et faict sceller de noz grans sceaulx. Donné à Callais, le 28e jour d'octobre, l'an de grâce 1532, et du règne de nous, très chrestien, le 18, et de nous, deffenseur de la foy, le 24. Ainsi signé : François et sur le reply, par le Roy très chrestien, Breton. Et scellé en double queue de cyre jaune (1).

Nota. — Que de vague et d'incertain dans la condition du cas advenant que le « Turc voulsist par cy après efforcer ou son armée de retourner et courir sus en ladicte chrestiente. » !!!

Au fond, les Rois ne contractaient pas de grandes obligations et se réservaient le soin d'interpréter cette hypothèse, et comme la décision de savoir si le Turc *courait* sus dépendait d'eux seuls, ils auraient sans doute longtemps gardé l'arme au pied.

(1) Cf. Léonard. Recueil de traitez, t. 2.

NOTES BIOGRAPHIQUES SOMMAIRES [1]

SUR

Plusieurs Seigneurs de France et d'Angleterre

Venus à Boulogne.

La liste des Seigneurs de France convoqués pour l'entrevue de Boulogne, se trouve dans « The maner of the tryumphe. » [2] Elle fournit l'occasion de jeter un coup d'œil rapide sur les principaux d'entre eux. A en juger par leurs qualités, leurs exploits, leur valeur, et mille autres distinctions, François Premier n'avait dû épargner aucun soin, pour faire honneur au Roi d'Angleterre. Il ne sera donc pas inutile de faire connaître ici, du moins d'après le P. Anselme et Moreri, deux guides généralement sûrs, même en entrant, quand il y aura lieu, dans quelques détails, ces grands et illustres personnages. La France peut-être fière d'avoir été représentée par de tels hommes.

François Premier, né à Cognac, le 12 septembre 1494, épousa le 14 mai 1514, la princesse Claude, fille de Louis XII, dont le blason était une lune rayonnante, avec la devise : *candida candidis*, et succéda à son beau-père, le 1er janvier 1515. Il est mort à Rambouillet, le 31 mars 1547. Sa première femme étant morte à Blois, le 20 juillet 1524, le Roi

---

[1] Pour la plupart, du moins.
[2] Cf. document n° 21.

épousa Eléonore d'Autriche, sœur de Charles-Quint et veuve du Roi Emmanuel de Portugal, en juillet 1530, à l'abbaye de Verrières. (Capsjoux en Guyenne).

Cette princesse, née à Louvain, le 24 novembre 1498, fut couronnée Reine de France, le 5 mars 1531, et mourut à Talaverucla, près Badajoz, le 4 février 1574, sans laisser d'enfants de ce second mariage.

De la Reine Claude, François Premier eut, dans l'espace de dix ans, sept enfants, dont deux seulement survécurent à leur père. Son blason était une salamandre dans le feu avec la devise : *Nutrisco et extinguo*. Il eut pour fils : 1° François, Dauphin et duc de Bretagne, né à Amboise, le 28 février 1518, fiancé à la princesse Marie Tudor, le 4 octobre 1518, couronné duc de Bretagne à Rennes, le 14 août 1532. Il mourut à Valence, le 10 août 1536 ; 2° Henri, né à Saint-Germain-en-Laye, le 31 mars 1519, duc d'Orléans jusqu'au 10 août 1536, ensuite Dauphin, monta sur le trône de son père, le 31 mars 1547, et mourut, le vendredi 30 juin 1559. Le règne de Henri II, d'abord assez glorieux pour la France, se termine malheureusement par le traité de Cateau-Cambrésis. 198 places perdues ! Il avait été marié à Marseille, avec Catherine de Médicis, duchesse d'Urbino, dernière comtesse de Boulogne, née le 13 avril 1519 et naturalisée française par lettres du Roy, données à Saint-Germain-en-Laye, au mois de mai suivant. Son oncle, la pape Clément VII avait uni la jeune princesse au duc d'Orléans, depuis Henri II, le 27 octobre 1533, vers le milieu de l'entrevue accordée par le pontife à François Premier. Couronnée à Paris, le 10 juin 1549, elle mourut à Blois, le 5 janvier 1589. L'histoire de ses trois régences l'a rendue à jamais célèbre; 3º Charles, duc d'Orléans, de Bourbon, d'Angoulême et de Châtellerault, né à Saint-Germain-en-Laye, le 22 janvier 1522, mourut à Forestmontiers, (Somme), le 9 septembre 1545. Les filles du Roi de France furent: 1º Louise, née à Amboise, le 19 août 1515, morte à Amboise, le 21 septembre 1516, fiancée le mois précédent à Charles-Quint; 2º Charlotte, née à Amboise, le 23 octobre 1516, morte à Blois, le 8 septembre 1524; 3º Madeleine, née à Saint-Germain-en-Laye, le 10 août 1520, mariée à Jacques Stuart, Roi d'Ecosse, le 1ᵉʳ janvier 1536, dans l'église Notre-Dame de Paris, morte en Ecosse, le 7 juillet 1536; 4º Marguerite, duchesse de Berry, née à Saint-Germain-en-Laye, le 5 juin 1523, fiancée à Louis de Savoye, prince de Piémont et non mariée, épousa, le 9 juillet 1559, le duc Emmanuel Philibert de Savoye. Elle mourut à Turin, le 14 septembre 1474.

Marguerite d'Angoulême, sœur de François Premier, née à Angoulême, le 11 avril 1492, fut d'abord mariée à Charles III, duc d'Alençon, le 9 octobre 1509. Devenue veuve, le 11 avril 1525, elle épousa, le 3 janvier 1526, (1527, selon Lalanne), Henri d'Albret II, Roi de Navarre, dont elle eut Jeanne, mère de Henri IV. Marguerite de Navarre mourut à Odos-en-Bigorre, le 21 décembre 1549. Elle se refusa à venir à Boulogne, pour ne pas y recevoir Anne Boleyn.

Henri d'Albret II, Roi de Navarre, prince de Béarn, comte de Foix, né en Avril 1503, mort le 25 mai 1555. Il avait épousé, le 3 janvier 1526, Marguerite d'Orléans-Angoulême, dont il eut Jeanne, mère de Henri IV.

Charles de Bourbon, duc de Vendôme, né le 2 juin 1489, mort à Amiens, le 25 mars 1537. Il avait épousé, en 1513, Françoise d'Alençon, veuve de François d'Orléans I, duc de Longueville (morte le 14 septembre 1550). Son second fils Antoine, né le 22 avril 1518, mourut le 17 novembre 1562. Ce dernier avait épousé Jeanne d'Albret dont il eut Henri IV, mais il eut aussi deux enfants naturels, 1° Catherine, femme d'Henri de Lorraine et de Bar; 2° *Charles*, (1) évêque de Comminges, puis de Lectoure, enfin Archevêque de Rouen, abbé de Marmoutiers et chancelier des ordres du Roi.

Le duc de Guise, Claude de Lorraine, né le 20 octobre 1496, pair de France, Grand-Veneur, épousa, le 18 avril 1515, Antoinette de Bourbon-Vendôme. Il mourut le 12 avril 1550.

Le comte d'Aumale, François de Lorraine, plus tard, duc de Guise et d'Aumale (1547), marié à Anne d'Est, le 4 décembre 1549, prince de Joinville (9 mai 1552), marquis de Mayenne, chevalier de l'ordre du Roi, Grand-Maître, pair de France, Grand-Chambellan, Grand-Veneur. Lieutenant-Général de l'Etat, Gouverneur de la Champagne et de la Brie, vint au monde au château de Bar-le-Duc. Il reprit Calais aux anglais, le 8 janvier 1558. Poltrot le blessa à mort d'un coup de mousquet, au siège d'Orléans, le 18 Février 1563. C'est le père du duc de Mayenne et

---

(1) Dont la mère était Louise de la Béraudière.

du Cardinal, mis à mort par les huguenots, à Blois, le 24 décembre 1588.

Louis François d'Orléans, duc de Longueville, né vers 1505, mourut le 9 juin 1537. Il avait épousé, le 4 août 1534, Marie de Lorraine, fille du duc Claude. Cette princesse, qui fut mariée ensuite à Jacques V d'Ecosse, mourut, le 10 juin 1561. Elle eut pour fille, Marie Stuart, d'abord reine de France, puis d'Ecosse.

Louis Cardinal de Bourbon, quatrième fils de François, duc de Bourbon, comte de Vendôme, né le 2 janvier 1493, est mort le 17 mars 1556. Il fut évêque de Laon (1510), cardinal (1516), archevêque de Sens (1535), légat en Savoye, puis gouverneur de Paris et de l'Ile-de-France (1552). Il était Cardinal du titre de Saint-Silvestre.

Jean de Lorraine, cardinal-diacre, du titre de Saint-Onuphre (1518), archevêque de Narbonne, puis de Reims, et enfin de Lyon, abbé de Cluny, et de Marmoutier mourut à Nancy, le 18 mai 1550 et fut enterré dans l'Eglise des Cordeliers. Ce prélat, fils de René II, duc de Lorraine, était frère de Claude, duc de Guise.

Antoine Du Prat, chancelier, seigneur de Nantouillet, né à Issoire (Puy-de-Dôme), vers 1469, fut d'abord Lieutenant-Général au Bailliage de Montferrand, avocat-général à Toulouse, maître des requêtes du Roi (1504), quatrième Président de Paris, puis premier Président du Parlement (1507), et enfin pourvu de la charge de Chancelier de France, par Lettres-Patentes de François Premier, données à Paris, le 7 janvier 1515. Après la mort de sa femme, il entra dans les ordres, devint évêque de Meaux et d'Alby, archevêque de Sens, cardinal-prêtre du titre de Sainte-Anastasie et Légat *à latere*. Ce prélat mourut à Nantouillet, le 9 juillet 1535 et fut enterré dans la Cathédrale de Sens, où l'on admire encore aujourd'hui les bas-reliefs de son tombeau.

François de Tournon, cardinal-prêtre du titre de Saint-Pierre et Saint-Marcellin (1530), naquit à Tournon en 1489 et mourut à Saint-Germain-des-Prés, le 22 avril 1562. Evêque d'Embrun (1517), de Bourges (1525), d'Auch (1537), de Lyon (1551), de Sabine (1559), d'Ostie et de Velletri (1560), ministre d'état, abbé de Saint-Germain-des-Prés, gouverneur de Lyon et de Provence, agent actif à Madrid (1526), puis à Cambrai (1529), député à Rome (1547), revenu en France (1561), il connut toutes les charges et tous les honneurs. Dans un âge tendre, le cardinal de Tournon était entré, en 1498, à l'Abbaye de Saint-Antoine de Vienne (observance des chanoines réguliers de Saint-Augustin, fondée pour toutes sortes de lépreux par Boniface VIII, 1297). Ordonné prêtre à 25 ans (1511), il reçut la commanderie de Saint-Antoine-en-Forêts et bientôt après fut élu Abbé de la Chaise-Dieu. Il eut les abbayes de Tournus, de Candeil, de Saint-Florent-les-Saumur; de Ferrières-en-Gâtinais, de Saint-Julien-de-Tours, de Saint-Germain-des-Prés, de Port-Dieu, de Saint-Lomer-de-Blois, de Moustier-Saint-Jean, le prévôté de Toulouse, les prieurés d'Annonay, de Saint-Portien, et de Saint-Sylvien. Ce Prélat devint tour à tour maître de la chapelle du Roi, chancelier de l'ordre du Saint-Esprit, lieutenant-général du Lyonnais, du Beaujolais, du Dauphiné, etc., gouverneur de Lyon, enfin ministre d'Etat sous quatre Rois. Les Calvinistes n'eurent pas d'ennemi plus redoutable, ni les finances du royaume d'administrateur plus habile et plus intègre. A la mort de François Premier, l'épargne montait à 4.000.000 livres, sans compter le terme échu des impôts, (un quartier). Pendant les guerres de Provence, François Premier lui confia le soin de gouverner Lyon et de prévoir, d'organiser et de solder les dépenses nécessaires à la défense du pays. Peu avant sa mort, le zélé cardinal avait fondé le collège de Tournon, et en avait confié la direction aux Pères de la Compagnie de Jésus.

Gabriel de Gramont, cardinal-prêtre, du titre de Saint-Jean-Porte-Latine (1531), puis de Sainte-Cécile, fils de Roger de Gramont, fut d'abord évêque de Conserans, puis de Tarbes, archevêque de Bordeaux, évêque de Poitiers et archevêque de Toulouse. Louise de Savoie l'envoya, en 1526, à Madrid, près de François Premier. Plus tard, ce dernier lui confia d'importantes missions en Angleterre et à Rome. Il mourut au château de Balma, près de Toulouse, le 26 mars 1534.

François Premier de Lorraine, marquis de Pont-à-Mousson, était fils d'Antoine-le-Bon, petit-fils du duc Réné II. Il devint duc de Lorraine en 1544.

Louis d'Orléans II, duc de Longueville, etc., marquis de Rothelin, etc., pair et Grand Chambellan de France, assista François Premier dans plusieurs expéditions militaires, et mourut en juin 1537. Il fut enterré dans la chapelle de Châteaudun.

Les deux fils de Charles de Bourbon qui accompagnèrent leur père à Boulogne sont :

Antoine, duc de Vendôme, père d'Henry IV, né le 22 Avril 1518, il épousa Jeanne d'Albret, le 20 octobre 1548 et mourut le 17 novembre 1562.

François, comte d'Enghien, né le 23 septembre 1519, mort à la suite d'un accident, le 23 février 1545.

François de Bourbon, comte de Saint-Paul et de Chaumont, duc d'Estouteville, gouverneur de l'Ile-de-France et du Dauphiné, né à Ham, le 6 octobre 1491, mort à Cotignan, près Reims, le 1ᵉʳ septembre 1545 et enterré dans l'abbaye de Vallemont. Il représenta le comte de Champagne au sacre de François Premier. Ce fut l'un des héros de Marignan. A Pavie, la fortune lui fut contraire. Il réussit à s'évader de sa prison, mais plus tard, ayant été de nouveau battu par les Impériaux, il eut à subir une captivité plus étroite et ne retrouva pas la liberté, avant le traité de Cambrai (5 août 1529). Il assita à Marseille à l'entrevue du Pape Clément VII. Le duc d'Estouteville assujettit toute la Savoie, accompagna le Dauphin en Luxembourg et en Picardie (1543) et fit lever le siège de Landrecies.

François Premier de Clèves, comte, puis duc de Nevers 1539, né à Cussy-sur-Loire, le 2 septembre 1516, est mort à Nevers, le 13 Février 1562.

Le comte Louis de Nevers, oncle du comte François qui précède, était comte d'Auxerre (1). Il est mort en 1545, sans enfant de Catherine d'Amboise, dame de Chaumont, *probablement*, à l'âge de 80 ans.

---

(1) Il est difficile de trouver Auxerre dans le Dauseore du récit Anglais. Cf. Documents, p. XLV.

Robert III de la Marck, seigneur de Fleuranges, né à Sedan en 1491, mort à Lonjumeau, en décembre 1537. Il débuta à 20 ans dans les guerres d'Italie, fut laissé pour mort à Navarre, avec quarante-six blessures. La vigueur de sa constitution lui permit de se rétablir. A Marignan, son courage et ses exploits lui valurent d'être armé chevalier par le Roi, sur le champ de bataille, en 1519. Bientôt, malgré ses efforts pour gagner à son maître la voix de plusieurs électeurs, sa mission reçut un échec, et Charles-Quint triompha de son rival. Prisonnier à Pavie, Fleuranges subit une longue captivité au château de l'Ecluse, en Flandre. Pour le consoler, François Premier lui envoya, dans son cachot, le bâton de Maréchal. En 1536, Péronne, la pucelle (jusqu'en 1870, comme Metz), fut défendue par sa valeur et son habileté avec un plein succès. On a de lui des mémoires intéressants.

Le Mirepoix présent à Boulogne fut-il Jean V de Lévis, seigneur de Mirepoix, maréchal de la foi (titre conquis par la famille depuis la répression énergique des albigeois par Gui I de Lévis)? Il vivait encore en 1530.

Serait-ce plustôt Philippe son fils, qui épousa, le 13 septembre 1538, Louise de la Trémoille?

Le comte de Bresne, n'a pas été identifié.

Adrien de Croi (de Croy), Seigneur de Beaurain, petit-fils de Jean, Seigneur de Porséan, fils de Ferri et petit-fils d'Adrien, de la branche des Seigneurs de Rœux, paraît être le seul auquel se rapporte la mention d'un seigneur de Porséan. Ce gentilhomme épousa, le 9 août 1531, Claude de Melun, fille de François, comte d'Epinoy et de Louise de Foix-Candalle. Il est mort en 1553. Comme il avait servi l'Autriche et même favorisé la trahison du Connétable de Bourbon, vraisemblablement François Premier lui avait fait grâce. Autrement, il serait difficile d'expliquer sa présence à Boulogne. Son fils Jean, mort sans postérité, avait épousé Marie de Recourt, fille de Jacques de Licques et d'Isabelle de Fouquesolles. Ces deux familles de Licques et Fouquesolles (près d'Audrehem), le rattachaient au comté de Boulogne et la maison de ces derniers servit, en 1533, à loger la suite du Roi d'Angleterre.

Le comte de Tonnerre, présent à Boulogne, était ou bien Bernardin de Clermont, vicomte de Tallart, époux, en 1496, d'Anne de Husson, fille de Charles, comte de Tonnerre, et premier comte de Tonnerre par son mariage ; ou bien, Antoine de Clermont III, fils du précédent, mort en 1578.

Jean de Bueil, était comte de Sancerre, en 1515.

Louis de Joyeuse, Seigneur de Bothéon, acheta, en 1487, la terre et Seigneurerie de Grandpré, un des sept comtés de Champagne.

Anne de Montmorency, né le 15 mars 1492, premier baron, pair, maréchal, grand-maître et connétable de France, chevalier des ordres de Saint-Michel et de la Jarretière, premier gentilhomme de la chambre du Roi, gouverneur de Languedoc, comte de Beaumont-sur-Oise et de Dammartin, vicomte de Melun et de Montreuil, baron de Châteaubriand, de Damville, de Preaux, de La Fère-en-Tardenois et de Montberon, châtelain de l'Ile-Adam, de Nogent et de Valmondois, seigneur de Compiègne, de Chantilly, d'Ecouen, de Villiers-le-Bel, d'Offemont, de Mello, de Châteauneuf, de la Rochepot, de Dangu, de Méru, de Vigny, de Thoré, de Maintenay et de Macy, fut élevé, comme enfant d'honneur, avec François Premier. Lieutenant d'ordonnance dans la compagnie du Seigneur de Boissy, son cousin, il prit part à la bataille de Marignan, (13-14 septembre 1515) et s'y distingua. Sa première récompense fut le gouvernement de Navarre (1516). Quatre ans plus tard, nous le voyons aux côtés de son maître, au camp du Drap d'or. De retour d'Angleterre, le roi le fit premier gentilhomme de sa chambre, bien que sa mission n'ait pu séparer alors Henry VIII du parti de Charles-Quint, ni éviter une guerre. Anne de Montmorency défendit vaillamment Mézières contre les troupes impériales, et força même le comte de Nassau à lever honteusement le siège. Ensuite il fut nommé capitaine-général des Suisses. Sous sa conduite, cette troupe se distingua au siège de Novarre, aux combats de Gambolat et de la Bicoque. Leur chef y reçut une blessure dangereuse. Vers ce temps, le Roi le chargea de négocier avec Venise un renouvellement de l'ancienne alliance, le fit chevalier de Saint-Michel, au retour de cette ambassade et lui donna le bâton de Maréchal de France, (6 août 1522). L'année suivante, Corbie, puis Thérouanne et enfin Marseille, assiégée par le connétable de Bourbon, lui durent leur salut. Gouverneur de Languedoc, après ce dernier exploit, Anne de Montmorency combattit auprès du Roi et fut fait prisonnier à la bataille de Payie (24 février 1525). La dignité de

Grand-Maître lui avait été accordée, dès 1526, et il fut désigné pour ramener en France les enfants de France, avec la princesse Eléonore, sœur de Charles-Quint, que le Roi de France allait épouser. En 1532, le Roi d'Angleterre lui donna l'ordre de la Jarretière, le 29 octobre, à Calais. L'année suivante, le Grand-Maître fut chargé de tout disposer pour la réception du pape Clément VII à Marseille, 11 octobre 1533. Un peu plus tard, (1536), sa sagesse et son expérience consommées assurèrent l'entière défaite des armées de Charles-Quint en Provence. Un an après, ce fut le tour de l'Artois, à la tête de l'armée envoyée en Picardie; il reprit plusieurs places et dégagea Thérouanne. Tant de services lui méritèrent l'épée de connétable, dont le Roi lui fit la remise, à Moulins, le 10 février 1538. Cette même année, Montmorency prit une part active au traité de Nice, où la trêve fut prorogée de 10 ans. La disgrâce vint mettre un terme aux faveurs dont la fortune l'avait comblé, et François Premier ne lui pardonna pas ses torts avant sa mort. Henri II le rétablit dans toutes ses charges et ne cessa de l'honorer d'une confiance sans bornes. En 1550, le connétable reprit le Boulonnais, et ensuite Toul, Metz et Verdun. Mêmes succès en 1552; mais l'année suivante, après avoir défait les impériaux à Authie, Montmorency eut le malheur de perdre la bataille de Saint-Quentin (10 août 1557), et de tomber aux mains du vainqueur. Sa captivité dura jusqu'au traité de Vervins (1559). La mort du Roi, dans cette même année, l'engagea à vivre loin de la cour; ce repos fut de courte durée et Charles IX ne tarda pas à réclamer ses services. On le vit combattre à Bourges, puis à Rouen, où les Huguenots s'étaient soulevés. Pris à la bataille de Dreux (1562), et blessé, cinq ans plus tard, à la journée de Saint-Denis, cet homme illustre mourut des suites de sa blessure, le 12 novembre 1567. Son cœur fut porté à la chapelle d'Orléans des Célestins de Paris, et son corps dans l'église de Saint-Martin, à Montmorency. Henri II avait érigé la baronnie en duché-pairie, au mois de juillet 1551.

Philippe Chabot, comte de Charny et de Buzançais (Berry), Seigneur de Brion (1), amiral de France, chevalier des ordres de Saint-Michel et de la Jarretière, gouverneur de Bourgogne et de Normandie, naquit à la fin du xve siècle. François Premier, dans le temps où il était encore prince du sang, lui accorda ses bonnes grâces. De Brion se distingua dans la défense de Marseille (1523) et à Pavie; son courage ne put le sauver de la défaite et de la captivité ! Il ne fut pas longtemps au pouvoir de l'ennemi, Louise de Savoie l'ayant réclamé pour les négociations relatives à la délivrance du Roi. François Premier le nomma, dès son retour, par lettres en date de Cognac (26 mars 1526), amiral de France et gouverneur de Bourgogne. Chabot devint chevalier de l'ordre de la Jarretière, à Calais, le 29 octobre 1532. Quatre ans plus tard, il commandait l'armée du Piémont. Après divers succès, le Roi le fit rentrer en France et sa disgrâce fut suivie d'une amende de 15000 livres, d'une sentence de bannissement et de la confiscation de

(1) Plus connu sous ce dernier nom.

tous ses biens. Anne, duchesse d'Etampes, maîtresse du Roi, aimait aussi Chabot, ou du moins lui portait un véritable intérêt. A force de patience et d'adresse, elle fit reconnaître son innocence et François Premier le rétablit dans toutes ses charges (10 mars 1542). L'amiral ne put jouir longtemps de son retour à la faveur, car il mourut à Paris, le 1ᵉʳ Juin 1543. Le Louvre conserve la statue en marbre blanc, commandée par le Roi, en mémoire des services rendus par ce vaillant guerrier. Louis Chabot, duc de Rohan, descendait de Philippe Chabot de Brion.

Jacques de Genouillac, dit Galliot, né vers 1466, était Seigneur d'Assier en Quercy, sénéchal d'Armagnac, grand-maître de l'artillerie de France, grand-écuyer, vers 1626. A Pavie, si François Premier n'avait commis l'imprudence de sortir du retranchement, la victoire était assurée, grâce à la portée et à la rectitude du tir de ses canons. Il mourut vers 1546.

Claude de Savoie, comte de Tende et de Sommerive, fils de René, comte de Tende et d'Anne de Lascaris, né vers 1506, succéda au titre de son père, vers 1520, devint conseiller et chambellan ordinaire du Roi, gouverneur pour sa majesté en ses pays et comté de Provence, Forcalquier et terres adjacentes, gouverneur, lieutenant-général et amiral des mers du Levant. Il posséda ces charges pendant 40 ans et mourut à Aix en Provence, le 6 avril 1566.

Ennemond de Brancas, est le premier baron de Villars, marié en 1553, à Catherine, fille de Jean V de Joyeuse et de Françoise de Voisins. Il fit son testament en 1568, trois ans après la naissance de son fils Georges, premier duc de Villars (1627) qui mourut, le 23 janvier 1657, agé de 92 ans.

Louis, comte de la Chambre, marié à Anne de Boulogne, veuve d'Alexandre Stuart, duc d'Albanie et tante de Catherine de Médicis, eut pour fils Philippe, dit le cardinal de Boulogne. Ce prélat, étant entré dans l'ordre de Saint-Benoît, devint abbé de Saint-Pierre de Corbie et cardinal (1533). Il mourut à Rome, le 21 février 1550.

Antoine de La Rochefoucauld, Seigneur de Barbezieux, chevalier de l'ordre du Roi, sénéchal de Guyenne, lieutenant-général du gouvernement de Paris et de l'Ile-de-France, était général des galères depuis 1528 et probablement gentilhomme de la chambre.

Jean III de Humières, Monchi, né vers 1485, chevalier de Saint-Michel, chambellan, gouverneur de Péronne, Montdidier et Roye, lieutenant-général en Dauphiné, Savoye et Piémont, devint gouverneur du Dauphin en 1535 et mourut en 1550. Le titre de Crevant ne fut pas donné à cette famille avant 1595 (par le mariage de Jacqueline, héritière de ce nom, petite-fille de Jean III et fille de Jacques de Humières).

Jean d'Albon, seigneur de Saint-André, d'Oulches, etc., chevalier de Saint-Michel, gentilhomme de la chambre du Roi, plus tard attaché à la maison de Catherine de Médicis, bailli de Macon, gouverneur du Lyonnais, du Bourbonnais, de la Haute et Basse-Marche, et pays de Combrailles, suivit de la Trémoille en Italie (1512) et Bonnivet au siège de

Fontarabie (1521). Deux ans après, il défendit Saint-Quentin contre les attaques des Anglais et reçut le collier de l'ordre du Roi (1523). Il fut député en 1537, avec plusieurs autres seigneurs pour traiter de la Paix avec les Impériaux qui assiégeaient Thérouanne et mourut en 1550. Son fils, le maréchal de Saint-André, déjà célèbre pour sa conduite à Cerizoles, s'illustra plus encore, en 1544, par les efforts qu'il tenta dans le but d'entrer dans Boulogne. En 1549, Edouard VI lui donna l'ordre de la Jarretière et sa mort survint en 1562, à la bataille de Dreux.

René de Montejean, Seigneur de ce lieu en Anjou, de Sillé et de Beaupréau, maréchal de France, chevalier de Saint-Michel, eut beaucoup de réputation, sous le règne de François Premier. Il mourut en 1538 (1).

Louis de Silli, Seigneur de la Rocheguyon, baron de Louvois, épousa, le 16 Février 1539, Anne de Laval, dame d'Aquigni et de la Rochepot, fille de Gui XVI, comte de Laval, de Montfort et de Quintin, qui avait épousé en secondes noces Anne de Montmorency.

Antoine de Halluin, Seigneur de Piennes, Maignelais, etc., chevalier de Saint-Michel, capitaine de cinquante hommes d'armes, Grand-Louvetier de France, fut blessé à l'assaut de Bailleul, (1523) et fait prisonnier en 1538, quand il ravitaillait le Seigneur d'Annebaut assiégé dans Thérouanne. Il s'enferma dans Metz en 1552, et contribua à la résistance opposée par cette ville, aux efforts tentés par

---

(1) Dans la liste mss. (Papiers du marquis de Bath), ce seigneur est appelé Mount Gossen.

Charles-Quint pour s'en emparer. L'année suivante, ce vaillant guerrier mourut en soutenant l'assaut donné à Thérouanne. Son troisième fils devint duc d'Halluyn. Jeanne, fille de ce Seigneur, avait été unie, par un mariage clandestin à François, fils aîné du connétable Anne de Montmorency ; cette alliance faillit amener une rupture avec Rome. Henri II avait eu de Diane de Poitiers une fille naturelle, mariée à Horace Farnèse, duc de Castro, petit-fils naturel du pape Paul III (avant son exaltation). Paul IV aurait voulu la marier, après la mort de son mari, tué devant Hesdin, le 18 juillet 1558, à l'un de ses neveux et Henri II aurait voulu qu'elle épousât François de Montmorency. Ce dernier et Jeanne qui se croyaient mariés, ne purent faire reconnaître la légimité des liens qu'ils avaient contractés. Ce fut pour Henri II l'occasion de rendre un édit, pour annuler à l'avenir tout mariage clandestin. François épousa donc Diane, Duchesse de Castro, née vers 1539, mais mourut sans enfants, le 6 mai 1579. Sa veuve lui survécut jusqu'au 11 janvier 1619. Cette union était demeurée inféconde.

Martin Du Bellay, prince d'Yvetot, chevalier de l'ordre du Roi, Lieutenant du Roi en Normandie, marié à Isabelle Chenu, fut employé à la guerre, en diverses ambassades et une foule d'affaires dont il s'occupa avec succès. Ses mémoires ont été publiés souvent. L'édition Poujoulat, est à juste titre, fort estimée.

Guillaume Du Bellay, seigneur de Langey, né au château de Glatigny, près Montmirail (Marne), en 1491, mourut à Saint-Symphorien, le 9 janvier 1543.

Il est auteur de plusieurs mémoires. La collection Dupuy à la Bibliothèque nationale, contient de nombreuses lettres écrites par ce Seigneur.

Jean Du Bellay, diplomate, poëte latin et Cardinal, naquit en 1492. Il mourut à Rome, le 16 Février 1560. Ce Prélat fut successivement évêque de Bayonne (1526), ambassadeur en Angleterre (1527), puis à Rome, évêque de Paris (1532), cardinal-prêtre du titre de Saint-Vital (1535) puis du titre de Sainte-Cécile et de Saint-Adrien, Lieutenant-Général du Roi en Champagne et en Picardie (1536). Il se retira de la Cour, à la mort de François Premier et se rendit à Rome, où Paul IV lui donne le siège d'Ostie, avec le titre de Doyen du sacré Collège. Rabelais avait été son médecin.

Le Seigneur de Canaples, Jean VII, sire de Créqui, Fressin, Canaples, dit le Riche, gouverneur de Montreuil, fit son testament en 1543. Il avait épousé en 1493, Justine de Soissons, fille de Jean de Soissons, prince de Poix, Seigneur des Quesnes, de Moreuil, etc.

Jean VIII, sire de Créqui, Fressin, Canaples (d'abord connu sous ce dernier nom) prince de Foix, Seigneur de Pondormi, fils du précédent. C'est le Pont-Remi de la liste imprimée dans le triomphe de Calais. Ce Seigneur devint capitaine d'une compagnie de gentilshommes de la chambre du Roi, et de la garde écossaise. Son courage fut remarqué d'abord dans la campagne de 1523-24, contre les anglais ; puis à Pavie. François Premier l'envoya, en 1525, avec l'Amiral d'Annebaut pour voir Henry VIII jurer la paix. Pont-Remy ou Pondormi fut affreusement défiguré, en 1524, devant Hesdin ; il mourut en 1555. Ce brave officier est mêlé à deux expéditions commandées par un de ses oncles et cette circonstance ne permet pas de les passer sous silence, telles qu'elles sont racontées par Don Ducrocq (1).

Antoine de Créqui, dit le *Hardi*, deuxième fils de Jean VI, frère de Jean VII de Créqui, (Canaples le Riche) gouverneur de Picardie, bailli d'Amiens et chevalier de l'ordre du Roi (Saint-Michel) était aussi Seigneur de Pontdormi, ou Pont-Remi (titre porté, à sa mort, en 1524, par son neveu Jean VIII).

« [Il] partit de Montreuil en 1524 pour deux raisons de conséquences. La première étoit pour introduire des vivres dans Terouanne et la seconde, pour tenter de forcer le Neuf Fossé qui n'étoit pour lors qu'une tranchée spatieuse, remplie d'eau et fortifiée à chaque entrée de bons boulevards, où on avoit retiré tous les bestiaux du Païs et les meilleurs effects des gents de la campagne. Cette tranchée enfermoit un large canal, que l'on appeloit le Val de Cassel et qui s'étendoit depuis Saint-Omer jusques à Aire. Ce neuf fossé qui a commencé autrefois à Lens, qui a continué jusques à la rivière du Lys, au-dessus de Saint-Venant, dont un ruisseau passe au travers pour aller à Lillers, et qui va au-delà au-dessus d'Aire, à un lieu appelé teste de Flandre, ensuitte au-dessus de Saint-Omer, de Tourneham, au-dessous de Graveline, et de Graveline dans la mer; ce Neuf Fossé, dis-je, étoit comme

(1) Ce manuscrit considérable, dont la Bibliothèque municipale de Boulogne-sur-Mer possède une copie, est la propriété des héritiers de M. Gustave Lardeur. L'extrait ci-dessus est à la page 764 du mss. original.

vous voiez, un retranchement assez difficile à forcer. Pont de Remy cependant, sans avoir égard aux difficultés qui pouvoient survenir, ne laissa pas de former le dessein de s'en rendre le maistre. Il se mit donc, pour cet effect, à la teste de trois cent hommes d'armes, de douze cent hommes de pied et de deux fortes couleuvrines et conduisit sa troupe à petit bruit jusques à Fauquemberg, d'où il introduisit d'abord à Térouanne beaucoup de munitions et se retira en suitte. Il donna ordre à sa gendarmerie de faire repaistre la nuit leurs chevaux; après quoy il partit sans tambour ni trompette et arriva avant le jour au Neuf Fossé; il en força le passage, s'en rendit le maistre et y fit un butin considérable; il alla en suitte auprès d'Arques, à une demie lieu de Saint-Omer et eut, à la rencontre, la garnison de cette place, qui venoit pour secourir le Val. Cette rencontre facilita l'occasion d'un petit combat, où il se passa une avanture assez plaisante. Le jeune d'Estrée (1) qui accompagna dans cette expédition Pont de

(1) Michel Montaigne (Essais de Montaigne ch. 33) raconte le même fait : « Quelques fois, il semble à poinct nommé que la fortune se joue à nous. Le Seigneur d'Estrée, lors guidon de M. Vendosme et le Seigneur de Licques, lieutenant de la compagnie du duc d'Ascot, estant tous deux serviteurs de la sœur du Seigneur de Foucquesolles, quoyque de divers partis (comme il advient aux voisins de la frontière) le sieur de Licques l'emporta : mais le mesme jour des nopces et qui pis est, avant le coucher, le marié, ayant envie de rompre un bois en faveur de sa nouvelle épouse, sortit à l'escarmouche prez de Saint-Omer, où le sieur d'Estrée, se trouvant le plus fort, le feit son prisonnier, et pour faire valoir son adventage, encores fallut-il que la demoiselle lui feist
  Conjugis ante coacta novi dimittere colum
  Quam veniens und atque altera rursus hyems,
  Noctibus in longis avidum saturasset amorem.
elle mesmo requeste par courtoisie de lui rendre son prisonnier, comme il feit, la noblesse françoise ne refusant jamais rien aux dames. »

Remy, y fit prisonnier le Seigneur de Liques qui étoit lieutenant du duc d'Ascot(1), et qui avoit épousé ce même jour une Dame, fort riche, fort agréable, et dont le chevalier d'Estrée avoit été serviteur. Ce jeune guerrier qui avoit l'âme bien placée et les inclinations tout à fait nobles et toutes généreuses, fut ravis de trouver l'occasion d'obliger la nouvelle mariée, qui le pria de luy accorder la liberté de son époux, ce qu'il fit agréablement, de bonne grâce, et d'un cœur aussy plein de courtoisie, que cette heureuse aventure l'avoit remplis de joye et de satisfaction. Le pillage du Neuf Fossé et le petit combat qui se livra en suitte, causèrent tant de chagrin aux Wallons et aux Espagnols, qu'ils épièrent toutes les occasions pour s'en venger. Ils firent sortir pour ce sujet, tant d'Aire, de Béthune, que de Saint-Omer et autres places voisines, neuf cent Espagnols, six cent Wallons, trois cent hommes d'armes et ce qui restoit de la garnison de Saint-Omer. Ayant ainsy assemblé ce corps de troupes, ils furent à la poursuite de Pont de Remy, pour le couper et empecher qu'il ne rentra dans Montreuil avec tout son butin. Ce noble Seigneur et généreux Picard, bien loing de se troubler à la vue de son ennemi, il n'en fut que plus hardy, il alla à sa rencontre et le chargea avec tant de vigueur, qu'il renversa sa cavallerie sur son infanterie, en tua deux cent quarante, en fit neuf cent prisonniers qu'il fit conduire à Terouanne et que l'on renvoya dans la suitte, faisant payer à chaque prisonnier pour sa rançon un mois de sa solde et retenant tous les

(1) Veré Aerschot.

capitaines pour caution. Ce brave commandant revint en suitte à Montreuil, chargé des dépouilles de l'ennemy, couronné de gloire et félicité par toute la ville.

« Ses lauriers cependant, furent changés cette même année, 1524, en de tristes cyprez. Voicy de quelle manière ce brave officier périt à Hesdin. Le Seigneur de Fiennes, qui tenoit le parti des Flamands contre la France, fit dans une occasion un nommé Bellebrune, prisonnier de guerre. Comme il étoit gouverneur de la Flandre et qu'il apprit que son prisonnier étoit de la garnison d'Hesdin, il fut curieux de le veoir et ordonna qu'on le luy amena.

« Bellebrune parut et le Seigneur de Fienne qui prétendoit s'en servir pour venir à bout de ses desseins, luy fit un accueil fort favorable. Il le ménagea tellement en suitte, qu'il le porta à luy faire livrer le chasteau de la place. Ce soldat qui étoit aussy rusé que celuy qui le vouloit corrompre, s'offrit gayement à luy rendre tous les services dont il étoit capable et donna avis en même temps fort adroitement, à son officier, Pont de Remy, de toute ce qui se passoit. Ne manquez pas, luy fit-il dire, de vous rendre un tel jour à Hesdin et je vous promets de livrer entre vos mains le Seigneur de Fiennes, gouverneur de Flandre et le duc d'Ascot [Aerschot] avec plusieurs gentilshommes flamands. Pont de Remy fut ravis de l'advis que luy donna ce fidèle soldat ; il quitta son camp sur le champ et se rendit en toute diligence à Hesdin, suivis de deux cent hommes d'armes. Comme il sçavoit que de Fiennes devoit passer avec toute sa troupe par un certain ravelin, il le fit couvrir de feux d'artifice et le chargea tellement de paille qu'il estoit presque impossible d'apercevoir la ruse. Le soldat les amena donc tous par ce chemin, et comme ils y étoient déjà fort avancés, Pont de Remy, qui étoit caché au dessus de la porte du ravelin, il s'avança pour donner ses ordres, lesquels furent executés avec tant de precipitation, que le feu prit aux poudres et à ses artifices (1) avec tant de violence que la flamme monta si haut du fossé, qu'elle entra dans la bouche du pauvre Pont de Remy, luy brula les entrailles et le mit deux jours après au tombeau.

« Canaple, son neveu, qui étoit a ses costés eût presque le même sort que son oncle. Il eut le visage tellement brulé qu'il ne luy en resta plus aucune forme.

« Voilà comme Dieu punit du même supplice celuy qui le vouloit faire souffrir aux autres. On trouva dans le ravelin cent flamands rotis par le feu, et les autres se retirèrent fort affligés, fort confus, et beaucoup plus rechauffés qu'ils ne l'auraient souhaitté ».

Le Seigneur de la Rochepot. C'est François de Montmorency, Seigneur de la Rochepot, fils de Guillaume (branche des ducs) et d'Anne Pot, laquelle était fille de Guy Pot, seigneur de la Rochepot, comte de Saint-Paul, etc. Il fut gentilhomme de la Chambre, chevalier de l'ordre, gouverneur de Paris et de l'Ile de France, lieutenant-général en Picardie, prisonnier à Pavie, ambassadeur en Angleterre, près d'Edouard VI, pour la restitution de Boulogne,

---

(1) Que Jean de Serre appelle fricassées.

1550. Ce Seigneur mourut, le 20 août 1551, sans enfants de Charlotte d'Humières.

Jean Caraccioli, prince de Melphes (Melfi, province de Cotenza), duc de Venouse, d'Ascoli et de Soria, grand sénéchal du royaume de Naples et maréchal de France, était de Naples. Ce fut sous Charles VIII qu'il entra au service de la France. Cependant, comme il avait passé au parti de Charles-Quint, Lautrec s'empara de lui et de sa famille en 1528. Dès lors, ce Seigneur qui ne put obtenir de l'Empereur le prix de sa rançon, fut successivement lieutenant-général des armées du Roi, chevalier de Saint-Michel, Seigneur de Romorantin, Nogent et Brie-Comte-Robert, et enfin maréchal de France, à Fontainebleau, en 1544. Il mourut à Suze, en 1550, âgé de soixante-six ans.

C'est par une erreur, partagée par d'autres, que ce prince de Molse, d'après « The maner of the tryumphe » et de Melfe, d'après la liste manuscrite des papiers Seymour, a été qualifié d'André Doria, prince d'Amalfi, p. XLVI et p. XLVIII, bien que Amalfi, dont le célèbre amiral Gênois était prince, s'appelle fort souvent Melfi ou Melphe. Comme il avait quitté son office de général des galères de France, bien avant l'entrevue de Boulogne, pour se mettre aux ordres de l'Empereur, il n'aurait dû jamais être question de Doria comme prince de Melfe ou de Molse.

Cette erreur est donc à corriger dans la liste des Gentilshommes de France.

L'Archevêque de Rouen était Georges de Bussy, fils de Jean d'Amboise et de Catherine de Saint-Belin, élu le 30 juillet 1510, préconisé le 8 août 1511, sacré le 11 décembre 1513, cardinal le 17 janvier 1546, mort à Vigny, le 25 septembre 1550.

L'Archevêque de Vienne s'appelait Palmier, élu le 28 octobre 1528, mort à la fin de 1554.

Jean VI, Le Vasseur, élu à Evreux, le 24 juillet 1526, mort le 18 octobre 1556.

Jean le Veneur, Evêque de Lisieux, Grand-Aumônier, Cardinal du titre de Saint-Barthélemy-en-l'Ile (1533). (Une des 4 nominations de Marseille) (1).

Claude de Longui de Givry, Evêque de Langres, Cardinal du titre de Saint-Agnès, (Marseille 1533).

A Chartres, le siège était occupé par Louis Guillard de l'Espichellière, fils de Charles et de Jeanne de Vignacourt, élu en 1526, transféré à Châlon, le 16 octobre 1533.

Limoges possédait encore Antoine de Lascaris de Tende. Il échangea Beauvais contre Limoges avec Charles de Villiers.

Odet de Coligny, de Châtillon, dirigeait le diocèse de Beauvais. Il fut cardinal-diacre, du titre de Saint-Serge et Saint-Bacche, mais devint *Apostat* et mourut en 1557.

Charles Hémard de Denonville, était encore Evêque de Mâcon. Il passa à Amiens et fut créé cardinal-prêtre du titre de Saint-Mathieu (1536). Il est mort en 1540.

A Castres, le titulaire était Jacques de Tournon, fils de Juste (frère du cardinal François) et de Jeanne de Vissac. Elu 1531 ; transféré plus tard à Valence.

(1) Charles-Quint n'avait pas pu obtenir plus d'un chapeau à Bologne.

A Angoulême, Jacques Babou de Tons, de la famille de la Bourdaisière, fils de Philippe, trésorier général, nommé en 1524, mort le 26 novembre 1532, à Estrechies-le-Larron, près Etampes, comme il se rendait au château de la Bordaisière.

Parmi les seigneurs anglais, dont les notices peuvent se trouver plus facilement, dans le nouveau dictionnaire biographique anglais en cours de publication, plusieurs donnent une triste idée des opinions de la noblesse d'Angleterre et de sa cupidité pour les biens d'Eglise.

Quelques Seigneurs Anglais.

A leur tête paraissait le fils bâtard du Roi, Henri Fitzroy, duc de Richmond, dont la mère était Elisabeth Blount, fille d'honneur de la Reine Catherine. Né en 1519, ce prince fut créé chevalier de la Jarretière, le 6 juin 1525, et devint plus tard lieutenant dans ce même ordre, le 17 mai 1533. Son père l'avait comblé de biens et son revenu s'éleva jusqu'à 4000 livres sterling ou 100000 livres tournois, valeur de l'époque. Comme on l'a déjà vu, il reçut François Premier, à une petite distance de Calais. Après l'entrevue, Henry VIII le confia aux soins du Roi de France, pour être élevé à sa cour avec le dauphin et ses frères. Son séjour fut d'environ dix mois et le duc de Surrey, fils de Norfolk, fut désigné pour l'accompagner. Deux mois après son retour en Angleterre, le jeune Duc épousait, à l'âge de 14 ans, la sœur de son compagnon. Atteint d'une maladie de langueur, il mourut, le 22 juillet 1536. Sans se rendre compte de la corruption de son propre sang (conséquence de débauches répétées), Henri VIII soupçonna, pour un temps, Anne Boleyn et son frère, le vicomte de Rocheford, d'avoir empoisonné son fils. S'il avait pu connaître une étude médicale, publiée au dix-neuvième siècle, sur les ulcères dont il était dévoré et sur les symptômes de *syphilis* constatés par un docte investigateur dans les circonstances de la maladie et de la mort de ses quatre enfants, il aurait dû voir, en lui-même, le véritable assassin de son fils, par un juste jugement de Dieu (1).

Le duc de Norfolk, Thomas Howard, troisième duc, né en 1473, fut fiancé, en 1484, à Lady Anne, dans l'Eglise de Westminster et marié, le 4 Février 1495. Cette princesse était la troisième fille d'Edouard IV ; née à Westminster, le 2 novembre 1475, elle reçut en dot la somme de 120 livres. Leur union fut brisée par la mort de la duchesse atteinte de phtisie, en 1512. Un an plus tard, le Duc épousait en secondes noces, Elisabeth, fille d'Edouard Stafford, Duc de Buckinghamshire. Le premier février 1514, le Roi le créa Earl of Surrey. Il devint duc de Norfolk, le 21 mai 1524. Premier ministre, après la disgrâce de Wolsey, en 1528 et Earl Marshall, 1533, habile au métier des armes, ce seigneur se fit remarquer par son ambition des honneurs. Dans sa pensée, le Roi ne pouvait prendre ses ministres et ses conseillers que dans les rangs de la noblesse et nul plus que lui ne contribua à la disgrâce de Wolsey d'abord, puis à celle de Cromwell. La soif des richesses avait fait taire en lui la voix de la cons-

(1) On croyait trop souvent, à cette époque, à l'action du poison.

cience et sa fortune s'accrut par la spoliation d'un grand nombre de monastères. Son dévouement pour la majesté Royale ne lui permettait pas de s'arrêter à de vains scrupules et il approuva, pour conserver la faveur du Prince, les actes les plus contraires à la nature. On ne s'étonnera donc pas de le voir condamner à mort sa nièce Anne Boleyn, après l'avoir aidée à monter sur le trône. Boulogne n'oubliera pas la part prise par ce seigneur au siège et au pillage de la ville, après de vains efforts tentés, en 1544, pour s'emparer de Montreuil. Plusieurs fois, le crédit de Norfolk se trouva ébranlé sous Henry VIII, surtout après la mort de Catherine Howard, une autre de ses nièces. Enfin, en 1546, ses ennemis avaient réussi à le rendre odieux au maître et l'échafaud attendait sa victime, quand, peu d'heures avant l'exécution, la mort du Roi le délivra du supplice. Ses biens, dont il avait fait l'abandon à la Couronne, dans l'espoir d'un pardon, lui furent restitués, le 3 août 1553 et il rendit encore des services à l'Etat, en particulier, en combattant Wyatt avec la dernière rigueur. Le Duc de Norfolk s'était déjà montré cruel dans la répression du *Pèlerinage de Grâce* (1). Sa fin n'eut pas l'éclat des débuts de sa carrière. Sans influence, après avoir été si puissant, il se retira dans son château de Kenninghall (Norfolk) et y mourut peu de mois après, le 25 août 1554.

Charles Brandon, duc de Suffolk, était un des amis intimes du Roi, compagnon de ses plaisirs, et imitateur de ses désordres. Il fut deux fois bigame,

---

(1) Révolte des provinces du Nord, causée par une résistance au schisme du Roi Henry VIII.

et trois fois divorcé, avant d'épouser, en France, Marie Tudor, veuve de Louis XII. Cette union, dont Henry VIII n'avait pas le droit de se plaindre, puisqu'il avait promis, sur l'honneur, à la princesse (pour obtenir sans consentement à un mariage avec le Roi de France, âgé et infirme) de ne pas contrarier ses inclinations, après la mort de ce prince, ne cadrant pas avec ses projets, il s'en montra très irrité. Nul ne saurait dire si cette indignation fut feinte ou réelle. Quoi qu'il en soit, les deux époux durent abandonner tous leurs bijoux, le douaire de Marie, et une partie notable de leurs biens, pour apaiser la colère du tyran et obtenir la vie sauve. Réduit à un état voisin de l'indigence, Suffolk oublia les facilités que François Premier lui avait données pour obtenir la main de sa nouvelle femme, et pendant longtemps il fut ennemi déclaré de la France. Par politique et par intérêt, cette aversion s'apaisa plus tard, et le roi de France s'efforça d'obtenir ses services, à l'entrevue de Boulogne.

Lord William Fitzwilliam, comte de Southampton, Amiral, était fils de sir Thomas d'Aldwarke (West Riding, Yorkshire), et de Lucie Neville, fille de John Neville, marquis de Montacute [*Montaigue*]. Il épousa, en 1513, Mabel, fille de Henry, Lord Clifford et sœur du premier Comte de Cumberland. Ce fut un des serviteurs les plus adroits et les plus dévoués de son Roi. Aussi reçut-il de nombreuses et importantes missions pendant ce règne avec des honneurs et des dignités en rapport à ses services. Ce Seigneur mourut en octobre 1542.

On voit figurer un maître Bell. C'était sans doute

John Bell, chapelain de la cour et l'un des principaux théologiens. Il devint évêque de Worcester en 1537, mais il résigna cette dignité, le 17 novembre 1543. On ignore les motifs de cette détermination. Heureux s'il se retira par scrupule de conscience ! En tout cas, il prit sa retraite à Clerkenwel et y mourut, le 2 août 1556.

Sir Anthony Browne fut anobli, en 1523, après le siège de Morlaix. Ecuyer de la garde, en 1524, il devint l'ami intime du Roi à partir de cette époque. Chargé de porter l'ordre de la Jarretière à François Premier, en 1528, il revint encore en France et fut présent à l'entrevue de Marseille entre le Pape et le Roi de France, octobre 1533. En 1539, ce seigneur devient Grand-Ecuyer (master of the Horse) et en 1540, chevalier de la Jarretière.

Il eut en récompense des biens d'Eglise fort considérables, qui furent :

L'Abbaye de Battle.

Le Prieuré de Saint-Mary Overy à Southwark, dont il rasa l'église, les cloîtres et le chapître pour habiter la maison du Prieur. Ce fut, pendant plusieurs générations, la résidence des vicomtes Montaigue.

Le manoir de Gostav old send (Sussex).

Le manoir de Brede. (La plus grande partie d'Hastings est bâtie sur ces deux domaines).

L'Abbaye cirtercienne de Waverley, après la mort de Lord Wm Fitzwilliam, son beau frère.

Le monastère de Calceto près d'Arundell.

Le prieuré d'Easebourne.

Le domaine de Cowdray, près Midhurst, où se conservaient, jusqu'à l'incendie du château, d'anciennes peintures qui représentaient les scènes de la campagne entreprise pour s'emparer de Boulogne, en 1544. La Société des antiquaires de Londres a fait graver, à la fin du dernier siècle, en 3 planches, trois vues de Boulogne pendant le siège, sur des dessins faits avant l'incendie, d'après les tableaux ; les règles de la perspective y sont outrageusement violées ; mais c'est le plus ancien souvenir de l'aspect de la Haute-Ville.

Malgré l'habitude de flatterie, dont le Roi était entouré, Sir Anthony Browne eut le courage de l'avertir de sa mort prochaine. Il mourut lui-même à Byfleet (Surrey), le 6 mai 1548.

Sir Thomas Boleyn, vicomte de Rocheford, puis Earl of Wiltshire, père de la célèbre concubine, était fils de William Boleyn de Blickling (Norfolkshire), et petit-fils de sir Geoffrey Boleyn, marchand et Lord-maire de Londres en 1547. Il épousa Elisabeth Howard, fille de Thomas Howard, et sœur de Thomas, troisième duc de Norfolk. Par sa mère (Marguerite Butler, fille de Thomas Butler, comte d'Ormond), ce Seigneur descendait d'anciens Roi d'Irlande. Grâce aux faiblesses de sa femme, de sa fille aînée Marie, et de sa seconde fille, Anne, le comte de Wiltshire se vit comblé de biens et d'honneurs, chargé de missions difficiles, et conseiller du Roi. Mais sa carrière publique se termina par la condamnation de son fils et des autres accusés. — Tristes mœurs! Un père votant la mort de son fils et imprimant par là, au front de sa fille, le stigmate de l'adultère et de l'inceste! Héroïcité spartiate, soit! En d'autres temps, des hommes d'une situation moins élevée se seraient récusés, au péril de leur propre vie. Thomas Boleyn eut le temps de méditer sur la vanité des biens et des grandeurs de ce monde. Sa retraite, après le supplice d'Anne et de son frère, ne cessa qu'à sa mort, à Hever (Kent), le 13 mars 1539, à l'âge de 62 ans. Cet homme ambitieux, cupide et dévoué au protestantisme, n'a laissé aucun mémoire sur les évènements dont il avait été le témoin.

Quatre évêques furent présents à l'entrevue de Boulogne ; John Clerk, de Bath et Wells ; Stokesley, de Londres ; Longland, de Lincoln ; Etienne Gardiner, évêque de Winchester.

Il était inutile d'en amener un plus grand nombre. D'abord, Gardiner, évêque de Winchester, pouvait, à lui seul, tenir tête à un concile. Esprit des plus subtils, ce prélat avait fait une étude approfondie de l'un et l'autre droit. Toujours prêt à la riposte, d'une obstination égale à sa souplesse et à son habileté, par ambition ou par intérêt, il s'était mis au service de la cause du divorce et la soutenait non seulement avec vigueur, mais avec la plus grande adresse. En second lieu, l'épiscopat de l'Angleterre, soutenu, soit par la fermeté du B. Jean Fisher, soit par la crainte de la diminution d'immenses revenus (convoités, en cas de résistance, par le monarque), n'avait pas encore été mis en demeure d'admettre la suprématie du Roi ; il n'était pas encore question pour eux de perdre leurs dignités, ou d'expier sur l'échafaud leur fidélité au service de Rome. Aussi, sur la question doctrinale, n'avaient-ils pas encore perdu tout sentiment de pudeur. Sans doute, ils vacillaient, puisque Cranmer eut facilement raison de leurs objections, lorsqu'il entreprit de leur faire signer la déclaration de suprématie. En tout cas, il valait mieux n'amener en France que des évêques déjà bien déterminés à suivre le Roi jusqu'au divorce, au couronnement, à la suprématie et à la révolte ouverte contre le Saint-Siège. Or, Bath, Winchester, Londres et Lincoln s'étaient déjà déclarés et compromis sur ce point (1).

John Clerk, évêque de Bath, était l'un de ces hommes sans conscience dont le souverain pouvait attendre un concours sans réserve. Né vers 1475, bachelier de Cambridge (1499), licencié (1502), il étudia le droit et se fit recevoir docteur à l'Université de Bologne. A son retour en Angleterre, Clerk devint tour à tour :

Recteur de Hotfield (Kent), 21 avril 1508.

Maître de l'hôpital Sainte-Marie (Maison-Dieu), à Douvres, 1509.

Recteur de Portisheat (Sommerset), 19 avril 1513.

Recteur de Ditcheat (Sommerset), poste qu'il résigna en 1517.

Recteur de Ivy Church (Kent), mars 1514.

Recteur de West Taring (Sussex), juillet 1515.

Recteur de Charlton, août 1515.

Recteur de South Molton (Devonshire), mars 1519.

Archidiacre de Colchester, octobre 1519.

Doyen de Windsor, 9 novembre 1519.

Juge de la cour de l'Etoile (Star Chamber).

Confident et agent de Wolsey, etc.

(1) C'est une manière d'expliquer pourquoi Henry VIII avait dans sa suite un si petit nombre de prélats, tandis que François Premier en avait amené un bien plus grand nombre.

Ce prélat se multiplia en faveur du divorce, et fut employé à cette affaire, en France, en Italie et à Rome. Sans jamais prendre une position prééminente, on le vit s'occuper avec une activité fiévreuse de cette difficile question. L'évêché de Bath et de Wells fut la récompense de ses travaux. La mort les interrompit, à Saint-Botolph's, Adgate, le 3 janvier 1541.

Jean Longland, né à Henley-on Thames (Oxfordshire), en 1473, ordonné prêtre, le 15 avril 1500, fut principal de Magdalen Collège (Oxford) en 1505, recteur de Woodham Ferrars, près Great Baddow (Essex), docteur en théologie (D.D.) en 1511, doyen de Salisbury en 1514, prebendé de North Kelsey (Lincoln), chanoine de Windsor, le 17 avril 1519. A cette dernière date, le Roi le choisit non seulement comme prédicateur de la cour, mais comme confesseur et aumônier. Dans cette charge d'une effrayante responsabilité, ce prêtre courtisan ne paraît pas avoir déplu à son royal pénitent, dont il obtint, le 5 mai 1521, l'évêché de Lincoln. L'administration de son diocèse ne changea pas beaucoup sa situation à la cour et son crédit n'en fut pas diminué. Aussi, l'Université d'Oxford le reçut comme chancelier en 1532. Longland profita de cette nouvelle dignité pour obtenir çà et là des déclarations d'universités en faveur du divorce. Mais, ni à Oxford, où la dignité de sa charge aurait dû, ce semble, lui assurer un plein succès, ni surtout dans le Nord, où le peuple chercha à le lapider sous une grêle de pierres, sa mission ne fut favorablement accueillie. Pendant toute la fin du règne, personne ne se montra plus ardent pour la répression du protestantisme et pour la suprématie royale. L'évêque de Lincoln mourut peu après le Roi, à Woburn, le 7 mai 1547.

Stokesley, évêque de Londres et prédécesseur de Bonner se montra un instrument docile aux volontés du maître.

Etienne Gardiner, évêque de Winchester, né à Bury-Saint-Edmund's, entre 1483 et 1490, fut élevé à Trinity Hall (Cambridge), y devint docteur en droit civil (1520), en droit canon (1521). Wolsey le prit pour secrétaire en 1525, et l'envoya à Rome pour conduire les négociations relatives à la cour légatine. Après le départ de Campeggio et son retour à Rome (octobre 1528), Gardiner demeura encore un peu de temps à Rome. En récompense de ses services, le Roi le fit nommer Archidiacre de Norfolk, 1er mars 1528-9, puis de Leicester (1531). A cette époque, Oxford lui conféra le doctorat en droit civil et canonique. Enfin, l'évêché de Winchester, vacant depuis la mort de Wolsey, lui échut, le 27 novembre 1531. Le nouveau prélat n'eut guère le temps de s'occuper de ses ouailles, car on le trouve à Paris vers Noël 1531, avec mission d'obtenir de François Premier une entrevue avec Henry VIII pour l'année 1532. Sa négociation terminée avec succès, Gardiner revint à Londres, le 7 mars 1532. Aucun prélat, aucun jurisconsulte ne plaida plus chaleureusement pour le divorce. Aussi fut-il désigné pour soutenir la cause du Roi, près des Français, en octobre 1532, à Boulogne et à Calais. L'année suivante, l'évêque de Winchester, après l'excommunication de son maître (le 11 juillet 1533) et le retour de Norfolk et de sa suite, fut envoyé à Marseille. Sa conduite indigna François Premier qui demanda son rappel. Le prélat passa enfin dix-huit mois dans son diocèse. Malgré la répugnance de François Premier, Henri VIII le renvoya en France, 1535-38, puis en Allemagne (1539). Cromwell fut disgrâcié en 1540, et l'évêque de Winchester ne fut pas étranger à sa chute. Toutes ses complaisances ne l'empêchèrent pas d'être arrêté à son tour, puis relâché à trois reprises différentes : 1542, 1548-9 et 1552. A l'avènement de Marie Tudor, Winchester abandonna et s'efforça, par intérêt, de faire oublier son attitude précédente. Il serait bien téméraire de croire à la sincérité de son retour, malgré la volte-face rapide de ce prélat, contre ceux dont il avait été le guide et le soutien. Un fait absolument certain est celui de son opposition à l'action du cardinal Pole, écarté de la cour par mille intrigues diverses. L'évêque de Winchester mourut à Whitehall, le 12 novembre 1555. Les protestants, comme les catholiques, doutent encore de sa bonne foi.

Lord William Howard, premier baron d'Effingham né vers 1510, était le fils aîné (du second lit) de Thomas, deuxième duc de Norfolk. Ce seigneur est très-connu par ses nombreuses ambassades en France et en Espagne et les cadeaux dont il fut l'objet. En 1559, à Paris, il reçut en vaisselle plate 4140 onces valant 2006 livres, 13 sh. 4 d. (1). Lord

---

(1) Ce qui met la valeur de l'argent doré, façon comprise, à 12 livres 12 sols tournois l'once, soit 387 francs 60 le kilo, sans tenir compte du pouvoir de l'argent. Ce résultat démontre une fois de plus que les règles générales ne peuvent servir, à moins de comparer les prix de chaque chose, à une

William Howard avait des biens considérables en Surrey. Il mourut à Hampton Court ou à Reigate, le 12 janvier 1573.

Arthur Plantagenet, vicomte Lisle, né vers 1480, était fils naturel d'Edouard IV et d'Elisabeth Lucy. Il épousa en premières noces Elisabeth Grey, fille du vicomte Lisle et veuve d'Edmond Dudley. Sa carrière commença par un emploi dans la marine, mais il ne tarda pas à se rapprocher de la cour, dans l'espoir d'y faire plus rapidement son chemin. Des terres lui furent données dans les comtés de Sussex, Dorset et Lancastre. L'office de *Carver*, qui correspond, pour les Français à celui d'écuyer-tranchant, en lui fournissant l'occasion d'approcher le Roi, permit à celui-ci d'apprécier son mérite. Chevalier de la Jarretière en 1524, il fut en 1527, chef de la délégation chargée de remettre à François Premier les insignes de l'ordre. Peu de mois après la mort de sir John Basset, Lisle épousa sa veuve, Honor Grenville. Quatre ans plus tard, mars 1532, le vicomte fut nommé gouverneur de Calais et occupa ce poste pendant 8 ans. Victime de fausses accusations, ce seigneur tomba ensuite dans la disgrâce de son royal cousin et fut jeté à la Tour de Londres. Son innocence fut cependant reconnue, mais dans l'excès de la joie que lui causa l'annonce de cette heureuse nouvelle, Lisle mourut, avant d'être sorti de son cachot, en Janvier 1542. Ses lettres

époque, avec ceux de même nature, à une autre époque. L'or valait 162 livres tournois le marc (de 8 onces) ou demi-livre, 324 livres la livre, 648 livres le kilo. Cependant, on donne généralement pour cette époque le nombre 9 comme la relation de la valeur d'un poids donné d'or à celle d'un même poids d'argent.

dont le recueil comprend 19 volumes, contiennent de fort curieux détails sur les évènements principaux de cette époque (1).

Lord Edward Montaigue étudia à Cambridge, de 1524 à 1531, et fut *Serjeant-at-law*, le 12 novembre de la même année. Il y eut, en l'honneur de cette nomination, un banquet de cinq jours à Ely House. Son anoblissement date du 18 octobre 1537, et précède de peu son élévation à la dignité de *Lord Chief Justice*, le 21 Janvier 1538-9. Cette charge fut échangée contre celle moins haute de *Lord Chief Justice* aux *Common-Pleas*, par suite de sa résignation; mais on ne sait si elle fut volontaire ou forcée. Le gouvernement de la Reine Marie le fit incarcérer à la Tour de Londres, le 26 Juillet 1553. Son emprisonnement cessa néanmoins, le 6 septembre suivant, et fut commué contre une amende de 13000 livres sterling, somme considérable. Lord Edward Montaigue mourut au manoir de Boughton, le 10 Février 1556.

Lord John Mordaunt of Turvey, né en 1490, devint courtisan du Roi et l'accompagna en cette qualité, au camp du Drap d'or et à Gravelines (1520). Anobli la même année et créé baron, le 4 mai 1532, il reçut Anne Boleyn à la Tour de Londres, le dernier jour du même mois, avant son couronnement. Par une opposition singulière, le Roi le désigna

---

(1) Il y a lieu de croire, comme on l'a déjà remarqué, en note, au document n° 21, p. XXXIX, que le lord *delite* qui reçut Henry VIII à Calais avec le *maieur* était vraisemblablement Lord de Lisle, alors gouverneur de la place. Il est plus facile de croire à une erreur de lecture ou de copie qu'à un mot inexplicable. Cependant, au document n° 26, il est question de bière envoyée par les *debites* de Calais.

comme juge de cette *Dame*, en 1536, naturellement dans l'assurance que son vote la condamnerait à mort. Edouard VI lui fournit l'occasion de s'ensevelir dans la retraite, mais Marie lui permit de reparaître à la cour. Lord John Mordaunt mourut en 1562.

Sir Henry Norris, courtisan, vint tout jeune à Windsor et ne tarda pas à devenir l'ami intime du Roi et le compagnon le plus ordinaire de ses plaisirs et de ses débauches. Ce vilain personnage était passé maître dans l'art de la flatterie. Rien ne lui coûtait, quand Henry VIII manifestait le désir de satisfaire un nouveau caprice. Anne Boleyn trouva en lui un partisan dévoué. Norris avait épousé Mary Fiennes, fille de Thomas, Lord Dacre of the South, morte avant 1530. Sous ce règne, la roche Tarpéienne était trop proche du capitole; un mot suffit donc pour envoyer à l'échafaud le compagnon préféré du prince, sur la seule accusation d'avoir osé déclarer sa flamme à Anne Boleyn et il eut la tête tranchée par la hache du bourreau, le 17 mai 1536, à Tower-Hill, en face de la Tour de Londres.

Sir John Norton était un bon soldat. Une expédition en Flandre, en 1511, à la tête de 1500 hommes, établit sa réputation et Charles-Quint le créa chevalier. Henry VIII l'anoblit et le fit shérif de Kent, puis d'Yorkshire. Ce Seigneur mourut, le 8 février 1533 ou 1534.

Lord Léonard Grey ou Gray, vicomte Grane, était le sixième fils du marquis de Dorset. Son titre était celui d'un couvent confisqué dans le Leinster. Représentant du pouvoir royal en Irlande, ce seigneur fit voter par le Parlement de Dublin l'abolition de la suprématie de l'Eglise. Toute résistance pliait devant cette volonté de fer. Aussi, son départ en congé fut-il le signal d'une révolte. Ses ennemis l'accusèrent alors de tous les crimes et ses services ne le sauvèrent pas de l'échafaud. Lord Léonard Grey, Vicomte Grane, périt de la main du bourreau, à Londres, le 28 juillet 1541.

Edward Fiennes de Clinton, neuvième Lord Clinton and Saye, Earl of Lincolnshire, né en 1512, marié à Elisabeth Blount (maîtresse du Roi et mère du bâtard Henry Fitzroy, duc de Richemond) fut gouverneur de Boulogne, de 1547 au 25 avril 1550. Les ruines qu'il laissa, en quittant cette ville, et la destruction des archives municipales antérieures à 1544, doivent à jamais rendre sa mémoire odieuse aux habitants de cette ville. Clinton devint *Lord Admiral* et la souplesse de son caractère lui valut de maintenir son crédit sous les quatre règnes de Henry VIII, Edouard VI, Mary Tudor et Elisabeth. Ce Vandale mourut, le 16 janvier 1584 ou 1585 et fut enterré dans la chapelle de Saint-Georges, à Windsor.

Lord Thomas Darcy, né en 1467, de sir William Darcy et d'Euphémie Langton, fille de sir John Langton, descendait des Normands de la conquête, dont l'un deux, nommé de Areci, possédait à lui seul trente seigneuries dans le seul Lincolnshire. Le siège de la famille était Templehurst (Yorkshire). Ce jeune seigneur reçut divers emplois et s'en acquitta avec assez d'habileté, pour acquérir une grande influence dans les Comtés du Nord.

Henry VIII lui donna l'ordre de la Jarretière, le 21 mai 1508. Lors de la disgrâce de Wolsey, Darcy se tourna contre son ancien camarade de collège et prépara un long acte d'accusation contre lui. Au début de la question du divorce, Anne Boleyn eut l'adresse de gagner ses faveurs, mais Chapuis ne tarda pas à le séduire à son tour, soit par la flatterie, soit plus probablement par l'offre plus solide d'une pension. En tout cas, l'ambassadeur de Charles-Quint reçut de ce seigneur de nombreuses informations et rien n'étonnera désormais, s'il fut aussi bien renseigné. De plus, l'idée d'une invasion de Charles-Quint, dont la déposition du Roi serait suivie, commença à se faire jour dans la noblesse d'Angleterre, comme en font foi plusieurs dépêches diplomatiques. Aussi les relations de Chapuis et de Darcy furent-elles surveillées de plus près. Dans l'affaire du *Pèlerinage de grâce*, ce seigneur favorisait sous main les révoltés. Après l'avoir soupçonné, on le laissa en paix ; mais incapable de vivre sans se mêler à l'intrigue, il fut découvert, jugé et exécuté par le bourreau, le 30 juin 1537.

John Oliver, doyen de Christ-Church (Oxford), bachelier en droit canon, le 30 juin 1516, puis docteur, le 20 mai 1522, et docteur en droit civil, le 11 octobre de cette même année, reçut la prébende de Hinton, le 5 juillet 1522 et celle de Norton, dans le diocèse de Hereford (comme la première), le 20 juillet 1522, avec le bénéfice de Winforton, le 20 août 1522. On le voit nommer successivement recteur de Saint-Mary's, Mountshew (Londres), bénéficier de Pembridge, le 4 septembre 1527, prébendé de Southwell, en 1529 et doyen de Christ-Church (Oxford), le 4 mai 1533. Cette dernière dignité fut résignée par lui en 1545, pour la somme de 70 livres de rente. Ce fut l'un des canonistes les plus utiles dans la question du divorce. Wolsey l'employa en 1527, et plus tard, son concours fut requis à diverses reprises. En 1550, il se déclara contre Gardiner. John Oliver mourut en 1552.

John Dudley, Earl of Northumberland, né vers 1502, était fils d'Edmund (1) et d'Elisabeth Grey, fille et héritière d'Edmond, vicomte Lisle. Malgré la disgrâce et l'exécution de son père (dans la première année du règne de Henri VIII), le jeune Dudley parut à la cour, à l'âge de onze ans, se fit remarquer par sa hardiesse et son agilité dans tous les exercices du corps et devint, sans peine, favori du jeune Roi. Suffolk le prit à sa suite, en 1523, et en récompense de sa bravoure, l'arma chevalier pendant cette campagne. Dudley conduisit l'assaut de Boulogne, où il se rendit, à son retour d'Espagne, avec sa flotte et devint gouverneur de la ville, du 30 septembre 1544, au 18 juillet 1546, date de son arrivée à Paris, en qualité d'ambassadeur. Sous Edouard VI, son influence fut encore plus grande. A la mort de ce jeune prince, Dudley prit parti pour Jeanne Grey ; mais, trahi par les forces dont il avait pris le commandement et arrêté à Cambridge, il fut exécuté, le 22 août 1553.

Sir Thomas Palmer, troisième fils de sir Edward Palmer d'Angmering (Sussex), servait déjà à Tournai, en 1515. On le voit au Camp du Drap d'or, en

(1) Membre du conseil privé sous Henri VIII.

1520. Après l'expédition de France, 1523-24, le manoir de Pollicot lui fut donné en récompense de ses services. Le 11 novembre 1532, le Roi le fit chevalier (Knight porter). Tour à tour, commissaire à Calais, 1535, trésorier à Guines, commandant le fort de la falaise, à Boulogne, en 1544, ce vaillant soldat acquit la réputation d'un courage intrépide *(undaunted courage)*. Le 7 octobre 1550, Sommerset est accusé par lui; mais, à la mort d'Edward VI, après de vains efforts pour faire monter Jeanne Grey sur le trône, arrêté et condamné, le 18 août, avec sir John Gate et Dudley, Earl de Northumberland, il mourut, le 22 août 1553. Sur l'échafaud, Sir Thomas Palmer se déclara protestant, après avoir entendu la messe et communié sous une seule espèce. Sa fortune, accrue de la dépouille de plusieurs monastères, lui avait permis de construire un vaste hôtel (inachevé à sa mort), dans le Strand (Londres).

Le comte d'Essex, second du nom, fils de William Bourchier, s'appelait Henri Bourchier. En 1483, ce jeune homme succéda à son grand-père, Henry I, comte d'Essex, lui-même fils de Guillaume Bourchier, comte d'Eu (Ewe) et d'Anne de Woodstock, fille du duc de Gloucester. Le comte d'Essex mourut en 1539, en essayant de dresser un jeune cheval.

Henry Courtenay, marquis d'Exeter, était fils de sir William Courtenay et de la princesse Catherine, fille d'Edouard IV et sœur d'Elisabeth, femme de Henry VII, et par suite, cousin germain du Roi. De dignités en dignités, le marquis, né en 1496, s'éleva jusqu'au sommet de la grandeur et pour l'y maintenir, Henry VIII le nomma intendant (steward) d'un très grand nombre d'abbayes et de prieurés dans l'Ouest de l'Angleterre. Cromwell le craignait et sa mort fut résolue. Accusé d'avoir attenté à la sécurité du royaume et comploté la mort du Roi, Exeter fut exécuté à Tower-Hill (1), le 9 décembre 1538.

Sir William Paston, né vers 1479, fut un jurisconsulte et un courtisan. Son nom figure au camp du Drap d'or, comme ayant été créé chevalier à cette occasion (1520). Lors de la délégation apostolique envoyée de Rome, pour remettre la rose d'or à Henry VIII, Sir William fut l'un des cavaliers désignés pour recevoir le légat à Blackhead, le 1er septembre 1524. Ce Seigneur mourut en septembre 1554.

Lord John Russell, premier comte de Bedford, né vers 1486, compte parmi les plus intimes amis du Roi. Sa gaieté, son dévouement absolu aux intérêts du maître, son habileté dans toutes les négociations et son empressement au plaisir en faisaient un précieux confident. Anobli en 1513, commissaire en France en 1519, remarqué par sa grâce, au camp du Drap d'or (1520), il se signala par sa bravoure au siège de Morlaix (1522). L'intendance de la maison du Roi lui fut donnée, en récompense de ce dernier service, le 28 juin 1523. A son retour d'une négociation avec le Connétable de Bourbon, Anne Sapcote, fille de Sir Guy Sapcote, lui apporte avec sa main le domaine de Chenies (Buckinghamshire). Lors d'un voyage en Italie, le Pape lui fait l'honneur de le consulter sur les affaires d'Angleterre (janvier 1527). Peu après,

(1) Champ d'une grande étendue, à l'ouest de la Tour de Londres. C'était le lieu ordinaire des exécutions.

Henry VIII le nomme shérif de Dorset et Bailli de Burley (New Forest). Fidèle à Wolsey, malgré sa disgrâce, le courtisan ne craignit pas de parler en sa faveur et se chargea de lui remettre une bague, de la part du Roi, en signe d'amitié. Dans sa joie, le cardinal lui donna une rente de 20 livres, à prendre sur les revenus de l'évêché de Winchester. Chapuis obtint d'être présenté à la cour sous ses auspices. Aussi Anne Boleyn le prit-elle en aversion. En 1536, le Roi le choisit comme témoin de son mariage avec Jeanne Seymour. Dès lors, les dignités pleuvent sur sa tête.

Le 5 novembre 1538, Henry le nomme membre du conseil privé.

Le 29 mars 1539, il est créé Baron Russell de Chenys (verè Chenies).

Le 24 avril 1539, l'ordre de la Jarretière lui est donné.

Le 3 décembre 1542, il devint Lord privy seal, c'est-à-dire, garde du sceau privé et Edouard VI le confirme dans cet office, le 21 août 1547.

Sous ce dernier règne, le 19 janvier 1550, se place son élévation au titre de comte de Bedford, ratifiée, le 3 novembre 1553, par la Reine Marie.

Sa fortune s'élève en proportion de ses charges et de ses honneurs. C'est la riche abbaye de Tavistock avec 30 manoirs, en 1539, puis Thorney et plusieurs mille arpents en 1549 ; l'Abbaye des Cisterciens de Woburn, aussi en 1549 ; la forêt d'Exmoor (1549), et enfin Covent Garden avec 7 arpents, dans la ville de Londres ; de plus la résidence de l'Évêque de

Carlisle devient Russell House, sans parler des terrains achetés dans le voisinage.

Le comte de Bedford mourut en 1554.

Il serait inutile de poursuivre plus loin l'étude des personnages mentionnés dans la liste des Gentilshommes Anglais venus à Boulogne à la suite de leur Roi.

La plupart d'entre eux s'estimaient heureux de s'attacher à la fortune d'un prince aussi libéral et, dans leur foi presque éteinte, ils ne craignaient pas de pousser leur patrie, vers les abîmes de la révolte, contre l'autorité de l'Eglise.

On a pu voir, dans le récit, quelle figure faisait Henry VIII à la tête de sa noblesse. Il est juste de dire, au moins ici, ce que l'on pense le plus généralement du Roi de France.

Caractère de François Premier.

Ce prince n'a pas laissé une mauvaise impression dans l'histoire. Eminemment français, par l'esprit et le cœur, il demeurera célèbre par sa franchise, sa loyauté et son attachement aux lois de l'honneur. Contrairement au sentiment de quelques historiens, son intelligence était des mieux ornées et il avait acquis de sérieuses connaissances dans les lettres, les sciences et les arts. Si sa poésie ne l'emporte pas sur la grâce exquise des vers composés par sa sœur, Marguerite de Navarre, un seul exemple permettra de juger de la finesse de son esprit. C'est l'impromptu, dont la Duchesse d'Etampes fut l'objet à Fontainebleau :

> « Estant seul et, auprès d'une fenestre,
> Pour un matin, comme le jour poignoist,
> Je regarday Aurore, à main senestre,
> Qui à Phœbus le chemin enseignoit,
> Et d'autre part, m'amie qui peignoit
> Son chef doré, et vis ses luisans yeux,
> Dont ung getta un traict si gracieux
> Que à haute voix je fus contrainct de dire :
> Dieux immortels, rentrez dedans vos cieulx ;
> Car la beauté de ceste vous empire ».

Comme on le voit, le Roi de France ne cultivait pas trop mal la muse. Il faisait mieux encore ; il l'encourageait chez les autres, sans ressentir l'aiguillon de la jalousie. N'est-ce pas le propre des grands cœurs ? Les savants recevaient de lui le meilleur accueil, et lui faisaient part, même pendant les repas, du fruit de leurs études. Astronomie, médecine, langues étrangères, manuscrits, beaux-arts, peinture, etc., etc., furent en grand renom pendant toute la durée de son règne. Libéral, généreux, clément, François Premier consacra des ressources énormes à l'acquisition des livres les plus rares et des écrits les plus précieux. C'est le premier fonds de la Bibliothèque Nationale, dont la création est due à son initiative éclairée. En même temps, le trésor de France s'enrichissait de riches pierreries, et les résidences royales des chefs-d'œuvre peints par les grands maîtres ou des tentures tissées en or et en soie par d'habiles artistes. Paris et les plus beaux sites des domaines royaux virent s'élever des palais somptueux : Le Louvre, Saint-Germain-en-Laye, Fontainebleau, Madrid, dont il ne reste plus, dit-on, que les caves, Villers-Cotterets, Folem bray, Chambord, etc., etc. Ces châteaux font encore aujourd'hui l'admiration des connaisseurs. Aussi, aurait-on pu appeler cet âge, le siècle de François Premier, si l'histoire n'avait déjà décerné cet honneur à Léon X. Ce fut un long épanouissement de l'art et de la grandeur. La majesté royale resplendissait d'un éclat jusqu'alors inconnu. Toutes ces dépenses n'empêchèrent pas la fondation du Collège de France. En même temps que les lettres et les arts recevaient des encouragements princiers, le mérite recevait aussi ses récompenses. En proportion des services rendus, tous les cardinaux et les plus vaillants capitaines eurent de belles pensions. Malgré ces apparentes prodigalités, et le faible revenu du Roi, à peine 20 millions de livres (1), le trésor ne s'appauvrissait pas. Il faut bien le dire, l'habileté et l'intégrité des divers ministres des finances n'en sont que plus remarquables et le Cardinal de Tournon surtout mérite l'honneur d'une aussi sage administration des deniers publics. Aussi, à la mort de François Premier, toutes dettes payées, il restait dans la cassette royale plus de quatre millions de livres, selon les uns (quarante millions selon les autres), et le revenu échu du premier semestre, soit cinq autres millions.

Habile aux exercices du corps et brave jusqu'à la témérité, François Premier aurait pu devenir un excellent général. Sa victoire de Marignan le prou-

(1) Il y en avait deux seulement pour son usage personnel, dix pour l'armée, qui n'était pas permanente, à l'exception de 10000 hommes d'armes constamment entretenus sur le pied de guerre, soit, avec leur suite, environ 80000 hommes prêts à partir au moindre signal.

ve. Malheureusement, ce grand succès lui donna trop de confiance et la *furia francese*, dont il ne sut pas réprimer l'impétuosité, fut plus tard cause de plusieurs revers. Pavie, même, où l'armée subit un funeste désastre, aurait ajouté un fleuron de plus à la couronne de ses gloires, si une ardeur irréfléchie n'avait fait sortir le Roi du retranchement, ce qui paralysa l'action d'une formidable artillerie et causa la déroute.

Trop amateur du plaisir, il se laissa entraîner, par ses passions charnelles, au-delà de toutes les limites, et même au risque d'y perdre trois fois la vie. Mais, tout en consacrant à la société des femmes un temps qu'aurait mieux rempli le souci des affaires, il eut au moins le bon sens de choisir et de conserver en charge, les hommes les plus capables de travailler à la grandeur de son Royaume. Il fut le plus généreux des rois, et le plus fidèle des amis ! Ce prince doit être considéré comme le dernier représentant de la chevalerie française. Le peuple fut fier de ses triomphes et, le voyant plein de courage et d'honneur dans la défaite, ne lui reprocha jamais ses malheurs. Le jour de ses funérailles, lorsque le héraut cria, dans la salle mortuaire du palais de Rambouillet : « Prince clément en paix, victorieux en guerre, père et restaurateur des bonnes lettres et des arts libéraux », la France avait parlé par sa bouche et l'histoire ratifie son verdict.

---

67. — Mai écrit à Charles-Quint ([1]).

Le Pape a eu des nouvelles d'Angleterre. Ils

([1]) *Letters and papers*, t. V., n° 585 p. 664. *Analyse.*

avaient voulu célébrer le mariage en présence du Roi de France, et ce qui les a arrêtés a été la victoire de l'Empereur. Les Cardinaux apportent des propositions au sujet de l'affaire d'Angleterre : mais c'est pour gagner du temps.

68. — Lettre de Chapuis à Charles-Quint [1].

Londres, le 10 décembre 1532.

Aussitôt après l'arrivée de Montpezat (ambass. de France à la cour d'Henri VIII), Chapuis alla le visiter et le trouva bien disposé pour l'Empereur et la continuation de la paix. Il reçut l'assurance que les traités, conclus à l'entrevue de Calais, ne concernaient que la résistance aux Turcs, et que les cardinaux étaient partis d'eux-mêmes à leurs frais, et sans mission, et non, comme on l'avait dit, de la part du Roi et au sujet du divorce. Cependant, selon l'ambassadeur de France, si les gens du Roi demandaient leur intervention, ils feraient de leur mieux pour les assister.

Le nonce avait reçu des lettres du 10 novembre, par lesquelles le Pape l'exhortait à obtenir du Roi l'envoi d'une procuration dans l'affaire pendante et pour écarter la méfiance que le Roi paraissait avoir contre le Souverain-Pontife. Il demanda une audience à Greenwich. Le Roi ne voulut pas en donner, hors de Londres. Mais quand l'envoyé pontifical arriva à la Cour, le Roi s'excusa parce qu'il avait pris des pilules (de fait il n'avait eu recours à aucune

[1] Arch. de Vienne. *Résumé.*

sorte de médecine) sans doute parce qu'il redoutait l'intimation d'un bref exécutoire et désirait persuader le Pape que son conseil est plus déterminé que lui. Londres, 16 décembre 1532.

---

69. — Lettre de Rodrigo Niño à Charles-Quint (¹).

Venise, 15 décembre 1532.

Grégoire Casale a été rencontré à Compeggio, par l'ambassadeur de la Seigneurie de Venise et Casale avait dépassé le cardinal de Tournon à Compeggio et le Cardinal de Tarbes à San Marturini. Tous deux disaient que des affaires très-importantes avaient été examinées à l'entrevue et qu'ils allaient informer le Pape. Tout le monde pense que les cardinaux parleront sur le divorce.

---

70. — Lettre du Cardinal Siguença à Cobos (²).

Le Pape dit que les deux cardinaux qui viennent de France demanderont des juges hors de Rome pour l'affaire d'Angleterre. Ils ont des signatures de beaucoup de jurisconsultes. Le Roi de France a suspendu la convocation du clergé, de manière à peser sur le Pape (por hazer torcedor al Papa) et l'empêcher de rien faire pendant cette entrevue (avec l'Empe-

---

(1) Mss. de Simancas. *Copie moderne. Letters and papers*, t. V, n° 1634, p. 680. *Résumé.*

(2) Brit. Museum, add. mss. 28585, f. 180. *Copie. Résumé.*

reur), qui soit préjudiciable à la France ou à l'Angleterre.

Le Roi d'Angleterre désirait que les deux cardinaux français allâssent à Rome pour soutenir son injuste cas, mais le Pape pense qu'ils ont bien pu venir à propos de questions concernant la France. Ils sont logés dans la maison des comtes de Populis, où le maréchal se proposait de passer l'hiver. Bologne, mardi soir, 10 décembre 1532.

---

71. — **Casale était encore à Compeggio, le 16 novembre 1532, comme le prouve sa lettre à Henri VIII** (¹).

Le Pape a quitté Rome, le 18 novembre. Il a refusé l'appel des Anglais, et au moment où le Pape partait, ils ont encore appelé du refus, tant que l'Empereur était hors d'Italie. Le Pape m'a dit que Bennet s'excuse en disant que c'était le devoir d'un excusateur. J'ai répondu que je craignais qu'il n'y ait quelque tour concerté entre eux : le Pape parut en être certain.

---

72. — **Lettre de Maï à Cobos** (²).

Terni, 21 novembre 1532.

.... Les Cardinaux Matera, Santa-Cruz, Sanctiquatro, Cesis, Ridolfo, Mantua, Siguença, Burgos, de Guddi et Cesarino arrivent ici.

(1) British Museum, Vit. B. XIII, 221 ; Burnet, VI, 47.
(2) British Museum, add. mss. 28585, f. 175.

73. — Ortiz à l'Impératrice (¹).

Le Docteur Ortiz écrit à l'Impératrice que l'Ambassadeur d'Autriche a obtenu communication du bref du 15 novembre (2), à la condition de ne pas s'en servir jusqu'à ce que le nonce ait vu le Roi d'Angleterre. Dans son opinion, il eût été plus sage, puisqu'enfin on a daté ce bref suspendu si longtemps sur la tête de Henry, comme une menace, de le notifier, pendant l'entrevue des deux Rois. Le royaume de Dieu n'aurait pu mieux revendiquer justice, par l'intimation de cette pièce, que dans le moment où Satan plantait sans pudeur sa bannière, par l'exemple pernicieux de cette femme.

Nota. — On a résumé dans le n° suivant tout ce qui a trait aux négociations ayant pour objet le mariage du Duc d'Orléans avec la nièce du Pape Clément VII. Les extraits sont entre guillemets. Plusieurs se retrouveront ailleurs dans des documents reproduits *in extenso*.

---

74. — Mariage de Catherine de Médicis (³).

Dès le mois de janvier 1531, Bryan écrit à Henry VIII.

Quant au mariage de la nièce du Pape avec un de ses enfants, il (François Premier) dit que si ce n'était pour nous, il préférerait jeter son fils dans le feu que de vouloir la prendre, car le Pape a une origine

---

(1) British Museum, add. mss. 28585, f. 193. *Extrait*.
(2) C'est le monitorium.
(3) R. O. St. P. VIII. 274. Add. Endd. *Letters and papers.* V. n° 56, pp. 25-26.

bien basse. Cependant pour favoriser nos desseins, il n'épargnera ni biens, ni enfants, ni même sa personne.

C'est dans la même lettre que Bryan dit en substance :

Il (François) nous assura que nous ne saurions rien lui demander qu'il ne nous l'accorde, et que pour avancer votre cause, il se tirerait plutôt une once de sang pour écrire de sa main au Pape.

Et plus loin aussi, en substance :

Il écrira d'un ton si aigre au Pape, que ce dernier connaîtra, que vous êtes son cher ami et son bon frère.

(S'il y a un concile) François vivra et mourra en union avec l'Angleterre, partout où le concile se tiendrait.

Que le Pape et l'Empereur sachent bien qu'il sera l'ami du Roi son frère, en dépit d'eux tous !

---

74 a. — **Lettre de Chapuis à Charles-Quint** (¹).

10 janvier 1531.

Il a entendu dire qu'il (Jean Joaquim de Vaulx) avait proposé « de reprendre les vieilles [promesses] brisées du marchief », [marché ?] dont jadis fut « porparlé » entre un fils de France et la nièce du Pape.

(2) Arch. de Vienne. Autog. Fr. pp. 7. *Copie moderne.*
Letters and papers. V. n° 40, pp. 16-17. *Résumé.*

74 b. — Muxetula à Charles-Quint (¹)

27 février 1531.

Le Roi d'Ecosse a envoyé un secrétaire au Pape pour demander la main de sa nièce. Le roi de France a écrit publiquement en sa faveur et a ordonné au duc d'Albanie de parler dans ce sens. Le mariage que sait V. M. ne se traite qu'en secret. Le Pape est mécontent de n'avoir d'autre demande que celle du duc de Milan.

74 c. — Mai à Charles-Quint (²).

Rome, 14 mars 1531.

Le Cardinal de Gramont arrive. Selon plusieurs, c'est pour l'affaire d'Angleterre. Dans l'opinion des autres, il vient conclure le mariage d'un fils de France avec la nièce du Pape. Ils [les Français] sont si légers en affaires qu'on a peine à les comprendre. Mai dit cela parce que les diplomates de l'Empire accrédités près le Saint-Siège se sont aussi occupés du duc d'Albanie à son arrivée et qu'en fin de compte ils ne savent pas encore s'il a abouti.

74 d. — Mai à Charles-Quint (³).

25 mai 1531.

Le Roi d'Ecosse, s'il faut en croire le Cardinal d'Ancône, songerait à une fille de Danemark. Ils

---

(1) British Museum, add. mss. 28583, f. 58. Espagnol. Copie moderne. *Letters and papers.* t. V. n° 116, p. 53. Résumé.

(2) British Museum, add. mss. 28583, f. 153, sp. pp. Copie moderne. *Letters and papers.* V. n° 195, p. 93. Résumé.

(3) British Museum, add. mss. 28583 f. 246. Version anglaise d'un résumé du temps conservé à Simancas. *Letters and papers.* V. n° 257, p. 117. Résumé.

ont écrit au duc d'Albanie de ne pas poursuivre les négociations relatives au mariage avec la nièce du Pape.

Le Cardinal dit que si [l'Empereur] désire conclure le mariage, il faudra conduire les négociations dans le plus grand secret.

Ici, Cobos a tracé ces mots en marge. « On a déjà écrit que l'Empereur est partisan de ce mariage et qu'on continuera les négociations en Flandre ».

74 e. — Chapuis à Charles-Quint (¹).

[Londres], 6 juin 1531.

Hier, le Roi s'est emporté contre Jean Joachim (de Vaulx) et a témoigné son mécontentement contre son maître et lui, parce qu'on avait traité sans le consulter, d'un mariage entre un fils de France et la nièce du Pape. Cela a jeté le Roi dans une certaine confusion, et il ne sait de quel côté se tourner. Peut-être son ambassadeur à Vienne fera-t-il des propositions.

74 f. — Henry VIII à Bennet (²).

10 juillet 1531.

Il faut pousser le Pape à trouver quelque moyen peu noble, « *mean way* », entre lui et le Roi de France, touchant le mariage de sa nièce avec le duc d'Orléans, puisque le duc de Milan désire être fiancé

---

(1) *Copie moderne* d'un autographe en Français aux arch. de Vienne.

(2) R. O., St. P. VII, 305. *Letters and papers*, t. V. N° 327. p. 155. *Résumé.*

à cette nièce et fait de belles offres. Si, cependant, la nièce du Pape était gardée en quelque place sûre, jusqu'à ce que le duc fut assez avancé en âge, l'Angleterre agirait avec plaisir, pour pousser le Roi de France dans ce sens. Le Pape ne peut pas songer à accepter les offres du duc de Milan que la maladie a rendu débile. D'ailleurs, il ne saurait constituer un douaire, et, à la mort du duc, la nièce tomberait entre les mains de l'Empereur.

74 g. — Henry VIII à Bryan et à Foxe (¹).

10 juillet 1531.

« Bennet ne doit rien dire du mariage entre le duc d'Orléans et la nièce du Pape, à moins d'un avertissement de France, ce que M. le secrétaire écrira. Mais il s'informera des conditions de ce mariage. »

74 h. — Muxetula à Charles-Quint (²)

Rome, 25 août 1531.

L'évêque d'Auxerre a dit au Pape que s'il ne conclut pas le mariage de sa nièce avec le duc d'Orléans, les Rois de France et d'Angleterre renonceront à son obéissance. Sa Sainteté est perplexe. Elle sait qu'elle ne devrait pas conclure, mais il y a lieu de redouter que le Roi de France n'agisse follement.

(1) Add. mss. 25114, f. 88. *Letters and papers*, t. V. N° 328, p. 155. British Museum. *Traduction.*

(2) Copie moderne. Espagnol, p. 3. Brit. Mus., add. mss. 28583, f. 354. *Letters and papers*, t. V. N° 383, p. 191. *Résumé.*

74 i. — Bennet à Henry VIII (¹).

Rome, 9 septembre 1531.

Il ne sait rien du mariage. Les ambassadeurs ne lui en ont rien dit. Il ne leur en a pas parlé. Mais le Pape lui a dit clairement qu'il n'aurait jamais lieu, si François voulait le lier par une capitulation à n'importe quelle affaire qui pourrait être entreprise en Italie ou ailleurs.

74 j. — Lettre de Maï à Charles-Quint (¹).

27 septembre 1532.

Il sera traité à l'entrevue (de Boulogne), du mariage entre la nièce du Pape et un des enfants de France.

74 k. — Articles remis par le Roi à son héraut d'armes Carlisle, en réponse aux lettres de créances remises par Thomas Scott (3).

« Quant à la nouvelle que [le Roi] Jacques [d'Ecosse], a envoyé au duc d'Albanie pouvoir pour traiter, soit de son mariage avec Madelaine, fille du Roi de France, soit avec la duchesse d'Urbino, le Roi est disposé à favoriser le mariage avec cette dernière princesse. »

---

(1) R. O. Brouillon de la main de Bennet. *Letters and papers.* t. V. N° 414, p. 203. Résumé.

(2) Simancas. Copie moderne, p. 1. *Letters and papers*, t. V. N° 1353, p. 580. Résumé.

(3) Calig. B. VIII, 8. B. M. st. P. IV, 586. Signature de Henry en haut; *Letters and papers*, t. V. N° 1367, p. 581. N° 8.

74 l. — Lettre de François Premier au Bailli de Troyes (¹).

Ennet (Anet), 27 janvier 1532.

(Quand à la ligue) « le Roy remettoit à la discretion de nostredict Saint-Père de la faire ou non : estimant Sadicte Saincteté tout prudente et prevoyante les choses de si loing, qu'elle ne sera pour y faire conclurre, ne arrester chose qui la puisse garder de tenir entierement ausdits Seigneurs, tout ce qu'elle luy a par cydevant promis, tant touchant le mariage de sa niepce avecques Monseigneur le duc d'Orléans..... »

Même lettre

« Item dira icelluy Bailli de Troyes audit sieur Roy d'Angleterre, que le Roy a aussi eu advis que ledit Empereur a faict merveilleusement presser notredit Saint Père de faire le mariage de Madame la duchesse d'Urbin, sa niepce, avecques le duc de Bar. Mais Sadicte Saincteté a faict response que c'estoit chose pieçà accordée avec le Roy pour Monseigneur le duc d'Orleans, et veu que ledit Seigneur lui faisoit tant d'honneur qu'il ne vouloit pour riens du monde entrer en autre practicque, et voyant ceste response, ledict Empereur a dit là dessus qu'il ne luy souvenoit point que autresfois il luy en eust esté parlé, ni qu'il eust escript avoir trouvé la chose bonne, mais que neantmoins, veu la grandeur dudict party, Sadicte Saincteté feroit merveilleusement bien de se garder d'estre trompée... ».

(1) Camuzat, t. II, f. 5 verso et 7 verso ; *Letters and papers*, VI. N° 91.

74 m. — **Lettre à François 1er** (¹).

Bologne, 21 janvier 1533.

Remarque. Dès le 21 janvier 1533, conformément à leurs instructions secrètes, les Cardinaux de Tournon et de Gramont font savoir à leur maître, comment ils ont communiqué aux ambassadeurs d'Angleterre le second pouvoir, et non le premier. Malgré les instances de l'Empereur, le Pape préfère toujours une alliance avec la France. Clément VII n'a pas « osé confesser que les articles dudict mariage fussent faiz pieçà, d'autant plus que Sa Saincteté pensoit que dans lesdicts articles que vous envoyastes par moi, de Gramont, fussent comprins les secretz que je vous apportiz de sa part, concernans les villes que sçavez [Reggio, Livourne, Parme et Plaisance]...

« ... Et desireroit merveilleusement Sa Saincteté qu'il vous pleust nous envoyer ung povoir à nous deux seullement, pour povoir fairre le contract et articles dudict mariage, lequel il vouldroit monstrer à l'Empereur pour deux effects; l'ung, pour lui donner à entendre qu'il n'y a poinct d'articles passez de longue main; l'autre, pour monstrer à l'Empereur que nous sommes prestz de besongner, quand l'on vouldra; et par ce moyen, il luy semble qu'il fera du tout taire ledict Empereur, quand à cest effect là.

Sire, nous croyons qu'il n'y a nul danger, s'il vous plaist nous envoyer ce povoir, tant pour les raisons

(1) Bibl. nat., collection Dupuy, t. 547, fol. 182; Camuzat II, 2.

dessus dictes que pour la seureté qu'il vous a pleu et sera tousjours, s'il vous plaist, d'avoir en nous qui ne nous avancerons en rien, quelque povoir que nous ayons, sans vous en avoir adverty et sans entendre ce qu'il vous plaira nous commander. Et se vous trouvez bon que nous rentrions aux articles contenuz au traicté de mariage que Monsieur le Legat a dressé, et dont nous avons icy le double, où il n'y a rien qui ne se puisse monstrer, (car les secretz ont esté et seront tousjours à part), et les bailler comme nouveaulx, nous le ferons. Et est nostre advis que l'Empereur n'a mis ces articles en avant que pour veoir, si par iceulx nous demanderons ou la duché de Milan ou autre chose en Italie (1) »...

74 n. — **Lettre de Augustin de Augustinis à Cromwell** (²).

Bologne, 13 février 1533.

On parle d'un mariage entre la nièce du Pape, fille du duc Laurent de Médicis, avec le duc de Milan, bien que le duc ne soucie pas de son douaire, car il a 8000 écus de rente d'un héritage en France, du côté de sa mère qui était fille du comte de Boulogne. Il en attend encore autant, à la mort du duc d'Albanie, mari de la sœur de sa mère, morte sans enfants. Cependant, les ambassadeurs de France cherchent à y mettre obstacle, et font agir le duc d'Albanie qui déjà, il y a deux ans, avait

---

(1) On trouvera cette lettre toute entière au n° 81 des documents.

(2) R. O. Add. Endd. Autogr. latin. *Letters and papers* VI, n° 150, pp. 71-72. *Analyse.*

demandé la nièce du Pape pour le duc d'Orléans. Le Pape ne pouvait s'y refuser, car ce serait un avantage pour lui et le duc Alexandre, vicaire perpétuel de la république de Florence, quoi qu'il pût arriver. De Augustinis se souvient d'avoir entendu dire, quand il était à Bruxelles, que le Pape avait demandé à l'empereur d'y consentir (leave, congé). Charles avait répondu que ce mariage était trop avantageux au Pape pour qu'il ne fut pas lui-même satisfait, mais que Sa Sainteté devait bien veiller à ce que la paix de l'Italie n'en fut point troublée. Cette réponse fit suspendre les pourparlers, et l'affaire sommeilla jusqu'en ce moment, où elle vient d'être reprise.

74 *o*. — **Wallop à Henri VIII** (¹).

Paris, 22 février 1533.

Bien qu'ils (les cardinaux) aient été froids pour la cause du Roi, ils ont été fort chauds et diligents pour amener un mariage entre la nièce du Pape et le duc d'Orléans. François Premier n'en a pas soufflé mot.

74 *p*. — **Haukins à Henry VIII** (²).

Bologne, 22 février 1533.

Il suppose que le Roi a connaissance du mariage entre la nièce du Pape et le duc d'Orléans.

---

(1) R. O. St. P. VII 422. Add. Endd. *Letters and papers*. t. VI, n° 176, p. 81. *Analyse*.

(2) R. O. St. P. VII, 424. Autogr. Add. Endd. *Letters and papers*. t. VI, n° 177, p. 82. *Analyse*.

74 q. — Communication de Granvelle.

Il écrit de Bologne, le 23 Février 1532 (Verè 1533).

Le traité de défense (1) contre le Turc a une clause, à savoir que, si le Pape traite du mariage de Catherine de Médicis avec un fils de François Premier, il exigera des garanties, pour que la France assiste au Concile, dans l'intérêt de la religion et en faveur de la résistance à faire aux Turcs.

74 r. — Les Cardinaux de Tournon et de Gramont à François Premier.

Ils écrivent de Bologne le 25 Février 1533 et le 2 Mars 1533 (²).

« Et premierement, Messieurs les Cardinaulx escripvent audict sieur, dudict xxv febvrier, comme ilz ont receu un povoir que le Roy leur avoit envoyé, touchant le faict du mariage de Monsieur d'Orleans avec Madame la Duchesse d'Urbin[o], lequel povoir ilz ont monstré à nostre sainct père le Pape, qui en a eu si très grant plaisir et contentement qu'il ne sçavoit quelle contenance tenir de la grant joye qu'il avoit. Et pour autant que, le soir de devant, l'Empereur l'avoit asseuré que le Roy ne l'envoyeroit jamais, Sa Saincteté ne faillit pas de le monstrer audict Empereur, et pour ledict soir n'en tint pas grant propos à icelle Sa Saincteté, et ne le voulut point veoir. Le lendemain, icelluy Empereur revint veoir

---

(1) Granvelle. Papiers d'Etat, t. II, p. 1. Bologne, 23 février 1532. Cf. *Letters and papers*, t. VI, n° 182, p. 83. Analyse. Cf. Document n° 81, ci-après.

(2). Verè, 1533. Cf. Camuzat, t. II, 23, verso; Collection Dupuy, t. 547, f. 205.

Nostredict Sainct Père, et luy dit que vrayement, comme il luy avoit tousjours dit, il ne povoit nyer que ce ne fust ung grant et honnorable party pour sa niepce, mais qu'il ne failloit point que Sa Saincteté advisast de faire ledict mariage, que premierement elle ne fust asseurée du Roy de quatre choses. C'est assavoir: la *première* qu'il ne fust rien innové en Italie, et que ladicte Italie demorast en paix. La *seconde* que ledit sieur Roy consentist au Concile. La *tierce* que les traictez de Madrid et de Cambray fussent reconfirmez, demourans fermes et estables. Et la *quarte* et dernière que le faict du Roy d'Angleterre demourast en l'estat en quoy il est, sans proceder plus avant, disant à Sadicte Saincteté qu'il ne failloit point prendre à demy le conseil de ses amys et que, quant ledict Empereur conseilla ledict mariage à nostredict Sainct Père, il luy dist que ce fust avec lesdictes conditions. Toutesfoys, à ce qu'on a peu sentir de Nostredit Sainct Père, Sadicte Saincteté ne luy en oyt jamais parler que à ceste foys.

La responce faicte audict Empereur par Nostredict Sainct Père sur les propos dessusdicts a esté très saige et très prudente. C'est assavoir qu'il trouvoit bien fort estrange que maintenant que ledict Empereur voit que le Roy va bon chemin, au faict de ce mariage, et que icelluy Empereur mesmes fut cause que Sa Saincteté demandast à mesdicts sieurs les cardinaulx de Tournon et de Gramont faire venir ledict povoir, lequel estoit venu, de sorte qu'il n'y avoit plus d'excuse, vint à conseiller de mettre les conditions dessusdictes, lesquelles n'ont rien commun avec ung mariage, et que l'honneur que luy faisoit le

Roy de luy bailler son second filz estoit si grant, que quand sa niepce seroit heritière de la moictié de l'Europpe, si ne vouldroit pas Sadicte Saincteté, mettre lesdictes condicions en avant, et que c'estoit audict sieur Roy de les bailler, telles qu'il luy plairoit, et à Sadicte Saincteté de les recevoir et accepter, et non d'y mettre difficulté : attendu mesmement que lesdictes quatre condicions sont choses que ledict Empereur mesmes n'a sçeu jamais obtenir, encores qu'il ayt eu le Roy prisonnier entre ses mains, et depuis, Messieurs ses enfans, et que à grant peine Sadicte Saincteté qui n'est riens en puissance au pris (1) dudict Empereur le pourroit faire, oultre ce qu'il ne le vouldroit faire, consideré le grant honneur que ledict sieur Roy luy fait, comme dit est : toutesfoys que, quant à luy, comme Pape, et comme celuy qui tient le lieu qu'il tient, il tiendra la main à ce que les choses demeurent en bonne paix, et qu'il ne vouldroit pour rien que sadicte niepce fust cause d'une guerre à la Chrestienté et que c'est son office, comme père commun de maintenir la paix, à quoy il est assez obligé. Par ainsi que toutes ces choses là ne seroient pas gueres honnestes à mesler parmy ledict mariage. Nonobstant lesquelles choses remonstrées par Nostredict Sainct Pere, ledict Empereur n'a laissé pour cela par deux fois de presser grandement icelle Sa Saincteté de faire ce que dessus, laquelle neantmoins s'est toujours deffendue ; de sorte que ledict Empereur n'y a riens gangné, et fault noter qu'iceluy mariage luy ennuye tant qu'il ne peult veoir chose qui en parle. »....

(1) C. a. d. auprès.

74 s. — Chapuis à Charles-Quint (¹).

Londres, 15 mars 1533.

Il avait oublié de dire que le Roi lui a parlé de l'empressement du Pape pour le mariage de sa nièce avec le duc d'Orléans. D'après lui, c'était chose faite.

74 t. — Augustin de Augustinis à Cromwell (²).

Dux Mediolani decidit spe habendi in uxorem neptim Pontificis, quæ omnium judicio reservatur duci Aurelianensi.

74 u. — Le Bailli de Troyes à Jean du Bellay (³).

9 juin 1533.

« Il (Henry VIII) ne peult penser quelz pratiques le Roy pretant faire avec le Pape, veu qu'il luy est si doulx en usant de sy gratieux moyens pour le faire condescendre à cestedicte entreveue, laquelle le Pape doibt plus desirer que luy. Je luy ai faict toutes les repliques que j'ay peu, mesme que cestedicte entreveue n'estoit desirée de la part du Roy que pour son grand affaire, et quant à pratiques, il n'y en avoit nullez, sinon du mariage, dont long temps à est

---

(1) Autographe. Archives de Vienne. Fr. pp. 10. *Copie moderne*; Letters and papers, t. VI. N° 230, p. 110. *Analyse.*

(2) Autographe troué. Add. mss. Bristish Museum. Vit. B. XIV. 81. *Letters and papers*, t. VI. N° 278, p. 123, au bas. *Extrait.*

(3) Collection Dupuy, t. 547, f. 241-2. Camuzat, t. II 130; *Letters and papers*, t. VI. N° 614, p. 282 ;

adverty. Comme jamais je ne le veis si couroussé, je croy bien que les nouvellez qu'il avoit heu de Rome, touchant son affaire, en estoient en partie bien cause, car on luy a escript que le Pape pousse tousjours son affaire et en ce qu'il a promis de ne y faire chose d'importance jusques à ladite entreveue, c'est à dire qu'il ne baillera point le jugement, mais tout sera préparé jusques à là. Et je vous prometz que s'il estoit donné contre luy, je ne sçay s'il trouveroit son peuple aussi hobaissant comme il cuyde. Une des meilleures choses qu'il fait par deça, à mon advis, c'est qu'il entretient fort les principaulx de son Royaulme, par quoy le peuple, comme je croy, ne trouveroit point de teste ny de chef pour les conduyre. Si Dieu plaist, les choses n'en yront pas sy avant, mais vous congnoissez les gens de ce pays, dont il n'est pas besoing que beaucoup ayent le povoir, dont ils ont le voulloir »...

74 v. — **Instructions données à Rocheford**(¹).

mars 1533.

« Specialement de nous requerir de nostre advis, sans lequel nostredict bon frère ne vouloit, en affaire quelconque, proceder touchant le mariage, qui par le Pape a esté mys en termes et propoz, entre notre mieulx aymé cousin et filleul, le duc d'Orleans et sa niepce..... »

« Quant à nostre advis, veu que mondict bon frère de si entière amytié, nous en a requis pour l'ensuyr, nous luy avons plainement voulu declarer estre tel,

(1) *Extrait.* Cf. Document 85.

que veritablement (ainsy que sçavons que luy mesmes bien le consydère) eu esgard au bas lieu, sang et maison dont est extraicte ladicte niepce du Pape, le très-noble et très-illustre sang, progenie et maison royal de France, nostre très-cher et très-amé cousin et filleul, le duc d'Orleans, ledict mariage seroit fort dispar et inequal. Par quoy ne sommes aulchunement d'advis qu'il soit conclut, si n'estoit que, par ce moyen, nostredict bon frère eust quelque grand profit, commodité et avantage qui redundast au bien, utilité et honneur, tant de luy que de nous, et qu'à ces fins, le Pape fist et accordast chose qui contrevaulderoit et recompenseroit le default de si bonne lignée et parentage, ce que ne luy seroit possible, au moins très-difficile, comme il nous semble. Toutesfoiz, si nostredict bon frère agnoist ou peult pense[r] aulcune telle condigne valeur ou recompense, ce qu'il pourra à l'avanture, mieux que nous ne ferions, nous en rapportons bien à luy. Que si telle chose luy vient à cognoissance, et qu'il luy plaist, comme bien sçavons qu'il le fera, nous en advertir plainement, il nous trouvera très-prestz et promptz non seullement de lui en mander nostre advis ouvertement, comme nostre amytié requiert, mais aussy à nous employer, si c'est son profit, commodité ou plaisir, à tout ce qui pourra et semblera expedient, à avancer et poulser oultre ce que par luy et nous sera advisé, commodieux et expedient. Et de ce soy peut il fier en nous asseurement.... »

74 x. — Lettre de François Premier au Bailli de Troyes (¹).

Lyon, 26 juin 1533.

Vous luy [à Henry VIII] direz que je ne fauldray d'ensuyvre son bon conseil et advis en cest endroit; et que, quant à ce qu'il vous a declairé qu'il ne pense point que j'aye pour ceste heure aucunes praticques en Italye, pour lesquelles je doyve endurer les façons de faire de Nostredict Saint Père, vous luy pourrez respondre, quant à ce point, qu'il est bien vray que je n'y ay nulles praticques, mays aussi que je ne suis pour accorder à Nostredict Sainct Père, quelque chose que l'on luy puisse avoir escript ou dit au contraire, chose que je ne veoye estre juste et raisonnable ne qui puisse prejudicier à iceluy mon bon frère ne à moy, vous advisant qu'il est tres-mal adverty de ce cousté là, soit par ses ambassadeurs, ou par autres, et s'il vient à propoz, vous le luy pourrez dire, car je vous declaire qu'il n'y a occasion nulle pour laquelle ladicte veue se face, sinon celle qu'il a par cy devant entendue; et ne fault point qu'il en pense autre chose »...

74 y. — Instructions d'Henry VIII au duc de Norfolk (²).

8 août 1533.

S'il ne peut persuader le roi de France de renoncer à se rencontrer avec le Pape, et s'il (François)

---

(1) Collection Dupuy, t. 547, f. 245; Camuzat, t. II, 132 recto; *Letters and papers*, t. VI. N° 614, p. 282. *Extrait.*

(2) Copie de la main de Derby. R. O. St. P. VII, 493; *Letters and papers*, t. VI. N° 954, p. 914. *Analyse.*

insiste sur l'importance qu'il y a pour lui à avoir la duchesse (d'Urbino) entre ses mains, il (Norfolk) lui dira qu'à sa souvenance, il a dit une fois qu'il ne concluerait jamais ce mariage que pour être utile au Roi d'Angleterre. Mais s'il ne peut l'empêcher, il se contentera de déplorer la nécessité où il est de revenir en Angleterre, tant il lui deviendrait impossible de voir sans impatience l'ennemi de son maître...

74 z. — Sir Francis Bryan à Lord Lisle (¹).

Mersells (Marseille), 24 octobre 1533.

A la Toussaint, le duc d'Orléans épousera la nièce du Pape qui est arrivée hier dans cette ville, accompagnée de 12 ou 14 filles de qualité. Aucune d'elles, pas même leur maîtresse, n'est aussi belle que ne l'était Lucrèce.

74 aa. — Lettre du Bailli de Troyes à François Premier (²).

2 novembre 1533.

.... [Le Roy d'Angleterre] est « adverty que neantmoins que le Pape n'ayt encore riens faict, touchant sondict affaire, vous ne differez à luy conclure et accorder le mariage de Monsieur d'Orleans avec Madame sa niepce, qui est chose que ledict sieur trouve fort mauvaise, en me ramentevant les propoz qu'il dit que avez eu ensemble dernierement à Calais, sur le faict dudict mariage.

---

(1) R. O; *Letters and papers*, VI, n° 1338, p. 537. *Analyse.*

(2) Collection Dupuy, t. 517, f. 274. Original. *Extrait*; Camuzat, II, 142 et seq. d'après une copie; *Letters and papers*, VI, n° 1386, pp. 654-55.

Sire, je suis en grant peine que je n'ay nouvelles de vous, pour avoir meilleure instruction en entendant votre intention, affin de mieulx luy sçavoir replicquer sur ces propoz, ausquelz je respons ce qu'il m'est possible pour luy donner à entendre que quelque chose que vous faciez avec Nostredict Sainct Père, cela ne diminuera en riens la bonne amour que luy portez, et que si long temps a avez promis à Nostredict Saint Père de faire ledict mariage, vous estes tel que pour riens ne vouldriez faillir de parolle comme luy mesmes il scet, et que si vous pretendez d'avoir quelque alliance en Italie, il peult bien considerer que ce n'est pas sans grant cause ny grand raison, et que vous prevoyez de plus loing que pour le present il ne s'entent (1).

Sire, je dis audict sieur Roy, vostre bon frère, tout ce que je puis pour le garder de fascher, enuyer de cedict affaire, lequel il prent merveilleusement à cueur et luy semble que l'on vous a gaingné contre luy envers Nostredict Sainct Père.... »

74 bb. — .... Causes and co[nsi]deracions of the [Po]pe's meeting with the French King.

Raisons de l'entrevue du Pape et du Roy de France (2).

On conjecture que l'objet du Pape, en amenant cette entrevue avec François, était de se dégager des importunités de Charles-Quint et des Allemands qui demandaient avec instance le Concile. Car si

---

(1) S'entend.
(2) R. O. Lat. pp. 2. Lacéré. *Letters and papers*, t. VI, n° 1373, p. 546. *Analyse.*

Henri VIII se joignait aux Allemands, et poussait le roi de France à y consentir, le concile deviendrait inévitable.

D'autre par... principale raison pour laquelle François dési... l'entrevue, c'était pour avoir un pied dans les affaires d'Italie ; autrement, il ne pourrait avoir prise sur l'état de Milan, auquel il désire de cette manière avoir accès. Pour le présent, c'est le duché d'Urbino qui lui servira à prendre pied.

« Ea quæ inter hos princip[es ges]ta sunt transierunt certe maxima demostratione optimæ in [blanc ....tionis], videturque Gallos Pontificis admodum satisfactos remansisse et multo plus quam non visum est Cæsarem Bononiæ postremo remansisse. »

Ce qui peut se traduire ainsi : Ce qui s'est traité entre les deux princes (le Pape et le Roi), s'est passé au milieu des démonstrations les plus grandes de la meilleure [affec]tion [de l'un pour l'autre]. Il semble que les Français sont demeurés plus satisfaits du Souverain-Pontife que l'Empereur ne l'était en quittant Bologne.

Dix des plus riches cardinaux et ceux qui dépendent d'eux (leurs vassaux, *vassals*) sont du parti de la France. Ils peuvent beaucoup, en cas de vacance, de concile ou de schisme.

Quant aux affaires du Roi d'Angleterre, il est certain que Sa Sainteté a reçu de François l'asssurance que le Saint-Siège ne sera jamais forcé par lui, à faire ce que le Pape ne voudra pas.

CCLXXIV

Causes de l'entrevue de Marseille (1).

Quiconque refuserait de le croire serait obstiné. Il reste deux marches à suivre pour Henry. L'une serait de s'entendre avec l'Empereur et de mettre fin à cette affaire par un accord commun. L'Empereur désire s'allier avec ce roi et redoute beaucoup une nouvelle alliance du Pape avec François. L'autre plan serait de tout mettre en feu, en faveur d'un concile, à l'aide des Allemands. De simples bruits et des agitations de ce genre suffiraient à faire arranger l'affaire d'Angleterre. Autrement, dès que le Pape sera rentré à Rome, les procédures d'usage seront reprises contre le Roi, selon le désir de ses adversaires.

74 cc. — **Mémoire de Jean du Bellay (²).**

Dans le mémoire de Jean du Bellay sur l'entrevue de Marseille, il importe de prendre à part les passages relatifs à ce point.

Henry VIII se plaint de ce mariage. L'alliance de François Premier avec le Pape son ennemi, va nuire à sa cause. Le Pape et le Roi de France ne feront rien l'un sans l'autre. Ils épouseront les mêmes intérêts. Les premiers propos sont venus du Roi d'Angleterre et de ses ministres, dans le but de faire rompre un parti désiré par l'Empereur. Il suggéra de proposer un enfant de France, et obtint la présentation. Plus tard, comme le Pape exigeait un oui ou un non, il conseilla de répondre par l'affirmative. Dans ces conditions, le Roi de France ne pouvait plus

(1) Même source que le précédent.
(2) Collection Dupuy, t. 33, f. 52. Analyse et courts extraits. Cf. le document *in extenso*, p. CCCLXII à p. CCCXCII.

hésiter à se prononcer. Il choisit donc le duc d'Orléans comme le plus capable de devenir, au besoin, médiateur entre l'oncle de la princesse dont on demandait pour lui la main, et le Roi d'Angleterre, dont il était le filleul. Henry VIII, depuis lors, avait bien, il est vrai, fait les plus grands efforts pour induire le Roi de France à tromper le Souverain-Pontife, par un traité dont il se réserverait de ne pas accomplir la teneur. C'était mal connaître son allié. Si celui-ci pouvait, par amitié pour Henry, engager sa parole, dans un parti si désavantageux pour lui, son fils et la France, rien ne lui permettait de manquer à ses promesses. Les engagements une fois pris, l'honneur faisait un devoir de n'y pas manquer. N'était-ce pas assez d'avoir amené son ami à se faire tort et pouvait-on lui demander de renoncer à l'honneur ? « Toutes aultres choses vouldroyt faire pour luy le Roy, fors que de y engager son honneur et sa conscience »... Sur l'autre plainte, au sujet de la non-exécution d'une promesse faite de ne rien conclure avec le Pape, avant d'avoir obtenu le divorce, d'abord cette promesse était volontaire et n'obligeait pas en conscience, surtout dans l'impossibilité de la tenir, vu la conduite des ambassadeurs anglais. Le Roi de France ne souffrirait pas qu'on l'accusât d'avoir failli à l'honneur. Il était disposé à supporter bien des choses, puisque le Roi d'Angleterre se laissait aller au dépit et à la colère. Mais sur le point d'honneur, François n'en laisserait pas « passer le gros d'un cheveu ». Si Henry avait tenu ces propos, il était temps de parler d'autre sorte ; sans quoi, l'expérience avait déjà fait voir, comment le sentiment de l'honneur outragé agissait sur le Roi de France.

Les instructions données à du Bellay (1), avant son départ de Marseille pour Londres, en novembre 1533, sont plus explicites.

C'est le Roi d'Angleterre qui proposa le premier ce mariage, quand il était question de la demande du Roi d'Ecosse en sa propre faveur. Sans doute, ni l'un ni l'autre des princes ne se proposait d'aller jusqu'à conclure. C'est à l'entrevue de Calais qu'on se détermina à procéder sans feindre, si le Pape consentait à venir en France. Une fois le contrat accepté de part et d'autre, (et il le fut peu après) comme il avait été décidé à Calais, l'honneur ne permettait plus de revenir en arrière et de violer la foi donnée. Si pour les biens du monde et sa vie même, le Roi de France est disposé à tout sacrifier pour un ami, tel que l'est Henry VIII, il ne peut rien donner, aux dépens de son honneur. Aussi, une autre fois, avant de rien conseiller et de faire engager son allié dans une voie quelconque, le Roi d'Angleterre doit bien réfléchir, car si l'honneur engage François à n'en pas sortir, personne au monde ne lui fera manquer à sa parole. C'est ce que montrera l'instruction.

Ainsi, en résumé, dans la pensée du roi de France, ce qui peut le mieux servir Henry VIII, c'est d'obtenir à tout prix, une entrevue avec Clément VII. Or, la proposition d'un mariage de la nièce du Pape, avec un fils de France, semble le seul moyen capable d'attirer le Souverain-Pontife. François Premier est

(1) Cf. Bib. nat. Français 23515, f. 81, p. 266. Cf. document n° 115, p. cccxcii à p. ccccv.

donc disposé, en faveur de son allié, à faire une demande, et s'il le faut, à conclure cette union.

Il reste à préciser de plus en plus les pourparlers de Boulogne, quitte à revenir, après cette étude conduite jusqu'au bout, aux évènements importants qui suivirent de près cette entrevue et par conséquent s'y rattachent de plus près. On l'a fait dans le récit.

74 dd. — Entrevue du Pape et du Roy François Premier, au mois de décembre (verè octobre-novembre) 1533, à Marseille (¹).

« Le Pappe aiant, depuis son partement de Romme, qui fut le ix⁰ de septembre, tenu le chemin de Florence et Pise pour la contrariecté des vents, qui ont esté si grans que les gallères du Roy, que menoit et conduisoit Monsieur le duc d'Albanye, ne povoient approcher Ligorne, a esté contrainct [de] temporiser et differer son embarquement jusques au iii⁰ d'octobre, present moys; Sa Saincteté monta en mer, et, en sa compagnie, Messieurs les cardinaulx d'Yvrée, Saint Severin, Peruze, Saincte-Croix, Crouare, Tournon, Sainte-Quatre, Cybo, Salviati, Ridolphi, Trivultio, Pisan, de Gadiz et de Medicis, a eu le temps si propice et si bon qu'elle vint toucher à iii lieues de Marseilles. Samedi dernier, l'on alla au devant d'elle par mer à peu de trouppe, et par les Coussés (2) de ladite ville fut offert et presenté la ville et clefs d'icelle. Puis fut amené ledit Saint Père et lesdits

---

(1) Copie à la Bibliothèque Nationale. Publié dans les « documents inédits sur l'histoire de France ». Cf. Extraits de la Bibliothèque Nationale, des archives et des bibliothèques des départements, t. III Champollion-Figeac, 1847, p. 515.

(2) Verè consous, c'est-à-dire consuls.

sieurs cardinaulx, montez en xxii gallères qui entrèrent dedans le port et hâvre de ladite ville, si pompeusement parées, que mieulx ne povoient, jusques aux forsatz acoustrez de coulleurs. Sa descente se fit devant icelle ville, au jardin du Roy, où il coucha. Le lendemain, qui fut dimanche, il alla ouyr messe à l'abbaye Sainct Victor, où il visita plusieurs corps saincts de ceans, entre autres le Lazare, la Croix Sainct-André, et la Boecte de la Magdeleine et ung grand nombre d'autres. Et sur deux heures après mydi, commança à faire son entrée en ladite ville, qui dura quatre heures entières. Le Corpus Domini y estoit porté honnorablement sur une haquenée de parement devant lequel marchoient Messieurs d'Orleans (1) et d'Angolesme et tous princes, chevaliers de l'ordre et noblesse, archiers des gardes de corps, aians torches au poing, et suisses du Roy prochains du Pappe, qui estoit porté par ses chambriers en habit de cardinal, chappeau de satin cramoisie à broderie en teste et à sa queue xiiii cardinaulx, entre lesquelz assistoient Messieurs le legat d'Avignon, cardinaulx de Bourbon, de Lorraine et de Gramont, et xxxvi evesques tous habillez à la mode rommaine et appostolique. Après avoir esté à la major, qui est l'eglise metropolitaine, et là mis en repos Nostre Seigneur, vint descendre au logis sur la marine qui lui estoit preparé, si bien ordonné et basty expressement qu'il ne se peult amender. Il ne se pourroit declarer la grand noblesse qui s'est trouvé à ladite entrée, de tous pays, ne qu'elle a esté la canonnerye

(1) *On lit au dos:* De l'entreveue du Pappe et du Roy, ou moys d'octobre à Marceilles, année 1533.

et harcquebuterye, depuis son arrivée, sans cesser et durant ladicte entrée principallement.

Ledict jour, estant le Roy venu du lieu des Baigues, trois lieues loing dudit Marseilles, où il avoit attendu ladicte veue cinq jours, sur le soir vint loger au jardin, où avoit couché ledit Sainct Père; et environ les dix heures de nuyct passa la marine, à privée compaignye, et secretement visita icelle Saincteté. Aujourd'huy, qui est lundi, ledict Seigneur doit estre receu en consistoire; demain, qui sera mardy, la Royne aura autre reception audict consistoire; et mercredi Monseigneur le Daulphin pareillement. Lesquelles receptions faictes, l'on communiquera et regardera l'on amplement aux affaires pour lesquelz l'assemblée et entreveue s'est dressée, desirant de chascun cousté les matières estre abbregées. Nostredict Saint Père est très sain et en bon poinct, aagé de cinquante cinq ans, passant moienne haulteur, portant barbe longue jusques en l'estomach, homme riant et qui porte l'esperit eslevé. L'on estime qu'il pourra demourer par deçà jusques à la Toussaincts.

On lit au dos : De l'entreveue du pappe et du roy, au moys d'octobre à Marceilles, année 1533.

74 ee. — Projet de traité secret entre François Premier et le Pape. *(Autographe de la main du Roi François Premier). Année 1533* (¹).

Le premyer poynt.

Le temps est lymyté de dyx huyt moys pour entendre à la payx par la mayn de Nostre Saynt Père.

Le second point.

Que au bout dudyt terme de dyx huyt moys l'argent que chascun doyt fournir et meetre ensemble soyt prest, quy est, des troys pars, les deux pour le Roy.

Le tyers poynt.

Que Nostredyt Saynt Père ne se declarera ouvertement, mays de conseyl et d'ayde, secretement, de tout ce qu'yl pourra.

Le quart poynt.

Que Nostredyt Saynt Père peult estre asseuré qu'il a entierement ledyt Roy à son commandement, pour luy et sa mayson, deslyberé d'employer sa personne et toute sa puyssance, pour deffendre et conserver Sa Saynteté et mayson, que pour icelle acroystre et augmenter.

Le cinquiesme.

Que la conqueste de la duché de Mylan se fera pour le duc d'Orleans (une ligne et demie effacée) en laquelle duché Nostredyt Saynt Père pourra commander et estre obey, comme père des duc et duchesse.

(1) L'original est à la bibliothèque nationale. Le volume III des documents extraits des archives, etc. (1847), p. 517-518, contient le fac-simile de l'autographe. Ce papier ne porte pas la signature du Roi.

Le sixiesme.

Que la conqueste fayte, Nostredyt Saynt Père ne fera dyffyculté de Parme ni de Playsance.

Le septiesme artycle.

Que à la conqueste de Urbyn, Nostredyt Saynt Père et le Roy contrybueront chascun par moytyé.

---

75. — Lettre de François Premier à François de Dinteville, évêque d'Auxerre (¹).

Monsieur d'Auxerre, vous aurez entendu, tant par ce que je vous escripvis dernierement de Rue, que aussi par le propos que je tins ces jours passés, moy estant à Paris, à l'ambassadeur de Nostre Saint Père, lequel à mon advis n'aura failly d'en avoir escript, comme je n'estois pas contant, ne suis encores des façons de faire dont Sa Saincteté a usé envers moy. Parquoy n'est besoing que je vous en replicque autre chose par la presente, sinon que depuis, Monsieur d'Auxerre, l'entreveue de moy et du Roy d'Angleterre, mon bon frère et perpetuel allyé, a esté faicte. Et au langage qu'il m'a tenu, j'ay très bien cognu qu'il n'est pas pareillement contant, de la forme et manière dont icelle Sa Saincteté a procedé en l'affaire de son mariage, et mesmement de ce qu'elle l'a fait appeler pour respondre à Rome, (En marge : J'ay veu des memoires qui portent que Sa Saincteté fut en volonté de deleguer des juges pour decider ceste cause à Cambray, comme en pays neutre), sans luy vouloir bailler juges en son

(1) Camuzat, II, 172; *Letters and papers*, t. V. n° 1489, pp. 626-627.

Royaume, qui est chose, à parler à la verité, qui est fort estrange ; car chascun sçait très bien, que l'on n'a point accoustumé de contraindre les Roys de respondre audict Rome. Et d'autant que luy et moy desirons bien faire advertir amplement Nostredict Sainct Père, des choses dont nous nous plaignons, afin que Sadicte Saincteté soit contante d'y pourveoir et remedier pour l'advenir, ainsi qu'elle verra estre à faire, et qu'il est bien necessaire qu'il y ayt par delà, ainsi que vous mesmes m'avez escript par vos dernières depesches, quelques notables personnages, pour veoir et entendre comme les affaires y passeront, durant la veue qui se doibt faire de Nostredict Sainct Père et de l'Empereur, et aussi pour parler et respondre, sur les choses qui seront necessaires, et que l'on pourra mettre en avant, qui toucheront et concerneront les affaires de mondict bon frère et de moy. A ceste cause je suis après à depescher mes cousins, les cardinaux de Gramont et de Tournon, pour aller devers Nostredict Sainct Père, lesquelz j'espère si bien instruire de tout ce qu'il sera requis, avant leur partement qui sera de brief, qu'ils ne faudront de mettre entierement à execution, le faict de leur charge, dont je vous ay bien voulu ce pendant advertir par ce courrier, lequel j'ay expressement fait depescher pour cest effect, afin que vous puissiez faire entendre à Nostredict Sainct Père, l'allée desdicts cardinaulx par delà. Vous priant qu'en attendant le terme qu'ils y pourront estre, que vous leur veuillez faire sçavoir de vos nouvelles par les chemins, le plus souvent que vous pourrez, et les advertir entre autres choses du lieu et du temps que Nostre Sainct Père et ledict Empereur pourront estre ensemble, afin que suivant cela ils facent leurs journées plus petites ou plus grandes, ainsi que besoing sera, pour eux trouver à ladicte veue.

Au demourant, Monsieur d'Auxerre, voyant que ledict Empereur sera de bref par delà, ainsi que j'ay sceu, tant par ce que j'ay eu de vous, que d'ailleurs et cognoissant très bien, qu'il n'oublyera à faire une seulle chose de ce qu'il luy semblera estre necessaire, pour de plus en plus tirer Nostredict Sainct Père à sa devotion, vous pourrez remonstrer, comme de vous mesmes, à Sadicte Saincteté qu'il est requis qu'elle ait bien l'œil à ne faire accorder chose qui puisse par cy après nuire, ne prejudicier à personne, et qu'elle considere et remette en sa memoire, que ledict Empereur a promis et accordé aux princes de la Germanie, pour plus faciliter ses affaires, de faire convocquer un concile entre cy et un an, pour le plus tard, et qu'elle regarde si cela sera à son propos, ou non ; car si l'Empereur luy promet que, quelque chose qu'il ait accordée auxdicts princes, neantmoins qu'il ne leur en tiendra rien, aussi bien peut il faillir à icelle Sa Saincteté de la promesse qu'il luy fera, comme il fera ausdicts Princes en cest endroict ; et pour ceste cause, il est necessaire que vous declariez bien à Sadicte Saincteté que quant ainsi seroit que ledict Empereur voudroit que ledict concile se feist, il est en la puissance de mondict bon frère et de moy de l'en garder, et de rompre pour cela le lieu que nous tenons en la chrestienté. Et là où icelluy Empereur ne voudroit point qu'il se feist, il est aussi en nostre pouvoir de le faire convocquer et tenir; attendu que mesmement que outre les clergiez de nos Royaumes, il n'y a princes ne potentats en la Germanye qui ne nous face solliciter journellement d'y vouloir entendre. Par quoy Sadicte Saincteté fera merveilleusement bien de considerer là dessus meurement et prudemment, de combien luy peult servir et ayder d'avoir pour amis deux tels Roys que nous sommes, et au contraire les entretenans mal constans, quelle desfaveur ce peut estre à Sadicte Saincteté, tant en cest acte dont il est question, que generallement en tous les autres affaires qui luy peuvent et pourront toucher en l'advenir.

Au surplus, Monsieur d'Auxerre, j'ay... Et combien que le principal fondement et la cause pour laquelle le Roy d'Angleterre, mon bon frère et moy nous estions assemblez, eust esté pour adviser de pourveoir et donner ordre à l'evident peril et danger où estoit pour tomber ladicte chrestienté, et que pour les advertissemens que depuis nostredicte assemblée, nous eusmes de la retraicte dudict Turcq, tant de vostre costé que d'ailleurs, il sembloit qu'il ne fust pas grand besoing de y donner autre provision, neantmoins pour ce qu'il pourroit estre que iceluy Turcq, encores qu'il soit momentanement esloigné, l'auroit faict sur quelque nouveau desseing, ou seroit pour une autre fois revenir, ne ayans voulu perdre l'occasion pour laquelle l'entrevenue de nous deux se faisoit, nous n'avons voulu pour cela, de nostre costé, pour le bien, seureté et deffence d'icelle chrestienté, de conclurre et arrester chose ou cas dessusdict, telle que l'on pourra clerement congnoistre par cy après, le singulier desir et affection que mondict bon frère et moy, avons et portons à la conservation et repos d'icelle chrestienté.

Et, pour le present, Monsieur d'Auxerre, ne vous feray plus longue lettre, sinon que je prie à Dieu qu'il vous ait en sa saincte et digne garde. Escript à Estappes, le dernier jour d'octobre, mil cinq cens trente deux.

Françoys. Et plus bas,
Breton.

---

76. — [Instructions baillées par le Roy à Messieurs les Révérendissimes Cardinaux de Tournon et de Grammont (¹) envoyés par Sa Majesté vers le Pape] (²).

Amiens, 10 novembre 1532.

Après que Messieurs Reverendissimes les Cardinaulx de Tornon et de Gramont seront arrivez en la presence de Nostre Très Sainct Père le Pape et qu'ils auront faict à Sa Sainctcté les très cordialles et très devotes recommandacions du Roy, ils diront à Sadicte Sainctcté, comme eulx estans dernierement à l'assemblée et veue qui, ces jours passez, fust faicte à Bolongne, entre les sieurs Roy très chrestien

---

(1) Verè, de Gramont.
(2) Ce titre est donné par Camuzat, t. II, p. 111, dans ses « *Meslanges historiques*. Troyes, 1619. »
Le mss. original se trouve dans la collection Dupuy, t. 547, ff. 150-153, pp. 8; *Letters and papers*, t. V, N° 1541, p. 648; cf. Collection Dupuy, t. 260, f. 97; ce mss. est une *copie de P. Dupuy*. La collation a été faite sur l'original, dont la copie précitée diffère un peu.

et celuy d'Angleterre, deffenseur de la foy, ilz ont sceu et entendu que lesdictz deux sieurs Roys se plaignoient grandement de Sadicte Saincteté, comme estans très mal contens d'elle, et que, pour avoir reparation des griefz que Sadicte Saincteté leur faisoit, furent tenuz plusieurs et divers propoz, lesquels pour estre iceulx cardinaulx, creatures de Sadicte Saincteté et tenuz et obligez envers elle la veullent bien advertir. Et, entre autres, se plaignoit très grandement ledict sieur Roy très chrestien de la dissimulation et façon de faire que Nostredict Sainct Père a tenue, touchant les deux decimes que Sadicte Saincteté luy avoit concedées et octroyées et lesquelles ledict sieur entendoit seulement employer pour la conservation et deffense de la chrestienté et non ailleurs. Laquelle dissimulation et façon de faire ont fort mescontenté ledict seigneur, d'autant qu'icelles deux decimes ou plus luy eussent bien esté facilement accordées par le Clergié de son Royaume, si le Turc eust tiré plus avant, et qu'il eust fallu executer le contenu au traicté faict entre lesdicts deux sieurs Roys pour la deffense d'icelle chrestienté. Et si ainsi est que Nostredict Sainct Père veuille sçavoir le contenu dudict traicté, lesdicts deux sieurs Cardinaulx luy en diront la substance ou luy en monstreront le double, lequel leur a esté baillé pour cest effect. Et là où icelle Sa Saincteté ne leur demanderoit ne feroit instance de le veoir, d'eulx mesmes ilz le luy pourront exposer.

D'autre part, remonstrant à icelle Sa Saincteté que ceulx de l'eglise gallicane se sont grandement doluz et plainctz audict sieur Roy très chrestien des nouvelles et indeues exactions qu'ilz disent que l'on faict à Romme à l'expedicion des bulles par lesquelles l'argent de ce royaume se vuyde journellement et transporte hors d'iceluy. Oultre cela, ledict Clergié se appouvrist et ne se font les reparations des eglises et les alimens des pouvres, ainsy qu'ils debveroient. Et pour plus clerement monstrer ce que dessus, ledict Clergié mect en avant les Annates excessives qu'il convient payer, là où il n'y a aucune equalité. Et, avec ce, plusieurs offices nouveaulx ont esté creez, qui sont payez sur les expeditions d'icelles bulles, oultre ce que l'on avoit acoustumé de payer le temps passé. Et quand iceulx offices viennent à vacquer, elles se vendent grosses sommes de deniers qui viennent au prouffit d'icelle Sa Saincteté et se payent propines (1) grosses, sans cause ny raison, et se convient payer huissiers, buveurs, ortolans, chambriers, prothonotaires, leurs serviteurs et varletz et pour la restauration des apostres qu'ilz appellent *Sacra*, combien que l'argent de ce provenu ayt esté ordinairement employé à faire la guerre audit sieur. Et oultre cela, y a grande multiplication de bulles, où il ne seroit besoing d'en avoir que une, et se payent plusieurs autres choses frustratoires, où n'y a aucune raison ne apparence, de sorte qu'il semble que ce soit ung vray engin et retz à prandre argent, tellement que tous ceulx qui le voyent, faisans le compte de l'expedicion de leurs bulles, l'ont en grant horreur et mesmement sont fort scandalisez des grosses sommes de deniers qui se payent pour le faict

(1) Pourboires.

des palyons, (1) combien que ce soit chose *meré* (2) spirituel, comme il appert par les solemnitez et cerymonies qui sont gardées et observées à les faire; qui est grande diminucion de l'honneur et estimacion qu'ilz debveroient avoir au Sainct Siège Apostolique. D'autre part, il ne se souloit prandre que une Annate du benefice qu'on impetroit; mais, de present, on la faict payer des benefices qu'on retient par dispence. Et quant aux compositions arbitraires, qui se payent des dispences que l'on baille sur ce qui est deffendu de droict, elles sont pernitieuses et excessives. Et oultre ce qui dict est, la prolongation des six moys pour prandre possession à ceulx qui ont les benefices par resignation est cause de commettre plusieurs faussetez, ainsi qu'on a veu par experience. Et quant auxdictes exactions, affin de les povoir mieulx exprimer entierement, en a esté baillé un roolle auxdictz sieurs Cardinaulx.

Et pour avoir reparation des choses dessusdictes, a esté supplié et requis très instamment audict Seigneur de faire assembler l'eglise gallicane, pour pourveoir à ce que telles et semblables choses qui sont contre toute honnesteté cessassent. A laquelle congregation se fussent trouvez plusieurs bons et notables personnaiges, prudens, lettrez et experimentez, craignans et aymans Dieu, et non tachez aucunement d'avarice pour y donner telle ordre selon raison et equité que les choses eussent esté reduictes en l'estat qu'elles estoient anciennement. A quoy ledict Seigneur, pour lors, ne voulut aucu-

(1) Palliums.
(2) Purement.

nement obtemperer, tant pour les guerres qui ont lieu cours que aussi pour eviter la consequence qu'il congnoissoit clerement qui en pourroit advenir. Toutesfoiz, considerant que, de present, il y a paix et que honnestement il ne sçauroit plus dilayer à ceste cause, combien que Nostredict Sainct Père, tant pour le faict desdictes deux decimes que pour autres parolles et promesses qu'il a faictes porter et tenir par cy devant, audict sieur Roy très chrestien, ayt grandement dissimulé envers luy, dont il dict avoir grande et juste occasion d'estre très mal content, neantmoins icelluy Seigneur espère que Sadicte Saincteté aura devant les yeulx equité, verité et justice et qu'il ne tollerera, ne souffrira par cy après que les eglises de ses Royaume, pays, terres et seigneuries, soient molestées par nouvelles et indeues exactions, et que icelle Sa Saincteté aura memoire et recordation des services que la maison et coronne de France a faictz, par le passé, audict Sainct Siège Apostolicque et à elle mesme, depuis son Assumption à la dignité papalle, et que, en tout et partout ledict sieur Roy très chrestien s'est monstré envers elle très obeissant et devot filz de l'eglise et luy a voulu ordinairement complaire en tout ce dont il s'est peu adviser, sans aucune longueur ne dissimulation. Et d'autre part, si ladicte eglise gallicane se plainct, encores plus extremement se plainct celle du duché de Bretaigne, tellement que, aux derniers estatz tenuz par ledict Seigneur en iceluy duché, les griefz et doleances de ceulx de ladicte eglise luy ont esté baillées, où il a trouvé des choses si très scandaleuses et tant contraires et eslongnees de l'honnesteté et charité qui doibt estre en l'eglise qu'il ne seroit possible de plus. De sorte que ledict sieur Roy ne sçauroit bonnement croire que cela soit venu à la cognoissance d'icelle Sa Saincteté? Et si, y a plus; car, combien que Nostredict Sainct Père ayt esté par cy devant adverty par le duc d'Albanye, envoyé par icelluy sieur Roy, devers Sadicte Saincteté, des povoirs suffisans, memoires et instructions qu'il portoit pour capituler avec les ambassadeurs des autres princes chrestiens, estans pour lors à Rome, pour la deffense de ladicte chrestienté, ainsi que Sadicte Saincteté l'avoit demandé, et sçavoir quelle chose chacun contribueroit, à quoy les autres ne voulurent lors entendre, et que, encores depuis ledict sieur ayt faict sçavoir à Sadicte Saincteté que, pour la conservation et deffense d'icelle chrestienté, il vouloit exposer non seulement ses forces, mais sa propre personne et vie, et que ce n'estoit à luy à qui l'on deust demander contribution de deniers, consideré l'offre qu'il faisoit et que, attendu le lieu qu'il tenoit, s'il y avoit du bien et de l'honneur, il en vouldroit avoir sa part, et aussi que là où il y auroit du mal, il s'en vouloit sentir. Et que, oultre cela, iceluy Seigneur, eust mandé et faict entendre au Roy Jehan de Hungrye, par le Seigneur de Lasquy, qui est le principal personnaige de sa maison, que surtout il se donnast bien garde d'estre cause de faire entrer les Turchs en ladicte chrestienté, luy remonstrant, combien qu'il y eust des divisions en icelle, tout se accorderoit pour y resister et que la puissance du Turch n'estoit suffisante pour se deffendre contre celle des princes chrestiens. Et davantaige, que iceluy sieur Roy eust envoyé ung ambassadeur pardevers ledict Turch, pour le dissuader, par tous les moyens dont il se povoit adviser, de ne venir ny entrer en icelle chrestienté, chose qui luy estoit loisible de faire, estant l'un des principaulx membres et princes d'icelle et qui avoit autant d'interest en cest endroict que nul autre. Attendu aussi que l'Empereur y avoit semblablement envoyé ung autre personnaige de sa part, lequel a demouré beaucoup plus longuement avec ledict Turch que celuy que ledict sieur Roy y envoya, lequel n'y fut que huit jours, toutesfoiz, aucuns personnaiges, rempliz de maling esperit, ont semé contre verité, que ledict sieur avoit procuré la venue d'iceluy Turch, en ladicte chrestienté qui n'est chose vraysemblable, où y ayt aucune apparence. Lesquelles choses sont venues à la notice et cognoissance de Sadicte Saincteté, laquelle neantmoings n'en a voulu faire nulles remonstrances pour la justificacion d'iceluy sieur, combien qu'elle fust assez advertye d'icelle et que ledict seigneur n'ayt faict le semblable, quand aucuns affaires se sont offers contre Sadicte Saincteté, d'autant qu'il a tousjours supporté et soubstenu le contraire de toutes les choses, dont il a veu que l'on la chargeoit. Et oultre tout ce que dessus, icelle Sa Saincteté a par cy-devant envoyé l'evesque de Verullan(¹) devers les sieurs des Ligues, lequel a faict tout ce qui luy a esté possible par menées, practiques secrètes et autrement pour tascher de rompre entierement

---

(1) *Verè*, Veroli. C'était Ennio Filonardi, titulaire de ce siège depuis 1504, depuis Cardinal Evêque d'Albano, mort le 19 décembre 1549.

la ligue et confederacion que ceulx desdictes ligues ont avec ledict sieur Roy, qui sont toutes choses qui l'ont si très fortement mal contenté qu'il ne seroit possible de plus. Et luy a bien semblé et semble qu'il n'avoit merité ne meritoit qu'icelle Sa Saincteté usast envers luy de telles façons de faire.

Au moyen de quoy, lesdicts deux Seigneurs Cardinaulx, remonstreront et persuaderont, par tous les moyens dont ilz se pourront adviser, à icelle Sa Saincteté, qu'elle doibt tascher sur toutes choses de contenter ledict Seigneur et reparer tous lesdictz griefz dont cy-dessus est faicte mention, luy remonstrant qu'elle veuille bien meurement et prudemment considerer de combien luy peult servir et ayder d'avoir pour amy ung tel Roy que ledict sieur Roy tres chrèstien, et au contraire, l'entretenant mal content quelle deffaveur ce peult estre à elle et à tout le Sainct Siège Apostolicque. Et après que lesdictes remonstrances auront esté faictes par lesdicts sieurs Cardinaulx en la meilleure forme et manière dont ilz se seront peu adviser, et qu'ilz auront entendu le vouloir et intencion de Nostredict Saint Pere sur le tout, ilz tireront et passeront plus avant, s'ilz veoient que besoing est, après toutesfois que l'Empereur sera party d'Ytalie pour retourner en Espaigne.

Et remonstreront à Sadicte Saincteté, comme lesdicts deux sieurs Roys ont prins une telle et si parfaicte amytié ensemble, que l'on peult tenir clerement et reputer pour chose seure, que l'un et l'autre, avec tous et chacuns leurs affaires, ne sont que une mesme chose. Au moyen de quoy, l'on ne peult ne doibt ignorer qu'ilz ne soient, avec leurs amytiez et alliances publicques et secrètes, comme elles sont, pour faire et executer, quand bon leur semblera, de grandes et grosses choses. A quoy Sadicte Saincteté doibt bien avoir esgard, affin de ne les irriter ni induyre d'eulx mettre en chemin d'entreprendre aucune chose contre elle, dont luy en pourra ensuyvre un gros dommaige, et regret perpetuel en l'advenir. Faisant bien entendre à icelle Sadicte Saincteté, qu'iceulx deux sieurs Roys avoient une fois deliberé de commencer par execution, pour avoir reparation de leurs griefz, mais depuis, pour garder l'honnesteté, ont advisé et arresté, qu'ilz viendroient par requeste, en exposant leurs dicts griefz et demanderoient reparation d'iceulx. Et là, où la chose leur seroit desnyée ou mise en delay, ilz prandroient cela pour reffuz et demanderoient Concille Universel, si commodement se povoit faire dedans huit moys après ensuyvans. Et là, où il ne se pourroit faire, pour la longueur qu'il se trouveroit, seroit demandé iceluy Concile pour leurs Royaumes, pays, terres et seigneuries, et pour les autres princes et potentatz qui y vouldroient adherer dedans trois moys après. Protestans que là, où Nostredict Sainct Père ne le vouldroit faire, que eulx mesmes, avec l'assemblée de leur Eglise et Clergié et des plus sçavans lettrez et experimentez personnaiges d'icelle chrestienté, que pour ce faire appelleront, feront ledict concille et justifieront de ce que dessus avec tous les princes chrestiens lesquelz, veu les choses susdictes si raisonnables, et que semblables griefz ou plus grans leur sont faitz, adhereront auxdicts sieurs Roys en leurs Eglises et mesmement les princes de la Germanie, tant lutheriens que autres, qui ne demandent autre chose que ledict concille. Et dès lors, sera deffendu aux subjectz d'iceulx deux sieurs Roys, qu'ilz ne soient si osez ni hardiz de porter ou envoyer argent à Rome, directement ou indirectement, par lettres de baucque, change ou autrement, sur peine d'estre banniz desdicts Royaumes, pays, terres et seigneuries, et confiscation de leurs biens et de ne povoir jamais tenir, ès dicts Royaumes, pays, terres et seigneuries, offices ne benefices.

Et si Sadicte Saincteté, ou cas dessusdict, vouloit user de censures, chose que ses predecesseurs Papes n'ont jamais acoustumé de faire par le passé, envers les Roys de France, et que ledict Seigneur fust contrainct d'aller à Rome querir son absolution, il ira si bien acompaigné que Sadicte Saincteté sera très ayse de la luy accorder.

Et après lesdictes remonstrances faictes, lesdicts sieurs cardinaulx admonesteront et exhorteront Nostredict Sainct Père à ce que le bon plaisir de Sa Saincteté soit, pour le soulagement d'icelle et du Sainct Siège Apostolicque, vouloir traicter doucement et benignement iceulx deux Seigneurs Roys, sans aucunement les vouloir irriter. Et qu'elle pense là dessus l'estat, en quoy sont les Allemaignes, les ligues et plusieurs pays de la chrestienté et comme ilz se sont distraictz de l'eglise et que si lesdicts sieurs Roys s'en distrayent, à faulte de justice, comme ilz pourront dire et alleguer, ilz trouveroient plusieurs qui leur adhereroient, tant Italiens que autres. Et eulx deux ensemble, avec leurs amytiés ouvertes et secrètes qu'ilz ont, pourroient faire ung tel effort qu'il seroit bien difficile d'y resister ; et ou lieu de la paix qui est de present en la chrestienté, se pourroit causer une guerre plus grande que celle qui a heu lieu par le passé.

Semblablement, pourront, par manière d'avis, remonstrer iceulx sieurs Cardinaulx à Sadicte Saincteté que là, où elle se vouldroit trouver à Nice ou en Avignon, ainsi qu'autresfois elle a fait porter parolles au Roy très chrestien, par ledict sieur Cardinal de Gramont, de vouloir faire, après que iceluy Empereur seroit party de l'Ytalie, en ce cas ledict Seigneur, suyvant sa promesse, se y trouvera, et oultre cela porchassera envers ledict Seigneur Roy d'Angleterre, son bon frère, de se y vouloir trouver de sa part, en laquelle veue se pourroit rabiller toutes choses par quelque bon et honneste moyen. Et seroit bon que l'Assemblée dessusdicte fust faicte, avant que les Ambassadeurs, par lesquelz lesdicts sieurs Roys veullent faire demander les reparations des choses dessusdictes, feussent depeschez.

Et generalement feront lesdicts sieurs Cardinaulx, en toutes et chacunes les choses dessusdictes, tout ce qu'ilz verront estre à faire pour le mieulx et se conduyront et gouverneront, ainsi qu'ilz trouveront les choses disposées, et surtout s'employeront envers Nostredict Sainct Père, et ailleurs où besoing sera, en tout ce qui touchera le faict dudict Seigneur Roy d'Angleterre, tout ainsi et en la propre forme et manière qu'ilz vouldroient faire, pour l'affaire propre du Roy, sans en cela perdre heure ne temps.

Faict à Amyens, le xe jour de novembre, mil cinq cens trente deux. Ainsi signé : François ; et plus bas : Breton ».

---

77. — **François de Dinteville, Evêque d'Auxerre, à Montmorency** (¹).

Bologne, le 7 janvier 1533.

... « Monseigneur, par mesdictes lettres du deuxiesme, vous mandoys que Nostre Sainct Père avoit trouvé ung expedient de differer en la cause du Roy d'Angleterre, sans prejudicier aux appellations. Pour cest effect, Messieurs les Ambassadeurs dudict sieur Roy envoyent ce porteur, qui est ung docteur anglois, par devers ledict sieur. Mesdicts sieurs Reverendissimes (2) ont parlé à Nostredict Sainct Père de la part d'iceluy sieur Roy, auquel ilz escripvent presentement »....

---

78. — **François Premier à François de Dinteville** (³).

Paris, le 7 janvier 1533.

« ... ce que Nostre Sainct Père proposa dès lors (4) et l'opinion là-dessus de grant partie des Cardinaulx ; semblablement ce qui fut proposé depuis à l'autre consistoire ensuivant, qui m'a esté plaisir. Et princi-

---

(1) Cf. collection Dupuy, t. 547, f. 286 verso, 2ᵉ paragraphe ; Camuzat, t. II, f. 118 ; Letters and papers t. VI, n° 26, p. 12.

(2) Les cardinaux de Tournon et de Gramont.

(3) Cf., Collection Dupuy, t. 547, f. 177 ; Camuzat, t. II, f. 118 v.

(4) Au premier consistoire tenu à Bologne, 7ᵉ ligne.

pallement, pour ce que, par le contenu de vosdictes lettres, il semble que Nostredict Sainct Père eust quelque envye d'attendre l'arrivée des Cardinaulx de Tournon et de Gramont par delà, avant que de passer plus oultre (lesquelz, à mon advis, y auront esté assez à temps, veu ce qu'ilz ont escript de Vauguières, (1), du xxvii⁰ dudict moys passé). J'ai aussi veu par vosdictes lectres le propoz que avez tenu à Nostredict Sainct Père, touchant les povoirs que Sa Saincteté desiroit que le Roy d'Angleterre, mon bon frère, et moy, envoyissions à noz Ambassadeurs, estans par delà, et la response que Sadicte Saincteté vous a faicte là dessus ; à quoy ne vous gist faire autre replicque.

... J'ay aussy veu (2) la complaincte que Nostredict Sainct Père a faicte, après avoir entendu par lettres de l'evesque de Cosme, son Ambassadeur estant icy, ce que je luy avois dict, touchant le faict des deux decimes qui m'ont esté accordées par le clergié de mon Royaume et les remonstrances qu'elle vous a faictes, quant à ce poinct. Et trouve bon ce que luy avez replicqué sur cela, d'autant qu'il ne fault poinct que Sa Saincteté trouve mauvays l'accord desdictes decimes ; car c'est l'une des moindres choses que les Prelatz de mondict Royaume me vouldroient octroyer. Mais l'on devroit trouver beaucoup plus estrange que elle et l'Empereur, depuis quelque temps en çà, en ayant faict cueillir et lever vingt deux ou vingt troys sur leurs subjectz, ainsi

(1) Voghera.
(2) Collection Dupuy, t. 547, f, 177, verso, 4ᵉ ligne.

que vous luy pourrez faire entendre, si elle vous parle plus de cest affaire par cy après.....

79. — **Augustin de Augustinis écrit à Cromwell** (¹) que les Cardinaux de Tournon et de Gramont sont précédés à Bologne par une réputation de grand savoir.

80. — **Bennet** (¹) constate le succès des Cardinaux français, dans une lettre datée de Bologne, le 14 janvier 1533, et adressée à Henry VIII.

On peut résumer cette dépêche comme il suit :

Les Cardinaux français ont pris un arrangement pour l'entrevue du Pape et du Roi de France. Elle se fera après le départ de l'Empereur. Clément VII a écrit à François Premier pour lui faire connaître son consentement, dans l'espoir que la médiation de France pourra conduire à bon terme l'affaire d'Angleterre. Dans ce but, il désire que, de son côté, Henry envoie quelques personnes qualifiées. Les Cardinaux (3) ne sont pas favorables à l'idée d'une ligue pour la défense de Gênes, dans laquelle l'Empereur pousse le Pape à entrer. Ils ont écrit dans ce sens à Paris. A l'exception de 3000 hommes destinés à Naples, l'armée impériale quittera l'Italie et laissera le Souverain Pontife en pleine liberté. La cause du roi (Henry) y gagnera beaucoup. Peut-être même arrivera-t-on à une conclusion. S'il en est

(1) Cf. British Museum. Vit. B. XIII, 225 ; *Letters and papers*, t. V, n° 1657, p. 686. Pocock, t. II, p. 357.
(2) Cf. Record Office, St. P. VII, 407 : *Letters and papers*, t. VI, n° 88, p. 17.
(3) De Tournon et de Gramont.

ainsi, l'entrée du pape dans la ligue aurait peu d'importance. De toute nécessité, il faut garder le plus profond secret sur le projet d'entrevue entre le Pape et le Roi de France. L'Empereur surtout doit l'ignorer.

Les Cardinaux de Tournon et de Gramont sont d'avis que dans l'état présent des choses, il ne serait pas expédient d'user de menaces. Au contraire, mieux vaut prendre un langage aimable « They think it advisable in this state of things not to use threats but pleasant words to the Pope ».

La grille du chiffre est de la main de Tuke. Cette dernière pièce est au Record Office (1).

Nota. Une semaine plus tard, les Ambassadeurs extraordinaires de France écrivaient à leur tour à Paris dans les termes suivants.

---

81. — Copies des lettres des Cardinaux de Tournon et de Gramont au Roi François Premier (²).

Bologne, le 21 janvier 1532 (3).

« Sire, nous avons receu cinq lettres qu'il vous a pleu nous escripre par ung chevaucheur de vostre escuirie, les deux du IIe, la tierce du IIIe et les autres deux du VIIe de ce mois, avecq le povoir qu'il vous a pleu depescher, pareil et semblable à celuy que le Roy d'Angleterre a envoyé à ses

---

(1) Cf. *Letters and papers*, t. VI, n° 38, 2°, p. 17.

(2) Cf. Collection Dupuy, t. 547, f. 182; [Camuzat] Meslanges historiques. Troyes, 1619, t. II, f. 2; *Letters and papers*, t. VI, n° 64, p. 25.

(3) Veré, 1533.

Ambassadeurs, avecq lesquelz nous nous assemblasmes incontinant, pour entendre si nous avions rien obmis à faire pour leur maistre, ou s'il y avoit de nouveau chose que nous deussions ne peussions faire. Et tous trois se sont resoluz que le myeulx qu'on sçauroit faire pour ceste heure, est de ne faire riens et de laisser passer cest Empereur hors de l'Italie. Et principallement est de cet advis le docteur Benoist (1) auquel seul avons communiqué la veue (2), qu'il a trouvée merveilleusement advantaigeuse pour les affaires de son maistre. Et quant aux pouvoirs, nous ne leur avions point monstré le premier, et leur avons monstré le second, et ne nous ayderons desdicts povoirs que par ensemble, ainsi qu'il vous plaist nous commander. Bien vous povons nous asseurer, Sire, que si lesdicts Ambassadeurs par deçà sont aussi contens par dedans, comme ilz le monstrent par dehors, qu'ilz n'auront rien escript à leur maistre, qui ne le contente bien fort. Et n'y a Pape, Empereur, ne autre par deçà, qui ne cognoisse bien à nous veoir ensemble, que noz maistres sont bien fort grans amys. Nous croyons, Sire, que nous n'aurons pas grant peine d'employer nosdicts povoirs; car, Dieu mercy, l'Empereur ne s'eschauffe pas fort de mettre rien en avant, et, quand il le mettroit, nous sommes presque asseurez, que ce seroient choses si peu à voz avantaiges, que nous n'aurions ne volunté ne occasion d'y entendre, et que en avons beaucoup moins

(1) Bennet.
(2) De Boulogne et Calais.

d'y besongner, que par ensemble et communement, non sans premierement vous en avoir adverty.

Sire, l'Empereur et ceulx qui mènent ses affaires, voyans le Pape ferme à tenir ce qu'il vous a promis, ne l'osent plus presser du contraire et viennent par ung autre chemin, disant que l'Empereur est trop amy et affectionné audict Pape, pour luy desconseiller cedict mariage qui est grant et avantaigeux pour luy. Mais il dict estre asseuré que vous n'en avez nulle envie et que si Sa Saincteté ne s'en prant garde, il y sera trompé. Le Pape respond là dessus et confesse que, de son cousté, il trouve l'honneur que vous luy faictes si grant, qu'il ne se peult garder d'en estre pareillement en doubte, mais que jusques à ce que vous luy ayez failly, il n'a occasion de vouloir ne de c[h]ercher party ailleurs et que, s'il failloit de son cousté, il vous donneroit grande occasion d'estre mal content de luy ; à quoy Sadicte Saincteté ne se veult point mettre et que, se faulte en vient, il ne veult point qu'elle soit de son cousté, ne qu'on la luy reproche; et pour ceste heure là, clouist le bec à l'Empereur, qui ne luy sceut que respondre. Toutesfois, le lendemain, on revint à Sa Saincteté luy dire que, s'il veult sçavoir [si] ce que nous disons de par vous est veritable, qu'il debvoit nous presser de faire le contract et articles dudict mariage ; et par là il verroit si nous irions franchement en besongne. Le Pape, qui ne luy a osé confesser que les articles dudict mariage fussent faiz pieçà, d'aultant que Sa Saincteté pensoit que dans lesdicts articles que vous envoyastes par moi, de Gramont, fussent comprins les secretz que je vous apportiz de sa part, concernans les villes que sçavez, fist semblant de trouver bon ce que l'Empereur disoit, et qu'il nous en parleroit, ce qu'il fist hyer. Et desireroit merveilleusement Sa Saincteté qu'il vous pleust nous envoyer ung povoir, à nous deux seullement, pour povoir fairre le contract et articles dudict mariage, lequel il vouldroit monstrer à l'Empereur pour deux effectz : l'ung, pour luy donner à entendre qu'il n'y a pas d'articles passez de longue main ; l'autre, pour monstrer à l'Empereur que nous sommes prestz de besongner, quand l'on vouldra. Et par ce moyen, il luy semble qu'il fera du tout taire ledict Empereur, quant à cest effect là.

Sire, nous croyons qu'il n'y a nul dangier, s'il vous plaist nous envoyer ce povoir, tant pour les raisons dessusdictes que pour la seureté qu'il vous a pleu et sera tousjours, s'il vous plaist, d'avoir en nous, qui ne nous avancerons en rien, quelque povoir que nous ayons, sans vous en avoir adverty, et sans entendre ce qu'il vous plaira nous en commander. Et se vous trouvez bon que nous rentrions aux articles contenuz au traicté de mariage que Monsieur le Legat a dressé, dont nous avons icy le double, où il n'y a rien qui ne se puisse monstrer (car les secretz ont esté et seront tousjours à part) et les bailler comme nouveaulx, nous le ferons. Et est nostre advis, que l'Empereur n'a mis ces articles en avant, que pour veoir se par iceulx nous demanderons ou la duché de Milan ou autre chose en Italie. Sur quoy, Sire, vostre plaisir sera y penser pour nous fairre entendre voz commandemens, qui seront ensuyz en tout et par tout, et sommes tousjours en opinion que, quant le Pape et vous serez ensemble, vous ferez ce qu'il vous plaira avecques luy et avecq toute ceste Italie, tant pour ce que vous estes le plus saige Ambassadeur de vostre Royaulme et que vous mesmes sçaurez myeulx conduire voz affaires que tout autre, que aussi pour ce que vous trouverrez le Pape, à ce que nous pensons, en bonne volunté, et luy et toute l'Italie en liberté, estant l'Empereur et toute son armée hors d'icelle..... »

82. — Montpezat au Roi (¹).

Londres, 3 février 1533.

« Sire, hier Monsieur de Norfolk m'envoya querir, pour parler à luy, en sa maison qu'il a en ceste ville. Et arrivé en icelluy, je y trouvay l'Ambassadeur du Pape qui desjà avoit esté avec luy l'espace de bien deux heures, pour luy monstrer quelques articles de deschifrement de lettres qu'il avoit eues de Nostre Saint Père qui contenoient, comme me dict mondict sieur de Norfolk, maintes belles parolles et offres dudict Sainct Père au Roy son Seigneur, duquel il me prioit que je vous mandasse, sur ses vye et honneur, qu'il vous asseuroit et que pour aucune belle parolle ou promesse qu'il luy peust par ledict Saint Père estre faicte, il ne pourroit estre practiqué ; car il avoit en luy trop peu de fiance. Et ne parle jamais à moy le Roy vostredict bon frère qu'il ne me tienne propoz d'asseurance de la ferme amitié qu'il vous porte. Touttesfoiz, il est deliberé tousjours entretenir icelluy Nostre Sainct

(1) Collection Dupuy, 547, f. 193 ; Camuzat, t. II, f. 121 v.

Père de belles parolles, jusques à ce qu'il veoye quelle fin et conclusion il vouldra mettre en son affaire, duquel ledict Saint Père luy donne bonne esperance. »

[Norfolk se plaint de n'avoir pas encore eu communication des nouvelles envoyées de Bologne à Paris, par les deux Cardinaux, de Tournon et de Gramont. Ce retard est causé par la nécessité où se trouve le Bailli de Troyes d'acheter plusieurs choses nécessaires, en prévision d'un long séjour en Angleterre. Cependant, il est déjà rendu à Boulogne-sur-mer et Montpezat lui a dépêché un courrier pour hâter son départ].

« Sire (1), le Roy vostre bon frère ne s'est encores peu garder de me parler aujourd'hui du mal contentement qu'il a de Gregoire de Casal et vous prometz qu'il est bien grant de son cousté, et non moindre de celle de mondict sieur de Norfolke. Comme il m'a dict et à ce que je voy, il n'aura plus guères de credict par deçà. Touttesfoiz, m'a dict icelluy sieur de Norfolke qu'il y a encores quelques gens au conseil qui le portent, et que le Roy, son Seigneur, l'entretiendra encores quelque temps pour veoir quelle fin ledict Saint Père mettra cy après en son affaire... »

83. — Montpezat à Montmorency (²).

Londres, 15 février 1533.

« Monseigneur, j'ay ce jourd'huy receu une vostre

(1) F. 193, verso, 4ᵉ ligne.
(2) Collection Dupuy, 547, f. 196; Camuzat, t. II, f. 122 v.

lettre escripte à Annet, le xxvii° janvier dernier passé, par laquelle me mandez le partement de Monsieur le Bailly de Troyes à venir par deçà en dilligence, apportant toutes nouvelles au Roy d'Angleterre, touchant ce quy est venu d'Ytalie et mesmement de Messieurs les Cardinaulx de Tournon et de Grantmont, dont ledict sieur est en grande peine, pour ce qu'il y a desjà dix jours que Maistre Walop luy a mandé que le Roy avoit eu responce d'eulx. Et vous promectz, Monseigneur, que je vouldroys qu'il fut desjà icy, non tant pour l'envie que pouvez penser que je puis avoir de mon retour, que pour satisfaire et mettre ledict sieur Roy hors de peine. Car tous les jours il m'en parle ou faict parler et y a desjà six jours qu'il diffère depescher ung sien courrier en Italie, pour attendre des nouvelles d'iceulx Cardinaulx. Et m'en a ce jourd'huy faict plaincte, sur laquelle je luy ay faict excuse et monstré voz lettres, contenans la venue d'icelluy Bailly, dont il a esté bien ayse. Et m'a prié de l'envoyer haster, ce que j'ay faict par ung de mes gens, que j'ay envoyé vers luy hastivement ; qui a esté cause que vous ay depesché ce pacquet. Aussi, Monsieur de Norfolke m'a prié vous escripre que vous ne luy tenez pas promesse qui est, quant vous auriez quelque chose de bon, de le mander au Roy son maistre, et que de son cousté, il s'en pense bien acquitter. Car il ne luy vient rien de nouveau qui vaille le mander qu'incontinent il ne m'envoye querir pour le me dire, affin de le vous faire sçavoir. Par quoy, il vous prie faire le semblable. A quoy je luy ai respondu qu'il se plaignoit de peu de chose, et qu'ilz estoient trop plus longs que vous n'estes, et avons eu, sur ce, plusieurs querelles. »

---

84. — Montmorency au Bailli de Troyes (¹).

Fontainebleau, 24 avril 1533.

« Mon cousin, vous verrez ce que le Roy vous escript presentement, touchant le personnaige que Nostre Sainct Père a envoyé vers luy, avecques quelques articles desquelz il envoyera ung double au Roy d'Angleterre, son bon frère; ce qu'il eust faict, dès ceste heure, s'il eust loisyr pour tousjours advertir sondict bon frère de ce qui luy survient, encores que ledict personnaige luy en porte, en mon advis, de semblables. Mais sitost qu'ils seront doublez, ung de ces jours, les luy envoyera pour, sur ce, entendre son advis et oppinyon. Aussi, pensera[-t-]il, de son costé, pour après l'advertir du sien, combien qui semble y avoir peu trouvé de chose qui ne soit raisonnable, mais affin que les oppinyons desdicts sieurs se puissent tousjours confirmer l'une avec l'autre.

Au demeurant, quant à ce que Monsieur de Norfolke desire avoir mon advis de la compaignie qu'il doibt amener avec luy au voiage qu'il entend faire pour se trouver à ceste entreveue, il me semble, tant pour la qualité du prince qui luy envoye que pour la syenne, qu'il peult bien amener avec luy douze ou quinze gentilzhommes, avec tel traing et nombre de chevaulx qu'il advisera, ce que vous luy ferez entendre de ma part, combien qu'il n'ait encores esté

(1) Collection Dupuy, 547, f. 229 ; Camuzat, t. II, f. 124 v.

prinse nulle conclusion ny resolution du temps, jour, ny lieu, que ladicte entreveue se debvra faire, dont aussitost que cela sera arresté, ne fauldray de l'advertir. Par quoy, jusques à là n'aura que faire de se haster autrement, sinon que, en attendant, pourra faire son apprest.....

... Le double (1) des articles du Pape, dont cy-dessus est faicte mention, vous est presentement envoyé... »

---

85. — **Instructions de par la majesté du Roy baillées à son très feal conseiller le Seigneur de Rocheford, gentilhomme de sa privé chambre, envoyé à present vers le Roy très chrestien (²).**

En tête signé : Henry.

« Premierement, vous, le Seigneur de Rocheford, à vostre arrivée, après avoir obtenu audience, faisant noz très affectueuses recommandations à nostre très cher et mieulx aymé frère et perpetuel allyé, le Roy très chrestien, luy delivrerez les lettres que luy envoyons escriptes de nostre main. Et puis, procederez à luy raconter la très grand joye, confort et plaisir que nous prenons à penser et reduyre journellement à nostre memoire, la pure, syncère et effectuelle benevolence, affection et amytié qu'il nous porte, accroissant de jour en jour par continuelle multiplication des offices, benefices et plaisirs, comme en plusieurs façons l'avons congneu

(1) Ibidem, f. 229, verso, 7ᵉ ligne.
(2) Record Office. Bd. Vol. 75, pp. 17. Original, *Inédit*.

parfaitement, et dempuys naguère par le rapport du Seigneur de Langey, ensemble la charge qu'il avoit, entre aultres choses, specialement de nous requerir de nostre advis, sans lequel nostredict bon frère ne vouloit, en affaire quelconque, proceder, touchant le mariage qui, par le Pape, a esté mys en termes et propoz, entre notre mieulx aymé cousin et filleul, le duc d'Orleans, et sa niepce. A quoy, combien que ayons fait response par ledict Seigneur de Langey, à son retour, et, oultre ce, mandé de noz nouvelles, estat et succez, toutesfoiz cognoissant que nostredict mieulx aymé frère n'est pas moins consolé en la commemoration de la bonne affection que reciproquement nous luy portons, et par continuelz benefices, plaisirs et gratuités, vouldrions augmenter tousjours de plus en plus, avons estimé convenient, pour suppl[e]er nostre presence personnelle par ung de noz gentilzhommes qui lui sçaura declarer nostre courage, estat, succez et occurrences, comme nostredict bon frère a fait vers nous par ledict Seigneur de Langey, de vous envoyer par delà le veoir et visiter, luy raconter de noz bonnes nouvelles et santé, ensemble amplement luy exposer ce que nous avons dict audict Seigneur de Langey, tant touchant nostre advis sur ledict mariage mys en termes, qu'aussy touchant les occurences et estat de nostre grande cause et matière.

Quant à nostre advis, veu que mondict bon frère, de si entière amytié, nous en a requis pour l'ensuyr, nous luy avons plainement voulu declarer estre tel que veritablement (ainsy que sçavons que luy mesmes bien le consydère), eu esgard au bas lieu, sang et maison dont est extraicte ladicte niepce du Pape, le très noble et très illustre sang, progenie et maison royal de France, nostre très cher et très amé cousin et filleul le duc d'Orleans, ledict mariage seroit fort dispar et inequal. Par quoy, ne sommes aulchunement d'advis qu'il soit conclut, si n'estoit que, par ce moyen, nostredict bon frère n'eust quelque grand profit, commodité et avantage qui redundast au bien, utilité et honneur, tant de luy que de nous, et qu'à ces fins, le Pape fist et accordast chose qui contrevaulderoit et recompenseroit le default de si bonne lignée et parentage, ce que ne luy seroit possible, au moins très difficile, comme il nous semble. Toutefoiz, si nostredict bon frère agnoist ou peult penser aulcune telle condigne valeur ou recompense, ce qu'il pourra, à l'avanture, mieux que nous ne ferions, nous en rapportons bien à luy. Que si telle chose luy vient à cognoissance et qu'il luy plaist, comme bien sçavons qu'il le fera, nous en advertir plainement, il nous trouvera très prestz et promptz, non seullement de luy en mander notre advis ouvertement, comme nostre amytié requiert, mais aussy à nous employer, si c'est son profit, commodité ou plaisir à tout ce qui pourra et semblera expedient, à avancer et poulser oultre ce que par luy et nous sera advisé commodieuse et opportun. Et de ce soy peut il fier en nous asseurement.

Et quant à l'effect de nos matières et occurences, avons et voulons correspondentement, selon l'advis de nostredict bon frère, procedé et en temps advenir proceder specialement en nostre grande cause de mariage, comme il pourra congnoistre par l'estat de notredicte cause et les poinctz qui s'ensuyvent lesquelz voulons que luy racontez.

Premier. A nostre dernière entreveue, sur la fraternelle et familiare communication que nous eusmes ensembles de noz affaires, venant aux nostres, luy declarasmes, comme à tord et injustement nous estions affligez, delayez et fort ingratement maniez et troublés en nostredicte grande et pesante matière de mariage, par la particulière affection de l'Empereur et du Pape. Lesquelz sembloient par lesdictes longues retardations de nostredicte matière ne sercher aultre chose, sinon par longue attente et laps de temps nous frustrer malicieusement du propoz qui plus nous induict à poursuyvir et mettre avant ladicte matiere. C'est d'avoir masculine succession et posterité, en laquelle nous establirons (Dieu voulant) le quiet, repos et tranquillité de nostre Royaulme et dominion. Son fraternel, plain et entier advis (et à bref dire le meilleur qui pourroit estre) fut tel et nous conseilla de ne delayer ne protracter le temps plus longuement, mais en toute celerité proceder effectuellement à l'accomplissement et consommation de nostredict mariage.

Sur lequel son advis et conseil qu'ainsy il nous donna, corroboré plus oultre par tous telz moyens qu'un vray frère et amy peult induyre à mettre et mener son frère et amy en tranquillité et repos et l'ayder en sa juste cause. Speciallement qu'il nous promist nous assister, maintenir et supporter en ce faisant et à tout ce qui en pourroit advenir. Et de sorte que, si le Pape vouloit proceder (ainsi que de droict il ne peult ne doibt) à prendre congnoissance en nostredicte grande cause ou qu'il ne vuelle admettre ne allouer nostre excusateur, ou qu'il vouldroit expedier, executer ou fulminer à l'encontre de nous, noz Royaulmes et subjectz aulcunes citations, inhibitions, suspensions, excommunications ou aultres quelconques procez tirans affin d'empescher le progrès et execution de nostredict mariage, ou aultrement molester, troubler ou infester, nous, nostredict Royaulme et subjectz, il nous assistera et maintiendra en tout ce qui pourra estre pour le bien et honneur de nous, nostredict Royaulme et subjectz, ensemble à l'asseurance du droict et honneur de la succession et posterité qui dudict mariage (Dieu donnant) pourra ensuyr.

Nous, par la ferme confidence, espoir et fiance que nous avons en sa verité et promesse, corroborée de la parfaite amytié et allyance perpetuelle d'entre nous, avons effectuellement procedé à l'accomplissement et consummation dudict mariage, fermement du tout confians que nostredict bon frère ne sera pas moins, ains plustost plus liberal, de fait et d'œuvres que de parolles, comme, en pareil cas, nous sommes totalement resoluz que il nous trouvera telz que asseurement espoirons il se monstrera vers nous sans fiction ne faintise.

Lesquelles choses ainsi (par vous, nostre très feal conseiller) amplement exposées, procedant plus oultre, remonstrerez à nostredict mieulx aymé frère et perpetuel allyé, que, puisque c'a esté le bon plaisir de nostre benoist createur, que entre nous y a si bonne amytié, union et allyance perpetuelle, passée et establie, tant par instrumentz et traictés qu'aussy par solemnes promesses et serméns faitz l'ung à l'aultre de parolles ausquelz nous n'avons pas moindre confiance et espoir que à ceulx qui sont escriptz, specialement procedans de la bouche de nostredict frère et amy que nous estimons et aymons aussy cherement, comme nous mesmes et comme nostre propre personne. Ledict amour sera pardurable à jamais, non seullement entre noz deux, mais entre noz successeurs, posterité, royaulmez, dominions et subjectz.

A raison de ce que nous avons eu l'audace de luy avoir fait et faire entierement sçavoir, comme à nostre asseuré et seul amy, de temps en temps, l'estat de nostredicte cause, et du plus profond de nostre cœur très affectueusement l'avons prié et desyré de son bon conseil et advis, le prions et très cordialement desirons que, d'ung temps en aultre, veu que nous avons tousjours suyvy le conseil qu'il nous a donné, il luy plaise s'estudier et appliquer effectuellement, comme ung veritable frère et amy (qu'il est) fait pour l'aultre à prepenser et excogiter ce qui peult et sçauroit estre au bien, establissement et confort de nostredict mariage, preservation et maintenance du droict de la succession (qui, au plaisir de Dieu, succedera et comme bien evidens est desjà en bonne apparence et avancement), et à estoupper, empescher et destourner tout ce qui à nostredicte cause pourroit estre contraire ou prejudiciable, en manière qui soit, comme il vouldroit que en pareil et semblable cas nous ferions, et de fait entendons, si l'occasion se addonne, faire pour luy.

Quoy faisant et nous monstrant l'ung vers l'aultr

telz que nous sommes, conglutinez, allyez et unis ensemble, comme une mesme âme en deux corps, noz successeurs, posterité, pais et dominions, subjectz, confederés, allyés et adherentz concepveront et engendreront, à l'exemple de nous, une parfaite benevolence, amytié et union en leurs cœurs, qui remaindra indissoluble, inextinguible et inviolable à jamais par entre tous eulx. Et noz ennemis et leurs complices en abbaisseront leurs cornes et enfin soy rendront et humilieront à toute raison.

Et, en tant que le Pape, plus que nul aultre, en nostredict matière, nous a contre droict et raison inquietés et sans aulchun esgard à noz bonnes merites vers luy, nous pourroit inquieter et fascher, en ce qu'il, n'ayant aulcune juridiction, ne sur nous, ne sur aulcun autre prince, mais, forvoyant trop temerairement hors du chemyn et imitation de nostredict benoist redempteur Jhesus, qui, en ce monde icy, *voluit se potestatibus sublimioribus subdere*, contrevenant aussy aux privilèges, prerogatives, honneurs, dignités, auctorités et preheminences de tous Princes et Roys, nous a injustement assigné jour à comparoir par devant luy en nostre propre personne ou par procureur. A laquelle assignation, veu qu'il plaist à Dieu, par sa souffrance, que nous soyons Roy, et que n'entendons faire chose qui soit ou qui puisse estre prejudiciable, reprochable, à deshonneur ou contumelie de la dignité royale ou à la violation desdictz privilèges et prerogatives royaulx, avons (comme il nous est loisible de faire par l'auctorité que Dieu a donné et octroyé à tous Princes) toujours refusé de comparoir en personne ne par procureur, allegant, toujours sufficientes raisons et auctorités pour nostre part.

Et oultre et combien que amyablement, non par contrainte ne par necessité (supposant par ce moyen d'attyrer et incliner le Pape à consyderer nostre bon droict), l'avons requiz et exhorté qu'il voulsist avoir esgard aux dignités, prerogatives et preeminences Royaulx et admettre nostre excusateur, toutefoiz, si nous a[-t-]il toujours inhumainement refusez, ayant intention (ainsi que nous supposons) de repeller et rebouter nostre excusateur, soit manifestement, soit occultement, et, sans le sceu de noz agentz par delà et ainsi, par soubz main, proceder en nostredicte grande matière.

Laquelle chose, si les Roys et Princes lui souffroient faire, fut ce manifestement ou occultement, il pretendroit, par ce moyen, les mettre soubz sa jurisdiction et les obliger soubz l'obéissance de ses courtz et les submettroit au povoir et auctorité que presumptueusement (sans pis dire) il veut usurper sur les Roys et Princes, qui à nous et eulx seroit chose de grand reproche, ignominie et deshonneur et qui ne doibt aulcunement estre tollerée ne soufferte.

Se debvroit ung Prince se submettre à l'arrogance et ambition d'une creature mondaine que Dieu luy a assubjectée? Se humilierait ung Roy et rendroit obedient à celuy dont Dieu luy a donné la superiorité? Exaulceroit il celuy qui, contre Dieu et justice, le veult deprimer et abbatre? Ce seroit pervertir l'ordre que Dieu a ordonné et constitué.

Le cas se peult adonner que, en temps advenir, l'exemple en seroit aussy prejudiciable au Roy nostredict bon frère comme à nous mesmes et tousche les aultres princes aussy bien que nous.

Par quoy, pour la conservation du droit commun de tous Roys et Princes, aussy bien comme du nostre, et affin de mieulx establir l'estat de nostredicte cause et succession, vous exposerez très affectueusement de nostre part à nostre très cher et mieulx aymé frère qu'il nous semble expedient et nous fera plaisir bien acceptable, s'il luy plaist depescher, en toute diligence convenable, ung de ses gentilzhommes qu'il estimera plus idoyne et l'envoyer en poste vers le Pape, pour luy intimer et notifier les poinctz ensuyvant, ou, se il luy semble bon d'y envoyer homme exprès que il luy plaist, mander en diligence à ses ambassadeurs residans lès (1) Pape qu'ilz lui intiment lesdictz poinctz.

C'est à sçavoir que, en cas qu'il refuse d'admettre et allouer notre excusateur et exoine de non comparoir, et qu'il attempteroit de proceder en nostredicte matière, et nous y feroit injure, dont l'exemple seroit prejudiciable et infracteur de nos libertés, privilèges et preheminences et consequemment de tous aultres Roys et princes, ne nostredict bon frère ne nous ne luy vouldrions souffrir, ains y resisterons de tout nostre pouvoir et, à l'avanture, à son grand desavantage.

Mais, en cas que [il] vueille estre conformable à l'entretenement et maintenance de nosdictz privilèges, auctoritez et preheminences royaux, dessus touschez et qu'il vueille admettre et allouer l'excusateur et essoyne, dessus mentionnée, comme de droict il

(1) Près du Pape.

debvroit faire, et que, en manière quelconque, directement ne indirectement, ne s'entremesle en ladicte cause, au moins qu'il surcesse d'ycy à ce que nostredict bon frère, [et luy] soient convenuz à l'assemblee que l'on espoire entre eulx; alors, asseurement, nous luy pourchasserons, comme vrays amys, tout honneur et plaisir possible et serons avecques luy en amytié et allyance perpetuelle. Aultrement, s'il refuse, jamais nous n'entrerons plus avant en amytié ne allyance avecques luy Pape.

Et, si nostredict bon frère pensoit qu'il y peult avoir quelque contrevaleur et recompense *proparle*, en nostredict cousin et filleul, et sa niepce, et que le Pape l'en instantast et pressast, alors vous pricrez affectueusement nostredict bon frère qu'il luy mande et signifie apertement que jamais de luy n'aura conclusion ne sanction audict mariage ne à chose aultre quelconque que, prealablement, sans delay et absolument, il n'admette et approuve nostredict excusateur et essoyne, comme il doibt et est tenu de faire, comme il appert clerement par les determinations de diverses Universités, specialement de l'Université d'Orleans qui a determiné et conclut que le Pape (en matière de si grande importance, comme est ceste) ne peult, ne doibt, par le droict ne raison quelconque, contraindre aulcun Prince ou Roy de comparoir en droict hors de son royaulme, ne en sa propre personne, ne par procureur, ains doibt commettre et deleguer la controverse pour la renvoyer au Royaulme, et que non seullement ses subjectz debvroient estre admis et receuz à l'excuser et alleger son droict et essoyne, mais aussy quelconque personne estrangier et non subject, sans bailler caution aulcune, comme, par le *Vidimus* autentique de ladicte determination, il peult apparoir, lequel nous vous avons delivré, pour l'exhiber et monstrer à nostredict bon frère, s'il luy plaist le voir et regarder.

Au surplus, pour ce que nous ne faisons point de doubte, que les adversaires de nostredicte juste cause n'essayent de practiquer à divertir et destourner nostredict bon frère du zèle qu'il porte à nostredicte cause, essayeront de le retirer au contraire par diverses causes et manières, et soubz umbre et couleur de mariage au sang ou affinité du pape, et empereur, ou aultrement, combien que nous soyons asseurés l'allyance d'entre nostredict bon frère et nous estre si constante et inviolable, qu'ilz n'y feront que perdre leur paine, toutesfoiz, si nous semble[-t-]il opportun d'advertir le Roy, nostredict bon frère, que, le cas advenant, il sera bon qu'il leur responde : qu'il est trop plus qu'adverty et persuadé que nostredicte cause est juste. Et encore *posito et non concesso* qu'elle fust doubteuse, veu que nous sommes si fort conjoinctz, liez et uniz en amytié et allyance si solennellement promise, jurée et vouée avecques nostredict bon frère et luy, avecques nous, nos Royaulmes, pais, terres, dominions et subjectz, s'il enfraindoit ou dissolvoit aulcunement ladicte amytié et allyance, cela luy tourneroit à grand diminution de son honneur que luy, qui est prins en si grande majesté et Reverence, veult regarder plus que toutes les aultres choses du monde, et, ce faisant, donneroit non seullement fort maulvaise exemple à tous aultres princes de se fier en luy et observer les pactes, conventions et traictez, mais aussi seroit occasion au commun peuple d'estimer les promesses, accords et amytiés de princes n'estre que fanctise [feintise] et dissimulation, qui leur seroit chose fort prejudiciable; et se pourroit sur ce nourrir telle division qu'il ne seroit pas bien, ne de facilement retourner à la ligue et amytié precedente et passée. Cela pourra nostredict bon frère dire avecques plusieurs aultres bonnes responses et raisons qu'il sçaura excogiter.

En conclusion, vous declarerez en vostre plus affectueuse manière, au Roy, nostredict bon frère, qu'en nostre grande cause, après Dieu et la bonne justice d'icelle, nous ne trouvons faveur, confort ne support en aulchun aultre Roy, grand prince ne personnage, qui nous console tant, comme les bonnes parolles, promesses et singulières affections et desirs d'amytié que le Roy, mondict bon frère, à nostre tres singulière consolation, nous a, de sa propre bouche, declaréez et denoncées. C'est qu'en icelle nostredicte cause, jamais ne nous abandonneroyt, quelque chose qui s'ensuyst, ains de tout son pouvoir l'establiroit, supporteroit, aideroit et maintiendroit nostre bon droict, et le droict de la posterité et succession qui s'en pourroit ensuyr; et à tous ceulx qui y vouldroient mettre trouble, empeschement, encombrance, ou y procurer deshonneur, vitupère ou infraction, il seroit enemy et adversaire de tout son pouvoir, en quelconque estat qu'il soit, fust Pape ou Empereur; et continueroyt perpetuel fauteur, protecteur et stabiliteur de nostredicte juste cause. Avecques plusieurs aultres consolatives parolles, lesquelles, quant nous y pensons, nous y sommes toutz confortez, soulagez et resjouys, recogitant très souvent la grâce, affection et esperit fraternel et amyable dont il les prononce, et nous estudions souventes foiz de les remembrer et recogiter et ne desireryons de luy chose qui soit plus fort, qu'il luy pleust ou les escripre, qui luy seroit bien grande paine, ou de sa propre facunde et vive energie, dont il les nous a prononcéez, les nous dicter, signer et envoyer. Car, autant de foiz que nous les verrions, qui seroit tous les jours, nous ne pourrions, sinon les lisant, imaginer et reduyre à nostre souvenance la bonne grâce, facunde et geste, dont il les nous prononceoit et estimer estre comme face à face parlans avecques luy...

(Ici se trouve un paragraphe relatif aux affaires d'Ecosse).

Après la declaration de l'occurence et estat de notre mariage, nous, nostredict conseiller, requererez et desyrerez nostredict bon frère que, veu que nous sommes du tout deliberez d'ensuyr son conseil et adviz en noz affaires, comme il ensuyt les nostres ez siens, et, en tant que l'estat de nostredicte cause ne sçauroit demourer long temps qu'il ne soit congneu et ne se pourroit passer Pasques que la matière, par soy mesmes, ne s'ouvrist et desclosist, il luy plaise, en toute diligence, nous donner et mander son bon conseil et advis fraternel, en quelle manière et quand seroit le mieulx de le publier. Car nous ne vouldrions point, en manière qui soit, que la première publication et parolle, qui en yra au large, viensist de par nul aultre que de par nous, et nous seroit grand desplaisir que la matière fust agneue à Rome, ne ailleurs, que premierement et avant, la declaration n'en-fust faite de nous à noz ambassadeurs, et de noz ambassadeurs au Pape et aux Cardinaulx, affin qu'ils ayent meilleure occasion, en luy declarant, de les induyre et persuader de s'en contenter, et ne attempter chose qui soit au contraire de nostre honneur et cause dessusdictes. »

Nota. — Non seulement, Rocheford avait pour mission de communiquer à François Premier le contenu de ce mémoire, mais de l'inviter à écrire au Saint-Père la lettre suivante.

---

86. — Lettre que Henry VIII fit proposer (par l'ambassadeur ou envoyé extraordinaire, le Vicomte de Rocheford), à François Premier ([1]), d'écrire au Pape Clément VII.

Mars 1533.

« Très Sainct Pere, Vostre Sainctété pieczà bien advertye du grand scrupule de conscience, ouquel se trouve le Roy d'Angleterre, mon bon frere et perpetuel allyé, pour le visage du mariage où il est à present. [En marge : *It is more for our purpose to call it a visage of mariage... It is not greatly material. The said mariage considering we repute it not good; you may, if it is their will, call it a mariage*]. Et combien il a par tant de justes et honnestes moyens

(1) R. O. *State papers*, t. VII. n° 348. Bd. vol. 75. *Inédit.*

cherché d'en decharger sadicte conscience, ainsi que je suys seur, il vous a amplement fait entendre comme à celuy à qui principallement il a voulu avoir son recours, tant pour le lieu que vous tenez, que pour la reverence qu'il a tousjours prestée à Vostre Sainctcté et au Sainct Siège Apostolique. Et, sur l'instance que de long temps et continuellement il vous a faite de vouloir mettre la main à cest affaire, qu'il eust occasion de s'en contenter, vous scavez ce que pareillement plusieurs foiz vous en ai escript, fait dire et remonstrer tendant à fin que les choses sortissent tel effect que la raison et equité de sa cause conforme à loi divine, [En marge : *These words be not to be left out, lest the pope shuld cal that quite useless ; his grounds upon his leave*], requiert et veult, et que sadicte conscience justifiée par l'advis et opinion de plusieurs sçavants hommes et Universités de la chrestienté luy juge debvoir requerir et demander. Et, pour ce qu'il voit ceste matière avoir pris si long cours et estre reduicte à telz termes que force luy est la faire esclaircir sans plus prandre de dilation et que, plus longuement, il ne peult porter ce fardeau de scrupule sur les epaules, il a dempuys naguère derechef faict remonstrer à Vostre Sainctcté et faict supplier icelle qu'il luy plaise ladicte cause faire terminer par les moyens qu'il a fait proposer, lesquels je trouve si honnestes, justes et raisonnables que là, où ne les accepterez, [En marge, de la main de Wriothesley, secrétaire de Cromwell : *These be words material*], il me semble que vous luy feres congnoistre evidemment et aussy à tout le monde que vous [vous] voulez monstrer aultre envers luy que ne merite la reverence qu'il a jusques icy portée non seullement à vostre personne mais à vos predecesseurs Papes, leur donnant par plusieurs grands effects cognoistre la devotion qu'il a tousjours eu au Sainct Siège Apostolique et veult encore avoir là, où ne luy donnerez occasion au contraire. Et, de ma part, cognoissant qu'en tous ses actes et mesmement en celuy dont est question, il ne veult avoir aultre que Dieu et raison devant ses agents et selon la voulunté et jugement d'iceluy se gouverner.

Je ne puis, Très Sainct Père, pour la grande et estroicte fraternité et amytié qui est entre nous et telle qu'elle est pour durer, inviolable à jamais, faire moins que de très instamment vous prier que luy vueillez prester l'oreille à ses demandes qui me semblent justes, [En marge de la main de Wriothesley] : *These be words material*, et comme telles les lui accorder. Et, combien que je ne face aulcun doubte que Vostre Saincteté requise de telz deux princes vous portans telle amour et tant syncère et filiale devotion, ne soit pour soy condescendre à noz requestes, neantmoins là, où icelle Vostre Saincteté, divertie par aultres persuasions, lesquelles toutes foiz je ne pourrois bonnement comprendre ne imaginer, auroit deliberé de nous en esconduyre et totallement refuser, lors force seroit de pourvoir audict affaire par aultres voyes et recours, qui peult estre ne vous seroient guère agreables, [En marge, de la main de Wriothesley: *These words be round and pikaunte, and, the Pope's nature consydered, be also material : for with dolce and swete words, he is nothing moved. Ces paroles sont nettes et piquantes, mais il importe de les dire, si l'on considère le caractère du Pape ; car il ne se laisse pas émouvoir par un langage doux et mielleux*].

Vous priant, Très Sainct Père, que ne vueillez prendre l'affaire de telle sorte que venissiez à faire de l'encontre de luy, ou user des rigueurs qui d'ailleurs vous pourront estre persuadées. Et, combien que de ce je ne face aulcun doubte, toutesfoiz, pour luy porter si grande amytié que je luy porte et telle que nous pouvons estres estimés une mesme chose, de sorte que l'injure qui luy seroit faicte, je ne la pourrois prandre, sinon comme faicte à moy mesme.

A ceste cause, vous ay bien voulu prier, très instamment supplier et advertir que ne vueillez audict cas venir si avant qu'ayons accasion de nous en lamenter, mais comporter les choses qui là dessuz se pourront advenir selon honneste raison et comme la devotion que luy et moy portons à Vostre Saincteté le requiert et merite.

---

87. — **Lettre de Gilles de la Pommeraye à François de Dinteville, Evêque d'Auxerre, Ambassadeur du Roi de France à Rome.**

Londres, le 15 Mars 1533.

Après avoir lui donné des preuves nouvelles de l'étroite amitié des Rois d'Angleterre et de France, fidèle à la pensée de Henry VIII, sans faire la moindre allusion, et pour cause (1), à la mission de

(1) Il importait de cacher à Rome, le plus longtemps possible, la grossesse d'Anne Boleyn.

Rocheford, il se contente de lui mander en post-scriptum :

« ..... Ce prince a grand envie de chastier les Prestres de ce pays et ne leur laisser jouir de si grands privilèges qu'ils ont accoustumé, dont en est cause le tort qu'on luy faict à Rome, qui est si grand que plus ne peust ; c'est chose estrange que l'Empereur ait tant de pouvoir avec le Pape, qu'il soit par ce empesché de rendre raison et justice là où il la cognoist. » (1).

88. — **De son côté, Jean Du Bellay, mandait au Bailly de Troyes, de la Fère-en-Tardenois, ce 20 mars 1533, ses impressions sur le voyage de Rocheford.** (²).

« Monsieur, vous verrez la depesche qui vous est presentement faicte pour vous advertir par le menu de la reception de Monsieur de Rochefort qui a esté le plus fort à ferrer (3) qu'il est possible. A la fin il s'est contenté de ce qui est faict. Si est ce que jusques à ce jour je ne veis onc homme si desraisonnable. Je croiroys que son père vouldroyt rompre ceste entreveue tant pour veoir qu'elle ne peult estre manyée par luy, mais par mondict Seigneur de Norfok, que pour une jalousie du Roy et de Nostre Sainct Père, et ne pense poinct que ledict de Norfork ayt esté d'opinion de la depesche dudict Roche-

---

(1) Cf. Camuzat, t. II, 78 verso et 79. (Toujours des menaces et des empiétements.)

(2) Cf. Collection Dupuy, t. 547, f. 218; Camuzat. t. II, f. 78.

(3) Ferrer, c'est-à-dire dompter. On soumet, à la forge, les animaux difficiles à ferrer, par l'emploi de la force, dans ce qu'on appelle « le travail ».

fort. Je vous prye sonder cela avec chacun d'eulx dextrement et mettre paine de trouver l'encloueure. Je croy qu'il mandera que je suys bien mauvais angloys pour ce que je ne luy ay voulu accorder les pires raisons et les plus jeunes qui passèrent onc la mer. Car, quant tout est dict, le plus grant moyen qu'on sçauroyt adviser de remedier à leur affaire, c'est ceste entreveue. Mais je croy qu'ils ne sçavent [ce] qu'ilz veulent. Je ne voy que nous façyons grant sejour deçà que ne prenions le chemin de Lyon, après qu'on aura faict Pasques à Paris ou autour... »

A la même date, François Premier envoya par un courrier spécial au Bailli de Troyes à Londres les instructions suivantes.

89. — François Premier à Jean de Dinteville (Polisy), dit le Bailli de Troyes. (¹).

La Fère-sur-Oise, le 20 Mars 1533.

« Monsieur le Bailly, je vous ay dernierement escript l'arrivée devers moy de Monsieur le viconte de Rochefort, lequel m'a dict, entre autres choses, avoir charge expresse de son maistre, le Roy d'Angleterre, mon bon frère et perpetuel allié, de me prier et requerir voulloir escripre une lettre aux Cardinaulx de Tournon et de Gramont, suivant le contenu en ung memoyre qu'il m'a presenté, duquel je vous envoye le double. Laquelle lettre il ne me semble estre raisonnable ne à propoz de depescher, pour estre le faict de la veue d'entre nostre Sainct

(1) Collection Dupuy, 547, f. 221; Camuzat, II, 152. *Transcrit sur l'original.*

Père et moy de tous poincts conclud et arresté ; chose qui s'est faicte par l'advis et conseil de mondict bon frère. Car il sçayt très bien que nous estans dernierement ensemble, il fut d'opinion que je devoye depescher lesdicts cardinaulx de Tournon et de Gramont, pour aller devers Sa Saincteté, afin d'essayer, entre autre chose, de la tirer et faire condescendre à accorder ladicte veue, à ce que, par ce moyen, l'on peust desjoindre Sadicte Saincteté d'avec l'Empereur et rendre l'affaire d'icelluy mon bon frère, plus facille et aysé à vuyder. Et de faict, iceulx cardinaulx ont si bien et si diligemment mené et conduict ceste œuvre, qu'ilz en sont venuz jusques à la conclusion, ainsi que mondict bon frère a peu entendre, tant parce que luy en peult avoir escript le docteur Benoist (1) son ambassadeur estant auprès de Nostre Sainct Père (auquel toutes choses ont esté ordinairement communiquées), que parce que je lui ay depuis faict sçavoir par le sieur de Langé (2). Et de mettre à présent chose en avant qui, de mon cousté, la peust rompre ou mettre en nouvelle dispute, c'est chose, comme j'ay faict entendre audict sieur de Rochefort, que pour riens je ne vouldroye faire, attendu qu'il y va entierement de mon honneur (qui est la plus precieuse chose que j'aye en ce monde). Et suis bien assuré que, quant mon bon frère considerera bien ce que dessus, il ne sera pas d'advis ne me vouldroit conseiller de faire autrement, estant certain qu'il estime mondict honneur, comme le sien propre. Et pour ceste cause, j'ay faict dresser une autre lettre,

(1) Bennet.
(2) Guillaume Du Bellay, seigneur de Langey.

telle qu'il m'a semblé estre necessaire pour pourveoir à son affaire, en attendant qu'à ladicte veue l'on y puisse frapper ung meilleur coup; de laquelle lettre je vous envoye semblablement le double, vous advisant que j'en ay faict bailler autant audict sieur de Rochefort, lequel, après l'avoir veu, ne l'ayant trouvé du tout conforme à sondict memoyre, a faict responce là dessus, qu'il n'avoit point de charge de mondict bon frère de riens changer ne muer au contenu d'icelluy memoyre. Toutesfoys, après luy avoir bien et amplement desduict les raisons dessusdictes, il a accepté ladicte lettre pour l'envoyer à mondict bon frère, afin que, s'il la trouve bonne, il la renvoye incontinant, et je la depescheray et envoyeray en diligence ausdicts cardinaulx. Et fault que vous entendiez davantage une autre chose, comme j'ay faict remonstrer audict sieur de Rochefort, que quant il seroit en mon cheoix et liberal arbitre de povoir escripre la lettre, telle que mondict bon frère le demande, si me sembleroit-il estre merveilleusement mal à propoz, pour le bien de ses affaires, de le faire maintenant. [En marge : voiant encores l'Empereur en Ytalie] ; lequel, congnoissant la timidité de Nostredict Sainct Père, a acoustumé, par cy devant, de luy commander et que, si quelque occasion ou voulenté venoit à Nostredict Sainct Père, comme souvent il luy advient, veu la nature dont il est, de se voulloir excuser de faire ladite veue, il ne sçauroyt de luy mesmes chercher meilleure excuse ne occasion que celle que de nous mesmes nous luy presenterions; qui seroit perdu ung si grant moyen pour la decision et vuydange de l'affaire de mondict bon frère, que je ne sçay quand nous pourrions recouvrer ung semblable moyen. Car, quant à ladicte veue, icelluy mon bon frère peult bien considerer de combien elle me peult toucher, et que le principal fondement n'est que pour sondict affaire. Et n'y a personne qui saiche mieulx que luy, combien de foys j'ai esté recherché dudict Empereur de voulloir faire une veue de nous deux, et pareillement l'instance que Nostredict Sainct Père a dernierement faicte de la faire de Sadicte Saincteté, dudict Empereur et de moy : chose à quoy je n'ay jamays voullu entendre, pour le regard que j'ay eu de voulloir tousjours preferer l'affaire de mondict bon frère à toutes autres choses. Et là, où ceste cy viendra à sortir son effect, suivant la conclusion qui en a esté prinse, mondict bon frère peut estre asseuré que je n'employeray pas moins en sondict affaire, que pour le plus grant que je sçauroys avoir en ce monde. Et s'il estoit possible qu'il fust present à icelle veue, il congnoistroit cela par effect.

Et si ainsi est que Nostredict Sainct Père vueille passer les affaires de mondict bon frère, selon son desir et intention, Sadicte Saincteté congnoistra en tous endroictz estre que je tiendray et estimeray cela faict à moy mesmes, dont j'auray perpetuelle obligation envers elle. Et là où elle vouldroit faire le contraire, elle peult estre asseurée de n'avoir jamais amitié ne asseurance avecques moy. Et, pour ce, Monsieur le Bailly, que je ne fayz nulle doubte que ledict sieur de Rochefort n'advertisse mondict bon frère des choses cy dessus touchées, je vous en ay bien voullu faire ung discours, pour vous faire entendre, par le menu, par ce courrier exprès, comme le tout est passé, afin que, suivant le contenu de la presente, vous en puissiez dire et declairer à mondict bon frère et aussy à Monsieur de Norffolc ce que bon vous semblera. Et si icelluy mon bon frère trouve la lettre, que j'ay faict dresser pour lesdicts cardinaulx, bonne, en m'en faisant advertir, je la leur enveroyeray incontinant, ainsi que dessus est dict.. »

---

90. — **Lettre de François Premier à Jean de Dinteville, Bailli de Troyes, son ambassadeur à Londres.** (¹).

Saint-Marcou, le 28 Mars 1533.

....« J'ay esté très aise d'entendre que le Roy d'Angleterre, mon bon frère et perpetuel allyé, ayt trouvé la lettre, que j'avoye faict dresser pour les cardinaux de Tournon et de Gramont, bonne et du contantement qu'il vous a dict en avoir eu... »

---

91. — **Lettre de François Premier aux Cardinaux de Tournon et de Gramont, au lieu de celle que le Roy d'Angleterre lui avait fait demander, par Rocheford, en mars 1533, d'écrire au Saint Père** (²).

« Messeigneurs, le Roy d'Angleterre, mon bon

---

(1) Camuzat, T. II, f. 83. *Extrait.*

(2) R. O. Transcrip. sur le mss. *Inédit. Letters and papers*, t. VI, n° 255. *Copie* (1).

(1) M. Edmond Bapst dans « Deux gentilshommes poètes à la cour de Henry VIII. Paris, Plon, 1891, in-8, pp. 838, » a donné cette pièce, mais sa transcription n'est ni complète ni exacte.

frère et perpetuel allié, a icy envoyé devers moy monsieur le visconte de Rochefort, filz du conte de Wiltshire que bien cognoissez, tant pour me faire entendre de sa bonne prosperité nouvelles, que aussy pour moy raconter (comme fraternellement est acoustumé entre nous) l'estat de ses affaires. Entre lesquelz il m'a amplement declaré, et bien j'apperçoy l'injure qui à luy, moy et tous aultres princes chrestiens seroit faicte, en cas que Nostre Très Sainct Père le Pape ne lui vouldroit admettre son excusateur et exoine. Sur quoy il me semble expedient vous rescripre que, de ma part, vueilliez prier Nostredict Sainct Père, autant qu'il desire me faire plaisir et qu'il vouldroit que je feisse pour lui à sa requeste, que Sa Saincteté, monstrant le bon desir et affection qu'il nous porte, vueille admettre et recepvoir l'excusateur et exoine de mondict bon frère à ne comparoir en personne, ne par procuration, en l'affaire de sa matière (1). En quoy, Sa Saincteté non seullement fera droict et justice et conservera les privilèges de mondict bon frère et des autres princes, mais aussy le plaisir me sera très acceptable et singulier et moy donnera l'occasion de luy porter faveur en tous ses affaires, ce que feray très volontiers. A quoy, si Sa Saincteté faisoit aulchune difficulté, vous l'instanterez continuellement et l'adhorterez, de ma part, si affectueusement que faire pourrez, qu'il vueille bien penser, comme il refuseroit l'excusation de mondict bon frère, chose que les Papes paravant n'ont jamais desnyée ne refusée, et qui touche si haultement tant luy que

(1) Son mariage.

tous aultres princes. Et au temps present, il peult penser que, à grand payne, les princes souffriroient que Sa Saincteté usurpast ne entreprist sur leurs privilèges et preheminences, et que, desnyant à mondict bon frère l'admission de son excuse, il luy sembleroit que Sa Saincteté vouldroit entreprendre pour plus en plus les subjuguer, par quoy il ne doibt point refuser de luy admettre son excuse.

Et, en cas que vous ne pourriez, en façon ne manière qui soit, induyre Sa Saincteté à accorder ladicte admission, le supplierez que, à mon intercession, il ne veulle poinct proceder à luy desnyer ladicte excuse ne aultrement attenter, ne innover aulchune chose sur icelle, ne aussy sur la matière de mondict bon frère ne au prejudice de luy; ains plustost s'en desporter, suspendre et laisser ladicte matière totallement en l'entier estat qu'elle est, à tout le moins, entre cy et la veue qui se fera entre nous deulx, à laquelle se pourra amplement parler de ladicte matière.

Et j'ay confiance que Sa Saincteté ne vouldra point refuser. Toutesfoiz, s'il advenoit que le trouvassiez dur à s'y accorder, remonstrez à Sa Saincteté qu'il veulle bien adviser comme il procederoit, en ce cas de si grande importance, à faire desplaisir à mondict bon frère, car pour la conjunction et union de ses affaires et des myens que je ne repute qu'une seule mesme chose, je prendroys le desplaisir qui luy seroit faict, autant à cœur que s'il estoit faict à moy mesmes; declarant aussy qu'il n'est pas temps, ne les affaires de Sa Saincteté ne requièrent qu'il irrite mondict bon frère, moy et les aultres princes qui sont ses amys et luy veullent tous bien et support et l'entendent maintenir en ses affaires, pourveu qu'il ne leur donne occasion du contraire par tel refuz; luy disant que je reserve à ladicte entrevue d'entre nous, à luy declarer telles autres causes urgentes, pour lesquelles il ne debvroit point refuser la petition de mondict bon frère et la mienne et qu'alors que je luy auray declaré, il ne se repentira point, ains sera très joyeulx d'avoir ensuy le desir de mondict bon frère et les miens, ainsi que je ne fais doubte qu'il le vouldra octroyer, en quoy me fera très singulier plaisir. Vous priant au surplus, Messeigneurs, me faire bien et amplement entendre la resolution que Nostredict Sainct Père aura prise sur ce que dessuz, afin que j'en puisse amplement advertir et asseurer mondict bon frère et vous me ferez service très agreable. Priant Dieu, Messeigneurs, qu'il vous ait en sa très saincte et digne garde. »

92. — **Lettre de François Premier à Jean de Dinteville, Bailli de Troyes, son ambassadeur à Londres** (1).

Le Couldray (2), *5 mai 1533.*

« Monsieur le Bailly, je vous ay dernierement escript bien amplement par Guy de Fleury, lequel

(1) Collection Dupuy, t. 547, f. 234; Camuzat, t. II, p. 126. *Transcription sur l'original.*

(2) Le Couldray, commune de Civray (Cher). Le Roi se trouvait à Bourges le 4 mai. et à Issoudun le 6. Il y a bien un autre Le Couldray plus au nord, mais trop loin de la route de Bourges à Issoudun, pour être choisi de préférence au premier.

j'ay depesché pour aller en Escosse, et vous mandoys, entre autres choses, comme j'avoys eu lettres de Rome, dont la pluspart du contenu d'icelles estoit en chiffre, et que sitost que elles seroient deschiffrées, s'il y avoit chose, dont il fust besoing advertir le Roy d'Angleterre, mon bon frère et perpetuel allié, je le vous feroys sçavoir pour le luy faire entendre, et pour ce que, au deschiffrement d'icelles lettres n'y avoit riens d'importance et qu'il n'estoit question seullement que de responce d'affaires particuliers, cela me garde de vous en escripre autre chose. Mais, depuis la depesche dudict Fleury, j'ay receu ung autre pacquet de mon cousin le cardinal de Tournon, par lequel il me fait responce au contenu de l'instruction que j'envoyay, ces jours passez, par courrier exprès à luy et à mon cousin le cardinal de Grammont. De laquelle instruction je vous envoyay dès lors ung double. Et à ce que vous entendiez le contenu de la responce que me faict ledict cardinal de Tournon, et que vous en puyssiez advertir, à la verité, mondict bon frère, à ce qu'il puisse entendre clerement en quelle sorte nostredict Saint Père a prins le propos que luy a tenu icelluy cardinal, touchant sondict affaire, je vous envoye la lettre mesmes qu'il m'en a escrite, ensemble la coppie d'une responce que j'ay fait dresser pour l'envoyer audict cardinal, ou cas que mondict bon frère la trouve bonne, laquelle lettre et coppie vous monstrerez et communiquerez, de mot à mot, à mondict bon frère, et s'il trouve ladicte response à son gré ou qu'il vueille que j'y adjouste ou diminue aucune chose et que je l'envoye à Rome, vous m'en advertirez incontinant et je le feray. Et luy direz davantage de par moy, qu'il me semble que, pour propoz que ayt tenu Nostredict Sainct Père à icelluy cardinal de Tournon, il ne se doibt aigrir envers Sadicte Saincteté, ne la desesperer, ains, au contraire, monstrer qu'il espère sur toutes choses, que, à la veue qui se fera de brief de icelle Sa Saincteté et de moy, son dict affaire soit vuydé et deciddé par quelque bon et honneste moyen, remettant entierement cela sur moy. Et à ladicte veue, j'espère m'employer pour la decision de sondict affaire, tant envers Nostredict Sainct Père, que partout ailleurs, où besoing sera, que Monsieur de Norrtfolc et les autres personnalges qui se y trouveront, de la part d'icelluy mon bon frère, congnoistront par effect et toucheront au doyt de combien j'ay sondict affaire à cueur, et de quelle sorte je m'employeray pour luy en faire avoir l'issue, telle qu'il désire.

Au demourant, Monsieur le Bailly, vous aurez aussi veuc ce que je vous escripviz dernierement touchant le personnage que Notre Saint Père avoit envoyé devers moy et devers icelluy mon bon frère, pour le faict du concille, et le double des articles qu'il m'avoit baillez. Lesquelz je vous envoyay, dès l'heure mesmes, et ne fayz nulle difficulté que vous ne les ayez communiquez à mondict bon frère. Vous advisant que depuys j'ai pensé à la responce qu'il me semble que luy et moy devons faire sur le faict d'icelluy concille. Et pour conclusion, je suis d'advis que mondict bon frère doibt dire à icelluy personnage, que, attendu que le fait d'icelluy concille est de très grande importance et consequence, que, à ceste cause, il veult bien penser là dessus, avant que y faire autre responce et que, ce pendant, icelluy personnage s'en pourra revenir par deçà, où il trouvera l'intention de mondict bon frère. Et à son arrivée, je luy pourray dire que, consideré que la veue de Nostredict Sainct Père et de moy se doibt faire de brief, où se pourra parler plus amplement de ceste matière et de plusieurs autres choses qui toucheront et concerneront le bien et repoz universel de toute la chrestienté, pour, sur le tout, prandre une bonne resolution et conclusion ; que, jusques là, nous ne sommes deliberez de respondre autrement sur le faict dudict concille, remettant le demourant à icelle veue. Et là, où icelluy mon bon frère trouvera bon ce que dessus, il en pourra advertir ses Ambassadeurs estans à Rome, pour le faire entendre à Nostredict Sainct Père. Et de mon cousté, je feray le semblable. Au moyen de quoy, noz responces se trouveront conformes et n'estre qu'une mesme chose. Vous priant, au reste, monsieur le Bailly, me faire satisfaire incontinant à la presente, et continuer à m'escripre le plus souvent que vous pourrez, comme les affaires se passeront de par delà, Et vous me ferez service très agréables. Priant Dieu, Monsieur le Bailly, qui vous ayt en sa saincte et digne garde. Escript au Couldray, le cinquiesme jour de may, mil v^e xxxiii. François. »

Signé : Breton.

93. — Lettre de Montmorency au Bailli de Troyes (1).

Cérilly (Allier), 13 mai 1533.

«... Le Roy espère estre à Lion le XXII° ou XXXIII° de ce moys. Par quoy, sera bon que Monsieur le Duc de Noreforc s'en parte pour s'acheminer à s'en venir le plus tost qu'il pourra, comme je vous prie luy dire et faire entendre, de ma part, après luy avoir presenté les lettres de creance que je luy escriptz sur vous, pour cest effect : L'advertissant qu'il sera le bien venu en ce royaume, où le Roy a ordonné gens pour l'accompaigner et conduire, mesmes en Picardye : Monsieur du Biez qui le conduira jusques à Abbeville ou à Amyens, là où se rendront, Messieurs de Humyères et de la Rochepot, mon frère, Monsieur de la Hargerie et autres Seigneurs de ceste Picardie, pour le conduire et accompaigner. Par quoy sera besoing que, dès l'heure qu'il partira pour s'en venir, vous en advertissiez les dessusdicts, affin qu'ils ne faillent d'eulx trouver au-devant de luy, suyvant ce que ledict seigneur a ordonné... Serrilly-en-Bourbonnois... Montmorency ».

94. — Copie d'une lettre du Bailli de Troyes au Roi de France, écrite de Londres, le 23 mai 1533 (2).

« Sire, le Roy vostre bon frère m'a prié vous escripre qu'il luy semble que debvez advertir ceulx

(1) Collection Dupuy, t. 547, f. 236 ; Camuzat, t. II, f. 127 v.
(2) Collection Dupuy, t. 547, f. 237 ; Camuzat, t. II, p. 128. *Trans. sur le mss.*

d'Allemaigne comme vous faictes ceste entreveue avec Nostre Sainct Père, de paour que lesdicts ne entrassent en suspition que vous et le Roy, vostre bon frère, vous issiez, avec Nostredict Sainct Père, faire et contracter chose qui leur tornast à prejudice, dont, par ladicte suspition, pourroit diminuer la bonne affection qu'ilz vous portent et se mettre d'autre party.

Sire, le Roy, vostredict bon frère, m'a dict qu'il a entendu de par son Ambassadeur qu'il a par devers vous, comme avez heu doubte que le statu[t] qu'il a faict en son Royaulme, par lequel est dict que les appellations touchant les mariages ne ressortiront devant le Pape, ne feust cause de retarder ladicte entreveue et pour la randre plus difficile. A quoy, il m'a dit qu'il luy estoit force de se faire et que le Pape l'en avoit contrainct par les censures, à quoy injustement il a besongné contre luy, dont a esté contrainct, avant que pys luy ayt faict, de remedier à la mauvayse voulenté qu'il voyoyt que Nostredict Sainct-Père luy portoit. Car il ne s'est point monstré juge ny partie, mais entierement ennemy, comme plus amplement il m'a dict qu'il vous fera entendre par Monsieur de Norfor. Il m'a donné ung double des agravances qu'il dist luy avoir esté faictes ; lequel double, sire, je vous envoye.

Sire, l'Arcevesque de Canturbery besongne sur le grand affaire du Roy, vostredict bon frère, pour juger sy l'autre Royne estoit sa femme ou non. Et croy que, dans trois jours, la sentence en sera donnée. Je l'ay supplié à mon povoyr qu'il luy pleust voulloir faire dilayer le jugement au moins jusques à ce que Nostredict Sainct Père feust arrivé à Nyce, ce qu'il ne m'a voullu accorder. Puis, je l'ay supplié qu'il luy pleust faire tenir le jugement secret, en sorte que Nostredict Sainct Père n'en peult estre adverty que premierement ne heussiez parlé ensemble. Il m'a dit estre impossible de le povoyr tenir secret et qu'il fault qu'il soit publicquement entendu et mesme avant la coronation de la Royne qui se doibt faire le jour de la Pantecoste. Laquelle dicte Royne est grosse. Il ne veult point que le Pape puisse bailler sentence, ny faire chosse par laquelle au temps advenir il se peult mouvoyr discensions contre l'héritage de l'enfant que porte ladicte Royne, lequel il estime devoir estre seul heritier de ce Royaulme après luy, si c'est un fils, par quoy conclut [que] la sentence dudict Evesque de Canturberi devoit preceder toute aultre qui pourroit estre baillée par le Pape.

Oultre plus, m'a dit ledict Sieur Roy, vostre frère, qu'il sera plus honorable au Pape de favoriser et consentir à ladicte sentence donnée par ledict Arcevesque de Canturbery, que de luy mesme la bailler, veu la sorte en quoy, en cedict affaire, il a besongné!

Sire, mondict Sieur de Norfort ne s'y trouve moyns empesché que moy, comme plus au long vous pourra compter, mesque il vous voye. Sire, je supplie le benoist createur... »

95. — Lettre de François Premier à Jean de Dinteville, Bailli de Troyes, son ambassadeur à Londres (1).

Lyon, 29 mai 1533.

Monsieur le Bailly, je vous ay dernierement faict responce aux lettres que vous m'aviez auparavant escriptes, ainsi que avez peu veoir, et depuis, j'ay eu lettres des Cardinaulx de Tournon et de Gramont, du XVIIIe de ce moys, par lesquelles, entre autres choses, ilz me font sçavoir l'instance et poursuitte que les ministres de l'Empereur, estans à Rome, ont faict envers Nostre Sainct Père, pour persuader Sa Saincteté de procedder par censures, à l'encontre du Roy d'Angleterre, mon bon frère et perpetuel allyé, et l'honneste, vertueuse et prudente response que icelle Sa Saincteté leur a faicte là dessus; qui m'a esté très grant et très singullier plaisir. Et à ce que mondict bon frère puysse estre ordinairement adverty de tout ce qu'il me vient de ce cousté là et du bon office que font continuellement lesdicts Cardinaulx de Tournon et de Gramont, en tous les endroictz, où il est question de son affaire, et aussi qu'il puisse juger clerement, de combien peuvent avoir servy les lettres que je leur ay par cy devant escriptes en sa faveur, je vous envoye presentement la propre lettre que j'ay receue d'eulx, faisant mention de ce que dessus, laquelle vous luy communiquerez, de mot à mot, et après la me renvoyerez, l'advertisant au surplus que, s'il vient de ce cousté là quelque autre chose davantage, je ne fauldray de

(1) Collection Dupuy, t. 547, f. 247; Camuzat, t. II, f. 128, v.

luy en faire donner advis ; vous advisant, au reste, Monsieur le Bailly, que je suis arrivé depuis troys jours en ceste ville, et encores que j'eusse faict mon compte, comme vous avez veu, par ce que je vous ai faict sçavoir, de faire partir mon cousin le Grant Maistre le IIIe ou IVe de juing prochain, pour s'en aller en Provence, afin de pourveoir et donner ordre à tout ce qui sera requis et necessaire, pour le faict de ceste veue, neantmoins pour ce que, par la lettre desdicts Cardinaulx, j'ay veu que Anthoine Doria a laissé le service de Nostredict Sainct Père, comme verrez par icelle lettre, et que je ne sçay si cela pourroit estre cause de retarder aucunement ladicte veue, j'ay advisé pour le mieulx de ne le faire point partir, que premierement je n'aye encores eu nouvelles desdicts deux Cardinaulx. Et pour ceste cause, si à la reception de la presente, Monsieur de Noffort n'estoit desjà party pour s'en venir, vous luy direz, de ma part, qu'il supercedde encores son partement, jusques à ce qu'il ayt autre advis de moy. Combien que jusques yey je n'ay veu ne veoy chose qui puisse empescher que ladicte veue se face. Mais là, où il se trouveroit par inconvenient ou autrement quelque retardement en cest affaire, il m'ennuyeroit merveilleusement que ledict sieur de Norffort se fust mis en chemyn, sans propoz, pour venir à ladicte veue. Toutesfois, vous l'asseurerez que sitost que j'auray nouvelles de Rome desdicts cardinaulx, je vous envoyeray ung courrier exprès, à toute diligence, pour vous advertir de tout ce que j'auray apprins de nouveau, pour le luy faire entendre, afin que, selon cela, il saiche ce qu'il aura à faire. Et ce pendant, vous le prierez de se tenir tousjours prest pour partir, quant il sera temps, pour s'en venir à ladicte veue...

Au demourant, Monsieur le Bailly, j'escriptz presentement une lettre à mondict bon frère, en faveur de Maistre Carro, son grant escuyer, et vous envoye madicte lettre, laquelle vous luy presenterez de ma part, après l'avoir veue. Et le prierez et requerrez à ce qu'il me veuille complaire et m'accorder la requeste que je luy fayz. En quoy faisant, il fera chose que je tiendray et reputeray à très singullier plaisir. Vous pryant ne faillir de me faire entendre quelle resolution mondict bon frère aura prinse là dessus. Et n'oublyez d'advertir ledict Carro de la depesche que je fayz en sa faveur. Et continuez, au reste, à m'escripre de voz nouvelles le plus souvent que vous pourrez et vous me ferez service très agreable. Priant Dieu, Monsieur le Bailly, qu'il vous ayt en sa saincte et digne garde. Escript à Lyon, le xxix° jour de May, mil v° xxxiii. Signé, Françoys; et au dessous : Breton. »

96. — François Premier à Jean de Dinteville, Bailli de Troyes, son ambassadeur à Londres. (¹).

Lyon. 7 juin 1533.

« Monsieur le bailly, j'ai veu par vostre lettre du xxiii° du mays passé, comme le Roy d'Angleterre, mon bon frère et perpetuel allyé, vous avoit donné charge de m'escripre qu'il luy semble

(1). Collection Dupuy, t. 547, f. 239; Camuzat, t. II, f. 129, v.

que je doys advertir ceulx d'Allemaigne de l'entreveue qui se doit faire de Nostre Sainct Père et de moy, pour les causes plus à plain contenues dans vostredicte lettre. Vous direz, quant à ce point, à mondict bon frère qu'il n'y aura point de faulte que je ne suyve, en cela et toutes autres choses, son bon conseil et advis. Et au regard du propoz qu'il vous a tenu, contenant qu'il a entendu par lettres de son ambassadeur estant icy, que j'avoys eu doubte que le statut qu'il a puis naguères fait en son Royaume, par lequel il est dit que les appellations touchans les mariages ne ressortiront plus devant le Pape, ne fust cause de retarder ladicte veue, ou pour la rendre plus dure et difficile, entendez que j'en ay bien pensé par cy devant quelque chose; mays, ayant veu ce que les cardinaulx de Tournon et de Grantmont m'ont depuis escript d'icelle veue, je tiens de ceste heure ladicte veue pour asseurée. Vray est, comme je vous ay pieçà fait savoir qu'elle avoit esté concluto et arrestée au xve de juillet prochain en la ville de Nyce. Mays, pour autant que par lettres desdicts Cardinaulx de Tournon et de Gramont escriptes le xxviie du moys passé, ilz me font savoir, entre autres choses, que les cardinaulx et pareillement les medecins et autres serviteurs de Nostredict Sainct Père ont fait la plus merveilleuse instance du monde envers Sadicte Saincteté pour la persuader de ne vouloir partir de Romme, durant ledict moys de juillet, pour venir à Nyce, à cause des extremes challeurs qui sont en ce temps là et du danger de maladye, où Sadicte Saincteté pourroit tumber de sa personne;

luy remonstrant là dessus que de vingt personnes qui partent de Romme, en ce temps là, si elles tumbent malades, il ne s'en saulve pas les troys, et que nonobstant lesdictes remonstrances, icelle Sa Saincteté soit tousjours demourée ferme de se trouver à ladicte veue au xv⁰ dudict juillet, disant n'y vouloir faillir pour autant qu'elle le m'avoit ainsi promis. Neantmoings, congnoissant clerement ledict dangier evident (tant pour l'un des coustez que pour l'autre) j'ay advisé de reculler le jour d'icelle veue, jusques à la my aoust prochaine, que les premières pluyes seront venues. Et en ce temps là, indubitablement, elle se fera. Et ce pendant, en attendant qu'il me faille approcher dudict Nice, pour l'effect dessusdict, je passeray le temps vers Mascon, Tournuz, et à l'entour de Lyon et ès environs, dont je vous ay bien voulu donner advis, affin que vous le faciez entendre à mondict bon frère, à ce que l on ne luy desguise autrement ledit retardement.

Au demourant, Monsieur le bailly, j'ai veu ce que me faictes savoir touchant ce que fait à present l'arcevesque de Canturbery sur l'affaire de mondict bon frère; aussi comme, le jour de la Penthecouste dernier, la Royne devoit estre couronnée et tout le reste du contenu en vostredicte lettre... »

97. — **Lettre de Jean de Dinteville, bailli de Troyes, ambassadeur à Londres, à Jean Du Bellay, évêque de Paris (¹).**

Londres, le 9 juin 1533.

« Monsieur, le Roy m'a prié de vous escripre, suyvant ce que je escrips au Roy et à Monseigneur le grand maistre, comme en plaing consistoyre, il a esté déclaré à Rome, de la part du Roy, comme il s'employera, en tout son pouvoir, de resister contre les leutheriens et mesmes de les aller assaillir, si besoing est. Cedict sieur Roy en est merveilleusement mal comptant, et dict que c'est pour rompre l'intelligence que l'on avoit du costé des Allemagnes et que c'est mettre l'Empereur et le Pape, au dessus de toutes leurs intentions. Vous ne croyriez, comme cedict sieur Roy s'en est coleré, me disant que le Roy a esté le plus mal conseillé du monde et le plus mal servy, en cest endroit, qu'il est possible; et que de ceste entreveue, que le Roy la cherche trop et que le Pape fait trop de l'audatieux sur luy et qu'il ne peult penser quelz pratiques le Roy pretend faire avec le Pape, veu qu'il luy est sy doulx, en usant de sy gratieux moyens, pour le faire condescendre à ceste entrevue, laquelle le Pape doibt plus desirer que luy. Je luy ai faict toutes les repliques que j'ay peu, mesme que ceste dicte entreveue n'estoit désirée de la part du Roy que pour son grand affaire. Et quant à pratiques il n'y en avoit nullez, sinon du mariage, dont longtemps a est adverty. Comme jamais je ne le

(1) Collection Dupuy, t. 547, f. 242; Camuzat, t. II, f. 130, v°

veis sy couroussé, je croy bien que les nouvellez qu'il avoit heu de Rome, touchant son affaire, en estoient en partie bien cause; car on luy a escript que le Pape pousse tousjours son affaire, et en ce qu'il a promis de ne y faire chose d'importance, jusques à ladicte entreveue, c'est à dire qu'il ne baillera point le jugement, mais tout sera preparé jusques à là. Et je vous prometz que, s'il estoit donné contre luy, je ne sçay s'il trouveroit son peuple aussi hobaissant, comme il cuyde. Une des meilleures choses qu'il fait par deçà, à mon advis, c'est qu'il entretient fort les principaulx de son Royaulme. Parquoy le peuple, comme je croy, ne trouveroit point de teste ny de chef pour les conduyre. Sy Dieu plaist, les choses n'en yront pas sy avant, mais vous congnoissez les gens de ce païs, dont il n'est pas besoing que beaucoup ayent le povoir dont ilz ont le voulloir.

Ce porteur, Monsieur de Fleury, vous dira le surplus de nouvellez, qui me guardera vous en faire ceste plus longue. Je vous envoye la lettre que Monsieur de Beauvois me escript, à quoy je vous supplie et requiers voulloir penser, pour me ayder à me retirer d'icy, où je vous prometz, sur ma foy, que si j'y demourois encores guères, j'ay grand peur de y laisser la peau et les os. Jamais je n'y ay heu huit jours de santé. Le XXIIe du mois qui vient, mes six mois seront achevez. Je vouldrois bien qu'il pleust au Roy et à Monseigneur le grand maistre penser de pourveoir ung autre de ma place. Je sçay bien qu'y avez bon povoyr; à quoy vous supplye humblement vous voulloir employer à me faire ce bien qui me importe de la vie... »

98. — François Premier à Jean de Dinteville, bailli de Troyes, son ambassadeur à Londres (¹).

Lyon, 16 juin 1533.

... Pour vous respondre à cela, vous direz de ma part à iceluy mon bon frère que je n'ay jamays entendu ni sceu que ladicte declaration (2) ayt esté faicte. Car les Cardinaulx ne autres ne m'en ont riens escript. Et ne pense point qu'ilz ayent porté telles parolles publicquement, attendu qu'ilz n'en avoient aucune charge ne commission de moy. Car j'entends très bien que cela n'eust pas esté à propoz pour les mesmes causes que vous a alleguées mondict bon frère.. (3) Vous luy pourrez respondre.. qu'il est bien vray que je n'y ay nulles praticques, mays aussi que je ne suis pour accorder à Nostredict Sainct Père, quelque chose que l'on luy puisse avoir escript ou dit au contraire, chose que je ne veoye estre juste et raisonnable, ne qui puisse prejudicier à iceluy mon bon frère ne à moy. Vous advisant qu'il est très mal adverty de ce cousté là, soit par ses ambassadeurs ou par autres. Et s'il vient à propoz, vous le luy pourrez dire. Car je vous declare qu'il n'y a occasion nulle pour laquelle ladicte veue se face, sinon celle qu'il a par cy devant entendue. Et ne fault point qu'il en pense autre chose. Vous priant n'oublier de le remercier très grandement, de par moy, tant des bonnes et hon-

(1) Collection Dupuy, t. 547, f. 245, 16ᵉ ligne ; Camuzat, t. II, f. 181. v.

(2) Relative aux Luthériens faite, selon Henry VIII, en plein consistoire.

(3) 28ᵉ ligne.

nestes offres qu'il vous a faictes, ainsi que m'escripvez, pour m'en advertir, que semblablement des bons advis qu'il vous a chargé de m'escripre, lesquelz j'ensuivray ordinairement en tous les lieux et endroitz que je verray estre requis et necessaire...

99. — Copie d'une lettre de Jean de Dinteville, Bailly de Troyes, Ambassadeur à Londres, à François Premier (¹).

Londres, 30 juin 1533.

.... [Le Roy] ... « m'a sur icelle (2) faict responce que le Pape ne doit ny ne peult dire qu'il ayt faict chose contre Dieu et raison, et que si vous vous mettez de sa part, vous affectionnant pour luy, que ce n'est qu'avec le droict et la raison. Ledict sieur a heu nouvelles de Rome, dont il est fort mal content, par lesquelles on luy mande que Nostredict Sainct Père a desnyé son excusateur. Et dict ledict Sieur Roy, vostre bon frère, estre une chose qui non seullement importe à luy, mais à vous, Sire et à tous les princes chrestiens, quant, pour affaires qui leur pourroient advenir, ilz y en vouldroient envoyer ung. Concluant que, si sondict excusateur est desnyé et non admis, qu'il fera le semblable à tous autres princes..... J'ay (3) pareillement donné à entendre au Roy, vostre bon frère, le chemyn que prend Mon-

(1) Collection Dupuy, t. 547, f. 249, 16ᵉ ligne; Camuzat, t. II, f. 183.

(2) Lettre des Cardinaux.

(3) 25ᵉ ligne. Dans l'intervalle, il est question des affaires d'Ecosse.

sieur de Norffolke. Il m'a dict qu'il en estoit adverty et qu'il entendoit et sçavoit bien le grand honneur que vous lui faisiez faire par vostre Royaulme, dont bien fort il vous remercye; mais qu'il lui avoit depesché une poste par laquelle il luy mande qu'au plus tost il vous voise trouver. Je luy ai dict que luy avez dressé son chemyn le plus court et que, puisque faisiez vostre voyage du Puy, avant que ledict sieur de Norffolke fut en Avygnon, vous y seriez de retour. Il m'a replicqué que, nonobstant, il veult que, quelque part que soiez, il vous voise chercher et qu'il a chose à vous dire dont il a grande envie que soiez adverty »...

100. — **Lettre de François Premier à Jean de Dinteville, Bailli de Troyes, son Ambassadeur à Londres** (1).

Villeneuve (2) *en Auvergne, 15 juillet 1533.*

... « Pareillement ay veu comme avez communiqué... le propoz qu'il vous a tenu là dessus, touchant le mal contentement qu'il a de Nostre Sainct Père. A quoy ne m'estandray vous faire autre responce, sinon que mondict bon frère peult estre asseuré que, si nous sommes une foiz, Nostredict Sainct Père et moy, je m'employeray envers Sa Saincteté, en ce qui touchera et concernera son affaire, de sorte que ceulx qui seront presents à la veue, pour luy, congnoistront par effect que je n'estime ne estimeray jamays

(1) Collection Dupuy, t. 547, f. 250, 4ᵉ ligne; Camuzat, t. II, f. 134.

(2) La Villeneuve, canton de Saint-Germain de Lembron, arrondissement d'Issoire (Puy-de-Dôme).

moins ce qui luy touchera que mon affaire propre. Et ce pendant je continueray à faire tout ce qu'il me sera possible envers Sadicte Saincteté à ce qu'il ne soit riens innové en sondict affaire qui luy puisse nuyre ne prejudicier..... (1) Au demourant, je vous advertiz qu'il y a quatre ou cinq jours que Monsieur le Duc de Norffolk est avec moy.....

---

101. — Lettre de François Premier à Jean de Dinteville, Bailli de Troyes, son Ambassadeur à Rome ([1]).

Narbonne, 12 août 1533.

..... Au demourant, Monsieur le Bailly, j'ay veue ce que m'avez faict sçavoir par vostredicte lettre, touchant l'advertissement que mondict bon frère avoit eu de Rome par ses ambassadeurs de la sentence (3) donnée par Nostredict Sainct Père, à l'encontre de luy, et le mal contentement et desplaisir que icelluy mon bon frère en a eu, vous advisant que, auparavant la reception de vostredicte lettre, j'en avoys eu advertissement qui m'avoit très fort despleu et desplaist, d'autant que j'avoys tousjours esperé, que l'affaire, dont il est question, seroit remis à la veue de Nostredict Sainct Père et de moy, et que, là, il se pourroit vuyder par quelque bonne et honneste voye, au contentement de Sa Saincteté et de mondict bon frère. Toutesfois, puisque la chose

(1) 28ᵉ ligne.
(2) Collection Dupuy, t. 547, f. 258, 2ᵉ paragr., 28ᵉ ligne. Camuzat, t. II, f. 131 v.
(3) Sentence suspensive, déclarée en consistoire, le 11 juillet, promulguée le 6 août et affichée plus tard à Dunkerque.

est faicte, c'est le tout de la rabiller, dont je ne suis pas hors d'esperance. Et suys d'avis que le vray moien pour y parvenir, c'est le faict de ladicte veue, d'autant que la presence des princes, avecques les parolles portées de l'un à l'autre, a trop plus de force que chose qu'ilz puissent escripre l'un à l'autre, ne faire dire par leurs Ambassadeurs. Et me semble bien que, quant à ce poinct, l'on ne peult trop achapter l'occasion de ladicte veue, à laquelle je faiz bien mon compte de m'employer, de sorte, pour rabiller et faire vuyder l'affaire de mondict bon frère, que ceulx qui y seront presens, pour luy, pourront clerement juger de combien j'ay son affaire à cueur. Vous advisant que Monsieur de Norffolke envoya ces jours passez devers moy le sieur de Briant pour m'advertir de la nouvelle qu'il avoit eue de ladicte sentence, auquel je dictz et declairay bien amplement mon advis là dessus, pour en advertir ledict sieur de Norffolke, lequel, selon mon jugement, n'aura faillly de l'avoir escript à mondict bon frère, qui peult estre asseuré de moy, jusques là, qu'il ne se fera, ne conclura jamays chose, en lieu où je soys, qui luy puisse nuyre ne prejudicier; et s'il vient à propoz, vous le luy pourrez dire de ma part.

Au reste, Monsieur le Bailly, j'ay entendu le retour d'Angleterre de mondict sieur de Rochefort devers mondict sieur de Norffolke, lequel sieur de Norffolc est depuis party de Lyon, pour me venir trouver, afin de me faire entendre ce que icelluy sieur de Rochefort a rapporté de son maistre. J'espère que, de brief, il sera devers moy; et après avoir entendu ce qu'il me vouldra dire, s'il y a chose dont il soit besoing de vous donner advis, je le foray pour, selon cela, vous conduire et gouverner.....

---

102. — **Lettre de François Premier à Jean de Dinteville, bailli de Troyes, son ambassadeur à Londres.** (¹).

Nimes, le 27 août 1533.

[Après son entrevue à Montpellier, entre le 18 et le 24 août, avec le Roi, le duc de Norfolk partit en poste pour Londres où le rappelait un ordre péremptoire, apporté par Rochford. Henry VIII, dès lors](²) « tenoit Sa Saincteté comme ennemye deliberé de se ressentir de cella par tous les moyens qui luy seroient possibles, ayant ceste ferme creance et esperance en moy, attendu l'amour indissoluble et affection qui est entre nous, que de ma part je serois pour m'en ressentyr comme luy. Me declarant qu'il avoit expresse charge de sondict maistre de me dissuader le faict de la veue, me remonstrant et mettant plusieurs raisons en avant qui me devoient desmouvoir de la faire. Et que là, où je serois resolu du contraire, que sondict maistre luy commandoit expressement de ne se y trouver en quelque façon ou manière que ce fust ; ains que, sans attendre lettres nouvelles, qu'il eust à s'en retourner devers luy. Après que ledict sieur de Norffolk m'eust faict tout ce discours, qui fut beaucoup plus long que je ne vous escrips, je luy feiz responce, suyvant ce que desjà je luy avois mandé par Monsieur de Bryant qu'il

(1) Collection Dupuy, t. 547, f. 255 ; Camuzat, t. II, f. 137.
(2) 12ᵉ ligne.

avoit auparavant envoyé devers moy, quant il depescha ledict sieur de Rochefort, pour aller audict Angleterre, que je ne veoys poinct que ladicte sentence fust telle qu'elle ne se peust facilement et aisement rhabiller et qu'elle n'estoit pas deffinitive; et que au regard de rompre ladicte veue pour cella, il n'y avoit raison ne apparence de le povoir ou devoir faire, d'autant que c'estoit une chose desjà sceue par toute la chrestienté et qu'il sçavoit bien que cella avoit esté conclud et arresté par le conseil et advis de sondict maistre; et que de le rompre maintenant, c'estoit une chose que pour mourir je ne ferois jamais, d'autant qu'il estoit question de mon honneur, qui est la chose en ce monde que j'ay la plus chère; et que, quand ladicte veue n'auroit esté arrestée, sy devroit achapter le Roy, mon bon frère, bien chèrement, une telle occasion, attendu que je ne veoye ung seul moien pour rhabiller son affaire que cestuy là; d'autant que la parolle de prince à prince presens a par trop plus de force et de vigueur, pour tirer, l'ung de l'autre, ce qu'ilz desirent, que les propoz et lettres qu'ilz peuvent escripre et faire porter par leurs Ambassadeurs et que de moy il povoit estre asseuré qu'à ladicte veue je m'employerois pour l'affaire de mondict bon frère, de sorte qu'ung chacun pourroit congnoistre et toucher au doy que je tiens et repputè sondict affaire n'estre avec les miens que une mesme chose et que mondict bon frère povoit bien avoir ceste ferme fiance en moy qu'il ne se y concluëroit, ne arresteroit chose qui ne fust à son avantaige...(1) Et, pour conclusion, Monsieur le Bailly, après qu'il eust le tout, bien entendu, il demoura de mon oppinion et se retira, pour ce jour là, en son logis, où il fut longuement en conseil avec ceulx qui estoient venuz par deçà avec luy. Et le lendemain, il revint derechef devers moy, tant content et tant satisfaict des bons et honnestes propoz que je luy avois tenuz qu'il ne seroit possible de plus. Et s'il avoit, le jour de devant, trouvé mon advis bon, il le trouva encores meilleur, le jour d'après. Et fut, sur le soir, en mon conseil, où il luy fut, de rechef, remonstré les causes, pour lesquelles sondict maistre devoit desirer ladicte veue et les moyens que l'on y pourroit tenir pour rhabiller son affaire, pourveu qu'il voulsist envoyer quelque bon et notable personnaige avec povoir suffisant pour traicter, s'il en est besoing ; ce que ledict sieur de Norffolk pense et estime que sondict maistre fera voulluntiers. Et sur ce propoz pria ceulx de mondict conseil que l'on voulsist bailler par memoire, pour plus clerement le faire entendre à sondict maistre, ce qui leur sembloit que l'on pourroit faire pour rhabiller ladicte sentence et ce qui estoit necessaire que sondict maistre feist pour parvenir à cella. Sur quoy, luy ont esté baillez les articles, dont je vous envoye le double, affin que en entend[i]ez le contenu. Et combien que j'aye faict tout ce qu'il m'a esté possible pour cuider arrester ledict sieur de Norffolk, à ce qu'il se trouvast à ladicte veue, neantmoins il n'y a jamais eu ordre qu'il soit voullu demourer, me declairant, par plusieurs foyz, qu'il avoit exprès commandement du Roy son maistre de s'en retourner devers luy, chose à quoy il n'oserait ne vouldroit faillyr. Et, de faict, partit incontinent après pour s'en retourner par delà, affin de faire depescher le personnaige qui doit venir ou lieu de luy à ladicte veue, avec les pièces et escriptures, dont mention est faicte ou double du memoire que je vous envoye. Duquel personnaige vous solliciterez le partement, le plus que vous pourrez, affin qu'il puisse estre assez à temps devers moy, pour se trouver à icelle veue ; et vous me ferez plaisir. Vous advisant, Monsieur le Bailly, que j'ay ung merveilleux regrect que je n'ay peu arrester, pour cest effect, ledict sieur de Norffolk. Car j'ay ceste vraye oppinion que, pour estre personnaige droict et homme de bien, comme il est, sa presence eust peu grandement servir à la vuydange de l'affaire de sondict maistre. Et pour plus vray tesmoignage de cela, vous l'entendrey encores mieulx, par le double d'ung article de lettre du Cardinal de Tournon, du vingtseptiesme de ce moys, que je vous envoye, affin que vous en puissiez communiquer à mondict bon frère et audict sieur de Norffolk ce que vous verrez estre à propoz. (1).

Au surplus, Monsieur le bailly, je vous advise que, par ce que mon cousin le Grant Maistre m'a faict sçavoir de Marseilles, depuis deux jours en çà, je tiens que, de ceste heure, mon cousin le duc d'Albanye soit par mes gallères, pour s'en aller aller au port de Lespecyo (1), où Nostre Sainct Père et ma cousine la duchesse d'Urbin[o], sa niepce, se

---

(1) La lettre est du 17 août 1533. Camuzat en donne un extrait, t. II, f. 8 verso et 9.

(1) Fol. 255 verso, 15e ligne.

(2) La Spezzia.

viendront embarquer. Et croy, pour certain, que ladicte duchesse s'en viendra devant à Nyce et Nostre Sainct Père, après, droict à Marseilles où mondict cousin le Grant Maistre faict toute dilligence, pour faire preparer le logis de Sa Saincteté et le myen, en sorte que je faiz compte que ladicte veue se pourra faire de brief, attendu que Nostredict Sainct Père faisoit compte que, si tost que la première pluye seroit venue, il partiroit de Romme pour s'en venir par terre, jusques audict port de Lespecyo, ce que je ne faiz nulle doubte que Sadicte-Saincteté ne face, si desjà elle ne l'a faict. Et pour ne perdre temps, elle a desjà faict porter pieçà la plus-part du train tant d'icelle que des cardinaulx qu'elle admène avecques elle, pour venir audict port de Lespecyo; qui est tout ce que je vous puis dire pour le present, sinon que je m'en voys d'icy en Avignon, où je seray quelzques jours, en attendant qu'il soit temps de me rendre audict lieu de Marceilles, pour le faict de ladicte veue..... Escript à Nysme, le xxvii° jour d'aoust, 1533.

François; et plus bas, Breton.

Nota. — Après l'excommunication suspensive, déclarée en consistoire, le 11 juillet 1533, le Cardinal de Tournon écrivit à François Premier en substance,

Le Saint-Père est très marri de ce qu'il n'a pu vous satisfaire, de ce que tant de fois vous l'avez supplié et requis, c. a. d. de s'abstenir de tout jugement contre Henri VIII, avant l'entrevue projetée entre Sa Sainteté et le Roi de France. La conduite de ce prince a contraint le Saint-Siège et l'a forcé à agir. Non-seulement, il a fait procéder à son mariage, en dépit des brefs et inhibitions, mais, par son ordre, le Parlement a voté des lois contraires à l'autorité de l'Eglise et du Souverain Pontife. Bien plus, l'Archevêque de Cantorbéry a procédé jusqu'à sentence, dans la question du premier mariage et s'est appelé légat du Saint Siège, par le fait de son élection. Le Sacré Collège aurait protesté, si le Pape n'avait pas agi, et le Cardinal de Gramont peut en porter témoignage. Il serait important que le duc de Norfolk fut retenu en France, pour assister à l'entrevue. Sa Sainteté pourra être mieux disposée à faire des concessions, « pour peu de semblant que face le Roy d'Angleterre de reparer ses attentatz et d'obeir au Pape et que Sa Saincteté puysse avoir couleur avecques son honneur ».

17 août 1533.

« Sire, quant au faict du Roy d'Angleterre, vostre bon frère, j'ay faict entendre à Sa Saincteté ce que m'en avez escript et luy ay declairé comme vous ne povez non vous ressentir de ce qu'on avoit faict contre le Roy d'Angleterre. A quoy Sa Saincteté m'a respondu qu'il est très marry, qu'il n'a peu vous satisfaire de ce que tant de foys vous luy avez faict requerir; mais que ledict sieur Roy d'Angleterre l'a contrainct et presque forcé de faire ce qu'il a faict; mesmement depuys qu'il a veu que ledict Sei-

(1) Collection Dupuy, t. 547, f. 252. *Extrait. Copie.*

gneur Roy ne s'est seullement contenté de faire le mariage contre les brefz, inhibitions sur ce faictes, mays, oultre cela, a faict publier les loys, au grant detriment de l'auctorité de Sa Saincteté, et de tout le Sainct Siège Apostolicque. Et davantage, faict procedder, jusques à sentence, l'arcevesque de Canturbery, lequel se dict, en sa mesmes sentence, dont nous avions veu le double en plain consistoire, legat né en Angleterre du Sainct Siège Apostolicque, et il a proceddé contre et pardessus l'auctorité dudict Siège. Et de vray, Sire, comme je vous ay escript assez souvent, et comme celluy qui l'a veu à l'œil, la plus grand partie de tous ces Cardinaulx se desesperoient contre le Pape, s'il n'eust faict ce qu'il a faict. Et croy que Monsieur de Gramont, qui l'a veu comme moy, vous en dira autant.

Quoy qu'il y ayt, Sire, il me semble que vous ne ferez pas peu pour le Roy d'Angleterre, si vous povez arrester le duc de Norffort à ceste veue. Car, comme je vous ay desjà touché quelques mots, par les lettres que je vous escripviz dernierement, pour peu de semblant que le Roy d'Angleterre face de reparer les attemptatz et de obeir au Pape, et que Sa Saincteté puysse avoir couleur avecques son honneur de faire pour ledict Roy d'Angleterre, je vous asseure, Sire, que pour l'amour de vous et de luy, il le fera d'aussi bon cueur qu'il luy est possible. Et peult estre que, quant vous serez ensemble, il se y trouvera des expedients, qui seront malaisez à trouver, si ledict duc de Norffolke n'y est. Ce que j'en dis, Sire, n'est que pour le desir que j'ay au service du Roy d'Angleterre, ainsi que tant de foyz vous m'avez escript et recommandé. Je croy, Sire, que vous avez bien sceu, comme ledict Roy d'Angleterre a revocqué tous ses Ambassadeurs par deçà, et mandé au docteur Benoist qu'il print congé du Pape, pour s'en retourner ».

---

103. — **Copie d'une lettre de Jean de Dinteville, bailli de Troyes, à François Premier** (¹).

Londres, 3 septembre 1533.

Sire, j'ai receu les lettres qu'il vous a pleu m'escripre par Monsieur de Norffolk, lequel est arrivé le penultieme jour d'aoust. Il a satisfait le Roy, vostre bon frère, en sorte que jamais je ne le veis avoir plus grande asseurance ny plus grande amytié en vous qu'il a de present. Ledict sieur Roy, vostre bon frère, m'a demandé, si j'avoys aucunes lettres de vous, par lesquelles vous me mandissiez que, de vostre part, je tinsse sur les fons l'enfant, dont ceste Royne est grosse, pourveu que ce feust ung filz. Je luy ay fait responce que non, mais que je vous en advertiroys en toute diligence, pour en avoir et sçavoir vostre voulenté. Sur quoy, il m'a resplicqué que ladicte Royne est en tel estat, qu'il doubte son acouchement estre avant que je puisse avoir responce de vous. Monsieur de Norffolk a prins la parolle et m'a dit qu'il vous a parlé de ceste matière, en vous priant, de la part de la Royne, que moy ou tout autre de par vous, tinssions ledict enfant; ce que, Sire, il dit

(1) Collection Dupuy, t. 547, f. 260; Camuzat, t. II, f. 189.

que luy avez accordé. Et m'a prié ledict sieur de Norffolk de tenir ledict enfant, si autre de par vous n'y est envoyé, me asseurant ledict sieur que c'est vostre intention qu'ainsi je le face. Par quoy, Sire, je vous supplie très humblement me vouloir faire advertir de vostre bon vouloir, affin qu'icelluy j'ensuyve. A ce que m'a dit ledict sieur de Norffolk, le Roy, vostre bon frère, veult que ledict enfant, s'il est filz, porte le nom de Edouard ou de Henry.

Sire, suyvant la conclusion, en quoy mondict sieur de Norffolk m'a dit que estez demouré avec luy, le Roy, vostredict bon frère depescha Monsieur l'evesque de Wincester (1), pour vous aller trouver. Et par luy amplement entendrez le bon et affectionné rapport que mondict sieur de Norffolk a fait de vous et de tous voz serviteurs, du bon et honnorable traictement que luy avez fait avoir en France, dont le Roy, vostredict bon frère, et tous ceulx de sa court ont si très grant contantement qu'il ne m'est possible de le vous sçavoir donner à entendre par lettres.

---

104. — **Lettre du Cardinal de Tournon à François Premier** (').

Pise, 27 septembre 1533.

Sire, Incontinent que j'ay eu receu la vostre qu'il vous a pleu m'escripre, pour la prorogation de la suspension des censures, contenues à la sentence, qui

(1) Etienne Gardiner.
(2) Collection Dupuy, t. 547, f. 267; Camuzat, t. II, f. 11 v.

fut donnée dernierement, au faict d'Angleterre, je suys allé devers Sa Saincteté, luy pryant et requerant bien instamment de vostre part, qu'il luy pleust, à vostre requeste, me ottroyer ladicte suspension. Sa Saincteté me respondist que, quant à luy, il vouloit et desiroit faire tout ce qu'il luy seroit possible, pour l'amour de vous, mais que je sçavoys bien que c'estoit chose qu'il ne pouvoit depescher que concistorialement et qu'il faisoit grand doubte que les Cardinaulx ne feissent difficulté. Lors, je suppliay Sa Saincteté, de par vous, qu'il volust employer sa prudence à faire entendre et persuader ausdicts Cardinaulx, la bonne raison pourquoy vous, Sire, en faictes la requeste, qui n'est que pour l'envye et esperance que vous avez, de faire quelque bonne chose audict affaire à ceste veue. Et à la fin, Sire, Sa Saincteté s'est resolue, pour amour de vous, de proposer ladicte prorogation ausdictz Cardinaulx; ce qu'il feist avec tant de bonnes et saiges persuasions, qu'il n'y eust Cardinal qui peust dire le contraire. Et fut concluté et arrestée concistorialement de la date d'hier. Et de cela, Sire, vous pouvez faire entendre aux Ambassadeurs d'Engleterre, que l'affaire est asseuré pour ledict moys, et n'est jà besoing vous en envoyer aultre depesche, d'autant que cela a esté prononcé et passé par concistoire, dont on pourra lever l'acte, quand on vouldra.

Sire, il est bien venu à propoz du sejour que le Pape a esté contrainct de faire icy avec le nombre de Cardinaulx que nous y sommez; car, sans cela, il n'y eust point eu de concistoire jusques à ce que vous deux serez ensemble et ce pendant, le moys de septembre fut passé, qui estoit ce qu'on debvoyt craindre.

Sire, il faict icy si mauvais temps que voz galères n'ont jamais peu venir jusques icy, encores que Monsieur d'Albanye s'y soit essayé assez souvent. Nous sommes icy, les attendant, de jour à aultre, en grand devotion. Lesquelles arrivées, Sa Saincteté faict compte de s'embarquer le plus dilligemment que faire se pourra, de quoy Vostre Majesté sera advertye en dilligence.

Sire, je supplye nostre Seigneur de vous donner très bonne vye et longue. De Pise, le samedy XXVII° de septembre, l'an mil cinq cens trente troys.

Vostre très humble et très obeissant serviteur et subject.

F. Cardinal de Tournon.

---

105. — **Lettre de François Premier à Jean de Dinteville, Bailli de Troyes, son Ambassadeur à Londres** (¹).

Avignon, 6 septembre 1533.

Monsieur le Bailly, congnoissant très bien le long temps qu'il y a que vous estes par delà et qu'il est très raisonnable que vous faciez ung tour chez vous pour pourveoir et donner ordre à voz affaires, je vous ay bien voulu accorder vostre congié, pour vous en venir, quand bon vous semblera, et envoye en vostre lieu le sieur de Castillon (2), gentilhomme de

---

(1) Cf. Collection Dupuy, t. 647, f. 261; Camuzat, t. II, f. 9.

(2) Le sieur de Castillon, Louis de Perreau, sieur de Castillon et de Villiers en Normandie, gentilhomme ordinaire de la chambre du Roi, était valet de chambre de la Reine Eléonore, depuis le 1ᵉʳ juillet 1530. Après avoir succédé à Jean

ma chambre, porteur de cestes, avecques lequel, avant vostre partement, communicquerez entierement de toutes choses et l'advertirez de tout ce qu'il vous semblera estre requis et necessaire pour le bien de mes affaires... et vous en venez devers moy, quelque part que je soys....

106. — Lettre de François Premier à Henry VIII (1).

Avignon, 10 septembre 1533.

... Vueillez avoir ceste ferme foy et seureté en nous, qu'il n'y aura poinct de faulte qu'à ceste prochaine veue, qui se fera de nostredict Sainct Père et de nous, nous ne nous employions en vostredict affaire, tant envers Sa Saincteté que partout ailleurs, où verrons que besoing sera, en façon que vous cognoistrez clerement, par effect, que nous n'avons pas mains à cueur vostredict affaire que les nostres propres, et les demonstrations que, par effect, nous en ferons, vous en pourront porter vray et loyal tesmoignage...

107. — Lettre de François Premier à Jean de Dinteville, bailli de Troyes, son Ambassadeur à Londres (2).

Arles, 17 septembre 1533.

«... J'ay trouvée très bonne (3) la responce que vous

de Dinteville, sieur de Polizy, bailli de Troyes, il séjourna à Londres pendant la période la plus aiguë et la plus difficile à traverser, celle qui précéda et suivit l'excommunication définitive du 23 mars 1534.

(1) Camuzat, t. II, f. 9, v. et 10.
(2) Collection Dupuy, t. 547, f. 264 ; Camuzat, t. II, f. 139 v°
Original.
(3) 7ᵉ ligne.

luy avez faicte là dessus. Et à ce que vous saichez ce que vous aurez à faire, quant à ce poinct, vous pourrez dire à mondict bon frère et audict sieur de Nortfork, pour le luy faire entendre, que je desireroys singulierement, comme la raison le veult, envoyer par delà quelque notable personnage, pour l'effect dessusdict. Et s'il plaist à mondict bon frère que ainsi se face, vous le m'escriprez incontinant, et je y pourveoyray promptement. Et aussi, là, où il ne vouldroit attendre cela, et qu'il se contentera que vous tenez ledict enfant, j'entends que vous le faciez et que vous luy donnez tel nom qu'il plaira à iceluy mon bon frère. Et quant à la bague que l'on a acoustumé de donner à la Royne, ainsi que escripvez à mon cousin le grant maistre, je vous en envoyeray, par cy après, une, et ce pendant vous vous pourrez ayder, s'il vient à poinct, de celle que vous baillera mondict sieur de Norffork.

Quant à la depesche qui a esté faicte d'envoyer Monsieur de Vincestre par deçà, c'est chose que j'avoys desjà entendu, avant la reception de vostredicte lettre, et croy qu'il sera ce jourd'huy ou demain icy devers moy... Le grant maistre (1) m'a fait savoir de Marseille le xiv⁰ de ce moys, l'arrivée à Nice de ma cousine la Duchesse d'Urbin[o], et comme mon cousin le Duc d'Albanie s'en estoit retourné à lespece (2), pour aller querir Nostre Sainct Père qui se y doit rendre le xx⁰ ou xxii⁰ de ce moys. Et oultre tout cela, j'ay eu nouvelles certaines comment Nostredict Sainct Père

(1) 25⁰ ligne.
(2) La Spezzia.

partit, il y a huit jours, de Romme, pour s'en venir par terre, jusques au lieu, où Sadicte Saincteté se vouldra embarquer; qui me donne grande esperance qu'il sera de bref par deçà...

---

108. — **Copie d'une lettre de Jean de Dinteville, bailli de Troyes, Ambassadeur en Angleterre à François Premier** ([1]).

Gremyche ([2]), *5 octobre 1533.*

Sire, j'ai receu les lettres qu'il vous a pleu m'escripre du xviie jour de septembre, par lesquelles vous me faictes scavoir vostre vouloir pour le faict du baptesme de l'enfant de ceste Royne (3), dont Sire, y a jà longtemps que vous ay adverty, comme ladicte Dame a faict une fille. Je n'ay pour cela laissé à advertir le Roy, vostre bon frère, des bons et honnestes propoz qu'il vous a pleu me mander pour ledict affaire, dont ledict sieur vous en remercye cordiallement et m'a dit qu'il congnoist, de plus en plus, l'affection bonne que vous lui portez. Je l'ay semblablement adverty de la partance du Pape de Romme, suyvant ce qu'il vous a pleu m'escripre. Il luy tarde fort de sçavoir ce qui se sera fait en son affaire, à l'entrevue de Nostre Sainct Père et de vous...

(1) Collection Dupuy, 547, f. 269; Camuzat, t. II, f. 140. v.
(2) Greenwich.
(3) Elisabeth née le 9 septembre 1533.

109. — **Lettre de François Premier à Jean de Dinteville, son Ambassadeur à Londres** (¹).

Saint-Maximin en Provence, 5 octobre 1533.

... Au demourant, (2) voyans les Ambassadeurs du Roy d'Angleterre, mon bon frère, que la fin du mois de septembre dernier venoit à approcher (dedans lequel terme, icelluy mon bon frère estoit pour tumber ès censures contenues en la sentence dernierement donnée à l'encontre de luy), ils se retirarent devers moy, pour me prier de voulloir escripre à mon cousin le Cardinal de Tournon, faire instance envers Nostre Sainct Père le Pape et ailleurs, où besoing seroit, pour la prorogation de la suspension desdictes censures, ce que je feiz dès lors, dont depuys j'ay eu responce par courrier exprès. De laquelle je vous envoye le double, afin que vous le puissiez communiquer à icelluy mon bon frère, et qu'il entende par cela ce qui a esté faict, touchant ladicte prorogation. Vous advisant que j'ay envoyé la lettre originalle à mon cousin le Grand Maistre à Marseille, pour la monstrer ausdictz Ambassadeurs d'icelluy mon bon frère qui sont là. Vous advertissant au surplus que Nostredict Sainct Père fust pieçà arrivé audict Marseille, n'eust esté qu'il a faict si maulvais temps sur mer, depuis quelques jours en çà, qu'il n'y a eu ordre que Sa Saincteté se soit peu embarquer. Mais si elle ne l'est de ceste

---

(1) 7ᵉ ligne.
(2) Collection Dupuy, t. 547, f. 270; Camuzat, t. II, f. 14f.

heure, ce sera pour le premier beau jour qu'il fera. Et de Livorne, où elle doibt monter sur mes gallères, jusques audict Marseille, si elle a bon temps, elle ne sçauroit mettre plus hault de quatre ou cinq jours à venir......

110. — **Extrait d'une lettre du comte de Cifuentes à Charles-Quint** ([1]).

23 octobre 1533.

Le Roi de France a avoué au Pape qu'à son entrevue avec Henry VIII (à Boulogne), l'an dernier, il a essayé de le dissuader de se marier, ou au moins d'attendre quelque temps, mais que le Roi d'Angleterre a répliqué qu'il n'attendrait pas, parce que la Reine n'était pas sa femme. François Premier lui a ensuite demandé ce qu'il se proposait de faire de sa fille. Il a répliqué qu'elle était bien son héritière et légitime, bien que le mariage fût invalide. Cela n'empêche pas les Cardinaux français de poursuivre l'annulation du mariage.

La sentence déclarée en consistoire, le 11 juillet 1533, est contenue dans une bulle du 6 août. Elle fut remise aux mains du Roi d'Angleterre par le Nonce Apostolique et affichée plus tard par Maquet de Binches, le 19 novembre 1533, à Saint-Éloi de Dunkerque, et le vendredi 21 novembre, jour de la Présentation, à l'Eglise Sainte-Marie de Bruges.

On trouve une copie imprimée de cette bulle au British Museum, sous la cote c. 25. c. 13, des imprimés.

Le titre est le suivant:

([1]) British Museum. Add. mss. 28586, f. 42. Copie. *Résumé.*

Exemplar sive transcriptum aut copia litterarum apostolicarum S. D. N. Clementio Papæ VII, sub plumbo expeditarum, executoralium sententiæ per sanctitatem suam, nuper in favorem Serenissimæ Dominæ Catherinæ Angliæ Reginæ contra illustrissimum principem Dominum Henricum VIII, Angliæ Regem et quamdam Annam de Boland, nominatim et in specie latæ cum insinuatione seu notificatione illarum, et in eis contentorum, eidem Regi, Annæ et certis aliis in illis contentis et comprehensis, per ædictum facta.

III. — **Lettre de Jean de Dinteville, Bailli de Troyes, ambassadeur à Londres, à François Premier** (¹).

Greenwich, 2 novembre 1533.

« Sire, à ce matin, j'ay entendu par le Roy, vostre bon frère, comme ses ambassadeurs l'ont adverty, comme Nostre Sainct Père vous a dit que, pour ceste heure, il ne peult entendre ne besoingner à son affaire, à cause que le procès est demouré à Rome. Et n'estime ledict sieur Roy avoir guères bonne expédition, touchant sondict affaire. Pareillement, m'a dit qu'il est adverty que nean'moins que le Pape n'ayt encores riens faict, touchant sondict affaire, vous ne differez à luy conclure et accorder le mariage de Monsieur d'Orleans avec Madame sa niepce, qui est chose que ledict sieur Roy trouve fort mauvaise, en me ramentevant les propoz

(1) Collection Dupuy, t. 547, f. 274 ; Camuzat, t. II, f. 142.

qu'avez eu ensemble dernierement à Calais sur le faict dudict mariage.

Sire, je suis en grant peine que je n'ay nouvelles de vous, pour avoir meilleure instruction. En attendant votre intention, affin de luy sçavoir replicquer sur ces propoz, auxquelz je respons ce qu'il m'est possible, pour lui donner à entendre que, quelque chose que vous faciez avec Nostredict Sainct Père, cela ne diminuera en riens la bonne amour que luy portez, et que, si longtemps a, avez promis à Nostredict Sainct Père de faire ledict mariage, vous estes tel que pour riens ne vouldriez faillir de parolle, comme luy mesmes bien il scet; et que si vous pretendez d'avoir quelque alliance en Italie, il peult bien considerer que ce n'est pas sans grant cause ny grant raison, et que vous prevoyez de plus loing que, pour le present, ne s'entent.

Sire, je dis audict sieur Roy, vostre bon frère, tout ce que je puis, pour le garder de fascher et enuyer de cedict affaire, lequel il prent merveilleusement à cueur. Et luy semble que l'on vous a gaingné contre luy envers Nostredict Sainct Père... »

---

112. — **Lettre de Jean de Dinteville, Bailli de Troyes, ambassadeur à Londres, à Montmorency** (1).

Londres, 7 novembre 1533.

« Monseigneur, je croy que vous aurez receu la dernière lettre que vous ay escripte par un cour-

---

(1) Collection Dupuy, t. 547, f. 276; Camuzat, t. II, f. 142 v.

rier de ce Roy qui partit, il y a six jours. Depuis, je n'ay receu aucune lettre du Roy, ny de vous, dont m'esbahys fort, car cedict sieur Roy m'a dit que ses ambassadeurs luy ont escript que le Roy me mande aucune chose pour luy dire.

Monseigneur, vous aurez veu par lesdictes dernières lettres que j'escripvis au Roy les propoz que cedict Roy me tint. Ce fut en marchant et en allant depuis sa chambre jusques à la chapelle, où il alloit oyr messe. Et me vouloit faire à croyre que mes instructions portoient de luy dire que jamais le Roy ne feroit le mariage de Monsieur d'Orleans que le Pape ne depeschast son affaire, selon son intention. Mais jamais je ne luy voulu[s] accorder qu'ainsi feust, ny que jamais je luy en eusse parlé, principallement de la part du Roy. Et lui offris à monstrer mesdictes instructions. Après il me dist, que, encores que je ne luy en eusse parlé, le Roy le luy avoit promis, non à lui seul, mais aussi à la Royne sa femme, dernierement à Calais. Et en me laissant et se agenouillant devant l'aultel, me dist que, si ledict mariage se faisoit, sans que le Pape fist riens pour luy, qu'il n'auroit pas grande occasion d'estimer avoir grande amytié avec le Roy. Pendant qu'il feust à la messe, je m'en allay, en la chambre de Monsieur de Norffolk, depescher lesdictes lettres que escripvis au Roy et à vous; car le courrier n'attendoit pour autre chose. Après la messe, je ne pus parler audict sieur Roy, mais je devisay bien amplement avec Monsieur de Norffolk, auquel je remonstray comme le Roy son maistre pressoit merveilleusement le Roy et l'importunoit de beaucoup de choses, dont il sçavoit bien que le Roy prent de la peine et du soucy, plus pour cest affaire icy, que je croy qu'il n'avoit jamais fait, pour la delivrance de sa personne, ny de celle de Messieurs ses enfans. Et que s'il entendoit que ses peines et labeurs, oultre la despence qu'il fait, feussent si mal recongnues de la part de ce Roy, que je ne doubtoys point qu'il s'ennuyeroit et fascheroit. Je priay audict sieur de Norffolk et à aucuns, qui me semblent estre des principaulx du conseil de cedict sieur Roy, principallement pour cest affaire, qu'ilz donnassent à entendre au Roy, leur maistre, ce que dessus, et que l'on peult bien tant presser et fascher son amy que l'on s'en fait importun. Je leur ay pareillement dit que, s'ilz conseillent bien le Roy leur maistre, ilz doivent soubhaytter que le Roy soit grant amy du Pape, et mesmes la plus grande allyance qu'il pourra avoir avec luy sera le meilleur, pour les affaires dudict Roy, leur maistre. Car ils peullent bien entendre que, si le Roy se declare ennemy du Pape, comme ce Roy icy vouldroit sans cause ne honneste raison, Sa Saincteté se rendra entierement avec l'Empereur, quy ne sera pas amandement pour l'affaire de leurdict maistre.

Monseigneur, je vous puis bien asseurer qu'ilz sont plusieurs du conseil de ce Roy qui trouvent ces raisons dessusdictes veritables et très bonnes, et principalement Monsieur de Norffolk. Car mesmes le m'a[-t-]il confessé et advoué; mais il m'a dit qu'il trouve le Roy son maistre si très embrouillé en son cerveau de cest affaire qu'il ne se fie à homme vivant et que, encores qu'il soit le principal de ceulx ausquelz il a la plus grant fiance, il congnoist très bien que luy et la Royne sont en souspeçon bien souvent contre luy, pour l'amour de cedict affaire. Je vous promets, Monseigneur, que je croy qu'il en y a maintes par deçà et des principaulx qui seroient bien marriz que le Pape eust baillé sentence contre celle qui souloit estre Royne, car ceste icy ny toute sa rasse n'est bien aymée.

Monseigneur, j'ay nouvelles, comme Monsieur de Castillon est deçà la mer. J'espère, dimanche, le presenter à ce Roy et prandre congié de luy. Et, avant partir, luy toucheray bien avant des propoz que dessus, car je doubte que Messieurs de son conseil, ausquelz j'en ay parlé ne luy en osent dire si hardiment tel advis comme je feray, dont moy, estant à Boulongne, vous depescheray ung pacquet pour vous advertir de la response qu'il m'en fera.

. . . .

113. — Lettre de Berthereau au Bailly de Troyes ([1]).

Marseille, 15 octobre 1533.

Monsieur, vous serez, par ceste depesche completement adverty de l'arryvée du Pappe avec les gallaires du Roy en ceste ville qu'il faisoit merveilleusement bon veoir. Sa Saincteté alla descendre au jardin de Monseigneur le Grant Maistre qui est à l'entrée du port, où il couscha. Et le lendemain, qui fut dymanche, feist son entrée en ceste ville, où, le

[1] *Original.* Collection Dupuy, t. 547, f. 273. Camuzat, t. II, f. 141 v.

jour mesmes, le Roy, au soir, bien tart, qui vint coucher audict jardin, de là où il estoit jà deslogé, le vint trouver en secret en son logis qui luy a esté preparé, autant magnifique et triumphant que s'en porroit veoir. La Royne et Monsieur le Daulphin furent hyer receuz en consistoyre où le Roy avoit esté le jour de davant receu. Messieurs d'Orleans et d'Angoulesme vindrent ung jour devant la Royne et Monsieur le Dauphin pour l'accompaigner. Je croy que demain Monsieur le Légat aura son jour consistorial à cause du cardinalat. Et veez là comme tous ces jours n'ont esté que de serymonies. Demain se porra commencer à négotier, après que le Roi qui veult aller sur mer entre cy les isles avec toutes les gallaires qui sont en nombre XXVIII de prestes et qui fait très bon veoir. Le demeurant se diligente fort. J'espère veu la deliberation en quoy on est de bientost entendre à ce qui sera à traicter d'une part et d'autre, que ne porront plus tost despartir d'icy que vers la fin de ce moys. Je croy qu'entre cy Monsieur de Castillon aura prou loisir de vous aller veoir et vous de vous en venir deçà où vous serez le très bien venu.....

Berthereau.

114. — **Memoire pour le faict d'entre le Pape et le Roy d'Angleterre auquel le Roy s'estoit entremys** (1).

..... Et principalement. L'une des raisons qui avoyt mené le Roy à Marseille et qui luy avoyt

(1) Collection Dupuy, t. 33, f. 52. *Escrit de la main du Cardinal du Bellai,* d'après une note de Claude Dupuy. *Inédit.*

faict accorder l'entreveue du Pape et de luy, c'estoyt, comme j'ay dict, pour communiquer par ensemble des choses qui pourroyent toucher au bien et repos de la chrestienté et remedier aux troubles qui estoyent desjà et estoyent apparens d'estre encores plus grans en icelle. Car Pape Clement le recherchant de ceste entreveue luy proposoyt ces raisons et luy sembloyt que l'une des choses qui pour lors autant requeroyt qu'il y feust pourveu, c'estoyt à la dissension qui estoyt née et alloyt de plus en plus croissant (1) entre le Sainct Siège apostolique et le Royaulme d'Angleterre. Car il veoyt evidentement que cela pourroyt par après tirer à soy grant consequence et que, si promptement ne se y pourveoyt, le feu s'en alloyt si avant en flamme, qu'après il seroyt difficile à estaindre (2). Le Pape faisoyt grandes et continuelles instances audict Seigneur qu'il prinst cecy en main, saichant qu'il avoyst plus de moyen de persuader ledict Roy d'Angleterre que nul aultre de le faire descendre à quelques partiz. D'aultre part aussy, le sieur Roy d'Angleterre, se fyant de la foy et amytié doudit Sieur, se (3) vouloyt plus rapporter et remettre en luy de tout cest affaire qu'en nul aultre. Quoy voyant le Roy très chrestien, et luy faisant Nostre Sainct Père sçavoir par les Cardinaulx de Tournon et de Grantmont qui estoyent allez vers luy, comme dict est, pour ceste pacification, que s'il vouloyt venir à

(1) Il avait d'abord écrit : pullulant.
(2 Du Bellai avait d'abord écrit *restraindre*; puis, voulant unifier sa métaphore, il a pensé à estaindre, mais n'a barré que le premier *r*, oubliant le second. Il faut lire sans nul doute, estaindre.
(3) F. 52, verso.

Marseille, il se condescendroyt à de si grandes raisons (1) que jamais ne departiroyent d'ensemble que quelque bon expedient ne se trouvast en cest affaire; voyant donc ledict sieur ce que dict est, accorda ceste veue, esperant d'en veoir venir ung très grand fruyt et envoya vers le Roy d'Angleterre, luy faisant sçavoir ce que dessuz, le pryant vouloir envoyer quelques personnaiges auxquelz il eust toute fiance, tant pour estre tesmoings et participans de tout ce qui se feroyt en ceste entreveue, que pour povoir desduyre ses raisons, là où besoing seroyt, que aussi pour accepter les partiz qui se trouveroyent raisonnables, si bon luy sembloyt, avec povoir de capituler selon iceulx, asseurant ledict Roy de mains ne travailler en cest affaire pour l'en mettre en repoz d'esprit que si c'estoyt son propre affaire, ainsi qu'il avoyt faict par le passé. De ceste offre ledict Roy le remercya grandement et monstra d'en avoir bien grant contentement, disant que, si ses affaires povoyent porter si longue absence, luy mesmes viendroyt en personne (2) trouver le Roy pour plus facilement et promptement y trouver resolution. Mais, en faulte de ce, y envoya ceulx qui luy estoyent de plus près d'auctorité, alliance, familiarité et credict, entre les aultres, le Duc de Norfolk, le frère de sa nouvelle femme, le tresorier, etc., accompagnez des plus sçavans personnaiges de son royaulme et qui myeulx estoyent pour debattre ses raisons. Et estoient iceulx

(1) Note marginale : « Nota de sçavoir du Cardinal de Tournon plusieurs choses ».
(2) Fol. 53.

deputez guarnis de povoir bien ample et vindrent, trouver le Roy à Vuich (1) qui alloyt de là prendre son chemin par le Languedoc qu'il n'avoyt encores veu, pour, de là venù, descendre à Marseille.

[*Passage biffé*]. *Et est à noter que, prenant le Roy très chrestien en main cest affaire à la requeste des parties, sur tout leur avoit faict et faisoyt journellement instance de ne riens innover l'ung contre l'autre jusques à ce que cest accord feust du tout faict ou rompu.*

Là, furent fort honnorablement receuz par le Roy et familiairement traictez ainsi que meritoyt l'amytié des deulx roys et lieu qu'ils tenoyent envers leur maistre. Et, après plusieurs propoz et quelques journées qu'ilz eurent esté ensemble, pour l'incommodité qu'eussent eu lesdictz sieurs qui estoyent venuz à grands journées et de pays loingtains, [fut pensé] que leur meilleur seroyt, (2) avant mesmement que s'enfoncer et descendre ou pays de Languedoc, qui est pays fort chault et à eulx non acoustumé, aussi que leurs gens et chevaulx commençoyent fort à se lasser, le meilleur seroyt qu'ilz laissassent aulcuns d'eulx les plus familiers de nostre court, avec leur ambassadeur vers le Roy et qu'eulx iroyent reprendre le chemin de Lyon qui estoyt beaucoup le plus court et plus commode pour eulx, pour après venir à rencontrer le roy, là, où qui seroyt le plus à propoz,

---

(1) Vic-le-Comte, 12 juillet, ou sur la route de Riom à Vic ou à Riom selon un récit Anglais.

(2) Fol. 53, verso.

pour les ungs et pour les aultres. Si ordonna le Roy (1) grosse et notable compaignye de ses serviteurs pour les accompagner et, chef d'entre eulx, l'evesque de Paris, tous leurs amys et familiers, dont nul n'y avoyt qui n'eust esté Ambassadeur et en Angleterre et à qui ilz n'eussent privaulté et leur ordonna que, partout où ilz passeroyent, ilz feussent traictez et honnorez, comme eust esté la propre personne de Monsieur le Dauphin. Se departirent d'avec le Roy, en icelle compagnye, plains de grant esperance, tant ledict sieur qu'eulx, qu'il se feroyt quelque bien bonne chose et advertirent tous ambassadeurs, chascun respectivement leurs maistres, du bon commencement qui se veoyt en ceste matière, faisant entre les aultres les ambassadeurs du Pape, Fayence [Faenza], qui, comme dict est, estoyt venu de sa part pour conclure la veue, et communiquer de cest affaire d'Angleterre, et l'evesque de Come. Mais bientost advinst une nouvelle quy troubla bien ceste feste par la maniere qui s'ensuyt. (2).

Il est à noter que prenant le Roy tres chretien cest affaire en main, à la requeste des parties, il les prya et conjura de riens ne innover, ne attenter les ungs contre les aultres, jusques à ce qu'on veist l'yssue de ceste entreprinse, ce qu'ilz accordèrent de faire, et s'en tenoyt ledict sieur tout asseuré. Or, estant les deputez d'Angleterre venuz jusques à Lyon, ainsy qu'il[z] entroyent dedans la ville, les accompagnans les gens de ladicte ville et gouverneur, en grant

(1) [En marge : Nota. Si voulez nommer, Jean Joachim, Morette, Largerie]. Il faut lire : *Marette*.
(2) F. 54.

honneur, voycy ung gentilhomme, qui venoyt de
Rome en poste, en extresme diligence devers le Roy
d'Angleterre, qui vient dire en l'oreille au duc de
Norfoc qu'il s'en alloyt signifier au Roy d'Angleterre, comment sentence avoyt esté donnée contre
luy par pape Clement et luy en baille une petite
lettre, dont le pouvre duc demoura si estonné que
souldainement cuyda deffaillir et, ayant dict ceste
nouvelle à l'evesque de Paris, après s'estre le myeulx
rasseuré qu'il peult, se retirent secretement au logys
et commençant à communiquer par ensemble quel
remède se pourroyt trouver en cest affaire, l'evesque de Paris, qui suyvant et saichant l'intention de
son maistre estre pour le bien de la chrestienté [que]
la chose si bien commencée se continuast, feist tant
envers ledict duc et aultres deputez qu'après plusieurs disputes, ilz se contentèrent que, pour suyvre
leur première opinion qui estoyt d'aller en poste
prendre congié du Roy, pour retourner devers leur
maistre, (1) le frère de la Royne seulement y iroyt en
poste et extrême diligence et pour sçavoir ce qu'il
luy plairoyt qu'ils feissent, et Bryant iroyt vers le
Roy pour l'advertir aussi de ce qui leur estoyt sur-
venu et se plaindre de l'outraige du Pape.

[En marge : *Ici sçavoir du Cardinal de Tournon
que portoyt la sentence*].

Ils disoyent que, après que leur maistre auroyt
receu une telle honte, que d'estre condamné par le
Pape et declaré excommunié, il ne seroyt honneste
qu'eulx se trouvassent avec le Roy comme supplyans
vers ledict Pape, et disoyent que, s'ilz avoyent faict une

(1) Fol. 54, verso.

telle faulte, leur vie seroyt envers luy en très grant
dangier (1). Et, de faict, n'eust esté l'assurance que
leur bailloyt l'evesque de Paris, que ceste sentence,
qu'il presupposoyt avoir esté donnée par contumace,
se pourroyt reparer par l'ordre de droict à ceste
entrevue, et une façon de protester qu'il feist à l'encontre d'eulx, ou nom du Roy, s'ilz s'en alloyent
si souldainement, (desquels protestes ils se povoyent
couvrir envers leur maistre), ilz rompoyent, dez
l'heure, toute pratique de paction et s'en retournoyent
souldainement en Angleterre, prins qu'ils auroient
ou faict prendre congié du Roy.

La raison qui avoyt meu ledict Pape de donner ceste
sentence fut entre aultres une nouvelle qui luy vinst
que le Roy d'Angleterre, combien qu'il eust promis,
comme dict est, au Roy de ne riens innover, feist
jouer on permist estre jouées des farces dedans
Londre fort ignominieuses, ès quelles, entre aultres
choses, alloyent par les rues gens masqués, abillez
en cardinaulx, qui portoyent en crouppe des p.........
et des bardaches, choses que le Pape interpreta à
innovation et qu'il prinst à très grant despit. Et,
combien que les cardinaulx de Tournon et de
Grammont susdictz (2), feissent ce qu'ils povoyent
pour empescher ceste sentence et que le Pape mons-
trast ne la vouloir donner (3) mais qu'aux procureurs
de la veille royne, et, pour myeulx dire, aux agens
de l'Empereur et cardinaulx tenant sa part, il ne
povoyt desnyer que la matière suz le delay qui avoyt

(1) [En marge. Nota que ce narré est ung peu long].
(2) Fol. 55.
(3) En marge : « Nota de sçavoir de Tournon ».

esté baillé ne feust myse en consistoire, disant tousjours ausdictz cardinaulx françoys que nul effect ne s'en ensuivroyt et monstrant de ainsy le penser. Si est ce qu'il estoyt bien aise de laisser courir le dé et fermer les yeulx à une façon de tumulte ou commun consens que la pluspart des cardinaulx, irritez de ce que dessuz, avoyent prins ensemble de donner ceste sentence. Car, en effect, il sçavoyt bien que, mettant la matière en consistoire, elle se donneroyt, et aussy vouloyt-il qu'elle se donnast, comme disant qu'ayant sa partie et luy innové, chascun en son endroict, et luy ne demourant poinct injurié sans revenche, ils demeureroyent but à but, et, là où à Marseille les choses se abilleroyent, elles passeroyent avec plus de sa reputation. Et telle fut la poursuyte de Pape Clement, lequel ne faillit d'envoyer s'excuser au Roy de ce qui avoyt esté faict; disant la sentence n'estre procedée de sa voulenté, mais qu'il n'avoyt peu reffuser audience aux parties après tant de delaiz, mesmement sur son partement de Rome, pour le venir trouver ; car les Imperiaulx eussent cryé d'injustice, et d'autant plus luy eust esté osté de moyen de faire quelque chose de bon avec luy ; car on l'eust jugé trop partial, et que cet acte lui donneroyt plus d'auctorité de povoir faire quelque bonne chose; attendu mesmes que ceste sentence se porroyt facilement (1) rabiller par les raisons cy dessuz dictes. Le Roy receut ou monstra de recepvoir d'une part et d'aultre les raisons pour probables, ne voulant desesperer ne l'une ne l'aultre partie, et tousjours tendant à ce qu'il avoyt en-

(1) Fol. 53, verso.

commencé. Et delibera d'attendre le retour du frère de la Royne, pryant cependant et faysant instance aux parties de ne rompre d'une part ne d'aultre.

A la fin, retourna ce frère de la Royne avec les plus grandes querimonies du monde, voulant, s'il eust peu tirer le Roy de son costé contre le Pape, monstrant que luy avoyt rompu sa foy, et promesse d'(escuser)? le Roy, etc. Mais à la fin, prenant et ses collègues congié du Roy, alleguant n'estre honneste qu'ils demeurassent plus pour les raisons devant dictes, mais bien qu'ilz laisseroyent l'evesque de Vincestre (Winchester), ordinaire ambassadeur et quelques aultres docteurs instruictz de la matière et guarnis de povoir, pour attendre, puysqu'il plaisoyt ainsy au Roy de veoir si encores quelque chose se porroyt moyenner suz cest affaire. Et venans lesdicts deleguez prendre congié du Roy jusques Montpellier, de là s'en retournèrent en toute diligence vers leur maistre, prenant le duc de Norfolk la poste et usant de toute extrême diligence, afin de remedier qu'en son absence aultres ne feissent faire le sault à son maistre. Car il (1) sentoyt qu'il y en avoyt autour de luy qui ne demandoyent qu'occasion de le faire si bien rompre que plus n'y eust été de retour. Et luy monstroyt avec aulcuns aultres des plus grands du pays ne desirer aultre chose, sinon d'empescher que les choses n'en tombassent où elles sont à present tombées.

[*Note*. — Me semble qu'il sera bon faire quelque proteste pour quoy est que ceste matiere se traic-

(1) Fol. 56.

tera si amplement. Car elle est ainsi que pour ce temps on peult juger pour estre encores le temps advenir et à la memoire des successeurs tenue de grand conséquence et qui ne sera par adventure entendue, *propter studia partium*, à la verité comme elle est passée et dont la cognoissance et memoire pourra servir d'instruction à ceulx qui viendront après].

Nota que combien que les deputez d'Angleterre eussent la charge et commission susdictes, si avoyent ilz commandement d'essayer premierement, par toutes voyes, de rompre l'entreveue du Pape et de ne riens espargner de toutes façyons d'offres, feust par alliances, traictez, remissions et quittances de debtes, de tiltres et aultres choses, moyennant que le Roy ne s'abbouchast poinct avec son ennemy, comme il disoyt, declaré. Mais il ne sembla au Roy que ce feust de son debvoir d'estre venu si avant avec le Pape, de luy asseurer de se y trouver, et puys luy deffaillir, attendu mesmement qu'oultre tout ce quy a esté dict cy dessus, quand le Roy depescha d'Amyens les cardinaulx françoys (1) après la veue de Boulongne, le Roy d'Angleterre, qui avoyt secretement desiré leur depesche, avoyt, entre les aultres causes d'icelle, mys en avant au Roy de faire venir le Pape en Avignon, s'il estoyt possible, pour plus facilement le faire condescendre quelque raison (sic).

Et de faict, il ne sceut faire si grant diligence, combien qu'il la feist extrême, et que d'homme, de

---

(1) En marge : « Nota : Sçavoir de Tournon ».

l'eage dont il estoyt, qu'il ne trouvast, à son (1) arrivée (2), les choses comme prestes à rompre et le Parlement commencé, etc. Mais sa venue confortée de ce qu'il apporta de par le Roy et des remonstrances qu'il luy avoyt faictes pour dire à son maistre, accompagnées de bonne esperance et de quelque façon de protestes, arresta les choses encores ung peu et feist que la conclusion de ce Parlement se remist encores jusques à quelque temps, attendant la conclusion de ce qui auroyt esté faict à Marseille.

Je presuppose que vous sçavez comment tout alla à Marseille, et comment le Roy jura de ne jamais ouyr parler le Pape de nul affaire public ou privé que premierement celluy d'Angleterre ne feust decidé, comment après toutes concertations, declarations, à l'heure que le Roy venant pour, sur ce poinct là, et à l'instant mesmes, prendre avec le Pape, à ung soir, une resolution dudict affaire, il rencontra les Ambassadeurs d'Angleterre qui venoyent de signifier au Pape l'appellation au futur Concile, comment il trouva le Pape en colère, comment il (sic) etc.

Le Pape donc vinst à grandement se lamenter que non seulement le Roy d'Angleterre les eust tous deulx desprisez en faisant ceste innovation, mais eust grandement abusé de la couverture du Roy, car, soubz couleur que le Pape estoyt logé chez luy, au moyen de quoy et (3), soubz son umbre, Sa Saincteté donnoyt entrée indifferem[m]ent à chascun, sans

---

(1) Fol. 56, verso.
(2) En marge : « Nota sçavoir de Castillon ».
(3) Fol. 60.

user de la cerimonie que, à Rome, il est accoustumé de user à ses audiences, ces docteurs s'estoyent venuz insinuer et se presenter sans demander congié à huissier, chambrier ou aultre et avoyent faict chose qui à Rome eust esté capitale (1), c'est de luy signifier ceste appellation. (Chose que vér[i]tablement lesdictz docteurs confessoyent bien avoir faict pour ladicte raison, pensant qu'il ne leur seroyt loisible de le povoir faire ailleurs). Concluoyt là dessuz le Pape, s'estant de son costé tant voulu mettre en son debvoir et le Roy d'Angleterre faict au contraire que le Roy le debvoyt reputer pour ennemy et se mettre contre luy avec le Sainct Siège apostolique. Le Roy qui ne povoyt nyer ne excuser l'erreur qu'avoyent faicte ces deputez et voyant la principale occasion de son voyaige estre par cest acte demeurée à neant, se trouva fort ennuyé, car, à la verité, il ne povoyt nyer au Pape qu'il n'eust raison de dire ce qu'il disoyt. Et après avoir faict parler aux Ambassadeurs d'Angleterre (je croy que ce fust par vous) et veu le peu de fundement qu'il trouvoyt de leur costé (2), ne sceust faire de mains que de consentir au Pape de ne luy parler plus de cest affaire, et de venir à traicter des aultres, dont jusques là il avoyt tousjours clos le pas à tout le monde (ce qu'il consentit audict Pape pour myeulx revenir à ses attainctes et pour tousjours estoyent à renouer les

---

(1) En marge : « Il y en a quelque statut du Pape, icelle ou aultre. Cy après le diray plus amplement. »

(2) Ce mémoire paraît avoir été fait pour Châtillon, qui partit de Marseille, pour remplacer à Londres Jean de Dinteville, Bailli de Troyes, et envoyé, avant que Jean du Bellay s'y rendît lui-même, en mission extraordinaire.

choses, ainsi que se dira cy après). Mais d'en venir jusques là que de se declarer contre ledict Roy d'Angleterre, il remonstra (1) le dommage qu'il feroyt aux affaires plubliques *(sic)* et mesmement au Sainct Siège, car icele chose pourroyt advenir qu'encores y serviroyt bien ung mediateur, et aultre ne s'en povoyt trouver que luy. Aussi que, faisant suyvant icelle delaration, c'estoyt le vray moyen de desesperer ledict Roy et de le contraindre de se venir jetter entre les mains de gens dont l'alliance pourroyt estre dommaigeable non à eux deulx seulement, mais à toute la chrestienté, joinct qu'il estoyt echappé au Roy d'Angleterre de dire a quelqu'ung que, là, où le Roy son frère luy fauldroyt, au pis aller, il seroyt tousjours quitte pour reprendre sa femme, au contentement de l'Empereur, entretenant l'aultre pour s'amye, et qu'il mettroyt telz partiz en avant audict Empereur contre le Roy avec lequel il estoyt en simulté, qu'ilz le ruineroyent eux deulx ensemble. Et, de faict, c'estoyent propoz qu'il avoyt secretement concertez avec de ses plus privez et familiers.

Là dessuz on vinst à traicter mariaiges de Mons. d'Orleans et aultres choses.

Tout cela faict, après que le Roy se veyst en si grande seureté avec le Pape qu'il ne seroyt, pour soubsonneux de nature qu'il peust estre, pour entrer en opinion sinistre de luy des remonstrances qu'il luy feroyt, le trouvant bien à propoz, vinst a luy remonstrer ce qu'il luy sembla bon, pour le per-

(1) Fol. 60, verso.

suader à ne venir poinct à faire rompre contre le Roy d'Angleterre (1). Et, à la fin, convinst entre eulx, que ledict Pape permettroyt au Roy (2) que de luy mesmes il envoyast vers ledict Roy d'Angleterre se plaindre de l'outraige que luy avoyent faict ses gens, faire remonstrances amyables de tout ce qu'il luy sembloyt en ceste matiere, et à la fin venir dextrement à tomber là dessuz de renouer les choses. Ce que, le Pape voyant le danger qui estoyt de perdre totalement ce Royaulme là et le peu de moyen qu'il avoyt de le reduyre par force, non seulement [permit de le faire], mais eust à bien grant plaisir que ledict Sieur l'entreprinst, de manière que, à la parfin et, après y avoir bien pensé, luy mesmes le prya très fort de l'entreprendre, luy promettant que, là, où, dez lors, il vouldroyt envoyer vers ledict Roy, en diligence, il temporiseroyt, quant bien il arriveroyt à Rome, plus tost que la responce n'en vinst, de manière que les grandes fulminations ne se y feroyent poinct, quelque instance que les parties en sceussent faire. Pour cela, fut choisy l'evesque de Paris qui, comme dict est, avoyt eu plusieurs communications avec ledict Roy et luy estoyt bien agreable et luy fut donné charge de ne laisser nulle chose derrière qui peust servir à reduyre ce Roy là à quelque raison. Si se mist à user de toute diligence et d'autant plus qu'il rencontra par les chemins le Bailly de Troyes qui, retournant d'estre ambassadeur par delà, avoyt prins la poste pour venir en toute diligence advertir

(1) En marge : « Là se poult inserer les remonstrances ».
(2) Fol. 57.

le Roy que les choses y estoyent pour desesperées, et
que, de jour à aultre, s'attendoyt la dernière et irre-
vocable (1) sentence du Parlement contre le susdict
Pape, telle que depuys elle se y est donnée. Et, de
faict, ainsi en eust esté, ne feust que, prevoyant le
Roy là precipitation où ilz estoyent pour se porter,
avoyt pryé et persuadé Bryan, par plusieurs bons
moyens, d'aller en diligence, pour arrester toutes
choses jusques à la venue dudict evesque de Paris,
luy donnant espoir qu'il luy apporteroyt choses de
grant contentement. Et si avoyt l'on, tant par le
moyen de l'ambassadeur lors y estant que par tous
aultres moyens, adverty ceulx qui tenoyent autour
dudict Roy plus le party de l'Eglise Romaine, qu'ilz
tinssent la main que la venue dudict evesque feust
attendue, chose qui à grant paine peult estre obtenue ; car, oultre toutes aultres raisons, les ambassadeurs dudict Roy, qui avoyent faict et precipité,
comme cy après se dira, l'appellation et mys les
choses en la combustion nouvelle où elles estoyent
entrées, aigrissoyent, tant pour leur naturel que
pour leur particulier interestz, les matières à leur
povoir, craignans que se les affaires viendroyent à
estre enteduz sans passion de colère, il[z] ne vinssent à estre reprins de ce qu'ilz avoyent faict. Aussi
que, comme dict a esté, la nouvelle Royne crai-
gnoyt (2) tousjours que quelque appointement se
feist à ses despens. Item, ceulx qui estoyent nouvellement venuz en credit, comme le chancellier et

(1) Fol. 57, verso.
(2) Note : « Castillon parlera bien de tout cecy. »

CCCLXXXVIII

Cramvel, (1) estoyent ennemys capitaulx de l'Eglise Romaine. Et qui plus avoyt de force, c'estoyt que l'alliance que le Roy avoyt faicte avec le Pape le (2) rendoyt aulcunement suspect à ce Roy et plus subject à calumnie aux susdictz et à tous aultres qui ne vouloyent ne riens de bon et tranquille, ne l'amytié de ces deulx Roys estre entretenue.

Toutesfoiz, il attendict et, après que l'evesque susdict luy eut faict entendre ce qu'il avoyt en en charge de luy dire (3) et qu'il luy eust, à son povoir, rabattu de la colère en laquelle il le trouva, ilz vindrent à debattre particulièrement plusieurs choses. Le Roy se plaignoyt que le Roy très chrestien, estant joinct avec luy de si grande amytié et estroicte confederation et alliance, ayant receu de luy en son adversité secours et ayde, feust venu à s'allyer de son ennemy capital, faire avec luy traictez secretz et de grande importance, sans luy communiquer le contenu en iceulx; non content de ce, eust faict alliance et affinité de mariaige de sa prochaine, comme de son filz à la niepce de l'autre. Quelle seurté povoit il jamais prendre de luy, veu que les effects de l'ung desormais seroyent comme les effects de l'autre ! Aussi se plaignoyt que suz la promesse qu'il luy avoyt faicte de ne faire avec luy ladicte alliance ne traicté, quel que ce feust, que premierement son affaire ne feust resolu et appoincté. Amenoyt après plusieurs aultres plainctes, comme de la sentence donnée par le Pape, y presens et consen-

(1) Cromwell.
(2) Fol. 58.
(3) En marge : « Nota de sçavoir s'il fault inserer ce que je luy diz. »

tans les serviteurs et conseillers privez du Roy, et generalement y mettant et exaggerant tout ce que homme marry et malcontent peult assembler en telles matières (1). Car, à dire la verité, ceste (2) affinité le troubloyt tant qu'il n'estoyt possible de plus et estoyt une des choses qui plus le tourmentoyt pour le doubte qu'il avoyt qu'elle deust, à l'advenir, estre cause de faire pancher et incliner le Roy plus à la part du Pape que à la sienne. A tout cela fut respondu par ledict evesque en telle modestie que requeroyt de trouver l'ire d'ung prince courroucé et malcontent, de manière que les justifications de tous les actes de son maistre ne povoyent ne se treuver bien peremptoirement. Car, quant à ceste alliance et mariaige, il luy ramena en memoire que les premiers propoz en furent mys en avant par luy et ses ministres, lesquels, voyans qu'il se parloyt de faire mariaige de la niepce du Pape à [*un blanc*] vindrent à proposer aux ministres du Roy (craignans que ceste alliance là mist du tout le Pape ès mains de l'Empereur) de luy faire proposer par le Roy ung de ses enfans, et que après, luy mesmes le feist proposer. Et, combien que du commencement, il ne voulust, ainsi qu'il disoyt, sinon, par ce moyen là, rompre l'autre party, toutesfoiz depuys, quand il veit les choses ung peu avant et que le Pape vou-

(1) Que le grand regrect qu'il avoyt, ce n'estoyt de l'effect des choses advenues, mais la recordation de l'amytié qu'il avoyt portée au Roy, son frère, pour lequel il avoyt, aultre foix, offert d'exposer jusques à sa personne, ès camp de bataille, dont il appeloit et de plusieurs aultres actes ledict evesque à tesmoing, qu'il feust si mal fortuné en amys que d'avoir choisy ceste amytié, qui lui feust de si peu de tenue, et où il trouvast si peu de correspondance.

(2) Fol. 58, verso.

loyt aultre chose que parolles et vouloyt estre
resolu de si ou de non, il conseilla et prya le Roy de
se y resouldre pour l'affirmative, ce qu'il avoyt
faict à son instance et requeste ; ce qu'il n'estoyt
pour faire aultrement, et mesmement qu'il avoyt
baillé audit pape, à sa requeste, celluy de ses filz
qui estoyt pour myeulx estre moyen entre lesdictz
Roy et Pape, pour estre nepveu par alliance de l'ung
et filleul de l'aultre. N'estoyt à propoz de dire
qu'avant que faire le mariaige, il l'avoyt envoyé
pryer et conseiller de ne le faire et que c'estoyt
assez qu'il eust la (1) fille entre ses mains, qu'il feist le
traicté entre les parens sans passer oultre, soubz
couleur des cages, et après il en feroyt ce qu'il lui
plairoyt. Car l'amytié dudict Roy d'Angleterre luy
avoyt peu commander d'obliger sa parolle au Pape en
chose si peu avantaigeuse pour luy et pour son filz,
ou, pour myeulx dire, si desadvantaigeuse pour tous
deulx. Cela ne luy povoyt commander de rompre la
parolle et foy que, à son instance, il avoyt baillée.
Et failloyt ou qu'il ne le luy feist promettre ou estre
promis qu'il trouvast bon qu'il l'accomplist. Mauvais guerdon d'amytié seroyt que l'amy ne se con-
tentast de faire dommaige à l'amy, mais qu'en ce
faict mesmes il luy feist recepvoir honte. Toutes
aultres choses vouldroyt faire pour luy le Roy, fors
que de y engaiger son honneur et sa conscience.
Ceste mesmes raison solvoyt (2) ce qu'il disoyt que le
Roy, ayant le Pape entre ses mains, ne le debvoyt
laisser eschapper que premièrement il ne luy eust

(1) Fol. 59.
(2) *Souloyt*, dans le mss., est évidemment écrit pour *solvoyt*.

faict faire, en chose si raisonnable, ce que son amy demandoyt (c'estoyt la declaration du divorce), et que luy, ayant eu telle occasion de luy satisfaire, en chose si importante ne luy eust voulu faillir. Car, quant à estre la chose raisonnable ou non, il n'en estoyt le juge pour condamner le Pape ou [l']absouldre. Et quand bien il le seroyt, il ne vouldroyt user de puissance ne jurisdiction envers celluy qui, par amytié et se fyant de luy, s'estoyt venu mettre entre ses mains. Car (1) de violer ce droict d'hospitalité, droict, de nature, divin et des gens, il ne le vouldroyt faire, non à ung Pape quy est tenu pour père commun de la chrestienté et envers quy en riens ne l'a offencé; mais à ung infidèle, à ung tyrant et son ennemy ne le vouldroyt seulement le faire, sans en recepvoir grant guerdon, mais ne vouldroyt commuer ceste desloyaulté avec le bien universel de tout le monde, et si n'estoyt qu'il supportoyt en cela la passion extrême, esmeue par advanture de quelque raison et des injures qu'il pretendoyt avoir receues du Pape, comme, à dire la verité, il en avoyt receu aulcunes, mais quoy que ceste passion extrême qu'il veoyt parler par sa bouche, et non par son naturel jugement et raison.

Je ne sçay, dit le Roy, que, une aultre foix, je debvroys penser de vous, car qui fault d'honneur et promesse envers l'ung peult bien puys après faillir envers l'aultre.

Laissast donc le Roy d'Angleterre de refreschir ces propoz et ne usast de reproches envers le Roy qui à luy mesmes ne seroyent guèrez honnestes et

(1) Fol. 59, verso.

lesquelles il desplairoyt au Roy estre divulguées pour avoir l'honneur de son filz, en rec[ommand]ation (1) comme le sien mesmes. Et aussi que là où il continueroyt, il feroyt que le Roy estimeroyt desormais son amytié moins qu'il n'avoyt faict par le passé. Car le premier poinct et règle d'amytié mesmement entre grans princes, c'est d'avoir foy, honneur et parolle. Là où cela deffault, ne se peult nommer ce sainct nom d'amytié, qui ne merite estre compleié, sinon entre les bons. Quant à la promesse qu'il disoyt avoir faicte de ne jamais (2) entrer (3) en propoz de traicter alliance ne aultre chose de consequence, que premierement l'affaire dudict Roy ne feust depesché, c'estoyt chose que voluntairement, sans obligation et aussi sans requeste, il avoyt promise et aussi voluntairement et fidelement executée; et de cela en appelloyt tout le monde à tesmoing, que jamais ne vouloit ouyr parler de nul affaire, ne en general n'en particulier, combien qu'il en eust assez à decider avec le Sainct Siège, jusques à ce que les faultes de ses agens destinés là, par commission et commandement exprès de luy et monstrant ladicte commission, rompirent la broche

(1) *[manuscript shorthand]*

(2) « Et ces choses respondoyt ledict evesque de la part du Roy, non comme à propoz nouvellement proposez audict evesque par le Roy d'Angleterre, mais pour ce que ledict Roy, ou ceulx cy mesmes ou semblable partie avoyt tenuz à l'ambassadeur du Roy, et partie avoyt faict tenir au Roy par les siens. Pour ce dist l'evesque : A ces propoz je ne ai la charge de vous respondre pour aultantique; desjà en avez tenuz de semblables ».

(3) Fol. 61.

à tout le negoce, sans en advertir ne luy ne ses gens, à l'heure et au poinct que l'affaire avoyt esté si longuement debattue d'une part et d'aultre, ainsi que ses gens sçavoyent, et tellement conduyct par luy, qu'entrant chez le Pape, pour le conclure, au contentement de chascun et à son advantaige de luy, il trouva, en haste partans, ceulx qui venoyent de le rompre avec tel vitupère et tort faict à luy, que ses ennemys ne luy en eussent sceu faire davantaige. Et pour ce qu'encores avoyt ledict Roy adjousté, parlant à quelqung, que le Roy luy avoyt promis de jamais ne faire ce mariaige sans son consentement exprès, et qu'en ceste promesse luy avoyt failly, des aultres choses qui ne touchoyent son honneur il estoyt pour en pardonner une bonne partie à la passion et colère de son frère. Mais quant à ce qui touchoyt son honneur, il n'y avoyt homme ou monde à quy il en laissast passer le gros d'ung cheveu, et pour ce le prioyt en fraternité et amytié que s'il avoyt tenu ce propoz, qu'il s'en deportast. Car, s'il y vouloyt perseverer, il sçavoyt bien ce qu'il avoyt accoustumé de respondre quant on le chargeoyt de son honneur, et en avoyt veu, peu d'années au precedent, l'experience, et que luy n'en povoyt pas moins attendre. S'il vouloyt vivre avec luy, etc. ».

115. — **Memoire des poincts que Monsieur du Bellay, Evesque de Paris, aura à toucher au Roy d'Angleterre** (¹).

Novembre 1533.

« En premier lieu, luy fera entendre la deliberation

(1) N° 23515, f. 81-94. *Copie.* — Fonds du Trésor des Missions Etrangères. *Instructions des Ambassadeurs. Inédit.*

que le Roy avoit prise, sur le departement de Marseilles et encores au precedent, d'envoyer ledict de Paris devers luy, pour luy faire particulierement et par le menu, entendre tout ce qui s'est faict pour le traicté, et conclud entre Nostre Sainct Père le Pape et luy, non seulement en ce qui peut toucher particulierement le faict dudict Roy d'Angleterre, mais generallement de toutes choses qu'ils ont, durant tout le temps de leur assemblée, communiquées par ensemble, comme à celluy qui a tousjours jusques-icy esté de luy estimé comme soy mesme, et auquel il n'a voulu estre cellée et cachée aucune chose de tout ce qu'il a en son cœur, depuis la conjonction et fraternelle amitié qu'ils ont prise et arrestée ensemble. Et esperoit bien ledict Seigneur rendre tellement sondict bon frère capable des grands et recommandables offices qu'il a faicts pour luy à cette veue, oubliant et laissant derrière ses propres affaires, pour y preferer ceux de sondict bon frère, qu'il en rapporteroit de luy un grand contentement, et augmentation de bonne volonté; mais estant sur la depesche dudict de Paris, il a esté adverty par ses ambassadeurs, estans en Angleterre, que tant s'en falloit que sondict bon frère eust connoissance de l'obligation, où il pensoit l'avoir mis, que, ouvertement, et à visage descouvert, il venoit à se plaindre de luy, comme s'il eust, en ce qui a touché l'affaire qu'il a avec Nostre Sainct Père, moins faict que ne requeroit le devoir de l'amitié et fraternité qu'ils ont ensemble; chose que ledict Seigneur a trouvé et trouve si estrange, et tant esloignée de la reconnoissance ou bon gré qu'il en attendoit, qu'il a tenu à bien peu qu'il n'ayt oublié la depesche dudict de Paris, avec toute la charge que desjà luy avoit baillée, ne pouvant comporter en son cœur que celluy qu'il tenoit, ainsy qu'il est dit, comme soy mesme, et avec lequeil il croyoit avoir assis un perpetuel fondement d'indissoluble amitié, telle qu'en icelle ne peut jamais tomber tant soit peu de soubçon, doute ou deffiance, vint non seulement à ne compter pour rien tous les labeurs et sollicitudes qu'il auroit prises pour la radresse de ses affaires, avec telle perte qu'il sera declaré cy dessous, mais qui pis est, à se persuader le rebours de ce qu'il auroit faict, prenant ses diligences, et ses bons offices pour mauvais. Toutesfois, considerant depuis que, à tout le moins, par ladicte depesche, feroit si bien au long et par le menu entendre à sondict bon frère les choses, qui par aventure ne luy auront esté si particulierement declarées, l'ignorance desquelles le pourroit avoir mis en cet[te] erreur, ayant aussy regard que le vray office d'amis est de quelquesfois supporter les apprehensions, les uns des autres, sans les prendre trop à l'estroict, il a bien voulu, à la fin, se condescendre à la premiere opinion de depescher ledict de Paris, veu mesmement qu'il avoit desjà dict à Monsieur Briant, quand il print congé de luy, qu'il feroit icelle depesche.

Sur le propos que dessus, ledict de Paris luy viendra à reprendre plusieurs poincts, chacun au poinct et à l'endroit qu'il verra estre le plus à propos, et entr'autres luy ramenera en memoire la cause premiere et mouvante du mariage de Monsieur d'Orleans, et que luy fut, au commancement, des principaux autheurs de le proposer, lors qu'il estoit question du mariage d'Escosse à la niepce de nostre Sainct Père, et que, encores qu'au dict commancement, ce ne fust par aventure l'intention arrestée de l'un ny de l'autre desdicts Roys, d'amener les choses jusques à execution, toutesfois fut advisé entre eux dernierement à Calais qu'il y seroit procédé sans feintise, mesmement là, où Sa Saincteté voudroit venir par deça, tellement que la chose fut si avant conclue et arrestée qu'à cette heure ledict Seigneur ne pouvoit de moins que la parachever et consommer, s'il ne vouloit estre estimé Prince sans foy. Et luy semble bien que qui l'en auroit voulu retirer, estans desjà les choses si avant, et où tant y alloit de sa parolle et de son honneur, auroit faict trop bon marché de la foy et honneur dudict Seigneur, de laquelle foy, honneur et conscience il faict tant de compte et d'estime, qu'il ne voudroit, pour tous les biens de ce monde, y tourner ny changer propos ou volonté. De toutes autres choses qui ne toucheront que la vie, elles demeureront tousjours prestes à exposer pour ses amis, principallement pour ceux qui luy seront tant imprimez dedans le cœur par amitié qu'est le Roy son bon frère. Et pour ce, que d'huy en avant sondict frère advise bien, et pense meurement, devant que de le faire entrer en un chemin, où il y aille de sondict honneur; car autant lui seroit difficile d'en sortir et de s'en retirer, et n'est chose qu'il voulust faire pour personne du monde.

Item luy sera ramené en memoire combien ledict Seigneur a pensé faire pour luy de faire venir par deçà Nostre Sainct Pere le Pape et combien sondict bon frère a faict de cas que cella se peust conduire, la peine que ledict Seigneur y a prise, la despense qu'il n'y a voulu espargner, jusques où il a voulu employer ses amis et serviteurs, pour satisfaire à l'entreprise qui sur ce en avoit esté faicte à Calais, sur laquelle entreprise fut lors fondée la depesche des Cardinaux François dont ledict sieur Roy son bon frère fut le principal autheur.

Et n'est à oublier que, depuis l'arrivée desdicts Cardinaux, les choses commancèrent à se renouer et reduire, envers Nostre Sainct Pere, à si bons termes que ledict Roy d'Angleterre monstra de prendre à grand benefice, attendant que l'on peust mieux faire; au surplus que Sa Saincteté n'innovast rien à l'encontre de luy, ce qu'il promit de faire sur la promesse qu'il luy fit reciproquement, que sondict Seigneur bon frère n'innoveroit aussy rien de son costé, et fut gardé et tenu inviolablement par Sadicte Saincteté; mais là dessus ledict Roy veut faire des innovations telles et si importantes, que ç'a bien esté contre l'esperance de tout le monde que ledict Seigneur ayt pu arrester Sa Saincteté et empescher qu'il ne s'en ressentist, de la sorte qu'elle avoit deliberé de faire, et sera bien à touscher là dessus le tort qu'il fit audict Seigneur le Roy son bon frère. (F. 85).

Et pourra dire ledict de Paris audict Roy d'Angleterre qu'il n'est possible de plus mal entendre son affaire qu'a faict luy ou ses ministres; car là où il se fust conduit en la sorte qu'il nous avoit esté advisé à Calais, ou à tout le moins qu'il eust souffert rebailler ce qui depuis a esté gasté, Nostre Sainct Père le Pape perdoit tout le moyen qu'il a eu, jusques à present, de gratifier à l'Empereur, en l'affaire d'icelluy Roy, et estoit contrainct par les moyens tenus par le Roy luy gratifier en sondict affaire, et consequemment se mettre totallement contre l'Empereur; Là, où, s'il a tant soit peu de volonté de demeurer lié avec luy, ledict Roy d'Angleterre luy en a baillé le moyen; et a de cette heure nostredict Sainct Père beau jeu à se valloir envers icelluy Seigneur, pour n'avoir gratifié audict Roy en façon du monde, et est bien pour en attendre de luy un grand gré et contentement, de sorte qu'il peut se dire que ledict Roy d'Angleterre luy a donné de luy-mesme un moyen et excuse qu'il n'eust sceu trop achepter et dont Nostredict Sainct Père ne voudroit tenir grande chose.

Aussy luy faudra ramentevoir, comme l'un des principaux points, que sur les propos de cette entrevue, ledict Roy d'Angleterre estoit en volonté de s'y trouver en personne, mais à la fin, ne le pouvant porter la commodité de ses affaires, dit y vouloir envoyer homme qui y tint son lieu et y fust comme un second luy mesme, qui fut Monseigneur de Norfolk. La raison pourquoy il s'en retourna, se devra desduire, si n'y faudra[-t-]il obmettre, qu'estant le dict de Norfolk et autres serviteurs dudict Roy d'Angleterre en opinion, que de remedier à la sentence donnée à Rome seroit chose impossible, leur fut monstré evidemment qu'encore s'y pourroit-il pourveoir, moyennant qu'il s'y trouvast quelque personnage garny de pouvoir, vouloir et suffisance, et fut faict instance audict de Norfolk, d'ainsy le persuader au Roy d'Angleterre, telle et si grande que le Roy ny homme de son conseil ne doutoit qu'ainsy ne fist; car la façon, dont ledict sieur prenoit cette affaire en main, méritoit bien qu'en cella il trouvast correspondance de ceux ausquels l'affaire touchoit de si près. Et de faict n'y avoit celluy qui peust se persuader le contraire, attendu mesmement que M. de Vincestre [Winchester] qui fut envoyé depuis l'arrivée dudict de Norfolk en Angleterre, disoit estre venu pour faire tout ce qui luy seroit ordonné par ledict Seigneur; qui estoit assez à penser qu'il estoit garny de ce qu'il fault à un serviteur, qui parle de faire et non pas de ne rien faire; car pour l'un, il fault estre garny des choses necessaires à quelque chose faire; pour l'autre, il ne fault rien, sinon ce qu'il apporta, c'est-à-dire rien. Toutesfois ledict Seigneur, sans avoir esgard à ce que dessus, et plus ayant de consideration à l'amitié qu'il portoit à son bon frère, qu'aux erreurs evidentes qui luy estoient faites en cet endroict, ne laissa de mouvoir la pratique envers Nostre Sainct Père, telle et si haulte, qu'il amena Sa Saincteté jusques à ce point, que de luy accorder de faire tout ce qui se pouvoit adviser, pour le contentement et satisfaction de son dict bon frère. En quoy usa ledict Seigneur d'icelle sincérité et patience qu'il ne voulut jamais, en façon du monde, entrer ny faire entrer, avec Nostredict Sainct Père, en negociation ou pratique de leurs communes affaires, que preallablement cestuy là ne fust vuidé, protestant à Sa Saincteté qu'il n'en seroit jamais autre chose, et temporisa tant et si longuement, que facilement pouvoit cependant venir un nouveau pouvoir d'Angleterre que ledict de Vincestre disoit avoir envoyé querir et poursuivre; mais quand tout fut bien longuement attendu, à la grande foulle (1) dudict Seigneur et de toute sa suite, il ne vint ny pouvoir, ny vouloir, ny chose dont ledict Seigneur se peust aucunement ayder pour l'exécution de sa bonne volonté; tellement qu'il est peu de princes ny personnes de beaucoup moindre estat qui ne se fussent à la longue lassez de voir faire si peu d'estime de tant de labeurs pris, et continuellement employez en une seule affaire. Toutesfois, pour cella ne voulut ledict Seigneur diminuer ny tant soit peu rabattre de l'affection qu'il avoit en la matière, ne voulant souffrir que, pour faute de bons ministres, et peu directement conduisans, ainsy que de longtemps il est apparu, l'affaire de leur maistre, son amy, vint pour cella en rompture, et va plus gaillardement que jamais poursuivre sa pratique, et l'a amenée jusques au poinct que pourra dire, par le menu, ledict de Paris, et desjà en estoit jusques là, qu'un soir, il se devoit trouver avec Nostre Sainct Père le Pape, pour en prendre une bonne et certaine resolution, quand il trouva, à l'abord qu'il fit à Sa Saincteté, que les agens de sondict bon frère venoient de luy signifier leurs appellations, et luy intimer le concile; chose qui (2) mist Sa Saincteté, et non sans cause, en tel desespoir et depit qu'il n'est possible de plus. Et est bien à penser combien le Roy de sa part s'en trouva ennuyé et fasché quand il veit qu'autant qu'il pouvoit faire en huict

(1) Piétinement, oppression, violence, mal.
(2) Le mss. porte : *nuist à.*

jours pour l'affaire de son bon frère, ses propres agens et ministres le defaisoient en une heure. Et d'autant plus luy sembla la chose non seulement estrange, mais encores injurieuse, que lesdicts ministres, sans l'en advertir, vinssent faire un deffy à celluy qui s'estoit en seureté venu mettre en sa maison pour le voir; chose qu'ils n'eussent, par leur confession mesme, osé faire ailleurs. Sans lequel deffy et le desdain, où ils mirent Nostredict Sainct Père, c'estoit chose totalement conclue et arrestée qu'il se resoudoit à tel poinct, que ledict Roy d'Angleterre eust eu grande matière de se contenter, et ne sera oublié, parmy ce, le docteur Espagnol.

Et là dessus, pourra ledict de Paris remontrer l'ennuy que ç'a esté au Roy, de voir les affaires de son amy parfaict estre ramenées à tel train, et en tant qu'à luy touche, la perte que ce luy a esté à luy mesme, qu'ils ayent esté conduits de telle sorte; car il fault entendre que, à luy, s'est picçà encores à l'heure presente, ainsy que sçait sondict bon frère, presentée la delivrance de Livorne, Parme, Plaisance et autres de plus grande importance, il n'en a sur la descouseure de l'affaire de sondict bon frère voulu faire instance quelconque. Et, voyant qu'il ne pouvoit redresser ledict affaire, n'a voulu entrer en aucun advancement des siens, de sorte que pour le respect qu'il a porté à son amy d'une part, et sa parolle de l'autre part, par laquelle parolle il estoit obligé à parachever le mariage jà commancé, il se peut dire qu'il a pris une fille comme toute nue pour bailler à son second fils; chose toutesfois qu'il a si volontiers et si patiemment porté pour le bon gré qu'il pensoit avoir faict un grand guain, en faisant cette perte, dont d'autant plus à cette heure trouve[-t-] il estrange et mauvais qu'au lieu dudict bon gré et contentement, il n'en trouve que mal contentement. Et semble bien audict Seigneur que sondict bon frère luy donne en cet endroit grande occasion de s'en lamenter. Et n'oubliera à dire audict Roy d'Angleterre le danger où sesdicts ministres ont mis le Roy de donner soubçon à Nostre Sainct Père qu'il fust cause ou consentist secrettement à l'oustrage qui luy estoit faict en sa maison, disant qu'ils n'estoient là pour Sa Saincteté, ny pour rien negotier avec elle, mais seulement pour faire ce que ledict Seigneur leur commanderoit, et rien davantage.

Et si aura ledict de Paris à remonstrer audict Roy d'Angleterre qu'il ne faut qu'il pense le Roy son frère de si peu de jugement que, aux conferences qu'il eut avec ses ambassadeurs estant à Marseilles, il ne connust aisément n'avoir envie que rien ne se fist ny traictast avec Nostredict Sainct Père de son affaire; tellement qu'après plusieurs interrogatoires et remonstrances qu'il leur fit et que, à la fin, il voulut leur dire : quand tout est dit, je voy bien que le Roy mon frère, quelque instance qu'il me fasse de moyenner son affaire avec Nostre Sainct Père, n'a point d'envie qu'il s'en fasse rien ; ils ne respondirent de non et se prindrent à sousrire, comme s'ils eussent volontiers confirmé la parolle dudict Seigneur, s'ils eussent osé. Mais pour cella ne se voulut-il refroidir de sa bonne volonté, ce que paraventure guières d'amis n'eussent faict; car c'est chose bien forte à porter de faire, en l'affaire de son

amy, et entreprendre de faire tout ce qui s'y peut
imaginer et penser, et n'en rapporter ny gré ny
grâce, mais, au contraire, toute desfiance et soubçon,
jusques à n'en vouloir dire clairement sa fantaisie.
Là luy dira ledict de Paris, comme de luy mesme,
que pour l'honneur de Dieu, s'il veut conserver
l'amitié du plus puissant Roy et meilleur amy de la
Chrestienté, qu'il n'use pas, d'icy en avant, de ces
estrangetez et soubçon envers luy, et vienne moins
encore estre mesconnoissant de son amitié, et des
effects d'icelle, car estant Prince de cœur, comme il
est, il n'est rien qui tant l'outrast, et le contraignist à
se desperer que, là où il aura liberallement et franchement faict plaisir à son amy et oublié ses propres
commoditez, pour servir à celles d'autruy, on ne
daignast non seulement luy en sçavoir nul gré,
mais encore s'en mal contenter et se plaindre. Et
deduira là dessus, sur la nature et la volonté dudict
Seigneur, les choses concernant le propos, ainsy
que il verra estre à desduire. Et ne faudra de luy
ramentevoir là dessus, comme de luy mesme, les
soubçons, qu'en cas pareil il a euz cy devant, des
negociations faictes par ledict Seigneur avec le
Roy d'Escosse. Lesquelles encore qu'il fist pour une
seulle fin, ainsi qu'il appert, c'est à sçavoir, le divertir
de l'alliance de l'Empereur, et garder que par ce
moyen il ne fist entreprise qui peust estre domma-
geable et enuieuse audict Roy d'Angleterre,
comme du seul endroit dont plus luy peut venir de
fascherie, neantmoins il n'a jamais cessé de se plaindre, et de jour en jour prendre nouvels soubçons

de tout ce qu'il voyoit faire devant luy, ne prenant en payement nulle demonstration qu'il peut voir au contraire.

Après que les propos de cy dessus et autres semblables auront esté tenus par ledict de Paris, et selon qu'il verra le temps opportun de ce faire, il pourra remonstrer audict Roy d'Angleterre, tant au nom du Roy que comme de soy mesme, l'estat de ses affaires, et le danger où il va mettre sa postérité, ny pourvoyant par le conseil de ses amis, et alleguera là dessus les raisons qu'on luy laisse à desduire, et n'obmettra l'offre que fit, sur la fin, Nostredict Sainct Père au dict Seigneur, se sentant si outragé de l'inthimation que dessus, c'est que seulement il laissast faire l'Empereur et Sa Saincteté à l'encontre de sondict bon frère, et lui offroit de luy faire mettre la Duché de Milan entre les mains; à quoy il respondit que, qui ce fust qui courroit sus à sondict bon frère, il estoit pour le soutenir jusques au bout, et ne l'abbandoner jamais, mais recommancea, comme auparavant, à exhorter Sa Saincteté à oublier les choses passées et r'habiller le tout, au contentement de l'un et de l'autre; n'oubliant rien non plus qu'il avoit faict auparavant de tout ce que là dessus luy en falloit remonstrer, mais bien est-il vray qu'il n'a tant sceu faire qu'il n'aye laissé Sa Saincteté autant picquée qu'il est possible.

Finablement, après toutes remonstrances faictes par ledict de Paris, et qu'il aura là dessus ouy tout ce que ledict Roy d'Angleterre luy aura voulu dire, expliquer ou excuser, et qu'il verra l'opportunité estre venue d'entamer propos, ou, s'il peut, de le faire entamer par icelluy Roy d'Angleterre, il viendra aux poincts qui s'ensuivent, de rejoindre et reunir icelluy Roy avec Nostre Sainct Père et le Sainct Siège apostolique, luy proposant les mesmes moyens dont il a esté parlé à Marseilles et autres qu'il verra estre bons et raisonnables, de sorte que, l'une part et d'autre, les injures ou attentats faicts ou receus soient doucement reparez, ou qu'ils demeurent bons amis, et y fera ledict de Paris, jusques à l'extremité, tout ce qui luy sera possible, n'oubliant à luy offrir de faire, entre eux trois, une bonne confederation et ligue deffensive. Toutesfois, là où il n'y verra ordre, et que icelluy Roy demeurera totalement fasché et arresté là dessus de n'en rien faire, il ne laissera pour cella de le faire entrer, par de bons moyens et propos, de [en] continuation de bonne amitié et fraternité avecq le Roy, et de luy faire consentir que là où (1), à cause du faict du mariage et des censures qui en sont emanées et autres dependances d'icelluy, il luy seroit faict guerre par quelque Prince ou Potentat qui soit, en ce cas il luy aydera et le soustiendra envers tous ceux qui le voudront assaillir, suivant les traictez et convenances qu'ils ont ensemble, moyennant et pourveu qu'il luy soit faict par ledict Roy d'Angleterre le reciproque, suivant lesdicts traitez et convenances.

Et luy dira que, suivant l'advis qu'il luy a cy devant par plusieurs fois donné et encore fraischement par Beauvais, il est deliberé d'en faire, en brief, proceder avec le Roy d'Escosse, au mariage pour-

(1) Le copiste a écrit par erreur, « qu'il a ou ».

parlé entr'eux, affin d'empescher que, de ce costé là, l'Empereur ne luy gaigne un ennemy qui eust moyen de le molester et mettre en peine, et là dessus mettra peine de faire entrer ledict Roy d'Angleterre en propos d'une veue entr'eux deux à ce printemps, et qui pourroit conduire les choses, en sorte que ledict Roy d'Escosse s'y trouvast, et qu'entr'eux trois se fist une bonne ligue deffensive. Ce seroit chose que ledict Seigneur trouverroit [bonne], et de sa part mettroit peine de la conduire avec ledict Roy d'Escosse, affin de mettre toutes choses en bonne seureté, de ce costé là. Mais il n'oubliera à luy dire qu'en ces choses où ils auront affaire ensemble, il luy fera plaisir, d'huy en avant, de luy envoyer autre instrument que l'Evesque de Vincestre, pour l'avoir jusques icy trouvé, si peu garny de bonne volonté, en toutes leurs conferences, tant à cette heure qu'au precedent, qu'il ne peut penser qu'il ayt guières bonne intention au bien de l'un ny de l'autre.

---

116. — **Lettre de Gardiner (Evêque de Winchester) à Henry VIII. (sans date). De Marseille après l'appel au Concile Général** ([1]).

« — then needeth. But yf my brother thinketh it expedient for hym to have the pope for hym, as he told me he dyd, he may not thinke that, the pope holdinge his peace at the sentence given by the Archbyshopp of Canterbury, will confesse hymself therein no pope, and be made such a fole as he will apply to lose his preeminence and authority by

[1] Br. Mus. Arundell, mss. 151, f. 192. *Letters and papers*, t. VI.

entreatye. As, for the acte of mariage, I had found meanes for to stop that, but as for the sentence of th'Archbishop of Canterbury, I was never privy thereunto, and I was sory when I heard it and, assure my brother of my behalf this, that that sentence of th'Archbishop not beinge annulled, he shall never obtaine the Pope. But, for defense of his jurisdiction, the pope shall call help of the Emperor and all Christendom, or he geve place or then too. And yet, quod he, yf ye had brought a proxye, as was devysed whereby to knowledge the popes jurisdiction, it shold have byn well. « That proxye, quod I, the bishop of Winchester, is not so necessary. » « No, quod he, ye will have me doe for you, and when I and my counsell devyse after what waie me may doe, ye regard us not therein, but of yourself doe thinke clearely contrary, and as fast as I study to wynne the pope, ye study to lose hym. And of such effecte, as in your intimation nowe made, yet to the worst purpose that cold be devysed; Which yf I had known before, ye shold never have done it. I went, quod he, to the pope to take a conclusion in your matters, and, when I came there, I founde one making the intimation, which when the pope had told me of what sort it was, I was greatly ashamed, quod he, that I knewe soe little in it, and the pope, whom I had handled before and brought to soe good pointe, that I could not, for shame, desire any more. Ye see, quod he, the effecte of all your desires. They refuse that shold receive. The kinge of England will not that I shall meddle in it. I, the bishop of Winton, desired the French kinge to remember that, whatsoever it be that is done, we told hym of it before, and, with his consent, have done it. « Ye told me of it, quod he, but I understood not soo far as I doe nowe » « Ye require, quod he, a General Counsaile, and that the Emperor desireth, and I goe about to bringe the pope from the Emperor, and you to drive hym to hym. And can my brother call a counsell alone ? quod he. » « Ye have clearly mared all. » And wringinge his hands, wished that rather then a deale of money, he had never meddled in that matter. « I desired, quod he, to have a proxye sent, and that was not only left behinde, but also, in lieue of that, an intimation sent. « Sir, quod I, the bishop, there is more foundation made upon this proxye than needeth ». Why soe ? quod the French kinge, was it not ever meant soe first, quod he. « My brother shold save, etc. (1) ».

116 bis. — Gardiner à Henri VIII (²).

« Si mon frère pense à propos pour lui d'avoir le Pape de son côté, comme il m'a assuré qu'il le désirait, il ne peut lui venir à l'esprit que le Pape, gardant le silence, sur la sentence rendue par l'archevêque de Cantorbéry, avoue par là n'être plus Pape et commette la folie de s'appliquer à perdre sa prééminence et son autorité. Pour le fait du mariage, j'avais trouvé moyen de tout arrêter, mais quant à la déclaration de Crammer, jamais on ne m'en avait parlé, et j'ai été peiné de l'apprendre. Donnez bien

(1) Winton letters.
(2) Ar. mss., t. 151, f. 192, B. M. Traduction française.

à mon frère l'assurance qu'il n'y a rien à obtenir du Pape, avant la révocation de la sentence portée à Cantorbéry, car pour la défense de sa juridiction, le Pape demandera le secours de l'Empereur et de toute la chrétienté. Si au moins, comme on vous l'avait conseillé, vous aviez envoyé un procureur pour admettre la juridiction du Saint Siège, vous auriez bien fait. » Mais, dit Gardiner, un procureur n'était pas nécessaire. « Non, répartit François, vous voulez que je m'emploie pour vous et quand mon conseil et moi nous devisons le meilleur moyen de réussir, vous n'y avez aucun égard et vous songez par vous-même juste à l'opposé. Dès que je m'applique à gagner le Pape, vous travaillez à l'indisposer et avec un résultat tel que vous venez de l'obtenir par l'intimation que vous venez de faire (appel au Concile général). C'est bien le pire que vous ayiez pu avoir l'idée de faire, et si j'en avais été prévenu, jamais vous ne l'auriez faite. Comment, ajouta le Roi, c'est dans le moment où je me rends chez le Pape pour en arriver à une conclusion en notre faveur que je trouve l'un d'entre vous faisant cet appel !

Aussi quand le Pape m'en a fait part, j'ai été honteux d'être si peu au courant. Le Pape que j'avais si bien manié auparavant et amené à des concessions si grandes, que j'aurais eu honte d'en demander plus m'a dit avec raison : vous voyez l'effet de tous vos désirs. Ils refusent ce qu'ils devraient recevoir. Le roi d'Angleterre ne peut désirer que je lui serve de médiateur ».

L'évêque de Winton répondit : « Le Roi de France

aurait-il oublié que nous l'avons prévenu de tout ce qui s'est fait et que nous n'avons agi qu'avec son consentement ». « Vous m'avez parlé de cela, mais je ne l'ai pas compris comme je fais maintenant. Vous désirez un Concile général, mais l'Empereur le désire aussi, et tandis que je cherche à détacher le Pape de l'Empereur, vous le lui ramenez. Mon frère peut-il à lui seul convoquer un Concile? Vous avez tout gâté. » Et se tordant les mains il ajouta : « J'aurais préféré perdre une grosse somme d'argent plutôt que de me mêler de tout cela. Je désirais un fondé de pouvoir et non seulement on n'en a pas tenu compte, et on envoie un appel » ? « Sire, dit l'évêque de Winton, ne vous exagérez-vous pas l'utilité d'un fondé de pouvoirs ». « Quoi donc, répondit le Roi de France, n'était-ce pas d'abord convenu? Mon frère devrait sauver... »

---

117. — **Bonner to Henry VIII** (1).

Marseille, 13 novembre 1533.

« ... I was commanded by my lord of Winchester and the other ambassadors to intimitate, if possible, to the Pope in person your appeal to the General Council. Repaired with Mr Penyston to the Pope's palace on the 7th (Nov.), and succeeded, after some resistance, in getting access to the chamber, where he stood between two Cardinals, de Medicis and Lorraine, ready apparelled with his stole towards the consistory. The Pope, whose sight is marvel-

(1) Holographe. — Mutilé. — *Copie moderne*. 29547 f. 26. B. Mss. Cf. British Museum. Vit. B. t. XIV, f. 77 et *Letters and papers*, t. VI, n° 1425, p. 566. Cf. Burnet, t. VI, p. 56.

Ious quick, eyed me several times, and I got the Datary to inform him that I wished to speak with him. His Holiness then dimissed the Cardinals; and, letting his vesture fall, called we to a window where, after reverence, I showed him I was commanded to intimate your appeal, for which you had reasonable causes, but desired to proceed as a good and catholic prince. I then drew out the said writing, excusing myself by my allegiance, as he had been kind to me in times past. The Pope, having this for a breakfast, only pulled down his head to his shoulders, after the Italian fashion, and said, as he was going to the consistory, he could not wait to hear or see the writings, but desired me to come in the afternoon. Did so accordingly with Mr Penyston, whom I intended to use as a witness: but as audience was appointed for many, among others for the ambassadeur of Milan, we waited an hour and a half. At last found His Holiness alone with Godsadyn of Bononie. The Pope, seeing that I brought one along with me, looked much upon him: all the more, I think because in the morning I spoke with him alone, although Penyston was in the chamber. To colour my intent, I told him that Penyston was the gentleman who had brought me your commission to intimate the appeal. The Pope, fearing that I desired a witness, said he must have his Datary and others, and thereupon he called his Datary, Symonetta et Capisucca.

Meanwhile, His Holiness, leaning in the window towards the west side, turned to me, and asked how my lord of Winchester did, and also of

M. Brian, as if he did not know that he was there; he seemed to lament the death of Dr Bennett, and complained of the way Your Highness used him. To which I replied by wondering that, after the Kindness you had showed His Holiness in time past, he had refused to admit your excusator, and pronounced sentence against you. This led to a conversation about the Pope's having revoked the cause contrary to his promise, and having refused afterwards to let it be examined in any place to which Your Highness could come or send a proctor. I also complained of his retaining the cause so long in his hands without jugdment. The Pope said he would not have revoked the cause, but that the Queen had given an oath that she had no hope of justice in England, and his promise of to Your Highness was qualified. As to the delay, it was owing to yourself, who would not send a proxy. In the end, I exhibited to him the commission you sent me under your private seal (the other sent by Francis the courier not having then arrived), which his Holiness delivered to the Datary to read. On hearing the words *gravaminibus et injuriis nobis ab eodem sanctissimo patre illatis et comminatis* he « began to look up after a new sort, and said « *o, questo e molto vero* » (this is much true) meaning that was not true indeed. In fact, he showed himself much offended at many passages, and when he came to the words, *ad sacrosanctum concilium generale proxime jam futurum legitime et in loco convenienti celebrandum*, he fell into a marvellous great choler, which he showed both in words and manner, saying « why did not the king (meaning your Majesty), when I wrote to my Nuncio, this year past, to speak unto for this General Council, give no answer unto my said Nuncio, but referred him for answer therein to the French king : at what time, he might perceive by my doing (he said) that I was very well disposed and much spake for it. The thing so standing, now to speak of a General Council, o good Lord ! But well ! his commission and all other his writings cannot but be welcome unto me. » These last words, methought, he spoke, willing to hide his choler and make me believe that these doings did not affect him, though I saw many evidences to the contrary; among others one which is here taken for infallible, with those that know the Pope's conditions, viz. « that he was continually folding up and unwinding of his handkerchief, which he never doth, but when he is tickled to the very heart with great choler » and though he was loth to leave this subject of the General Council to ease his stomach, at last, he commanded the Datary to read on at the clauses, *si oporteat reverendis patribus and post*, he again chafed greatly, finally saying, « *questo e bien fatto* » (This is but well done). The clauses *protestando*, and *nos ad ea juris et facti remedia*, he caused the Datary to read again; and, not a little chafing with himself, asked what I had more. I then, repeating my protestation, exhibited your Highness's « *provocatio* » which he delivered to the Datary to read. In this also he found himself much grieved, noting in the beginning, first the words *archiepiscopo Eboracensi* and afterwards *citra tamen revocationem quorumcumque procuratorum :* at which he made good pause, suspecting, I presume, that there were proctors made who might appear in your name if you had been so content. At the words *quod non est nostræ intentionis* he exclaimed with great vehemence, that though you professed great respect for the Church you had no respect for him; scarcely a single clause pleased him, nor would he accept any of my explanations. While the Datary was reading the provocation, Symonetta came in; and at the words *sed deinde publico judicio* the Pope startling and saying that the judgment of the Church was never had, Symonetta said he supposed they spoke of that archbishop who made that good process, while the cause depended before His Holines in the Consistory. « Ah, said the Pope, a worshipfull process and judgment! »

Then one of his chamber came to tell him that the French king came to speak with him : on which he made great haste to meet him, and they met at the door, « the French king making very low curtesy, putting off his bonnet, and keeping it off, till he came to a table in the Pope's Chamber » Although I suspect the French king knew well what was in hand, by one Nicolas, his secretary, and also of the Pope's Privy Chamber, His Grace asked what His Holiness did. The pope said : « These English gentlemen have come to intimate certain appeals ». On this, the two entered into a private conversation. The French king's back was against me, and I did not understand what he said. At the end, the Pope said to him « This is of your goodness » proceeding further, and laughing merrily, they talked for three quarters of an hour, it being then 6 p. m., and the French king took his leave. The pope went with him to the chamber door, and though Francis objected, brought him to the door of the second chamber, where with great ceremonies they parted. On returning to his chamber, the Pope called me and the Datary read the rest of the provocation, interrupted many times by the Pope with comments, to ease his own mind, especially touching the king's late mariage with the present queen, and the process made by the Archbishop of Canterbury. I then intimated the two appeals made by the king before my lord of Winchester. During the reading of them, Cardinal de Medicis came in, and stood bare-heahed, apparently wondering that the Pope was so much moved. The Pope said that it was a matter of so much weight that he must consult the Cardinals in Consistory. I desired to have the documents again, to make intimation to the Cardinals. His Holiness at first refused, but, on my insisting, said I should have an answer to my petition, as well as to the appeal after he had consulted the Cardinals. I then left, about 8 o'clock, having remained more than three hours, and reported what I had done to my lord of Winchester and the other ambassadors. Next day, Saturday [8 nov.] there was Consistory, but extraordinary... Monday [10 nov.] At my coming, he [the Pope] said, *Domine Doctor, quid vultis?* I said I looked for the promised answer. He said he had always wished to do you justice, and as to your appeal to the General Council, there was a constitution of Pope Pius against such appeals, and he therefore rejected it as frivolous. The Council itself he would do his best to promote, as he had done in times past, though your Highness had not answered him then, but remitted his Nuncio to the French king. He added that the king of England had no authority to call a General Council, for that belonged to himself. He refused to return the documents, saying he would keep them safely, and that I might have as many copies as I pleased from the bishop of Winchester and those, before whom they were made. Going with the Datary to his chamber, I saw that the answer was already written, but it was not so full as the Pope had made by mouth, and he asked me to come for it next morning. [11 nov.]. Next morning, I followed him to the Pope's chamber, when he delivered to me the same document with these words added. *Et hæc ad præsens, salvo jure latius et particularius, si videbimus, respondendi*, and signed it, keeping a copy for himself. With this I repaired to the other ambassadors.

Fears the Pope, on his return to Rome, will do much displeasure. Sends the answer delivered by the Datary. Notwithstanding Henry's directions in his letter dated Cobham, 10 aug, that he should always follow the Pope, thinks the king would not wish him to pursue the enterprise further, and, as the Pope left for Rome, on the 12th., has taken his journey towards Lyons, on the 13th., *en route* for England. Cannot express the anxiety he had, till this intimation was made. Refers to Mr Brian,

117 bis. — **Bonner (plus tard évêque de Londres) écrivit de son côté au Roi d'Angleterre** (¹).

Marseille, 13 Nov. 1533.

La lettre datée de Marseille, 13 novembre 1533 est un autographe, malheureusement mutilé, mais dont il existe une copie moderne.

« Sur l'ordre de Monseigneur l'évêque de Winchester et des autres ambassadeurs d'intimer en personne, s'il était possible, au Pape, votre appel au Concile général, je me suis présenté au Palais, le 7 de ce mois, en compagnie de Monsieur Penyston, et j'ai réussi, après quelque résistance, à gagner l'accès de sa chambre. Il s'y tenait debout, entre deux cardinaux, celui de Médicis et celui de Lorraine, déjà revêtu de son étole pour se rendre au Consistoire. Le Pape, dont l'œil est très vif, m'aperçut et me regarda plusieurs fois. J'obtins du Préfet de la Daterie de l'informer que je désirais lui parler. Aussitôt le Pape fit signe aux Cardinaux de se retirer, et déposant son étole, il m'appelle près d'une fenêtre où, après lui avoir fait ma révérence, je lui montrai votre appel que j'avais mission de lui intimer, à cause des justes raisons que vous aviez de le faire, et de votre désir de procéder comme un prince et bon catholique. Je tirai alors le parchemin, en m'excusant de le faire, à cause de mon obéissance envers un Roi si bon pour moi. Le

(1) *Traduction française.*

Pape ayant eu ceci pour déjeûner [cela veut dire pour commencer] se contenta d'incliner la tête sur l'épaule, selon la mode italienne, dit que, comme il allait au Consistoire, il ne pouvait prendre le temps ni d'écouter ni de lire cette pièce, mais il me dit de revenir dans l'après-midi. Ce que je fis, suivi de Monsieur Penyston dont je voulais me servir comme témoin. Mais comme beaucoup de gens avaient été convoqués à l'audience, et parmi eux, l'ambassadeur de Milan, nous eûmes à attendre une heure et demie. Enfin, nous trouvâmes le Pape seul avec *Godsadyn* de Bologne. Le Pape, voyant que j'avais amené quelqu'un avec moi, le regarda très attentivement, d'autant que, le matin, j'étais entré seul, laissant Penyston dans l'antichambre. Pour masquer mon dessein, je lui dis que Penyston était le gentilhomme chargé par vous de me donner les ordres nécessaires pour intimer l'appel. Le Pape, craignant que ce ne fût pour avoir un témoin, dit qu'il avait besoin d'avoir près de lui le Cardinal Dataire et autres, et là-dessus il le fit demander avec Simonetta et Capisucca.

Dans l'intervalle, le Pape s'appuyant à la fenêtre du côté de l'ouest, me demanda des nouvelles de Monseigneur de Winchester et de Monsieur Bryan, comme s'il ignorait qu'il fut là. Il sembla déplorer la mort du docteur Bennet et se plaignit du mauvais traitement de Votre Altesse à son égard. Je répliquai, qu'après toutes les marques d'affection données par vous à Sa Sainteté dans le passé, il avait refusé votre excusateur et prononcé sentence contre vous. Ceci amena une conversation sur la révocation [de la Cour chargée d'examiner] la cause (en Angleterre), malgré les promesses du Pape, et par le refus fait ensuite de la discuter dans un lieu, où Votre Altesse aurait pu se rendre, ou envoyer un procureur. Je me plaignis aussi de ce que Sa Sainteté retenait si longtemps la cause entre ses mains sans donner de jugement. Le Pape riposta qu'il n'aurait pas fait la révocation, si la Reine n'avait déclaré, sur la foi du serment qu'il ne pouvait y avoir aucune justice pour elle en Angleterre, en sorte que la promesse faite au Roi devenait sans force. Quant au retard, vous seul en étiez cause, puisque vous n'aviez pas envoyé de procureur. A la fin, je montrai la commission (celle donnée, sous votre sceau privé, envoyée par le courrier François, n'étant pas encore arrivée) Sa Sainteté donna le papier à lire au Cardinal Dataire. En entendant les mots « *Gravaminibus et injuriis nobis ab eodem Sanctissimo Patre illatis et comminatis* » il commença à regarder d'une nouvelle manière et dit : « *O, questo e molto vero* », c. a. d. « Oh ! comme c'est vrai ! » montrant par l'intonation que pour lui ce n'était pas vrai du tout.

De fait, il montre beaucoup d'irritation à la lecture d'un grand nombre de passages. Enfin, quand on en vint à ces mots « *ad sacrosanctum concilium generale proxime jam futurum legitime et in loco convenienti celebrandum* » il entra dans une colère merveilleusement grande, et la montra à la fois par ses paroles, et ses gestes. Il dit : Pourquoi le Roi (parlant de votre majesté), quand j'écrivis à mon Nonce, l'an passé, de lui parler de ce sujet, a-t-il refusé de lui répondre ? Pourquoi s'en est-il référé au Roi de France ? Dans ce temps, il aurait pu comprendre par nos actes que j'étais bien disposé à convoquer le concile et que j'en parlais ! Et après l'attitude de ce Roi, venir me parler d'un concile général, ô bon Dieu ! Allons, soit, sa commission et ses écrits ne peuvent être que bien venus de moi !

Ces dernières paroles, je pense, étaient destinées à me faire prendre le change sur son irritation et pour me donner à croire qu'il n'en était nullement affecté. Mais j'avais plusieurs preuves du contraire, entre autres un signe infaillible, pour ceux qui connaissent le mieux les manières du Pape : à savoir, il pliait et repliait son mouchoir : or il ne le fait jamais, à moins d'être piqué au vif et en proie à la plus grande colère. Ainsi, bien qu'il mît du temps à quitter ce sujet du concile général, pour donner cours à sa bile, il finit par ordonner au Dataire de continuer la lecture, quand on arriva aux clauses : « *Si oportet reverendis patribus* » et à celle « *Post...* » il dit d'un air moqueur : « Ce n'est pas mal fait » « *questo e bien fatto* ». Il fit relire au Dataire les clauses « *Protestando* » et « *nos ad ea juris et facti remedia* » il me demanda d'une manière ironique, si je n'avais rien de plus. Alors, en répétant ma protestation, je lui montrai la provocation de Votre Altesse. Il la fit lire par le Dataire, et y trouva aussi des motifs de plaintes, remarquant au début, d'abord ces mots « *archiepiscopo Eboracensi* » et plus loin « *citra tamen revocationem quorumcumque procuratorum* ». Ici il fit une pause, dans la pensée, je présume, qu'il y avait des procureurs chargés de paraître en votre nom, si cela vous avait plu. Aux mots « *quod non est nostræ intentionis* », il s'écria avec une grande véhémence que, tout en professant le plus grand respect pour l'Eglise, vous n'en aviez aucun pour lui. A peine y eut-il une clause qui ne l'irritât et aucune de mes explications ne put être acceptée. Tandis que le Cardinal Dataire lisait la provocation, Simonetta entra. A ces paroles « *sed deinde publico judicio* », le Pape surexcité dit qu'il n'y avait pas de jugement public de l'Eglise. Simonetta émit l'opinion que sans doute on voulait parler de cet archevêque qui aurait tranché un procès dans une cause pendante près du Saint Siège. « Ah! dit le Pape, le joli procès et le respectable jugement ! »

A ce moment, un des chambriers vint lui annoncer l'arrivée du Roi de France, venu pour causer avec lui. Là-dessus, il se mit en marche avec grande hâte pour aller à sa rencontre et ils se trouvèrent ensemble à la porte. François Premier le salua très bas, son chapeau à la main, et ne se couvrit pas avant d'être arrivé près d'une table, dans la chambre du Saint Père. Il savait bien (je le soupçonne du moins), ce qui venait de se passer, et l'information avait dû lui venir d'un certain Nicolas, son secrétaire qui était au service personnel du Pape. Sa Grâce demanda comment se trouvait Sa Sainteté. « Ces Messieurs d'Angleterre, répondit-il, sont venus m'intimer certains appels ». Là-dessus, ils commencèrent à parler à voix basse. Comme le Roi de France me tournait le dos, il me fut impossible de rien entendre de leur conversation. Enfin le Pape lui dit : « Voilà l'effet de toutes vos bontés ». Ils continuèrent gaiement et en riant, à causer pendant trois quarts d'heure et François Premier prit congé. Il était six heures du soir. Le Pape le reconduisit jusqu'à la porte de la chambre, et malgré la résistance du Roi, se rendit jusqu'à la porte de la seconde chambre, où ils se quittèrent, non sans s'être fait les plus grandes politesses. En revenant à sa chambre, le Pape me rappela et fit lire au Dataire le reste de la provocation, non sans l'interrompre fort souvent par des remarques, pour soulager son cœur, et surtout à chaque passage, où il fut question du récent mariage du Roi avec la Nouvelle Reine et du procès jugé par l'archevêque de Cantorbéry. Ce fut à ce moment que j'intimai les deux appels faits par le Roi en présence de Monseigneur de Winchester. Pendant cette lecture, le Cardinal de Médicis entra et se tint tête nue. Il paraissait surpris de voir le Saint Père, en proie à une si grande émotion. Le Pape dit que c'était une question trop importante, pour ne pas être proposée au consistoire. Je redemandai les documents pour faire mon intimation aux Cardinaux. Sa Sainteté refusa d'abord, mais, sur nos instances, promit de répondre à ma pétition et à mes deux appels, après avoir pris conseil des Cardinaux. Je partis alors. Il était huit heures du soir, et j'étais au Palais depuis plus de trois heures. Sans retard, j'allais informer Monseigneur de Winchester et les autres envoyés du Roi. Le lendemain, samedi [8 novembre], il y eut consistoire, mais extraordinaire.....

Le lundi [10 novembre] à mon arrivée, le Saint-Père

dit : « *Domine, quid vultis?* » et je lui demandais une réponse. Le Pape répliqua : Il avait toujours désiré nous rendre justice. Quant à votre appel au Concile général, une constitution du Pape Pie l'avait formellement interdit. Par suite, il le rejetait comme frivole. Il ferait tout le possible pour assembler le concile. Il l'avait déjà fait, malgré notre refus de répondre à son nonce et votre intention de nous en référer à l'avis du Roi de France. Le roi d'Angleterre, ajouta-t-il, n'a pas autorité pour assembler un concile. C'est une prérogative du Saint-Siège. Il refusa de me rendre les documents. Ils étaient en sûreté entre ses mains, mais je pourrais en faire prendre des copies pour l'évêque de Winchester et ceux devant qui les appels avaient été faits. En allant avec le Dataire à la chambre de ce dernier, je vis le document. Il était écrit, mais plus court que la réponse donnée de vive voix. Le Cardinal me dit de revenir le chercher le lendemain [11 novembre]. Quand je me présentai, il me conduisit à la chambre du Pape. Là il me remit cette pièce ; il y avait ajouté ces mots : « *Et hæc ad præsens, salvo jure latius et particularius, si videbitur, respondendi* » Il signa et en garda une copie pour lui. Muni du document, j'allais retrouver les autres ambassadeurs.

Il est à craindre que le Pape, de retour à Rome, ne fasse un acte déplaisant. Malgré l'ordre donné à Cobham, le 10 août, par le Roi, de suivre partout le Pape, [Bonner] ne croit pas devoir poursuivre plus loin, et présuppose que le Roi ne saurait le désirer. En conséquence, après le départ du Pape pour Rome, le 12 novembre, il est parti lui-même pour Lyon le 13, en route vers l'Angleterre. Il a été bien anxieux, tant que l'intimation n'a pas été faite, et s'en rapporte à ce que dira M. Brian, porteur de cette dépêche ».

118. — Le Comte de Cifuentes à Charles-Quint (¹).

Marseille, 6 novembre 1533.

Au cours d'une conversation avec le Pape, au sujet des innovations de la France en Italie, Sa Sainteté dit que Dieu s'était chargé de ses affaires, car le roi, désireux d'arranger les affaires d'Angleterre, en quoi *il* disait qu'il rendait grand service au Saint Siège, découvrit que les envoyés d'Angleterre étaient sans pouvoir. Là-dessus, François Premier lui dit : « Comment ! pendant que je m'occupe de son affaire ! Mon désir de trouver un moyen de vider la cause d'Angleterre a été une raison de demander la nièce du Pape pour mon fils, et de provoquer cette entrevue pour le bien de l'Angleterre et de la chrétienté ! » Et, comme l'Ambassadeur n'avait pas de pouvoirs, il semblait qu'il ait joué une farce et il le considérait comme un espion. Il donna aussi à comprendre au Pape que, s'étant efforcé de régler la cause d'Angleterre afin de promouvoir l'obéissance au Saint Siège, le Pape devrait lui faire des concessions. Mais comme aucun arrangement avec l'Angleterre ne paraissait pro-

(1) Esp. *Copie moderne*, pp. 25, B. m., Add. mss. 28586 f. 49. *Traduction*.

bable, le Pape se considérait comme libre de toute stipulation que le roi de France pourrait lui demander à cet égard. Il conclut qu'il ferait diligence pour exécuter tout ce qui avait été convenu entre l'Empereur et lui et que rien ne serait fait contre le traité de Cambrai. Cependant, il ne considérait pas comme un bon signe, que le roi de France et les Ambassadeurs d'Angleterre venus ici avaient envoyé vers Henry VIII, pour avoir des pouvoirs attendus de jour en jour……

Le Pape répliqua que la demande de proroger de 5 ou 6 mois (la sentence conditionnelle d'excommunication) était si pressante, qu'il ne pouvait la refuser, d'autant qu'il était en France. Une fois dehors, il n'accorderait rien (porque fuera que fuesse me prometio de no dar ninguno).

---

119. — **Chapuis à Charles-Quint** ([1]).

27 décembre 1533.

Le jour de Noël, il eut la visite de l'Evêque de Paris. Il dit que quand il présenta à La Dame les lettres que le Roi, son maitre, lui avait écrites, elle le reçut fort bien au point de l'embrasser. François a prié le Pape et les Cardinaux de trouver un moyen de ne pas aliéner complètement l'Angleterre pour qu'il n'ait pas l'occasion de se soustraire à son obéissance. On ne sait rien encore de certain sur la mission de du Bellay. Le fait est que La Dame annonce que l'arrivée d'un envoyé extra-

(1) Vienne, *Arch. Copie*, pp. 9; *Letters and Papers*, Henry VIII, t. VI, N° 1574, pp. 632. Analyse.

ordinaire leur donne courage. C'est peut-être pour faire bonne contenance.

Nota. — De Londres, du Bellay se rendit à Rome, plein d'espoir. Trop confiant dans les promesses de Henry VIII, d'une part, il crut aussi avoir fait impression sur Clément VII. Mais la coupe était pleine, et, le 23 mars 1534, la sentence définitive fut prononcée. Personne n'avait jamais douté de la légitimité du mariage de Henry VIII et de Catherine d'Aragon, pas même l'homme le plus intéressé à en faire déclarer la nullité. Devant l'appel fait à Rome par la reine, outragée dans son droit et son honneur, le Saint-Siège n'avait pas à hésiter, dès le jour où il faudrait se prononcer. Peut-être, tout au plus, en temporisant, aurait-on pu fermer les yeux sur une sentence ecclésiastique injuste, pour éviter de plus grands maux, et laisser le Roi d'Angleterre dans son péché ! Mais une série d'empiètements contre l'autorité du Pape, la gravité des insultes faites au Saint-Siège, la justice due à une femme qui revendiquait son droit manifeste, mirent à néant les efforts tentés par François Premier pour concilier Rome et l'Angleterre.

On peut donc conclure à son honneur, qu'il fut fidèle jusqu'au bout aux engagements contractés à Boulogne.

Mais, d'autre part, tout en désirant le divorce de son allié, comme favorable aux intérêts de sa politique, il ne demanda jamais au Saint-Siège de rendre une sentence contraire à la justice, aux lois divines et à la jurisprudence de l'Eglise, en matière de mariage.

120. — Lettres des Ambassadeurs de François Premier à Rome (¹).

1ᵉʳ avril 1534.

Du Bellay et autres informent le Roi de la manière dont a été rendue la sentence (du 23 mars précédent). Le Pape a été lent, en sorte qu'il a clairement montré sa fantaisie, mais en dépit de toutes ses subtilités et dissimulations, il a commencé à se vanter en action et en paroles, comme je (de Paris) vous le raconterai. Ne voit-il pas comment il aurait pu s'excuser de venir à ce Consistoire, le dernier jusqu'après les vacances. Une fois là, on peut le dire, il était forcé par la pluralité des voix, en dépit de toutes ses protestations, d'attendre (après 6 ans de retards) 6 jours, un mot de réponse, selon toute apparence, satisfaisant, presque à coup sûr même. Il a été impossible de refréner la fureur de cette assemblée et d'obtenir que la sentence fut remise au prochain Consistoire, bien qu'on eût pu en faire un extraordinaire. Dans d'autres cas, tout le monde sort à 11 heures pour s'en aller dîner. Mais cette fois-ci, leur obstination les a empêchés de sentir la soif et la faim et on n'a pas fini avant 5 heures du soir. Les insultes et les bravades n'ont pas été épargnées contre ceux « qui pour le bien de l'Eglise auraient voulu l'emporter sur les autres dans la sincérité d'un Concile ». Maintenant quand on les presse et qu'ils sont à bout de réponse, tout ce qu'ils peuvent dire c'est : « Le bon Dieu l'a ainsi voulu » et « l'Eglise a des fortunes diverses ». Les

(1) R. O. pp. 3; *Letters and papers*, t. VII, n° 421, p. 177.

plus sages ont été Trivulce, Cesis, Rodolphe, Pise, Trani et Sainte-Croix, surtout Trivulce, toujours raisonnable et toujours de votre sentiment. Les autres reconnaissent qu'ils ont commis une faute sur cette question d'Angleterre. Plût à Dieu que nos efforts eussent abouti pour le bien de l'Eglise comme leur faute montre la pureté de vos intentions.

Depuis que la réponse d'Angleterre est connue du Saint-Siège, ceux qui ont ainsi précipité les choses sont honnis et décriés. S'il suffisait pour rhabiller leur affaire, de la leur reprocher, ce serait vite fait, car le Pape les traite comme ils le méritent. Vous pouvez juger de son chagrin. Il n'avait jamais songé qu'on finirait tout, par une rupture définitive, dans un seul Consistoire.

Le Pape s'attend bien à être blâmé. Hier, il y eut une congrégation générale, parce que tout le monde demande à lui, à nous, aux autres, comment on pourrait guérir cette blessure. A ces questions, le Pape répondit comme on peut le faire. Il donna à entendre que sur les remontrances qu'on lui avait faites, il m'avait retenu, moi, de Paris, et que j'y avais consenti, sans attendre de nouveaux ordres de vous, malgré le peu d'égards qu'on avait eu à vos désirs, parce que je connaissais votre dévouement au Saint Siège et au bien de la chrétienté, et que je ferais tous mes efforts jusqu'à la fin de ma vie pour trouver un remède. Le Saint Père ajouta d'autres remarques en votre honneur et en l'honneur de votre bon frère, à la honte des gens trop pressés. Aussi ces derniers ne sont pas sortis gaillards de cette congrégation comme du dernier Consistoire.

S'il devient jamais Pape, Grevaise apprendra à faire mieux le Pape. S'il ne réussit pas mieux à l'avenir, il s'acquittera de son office le plus mal du monde. Les gens de l'Empereur ne tirent plus de feux de joie, et partagent la confusion générale, comme je vous le dirai, après mon retour, avec les motifs de leur silence, en vous communiquant certains propos de Sa Sainteté.

121. — Chapuis annonce la prorogation du Parlement à novembre 1534 (¹).

Le 4 avril, Chapuis annonce la prorogation du Parlement à novembre 1534. Dans l'intervalle, Henri ne désespère pas encore d'amener, par la médiation de François, le Saint-Siège à consentir à son désir.

On n'avait pas encore la nouvelle de l'excommunication.

Châtillon et de la Pommeraye s'en retournent à Paris. Le lundi de Pâques, 7 avril 1534, fut la date de leur passe-port, et le 11 avril, la date de leur départ.

122. — Chapuis à Charles-Quint.

Londres, 4 avril 1534.

Le lundi de Pâques (7 avril), les ambassadeurs de France se rendirent à la Cour, i. e. Marette, Châtillon et de la Pommeraie; ils furent très bien reçus, au moins en apparence. Toutefois, hors de leur

---

(1) *Letters and papers*, t. VII, n° 434, p. 182. *Analyse.*

compagnie, le Roi n'a pas paru fort gai, et il n'a dîné ni en public ni avec La Dame. — Mardi, les ambassadeurs allèrent faire visite à la bâtarde. Elle était richement habillée. Ensuite, on la leur fit voir toute nue. Chatillon et de la Pommeraie sont venus faire visite (à Chapuis). — L'un après l'autre, ont exprimé le desir de voir se faire un accord avec la France, à la condition de ne pas s'opposer aux vues de François Premier sur le Milanais.

Le Roi d'Angleterre affecte en public de ne pas se plaindre de la sentence rendue à Rome contre lui. En dépit de tout cela, son esprit n'est pas en repos. On a publié les statuts du Parlement qui rompent avec le Saint-Siège. — Il est toujours question d'une entrevue entre les Rois de France, d'Angleterre et d'Ecosse. La maîtresse encore enceinte doit y assister.

Nota. — Les relations diplomatiques ne furent pas rompues. La France tenait trop à l'amitié de l'Angleterre et y trouvait une force précieuse dans sa résistance contre l'Autriche. — L'Angleterre n'aurait osé braver le Saint-Siège, si François Premier s'était uni à Charles-Quint pour déposséder l'excommunié de sa couronne. L'alliance demeura intacte; seules l'intimité et la confiance furent amoindries, à la suite de la sentence. — Dix ans devaient s'écouler (1534-1544) avant que Boulogne revit dans ses murs le même roi d'Angleterre. — Mais elle ne le salua plus par des cris de joie, comme en 1532, et ne le traita pas en bien venu. La vieille cité, livrée par le traître Vervins, fut, en 1544, arrosée par des flots de larmes et de sang. Le cruel vainqueur aimait ce spectacle. Ce souvenir est encore profondément gravé dans la mémoire des vrais enfants de Boulogne.

123. — **Il successo in la morte della Regina de Inglilterra** (¹).

Il successo in la morte della Regina de Ingilterrav con il consenso del Consiglio di S. M., e la morte di quattro gran Baroni del Regno consentienti al delitto commesso da essa Regina con el proprio Fratello : con le lamentevole parole che disseno ambi doi cieo ; il sfortunato fratello, e la scosolata Regina, in escusatione dil suo peccato : stando sopra al gran Tribunale della Justicia : alla presentia del populo Inglese, caso obscuro y molto horrendo.

Illustriss. S. mio observandiss.

Havendo ne giorni passati diffusamente scritto a V. S. di che maniera fussi trovata colpevole la Regina Dinghilterra ; e di qual sorte pena il consiglio la judicasse meritevole. Et ciò che S. M. resolvesse de esequire contra la persona di leie del Fratello suo; di quello che spirito da invidia Zelosia piu tosto che de Amore che portasse al suo Re : scoverse il scelerato secreto in compagnia de li altri che di pari concorrevano nella sodisffatione de la incontinente Regina.

(1) Brit. Mus. G.6122.S.M. ni nom d'imprimeur. Document imprimé d'après une lettre du 1ᵉʳ juin 1536.—Impression du milieu du xvɪᵉ siècle. — C'est une lettre de l'ambass. de Venise, signée P. A. Il y a une autre édition imprimée à Bologne en 1536, aussi in-4.

Parmi hora non solamente convenirmesi; ma trovarmi obligato di doverlo scribere anche il successo del crudel spectaculo; pero lo dico che venuto il miserabil giorno che dovea esser ultimo a quei meschini: che un breve piacere opposto al manifestissimo pericolo, che ultimamente incorsero; piu che lhonore, il debito e finalmente la vita propria estimarono. Fattosi un palco avanti la Torre di Londra il mercordi che fu alli xviii di Maggio, et sopra esso conduttovi della Torre; ove erano stati prigioni, il fratello della Regina, con li quattro Gentilhuomini di quella maniera ligati: e guardati: che generalmente si guardino in si fatti accident tutti gli altri rei: nel conspetto di tutta la Litta: Milort di Ricciafort (che cosi havea nome il fratello della Regina) tre volte inalzando le voci disse: O voi tutti signori miei e christiani. Io sonnato sotto la legge e giudicato sotto la legge: e moriro sotto legge: e la legge me ha condannato: signori miei, tutti, Io non son venuto gia qui per predicare: ma per morire: dove non potendo desiderare altro in questo termine chio mi trovo: che di bagnare le asciute e misere labbra mie nel fonte de leterna e infinita misericordia di Dio: vi prego plessa: e per la somma bonita suo pigliate Dio p. me. Io non nego dhaver meritato la morte: quando bene havessi mille vite: e de morire piu vituperosamente et con piu istratio che imaginar si posse. Impero che son un misero peccatore: il quale tristamente ho peccato: ne cognosco huomo piu di me perverso: senza che apertamente venghi a raccontare i miei peccati: la recordatione de quai de qual sorte siano stati non darebbe a voi piacer do udirgli: ne a me alleviamento il racontarlo conciò sià che Dio conosce il tutto.

Per tanto tutti voi signori miei e Gentilhuomini de la Corte: con li quali ho conversato: vi prego a guardarvi di non cadere: e pigliare essempio da me: si come prego il Padre: il Figliulo: e il Spiritu Santo: che sono tre persone e uno Dio; che la morte mia vi possa essere essempio a tutti di non ponere speranza ne la vanita di questo mondo: e specialmente ne le adulationi della Corte: e ne favori de la Fortuna: i quali sovente inalzano lhuomo per fargli dare: quando lo vuole lasciar di piu alto a terra cadere: maggior percossa; si come hora vedete ella haver lascioto me flaccare il capo: il collo: avenga che dogni mio male io medesmo sia stato cagione: ne debba se non dolermi dhaver voluto usare questa Fortuna che mi si mostro tutte lusinghevole: senza ragione: et con troppa ingordigia: onde meritamente io sono qui essempio a voi: e a tutto el mondo: e voi ragione volmente signori miei vi debete specchiare nel sfortunato caso mio, qui dunque domando mercede a Dio: e chieggio perdono a tutto il mondo: e a tutti perdono volontariamente como prego Iddio che perdoni a me. E se io havessi offeso alchuno che di presente non fussi qui: o in fatti: o in pensieri: e che voi lo vediate: vi prego in nome mio glé domandiate perdono per lamore di Dio: accio che se io son visso come peccatore: invoia almena come christiano.

Ne lasciaro signori miei ancor di dirvi che convenientemente se dice che io son stato laudator e augumentatore de la parola di Dio: e che io son stato uno de quei che hanno favorito lo Evangelio di Gesu Christo : e perche io non vorrei che la parola di Dio fusse per me scandalo a nessuno : vi dico a tutti che se io havessi servato la parola de Dio in fatti, como io la leggevo e augmentavano con tutte le forze mie : son certissimo che non mi sarebbe avenuto il caso ove io mi trovo. Io leggevo ben lo Evangelio di Gesù Christo : ma non lo mandavo ad effetto : elche se havessi fatto haurei anchora vissuto con esso voi : per la qual cola tutti voi signori miei prego per lamor di Dio manteniate la verita : e seguitela : e abbracciatola come si deve : perche incomparabilmente maggio : acquisto fa uno che opera bene : che molti roi che leggano. Detto questo se inginocchio e fu decapitato.

Doppo furono a un tempo medesmo decapitali gli altri quattro Gentilhuomini chiamati luno Monsignor di Vaston (1), l'altro Norris primo camarier del Re : Breton (2) et Maro (3) li quali non dissero molte cose ma che si pregasse Dio per loro e che pigliavano la morte in grado.

La Regina fu poi decapitata il Venardi alli xix del sopradetto secondo usanza di Parigi con la Spada : il che non era usato anchora di farsi in quel paese : dentro la terra di Londra : dove fu fatto un palco non piu alto di quattro o cinque scaloni : li quali havendo la sfortunata Regina aiutata del capitano della Torre saliti con quatro Damigelle che laccompagnavono : vestita d'una robba di Damasco bigio

(1) Weston.
(2) Brereton. Bryerton.
(3) Maro Sweton.

foderata di maniera chel collo li restava tusto netto : prego il capitano che non gli sollecitasse la morte prima, chella havesse potuto dire alcune cose : il che gli fu concesso : e la comincio : Non son venuta qui Signori miei per volermi coprire ne per iscusarmi ; sapendo molto bene che vessuma cosa che per giustificatione mia potesse adurre saria per haver luogo presso di voi : ma son venuta solamente per morire : e per ubidire la voluta del mio signore : la cui maesta se in vita mai lo offensi con la morte lappago : de la quale ne Giudici ne altra persona incolpo piu che la crudel Legge del paese che e sola quel che mi condanna. Ma come si sia e che io la meriti signori miei tutti vi prego a pregare molto Iddio por il nostro Re : il quale e quel buon Principe che possa essere al mondo : e me ha cosi ben trattata che meglio non era possibile : per il che prendo la morte volontieri : e dimando perdono a tutto el mondo. Et pigliata essa medesma la conciatura di Testa la diede ad una della Damizelle e rassetandosi una piccola scuffia di tela : che ella giu sera messa in Capo : per tenere i suoi capegli : comincio a dire : Ahi testa che de qui a poco serai vista morta sopra di quel Palco : si come in vita non hai meritato di portare ornamento Regio : cosi morta non devi stare altrimenti : e voi figluole che in vita vi mostrasi sempre pronte a tutti i miei servigi : e hora in morte vi trovate presenti a le presenti mie angoscie miserie : come ne la buona fortune facesti sempre compagnia a questo corpo : cosi hor l'havete accompagnato al miserabil fin suo non vi potendo de li vostri servigii rendervi altro merto vi raccordo : conforto : e preyo vogliate essere sempre amorevoli : fideli al Re vostro : e a chi sara mai con meglio fortuna Regina e patrona : Estimato l'honor vostro piu che la vita e pregate Iddio per l'anima mia.

Ne potendo piu parlare se ingenocchio e una delle Damizelle gli bando gli occhi e tiratesi a dietro stettero : non senza versare molte lagrime : sul Palco sempre inginochiate : fin che la *Mesch* na fudecapitata : la qual senza farsi altrimenti tenere e havere confessata cosa alcuna della colpa aspetto tanto il colpo che li basto a dire : Iddio habbia pieta de lanima mia.

Luna di dette Damizelle prese la Testa et laltre il corpo : e postolo sopra un lenzuolo lo posarono su una Bara che era ivi aparechiata e fecerola portare entro una chiesa : che e in la Torre : dove dicono essere insieme con gli altri corpi e teste sotterati.

Consiglio sopra la Figliuola di questa Regina.

Il consiglio dichiaro la figliuola di questa Regina essere figliuola del fratello : con ordine che come privata creatura fosse levata di quel luogo e che il Re la ripigliasse la Principessa Figluola della prima e vera Regina bona memoria per sua figliuola, come e : la quale havesse a succedere nel Regno, si come sua *m* tenerissimamente e con molto suo contento iba recevuta. Altro non me occorre se non basciare le mani di vostra Signoria e raccommandarmi come faccio in sua bona gratia. Di Londra, alli 1 jugno MDXXXVI.

Ser. P. A.

A la fin un bois représentant la tour et au premier plan 5 hallebardiers et un chien qui court vers le fleuve. (1).

124. — Mort d'Anne Boleyn.

« Lors elle commença à dire que elle ne estoit pas venue là pour prescher ains estoit là venue pour mourir. Disant à Messieurs les assistans qu'ilz priassent bien Dieu pour le Roy, car il estoit tout bon et qu'il l'avoit tant bien traictée qu'il n'estoit possible de mieulx et qu'elle ne accusoit personne de sa mort, juges, ne aultres gens quelz qu'ilz feussent, car c'estoit la loy du pays qui la condempnoit; par quoy elle prenoit bien la mort en gré, demandant pardon à tout le monde. Lors elle print elle mesme son accoustrement de teste et le bailla à une damoyselle et ne luy demoura qu'une coeffe qu'elle avoit mise pour tenir ses cheveulx et accoustrée d'une robbe de nuyt de damas gris pour faire plus beau col, disant aux assistants, qu'ilz priassent Dieu pour elle et s'agenouilla et l'une de ses damoselles luy bandit les yeulx ; sans se faire tenir aucunement, elle attendit là le coup, avant que l'on eust dit une pastenoster, disant tousjours : Mon Dieu, ayez pitié de mon asme ; lesdictes quat[re] damoyselles estant tousjours sur l'eschaffault agenouillés. Et à ceste heure la pouvre dame fut expedyée. L'une des susdictes damoyselles prist la teste et les aultres le corps et midrent tout dedans ung linceul et après dedans une bière

(1) Cf. Collection Dupuy, t. 373, f. 112. Mort d'Anne Boleyn. Bibl. Nat. mss.

qui estoit toute apprestée et la feirent apporter dedans une eglise qui est devant ladicte tour, où l'on dit qu'elle et les dessusdicts ont esté enterrez. Requiescat in pace! »

TABLE ALPHABÉTIQUE [1]

Abbaye N.-D. de Boulogne, 48.
Abbaye Saint-Wulmer de Boulogne, 48.
Abbeville, 19, 34, 85, 108, 173; VII, VIII, XC, XCI, XCII, C, CI, CII, CIII, CXIII, CXVII, CXXXII, CCCXXXVI.
Acary, Jacquet, CVII.
Accordaln, Jean, CVIII.
Acherly, Ottoman, CLXV; CLXIX.
Agobert, Nicolas, CVIII.
Aignan, Robinet, CVII.
Aire-sur-la-Lys, CCXX.
Aix-en-Provence, CCXV.
Alain, Jean, CXII.
Albine, CLXIX.
Alby, CCVI.
[d'] Aldwarke, Sir Thomas, CCXXX.
Alexandre, Jean, LXXXV.
Allain, Jean, CXIV, CXV.
Almond, LII.
Alverd, Alvard, Thomas, XXIII.
Amalfi, CCXXV.
Amallas, Jean, CXVII.
Amboise, 21, 26, 50, 64, 111; LXVI, CXXXVII, CXLI, CXLIV, CXLVII, CLI, CLII, CLIV, CCIII, CCIV.
Amiens, 31, 34, 50, 64, 154, 157, 176; XLVI, LXXXVIII, C, CI, CII, CXIII, CXVII, CXXII, CXXIV, CXXXII, CXLIX, CCV, CCXVI, CCXXVI, CCCLXXXII.
Ampthill, 23, 27, 69, 191, 192.
Ancelot, CXVI.
Ancône (Cardinal d'), XX, CCXVI.
Angmer, Guillaume, LXXXV.

Angmering (Sussex), CCLXIII.
Angolame (Angoulême), XL.
Angoulême, 64, CCIV, CCXXVII.
Angoulême, Évêque. Cf. Jacques Babou de Tons, XLVII.
Angoulet, Jean, CXVI.
Anne Boleyn, 11, 17, 28, 31, 52, 57, 69, 73, 76, 79, 99, 180, 131, 132, 133, 134, 135, 142, 143, 144, 145, 161, 162, 163, 170, 174, 177, 183, 185, 187, 191, 195, 199; X, XI, XIII, XIV, CCIV, CCXXVIII, CCXXIX, CCXXXIX, CCXL, CCXLII, CCXLVI, CCCLXVII, CCCCXXXVII.
Anne de la Tour, 124.
Anne, fille d'Édouard IV, CCXXVIII.
Annonay, CCVII.
Antony (Chirurgien), LVIII.
Anstis, XXV.
Antoine, Jean, LXXXVII.
Ardres, 28, ?; XXVII.
Argenti, Marty, LXXXV.
Arles, 186.
Arnault, Jean, CXV.
Arondell, Thomas, LV.
Arundel (Comte d'), XXV.
Arques, (Pas-de-Calais), CCXXI.
Arques, (S.-Inter.), 17, 18.
Arthur, prince de Galles, 127.
Ascoli, Cf. Carraccioli, CCXXV.
Ashton, Sir John, LIV.
Aslacton, 125.
Asselin, Colinet, CXVII.
Asselin, Michel, CXVI.
Assier (Lot), CCXV.

NOTA. — *Quand on trouvera un nom, il sera utile de le chercher au d', de, de la, de le, des, ou du.*

(1) Il n'y a pas lieu, sauf pour les notices biographiques, et les lettres-patentes, d'indiquer l'objet de la mention d'un seul nom. Cet objet est indiqué dans la table des documents. On a omis François Premier (sauf pour les lettres-patentes), Henry VIII, Paris, Rome et Londres, qui se trouvent presque à chaque page.

Athan. Cf. Attin, 35.
Attin, 35; LXXIV, LXXV, CIV, CXVII.
Aubry, Baudichon, 86; CV.
Auch, CCVII.
Audeley, Thomas, XVI.
Audley, 139.
Audrehem, 51.
Aubert, Jean, CXII.
Authie, CCXIII.
Auvergne, 65.
Auxerre, 27, 28, 29; LXIX, CCIX, CCLVIII.
Avenary, 93, 105.
Avignon, CCXCV, CCCXLVIII, CCCLXII, CCCLXXXII.
Babou de Tons, Jacques, 64.
— — Notice, CCXXVII.
Bachelier, Guillaume, XCIII.
Badajoz, CCIII.
Bailleul, CCXVII.
Bailli de Troyes. Cf. de Dinteville Jean, 167, 168, 169, 172, 173, 174, 183, 185, 186, 187, 188, 189, 190, 191, 196; LXXI, CXXXIV, CCLX, CCLXVII, CCLXX, CCLXXI.
Balin, Jean, LXXXII.
Balma, (Haute-Garonne), CCVIII.
Bambrige, Roger, LVII.
Barbier, Antoine, XCVIII.
Bardin, Jean, LXXXV.
Bardon, Bardou, Colin, CIX.
Barker, Nicolas, LIV.
Baron, Jehan, CIX.
Baron of beef, 88.
Bases, Bass, Bars, 89.
Basset, Sir John, CCXXXVIII.
Bassez, Gaspard, LXXXV.
Bastard, LXXXVIII.
Bath, (Marquis de), Cf. papiers Seymour, 47.
Bath et Wells, Cf. Clerck, John, XIII, L, CCXXXIII, CCXXXIV, CXXXV.
Battle (Abbaye), CCXXXI.
Bausse, Marquin, CVI.
Bayonne, Cf. du Bellay, Jean 17, 28, 65, 140, 191; IX, CCXIX.
Béarn (prince de), CCIV.
Beaufilz, Jean, LXXXV.
Beaumont-sur-Oise, CCXI.
Beaupréau, CCXVII.
Beauvais, évêque, Cf. de Villiers, Charles, 64; XLVI, CCXXVI.
Beda, 140.
Bedford, comte, Cf. Russell, CCXLVI, CCXLVII.
Beef steaks, 88.
Behayne, Noël, LXXX.
Belin, Arsène, 54; LXXXVI.
Belin, Robert, 54; LXXXVI.
Bell, John, LII, CCXX, CCXXXI.
Bellard, Florent, LXXXII.
Bellard Léon, LXXXI.

Bellin, Thouyn, LXXXIII.
Bellon, CXVIII.
Benard, Jacques, LXXXVII.
Benault, Jehannet, CVI.
Bennet, Richard, 138; XVI, CI, CCLVII, CCLVIII, CCLIX, CCC, CCCXXVI, CCCLVIII, — CCCCXVIII.
Benoist, Jacquet, CIX.
Beranel, Baudichon, 37; CXXIII.
Bergson, Jean, CVIII.
Bernard, Pierre, CIX, CXLIII.
Bernieulles, LXXXI.
Bersaut, Robinet, CXIV.
Berthault, Jean, CXI.
Berthe, Collinet, CXVIII.
Berthemet, Antoine, CXI.
Berthemet, Jean, CVIII.
Berthereau, 187; CLV.
Bertrand, Jehan, XCVIII.
Besnard, Etienne, 59; LXIX.
Besnard, Jacques, 45, 46.
Besnard, Jean, LXVI, LXVIII, LXIX, LXXI, LXXV, CXXVI.
Bichart, Guillain, LXXXIII.
Biches, 91.
Bihourt, Jean, CXVI.
Binches, 178.
Birtes, Cf. Brills, 90.
Bismark, 117.
Blackhead, CCXLV.
Blickling (Norfolk), CCXXXII.
Blois, 26, 50; LXVI, CXXXVI, CXLI, CXLIV, CXLVII, CLII, CLIII, CLIV, CCIII.
Blois (Saint-Laumer), CCVII.
Blount, Elisabeth, 75, 133; CCXXVII, CCXLI.
Boleyn, Sir Geoffrey, CCXXXII.
Boleyn, George, Cf. Rochford, 174; LXXI.
Boleyn, Marie, 76, 131, 132, 133.
Boleyn, Thomas, Cf. Wiltshire, 17, 131, 139; CCXXXIII.
Boleyn, Sir Thomas; notice, CCXXXIII.
Boleyn, William, CCXXXII.
Bolin, Pierre, LXXXIII.
Bologne, 117, 152, 157, 158, 171; XXX, CCXVI, CCXXXIV, CCLIII, CCLXI, CCLXII, CCLXIV, CCXCVI, CCXCVIII, CCXCIX, CCCXI.
Bonner, 72, 184, 188, 191, 192, 193, 194; CCXXXVI, CCCX, CCCXVII, CCCXXIII.
Bonnivet, CCXVI.
Borran, Cf. Casnel, CXIX.
Bouchel, Jean, LXXXII.
Boucher, Hennequin, CXVI.
Boucher, Jehan, CI, CVIII.
Boughton, CCXXXIX.
Boulenger, Robert, XCII, XCIV.
Boulogne (Comtesse de), Cf. Catherine de Médicis, 124, 149.
Boulongne, Jehan, CXVIII.

Bourbon, 64.
Bourbon, Connétable, CCXLV.
Bourbon (François, duc de) CCVI.
Bourbon (cardinal Louis de), CCVI.
Bourchier Henry, CCXLIV.
Bourchier, William, CCXLIV.
Bourdellier, Jean, CXV.
Bourdineau, Jean, 26 ; LXI, LXVI, LXXVI, CXXVC, XXVI, CXXXVI, CXXXVII, CXXXVIII, CXXXIX, CXLVII.
Bourges, CCVII, CCXIII, CCXXII.
Bousse, Thomas, LXXXV.
Bouthault, Jean, LXXXII.
Boutillon, Antoine, CXLIII, V, VI!.
Boyet, Colin, LXXXV.
Boys, Colinet, LXXXV.
Braisne-sur-Arronde (Oise), 86 ; CV.
Brandon, Charles. Cf. Suffolk. CCXXIX, CCXLII.
Braye, Lord, LI.
Brede (Hastings), CCXXXI.
Brereton, William, LIII, CCCCXXXIV.
Bresin, Jacotin, CXIII.
Bretagne (duc de). Cf. François Dauphin, CCIII.
Breton, CXXXVIII, CXL, CXCV, CCI.
Brewis, 86.
Brezin, Bresin, Philippe, CXIII.
Briconnet, Jean, CLXIII.
Bridon, Colin, CXVI.
Brie-Comte-Robert, CCXXV.
Brills, 90.
Brone, Edward, LVII.
Broullin, Jean, CXVIII.
Brown, 162.
Browne, Sir Anthony, 40, 174 ; LII, CCXXXI, CCXXXII.
Browne, Sir Anthony, notice, CCXXXI.
Bruges, 178 ; XCII, XCIII, CCCLXVI.
Brunet, Colin, CVIII.
Brunet, Nicolas, CVIII.
Brusquet, 56.
Bryan, Sir Francis, 17, 18, 148, 151, 179, 196 ; XX, XXI, LII, CCIV, CCLVII, CCLXXI, CCCLI, CCCLXXVI, CCCXCV, CCCCXI, CCCCXVI, CCCCXVIII, CCCCXXIV.
Buckingham, Edouard, duc de, CCXXVIII.
Bucquet, Jean, LXXXI.
(Les) Buissons, 60.
Bulleine, Sir James, LII.
Bulleyn (Boulogne), XXXVIII, XL, XLI.
Burgos, cardinal de, CCLIII.
Burley, CCXLVI.
Bury Saint-Edmund's, CCXXXVI.
Butel, Pierre, CIX.
Butler, Marguerite, CCXXXII.
Butler, Thomas, CCXXXII.
Butors, 87.
Butts (Docteur), LIII.
Bybanet, CI.
Byfleet (Surrey), CCXXXII.

Bynemere, CI.
Byngeley, Edouard, lettre à Cromwell, Calais, 6 septembre 1532, XV.
Cado, Perotin, LXXXII.
Caillet, Jean, LXXXII.
Caillette, 56.
Calceto, près Arundell, CCXXXI.
Calesium, 80.
Caletum, 80.
Calisium (Calais), XXV.
Cambrai, 8, 15 ; CCVII, CCIX, CCXXXVI, CCXXXIX, CCLXV, CCLXXXI, CCCCXXV.
Cambridge, 125 ; CCXXIV, CCXXXVI, CCXXXIX, CCXLIII.
Campana, 138.
Camp du Drap d'Or, 7, 28 ; CCXLV.
Campeggio, 118, 136, 137, 138, 146 ; CCXXXVI.
Camuzat, 9, 77, 141, 158, 184, 185, 186, 187, 191.
Canaples, Cf. de Créquy, Jean VI.
Canche, 85, LXXV.
Candavoyne, Jean LXXXI.
Candell, CCVII.
Cantorbéry, 57, 125, 142, 143, 174, 184 ; XXI, XLIV, CXCIV, CCCXXXVII, CCCXXXIX, CCCXLIII, CCCLV, CCCLVI, CCLVII, CCCVII, CCCVIII, CCCCIX, CCCCXXII.
Capisucca, CCCCXI, CCCCXVIII.
Capsjoux, CCIII.
Caraccioli, Jean, CCXXV.
Carew, Nicolas, 71, 133 ; XX, CXXXIV, CXXXV, CCCXLI.
Carlisle, CCXLVII, CCLIX.
Caron, Colin, LXXIII.
Caron, Jean, LXXXV.
Caron, Pierre, CXV.
Carpentier, Colin, LXXXIII.
Carpentier, Jean, LXXXIII, LXXXVII.
Carpentier, Nicolas, CXVI.
Carré, Jean, CXXVIII.
Carton, Jean, XCI.
Cary, Jean, LIII.
Casale, Grégoire, XXX, CCLII, CCLIII, CCCIV.
Casale, Jean, 138.
Casault, 56, 59, 69 ; CXXXI.
Casnel, Henry, CXIX.
Cassini, 35.
Castillon, 9, 185, 196 ; CCCLXI, CCCLXXI, CCCLXXII, CCCLXXXIV, CCCLXXXVI, CCCXXIX, CCCXXX.
Castres, 64 ; XLVII, CCXXVI.
Catherine d'Amboise, CCIX.
Catherine d'Aragon, 8, 11, 17, 66, 121, 122, 124, 126, 127, 128, 129, 184, 188, 148, 195 ; XIII, CCCLXVII, CCCCXXVI.
Catherine Lorraine et de Bar, CCV.
Catherine de Médicis, 10, 124, 125, 148, 149, 151, 165, 186, 193, 202, 203 ; LXXIV, CCIII, CCXVI, CCLIV, CCLXIV.

Catherine Tudor, CCXLIV.
Catry, 103.
Cerf, 86.
Cérilly (Allier), 178 ; CCCXXXVI.
Cerizoles, CCXVII.
Cesarino, CCLIII.
Cesis, CCLIII, CCCCXXVIII.
Chabot, Philippe, 80 ; XXVI, XLVI, CCXIV.
Chabot, Philippe, notice, CCXIV.
Chaise-Dieu, CCVII.
Châlon, CCXXVI.
Chamber (docteur), LIII.
Chambéry, François. Cf. de la Chambre.
Chambord, CCXLIX.
Champrond, Cf. de Bréchy, CXXIV.
Chanlaire, 38.
Chantilly, LXVII, CXVIII, CXIX, CXLI, CLV, CXI.
Chapuis, 10, 58, 77, 108, 110, 137, 142, 144, 162; XIII, XV, XVI, XX, XXI, XXII, XXIII, XXIV, XXV, CCXLII, CCXLVI, CCLI, CCLV, CCCCXXV, CCCCXXIX.
Charles VIII, CCXXV.
Charles IX, CCXIII.
Charlotte, princesse, notice, CCIV.
Charlton, CCXXXIV.
Chartier, Jean, CXXIX.
Chartres, 64; XLVI, CCXXVI.
Châteaubriant, CLXI, CCXI.
Château de Boulogne, 89.
Châteauneuf, CCXII.
Château-Thierry, LXXI.
Chatellerault, 64.
Chaune, Cf. de Corgnyns.
Chauvran, Pierre, CLXXIII.
Chenet, CXVIII.
Cheney, sir Thomas, XXI, LIII.
Cheney, XXI.
Chenies, CCXLV, CCXLVI.
Chenonceaux, 81, 59; LXIX.
Chenu, Isabelle, CCXVIII.
Cheville, Nicolas, CLI.
Cifuentes, comte de, 79; CCCLXVI, CCCCXXIV.
Cigognes, 86, 87.
Cinque-Ports, 56.
Claude, Reine, 17, 78, 131, 134, 165 ; CCIII.
Claude de Savoie. Cf. de Tende, CCXV.
Clausse, Côme, CXIX.
Clavetz, André, CXXX.
Clément VII, 7, 12, 17, 18, 20, 108, 112, 116, 118, 136, 138, 141, 146, 147, 148, 151, 157, 159, 160, 171, 178, 175, 176, 177, 180, 181, 184, 185, 186, 187, 189, 194, 195, 196, 197, 200, 203; LXXIV, CCXIII, CCLIV, CCLXI, CCLXXVII,

CCCXX, CCCLXXXIII, CCCLXXXVII, CCCLXXXIX.
Clerk, John, CCXXXIII.
Clerk, John, notice, CCXXXIV.
Clerkenwell (1), CCXXXI.
—(1) Lire Clerkenwell, non Clerkenwel.
Clermont (Oise), CXXXII.
Clèves, comte François I de, notice CCIX.
Clifford, Lord Henry, CCXXX.
Clifford, Mabel, CCXXX.
Clinton, Lord, LI.
Clinton, Lord Edward, notice, CCXLI.
Cloquesot, Thouyn, LXXXIII.
Cobham, Lord, LI, CCCCXIII, CCCCXVI.
Cobos, CCLII, CCLIV, CCLV.
God, 88.
Cofferar, 105.
Cognac, CCII, CCXIV.
Colchester, 126 ; CCXXXIV.
Colin, Guillot, LXXXIII.
Collet, CXVIII.
Colman, Jean, 87, CXXIII.
Côme, 177 ; CCCXCVII, CCCLXXVI.
Compeggio, CCLII, III.
Compiègne, 36, 47 ; LXV, LXX, CV, CCXII.
Comptroller, 105.
[Pondered], Coungres, 89.
Conserans, ou Cousserans, CCVIII.
Constantinople, 109; XVIII.
Copynger, Jean, LII.
Coquet, Jean, CXVII.
Cormielle, Henry, CVII.
Cornaye, Colin, CXIV.
Corbie, CCXII.
Corbie, abbé de Saint-Pierre de, Cf. de Boulogne, CCXVI.
Cornebeuf, CI.
Cornelys, Cf. Hays Cornelius, 97. XXIII, XXIV.
Cornet, CI.
Cotignan, CCIX.
Coney, LXXIII.
Coudun, 86, CV.
Courlis, 87.
Courtenay, Henry, CCXLIV.
Cousin, Antoine, CXVI.
Couvre-feu à 10 heures du soir, 54.
Covent garden, CCXLVI.
Cowdray, près Midhurst, CCXXXI.
Cranmer, Thomas, 125, 126, 160, 161, 162, 170, 174, 180, 183, 187 ; CCXXXIV, CCCCVII.
Créoy, 83.
Crespe, Gérard, LXXXI.
Crevisses, 90.
Cromwell, Thomas, 57, 97, 126, 139, 183 ; XV, CCXXVIII, CCXXXVII, CCCLXXXVIII.

TABLE

Cromwell, XXIII, XXXV, LI, CCLXII, CCLXVII, CXCVIII.
Crouare, CCLXXVII.
Cussy-sur-Loire (Verè, en Morvan), CCIX.
Cybo, CCLXXVII.
Cygnes, 91, 92.
Dabort Jean, LXXXV.
Dacowe, George, LV.
Dacre of the South, Lord Thomas, CCXL.
[D'] **Aerschot**, Duc, CCXXI, CCXXII.
Dalbana, Jean, LXXXV.
[D'] **Albanie**, Duc, 124, 186 ; LXXIV, CCXVI, CCLVI, CCLVII, CCLIX, CCLXII, CCXC, CCCLIV, CCCLXI, CCCLXIII.
[D'] **Albon**, Jean, CCXVI.
[D'] **Albret**, Henri, notice, CCIV.
[D'] **Albret**, Jeanne, CCV, CCIX.
Dalbenie, Lord, LI.
[D'] **Alençon**, Charles III, Duc, CCIV.
[D'] **Alençon**, Madame, Cf. Marguerite de Valois, 144.
Damalas, Jeanne, LXXXVIII.
[D'] **Amboise**, Jean, CCXXV.
[La] **Dame**, Cf. Anne Boleyn, XXI, XXIII, XXIV, XXV.
Dammartin, CCXI.
Damville, CCXI.
Damyens, Ferrand, CIX.
Damyens, Jean, CIX.
Daneau, Dom Jean, 88 ; CXXII.
Danes, Jean, CVIII.
Danet, Claude, LXXIII.
[D'] **Angoulême**, comte, XL.
[D'] **Angoulême**, Charles, Duc, 64 ; CCLXXVIII, CCCLXII.
[D'] **Angoulême**, Charles, Duc, notice, CCIV.
Dangu, CCXII.
[D'] **Annebaut**, CCXVII, CCXIX.
[D'] **Apremont**, comte, XLVI.
[D'] **Aquigny**, Cf. de Laval, Anne, CCXVII.
Darby, (Lady), XLIII.
Darc, Guillaume CXVIII.
Darcevalle, Richard, LII.
Darcy, Sir Arthur, LIV.
Darcy, Lord Thomas, 57, 110 ; CCXLI.
Darcy, Sir William, CCXLI.
Darle, Abraham, CXVIII.
Dare, Thomas, LV.
[D'] **Ascot**, Cf. d'Aerschot, CCXXI, CCXXII, CCXXIII.
[D'] **Aubigny**, CXXX.
[De] **Augustinis**, Augustin, 158 ; CCLXII, CCLXXII, CCLXXIII, CCLXXVII, CCLXXVIII.
[D'] **Aumale**, comte, XLV.
[D'] **Aumale**, comte François, notice, CCV.
Daurredan, Honoré, CXI.

[D'] **Auvergne**, comtesse, Cf. Anne de la Tour, 124, 125.
[De] **Besson**, Jacques, LXXXIII.
[D'] **Auxerre**, comte Louis, XLV.
Deane, LII.
[De] **Arcoi**, CCXLI.
[De] **Bar**, Duc, CCLIX.
[De] **Barbezieux**, Maréchal, 69 ; XXXV, XLVI.
[De] **Barbezieux**, Antoine, notice, CCXVI.
[De] **Beaumont**, vicomte, XXVI.
[De] **Beaurain**, Cf. Porcéan.
[De] **Beaurain**, Cf. de Croi, Adrien, CCX.
[De] **Beaurin**, Jean, CXLIV.
[De] **Beauvais**, CCCXLI, CCCCVI.
[De] **Beauveau**, Isabeau, 125.
Debites, CXXIII (1).
[De] **Berquem**, CXVIII.
[De] **Berry**, Annemond Jean, Cf. d'Estampes.
[De] **Binches**, Maquet, CCCLXVI.
[De] **Boissy**, CCXII.
[De] **Bothéon**, Cf. de Grandpré, CCXL.
[De] **Boulogne**, Anne, CCXVI.
[De] **Boulogne**, Philippe, cardinal, CCXVI.
[De] **Bouquemelle**, Jean, CII, CXXIV.
[De] **Bourbon**, card. XLV, CCLXXVIII.
[De] **Bourbon**, cardinal Louis, notice, CCVI.
[De] **Bourbon**, comte Jean, 125.
[De] **Bourbon**, connétable, CCXII.
[De] **Bourbon-Vendôme**, Antoinette, CCV.
[De] **Bourbon**, Charles, duc de Vendôme, XLV.
[De] **Brancas**, Ennemond, Cf. de Villars, CCXV.
[De] **Brechy**, Philibert, CXXIV.
[De] **Bresnes**, comte, XLVI, CCX.
[De] **Bridge**, sir John, LIII.
[De] **Brion**, Cf. Chabot, 80, CCXIV.
[De] **Brolier**, Jean, CXVIII.
[De] **Broutel**, Jean, XCI.
Derby, John, LIII.
[De] **Bueil**, Cf. de Sancerre, CCXI.
[De] **Buisanguem**, Martin, CXI.
[De] **Bussy**, Georges, 64.
[De] **Bussy**, Georges, notice, CCXXV.
[De] **Buzançais**, Cf. Chabot, CCXIV.
[De] **Byrant**, Jehan, CVIII.
[De] **Calonne**, Baudren, 88 ; CXXIII.
[De] **Canaples**, Jean VII de Créqui, notice, CCXIX.
[De] **Cassel**, dit Tabary Jean, CXVIII.

(1) Debites, Debitis, debite, delite, est, d'après « Calais and the Pale », député ou gouverneur. Pour Calais, c'était, en 1535, lord de Lisle.

[De] Castro, duc, Cf. Farnèse, CCXVIII.
[De] Castro, Diane, CCXVIII.
[De] Charny, Cf. Chabot, CCXIV.
[De] Chavigny, 59, 103; CXXVIII.
Dechon, Guillaume, LXXXVI.
[De] Choque, Jacques, 60; CXXI.
[De] Clermont, Antoine III, CCXI.
[De] Clèves, Cf. Nevers, François de, CCIX.
[De] Coligny de Châtillon, Odet, 64.
[De] Coligny, Odet, notice, CCXXVI.
[De] Corbye, Jean, LXXXIV.
[De] Corgnyns, Louis, CXXII.
[De] Cortonne, Dominique, LXXXIV, LXXXVIII, CII.
[De] Crendalle, Jehan, CXVIII.
[De] Créqui, Antoine, notice, CCXX.
[De] Créqui, Jean VII, 103; CCXIX. Cf. Canaples.
[De] Créqui, Jean VIII, Cf. de Pondormi, CCXIX.
[De] Crevant, Jacqueline, CCXVI.
[De] Croy, Adrien, notice, CCX.
[De] Croi (de Rœux), Ferri, CCX.
[De] Cumberland, comte, CCXXX.
[De] Davant, Gabriel, CXXII.
[De] Dinteville, François, 27, 153, 169; LXIX, CCXVI, CCXCVI, CCCXXXIX, CCCXLI, CCCXLIV, CCCXLVI, CCCXLIX, CCCLI, CCCLII, CCCLIV, CCCLV, CCCLVI, CCCLVII.
[De] Dinteville, Jean, 71, 172, 189; XII, CXXXIV, CXXXV, CCCXXXV, CCCXXXIX, CCCXLI, CCCXLIV, CCCXLVI, CCCXLIX, CCCLI, CCCLXIV, CCCLXV, CCCLXVI, CCCLXVII, CCCLXXXIV.
[De] Fiennes, 51; CCXXIII.
[De] Fleuranges, M¹, 69; XXXV, XLV.
[De] Fleuranges, Robert, notice, CCX.
[De] Fleury, CCCXLV.
[De] Foix, comte, CCIV, CCXI.
[De] Foix, prince Jean, CCXIX.
[De] Fontaine, Nicolas, LXXXIII.
[De] Fouquenberge, Jean, CXVIII.
[De] Fouquesolles, 51; LXXXIX, XC.
[De] Fouquesolles, Isabelle, CCXI.
[De] Framezelles, Guillaume, LXXXI.
[De] Fressin, Cf. de Canaples, Jean VII, CCXIX.
[De] Fressin, Cf. Pondormi, Jean VIII, CCXIX.
[De] Gadiz (Cadix), CCLXXVII.
[De] Gane, Jean, 99.
[De] Genouillac, Cf. Galliot, 38; CCXXV.
[De] Gouy, aîné, LXXXII.
[De] Gramont, Gabriel, cardinal, 10, 19, 20, 64, 69, 101, 149, 151, 152, 153, 154, 159, 160, 167, 175, 184, 202; VII, XXXV, XLV, LXII, CCXLVI, CCLVI, CCLXI, CCLXIV, CCLXV,

CCLXXVIII, CCLXXXI, CCLXXXV, CCXCV, CCXCVII, CCXCVIII, CCXCIX, CCCCV, CCCXXV, CCCXXVI, CCCXXIX, CCCXXXIII, CCCXXXIX, CCCXLII, CCCLV, CCCLVII, CCCLXXIII, CCCLXXVIII.
[De] Gramont, cardinal Gabriel, notice, CCVIII.
[De] Grand Pré, comte, XLVI.
[De] Grandpré, Louis, notice, CCXI.
[De] Guddi, CCLIII.
[De] Guise, cardinal, CCV, CCVI.
[De] Guise, duc Claude, 68, 97; XXXI, XLV, CCVI.
[De] Guise, duc Claude, notice, CCV.
[De] Halluin, Antoine, Cf. de Piennes, CCXVII.
[D'] Halluyn, duc, CCXVIII.
[De] Halluyn, Philippe, XLVI.
[De] Haultefeuille, Porrus, 53.
[De] Haultesmelle, Louis, XCVII.
[De] Hayencourt, Adrien, CVIII.
[De] Herman [Hermary], Christophe, CVIII.
[De] Herville, Morellet, CIX.
[De] Hiencourt, Lambert, CVIII.
[De] Holleville, Robert, LXXXIII, LXXXIV.
[De] Houssaye, Jean, LXXXIII.
[De] Hu, Antoine, LXXII.
[De] Humières, Charlotte, CCXXV.
[De] Humières, Jacques, CCXVI.
[D'] Humières, Maréchal, 69, 178; XXXV, XLVI, CCCXXXVI.
[De] Humières, Jean, notice, CCXVI.
[De] Husson, Anne, CCXI.
[D'] Huxelles, 40.
[De] Hyencourt, CI.
[De] Joyeuse, Catherine, CCXV.
[De] Joyeuse, Jean V, CCXV.
[De] Joyeuse, cf. de Grandpré, CCXI.
[De la] Barre, Jean, 72, 78, 103; CXXXIII, CLV, CLXII.
[De la] Bérandière, Louise, CCV.
[De la] Bonne, Jean, CX.
[De la] Bordaisière, LXXXVII, CCXXVII.
[De] Labrosse, Jean, LXXXV.
[De la] Chambre, Comte Louis, notice, CCXVI.
[De la] Chambre, Philippe, Cardinal, Cf. de Boulogne, 124; CCXVI.
[De la] Croix, Alain, 36; LXXXV.
[De] Lacroix, Jean, LXXXV.
[De la] Fontaine, Jean, CXI.
[De la] Fontaine, Marc, CI, CXVII.
[De la] Hargerie, 173; CCCXXXVI.
[De la] Marche, Maréchal, 59, 103; CXXX.
[De la] Mare, CI.
[De la] Marck, Robert III, Cf. de Fleuranges.
[De la] Marre, Denis, CXVII.
[De la] Marré, François, CXVII.

[De la] **Merille**, Jehan, CXVIII.
[De] **Langey**, Cf. du Bellay, G., 23, 111 ; XVI, XVIII, XIX, XLVI, CCVIII, CCXVIII, CCXXVI.
[De la] **Pasture**, Nicolas, 54 ; LXXXVI.
[De] **Laperque**, 59 ; LXIX.
Delaplancque, Etienne, LXXIII.
[De la] **Pierre**, Jean, CVIII.
[De la] **Pommeraye**, Gilles, 21, 23, 27, 141, 166, 169 ; CXX, CXXI, CCCXXIII, CCCCXIX, CCCCXX, CCCCXXX.
[De la] **Rochefoucauld**, Antoine, Cf. de Barbezieux, CCXVI.
[De la] **Rocheguyon**, Louis, XLVI.
[De la] **Rocheguyon**, Louis, CCXVII.
[De la] **Rochepot**, Anne, Cf. de Laval, CCXVII.
[De la] **Rochepot**, François, 173 ; XLVI ; CCXII, CCXIV, CCCXXXVI.
[De la] **Rochepot**, François, notice, CCXXIV.
[De] **Lascaris**, Anne, CCXV.
[De] **Lascaris de Tende**, Antoine, 64.
[De] **Lascaris de Tende**, notice, CCXXVI.
[De] **Lasgny**, CCXC.
Delastre, Guillaume, CXVIII.
Delastre, Jehan, CVIII, CX.
[De la] **Tour**, Jean, 125.
[De la] **Trémouille**, CCXVI.
[De la] **Trémouille**, Louise, CCX.
[De l'] **Aulnay**, Léonard, CLXV.
[De] **Laval**, Anne, CCXVII.
[De] **Laval**, Gui XVI, CCXVII.
[De la] **Vallez**, CXXXIII.
[De la] **Voyenne**, Jeannet, CXIII.
[De le] **Retz**, Matthieu, CXVIII.
Delessale, Massin, CXVIII.
Delenguergne, CXVIII.
[De] **Lévis**, Gui I, CCX.
[De] **Lévis**, Jean V, CCX.
[De] **Lévis**, Philippe, CCX.
[De] **Lévis-Mirepoix**, comte, XLV.
[De] **Licques**, Jean, 51, CXVII.
[De] **Liegette**, Guillaume, XCVII.
Deligran, Jean, CVIII.
[De] **Lobel**, Jacotin, LXXXI.
[De] **Longueville**, duc, 123 ; CCV, CCVI.
[De] **Longueville**, duc Louis, notice, CCVIII.
[De] **Longouille**, Cf. de Longueville, XLV.
[De] **Longui de Givry**, Claude, 64.
[De] **Longui de Givry**, notice, CCXXVI.
[De] **Lorraine**, cardinal, 66, 68, 97, 98 ; XL, XLV, CCVI, CCLXXVIII.
[De] **Lorraine**, cardinal Jean, notice, CCVI.
[De] **Lorraine**, Claude, Cf., duc de Guise, XLV.

[De] **Lorraine**, François, Cf., d'Aumale.
[De] **Lorraine**, marquis, LXV.
[De] **Louvois**, Cf. de la Rocheguyon, CCXVII.
[De] **Luz**, Robinot, CLXVIII.
Delvaux, Jean, CXI.
[De] **Maignelais**, Cf. de Piennes, CCXVIII.
[De] **Manailles**, Antoine, CXVIII.
[De] **Médicis**, Cardinal, CCCCX, CCCXV, CCCXXII.
[De] **Médicis**, Julien, 118.
[De] **Médicis**, 124 ; CCLXII.
[De] **Melfi**, Cf. Carracioli, 59 ; CCXXV.
[De] **Melphe**, Prince Charles, notice, CCXXV.
[De] **Melun**, Claude, CCX.
[De] **Montaigue** (Montacute), Marquis, CCXXX.
[De] **Montclerc**, Cf. de Manailles.
[De] **Montejean**, René, CCXVII.
[De] **Montejean**, XLVI.
[De] **Montejean**, René notice, CCXVII.
[De] **Montfort**, Cf. de Laval, G., CCXVII.
[De] **Montmorency**, Anne, 21, 27, 28, 31, 85, 51, 69, 80, 142, 172, 173, 191 ; IX, XXVI, XLVI, LXVI, LXXVII, CXVII, CXX, CXXI, CXXII, CXXVIII, CXXXVI, CXXXVII, CXL, CCXI, CCXIII, CCXVII, CCXVIII, CCXXIV, CCXCVI, CCCIV, CCCVI, CCCXXXVI.
[De] **Montmorency**, Anne, notice, CCXI.
[De] **Montmorency**, François, CCXVIII, CCXXIV.
[De] **Montpezat**, LXVI, LXX, CXXI, CCLI, CCCIII, CCCIV.
[De] **Mouy**, Antoine, LXXXVIII.
[De] **Moyenneville**, Jean, LXXXV, CVIII.
[De] **Nançay**, 59, 103 ; CXXIX, CLXV.
[De] **Nevers**, comte Louis, notice, CCIX.
[De] **Nevers**, comte Louis, 69 ; XXXV, XLV.
[D'] **Enghien**, comte François, notice, CCIX.
[De] **Nouvel**, Guillaume, 67, 81 ; LXX.
Denys, Anthony, LV.
Denys, Philippe, LV.
[De] **Passano**, J. Joach., Cf. de Vaulx, LXVII.
[De] **Perreau**, Louis, Cf. Castillon, CCCLXI.
[De] **Piennes**, Jeanne, CCXVIII.
[De] **Piennes**, Louis, notice, CCXVII.
[De] **Piennes**, Philippe, Cf. de Halluyn.
[D'] **Epinoy**, [comte François], CCXI.
[D'] **Epinoy**, Jean, CCXI.

[De] **Pommereul**, Robert, LXIV.
[De] **Pont-à-Mousson**, marquis François, CCVIII.
[De] **Pontigny**, Mathieu, LXXXV, XC.
[De] **Popineau**, Martin, CVIII.
[De] **Porcéan**, comte Adrien, XLVI, CCX.
[De] **Quehan**, Jacquet, CXVIII.
[De] **Quéhen**, Adam, LXXXIII.
[De] **Quélien**, Jean, LXXXIII, CIX.
[De] **Quelque**, Guillaume, CXVIII.
[De] **Quénéhen**, Noël, CVII.
[De] **Quinylier**, CI.
[De] **Quintin**, CCXVII.
Derby, Lady, 76.
Derby, Darby, XXXIX.
Derby, L.
[De] **Recourt**, Marie, CCXI.
[De] **Roboyes**, François, CXVII.
[De] **Rohan-Chabot** Louis, CCXV.
[De] **Rono**, Robinet, LXXXIII.
Derondelle, Jehan, CXVIII.
[De] **Rothelin**, marquis, XLV.
[De] **Saint-André**, XLVI, CCXVII.
[De] **Saint-André**, Jean, notice, CCXVI.
[De] **Saint-Belin**, Catherine, CCXXV.
[De] **Saint-Pol**, comte François, XXXI, XLV.
[De] **Saint-André**, comte François, notice, CCIX.
[De] **Saint-Paul**, comte Guy, Cf. de la Rochepot, CCXIV.
[De] **Salmons**, Adrien, CXVII.
[De] **Sancerre**, comte, XLVI.
[De] **Sancerre**, comte Jean, CCXI.
[De] **Sancerre**, comte Louis, notice, CCXV.
[Des] **Autelz**, Jean, CXIII.
[De] **Savonnières**, LXXXVII.
Deschamps, Josse, CXVIII.
[De] **Senesmes**, Jean, CXVII.
[De] **Septfontaines**, Guillaume, LXXXIII.
[De] **Septfontaines**, Nicolas, LXXXIII.
[De] **Serres**, Jean, CCXVII.
[De] **Serville**, Jean, CXVII.
[Des] **Granches (Granges)**, Mathias, LXXXI.
[De] **Silli**, Louis, Cf. de la Rocheguyon, CCXVII.
[De] **Silly**, Cf. de la Rocheguyon, XLVI.
[De] **Simons**, Jehan, CXVIII.
[De] **Simons**, Nicolas, CXVIII.
[De] **Soissons**, Justine, CCXIX.
[De] **Sommerive**, cf. de tende, CCXV.
[De] **Sourdis**, Jean d'Esconbleau, CXX.
Despensues, Nicolas, LXXXI, LXXXII.
[D'] **Estouteville (Duc)**, Cf. Saint-Paul.
[D'] **Estrées**, CCXXI, CCXXII.

[De] **Tallart** (Vte Bernardin); Cf. de Tonnerre, o.
[D'] **Etampes**, Jean, comte, XLVI.
[D'] **Etampes**, Anne, Duchesse, CCXV, CCXLVII.
[De] **Tays**, Jean, CXIX.
[De] **Tende**, Antoine, CCXXVI.
[De] **Tende**, Comte, Cf. de Villars.
[De] **Tende**, Comte Claude, notice, CCXV.
[De] **Tende**, René, CCXV.
[De] **Tonnerre**, Comte, XLVI.
[De] **Tonnerre**, Bernardin, CCXI.
[De] **Tonnerre**, Comte Charles, CCXI.
[De] **Tournon**, cardinal, François, 10, 11, 64, 69, 101, 151, 152, 153, 154, 160, 167, 172, 175, 184, 185, 188, 202; XXXV, XLV, LXXII, CCLII, CCLXI, CCLXIV, CCLXV, CCLXVII, CCLXXXI, CCLXXXV, CCXCVII, CCXCVIII, CCXCIX, CCCV, CCCXXXV, CCCXXXVI CCCXXXIX, CCCXLII, CCCLIV, CCCLV, CCCLIX, CCCLXI, CCCLXV, CCCLXXIII, CCCLXXVII.
[De] **Tournon**, cardinal, François, notice, CCVII.
[De] **Tournon**, Jacques, 64; CCXXVI.
[De] **Tournon**, Jacques, notice, CCXXVI.
[De] **Tournon**, Juste, CCXXVI.
[De] **Vaulx**, Jean, Joachim de Passano, 72, 141; LXVII, CXXVIII, CXXIX, CCLV, CCLVII.
[De] **Vendôme**, duc, XXXI, XL, CCV, CCXXI.
[De] **Vendôme**, duc Antoine, notice, CCIX.
[De] **Vendôme**, duc Charles, notice, CCV.
[De] **Vendôme**, duchesse, 143, 144, XXIII.
[De] **Venouse**, Cf. Caraccioli, CCXXV.
[De] **Véretz**, LXVIII.
[De] **Vignacourt**, Jean, CCXXVI.
[De] **Vilandry**, Cf. Breton, Jean, CXCV.
[De] **Villars**, Baron Ennemond, notice, CCXV.
[De] **Villars**, comte, CCXV.
[De] **Villars (duc Georges)**, CCXVI.
[De] **Villiers**, Cf. Castillon, CCCLXI.
[De] **Vissac**, Jeanne, CCXVI.
[De] **Voisins**, Françoise, CCXV.
[De] **Vymes**, François, CIII.
Diane de Poitiers, CCXVIII.
Ditcheat (Sommerset), CCXXXIV.
Donne, Sir Griffith, LIV.
Donolens, Baudichon, XCVIII.
Doria, André, CCXXV.
Doria, Antoine, CCCXLIV.
Donyngton, Robert, XVI.
[D'] **Orléans**, Duc, 10, 64, 77, 151, 189, 198, 202; XXII, XL, CCXVIII, CCLIV, CCLVII, CCLVIII, CCLX, CCLXII, CCLXIII,

CCLXVII, CCLXVIII, CCLXIX, CCLXXI, CCLXXV, CCLXXVIII, CCLXXXI, CCCVIII, CCCIX, CCCLXVII, CCCLXX, CCCLXXII, CCCLXXXV, CCCXCV.
[D'] Orléans, Louis-François, Cf. Longueville, CCVI.
[D'] Ormond, Comte, Cf. Butler, Thomas, CCXXXII.
Dorset, marquis, CCXL.
[D'] Oulches, Jean, Cf. de Saint-André, CCXVI.
Douville, Pierre, CXIII, CXLI, *XLIII, CCLIII, III, IV.
Douvres, CXCIII, CCXXXIV.
Douvres. Peste en 1532, XVI.
Douvylle, Pierre, 36; CV, CXIII, CXLI, CXLIII, CLII, CLIII, CLIV.
Dreux, CCXVII.
[Du] Bellay, Guillaume, CCXVIII.
[Du] Bellay, Jean, 9, 10, 21, 23, 27, 28, 52, 64, 140, 142, 146, 168, 175, 177, 178, 179, 181, 183, 191, 192, 196, 197, 198, 199 ; IX, CCXVII, CCLXXIV, CCLXXV, CCCXXIV, CCCLXCIII, CCCCXXV, CCCCXXVI, CCCCXXVII.
[Du] Bellay, Cardinal Jean, notice, CCXIX.
[Du] Bellay, Martin, XLVI.
[Du] Bellay, Martin, notice, CCXVIII.
[Du] Berenot, Jean, CVIII.
[Du] Bernet, Jean, LXXXIII.
[Du] Biez, Jean, CXXV.
[Du] Biez, Oudard, 47, 51, 173 ; LXV, LXIX, CXXV, CCCXXXVI.
Dublart, Robert, LXXXII.
[Du] Bois, Jean, LXXXVII.
Duboit, Etienne, LXXXV.
Duboye, Adenet, LXXXII.
Duboye, Gérard, LXXXII.
[Du] Boys, CI.
Dubre, Villeguier, CL.
[Du] Brolier, Robichon, CXVIII.
Dubuc, Jean, LXXXV.
[Du] Buisson, CI.
[Du] Buquet, Gillequin, CVIII.
[Du] Chastel, CXVIII.
[Du] Chemyn, Emile, LXXXIII.
[Du] Crocq, CXVIII.
[Don] Ducrocq, 103; CCXX.
Dudan, Jean, CXVI.
Dudley, Edmond, CCXXXVIII, CCXLIII, CCXLIV.
Dudley, Jean, CCXLIII.
Dudley, Sir John, LII.
Dudley, John, notice, CCLIII.
[Du] Flaus, CI.
[Du] Four, CI.
[Du] Four, Julien, CXVII.
[Du] Fourmanoir, Jean, CVI.
[Du] Goubert (Dagobert), Morellet, CIX.
Duhamel, Guillaume, LXXXIII.
[Du] Han, Jacquet, CVIII.
[Du] Han, Jean, CIX.
[Du] Han, Perotin, CVIII.
[Du] Han, Robin, CVIII.
Dulin, Heluyn, XCVII.
[Du] Loquin, Jean, LXXXV.
[Du] Monceau, Antoine, LXXXVI.
[Du] Moulin, CI.
Dunkerque, 178 ; CCCLXVI.
Dunstable, 128.
[Du] Pont, CXVIII.
[Du] Pont, Jacqueline, CXVII.
Dupont, Matthieu, LXXXI.
[Du] Duprat, Antoine, cardinal, 19, 69; V, XLV, CI.
[Du] Prat, Antoine, cardinal, notice, CCVI.
[Du] Puis, CI.
Durand, Jean, CXVI.
[Du] Sart, François, LXXXVIII.
[Du] Tertre, Cf. Rahart, CXXXI, CXXXII.
Duval, Jean, LXXXIII.
Duval, Jean, Junior, LXXXIII.
Duval, Jean, LXVIII, LXXIV, LXXV, LXXVI, LXXVII, CXXX, CXXXIII, CXXXV, CXXXVI, CXXXIX, CLIV.
Duval, Thouyn, LXXXIII.
Duvient, Duviert, Joachim, 38, 39, 40, 48.
Dymoke, Robert, LV.
Easebourne, CCXXXI.
Ecouen (Escouan), CXIX, CCXI.
Edouard IV, CCXXXVIII.
Edouard VI, CCXVII, CCXXIV, CCXL, CCXLI, CCXLIII, CCXLIV, CCXLVI.
Effingham (baron d'), Cf. Howard, Lord William, CCXXXVII.
Eldercase, Sir Rauf, LIV.
Eléonore, reine de France, 23, 28, 31, 78, 101, 143, 154, 165 ; XIV, XXX, CCIII, CCXII.
Eléonore d'Autriche, reine, notice, CCII.
Elisabeth d'Angleterre, 119, 162, 185, 204; CCXLI, CCLXV.
Elisabeth, reine, femme de Henry VII, CCXLIV.
Ely House, CCXXXIX.
Embrun, CCVII.
Emery, Jean, LXXXIV.
Emery, Pasquier, LXXXII.
Emmanuel de Portugal, CCIII.
Emmanuel, Philibert de Savoye, CCIV.
Engin, Jehan, XCVII.
Enguinegatte, 123.
Essex (défense d'y acheter de la volaille), XVI.
Essex, comte Henry, CCXLIV.
Essex, marquis Henri, notice, CCLIV.

Essex, Sir William, LIII.
Estrechies-le-Larron, CCXXVII.
Etaples (Estapples, Estapes), 85, 101, 153; CXX, CXXII.
Eu (Ewe), Comte d'. Cf. Essex, CCXLIV.
Euchert, Jean, CXIV.
Eudin, Josse, LXXXIII.
Everue, 65.
Evreux, 59, 65, CCXXVI.
Evreux, évêque, Cf. Le Vasseur, Jean VI, XLVII.
Ewery, 95, 105.
Exeter, L.
Exeter (Le marquis d'), XXV, CCXLIV.
Exeter, marquis, Henry, notice, CCLIV.
Exmoor, CCLVI.
Faenza, 177; CCCLXXVII.
Fagot, Jean, LXXXII.
Farnèse, Horace, CCXVIII.
Fauquenbergues, 123; CCXXI.
Ferdinand d'Aragon, 120, 127, 128.
Fernandez, 122.
Ferrare, CLXIII.
Ferrières, CCVII.
Feversham, CXCIV.
Fiennes, Mary, CCXL.
Fillet, Robin, CXV.
Finche, Sir William, LIV.
Fischer, B. Jean, 180; CCXXXIII, CCXXXIV.
Fitzroy, Henry, 75, 80, 133.
Fitzroy, Henry, notice, CCXXVII.
Fitzwater, Lady, 76.
Fitzwater, Lord, LI.
Fitzwilliam, Lord William, 70; CXXXIV, CXXXV.
Fitzwilliam, Lord William, notice, CCXXX.
Flemye (Flemy), Villement, CVIII.
Flodden, 123.
Florence, CCLXXVII.
Fluin, Jean, LXXXVI.
Folembray, CCXLVIII.
Follet, Claude, LXXXII.
Fontaine, Guillaume, CXVII.
Fontainebleau, CXIX, CCXX, CCXLVIII.
Fontarabie, CCXVII.
Forcalquier, CCXV.
Forestier, Colin, XCVIII.
Forestier, Huchon, XCVIII.
Foresmontiers, 61; CCIV.
Foster, Sir Humphrey, LIV.
Foucart, Pierre, CVII.
Foullet, CXVIII.
Fouquet, Jean, LXXXII.
Fouquet, Thomas, CVII.
Fourdrinier, CI.
Fournier Jacques, CXXX.
Foxe, CCLVIII.
Framery, Antoine, LXXXVII.

François Premier. Lettres-patentes inédites, LXXVII, CXXXVI, CLV.
Lettres-patentes (mention), LXXVI, CXXXII.
III, XII, etc.
Caractère, CCXLVIII.
Notice, CII.
François, Dauphin, 64.
François, Dauphin, notice, CCIII.
Françoise d'Alençon, CCV.
Fre, Colin, LXXXIII.
Friquet, Thomas, CIX.
Frossart, Philippe, LXXXIII.
Galéasses, Galliaces, XXVII.
Galempoix, Fremyn, LXXXIII.
Gallan, Jehannet, LXXX.
Galliot, Jacques, notice, CCXV.
Galliot, 33; XLVI, CCXV.
Gallot, Jean, LXXXI.
Galopins, 85.
Gambolat, CCXII.
Gambyrel, Jean, CI.
Gambyrel, Thouyn, CI.
Gardiner, Etienne, 19, 21, 22, 139, 141, 183, 188, 191, 192, 193, 194; CCXXXIII, CCXLIII, CCCVI, CCCCVIII, CCCCIX.
Gardiner, Etienne, notice, CCXXXVI.
Garlain, Pierre, CXVII.
Garson, CXVIII.
Gascogne, sir William, LIV.
Gate, Sir John, CCXLIV.
Gelet, Pierre, CLXIII.
Gênes, CCXCVIII.
Germain, Léandre, CXIV.
Gifforde, Thomas, LII.
Gilham, Pety, LIV.
Gilham, Graunte, LIV.
Gillebert, Pierre, CX.
Gillet, Jean, CLXXIV.
Gillet, Pierre, CVIII.
Gisortium, 80; XXV.
Giustiani, 68, 119.
Glatigny, près Montmirail, CCXVIII.
Gloucester, Duc de, CCXLIV.
Godefroy, Pierre, CXXV.
Godsadyn, CCCCXI, CCCCXVIII.
Godyman, Jean, CXV.
Gonse, David, LXXXI.
Gonsse, CXVIIII.
Gosset, CI.
Gostav old send, (Sussex), CCXXXI.
Gouies, Jean, 36; CV.
Gourlain, CXVIII.
Grane, Vicomte, Cf. Grey, L., CCXL, CCXLI.
Granvelle, CCLXIV.
Granville, Honor, CCXXXVIII.
Gravelines, CCXX, CCXXXIX.
Gravesend, CXCIV.
Great Baddow (Essex), CCXXXV.

Greenwich, 141, 185 ; CCLI, CCCLXIV, CCCLXVII.
Grefford, Richard, LVII.
Grenewey, William, LV.
Grenu, Jean, LXXXV.
Gressier, Jean, LXXVI.
Grevaise, CCCCXXIX.
Grey, Elisabeth, CCXXXVIII, CCXLIII.
Grey, Jeanne, CCXLIII, CCXLIV.
Grey, Lord Léonard, LI, CCXL, CCXLI.
Grey, Lord Léonard, notice, CCL.
Grivethe, Georges, LV.
Grues, 86.
Grugibus [Gorgibus], François, LXXXV.
Grunel, Guillaume, LXXXI.
Guenu, Justin, LXXXIII.
Guérin, Pierre, CXXI.
Guillard de l'Espichellière, Charles, CCXXVI.
Guillard, Jean, XCII.
Guillard de l'Espichellière, Louis, 64 ; CCXXVI.
Guillard de l'Espichellière, Louis, notice, CCXXVI.
Guille, Jean, LXXXV.
Guillot, Pierre, CXVIII.
Guindallière, CI.
Guines, 28, 73 ; CCXLIV.
Guldeford, Sir Edmond, 56.
Guyloteau, Etienne, LXXXV.
Gyles, Laurent, XV.
Haddocks, 89.
Hagneré, Mandrel, CVII.
Halart, Guillaume, CXXXI.
Halibut, 90.
Ham, CCIX.
Hamel, Robert, LXXXI.
Hamère, Jeannet, LXXXII.
Hamerel, Antoine, LXXXII.
Hampton Court, 97 ; CCXXXVII.
Hamton, George, LIV.
Hanaper, 126.
Hante, Sir William, LIII.
Harbulet, CI.
Hardelot, CXXI.
Hardey, Sir Nicholas, LIV.
Hardouin, Quentyn, CVIII.
Harent, Jehan, CXVIII.
Harper, George, LIV.
Harrington, Sir William, LIII.
Harte, Perceval, LII.
Haskewe, Sir William, LIII.
Haukins, CCLXIII.
Havet, Gillequin, CX.
Havet, Hugues, LXXXI.
Hays, Cornelius, 97.
Hecquet, Jean, LXXXIII.
Heket, Roger, LII.
Hémard de Denonville, Charles, 64.

Hémard de Denonville, Charles, notice, CCXXVI.
Hennage, LIII.
Hennequin, Jean, LXXXIII.
Henningsfeld, Sir Edward, LIII.
Henri II, notice, CCIII.
Henri IV, CCV.
Henry VII, 120, 127 ; CCXLIV.
Herbert of Cherbury, Lord Edward, 94, 128, 138.
Hermant, Prosper, LXXXV.
Hérons, 87.
Hesdin, CCXVIII, CCXX, CCXXIII.
Hever (Kent), CCXXXVIII.
Heynet, Jean, CXVII.
Hibon, Jean, LXXXI, LXXXII, XCIV.
Hinton (Herefordsh.), CCXLII.
Hollene, Sir Edward, LIV.
Hopton, Edward, LV.
Hoskerfeld, James, LV.
Hossetron, Corbre, CVII.
Hôtel de Guise, à Calais, Cf. Staple, 75.
Hotfield, CCXXXIV.
Hotman, Jean, LXIV, LXVII, LXXVI, LXXXV, CXXXIII, CXXXIV, CXXXV, CXLIX.
Houbert, Jean, LXXXV.
Howard, Elisabeth, CCXXXII.
Howard, Catherine, CCXXIX.
Howard, Thomas, CCXXXII.
Howard, Lord William, LI.
Howard, Lord William, notice, CCXXXVII.
Hoyinton, Thomas, LV.
Huet [Havet], Massin, CIX.
Humbert, Jean, CXI.
Hungerford, Sir John, LII.
Hure (Brawn), 86.
Huré, Marc, CXI.
Isabelle de Castille, 127.
Issoudun, CCCXXII.
Ivy Church (Kent), CCXXXIV.
Jabin, Mesmyn, CXLII, CXLVI.
Jackson, 97.
Jacques Ier d'Angleterre, 119.
Jacques V d'Ecosse, XIV, CCLIX, CCCXX.
Jacques V, CCLIX, CCLXX.
James (Jamais), Richard, CXX, CXXI, CXXII.
Jean, roi de Hongrie, CCLXX.
Jeanne de Bourbon, 125.
[S[te]] Jeanne de Valois, 78.
Jeanne Seymour, 207 ; CCXLVI.
Jenings, 99.
Jenneau, Jean, 36 ; CV.
Jocquelvert, 51.
John Dory, 90.
Johnson, Barthélemy, XVI.
Joly, Antoine, 36 ; CV.
Josset, CI.

Journel, Laurent, LXXX, LXXXII,
LXXXV, LXXXVII, LXXXVIII, XCII.
Juge, Antoine, 56; LXVIII, LXXIV,
LXXVI, CLV, CLXII, CLXIII, CLXIV,
CLXIX.
Jules II, 128.
Kenninghall, CCXXIX.
Kent, (défense d'y acheter de la vo-
laille), XVI.
Kingstone, Anthony, LV.
Kingston, Sir William, LI.
Knevet, Anthony, LIII.
Knevet, Henry, LIII.
Knight, LII.
Knight 136.
Kochyn, 105.
La Bicoque, CCXII.
La Fère-en-Tardenois, 168, 169;
LXXII, CCXI, CCCXXIV.
Lagresle, Jean, CX.
Laguette, Jean, 45, 72; LXIX, LXX,
LXXV, LXXX, CXXVII.
Laignan, Jean, CX.
Laignel, Jean, 54; LXXXVI.
La Magdallene, Cf. Le Fevre.
Lamorry, Thomas, LXXXI.
Lamoureulx, Guillaume, CL.
Lamoureulx, Regnault, CL, CLI.
Lamyral, Nicolas, 35 ; CXVII.
Landrecies, CCIX.
Langlois, Anguerrant, LXXX, LXXXIV.
Langlois, Enguérand, LXXXIV,
LXXXVIII.
Langres, 64 ; CCXXVI.
Langres, évêque. Cf. Claude de Lon-
gui de Givry.
Langton, Euphémie, CCXLI.
Langton, Sir John, CCXLI.
Laquette, 128.
Larmurier, Jean, XC, CXVI.
Lasnier, Martin, CXV.
La Saroche, Cf. de Senesmes, CXVII.
La Spezzia 186; CCCLIV, CCCLXIII.
Latronet, 98.
Laubergeois, Jean, CXI.
Launde, 126.
Laurencin, Mathurin, LXIX.
Laurencin, Mathurin, 59.
Lautreo, CCXXV.
La Vasseur, CI, CXVIII.
La Villeneuve [Puy-de-Dôme],
CCCXVIII.
Lavoignier, Lancelot, CXIV.
Le Bassez, Valleran, LXXXIV.
Le Beau, Antoine, CXVI.
Le Beaux, Michel, CXVI.
Lebel, CI.
Lebel, Colin, CXVII.
Lebel, Jacques, CXVI.
Le Bossu, Antoine, LXIV, LXVII.
Le Bourbonnais, Cf. Chauvran,
CLXXIII.

Le Bourgeois, Charles, LXXXI.
Lebreton, Jean, CVII.
Lebrez, Chrétien, XCVIII.
Lecaille, CI.
Le Caron, Jean, CVIII.
Le Carpentier, Robert, 54; LXXXVII.
Le Cateau-Cambrésis, CCIII.
Leche, 86.
Le Cler, Pierre, LXXXII.
Le Clerc, Gérard, LXXXI.
Leclerc, CI.
Le Couldray (Cher), 172; CCCXXXII,
CCCXXXV.
Le Court, Bernard, CXLVI.
Le Crotoy, 85, 58 ; CII.
Lefebvre, Jean, LXXXII.
Le Feure, Adrien, CXXXI.
Le Fevre, Evrard, CXVII.
Le Flament, Georges, CXLIV, CXLV.
Le Franc, René, CXII.
Le Gangneur, Joseph, CVIII.
Legendre, Pierre, 37 ; CV.
Leghe, Anthony, LV.
Leghe, William, LII.
Le Glehon, CXVIII.
Le Guenu, Ancelin, LXXXIII.
Leicester, 189 ; CCXXXVI.
Le Jongleux, Perrot, CVIII.
Le Maçon, Thouyn, LXXXV.
Le Maistre, Jean, CVIII.
Le Manant, CXVIII.
Le Mangnyer, Jacques, LXXXVIII.
Le Mangnier, Jean, XC.
Le Mannier, Bastien, CVIII.
Le Marre, Antoine, CXVIII.
Le Moyne, Jean, CXX.
Le Noir, Jehan, CXVII.
Le Normand, André, LXXXI
Le Normant, Jacquet, CVII.
Le Nouvel, Jean, CVIII.
Lens, CCXX.
Léon X, concordat, 19, 165 ; CCXLIX.
Léonard, Pierre, CX.
Lepeltier, René, LXXI.
Le Picart, Colas, LXXXV.
Leporc, Raoul, 59 ; LXIX.
Le Puy, CCCXLVIII.
Le Quenu, Adrien, CXVII.
Lequien, Jean, LXXXI.
Lequien, Robin, LXXXIII.
Le Rat, Adrien, LXXXV.
Le Rat, Guillaume, LXXXV.
Le Rat, Jehan, CXVIII.
Le Roy, CI.
Le Roy, Absalon, LXXXIII.
Le Roy, Evrard, CI.
Le Roy Jehannet, LXXXVII.
Le Roy, Nicolas, CI.
Le Roy, Roch, LXXXV.
Le Scossoys, Jocelin, CXIV.
Le Seigneur, Anthoine, CXVII.
Lespaigne, XCVIII.

Le Sueur, Pierre, XCI.
Le Suislet (Le Suisse)? Claude, CVIII.
Le Suisse, Claude, LXXXIV.
Lewes, 126.
Leulinghen, 63.
Le Vasseur, Gaspard, CVIII.
Le Vasseur, Jean VI, 64, CCXVI.
Le Vasseur, Jean VI, notice, CCXXVI.
Le Veneur, Jean, CCXXVI.
Le Veneur, Jean, notice, CCXXVI.
Liane, 37.
Licques, 37.
Licques, Cf. Beranel, CXXIII.
Lien, Jean, CX.
Lien, Massin, CVII.
Liger, Gabriel, CXVI.
Ligorne, CCLXXVII.
L'Isle-Adam, CCXI.
Lillers, CCXX.
Limoges, 64; CCXXVI.
Limoges, Evêque, Cf. de Lascaris de Tende, Antoine, XLVI.
Lincoln, (Evêque de) XIII, L, CCXXXIII, CCXXXIV, CCXXXV, CCXXXVI.
Lincolnshire, (Comte de) Cf. Clinton, CCXLI.
Ling, 89.
Lisieux, CCXXVI.
Lisieux, Evêque, Cf. Le Veneur, Jean, XLV.
de Lisle, Lord, CCLXXI.
Lisle, Vicomte Arthur, CCXXXVIII.
Lisle, Vicomte Edmond, CCXLIII.
Lisle, Sir Thomas, LIV.
Lisle, (Vicomte), XXV, LI.
Lisle, Vicomte, notice, CCXXVIII.
L'Italian, Pierre, CXLI, CLII.
Livourne, 152, 153, 186; CCCLXVI, CCCCI.
Lizet, 140.
Lomelyn, Domingo, 57.
Londres, Evêque, Cf. Stokesley, XIII, L.
Long, Sir Henry, LII.
Long, Richard, LIII.
Longland, CCXXXIII.
Longland, John, notice, CCXXXV.
Longleat, (Wiltshire), 83.
Lonjumeau, CCX.
Lorifent, Jacques, cf.
Louis XII, 78, 142; CCII, CCXXX.
Louis XIV, 118.
Louis de Savoye, CCIV.
Louise de France, CCIV.
Louise de Savoie, 16; CCXIV.
Louvain, CCIII.
Lucas, Simon, CXXXI.
Lucy, Elisabeth, CCXXXVIII.
Luxembourg, CCIX.
Lyon, 173, 176, 177, 178, 179, 184; CLXIX, CCVII, CCCXXXVI, CCCXXXIX, CCCXLI, CCCXLVI, CCCL, CCCLXXV, CCCCXXII.
Lyonnet, Cf. de Beaurin, CXLIV.
Lys, 123; CCXX.
Mâcon, 64; CCXVI, CCXXVI, CCCXLIII.
Mâcon, Evêque, Cf. Charles Hémard de Dononville, XLVI.
Mâcon, Jean, XC.
Macon, Pierre, CXVI.
Macoteau, Thouyn, LXXXIV, LXXXV.
Macy, CCXIII.
Madelaine de France, 17, 184; XIV, XIX, CCLIX.
Madelaine, princesse, notice, CCIV.
Madeleine de la Tour, 124.
Madrid, Château, CCXLVIII.
Madrid, Traité, 8, 16; CCVII, CCVIII, CCLXV.
Mai, 112; XX, CCVIII, CCLIII, CCLVI.
Maillard, Guillot, CXVII.
Maillart, Jeanne, LXXXVIII.
Maintenay, CCXII.
Maistredo, Mastredo, Cf. Regnent.
Malaxes, Jacquet, LXXX.
Malherbe, Louis, LXXXV.
Mallards, 87.
Maltravers, Matryvers, LI.
Manners, Richard, LV.
Mantua, CCLIII.
Maquet, Jean, 178.
Marc, Claude, CIX.
Marcellus, LVIII.
Marette, CCCCXXIX.
Margocet, Marquis, CVI.
Marguerite d'Angoulême, notice, CCIV.
Marguerite d'Autriche, 115.
Marguerite de Berry, CCIV.
Marguerite de Navarre, 143.
Marguerite de Navarre, Cf. M. de Valois, CCXLVII.
Marguerite de Valois, Reine de Navarre, X, XXIII.
Marie, Reine de France, 78.
Marie de Lorraine, CCVI.
Marie Stuart, CCVI.
Marie Tudor, 64, 129; CCIII, CCXXX, CCXXXVII, CCXL, CCXLI, CCXLVI.
Marignan, 83; CCIX, CCX, CCXII, CCXLIX.
Markham, Sir John, LIII.
Marquet, Jean, LXXXII.
Marquet, CXVIII.
Marquise, 48, 52, 53, 60, 61, 63, 74, 101; XXVI, XXVII, XXXI, XLIV, LXVII, LXXIV, LXXVI, LXXVII, LXXX, LXXXVI, LXXXVII, XCIV, XCVII, XCIX, CXXI, CXLVIII, CXLIX, CL.
Marseille, 12, 24, 72, 146, 158, 176, 177, 178, 179, 181, 182, 184, 186, 187, 188, 190, 192, 193, 196, 199; LXXIV,

CCIII, CCXII, CCXIII, CCXIV, CCXXVI, CCLXXIV, CCLXXV, CCLXXVII, CCLXXIX, CCLXXXVII, CCLXXXIX, CCCLIV, CCCLXIII, CCCLXV, CCCLXVI, CCCLXXI, CCCLXXII, CCCLXXV, CCCLXXXIII, CCCLXXXV, CCCXCII, CCCXCIII, CCCCV, CCCCVI, CCCCXXIV.
Martin, Jean, LXXXV.
Masse, CI.
Masse, [Massin], Claude, CVIII.
Matera, CCLIII.
Mattres [Matters] ? William, XVI.
Maupetit, Jacques, LXXXV.
Maupin, Jehan, LXXX.
Maurant, CI.
Mauvoysin, Guillaume, CL, CLI.
Maximilien, 115.
Mayenne (marquis de). Cf. d'Aumale.
Mayenne (duc de), CCV.
Meaux, CCVI.
Melfi, Cf. de Melphes, CCXXV.
Mello, CCXII.
Melun, CCXI.
Méru, CCXII.
Méry, Jean, LXXXV.
Messager, CI.
Mestre, Colinet, CVII.
Metz, CCX, CCXIII, CCXVII.
Mézières, CCXII.
Michel, Georges, XCIII.
Michel-Ange, 115.
Michellet, Jehan, XCVIII.
Michon, Pierre, CXXXIV.
Mient, Martin, CIX.
Milan, CCCII, CCCCIV, CCCCXI, CCCCXVIII.
Milan, duc, CCLXII.
Milan, duché, CCLXIII, CCLXXX.
Milan, (Rouge de), 57, 75.
Millon, Jean, LXXXII.
Minion, 57; XXI.
Miolle, Guillaume, CVII.
Mirepoix, Cf. de Lévis, CCX.
Moche, Marquet, CXIV.
Moet, Colin, CXVIII.
Moineau, 39.
Moise, 59.
Moise (Prince de). Cf. Cacolottoli.
Molynel, Nicolas, CXI.
Monchy, Cf. d'Humières, CCXVI.
Monnasse, Jean, CVIII.
Monnyer, Colin, CVIII.
Montaigne, Michel, 103; CCXXI.
Montaigu, Lord, LI.
Montaigue, Lord Edouard, notice, CCXXXIX.
Montdidier, 40; LXX, CCXVI.
Monteagle, Lord, LI.
Montberon, CCXI.
Montils-sous-Blois, CXVIII.
Montjoye, Jean, CXLIII, CXLVI, CLI.
Montmorency (Seine-et-Oise), CCXIV.

Montpellier, 179, 183; CCCLI, CCCLXXX.
Montreuil, 84, 85, 86; LXXXI, C, CII, CIII, CIV, CV, CVI, CXIII, CXVII, CXIX, CXXXII, CCXX, CCXXII, CCXXIII, CCXXIX.
Mordaunt, Lord, 41; CCXXXIX.
Mordaunt, Lord John, notice, CCXXXIX.
Moreau, Gilles, CIV, CXVI.
Moreau, Nicolas, LXXXV.
Morel, Hucbon, LXXXII, LXXVIII.
Morel, Jean, charpentier, LXXXII.
Morel, Jean, menuisier, LXXXIII.
Moren, Adrien, 52.
Moren, Léonard, XCVII, XCIX.
Moret, Colinet, LXXXV.
Moret, Jean, LXXXIII.
Morgyson (Marquise), XLIV.
Morin, Nicolas, LXXXIX.
Morise, Pierre, CXVI.
Morlaix, CCXXXI, CCXLV.
Mont-Blanc, 60.
Motet, LXXXIII.
Morus, B. Thomas, 139.
Mouchart, Pierre, CIV.
Mouettes, 87.
Moulin, Jean, LXXXIV.
Moulin, Pierre, LXXXIV.
Moulins, LXVIII, CCXIII.
Mount-Gossen, Cf. de Montejean, CCXVII.
Moutiers-Saint-Jean (Côte-d'Or), CCVII.
Moynnier, Guillaume, CXLVIII, CL.
Mullets, 89.
Muxetula, CCLVI, CCLVIII.
Myrant, Robinet, CVIII.
Myreloret, Cf. Angoulet.
Nancy, CCVI.
Nantes, 26, 28; LXVI, CXXXVII, CXLVII.
Nantouillet, CCVII.
Naples, 110; CCXCVIII.
Napoléon Ier, 118.
Napoléon III, 118.
Narbonne, 182; CCCXLVIII, CCCXLIX.
Navarre (Reine de). Cf. Marguerite de Valois.
Nayet, Jean, LXXXII.
Neuflossé, CCXX, CCXXII.
Nevelle, Sir John, LVII.
Nevers, CCIX.
Neville, Sir Edward, LII.
Neville, Jean, CCXXX.
Neville, Sir John, 97.
Neville, Lucie, CCXXX.
Newell, Nicolas, LVIII.
Newnam, (Nieulay), XLII.
Newnham XLII, LV.
Nice, 176, 186; CCXCV, CCCXXXVIII, CCCXLII, CCCXLIII, CCCLXIII.
Nicolas, de Troyes, LXX, LXXIII.
Nicolas, Emard, CLXIII.

Nielle, Cf. de Calonne, CXXIII.
Nielles, 88.
Nieulay, Cf. Newnam, XLII.
Nîmes, 182; CCCLI, CCCLV.
Niño, Rodrigo, 112, CCLII.
Nogent, CCXI, CCXXV.
Nolard, CXVIII.
Norfolk, Thomas, Duc de, 51, 69, 70, 97, 98, 139, 161, 170, 172, 173, 174, 176, 178, 183, 184, 192; XI, XIV, XV, XX, XXII, XXV, XXVI, XXVII, XXXVI, XXXIX, XLIV, L, LXIV, CCXXXII, CCXXXVI, CCLXX, CCC, CCCIII, CCCIV, CCCVI, CCCXXXVI, CCCXXXVII, CCCXL, CCCXLVIII, CCCXLIX, CCCL, CCCLI, CCCLIII, CCCLIV, CCCLV, CCCLVI, CCCLVII, CCCLVIII, CCCLIX, CCCLXIX, CCCLXX, CCCLXXXIII, CCCLXXVIII, CCCXCVIII, CCCXCIX.
Norfolk, Thomas, 3⁰ Duc, notice, CCXXVIII.
Norris, Sir Henry, CCXL.
Norris, John, LII, CCCCXXXIV.
Norris, Sir Lyonnel, LIV.
Norryce, John, LII.
North Kelsey, (Lincoln), CCXXXV.
Northumberland, Comte de, Cf. Dudley, 132; CCXLIII, CCXLIV.
Northumberland, Comte, 132; CCXLIV.
Norton, (Herefordsh.) CCXLII.
Norton, Sir John, CCXL.
Norton, Sir John, notice, CCXL.
Norton, Sir John (le fils de), LV.
N.D. de Boulogne, 99, 100.
N.D. de Calais, 99.
N.D. de Douvres, 99.
Noyer, CXVIII.
Novarre, CCXII.
Nymes, Marquet, LXXXV.
Odos-en-Bigorre, CCIV.
Ollemond, CCXII.
Ogez, Florent, LXXXIV.
Olivier, Jean, LII, CCXLII, CCXLIII.
Oliver, John, notice, CCLII.
Orléans, Université, CCCXVI.
Ormond, Cf. Wiltshire, 23.
Ortiz, 111; XVIII, CCLIV.
Ostré, CCVII, CCXIX.
Ouasselin, Jean, LXXXV.
Our Lady, in the Rock, Cf. N. D. de Douvres, 99.
Our Lady in the Wall, Cf. N. D. de Calais, 99.
Outardes, 86.
Oxedale, William, LII.
Oxford (comte d'). XXV.
Oxford, L, CCXXXV, CCXXXVI.
Ox-tail-soup, 88.
Oyselure, Ancelot, LXXXII.
Page, Sir Richard, LIII.
Pain, Jean, LXXXIV.

Palle, Adrien, CXVIII.
Pallet, Sir William, 174.
Palmer, Sir Edward, CCXLIII.
Palmer, Sir Thomas, 97; LIV, CCXLIII.
Palmier, notice, 64; CCXXVI.
Pannetier, CXVIII.
Paonnes, 96.
Paons, 95.
Paradis, 60, 68.
Parker, Henry, LII.
Parme, 152, 158; CCLXXXI, CCCCI.
Paston, Sir William, LIII.
Paston, Sir William, notice, CCXLV.
Pate, CXVIII.
Pâtés de Paris, 86.
Patin, Raoulquin, CXI.
Paty, John, LVIII.
Paul III, CCXVIII.
Paul IV, CCXVIII, CCXIX.
Paule, Jean, CXVI.
Pavie, 7, 32, 33; CCIX, CCX, CCXII, CCXIV, CCXV, CCXIX, CCXXIV, CCL.
Payton, Edouard, LII.
Pèlerinage de grâce, CCXXIX.
Pelham, Sir William, LIV.
Pembridge, CCXLII.
Pembroke (Mme de), Cf. Anne Boleyn, 76, 77, 97; XLII.
Penaston, William, LVII.
Penne, William, LIII.
Pennison, Cf. Penyston, 72, 195; LXV.
Penyston, 72; CCCCX, XI, XVII.
Percy, 182.
Péronne, CCX, CCXVI.
Pérouse, CCLXXVII.
Petitfaix, CXVIII.
Petitpas, Jacques, LXXXIII.
Peudefin, Usson, CL, CLI.
Philippes, Raoulin, LXXXIII.
Picart, CI.
Pignard, Corneille, XC.
Pikering, Sir William, LIV.
Pisan, (de Pise), cardinal, CCLXXVII.
Pise, CCLXXVII, CCCLIX, CCCLXI, CCCXXVIII.
Pitcherhouse, 105.
Plaisance, 152, 158; CCLXXXI, CCCCI.
Plantagenet, 120.
Plantagenet, Arthur, Cf. Lisle, CCXXXVIII, CCXXIX.
Planyer, Robert, XC, C.
Platel, Pierre, CVIII.
Plessis-lez-Roye, CXIX.
Plouvin, Guyot, LXXXIII.
Plumet, Alart, 98.
Pointz, Nicolas, LV.
Poiret, Robin, CXVIII.
Poissin, Jehan, LXXXII.
Polin, Jacques, CLXIX, CLXXIV.
Polisy, Cf. de Dinteville, Jean, 172, 173, 174, 175, 176, 182.

Pollicot, CCXLIV.
Ponsse, Jean, LXXXV.
Pont-de-Briques, 87; CIV.
Pontdormi, Cf. de Créqui, Jean VII, 103.
De Pontdormi, Jean VIII, CCXIX.
Pontdormi, Antoine, CCXX.
Pondormi, Jean VIII de Créqui, notice, CCXIX.
Pontremy, Antoine, CCXXI.
Port-Dieu (Corrèze), CCVII.
Porte de Calais, 39.
Porte des Degrés, 39.
Porte des Dunes, 39.
Porte Flamande, 39.
Porte Flamentque, 89.
Porte Gayolle, 89.
Porte Neuve, 89.
Portisheat (Sommerset), CCXXXIV.
Porpoises, 90.
Portsmouth, 65.
Pot, Anne, CCXXIV.
Pot, Guy, CCXXIV.
Poulett, Thomas, LV.
Poyunge, Thomas, LV.
Preudhomme, Guillaume, LXXIV, LXXIX, CLXIII.
Prichedt, Jean, CVIII.
Proust, Jean, LXXIII, CXXII.
Prowce, CXCIV.
Prudhomme, Guillaume, CXXXXIX.
Pther (sic), Richard, LVIII.
Pubart, Yvon, LXXXIII.
Quanden, Simon, 99.
Rebache, Jean, LXXXVI.
Rabelais, CCXIX.
Raboulle, Colin, CI.
Raboulle, Pierre, CI.
Ragot, Adrien, CXVIII.
Raguesne, Jean, LXXXV.
Rahart, Antoine, CXXXI.
Rainsforde, William, LV.
Raphaël, 115.
Ratcliff, John, XVI.
Ratcliff, Roger, LIII.
Raynsford, William, LII.
Reggio, 152, 158.
Regnard, CI.
Regnent, Rochichon, CVI.
Regnet, David, CVI.
Reigate, CCXXXVIII.
Reims, CCIX.
Renée, de France, 17, 134.
Retard, Nicolas, CXVII.
Revyes, Antoine, LXXXIV.
Reynolds, 96.
Richelieu, 118.
De Richemond, Duc, Cf. Fitzroy, 80, 133; XXV, XXX, XXXVIII, L, CCXXVII, CCXLI.
Richier, Jacques, CXXIX.
Ridellet, Claude, CXVI.

Ridolphi, CCLXXVII.
Ridolfo, CCLIII.
Riom, 176.
Riquiert, Pierre, LXXXIII.
Risban, Cf. Rycebanke, XLII.
Robert, Jean, 67, 81; LXX.
Robinet de Luz, CLXXII.
Rocheford, 10, 17, 162, 165, 166, 168, 170, 176, 179, 183; LI, CCXXXII, CCLXVIII, CCCVII, CCCXX, CCCXXIV, CXXVII, CCCXXVIII, CCCXXX, CCCL, CCCLI, CCCLII.
Rodolphe, CCCCXXVIII.
Rogers, Edward, LV.
Rognier, Pierre, CXVIII.
Romans, (Drôme), 23.
Romorantin, CCXXV.
Rose de Lancastre, 120.
Rose d'York, 120.
Rossay, Claude, LXXXV.
Rotclif, 98.
Rothelin (Louis d'Orléans II, duc de Longueville, marquis de), CCVIII.
Rotheramme, Sir William, LIV.
Rouen, Archevêque, Cf. de Bussy, Georges, 64; XLVI, CCXIV, CCXXV.
Rouff, Robert, XV.
Rouge-Maison (Fort), 38.
Rousse, Claude, LXXXV.
Rousseau, Pierre, 45.
Roussel, Gillon, CVI.
Rousset, Ferry, CXVII.
Rousset, Jacques, CXVIII.
Roye, CCXVI.
Roys, Jean, LXXXV.
Rue, 101, 154; LXIX, CXXI, CXXII, CXXIV, CCLXXXI.
Ruert, Jean, LXXXVIII.
Rump Steaks, 88.
Russell House, CCXLVII.
Russell, Sir John, LIII, CCXLV.
Ruten, George, CXXIII.
Rutland, Cf. Thomas Manners, XXV, L.
Rycebanke (Risban), XLII.
Sabine, CCVII.
Saccessaire, Claude, CVIII.
Sagrot, Jean, CXLI, CXLVII, CXLI, CLII, CLIII.
Sainct John, Sir John, LIV.
Sainctmaure, Sir John, LII.
Sainctmoure, Sir Edward, LIV.
Saint-Antoine-en-Forêts, CCVII.
Saint-Botolph's, Aldgate, CCXXXV.
Sainte-Croix, CCLXXVII, CCCXXXVIII.
Saint-Denis, CCXIV.
Sainte-Quatre, CCLXXVII.
Saint-Gengoulphe, source, 61, 62.
Saint-Germain-en-Laye, 64; CCIII, CCIV, CCXLVIII.
Saint-Inglevert, 51, 63, 74; XXXIX.
Saint-Just, 116.

Saint-Mary-s.-Mountshew, CCXLII.
Saint-Mary-Overy (Southwark), CCXXXI.
Saint-Maximin-en-Provence, 186; CCCLXV.
Saint-Omer, 123; XCIII, XCIV, CCXX, CCXXI.
Saint-Osith, 126.
Saint-Paul (François de Bourbon, comte de), CCIX.
Saint-Portien, CCVII.
Saint-Quentin, CCXVII.
Saint-Severin, CCLXVII.
Saint-Sylvien, CCVII.
Saint-Symphorien, CCXVIII.
Saint-Valery, 35, 43; CI.
Saint-Venant, CCXX.
Salisbury, CCXXXV.
Salmet, CXVIII.
Salviati, CCLXXVII.
Samer, Mathieu, CVI.
Samourry, CXVIII.
Sande, John, LV.
Sandis (Lord), XXV.
Sandwich, CXCIII.
Sandyngfeld, Cf. Saint-Inglevert, 51; XXXIX.
Sandys (Lord William), XXV.
San Marturini, CCLII.
Santa-Cruz, Cf. Sante-Croix, CCLIII.
Santi Quatro, Cf. Sainte-Quatre, CCLIII.
Sapcote, Anne, CCXLV.
Sapcote, Guy, CCXLV.
Sarcelles, CXXI.
Saumur (Saint-Florent), CCVII.
Sauvage, Jean, LXXXV.
Savenyer, CI.
Savoureau, Thomas, 59; LXIX.
Savoye, CLXIII.
Scarborough, 56.
Scott, Thomas, CCLIX.
Seals, 90.
Selingue, Guillaume, 52, 53; XCVII.
Sellier, Jacques, LXXXVII.
Sénéchal de l'Agenois, 59, 103.
Sénéchaussée de Boulogne, 40.
Sens, CCVII.
Sens, Cf. Du Prat, archevêque, V.
Septon, Sir Arthur, LIII.
Serny, Célestin, CXVIII.
Serre, Bénigne, LXXII.
[Papiers] Seymour, 17, 83, 103; CCIII.
Shakspeare, 133.
Siguença, CCLII, CCLIII.
Sillé, CCXVII.
Simancas, CCLII, CCLVI.
Simon, Hilaire, LXXXV.
Simonetta, CCCXI, XIV, XVIII.
Sirloin, 88.
Skidmore, Jean, LII.
Somerset, George, LV.

Sorbonne, 189.
Soria, CCXXV.
Souchets, 87.
De Southampton, CCXXIX.
South Molton (Devonshire), CCXXXIV.
Southwell, CCXLII, CCXLIII.
Spycerye, 104.
Squyllery, 106.
Stafford, Edouard, Cf. Buckingham, CCXXVIII.
Stafford, Elisabeth, CCXXVIII.
Stafforde, Humphrey, LV.
Staple, 75.
Staple Hall, XLII.
Stinte, 86.
Stokesley, CCXXXIII.
Straunge, Sir Thomas, LII.
Straungeweys, Sir Giles, LIV.
Stuart, Alexandre, Cf. d'Albanie, CCXVI, CCLXIII.
Stuart, Jacques, CCIV.
Stuart, Jacques V, CCVI.
Stuart, Jean, Cf. d'Albanie, 124.
Suestrier, Guillaume, XCVII.
Suffolk, Charles, duc de, 51, 69, 70, 78, 98; XVII, XXXV, XXX, XXXVI, XLIV, L, LXIV, CCXXX, CCXLIII.
Suffolk, Charles, duc, Notice, CCXXIX.
Sulyard, LI.
Sulyarde, Eustace, LII.
Surrey, Cf. Norfolk, 122; XXX, L, CCXXVII.
Sussex, (défense d'y acheter de la volaille), XVI.
Suze, CCXXV.
Swallow, 58.
Sweaton, Marc, LIV, CCCCXXXIV.
Sydney, Francis, LVII.
Tabary, Cf. de Cassel.
Tahon, CI.
Talaveruela, CCIII.
Talbot, Lord, LI.
Tame, Edmond, LV.
Tannequy, Etienne, CI.
Tarbes, CCVIII.
Tassinot, Paul, LXXX.
Tavistock, CCXLVI.
Templehurst, CCXLI.
Tenchon, Robert, CXI.
Theremye, CLI.
Thérouanne, CCXII, CCXIII, CCXVII, CCXVIII, CCXX, CCXXI.
Thizard, Jean, CXX.
Thoré, CCXII.
Thorel, Jean, CXVIII.
Thorney, CCLVI.
Thron, Mathurin, 86, CV.
Tirwent, Robert, LVII.
Tondu, Bas, CIX.
Tonnbonne, Adrien, LXXXIII.
Toul, CCCIII.
Toulouse, CCVII, CCVIII.

Tour de Caligula, Cf. Tour d'Odre, 33, 38.
Tour des Annonciades, 39.
Tour d'Odre, 33, 38.
Tour Françoise, 39.
Tour Gaillette, 39.
Tournehem, CCXX.
Tourneur, CI.
Tournon (Ville de), CCVII.
Tour Notre-Dame, 39.
Tournus (Saône-et-Loire), CCVII, CCCXLIII.
Tourny, Denis, LXXXI.
Tours, CLXIX.
Tours (Saint-Julien), CCVII.
Toussainctz, Colin, CXV.
Toustaing, Guillaume, CLXVII.
Trani, CCCCXXVIII.
Trenthin, LV.
Tresse, Benoit, CXXXI.
Trosse, Jehan, XCVII, XCIX.
Trousset, Jehan, XCIV.
Triboulet, 56.
Trivulce, CCCCXXVIII.
Trivultio, CCLXXVII.
Tuke, CCXCIX.
Turo, CXCIX.
Turpenay, LXVIII, LXXVII, CXXII.
Turvey, CCXXXIX.
Urbino, Duc, Cf. Laurent de Médicis, 124.
Urbino, duchesse, Cf. Cath. de Médicis, CCLIX, CCLX, CCLXIV, CCCLIV, CCCLXIII.
Urbino, Duché, CCLXXIII.
Urbino, CCLXXXI.
Val-de-Cassel, CCXX.
Valence, CCIII, CCXXVI.
Vallemont, CCIX.
Vallon, Jean, LXXXV.
Valmondois, CCXI.
Vannes, 23.
Varney, Richard, LII.
Vauban, 39.
Vaughan, Etienne, XXIII, XXIV.
Vaulx, lord, LI.
Velletri, CCVII.
Venaison, 86.
Venise, 68, 112, 151; XIX, XXV, CCXII, CCLII.
Verdun, CCXIII.
Veron, Jehan, CVII.
Verrières, CCIII.
Vervins, CCXIII, CCCCXXX.
Veuves (Vannes)? CXIX.
Viale, Nicolas, CLXIV.
Vic-le-Comte, 176; CCCLXXV.
Vienne, (Isère), 64, 117, XLVI, CCVII, CCXXVI.
Vigny, CCXII.
Vildecoq, Jean, CXIV.
Villem, Jean, CX.
Villers-Cotterets, LXVI, CCXLVIII.
De Villers, Charles, CCXXVI
Villiers, Sir John, LIV.

Villiers-le-Bel, CCXII.
Vindasore, Cf. Windsor, XXIX.
Vitdecocq (Vildecoq)? Jacques, LXXXI.
Wading, James, XVI.
Waffery, 105.
Wallop, CCLXIII, CCCV.
Wallop, Lady, 76; XLIII.
Walshe, LIII.
Warham, 142, 144, 160.
Wasselin, Jeannet, LXXXV.
Waterloo, 65.
Waverley, Abbaye, CCXXXI.
Webbe, Henry, LII, LVIII.
Weldouze, Félix, LIV.
Welsburne, LIII.
West, frère de Lord Delawark, LIV.
West, Taring, (Sussex), CCXXXIV.
Weste, William, LII.
Weston, Sir Francis, 69, LIII, CCCCXXXIV.
Weston, Sir Richard, LI.
Wiat, Thomas, LV.
Whitaker, Thomas, 94.
Whitehall, CCXXXVII.
Whitney, James, LVII.
Whitstable, 101.
Wiltshire, Cf. Thomas Boleyn, 131, 139, 174; L, CCXXII.
Wimille, 63, 74.
Windsor, CCXXXIV, CCXXXV.
Windsor, William, LV.
Windsor, XVI, XXIX.
Winforton, CCXLII.
Wingfield, Sir Anthony, LIII.
Wingfield, Sir Robert, LI.
Winchester, 19, 21, 189, 192; XIII, L, CCXXXIII, CCXXXIV, CCXLVI, CCCLIX, CCCLXIII, CCCLXXX, CCCXCIX, CCCCVI, CCCCX, CCCCXI, CCCCXV, CCCCXVI, CCCCXVII, CCCCXVIII, CCCCXXII, CCCCXXIII.
Woburn, CCXXXVI, CCXLVI.
Wolsey, 8, 16, 112, 118, 121, 123, 124, 126, 129, 132, 133, 134, 135, 136, 137, 138, 140; CCXXVIII, CCXXXIV, CCXXXVI, CCXLII, CCXLIII, CCXLVI.
Woodham Ferrars Essex., CCXXXV.
Woodstock, 23.
Woodstock, Anne de, CCXLIV.
Worcester, L, CCXXXI.
Worthe, John, LVII.
Wottonne, Sir Edward, LIII.
Wriothesley, 166; CCCXXI, CCCXXII.
Wryothesley, 57.
Wyatt, 132; CCXXIX.
Wynkyn de Worde, XV.
Yarmouth, 56.
York, 57.
Yshe, Anthony, LVII.
Yverné, Pierre, LXXXV.
Yvetot (Prince d'). Cf. du Beffay, M. CCXVIII.
Yvrée, CCLXXVII.

ERRATA.

	Au lieu de	Lire :
Page 49, l. 2,	quoiqu'il,	quoi qu'il.
— 81, l. 11,	cents,	cent.
— 84, l. 20,	leur frais,	leurs frais.
— 85, l. 15,	soixant,	soixante.
— 86, l. 4,	beaucoup d'une,	beaucoup de celui d'une.
— 96, l. 21,	quoiqu'il,	quoi qu'il.
— 111, l.	diplomatiques,	diplomatique.
— 114, l. 20,	emprunts,	empreints.
— 130, l. 16,	offlee,	office.
— 188 note, l. 5,	retrouvéui,	retrouvé.
— 189, l. 29,	entraîner,	entracer.
— 145, l. 7,	tribual,	tribunal.
— 184, l. 26,	soumettrait,	soumettraient.
— xi, l. 4,	lien,	lieu.
— xlvii, l. 16,	necdeth,	needeth.
— xlviii, l. 20,	majordone,	majordome.
— lxxxiv, l. 13,	messige,	messire.
— ci, l. 2,	sapeurs,	scieurs.
— cxxix, l. 32,	200 l. 0 s. 0 d.,	200 écus d'or soleil.
— cxxxiv,	f. 105, verso,	f. 109.
— cxxxvii, l. 25,	iiijxx	iiijxx.
— cxxxix, l. 3	èsdits,	ès dicts.
— cxli, l. 19,	cassés,	lassés.
— cxliv, l. 19,	apportet,	apportes.
— cxlv, l. 15,	41 l. 12 s. 0 d.,	411 l. 2 s. 0 d.
— clv, l. 17	fer d'or,	fers d'or.
— clxix note,	184, 183,	CLXXIV, CXXXIV.
— clxxiii note,	f. 671,	f. 171.
— clxxiv note 1,	f. 671,	f. 171.
— ccvii, l. 27,	Lomer,	Laumer.
— ccvii l. 28,	le prévôté,	la prévôté.
— ccx, l. 4,	Navarre,	Nocarre.
— ccxxi note,	und,	una.
— ccxxxi, l. 27,	oirtercienne,	cistercienne.
— ccxxxv, l. 7,	Adgate,	Aldgate.
— ccxli, l. 27,	l'un deux,	l'un d'eux.
— cclxxxiii, l. 21,	on,	ou.
— ccxxvii, l. 28,	lacdite,	ladicte.
— ccxxxv, l. 25,	agréables,	agréable.
— ccxliv, l. 16,	entendrey,	entendrez.
— ccxcv, l. 5,	lequeil,	lequel.

ERRATA

	Au lieu de	Lire :
Page cccoviii, l. 10,	then a deale,	than a deale.
— cccoviii, l. 28,	Crammer,	Cranmer.
— cccxi, l. 4,	we,	me.
— cccxiii, l. 3,	give no answer,	give answer.
— cccxix, l. 8,	par le refus,	sur le refus.
— cccxxiii, l. 8,	de nous en,	de vous en.
— cccxxxi, l. 21,	di leie del,	di lei e del.
— cccxxxii, l. 13,	accident,	accidenti.
— cccxxxii, l. 24,	bon	bonita sua.
— cccxxxiv, l. 12,	abbracoi,	abbracciatela.
— cccxxxv, l. 6,	vessuma,	nessuna.
— cccxxxv, l. 21,	giu,	gia.
— cccxxxvi, l. 1,	preyo,	prego.
— cccxxxvi, l. 9,	fudecapit-	fu decapitata.
— cccxxxvi, l. 11,	confessata,	confessato.
— cccxxxix,	Antony, Anstis, Antoine,	Anstis, Antoine, Antony.
— cccxxxix,	quand on trouvera un nom,	quand on ne trouvera pas un nom.
— cccxxxx,	Attin, Aubry,	Attin, Aubert,
— cccxxxxii,	Coquet, Cormielles,	Coquet, Corbie.
— cccxxxxii,	Coney,	Coucy.
— cccxxxxiii,	d'Auvergne, de Besson,	d'Auvergne, d'Auxerre.
— cccxxxxiii,	Derby,	Debry.
— cccxxxxiv,	De la Bérandière,	De la Béraudière.
— cccxxxxv,	De le Retz, Delessalle, Delenguergne,	Delenguergne, de le Retz.

www.ingramcontent.com/pod-product-compliance
Lightning Source LLC
Chambersburg PA
CBHW050315240426
43673CB00042B/1418